Gerd Wolff/Hans-Dieter Menges

Deutsche Klein- und Privatbahnen

Band 3: Württemberg

Titel: (*oben*) Mit zwei Beiwagen ist Tw 146 (ex Krefelder Straßenbahn, gebaut 1904 von v. d. Zypen) als Linie 32 der Filderbahn am 3. Juni 1962 zwischen Hohenheim und Möhringen unterwegs.

AUFNAHME: FRITS VAN DER GRAGT

(*unten*) Für den „Naturpark-Express" Sigmaringen – Tuttlingen verwendet die HzL ihre neuen NE-81-Triebwagen. VT 42 und 43 durchfahren mit drei angehängten Güterwagen am 10. Juni 1993 den bei Sigmaringen gelegenen Ort Laiz.

AUFNAHME: HARTMUT SEHNERT

Rücktitel: Auf der Schmalspurbahn Amstetten – Laichingen wurde der 1937 von Wismar gebaute Triebwagen T 34 eingesetzt. Hier begegnet er (zusammen mit Beiwagen 6) am 23. Mai 1970 zwischen Amstetten und Laichingen dem Fotografen.

AUFNAHME: DIETER HÖLTGE

ISBN: 3-88255-655-2

EK-Verlag – Postfach 5560 – 79022 Freiburg

Gerd Wolff/Hans-Dieter Menges

Deutsche Klein- und Privatbahnen

Band 3: Württemberg

EISENBAHN KURIER
MODELL UND VORBILD

EK-Verlag

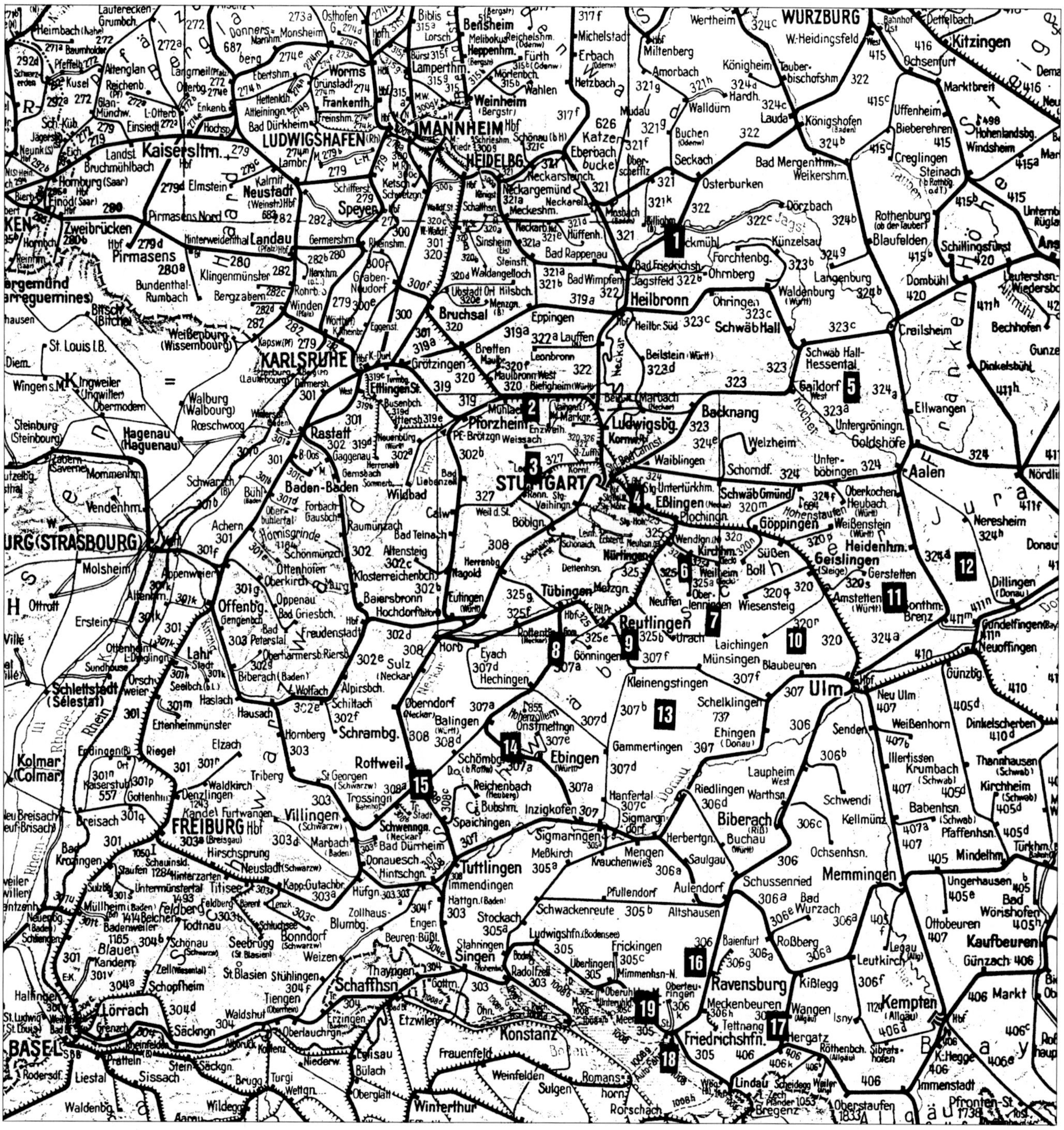

Legende:

1 Nb Jagstfeld – Ohrnberg
2 Nb Vaihingen – Enzweihingen
3 Nb Korntal – Weissach
4 Filderbahn
5 Nb Gaildorf – Untergröningen
6 Nb Nürtingen – Neuffen
7 Ermstal-Verkehrs-Gesellschaft
8 Nb Reutlingen – Gönningen
9 Lokalbahn Reutlingen – Eningen
10 Nb Amstetten – Laichingen
11 Nb Amstetten – Gerstetten
12 Härtsfeldbahn Aalen – Neresheim – Dillingen
13 Hohenzollerische Landesbahn
14 Nb Ebingen – Onstmettingen
15 Trossinger Eisenbahn
16 Lokalbahn Ravensburg – Weingarten – Baienfurt/Niederbiegen
17 Lokalbahn Meckenbeuren – Tettnang
18 Bodensee-Oberschwaben-Bahn
19 Teuringertalbahn

Inhaltsverzeichnis

Ein Wort zuvor

Mit dem dritten Band der Buchreihe „Deutsche Klein- und Privatbahnen“ werden die Bahnen in Württemberg behandelt.

An dem einheitlichen Aufbau der einzelnen Beiträge wurde festgehalten:

Daten
Geschichtliche Entwicklung und Bedeutung
Personenverkehr
Güterverkehr
Streckenbeschreibung
Fahrzeugpark

Die Gleisskizzen der Bahnhöfe sind in gleicher Art dargestellt wie in Band 2 – sie geben den Stand der ersten Bereisung durch den Autor wieder (das war in den 60er Jahren) und den von 1990/91.

Wiederum gilt: Neue Erkenntnisse und das Abstimmen aller in der jüngeren Literatur genannten Daten und Zahlenangaben haben hier und da zu Korrekturen in den eigenen bisherigen Veröffentlichungen geführt. Gültig sind die in diesem Band angegebenen Daten und Zahlen.

Bei den Streckenbeschreibungen gelten für die Hinweise „links“ und „rechts“ die Fahrt- und Wanderrichtungen auf den Endpunkt der Bahn zu. Kartenausschnitte und Bilder von „einst“ und „jetzt“ mögen das Suchen und Auffinden von Bahnrelikten und markanten Stellen an stillgelegten Bahnstrecken erleichtern.

Eisenbahnarchäologische Wanderungen für dieses Buch haben Herr Menges und ich mit den Herren Alt (Reutlingen – Eningen und Reutlingen – Gönningen) sowie Bauer und Moser (Filderbahn) unternommen – für die gemeinsamen Unternehmungen sei einmal mehr herzlich gedankt.

Die Beiträge der einzelnen Bahnen – soweit sie noch bestehen – sind den Bahnverwaltungen vorgelegt worden und somit „abgesegnet“. Ein ganz besonderer Dank gilt den Herren der Württembergischen Eisenbahn-Gesellschaft und den örtlichen Bahnleitern sowie Herrn Dipl.-Kfm. Zeiger und Herrn Dipl.-Ing. Strobel von der Hohenzollerischen Landesbahn.

Hinzugesellt zu den Klein- und Privatbahnen haben sich zwei neue Spezies von Gesellschaften:

3 KOM-Gesellschaften, an denen die WEG zu 100 % beteiligt ist;
2 junge Privatbahnen, die im Rahmen der Regionalisierung zur Belebung des von der DB auf deren Strecken eingeschränkten bzw. aufgegebenen Personenverkehrs gegründet worden sind.

Die letztgenannten Bahnbetriebe sind ein Novum und vor dem Hintergrund zu sehen, daß die DB die für sie nicht attraktiven Verkehre denen überläßt, die dafür zahlen, seien es die Kommunen, bestehende Privatbahnen oder neue Bahngesellschaften.

KOM-Gesellschaften sind nicht Gegenstand dieser Klein- und Privatbahndokumentation. Wenn die drei genannten Busgesellschaften hier vorgestellt werden, dann nur deshalb, weil sie 100%ige Töchter eines Eisenbahnbetriebes sind – der Vollständigkeit halber und zum besseren Verständnis der Straßenaktivitäten der einzelnen Bahnen.

Die Bereisungen der Bahnen für diesen Band sind 1990 und 1991 durchgeführt, die Dokumentation ist 1991 abgeschlossen worden; soweit bekannt, sind noch einige Daten für 1992/94 eingeflossen.

Und noch etwas: In diesem Band spielt die **frühere** WEG Westdeutsche Eisenbahn-Gesellschaft mit Sitz in Köln eine Rolle ebenso wie die Württembergische Eisenbahn-Gesellschaft mit Sitz in Stuttgart, deren Kürzel ebenfalls WEG ist. Um Verwechslungen zu vermeiden, ist die Westdeutsche Eisenbahn-Gesellschaft (nur in diesem Band) mit dem Kürzel WeEG belegt worden.

Mainz und Lahr, im März 1992

Gerd Wolff
Hans-Dieter Menges

Vorwort

Als Leiter einer privaten Eisenbahndirektion, die heute noch sieben Nebenbahnen in Württemberg betreibt, sieht man sich einem starken politischen Wandel in der Beurteilung und Wertschätzung der Nebenbahnen, seien es private oder bundeseigene, gegenüber. Leider halten derzeit noch die EG-, bundesweiten und regionalen Wünsche zur Modernisierung und Belebung von Nebenbahnstrecken nicht mit den erforderlichen Finanzausstattungen Schritt.

Eine eisenbahngeschichtlich interessante und bewegte Zeit, in der wir uns derzeit befinden. Mit den Beiträgen des Verfassers über die Bodensee-Oberschwaben-Bahn GmbH und der Ermstal Verkehrs AG wird nahtlos auf das neue Kapitel Eisenbahngeschichte übergeleitet. Die Vergangenheit detailgetreu und ausführlich zu erfassen, um die Geschichte zu bewahren, ist ebenso bedeutend wie die sorgfältige Erfassung der neuen Bewegungen. Hier verbindet der Verfasser geschichtliche und künftige Eisenbahn-Kulturen.

Die Leistungen der vorhandenen, nicht bundeseigenen Eisenbahnen (NE) werden in ihrer Bedeutung oft verkannt. Jede vierte Tonne, die die Deutsche Bundesbahn bewegt, kommt oder geht über eine nicht bundeseigene Eisenbahn. Die NE's haben sich dem Rationalisierungsdruck schneller und umfangreicher beugen müssen. Der schaffnerlose Personenverkehr, die Entfeinerung der Signal- und Kreuzungstechniken, die Vereinfachung der Betriebsdurchführung und der Ein-Mann-Betrieb im Güterverkehr sind bei den NE's heute geübte Praxis. Bei der WEG (Württembergische Eisenbahn-Gesellschaft mbH, Waiblingen) geht diese Modernisierung und Rationalisierung so weit, daß z.B. ein Dieseltriebwagen, Baujahr 1928, mit Funkfernsteuerung ausgerüstet wurde. Dieses beinahe 65 Jahre alte Fahrzeug ist mit High-Tech gespickt. Der Triebfahrzeugführer beherrscht dieses Fahrzeug mittels „Bauchladen", während er im Gleisbereich Weichen bedient, Fahrzeuge an- und abkuppelt. Im Personenverkehr werden seit 1980 auf eigenen Strecken moderne Triebwagen (Typ NE 81) eingesetzt. Daß die WEG sich auch auf das Jahr 2000 einrichtet, ist daraus zu erkennen, daß derzeit die Fertigstellung von drei Neufahrzeugen im Gesamtwert von 6,8 Mio DM erfolgt.

Bedauerlicherweise sind die Konzepte der Deutschen Bundesbahn für die Nebenbahnen insgesamt, seien es DB- oder NE-Strecken, sehr abträglich. Die Konzentrierung des Stückgutverkehrs auf dreistellige Postleitzahl-Gebiete brachte für die WEG den Verlust dieser Verkehrsart für vier Bahnen mit sich. Die Einrichtung von KLV-Umschlagplätzen an verschiedenen ausgewählten Nebenbahnen zieht automatisch an den benachbarten Strecken den KLV-gängigen Verkehr ab. Die Aufhebung von Abfertigungsbefugnissen und das Einstellen der Bedienung für bestimmte Tarifpunkte sowie der Rückzug aus Saison-Massengütern (z.B. Rüben) haben den NE's bereits erhebliche wirtschaftliche Nachteile gebracht. Weitere Zukunftsprojekte wie u.a. BAHNTRANS, das die Konzentrierung des Teilladungsverkehrs auf nur noch insgesamt 41 Frachtzentren in der Bundesrepublik, einschließlich neue Bundesländer, vorsieht, wird bis 1995 den NE's teilweise und bei der WEG insgesamt die Aufgabe des Kleingutgeschäftes zur Folge haben.

Alles läuft darauf hinaus, daß die Gebietskörperschaften und Gemeinden an einer Nebenbahnstrecke für sich entscheiden müssen, ob sie von der Regionalisierungsmöglichkeit Gebrauch machen. Nur wenn bestehende Nebenbahnstrecken regional gebraucht und gewünscht werden, wird sich auch jemand finden, der die notwendige Finanzverantwortung übernimmt. Über – aber nicht nur – die Regionalisierung wird sich in der Zusammenarbeit DB und NE künftig zwangsläufig eine Änderung in der Kooperation bis hin zur Produktion ergeben. Bisher waren im wesentlichen die Aufgabenbereiche durch feste Übergabestellen und -zeiten getrennt. Jeder operierte auf seinem eigenen Streckennetz. Wirtschaftliches, netzübergreifendes Denken, das den gemeinsamen Erfolg am Markt im Auge hat, wird verstärkt Platz greifen müssen. Insbesondere im Nahbereich bestehen große Potentiale Marktanteile zu übernehmen. Insbesondere dann, wenn zusätzlich ein am Markt frei im Wettbewerb zu bildender Preis angewandt werden kann.

Die Aufgabe aller NE's, die Neuorganisation von Nebenbahnstrecken in (z.T. private) Regionalbahnen und die „Vermischung" staatlicher und privater Bahnen im Leistungsaustausch erfordern weiterhin eine permanente „Geschichtsschreibung". Dem Verfasser dieses Buches wünsche ich dazu weiterhin dies bleibende Interesse und die notwendige Geduld, die dazu erforderlichen Informationen bei den im Tagesgeschäft engagierten und nicht immer mitteilungsfreudigen Bahnlenkern und -leitern zu bewahren.

Waiblingen, den 31. August 1992

Manfred Aschpalt,
Württembergische Eisenbahngesellschaft mbH

Die Klein- und Privatbahnen in Württemberg

Das heutige Bundesland Baden-Württemberg umfaßt etwa die Gebiete des früheren Königsreichs Württemberg einschließlich der bis 1945 zu Preußen gehörenden Hohenzollerischen Lande um Hechingen und Sigmaringen und das frühere Großherzogtum Baden.

Die West- und Nordgrenze von Württemberg ist gleichzeitig die östliche Grenze von Baden, die sich vom Bodensee über den östlichen Schwarzwald bis zur Hohenloher Ebene hinzieht. Die östliche und südliche Grenze bildet die bayerische Westgrenze bis zum Bodensee.

Zur Landesgeschichte

Das Geschlecht derer von Württemberg geht zurück auf Conradus de Wirdeberch (1081), der auf dem Wirtenberg, dem heutigen Rotenberg bei Untertürkheim die Stammburg erbaute. Die Besitzungen lagen im Neckar- und Remstal. Den Nachfolgern gelangen noch im 13. und 14. Jahrhundert beträchtliche Gebietserweiterungen, besonders staufische Gebiete in Schwaben.

Inzwischen zum Herzogtum erhoben, büßte Ulrich von Württemberg nach schweren Kämpfen mit den Ständen und dem Schwäbischen Bund den ganzen Besitz seines Hauses ein, der dann 1519 an die Habsburger verkauft wurde. Seit 1534 regierte er sein Land als österreichisches Lehen. Er und sein Sohn Christoph führten die Reformation ein.

1796 fielen die linksrheinischen Gebiete an Frankreich, dafür erhielt Württemberg 1803 durch den Reichsdeputationshauptschluß u.a. neun Reichsstädte, außerdem Abteien, Klöster und Stifte.

Das Land wurde Kurfürstentum und 1805 im Frieden von Preßburg Königreich. Als Verbündeter Frankreichs im Rheinbund erhielt es österreichische Gebiete in Oberschwaben und weitere Gebiete im Wiener Frieden 1809, was mit dem Gebietszuwachs von 1803 eine Verdoppelung des württembergischen Gebietes bedeutete. Damit hatte Württemberg seine größte Ausdehnung in seinen bis 1945 gültigen Grenzen.

Auf preußischer Seite kämpfend trat Württemberg 1871 dem neugegründeten Deutschen Reich bei.

Nach dem Ersten Weltkrieg dankte König Wilhelm II. 1918 ab und im folgenden Jahr gab die Landesversammlung Württemberg eine neue Verfassung als Freistaat der Weimarer Republik.

Von 1933 bis 1945 unterstand Württemberg einem „Reichsstatthalter“, nach dem durch Reichsgesetz vom 30. Januar 1934 noch bestehende gewisse Sonderrechte der alten Länder erloschen und auch Württemberg nur noch die Stellung einer mittleren Behörde des Reiches hatte.

Die geschichtliche Entwicklung der zu Preußen gehörenden Hohenzollerischen Lande um Hechingen, Haigerloch, Gammertingen und Sigmaringen werden hier nicht dargestellt, da dies im Abschnitt über die Hohenzollerische Landesbahn ausführlich geschehen ist.

Der ebenfalls verlorene Zweite Weltkrieg 1945 war auch gleichzeitig das Ende von Württemberg und der Hohenzollerischen Lande in ihrer ursprünglichen Form.

Der jetzt beginnende gemeinsame Weg mit dem Nachbarland Baden bis zum Zusammenschluß zum neuen Bundesland Baden-Württemberg (1952) ist bekannt und in Band 2 „Baden“ bereits geschildert, so daß die Beschreibung der geschichtlichen Entwicklung hier enden kann.

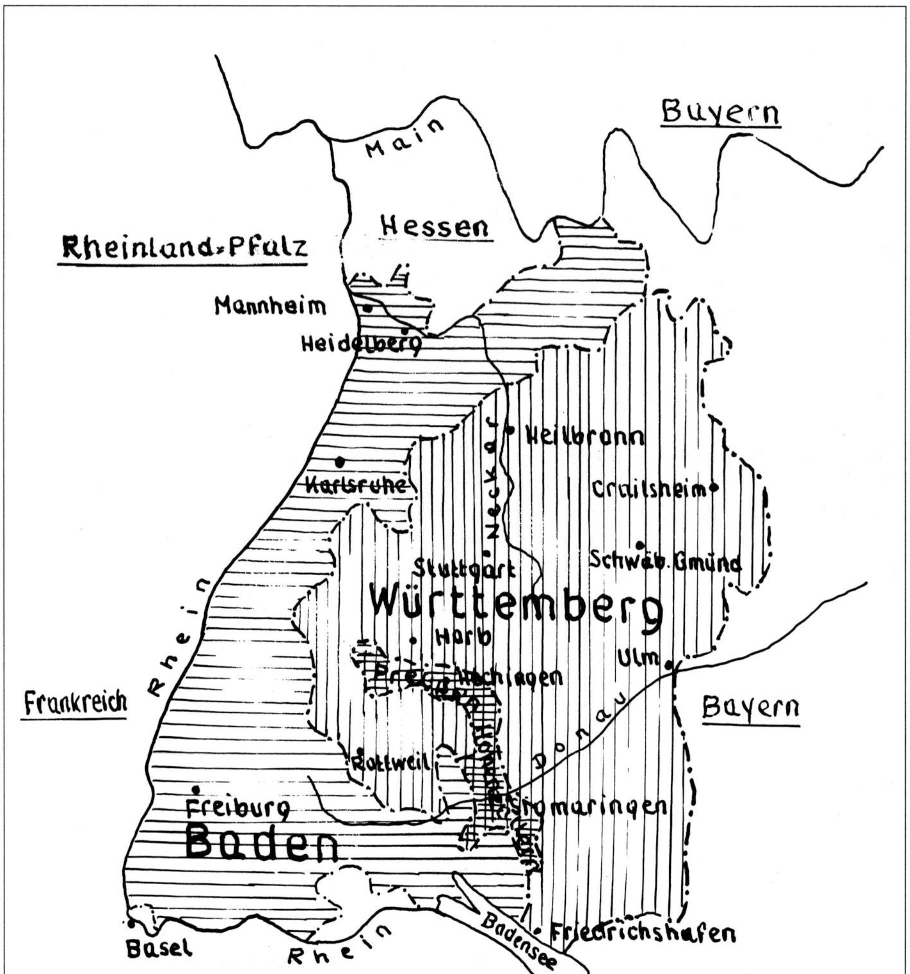

Zur Eisenbahngeschichte

Im ersten württembergischen Eisenbahngesetz vom 18. April 1843 ist festgehalten, daß es Aufgabe des Staates ist, die Hauptbahnen zu bauen und auch zu betreiben, während der Bau und Betrieb von Zweigbahnen Privatgesellschaften überlassen werden kann.

Die Hauptlinien sollten vom Mittelpunkt Stuttgart aus in östlicher Richtung nach Ulm bzw. in südlicher Richtung nach Friedrichshafen und den Bodensee erreichen. Im Norden war Heilbronn das Ziel, um die kürzeste Verbindung zwischen den beiden Schiffahrtsstraßen Neckar und Donau und dem Bodensee zu ermöglichen. Die Hauptlinie zur westlichen Landesgrenze hatte noch kein bestimmtes Ziel, weil hierzu gerade Verhandlungen mit Baden stattfanden.

Am 22. September 1845 wurde das erste Teilstück dieser Hauptbahnen von Cannstatt nach Untertürkheim eröffnet – dies war gleichzeitig die erste Eisenbahnstrecke in Württemberg. Bis 1853 war dann das oben genannte Hauptnetz vollendet, erbaut durch den Staat und auch in dessen Betrieb.

Als Spurweite wählte man die heute noch gültige Regelspur mit 1435 mm und vermied den verhängnisvollen Fehler der badischen Nachbarn, die ursprünglich 1600-mm-Breitspur (5 $^{1}/_{3}$ badische Fuß) für ihre Hauptbahnen vorgesehen hatten und in dieser Spurweite auch die Strecke von Mannheim bis zur schweizerischen Grenze bei Basel gebaut hatten.

1864 wurde in Württemberg mit der Strecke Unterboihingen – Kirchheim unter Teck die erste Privatbahn eröffnet (Kirchheimer Eisenbahn-Gesellschaft). Personal und Fahrzeuge stellte die Staatsbahn. Am 1. Januar 1899 ging diese Strecke in den Besitz des Staates über.

Bis Ende des Jahrhunderts wurde das Netz der Staatsbahnen erheblich erweitert und entsprechend ergänzt.

Ende der 80er/Anfang der 90er Jahre setzte auch in Württemberg das eigentliche Privatbahnfieber ein – geplant wurden Bahnen zwischen oder zu Orten, die sich von dem praktisch vollendeten Staatsbahnnetz stiefmütterlich behandelt und somit vernachlässigt fühlten.

Neben den staatlichen Nebenbahnen in Regelspur, bei denen eine entsprechende Rendite zu erwarten war, versuchte sich die Staatsbahn auch im Bau und Betrieb von Schmalspurbahnen. Hier waren die zu erwartenden Erlöse für eine Regelspurbahn zwar nicht ausreichend, versprachen aber immer noch eine gewisse Rendite. Auch konnten die Anlagekosten durch eine einfachere Trassierung erheblich gesenkt werden.

1891 wurde die erste Schmalspurbahn (1000 mm) der KWStE von Nagold nach Altensteig in Betrieb genommen. Bis 1916 folgten noch weitere Schmalspurstrecken, jedoch in 750-mm-Spurweite (Marbach – Heilbronn, Lauffen – Leonbronn, Biberach – Ochsenhausen und Schussenried – Riedlingen).

Die in Preußen übliche Rechtsform „Nebenbahnähnliche Kleinbahn" für Eisenbahnen untergeordneter Bedeutung war, wie in Baden, auch in Württemberg nicht bekannt, demnach gab es auch keine entsprechende Kleinbahngesetzgebung.

Eine Sonder- bzw. Zwitterstellung nahm die Hohenzollerische Landesbahn ein. Der größte Teil des Streckennetzes lag auf preußischem Gebiet und war somit als Kleinbahn nach dem preußischen Gesetz von 1892 konzessioniert, während die Streckenteile auf württembergischen Gebiet nach der Konzession den Status einer Nebenbahn hatten.

Wie in Baden, so waren es auch in Württemberg Eisenbahnkomitees, die die Initiative ergriffen und entsprechende Eingaben an die Regierung richteten. Damals sträubte sich Staatsrat v. Balz von der KWStE lange gegen den Privatbahnbau, der nach seiner Ansicht ausschließlich eine Angelegenheit des Staates sei, war dann aber später ein energischer Verfechter dieser Bahnen.

Die Regierung war zur Zahlung von Zuschüssen bereit, wenn eine sichere finanzielle Grundlage vorhanden war und das für den Bahnbau notwendige Gelände von den betroffenen Anliegergemeinden zur Verfügung gestellt werden konnte. Ebenso war ein detaillierter Wirtschaftlichkeitsnachweis zu erbringen, der den Bau der geplanten Bahn rechtfertigte.

Das württembergische Eisenbahngesetz vom 18. April 1843 bestimmte ausdrücklich, daß auch der Bau und Betrieb einer Privatbahn von der Zustimmung der Regierung abhängig sei. Das betreffende Bahnbaugesuch wurde also an die Kammer der Abgeordneten eingereicht und nach eingehenden Beratungen der Regierung „zur wohlwollenden Prüfung" vorgeschlagen. Nach nochmaliger Beratung, Zustimmung und Genehmigung konnte jetzt ein Gesetz über diesen Bahnbau verkündet werden – Voraussetzung für eine Konzessionserteilung, die mit der Veröffentlichung im „Regierungsblatt für das Königreich Württemberg" Rechtskraft erhielt.

Die gesetzlichen Zuschüsse waren unverzinslich und nicht rückzahlbare Beträge aus der Staatskasse. Die Höhe war nicht immer gleich, sondern richtete sich nach den örtlichen Gegebenheiten, Spurweite, Ausstattung usw. der geplanten Bahn, aber auch nach den finanziellen Möglichkeiten der beteiligten Gemeinden.

Auch in Württemberg waren es die Eisenbahnbau- und Betriebsgesellschaften mit finanzkräftigen Banken im Hintergrund, die sich für die Pläne und Eingaben der örtlichen Eisenbahnkomitees stark machten: Fa. Artur Koppel, Berlin mit einer starken Finanzgruppe, später Württembergische Eisenbahn-Gesellschaft (WEG), die Württembergischen Nebenbahnen, hervorgegangen aus der Filderbahn/Westdeutschen Eisenbahn-Gesellschaft/BLEAG, ferner Emil v. Kessler Maschinenfabrik Esslingen – Filderbahn sowie die Localbahn Aktiengesellschaft München (LAG).

Die meisten der in Württemberg gebauten Privatbahnen hatten ihre Wurzeln in den genannten Gesellschaften WEG, WN und LAG.

„Echte" Privatbahnen, d.h. ohne Konzernbindung waren bzw. sind die Filderbahn (zumindest in den Anfangsjahren), Trossinger Eisenbahn, Teuringertalbahn und Lokalbahn Reutlingen – Eningen. Von diesen Bahnen hat nur die Trossinger Eisenbahn überlebt und ist auch heute noch eine „echte" Privatbahn (Gemeindebesitz).

Eine Sonderstellung nahm die Hohenzollerische Landesbahn ein wegen unterschiedlicher Konzessionierung auf preußischem bzw. württembergischen Gebiet. Auch sie ist heute noch eine „echte" Privatbahn ohne Konzernbindung.

Die Privatbahnen, die durch den Staat betrieben wurden, sollen hier nicht berücksichtigt werden.

1884 wurde die erste Privatbahn und gleichzeitig erste Schmalspurbahn in Württemberg eröffnet: die Zahnradbahn Stuttgart-Degerloch. Sie war die Keimzelle der Filderbahn und besteht heute noch.

Bis 1907 folgten 15 schmal- und regelspurige Privatbahnen/Nebenbahnen, bis auf die Trossinger Eisenbahn und die Hohenzollerische Landesbahn alle den vorgenannten Gesellschaften WEG, WN und LAG gehörend.

1922 war das Eröffnungsjahr der Teuringertalbahn, ein württembergischer „Nachkömmling" der Privatbahnen.

Durch Ausscheiden, Entflechtungen, Änderungen usw. hatten die württembergischen Privatbahnen 1930 folgende Zugehörigkeit bzw. Eigentumsverhältnisse:

1) **Große, eigenständige Gesellschaften**
   Filderbahn/Stadt Stuttgart
   Hohenzollerische Landesbahn
2) **Kleine, eigenständige Gesellschaften**
   Trossinger Eisenbahn
   Teuringertalbahn
3) **Konzern-Bahnen**
   Württembergische Eisenbahn-Gesellschaft mit 8 Bahnen
   Württembergische Nebenbahnen mit 3 Bahnen
   Localbahn AG, München mit 2 Bahnen
   (einschl. Niederbiegen – Baienfurt – Weingarten)

Vor dem Zweiten Weltkrieg gab es einschneidende Veränderungen: 1934 Verkauf der Städtischen Filderbahn an die Stuttgarter Straßenbahn und 1938 Übergang der Localbahn AG, München auf das Deutsche Reich, so daß auch die beiden württembergischen Bahnen Meckenbeuren – Tettnang und Ravensburg – Weingarten – Baienfurt – Niederbiegen ausschieden, ferner 1944 Verkauf der ehemaligen Lokalbahn Reutlingen – Eningen bzw. Reutlinger Straßenbahn (WEG) an die Stadt Reutlingen, sowie 1943 Verstaatlichung der Teuringertalbahn.

Nach dem Zweiten Weltkrieg bestanden in Württemberg:

1) Hohenzollerische Landesbahn und Trossinger Eisenbahn als eigenständige Gesellschaften mit vollem Betrieb ohne Streckenverkürzungen usw. – dieser Zustand ist bis heute so geblieben.
2) Konzernbahnen WEG mit 7 Bahnen
   WN mit 3 Bahnen

Von den WEG-Bahnen sind alle Regelspurstrecken noch in Betrieb, die Schmalspurstrecke Amstetten – Laichingen ist 1985 aufgegeben worden.

Von den WN-Bahnen besteht nur noch die Strecke Korntal – Weissach, die schmalspurige Härtsfeldbahn ist 1972 und die Nebenbahn Reutlingen – Gönningen 1985 aufgegeben worden.

Das Land Baden-Württemberg ist eines der ersten Bundesländer, das ein Programm für stillegungsgefährdete Eisenbahnstrecken aufgestellt hat, aus dem ein fundiertes Schienenpersonenverkehrskonzept erwachsen ist. Vor dem Hintergrund dieses Schienenverkehrskonzeptes sind zwei neue Bahngesellschaften gegründet worden:

Ermstal-Verkehrs-Gesellschaft

Bodensee-Oberschwaben-Bahn

Neben diesen beiden neuen Bahngesellschaften haben die WEG und die HzL auch Anregungen gegeben und Vorschläge gemacht, den Betrieb auf bedrohten DB-Strecken zu übernehmen bzw. zu intensivieren – diese Aktivitäten sind bei den einzelnen Bahngesellschaften ausführlich erläutert.

Die seit längerer Zeit betriebene Verschmelzung der WEG und der WN wurde 1984 verwirklicht, so daß heute nur noch die WEG als Konzernbahn mit sieben Nebenbahnen (NN, EO, GU, VE, AG, JO und KW) in Württemberg tätig ist.

Mit den beiden eigenständigen Bahnen HzL und Trossinger Eisenbahn gibt es in Württemberg heute neun Privatbahnen, alle mit Personen- und Güterverkehr sowie zwei Neulingen – für das eisenbahnfreundliche Land Baden-Württemberg eine stolze Zahl im Vergleich zu den übrigen (alten) Bundesländern.

Bodensee-Oberschwaben-Bahn GmbH (BOB)

„Geißbockbahn“

Die BOB wurde am 15. Oktober 1991 gegründet. Gründungsgesellschafter der mit einem Kapital von 2,5 Mio DM ausgestatteten Firma sind die Technischen Werke Friedrichshafen GmbH (TWF) mit 27,5%, die Stadt Ravensburg mit 25%, die Landkreise Bodenseekreis und Ravensburg mit 20% bzw. 17,5% und die Gemeinde Meckenbeuren mit 10% Gesellschaftsanteilen.

Ziel der Gesellschaft ist es, den von der Deutschen Bundesbahn mehr und mehr eingeschränkten Schienennahverkehr auf der Strecke (Ulm –) Ravensburg – Friedrichshafen aufzufangen und zu reaktivieren.

Ein Blick auf die beiden Fahrplanausschnitte 1956/57 und 1990/91 zeigt deutlich den Rückzug der DB – 1956 wurden zwischen Ravensburg und Meckenbeuren zwei und zwischen Meckenbeuren und Friedrichshafen drei Unterwegsbahnhöfe bzw. Haltepunkte bedient, 1991 ist es nur noch der Haltepunkt Löwental, wo auch nur früh und abends insgesamt viermal in jeder Richtung für den Berufsverkehr gehalten wird.

Verkehrten 1956 zwischen den D- und E-Zügen Personenzüge, die an allen Haltepunkten hielten, bietet die DB heute einen Stundentakt mit Halt auf dem unteren Streckenteil nur in Ravensburg und der E-Züge zusätzlich in Meckenbeuren.

1956 bestand zudem in Ravensburg Anschluß von und nach Weingarten – Baienfurt und in Meckenbeuren von und nach Tettnang – beide Stichstrecken bestehen für den Personenverkehr schon lange nicht mehr (siehe Beiträge RWB und MT).

Die BOB wollte den Betrieb mit eigenen VT ursprünglich zum Fahrplanwechsel 1993 aufnehmen. Wegen der verzögerten Auslieferung der neuen Triebwagen war im Kursbuch 1993 in der Fahrplantafel 751 die Betriebsaufnahme ab 1. Juni angekündigt. Auch dieser Termin konnte nicht gehalten werden. Am 25. Juni 1993 war es dann soweit – mit einer Öffentlichkeitsveranstaltung wurden die neuen Triebwagen vorgestellt und gebührend gefeiert. Der planmäßige Betireb wurde am 1. Juli 1993 aufgenommen.

Der Fahrplan 1993 weist werktags 14 Zugpaare aus. Die Fahrzeit beträgt 20 Minuten. Bedient werden die Hp/Bf Weißenau, Oberzell, Meckenbeuren, Kehlen und Löwental. Der Bus benötigt für diese Strecke 45, der Pkw je nach Verkehrsdichte 25-35 Minuten. Der Fahrplan ist von der BOB erstellt und mit der DB abgestimmt worden.

DB und BOB erkennen ihre Fahrkarten in den Zügen des Nahverkehrs gegenseitig an.

Der Schwerpunkt der Investitionen lag bei der Beschaffung der beiden VT (rd. 5,2 Mio DM) und der Reaktivierung der stillgelegten, aber noch vorhandenen Haltepunkte, ferner ist für 1995 der Neubau eines Haltepunktes Friedrichshafen Flughafen vorgesehen (rd. 5 Mio DM). Dieses Projekt, das erste von drei Modellprojekten des Landes Baden-Württemberg, ist mit 3 Mio DM unterstützt worden.

Die BOB-Züge werden von Personalen der Regionalverkehr Alb-Bodensee GmbH (RAB) gefahren. Die Verwaltung wird über einen Betriebsführungsvertrag mit der TWF, die eisenbahntechnischen Belange mit einem Betriebsführungsvertrag mit dem Konsortium Hohenzollerische Landesbahn AG/Regionalverkehr Alb-Bodensee GmbH abgewickelt. Der Geschäftsführer der TWF übt seine Tätigkeit in Personalunion auch für die BOB aus.

Fahrzeughalter und Eigentümer ist die BOB, bei der auch die Verkehrseinnahmen verbleiben.

Die Fahrzeuge werden vom technischen Betriebsführer instand gehalten (HzL) bzw. gewartet und gepflegt (RAB), für die Unterstellung ist ein Teil des Lokschuppens in Friedrichshafen von der DB angemietet.

Die Zeit bis zur Betriebsaufnahme mußte genutzt werden, um die wirtschaftlichen, technischen und rechtlichen Rahmenbedingungen für den zukünftigen Schienen-Personennahverkehr zu klären und die entsprechenden Verträge mit der DB, HzL, RAB und TWF zu schließen, ferner die Haltepunkte instand zu setzen und wieder benutzbar zu machen.

Nach der Betriebsaufnahme schließen sich nach dem Willen der Gründungsgesellschafter zehn Betriebsjahre an, in denen Erfahrungen im kommunalisierten Schienenpersonennahverkehr gesammelt werden sollen.

Ganz wesentlich beteiligt am Zustandekommen des neuen SPNV-Konzeptes und der BOB war der Regionalverband Bodensee-Oberschwaben.

Die räumliche Weiterentwicklung dieses SPNV-Konzeptes über die Strecke Ravensburg – Friedrichshafen hinaus steht z.Z. nicht zur Diskussion, ebenso ist nicht daran gedacht, Aktivitäten auf der Straße zu entwickeln.

Die BOB ist ganz sicherlich ein wichtiger, richtungsweisender und interessanter Beitrag, dem immer weiter wachsenden Straßenverkehr und drohenden Verkehrsinfarkt Paroli zu bieten und dem SPNV neue Impulse zu geben.

Die Erfahrungen des ersten Betriebsjahres zeigen, daß die Geißbockbahn wider Erwarten gut angenommen worden ist, so daß der Fahrplan bereits erweitert werden mußte.

1956/57

306 (Frankfurt (M)—Stuttgart / München—Augsburg —) Ulm—Friedrichshafen (— Lindau / Zürich) 306

km	Station	✕1302	1304	7501	1308	✕1310	✕1510	D 352	✕7505	†4764	✕4768	E 506	1316	E 523	1312	D 76	7507	†1314	1322	Sa 7509	Sa 1334	E 694	✕1332
	Frankfurt (M) Hbf ab	...	23.28	...	...	...	...	...	...	...	...	...	...	...	...	:6.00/	♦7.00	...	...	...	:7.52	8.44	...
	Stuttgart Hbf 320 ab	...	3.17	...	...	...	...	:5.00/	:F5.19	...	:F6.56	7.00	...	...	:F8.16	:9.37/	9.42	...	...	...	11.21/†	♦11.53	12.08
	Ulm Hbf 320 an	...	4.34	...	...	...	...	:6.11/	:F6.31	...	:F8.07	8.20	...	...	:F9.27	:10.51/	10.58	...	...	..	:12.42/†	♦13.01	13.48
	München Hbf 410 ab		...	...	...			...			:6.25	:6.25	...	...	:7.50	:8.54	...	...	:10.16	...	...	:10.16	...
	BD Stuttgart — Klasse	1. 2.	1. 2	🚌	1. 2.	1. 2.	1. 2.	1. 2.	🚌	2.	2.	1. 2.	2.	1. 2.	1. 2.	1. 2.	🚌	2.	1. 2.	🚌	1. 2.	1. 2.	2.
0,0	Ulm Hbf 307.324a.407 ab	✕4.17	4.43	a 5.15	5.25	✕5.56	✕6.42	6.58	✕ 6.40	†7.04	✕8.20	8.37	...	Stuttgart-Tübingen-Sigmaringen-Aulendorf-Friedrichshafen Hafen	9.48	:11.03	b11.30	†11.44	12.08	Sa12.30	Sa12.40	13.14	✕14.12
4,1	Ulm-Donautal (🚌 1306 u)		nach Friedrichshafen	5.21	5.30	6.01	6.48	✕	6.49	7.09	8.26	Stuttgart-	...			✕	11.40	11.50	12.24	12.40	12.46		14.18
7,8	Einsingen	4.27		▲5.26	5.35	6.06	6.55	Vorarlberg-Expreß	▲6.54	7.14	8.30		...			Kiel-Hamburg-Frankfurt (M)-Heidelberg-Stuttgart-Ulm-Lindau	▲11.47	11.55	12.31	▲12.47	12.52		14.25
11,2	Erbach (Württ)	4.33		u▲5.30	5.40	6.11	✕7.00		✕▲6.58	7.19	8.35		...		10.00		b▲11.52	12.00	12.37	Sa▲12.53	12.57		14.30
14,0	Dellmensingen	4.38		an	5.45	6.15	an		an	7.23	8.39		...				an	12.04	12.41	an	13.02		14.34
18,0	Rißtissen-Achstetten	4.43		...	5.50	6.20	...			7.27	8.44		...					12.09	12.47		13.08		14.39
22,4	Laupheim West 306b an	4.49		...	5.55	6.25	...			†7.33	✕8.50	8.57	...		10.10			†12.15	12.52		Sa13.13	13.33	✕14.44
	Laupheim West ab	4.49		...	5.56	6.30	auch 24. u 31.XII.56		nach Ehingen (Donau)	nach Schwendi	nach Schwendi	8.58	9.05		10.11		nach Ehingen (Donau)	nach Laupheim	12.54	nach Ehingen (Donau)	nach Burgrieden	13.34	nach Laupheim
27,2	Schemmerberg	4.56		...	6.02	6.37						Ulm-	9.11		10.18				13.00				
30,1	Langenschemmern	5.00		——	6.06	6.43							9.15		10.23				13.05				
34,1	Warthausen (306c)	5.06		1304	6.12	6.50							9.20		10.29				13.11				
37,3	Biberach (Riß) (🚌 1307 v) an	✕5.11	5.16	1. 2.	6.16	6.55		7.28				9.10	9.24		10.33	:11.33			13.15			13.45	
	Biberach (Riß) ab	...	...	5.18	6.18	6.58		7.29	...	...	...	9.11	9.26		10.35	:11.34	...	3555 1. 2. 🚌	13.18	a = ✕ a Sa		13.46	...
41,6	Ummendorf	...	...	5.24	6.25	7.04			...	...	...	Friedrichs-	9.32		10.41	Hannover-Kassel-Gießen-Ulm-Lindau	1320 1. 2.	von Sigmaringen	13.24	b = tägl a Sa			...
44,7	Schweinhausen	...	...		6.31	7.09		Friedrichshafen-	...	...	...		9.36		10.45		an † nur 2. Kl		13.29	c = † u Sa			...
46,7	Hochdorf (Riß)	...	...	5.31	6.36	7.13			...	...	...		9.40		10.50				13.33	♦ F-Zug nur 1. Kl			...
49,8	Essendorf	...	...	5.37	6.43	7.17			...	...	...		9.44		10.55				13.38				..
53,4	Wattenweiler	...	——	5.43	6.50	7.23	...		——	...	...		9.49		11.00				13.43				——
57,3	Schussenried 306d	...	✕1300	5.49	7.00	7.29	...		1308	...	...	9.28	9.54		11.06				13.50				1322
62,4	Aulendorf 306a, d an	...	1. 2.	5.54	7.09	✕7.35	...		1. 2.	...	...	9.33	10.00		11.12	:11.54			13.55			14.05	1. 2.
	Aulendorf ab	——	✕5.04	6.03	7.18	...	...		...	...	...	9.36	✕10.03	10.54	11.17	:11.56	12.34	13.05	14.13	▲ 🚌 Haltestelle im Ort, weitere Haltestellen siehe 🚌 1306m/u		14.06	14.13
69,4	Durlesbach	8902	5.12	6.11	7.25	...	...		...	...	...	hafen-	10.10		11.25		12.41	13.13	nach Friedrichshafen				14.21
74,2	Mochenwangen	★	5.18	6.17	7.31	...	...		...	...	——		10.16		11.31		12.47	13.18					14.27
79,0	Niederbiegen	🚌	5.23	6.22	7.36	...	...		...	...	✕2312		10.21		11.37		12.52	13.24					14.32
84,2	Ravensburg 306g (🚌 1307s, 1309, 1306 m, 1105 a) an	...	5.29	6.28	7.42	...	...	8.05	...	...	2.	9.53	10.26	11 09	11.42	:12.12	12.58	13.30				14.22	14.38
	Ravensburg ab	5.04	5.31	6.32	7.47	...	...	8.06	...	...	✕9.00	9.55	10.27	11.11	11.45	:12.13	13.00	13.31		✕-Züge u ✕-Fahrten nicht 1.XI., 24. u 31.XII.		14.24	14.41
86,5	Weißenau	▲5.09	5.35	6.36	7.50	...	...	Lindau-	...	...	9.04	Lindau	10.30			Ulm-	13.03	13.34					
88,6	Oberzell		5.39	6.40	7.54	...	...	Innsbruck	...	...	9.08		10.34		11.51		13.07	13.38					14.47
95,0	Meckenbeuren 306h	▲5.20	5.47	6.48	8.02	...	...		8.03	...	9.15	10.05	10.41	11.20	11.58		13.16	13.45	...				14.56
97,0	Kehlen		5.51	6.52	an	...	...		8.06	...	9.19		10.44			Lindau	13.19	13.49	...	†-Züge u †-Fahrten auch 1.XI., 24. u 31.XII.			14.59
98,4	Gerbertshaus		5.54	6.55	nach Friedrichshafen	...	...			...	9.24		10.47		12.03		13.22	13.52	...				
101,4	Löwental		6.00	7.01		...	...		8.12	...	9.28		10.51		12.08		13.27	13.56	...				15.06
103,6	Friedrichshafen Stadt 306k an	5.44	✕6.04	7.05		...	...	8.24	[2]8.16	...	9.34	10.16	✕10.55	11.31	12.12	:12.32	13.31	14.02	...			14.41	15.10
	Friedr'hafen Stadt 305 ab	...	6.09	7.14		...	...	:8.32	8.54	...	10.30	10.36	h11.10	...	...	:12.43	...	14.30	...			14.58	16.00
	Lindau Hbf (🚌 1305f) an	...	6.46	7.51		...	...	:8.57	9.38	...	11.05	11.11	h11.45	...	...	:13.08	...	15.15	...			15.29	16.34
	BD Stuttgart — Zug Nr / Klasse	8902 🚌				1304 1. 2.						106 1. 2.				176 1. 2.	d = nicht 25.XII.56						275 1. 2.
103,6	Friedrichshafen Stadt 306k ab		...	...		7.21	...	...	8.28	...	9.38	10.23	...	11.38		12.39	e = verkehrt täglich außer Sa, jedoch nicht am 31.X., 20.XI., 24. u 31.XII. 56, 18., 30.IV. u 29.V.57					14.47	16.09
104,4	Friedrichshafen Hafen 1008 an	5.41	...	...		[1]7.24	...	...	8.31	...	✕9.41	10.26	...	11.41	...	12.42						14.50	16.12
	Friedrichshafen (1008g) ab	[Z]5.50	..	...	...	...	...	...	9.05/	[Z]9.30	bis 14.IV. u ab 21.X.	10.50/	[Z]11.30	...	13.00	[Z]13.30	f = nicht 23. bis 26.XII., 30.XII. bis 1.I., 21. u 22.IV.					15.15/	[Z]15.30
	Romanshorn an	[Z]6.40	..	...	...	...	...	...	9.45/	[Z]10.12		11.30/	[Z]12.10	...	13.38	[Z]14.10						15.35/	[Z]16.10
	Romanshorn 1621 ab	...	...	...	...	...	...	...	10.03/10.16			11.50	13.06	...	13.56	...	g = nicht 24., 25., 31.XII.					16.11	17.11
	Zürich HB an	...	...	...	...	...	...	...	11.12/10.22			13.10	15.20	...	15.20	...						17.22	19.16

km	Station	E 696	1324	D 234	3423	D 804	1340	7513	1330	1336	7519	E 833	1348	1342	7511	E 698	E 698	1362	7521
	Frankfurt (M) Hbf ab	d9.48	10.19	:10.55/	:11.25	:12.21	...	..	...	:13.12	...		...	:14.44	...	16.38	:16.38	:17.16	...
	Stuttgart Hbf 320 ab	d13.31	14.00	:14.06/	:14.37	Ⓐ:15.35	...	..	...	:16.38	...	17.38	17.38	✕18.52	..	:19.45	:20.11	20.50	..
	Ulm Hbf 320 an	d14.50	15.12	:15.25/	:15.48	Ⓐ:16.58	...	...	...	:18.01	...	19.09	19.09	✕20.27	...	:20.52	:21.30	22.08	...
	München Hbf 410 ab	12.52	...	:12 52	...	f:♦15.35	...			:16.09	...	:16.09	..	:F18.30		18.35	...	g:20.00	
	(Fortsetzung) — Klasse	1. 2. Ⓐ	1. 2.	1. 2.	2.	1. 2.	2.	🚌	1. 2.	1. 2.	🚌	1. 2.	2.	2.	🚌	1. 2.	1. 2.	1. 2.	🚌
	Ulm Hbf 307.324a.407 ab	15.00	15.44	:16.00	a16.19	:17.15	16.43	17.30	a17.33	18.15	a19.20	19.18	19.38	20.32	a 17.20	21.07	21.42	22.30	c22.50
	Ulm-Donautal (🚌 1306 u)		15.49	🚌	16.24	🚌	16.48	17.42	17.39	18.20	19.30	Stuttgart-	19.44		17.30			22.35	23.00
	Einsingen		15.55	(Frankfurt (M)-Stuttgart-) Ulm-Lindau-Innsbruck	16.30		16.54	▲17.48	17.46	18.26	▲19.38		19.49		a▲17.36			22.42	▲23.08
	Erbach (Württ)		16.00		a16.34		16.59	▲17.54	17.52	18.31	a▲19.43		19.55	20.44	——			22.48	c▲23.13
	Dellmensingen		16.04		an		17.03	an	17.57	18.36	an		19.59		Sa 1344			22.53	an
	Rißtissen-Achstetten		16.09	Ⓞ	von Emmendingen		17.09	2346	18.03	18.41	nach Ehingen (Donau)		20.04		2.			22.58	† 7523 nach Ehingen, Sa nach Oberdischingen
	Laupheim West 306b an	15.19	16.14				17.14	2.	a18.09	18.46		19.37	20.10	20.55	🚌	21.27	22.01	23.04	
	Laupheim West ab	15.20	16.15				...	a18.12	nach Schwendi	18.48		19.38	nach Laupheim	e20.56	Sa20.58	21.29	22.02	23.06	
	Schemmerberg		16.21			Ulm-	...	18.18		18.55		Ulm-		21.02	21.03	ab		23.12	
	Langenschemmern		16.26		——		...	18.23		18.59				21.06	21.06		bis	23.16	
	Warthausen (306c)		16.30		1324		...	18.29		19.05				21.11	21.11			23.22	
	Biberach (Riß) (🚌 1307 v) an	15.32	16.34	:16.29	1. 2.	:17.44	...	18.34		19.09		19.49		21.15	21.15	21.40	22.14	23.26	
	Biberach (Riß) ab	15.34	nach Friedrichshafen	:16.30	16.44	:17.46	...	18.36	...	19.13	...	19.51	...	21.16	21.16	21.43	22.16	23.31	
	Ummendorf				16.50		...	18.42	...	19.19	...	Friedrichs-	...	21.22	21.22	22.XII.56	21.XII.56	23.37	
	Schweinhausen				16.54	Friedrichs-	...	18.47	——	19.24	...		——	21.26	21.26			23.41	
	Hochdorf (Riß)				16.58		...	18.51	1358	19.28	...		† 1364	21.30	21.30			23.45	
	Essendorf				17.02		...	18.56	1. 2.	19.33	——		1. 2.	21.34	21.34			23.50	
	Wattenweiler				17.07		...	19.02	🚌	19.39	✕ 1336		🚌	21.39	21.39			23.56	
	Schussenried 306d	15.50			17.12		...	19.08	a 19.22	19.46	1. 2.	20.07	†20.15	21.44	21.44	21.58	23.32	0.01	
	Aulendorf 306a, d an	15.55		:16.50	17.17	:18.05		a19.13	19.27	19.52		20.12	[1]20.20	e21.49	Sa21.49	22.03	22.37	0.07	
	Aulendorf ab	15.57		:16.51	17.20	:18.07	✕1352 2.	...	19.28	†19.58	✕20.00	20.16	20.27	...	verkehrt auch am 31.X., 20.XI., 24. u 31.XII.56, 18., 30.IV. u 29.V.57	22.06	22.40	0.13	...
	Durlesbach			Lindau	17.27	hafen-	an Sa 1 u 2. Kl	...	19.35		20.08	hafen	20.33	...					...
	Mochenwangen				17.33	Ⓞ		——	19.42	20.10	20.14		20.39	...				0.25	...
	Niederbiegen				17.39			✕1360	19.48		20.20		20.45	...					...
	Ravensburg 306g (🚌 1307 s, 1309, 1306 m, 1105 a) an	16.13		:17.07	17.44	:18.23		2.	19.55	20.22	20.27	20.32	20.52	...		22.22	22.56	0.34	...
	Ravensburg ab	16.15	...	:17.09	17.47	:18.25	✕18.37	✕19.12	19.56	20.25	20.46	20.35	20.54	...		22.24	22.58	0.40	...
	Weißenau		...	-Innsbruck	17.50	(Lindau)	18.40		20.01		20.50		20.57	...					...
	Oberzell		...		17.54		18.44		20.05		20.54		21.01	...					...
	Meckenbeuren 306h	16.25	...		18.01		18.52	19.22	20.12	20.37	21.03	20.44	21.09	...		22.34	23.08	0.51	...
	Kehlen		...		18.05		18.55	an Sa 1. 2. Kl	20.15		21.07		21.12	...					...
	Gerbertshaus		...		18.08		18.58		20.19		21.10		21.15	...					...
	Löwental		...		18.12		19.03		20.24		21.15		21.19	...					...
	Friedrichshafen Stadt 306k an	16.36	...	:17.27	18.17	:18.43	✕19.08	✕19.33	a 20.28	†20.47	✕21.22	20.54	†21.25	...		22.44	23.17	1.00	...
	Friedr'hafen Stadt 305 ab	16.51	...	:17.35	18.28	Ⓞ:19.00	19.17	...	20.35	...	...	🚌21.30	🚌21.30	...		🚌23.00	🚌23.30	...	...
	Lindau Hbf (🚌 1305f) an	17.36	...	:17.59	19.11	Ⓞ:19.34	19.54	...	21.17	...	...	22.30	22.30	...		24.00	0.30	...	...
	BD Stuttgart — Zug Nr / Klasse		24 1. 2.	34 1. 2.			205 1. 2.		h = nur bis 3.XI.56 u ab 14.IV.57; k = bis 6.IV.						Augsburg—Meersburg 1105 a				
	Friedrichshafen Stadt 306k ab	16.38	17.12	17.42	...	:18.51	18.56	...	Kein Anschluß an — nach					...	Friedrichshafen—Baienfurt 1306 m				
	Friedrichshafen Hafen 1008 an	16.41	17.15	17.45	...	:18.54	18.59							...					
	Friedrichshafen (1008g) ab	...	[Z]17.30	18.10	...	20.15/19.20		16.XII.—28.II.	[1] 3573 Kißlegg					...	Friedrichshafen—Meersburg 1305				
	Romanshorn an	...	[Z]18.10	18.50	...	20.50/20.00			[2] Bus 3959 Fischbach					...					
	Romanshorn 1621 ab	...	19.06	19.06	...	...	21.07	...	[3] 203 Romanshorn					...	Friedrichshafen—Lindau 1305 f				
	Zürich HB an	...	20.24	20.24	...	...	22.27	...						...					

D 76: Kiel—Innsbruck; Wilhelmshavn—Friedrichshafen Hafen
D 234: Hagen—Innsbruck
D 352: Hoek v H—Innsbruck; Oostende—Innsbruck 15./16. XII. bis 16./17.III.; Amsterdam—Innsbruck; Dortmund—Innsbruck Sa u So 2.II.—31.III.; Oostende—Innsbruck (Aachen—Lindau 🛏)
E 506: Stuttgart—Friedrichshafn Hafen
E 694: Ulm—Innsbruck—Wien
D 804: Dortmund—Landeck 1. II. bis 30.III.57; Ulm—Friedrichshafn Hafen

[1] Autofähre ab bzw an Autoquai bis 15.XII. u ab 1.III.

(symbol) verkehrt 22. bis 24.XII., 28.XII.56 bis 2.I. u 1.II. bis 30.III.57

Ⓞ verkehrt Ulm—Friedrichshafen Hafen bis 21.XII., 25.XII.56, 3.I. bis 31.I. u ab 31.III.57, Ulm—Lindau 22. bis 24.XII., 26.XII.56 bis 2.I.57, 1.II. bis 30.III.57

Ⓩ verkehrt Frankfurt (M)—Ulm nur So u Sa 22.XII.56 bis 6.I., 2.II. bis 10.III. u 13. bis 28.IV.57

1990/91

750 * Ulm – Aulendorf – Friedrichshafen →750

Ulm – Laupheim 7510
Laupheim – Biberach 7522

Biberach – Aulendorf 7561
Bad Buchau – Bad Schussenried – Aulendorf 7562

Aulendorf – Friedrichshafen 7560
Friedrichshafen – Lindau 7587

Am 14. VI., 1. XI. 1990 und 30. V. 1991 Verkehr wie †, am 24. und 31. XII. wie ⑥

km	Station	🚌	🚌	E3539	E3535	Ⓡ E3533 / Ⓟ D1419	5363	E3543	5303 2.	E3537	D361	5365 2.	E3541	D2561	5371 🚌 2.
	Stuttgart Hbf 900								[9]5 10	5 53	6 37	7 02	Ⓛ 7 58	9 02	
	Ulm Hbf ○								[9]6 09	7 02	7 48	8 02	Ⓛ 8 53	10 05	
	München Hbf 900								5 06	Ⓙ 5 45	♦ 6 45		♦ 7 45	♦ 8 45	
	Ulm Hbf ○								6 29	Ⓙ 7 02	♦ 8 02		♦ 9 02	♦ 10 02	
	BD Stuttgart			🧳	🧳	🧳 [50]				🧳	🧳		† = 🧳	🧳	
0	Ulm Hbf 755, 788, 975				Ⓐ 5 52	Ⓝ 5 55			✕ 6 37	✕ 7 20	8 11		9 11	10 14	
11	Erbach (Württ)				6 01				6 46	von					
22	Laupheim West				6 10	6 11			6 56	7 34	8 26		9 26	10 30	
27	Schemmerberg				6 15				7 01	Aalen					
37	Biberach (Riß) ○				6 22	6 23			✕ 7 09	7 43	8 37		9 35	10 41	
	Biberach (Riß)				6 23	6 24				7 44	8 39		9 36	10 42	
57	Bad Schussenried				6 36	6 39				7 57	8 53		9 50		
62	Aulendorf 766, 980 [4] ○				6 40	6 44				8 01	8 58		9 54	10 58	
	Aulendorf			Ⓐ 6 01	6 41	6 45				8 02	9 00		9 55	11 00	
69	Durlesbach [92]	🚌	🚌												
74	Mochenwangen														
84	Ravensburg ○			6 17	6 55	6 59				8 15	9 14		10 09	11 14	
	Ravensburg	Ⓐ 5 06		6 18	6 56	7 00		Ⓩ 7 25		8 16	9 16		10 10	11 15	
95	Meckenbeuren	▲5 27		6 27	7 04	Ⓡ 7 08		7 33		8 23	9 24	5365	10 18		
101	Löwental	▲5 37		6 34	7 10			7 39				2.			
103	Friedrichshafen Stadt [3] ○	Ⓐ 5 45		Ⓐ 6 38	Ⓐ 7 14	Ⓝ 7 15		Ⓩ 7 43		8 30	9 32		10 26	11 28	
	Friedrichshafen Stadt 730			7 00		Ⓟ 7 23	5363	✕ 8 01		8 40	9 38			11 34	5371
	Lindau Hbf ○			7 27		Ⓟ 7 42		✕ 8 40		9 01	10 05			11 56	🚌 2.
	Friedrichshafen Stadt [3]		✕ 6 10		Ⓐ 7 28		⑥ 7 18			8 35		9 35	10 32	von	[3]11 36
104	Friedr'hafen Hafen ⛴ 10500 [90] [6] ○		✕ 6 13		Ⓐ 7 30		⑥ 7 20			✕ 8 37	nach	9 37	10 34	Karls-	[3]11 38
	Fr'hafen Hafen ⊞ ⛴ 10504		[8]6 43		[3]7 43		[3]7 43			8 43	Feld-	[3]9 43	10 43	ruhe	[3]11 43
	Romanshorn ⊞ ○		[8]7 24		[3]8 24		[3]8 24			9 24	kirch	[3]10 24	11 24		[3]12 24
	Romanshorn		7 42		8 42		8 42			9 42		10 42	11 40		12 42
	Zürich HB ○		8 50		9 50		9 50			10 50		11 50	12 50		13 50

Fahrrad am Bahnhof
Vermietbahnhöfe:
Ulm Hbf
Biberach (Riß)
Bad Schussenried
Aulendorf
Ravensburg
Meckenbeuren

Station	E3545		E3547	5305 2.	E3549	D2713	5373	E3553	E3569	E3555	5307 2.
Stuttgart Hbf 900	♦ 9 58	10 26	♦ 10 58		12 09	13 03		♦ 14 11		♦ 14 58	Ⓣ 15 23
Ulm Hbf ○	♦ 10 53	11 30	♦ 11 53		13 08	14 05		♦ 15 06		♦ 15 53	Ⓣ 16 26
München Hbf 900	♦ 9 45	10 19	♦ 10 45		♦ 11 45	♦ 12 47		♦ 13 47		♦ 14 47	
Ulm Hbf ○	♦ 11 02	11 47	♦ 12 02		♦ 13 02	♦ 14 02		♦ 15 02		♦ 16 02	
BD Stuttgart	🧳		🧳		🧳	🚃 🧳		⑥ = 🧳		🧳	
Ulm Hbf 755, 788, 975	11 11		✕ 12 11	Ⓐ 12 18	Ⓑ 13 13	14 12		✕ 15 12		16 11	Ⓐ 16 34
Erbach (Württ)				12 27	Ⓐ 13 21						16 43
Laupheim West	11 26		12 26	12 35	13 29	14 26		15 27		16 26	16 50
Schemmerberg				12 39							16 55
Biberach (Riß) ○	11 35		12 35	Ⓐ 12 46	13 39	14 35		15 36		16 35	Ⓐ 17 03
Biberach (Riß)	11 36		12 36		13 40	14 36		15 37		16 36	
Bad Schussenried	11 50		12 50		13 54			15 51		16 50	
Aulendorf 766, 980 [4] ○	11 54		12 54		13 58	14 51		15 55		16 54	
Aulendorf	11 55		12 55		13 59	14 52		15 56		16 55	
Durlesbach [92]											
Mochenwangen											
Ravensburg ○	12 09		13 09		14 13	15 06		16 10		17 09	
Ravensburg	12 10		13 10		14 14	15 08		16 11	Ⓐ 16 26	17 10	
Meckenbeuren	12 18		13 18		14 22			16 19	16 34	17 18	
Löwental									16 40		
Friedrichshafen Stadt [3] ○	12 26		✕ 13 26		14 29	15 21		16 26	Ⓐ 16 44	17 26	
Friedrichshafen Stadt 730	[5]12 34		13 33		14 55	15 27	5373		16 56	17 33	
Lindau Hbf ○	[5]13 05		14 00		15 21	15 49	⑥ = 2.		17 27	18 14	
Friedrichshafen Stadt [3]	12 33		✕ [3]13 30		14 34		[3]15 27	16 31		17 32	
Friedr'hafen Hafen ⛴ 10500 [90] [6] ○	12 35		✕ [3]13 32		Ⓑ 14 36		[3]15 29	✕ 16 33		17 34	
Fr'hafen Hafen ⊞ ⛴ 10504	12 43		[3]13 43		14 43		[3]15 43	16 43		[3]17 43	
Romanshorn ⊞ ○	13 24		[3]14 24		15 24		[3]16 24	17 24		[3]18 24	
Romanshorn	13 42		14 42		15 42		16 42	17 40		18 42	
Zürich HB ○	14 50		15 50		16 50		17 50	18 50		19 50	

Ⓐ = ✕ außer ⑥
Ⓑ = täglich außer ⑥
Ⓒ = ⑥ und †
Ⓙ = IC, ① bis ⑤ nicht 4. VI., 22. XII. bis 1. I., 29. III. bis 1. IV., 20. V.
Ⓛ = IC, ① bis ⑥, nicht 4. VI., 23. XII. bis 1. I., 30. III. bis 1. IV., 20. V.
Ⓝ = ⑥, auch 26. XII., 29. III.
Ⓟ = ⑥ bis 29. IX. und vom 5. I. bis 23. III., auch 14. VI., 22., 26. XII., 29. III., 6. IV.
Ⓡ = ⑥ vom 6. X. bis 15. XII., 29. XII., 30. III., 13. IV. bis 1. VI., auch 24., 31. XII.
Ⓣ = ① bis ⑤, nicht 4. VI., 25., 26. XII., 1. I., 29. III. bis 1. IV., 20. V.
Ⓩ = ✕ außer ⑥, auch 16., 30. VI., 14. VII., 8., 22. IX., 6., 20. X., 17. XI., 1., 15. XII., 12., 26. I., 2., 23. II., 9., 23. III., 20. IV., 4., 11. V.

[3] = bis 9. XI. und ab 25. III.
[5] = nicht 25. XII.
[8] = nicht 25. XII., 1. I.
[9] = bis 28. X., 21. XII. bis 7. I., 9., 16. II., 15. III. bis 13. IV.
[50] = D1419, 2. Klasse, 🍷, 🧳, 🛏, 🛌, **Vorarlberg-Express,** Dortmund – Innsbruck

[90] = Schiffskurse nach Romanshorn warten im allgemeinen 10 Minuten auf verspätete Anschlußzüge
[92] = Halt zum Ein- und Aussteigen für Reisegruppen auf besonderen Antrag möglich

In *E* und Nahverkehrszügen ohne 🧳 ist die Mitnahme von Fahrrädern auf Fahrradkarte in den Einstiegsräumen, soweit Platz vorhanden, auch zugelassen.

Diese Tabelle enthält das Fahrplanangebot des Jahresfahrplans 1990/91 (27. V. 1990 bis 1. VI. 1991)

751 * Ulm – Aulendorf – Friedrichshafen – Lindau *Südbahn* →751

🚌 Ulm–Laupheim 7510, Laupheim–Biberach 7522 | Biberach–Aulendorf 7561, Bad Schussenried–Aulendorf 7562 | Aulendorf–Friedrichshafen 7560

Zwischen Ravensburg und Friedrichshafen Stadt gilt auch der Tarif der Bodensee-Oberschwaben-Bahn GmbH

km	Zug	5331 2. [60]	E 3835	E 3541 [3]	E 3863 [1]	E 3543 [1]	IR 2261	✕3899 †5363 †=2.	[50] D 1019 ◆ 2.	5303 2. [1]	5333 2. [60]	E 3837	E 3545	5335 2. [60]	E 3865	E 3107	5365 2.
	Stuttgart Hbf 750						5 02						6 00		6 33	Ⓕ 7 12	
	Ulm Hbf ○						6 03						6 56		7 51	Ⓕ 8 05	
	von		Singen		Singen			✕Singen	Dortmund			Radolfzell			Basel		
0	**Ulm** Hbf					✕ 5 53	6 21		Ⓟ 6 30	✕ 6 36			7 20			8 12	
11	Erbach (Württ)					6 02	|		|	6 45			|			|	
22	Laupheim West					6 10	|		|	6 53			7 34			8 26	
27	Schemmerberg					6 15	|		|	✕ 6 58			|			|	
37	Biberach (Riß)					6 24	6 44		6 54	○ 7 06			7 44			8 36	
57	Bad Schussenried					6 37	|		|				7 56			8 48	
62	Aulendorf 753, 766 [4] ○					6 41	7 00		7 11				8 00			8 53	
	Aulendorf			Ⓐ 6 04		6 42	7 01		7 12				8 01			8 54	
84	Ravensburg ○			6 17		6 55	7 15		7 26				8 15			9 07	
	Ravensburg	Ⓗ 5 42		6 18		6 56	7 16		7 27		Ⓖ 7 33		8 16	Ⓖ 8 33		9 08	
87	Weißenau	5 45		|		|	[99]		[99]		7 36		|	8 36		|	
89	Oberzell	5 47		|		|	|		|		7 38		|	8 38		|	
95	Meckenbeuren	5 53		6 27		7 04	|		|		7 44		8 23	8 44		9 15	
97	Kehlen	5 55		|		|	|		|		7 46		|	8 46		|	
101	Löwental	6 00		6 34		7 10	|		|		7 50		|	8 50		|	
103	Friedrichshafen Stadt ▶ [3] ○	Ⓗ 6 02		Ⓐ 6 38		✕ 7 14	7 31		7 40		Ⓖ 7 53		8 30	Ⓖ 8 53		9 23	
	Friedrichshafen Stadt [80]		Ⓐ 6 08		✕ 6 57		7 37	7 35	7 49			8 06	8 35		8 57	9 30	9 28
104	FN-Hafen ▶ ⛴ 10500 [6] ○		|		|		|	7 37	|			|	8 37		|	|	9 30
127	**Lindau** Hbf [95] [80]		Ⓐ 6 39		✕ 7 35		[51] 7 56		Ⓟ 8 09			8 40			9 31	9 56	
	nach		Augsburg		Kempten				Innsbruck			München			Kempten		
	▶ Friedrichshafen Stadt 731	Ⓦ *6 07*		Ⓦ *6 58*		Ⓦ *7 28*					*8 07*			*8 58*			
	Radolfzell ○	Ⓦ *7 02*		Ⓦ *7 55*		Ⓦ *8 27*					*9 03*			*9 55*			
	▶ FN-Hafen ⊞ ⛴ 10505 [90]	[9] *6 43*						Ⓡ *7 43*					*8 43*				Ⓡ *9 43*
	Romanshorn ⊞ ○	[9] *7 24*						Ⓡ *8 24*					*9 24*				Ⓡ *10 24*

Zug	5337 2. [60]	E 3839	E 3547	IR 361 ◆	5339 2. [60]	E 3867	E 3109	5367 2.	5341 2. [60]	E 3841	E 3549	IR 365	5343 2. [60]	E 3869	E 3111	5369 2.
Stuttgart Hbf 750		Ⓕ 7 59	8 12	8 17		8 59	Ⓕ 9 12			9 59	Ⓕ 10 12	10 17		10 59	11 12	
Ulm Hbf ○		Ⓕ 8 54	9 05	9 18		9 54	Ⓕ 10 05			10 54	Ⓕ 11 05	11 18		11 54	12 05	
von		Radolfzell		Saarbrücken		Basel				Radolfzell		Trier		Basel		
Ulm Hbf			9 12	9 28			10 12				11 12	11 28			12 12	
Erbach (Württ)			|	|			|				|	|			|	
Laupheim West			9 26	|			10 26				11 26	|			12 26	
Schemmerberg			|	|			|				|	|			|	
Biberach (Riß)			9 36	9 49			10 36				11 36	11 52			12 36	
Bad Schussenried			9 48	|			10 48				11 48	|			12 48	
Aulendorf 753, 766 [4] ○			9 53	10 03			10 53				11 53	12 08			12 53	
Aulendorf			9 54	10 04			10 54				11 54	12 09			12 54	
Ravensburg ○			10 07	10 17			11 07				12 07	12 23			13 07	
Ravensburg	Ⓖ 9 33		10 08	10 19	Ⓖ 10 33		11 08		Ⓖ 11 33		12 08	12 25	Ⓖ 12 33		13 08	
Weißenau	9 36		|	[99]	10 36		|		11 36		|	[99]	12 36		|	
Oberzell	9 38		|	|	10 38		|		11 38		|	|	12 38		|	
Meckenbeuren	9 44		10 15	|	10 44		11 15		11 44		12 15	|	12 44		13 15	
Kehlen	9 46		|	|	10 46		|		11 46		|	|	12 46		|	
Löwental	9 50		|	|	10 50		|		11 50		|	|	12 50		|	
Friedrichshafen Stadt ▶ [3] ○	Ⓖ 9 53		10 23	10 32	Ⓖ 10 53		11 23		Ⓖ 11 53		12 23	12 39	Ⓖ 12 53		13 23	
Friedrichshafen Stadt [80]		10 07	10 28	10 39		11 00	11 30	11 28		12 07	12 31	12 45		13 00	13 30	13 28
FN-Hafen ▶ ⛴ 10500 [6] ○		|	10 80	|		|	|	11 30		|	12 33	|		|	|	13 30
Lindau Hbf [95] [80]		10 39		10 58		11 31	11 56			12 36		13 05		13 30	13 56	
nach		München		Bludenz		Kempten				München		Bregenz		Kempten		
▶ Friedrichshafen Stadt 731	*10 07*				*10 58*				*12 07*				*12 59*			
Radolfzell ○	*11 03*				*11 55*				*13 03*				*13 55*			
▶ FN-Hafen ⊞ ⛴ 10505 [90]			*10 43*					Ⓡ *11 43*			*12 43*					Ⓡ *13 43*
Romanshorn ⊞ ○			*11 24*					Ⓡ *12 24*			*13 24*					Ⓡ *14 24*

Ⓐ = ✕ außer ⑥
Ⓑ = täglich außer ⑥
Ⓒ = ⑥ und †
Ⓕ = ① bis ⑥, nicht 31. V. 1993, 25. XII. 1993 bis 2. I. 1994, 2. bis 4. IV., 23. V. 1994
Ⓖ = ✕ ab 1. VI., nicht 10. VI., 1. XI., 6. I.
Ⓗ = ✕ außer ⑥ ab 1. VI., nicht 10. VI., 1. XI., 24., 31. XII., 6. I.
Ⓟ = ⑥ bis 9. X., 8. I. bis 26. III., auch 18., 23., 26. XII., 5. I., 1., 9. IV.
Ⓡ = bis 5. XI. und ab 27. III.
Ⓦ = ✕, nicht 10. VI., 1. XI., 6. I.

[1] = nicht 10. VI., 1. XI., 6. I.
[3] = nicht 10. VI., 1. XI., 24., 31. XII., 6. I.
[4] = auch 10. VI., 1. XI., 24., 31. XII., 6. I.
[9] = nicht 25. XII., 1. I.
[50] = **VORARLBERG-EXPRESS**
[51] = verkürzte Übergangszeit auf 565 Richtung Bregenz
[60] = **Fahrt der Bodensee-Oberschwaben-Bahn GmbH, Kornblumenstraße 7/1, 88046 Friedrichshafen**

[80] = Gesamtverkehr siehe 731
[90] = Schiffskurse nach Romanshorn warten im allgemeinen 10 Minuten auf verspätete Anschlußzüge
[95] = Übergangszeit in Lindau 4 Minuten, grenzüberschreitender Verkehr 7 Minuten
[99] = BOB-Fahrausweise gelten nicht

Fahrrad am Bahnhof: Ulm Hbf, Biberach (Riß), Aulendorf, Ravensburg, Meckenbeuren, Friedrichshafen Stadt, Lindau Hbf

751 * Ulm – Aulendorf – Friedrichshafen – Lindau *Südbahn* →751

🚌 Ulm–Laupheim 7510, Laupheim–Biberach 7522 | Biberach–Aulendorf 7561, Bad Schussenried–Aulendorf 7562 | Aulendorf–Friedrichshafen 7560

Zwischen Ravensburg und Friedrichshafen Stadt gilt auch der Tarif der Bodensee-Oberschwaben-Bahn GmbH

Zug	5345 2. [60]	E 3843	E 3551	IR 461	5349 2. [60]	E 3871	E 3113	5371 2.	5351 2. [60]	E 3847	E 3553	5305 2. [3]	5353 2. [60]	E 3873	E 3115	5373 2.	5355 2. [60]
Stuttgart Hbf 750		11 59	12 12	12 17		12 59	13 12			14 03	14 12			Ⓕ 14 59	15 12		
Ulm Hbf ○		12 54	13 05	13 18		13 54	14 05			14 59	15 05			Ⓕ 15 54	16 05		
von		Radolfzell		Trier		Basel				Radolfzell				Basel			
Ulm Hbf			13 12	13 28			14 12				15 12	Ⓐ 15 41			16 12		
Erbach (Württ)			|	|			|				|	15 50			|		
Laupheim West			13 26	|			14 26				15 26	15 59			16 26		
Schemmerberg			|	|			|				|	Ⓐ 16 04			|		
Biberach (Riß)			13 36	13 49			14 36				15 36	○ 16 12			16 36		
Bad Schussenried			13 48	|			14 48				15 48				16 48		
Aulendorf 753, 766 [4] ○			13 53	14 03			14 53				15 53				16 53		
Aulendorf			13 54	14 04			14 54				15 54				16 54		
Ravensburg ○			14 07	14 17			15 07				16 07				17 07		
Ravensburg	Ⓖ 13 36		14 08	14 19	Ⓖ 14 33		15 08		Ⓗ 15 33		16 08		Ⓗ 16 33		17 08		Ⓗ 17 33
Weißenau	13 39		|	[99]	14 36		|		15 36		|		16 36		|		17 36
Oberzell	13 41		|	|	14 38		|		15 38		|		16 38		|		17 38
Meckenbeuren	13 47		14 15	|	14 44		15 15		15 44		16 15		16 44		17 15		17 44
Kehlen	13 49		|	|	14 46		|		15 46		|		16 46		|		17 46
Löwental	13 53		|	|	14 50		|		15 50		|		16 50		|		17 50
Friedrichshafen Stadt ▶ [3] ○	Ⓖ 13 56		14 23	14 32	Ⓖ 14 53		15 23		Ⓗ 15 53		16 23		Ⓗ 16 53		17 23		Ⓗ 17 53
Friedrichshafen Stadt [80]		14 07	14 28	14 39		15 00	15 30	15 28		16 06	16 29			16 58	17 30	17 28	
FN-Hafen ▶ ⛴ 10500 [6] ○		|	14 30	|		|	|	15 30		|	16 31			|	|	17 30	
Lindau Hbf [95] [80]		14 39		14 58		15 31	15 54			16 39				17 33	17 55		
nach				Landeck		Kempten				Augsburg				Kempten			
▶ Friedrichshafen Stadt 731	*14 07*				*14 58*				*16 07*				*16 58*		Ⓟ *17 45*		*18 07*
Radolfzell ○	*15 03*				*15 55*				*17 03*				*17 55*		Ⓟ *18 47*		*19 03*
▶ FN-Hafen ⊞ ⛴ 10505 [90]			*14 43*					Ⓡ *15 43*			*16 43*					Ⓡ *17 43*	
Romanshorn ⊞ ○			*15 24*					Ⓡ *16 24*			*17 24*					Ⓡ *18 24*	

Zug	E 3849	5307 2. [3]	E 3555	IR 2265 ◆	5357 2. [60]	E 3875	E 3117	5375 2.	5359 2. [60]	E 3851	E 3559	IR 463 ◆	E 3561	E 3563	E 3895	E 3565	E 3567
Stuttgart Hbf 750		15 17	16 12	16 17		16 59	17 12			17 59	18 12	18 17	19 12	20 12		21 12	Ⓛ 22 01
Ulm Hbf ○		16 18	17 05	17 18		17 54	18 05			18 54	19 05	19 18	20 05	21 05		22 05	Ⓛ 22 54
von	Radolfzell			Saarbrücken		Basel				Radolfzell		Saarbrücken			Radolfzell		
Ulm Hbf		Ⓐ 16 34	17 12	17 28			18 12				19 12	19 28	20 12	21 12		22 13	Ⓝ 23 12
Erbach (Württ)		16 43	|	|			|				|	|	|	|		|	|
Laupheim West		16 51	17 26	|			18 26				19 26	|	20 26	21 26		22 27	23 26
Schemmerberg		Ⓐ 16 55	|	|			|				|	|	|	|		|	|
Biberach (Riß)		○ 17 03	17 36	17 52			18 36				19 36	19 52	20 36	21 36		22 38	23 36
Bad Schussenried			17 48	|			18 48				19 48	|	20 48	21 48		22 51	23 48
Aulendorf 753, 766 [4] ○			17 53	18 08			18 53				19 53	20 08	20 53	21 53		22 56	23 53
Aulendorf			17 54	18 09			18 54				19 54	20 09	20 54	21 54		22 57	23 54
Ravensburg ○			18 07	18 23			19 07				20 07	20 23	21 07	22 07		23 10	0 07
Ravensburg			18 08	18 25	Ⓗ 18 33		19 08		Ⓗ 19 35		20 08	20 25	21 08	22 08		23 11	0 08
Weißenau			|	[99]	18 36		|		19 38		|	[99]	|	|		|	|
Oberzell			|	|	18 38		|		19 40		|	|	|	|		|	|
Meckenbeuren			18 15	|	18 44		19 15		19 46		20 15	|	21 15	22 15		23 19	0 15
Kehlen			|	|	18 46		|		19 48		|	|	|	|		|	|
Löwental			|	|	18 50		|		19 52		|	|	|	|		|	|
Friedrichshafen Stadt ▶ [3] ○			18 23	18 39	Ⓗ 18 53		19 23		Ⓗ 19 55		20 23	20 39	21 23	22 23		23 27	Ⓝ 0 23
Friedrichshafen Stadt [80]	18 07		18 30	18 45		19 01	19 30	19 28		20 05		20 48			22 28		
FN-Hafen ▶ ⛴ 10500 [6] ○	|		18 32	|		|	|	19 30		|		|			|		
Lindau Hbf [95] [80]	18 36			19 05		19 31	[50] 19 59			20 38		21 08			22 55		
nach										Kempten		Feldkirch					
▶ Friedrichshafen Stadt 731					*18 59*				*20 07*			*20 58*	*22 07*				
Radolfzell ○					*19 55*				*21 03*			*21 55*	*23 02*				
▶ FN-Hafen ⊞ ⛴ 10505 [90]			[7] *18 43*					Ⓡ *19 43*									
Romanshorn ⊞ ○			[7] *19 24*					Ⓡ *20 24*									

Ⓐ = ✕ außer ⑥
Ⓑ = täglich außer ⑥
Ⓒ = ⑥ und †
Ⓔ = täglich außer ⑥, nicht 30. V. 1993, 24. XII. 1993 bis 1. I. 1994, 1. bis 3. IV., 22. V. 1994
Ⓕ = ① bis ⑥, nicht 31. V. 1993, 25. XII. 1993 bis 2. I. 1994, 2. bis 4. IV., 23. V. 1994
Ⓖ = ✕ ab 1. VI., nicht 10. VI., 1. XI., 6. I.
Ⓗ = ✕ außer ⑥ ab 1. VI., nicht 10. VI., 1. XI., 24., 31. XII., 6. I.
Ⓛ = ① bis ④ und ⑦, nicht 30. V. 1993, 23. XII. 1993 bis 1. I. 1994, 31. III. bis 3. IV., 22. V. 1994
Ⓝ = täglich außer ⑥/⑦, auch 25./26. XII., 1./2. I., nicht 24./25. XII., 31. XII./1. I.
Ⓟ = ⑥ bis 9. X. und ab 21. V., auch 31. V. 1993, 23. V. 1994
Ⓡ = bis 5. XI. und ab 27. III.

[1] = nicht 10. VI., 1. XI., 6. I.
[2] = auch 10. VI., 1. XI., 6. I.
[3] = nicht 10. VI., 1. XI., 24., 31. XII., 6. I.
[7] = nicht 24., 31. XII.
[50] = verkürzte Übergangszeit auf 5597 Richtung Bregenz
[60] = **Fahrt der Bodensee-Oberschwaben-Bahn GmbH, Kornblumenstraße 7/1, 88046 Friedrichshafen**

[80] = Gesamtverkehr siehe 731
[90] = Schiffskurse nach Romanshorn warten im allgemeinen 10 Minuten auf verspätete Anschlußzüge
[95] = Übergangszeit in Lindau 4 Minuten, grenzüberschreitender Verkehr 7 Minuten
[99] = BOB-Fahrausweise gelten nicht

Fahrrad am Bahnhof: Ulm Hbf, Biberach (Riß), Aulendorf, Ravensburg, Meckenbeuren, Friedrichshafen Stadt, Lindau Hbf

VT 60 am Schuppen in Friedrichshafen, 1,7.1993

VT 61 Friedrichshafen Stadt, 10.7.1993

Fahrzeuge

VT[4] 60 und 61 Bauart NE 81
ABB Henschel Waggon Union 1993/36107, 108
Farbgebung: nachtblau mit silberfarbenem Schriftzug.
Das BOB-Geißbock-Signet ist an Stirn- und Seitenwand angebracht.
Ein dritter Triebwagen ist 1994 bestellt worden.

VT 61 Ausfahrt Friedrichshafen Stadt, 10.7.1993

VT 61 Meckenbeuren, 10.7.1993

VT 61 zwischen Meckenbeuren und Oberzell, 10.7.1993

Ermstal-Verkehrs-Gesellschaft (evg)

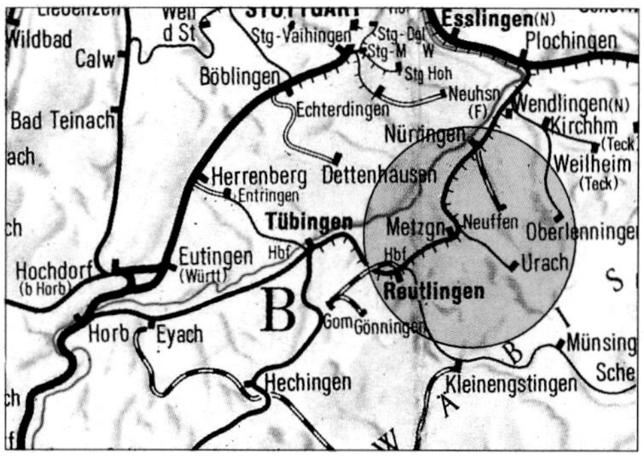

Die „Ermstal-Verkehrs-Gesellschaft mbH zur Förderung des Schienenverkehrs im Ermstal" (evg) ist eine private Kapitalgesellschaft, die sich aus einer Initiative entwickelt hat, die anfangs die Erinnerung an die Eisenbahn im Ermstal wachhalten wollte, nicht mehr und nicht weniger. Sie war entstanden, nachdem die DB 1976 den restlichen Personenverkehr auf der Nebenbahnstrecke Metzingen (an der Strecke Plochingen – Reutlingen – Tübingen) – Bad Urach aufgegeben und durch Busse ersetzt hatte. Erhalten blieb vorerst der Güterverkehr zu einer Papierfabrik und ein wenig landwirtschaftlicher Verkehr im Herbst, der aber nach und nach an Bedeutung verlor. Um wenigstens den Tarifpunkt Urach zu erhalten, übernahm ein ortsansässiges Reisebüro, das bisher schon durchgehende Fahrkarten ab Urach ausgegeben hatte, auf privater Basis die durchgehende Beförderung des Reisegepäcks, ferner organisierte es zu jeder sich bietenden Gelegenheit Sonderzüge von und nach Urach.

Inzwischen hatten sich die Verhältnisse geändert: Urach ist zum Bad avanciert und hat durch das junge Heilbad und die neue Kurklinik erheblich an Bedeutung für den Heilbetrieb gewonnen, ferner ist die Bundesstraße durch das Ermstal, als Autobahnzubringer für den Raum Tübingen – Reutlingen aufgewertet, ein einziges Stauärgernis geworden, an dem besonders der Linienbusverkehr der RAB, Regionalverkehr Alb-Bodensee GmbH, leidet. Die inzwischen erheblich gewachsene Verkehrsbedeutung kann man aus dem Fahrplan der RAB lesen: werktags verkehren die Busse zwischen Metzingen und Bad Urach in den Spitzenzeiten früh und nachmittags viertel-, ansonsten halbstündlich.

Als das Land Baden-Württemberg ein Programm aufstellte, welche Nebenbahnen erhalten bzw. reaktiviert werden sollten, wurde die evg gegründet. Das junge Unternehmen gab mehrere Untersuchungen und Gutachten in Auftrag, die alle die Chancen einer Wiederaufnahme des Schienenpersonenverkehrs aufzeigten und positiv beurteilten. Die Landesregierung nahm die Nebenbahn Metzingen – Bad Urach zur Wiederinbetriebnahme in ihr Schienen-Verkehrskonzept auf – Anlaß, die evg aus ihrem Schatten- und Planungsdasein heraustreten zu lassen; sie wandelte die GmbH mit Gesellschafterbeschluß vom 11. September 1991 in eine AG um und beschloß gleichzeitig, das Anfangskapital von 100 000 DM, gehalten von 13 Aktionären, darunter ein Reisebüro, die Klinik, das Thermalbad und Privatpersonen, auf 1 Mio zu erhöhen durch Ausgabe von 18 000 Inhaberaktien, die bis zum Nennwert von 50 DM gestückelt sind.

Ziel und Zweck der Ermstal AG ist die Wiederinbetriebnahme der 11 km langen Bahnstrecke Metzingen – Bad Urach sowie im Einvernehmen mit der DB die Voraussetzungen für eine Regionalbahn Neckar-Alb zu schaffen. In der Anfangsphase soll mit 6 VT zwischen Metzingen und Bad Urach im 20-Minuten-Taktfahrplan früh und nachmittags gefahren werden, in der übrigen Zeit halbstündlich und am Wochenende stündlich. Die Betriebsführung des künftigen Pv auf der Schiene soll im Einvernehmen mit dem Regionalverkehr Alb-Bodensee und der Hohenzollerischen Landesbahn von einer noch zu gründenden Betriebsgesellschaft übernommen werden. Als künftige Werkstatt denkt man an das Bw Tübingen, entsprechende Verhandlungen werden mit der DBAG geführt. Das Investitionsvolumen für die VT, die Wiederinbetriebnahme und die Einrichtung von zusätzlichen Haltepunkten ist mit 12 Mio DM veranschlagt. Am 28. Dezember 1993 hat die evg die 11 km lange Strecke Metzingen – Bad Urach von der DB erworben und ist seitdem Besitzer dieser Strecke.

Obwohl noch kein VT bestellt, keine Terminvorstellung vorhanden und kein Betriebskonzept von allen Beteiligten abgesegnet ist, gibt es hochfliegende und weitreichende Pläne:

durchgehender Verkehr nach Reutlingen

Übernahme des Regionalverkehrs nach Plochingen, Tübingen und Horb, ggf. auch nach Herrenberg.

Das Interessante und vorerst Einmalige an diesem Vorhaben ist, daß ein breites Publikum die Möglichkeit hat, Eisenbahnaktionär zu werden. Über 1500 haben bis März 1994 davon Gebrauch gemacht, das Aktienkapital beträgt im Augenblick 350 000 DM.

1993/94

Busanschlüsse: Regionalverkehr Alb-Bodensee GmbH (RAB), Verkaufsbüro Münsingen, ☎ (07381) 761 (Auszug)

Tabelle 7640	1 ✕	3 Ⓐ	3 Ⓐ	1 ✕	2 †	9	1 ✕	3 Ⓐ	2 †	1 ✕	1 ✕		1 ✕		1 ✕				1 ✕		1 ✕	2 ©	3 Ⓐ
Metzingen	5 30	6 00	6 48	6 55	7 05	7 11	7 35	7 55	8 03	8 10	8 34	9 03	9 35	10 03	10 55	11 03		12 03	12 30		13 03	13 25	13 32
Bad Urach O	5 52	6 20	7 13	7 20	7 23	7 27	8 00	8 20	8 23	8 30	8 56	9 28	10 00	10 28	11 20	11 25		12 23	12 55		13 28	13 55	13 57

Ⓐ = ✕ außer ⑥
Ⓑ = täglich außer ⑥
Ⓒ = ⑥ und †
Ⓟ = täglich außer nach †
Ⓡ = nach †

1 = nicht 10. VI., 1. XI., 6. I.
2 = auch 10. VI., 1. XI., 6. I.
3 = nicht 10. VI., 1. XI., 24., 31. XII., 6. I.
6 = auch 24., 31. XII., nicht 25. XII., 1. I.
7 = nicht 24., 31. XII.

8 = auch 10. VI., 1. XI., 24., 31. XII., 6. I., nicht 25. XII., 1. I.
9 = nicht 31. V., 25., 26. XII. 1993, 1. I., 4. IV., 23. V. 1994
11 = nicht 10./11. VI., 1./2. XI., 24./25. XII., 31. XII./1. I., 6./7. I.
12 = auch 10./11. VI., 1./2. XI., 6./7. I.

16 = auch 24., 31. XII., nicht 10. VI., 1. XI., 25. XII., 1., 6. I.
80 = Gesamtverkehr siehe 790.1
81 = weitere Züge siehe 761
99 = Verbundfahrausweise gelten nicht

Hohenzollerische Landesbahn AG (HzL)

Bis 17.06.1907 Actiengesellschaft Hohenzollernsche Kleinbahngesellschaft

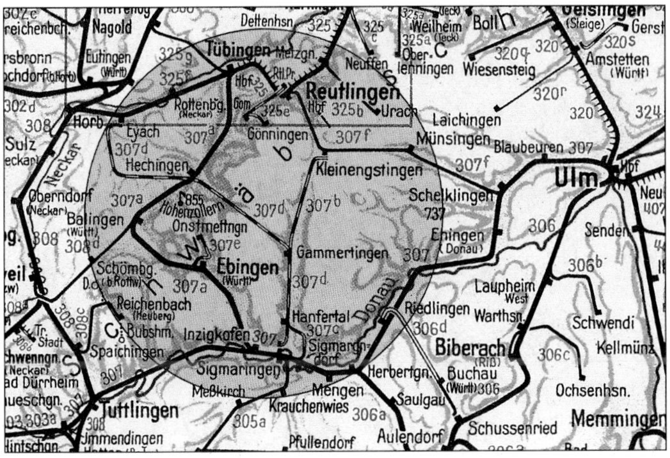

Eyach – Hechingen – Gammertingen – Hanfertal – Sigmaringen

Hanfertal – Sigmaringendorf

Gammertingen – Kleinengstingen

Spurweite: 1435 mm

Streckenlänge: 53,27 km (1907), davon 38,37 km auf preußischem Territorium, 107,43 km (1928, 1990)

Gleislänge: 57,74 km (1907), 114,84 km (1928, 1990)

Eigener Bahnkörper

Betriebseröffnung:

29.03.1900	Sigmaringendorf – Bingen	5,6 km
18.03.1901	Hechingen – Burladingen	14,7 km
17.06.1901	Eyach – Stetten	13,3 km
07.11.1901	Kleinengstingen – Gammertingen	19,7 km
06.12.1908	Bingen – Hanfertal – Gammertingen – Burladingen	37,3 km
05.10.1910	Hanfertal – Sigmaringen	2,3 km
24.12.1912	Stetten – Hechingen	14,7 km

Stillegung:
Personenverkehr

29.09.1968	Sigmaringendorf – Bingen (– Hanfertal, es verblieb ein Schülerzug ab und bis Bingen, der bis 30.05.1991 beibehalten worden ist).
01.06.1969	Trochtelfingen – Kleinengstingen
28.05.1972	Gammertingen – Trochtelfingen
01.10.1972	Haigerloch – Eyach
03.06.1973	Haigerloch – Hechingen

Eigentümer: Aktiengesellschaft

Grundkapital bei der Gründung:	3 240 000 Mark
davon hielten	
Staat Preußen	1 620 000 Mark
Landeskommunalverband	810 000 Mark
Westdeutsche Eisenbahn-Gesellschaft (WeEG)	808 000 Mark
Dir. Dopfer, Sigmaringen	1 000 Mark*
Rechtsanwalt Dr. F. Esser, Köln	1 000 Mark*

* Übertragung der beiden Aktien am 21.8.1899 auf die WeEG

Zugang Bf Hechingen Landesbahn

neben und Mitte links Gammertingen

Bronnen

Bingen

Kapitalerhöhung 1904 auf	3 488 000 Mark
davon Staat Preußen	+ 124 000 Mark
Landeskommunalverband	+ 62 000 Mark
WeEG	+ 62 000 Mark
Kapitalerhöhung 1907 auf	7 208 000 Mark
1911	8 563 000 Mark
1920	8 863 000 Mark
1921	9 103 000 Mark

Von der Kapitalerhöhung übernahmen stets der Landeskommunalverband ein Drittel und der Preußische Staat zwei Drittel.

1929 Übernahme des WeEG-Anteils auf den Landeskommunalverband, damit waren der Preußische Staat mit 60% und der Hohenzollerische Landeskommunalverband mit 40% der Aktien einzige Aktionäre der HzL.

DM-Eröffnungsbilanz 1948: 4 551 500 DM

Der Anteil des Preußischen Staates wurde nach 1945 zunächst vom Finanzministerium Tübingen bzw. des Landes Baden-Württemberg vertreten. 1961 (Reichsvermögensgesetz v. 16.05.1961) endgültiger Übergang auf das Land Baden-Württemberg.

1972 Herabsetzung des Grundkapitals zum Zweck des Verlustausgleichs, gleichzeitig Kapitalerhöhung durch das Land auf 4,5 Mio DM, da mittlerweile das Anlagevermögen sowie die Umsätze eine entsprechende Steigerung erfahren hatten; 1987 Kapitalerhöhung auf 8,5 Mio DM.

Seit 1972 hält das Land Baden-Württemberg 71,88%
der Landeskommunalverband 28,12% des AK
bzw. nach Auflösung des Landeskommunalverbandes 1973 (Kreisreform) das Land Baden-Württemberg 71,88%
Kreis Sigmaringen 14,06%
Zollernalbkreis 14,06%

Betriebsführung:

Bis 1928	Westdeutsche Eisenbahn-Gesellschaft (WeEG)
1929–1933	(in Zusammenhang mit der Fusion der WeEG mit der AGV (AG für Verkehr) Vereinigte (Westdeutsche) Kleinbahnen AG
seit 01.07.1933	eigene Betriebsführung

Direktion der HzL in Hechingen
(eigenes Direktionsgebäude Hofgartenstraße 39)

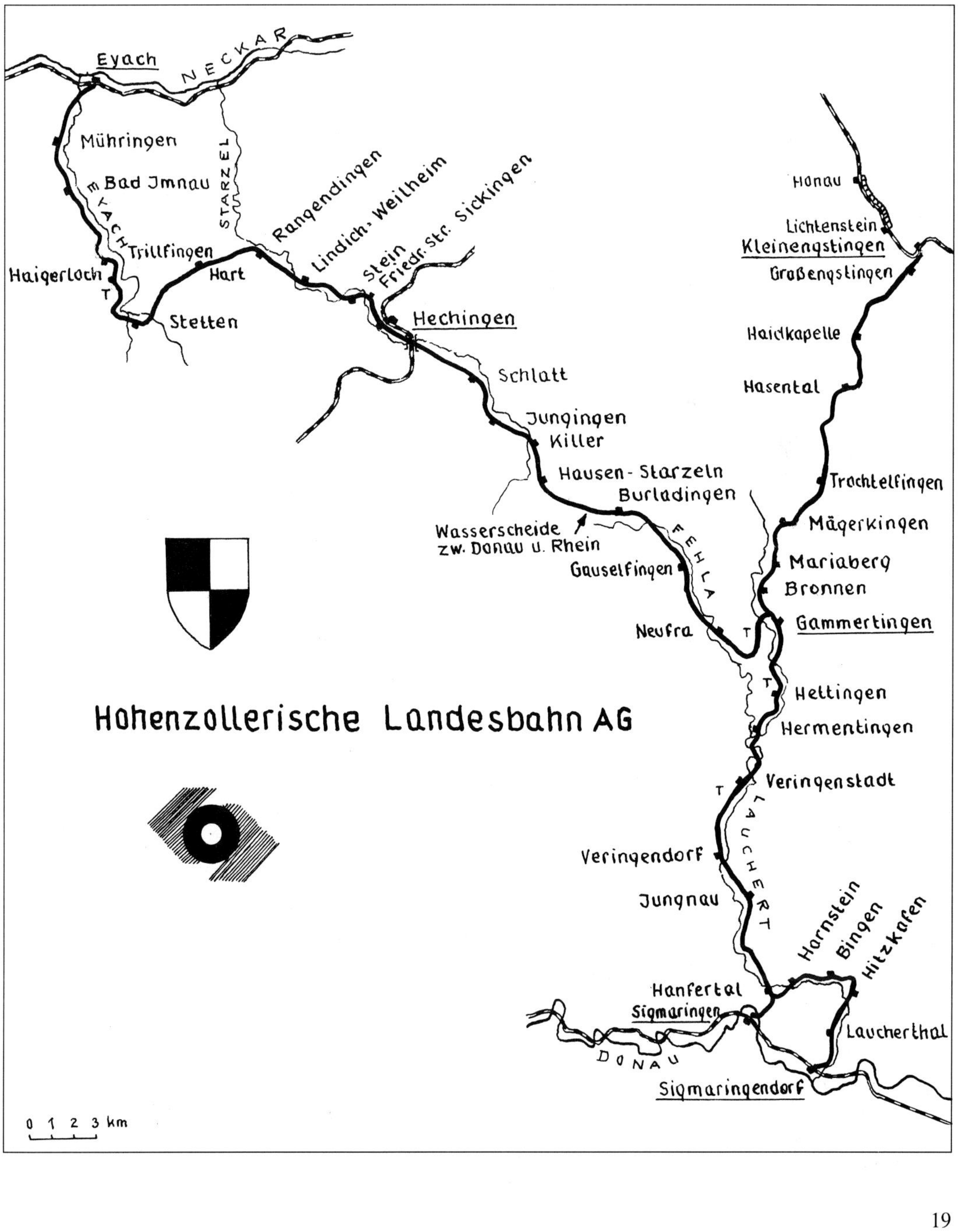

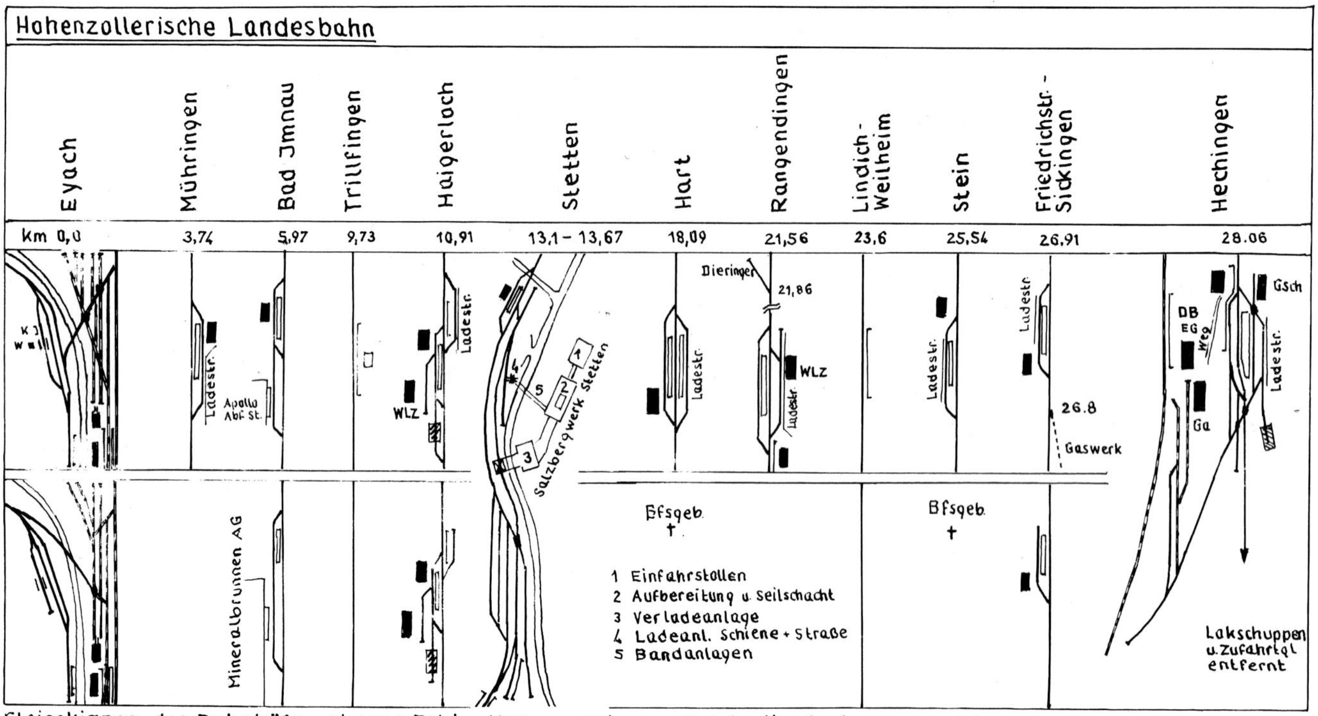

Gleisskizzen der Bahnhöfe oberes Feld ~1973 unteres Feld Veränderungen bis 1990

Ausstattung

km 0,0	Eyach, HzL-Bahnhof neben und parallel den DB-Gleisen, 3 Gleise, Untersuchungsgrube, Kohlenbansen und Wasserturm mit Aufenthaltsraum (entfernt), Bahnsteig gegenüber dem DB-EG, keine eigenen Abfertigungsanlagen. Übergabe zur DB ursprünglich in Sägefahrt, 1985 Änderung der Gleisanlagen so, daß direkte Einfahrt (Richtung Tübingen) möglich ist.
km 3,74	Mühringen, Ladegleis, kleines Bahnhofsgebäude in Fachwerkstil (aufgegeben und vermietet), Güterschuppen mit Laderampe.
km 5,97	Bad Imnau, Kreuzungs- und Ladegleis, kleines Bahnhofsgebäude (entfernt), Laderampe für das Kohlensäure- und Mineralwasserabfüllwerk Apollo-Quelle – Mineralbrunnen AG.
km 9,73	Trillfingen, Hp mit Bahnsteig und kleiner hölzerner Unterstellbude; Bude, Bahnsteig und Zugang entfernt.
km 10,3	Agl HzL-Steinbruch, abgebaut.
km 10,91	Haigerloch, Kreuzungs- und Ladegleise, großes Bahnhofsgebäude (UG Dienstraum, OG vermietet), Ladegleis WLZ-Lagerhaus, Lokschuppen, hintere Ausfahrt abgebaut. Früher Einfahrsignale und Gleiswaage, beides entfernt.
km 13,67	Stetten Pbf, Bahnsteig, Bahnhofsgebäude (besetzt für die Abfertigung der Salzwagen und des Stückgutverkehrs); das Bahnhofsgebäude war früher Lagerhaus der WLZ mit Agl, ursprüngliches Bahnhofsgebäude gegenüber entfernt. Vorgelagert (km 13,1) langgezogene, umfangreiche Lade-, Rangier- und Bereitstellungsgleise für das Salzbergwerk Stetten, Salzverladeanlagen, früher Gleiswaage, entfernt; Holzverladerampe am nördlichen Bahnhofsende. Die Gleise sind mehrfach erweitert worden, letztmalig 1985 anläßlich der Verlegung der Eyach.
km 18,09	Hart, ursprünglich 2, später 3 Gleise, hübsches kleines Bahnhofsgebäude (entfernt); ausgebaut als Entlastungsbahnhof für Stetten.
km 21,56	Rangendingen, Kreuzungs- und Ladegleise, größeres Bahnhofsgebäude (mit einem Agenten besetzt), Agl Lagerhalle Dieringer.
km 23,6	Lindich-Weilheim, Hp, entfernt
km 25,54	Stein, Ladegleis, kleines Bahnhofsgebäude (entfernt).
km 26,91	Friedrichstraße-Sickingen, Ladegleis, kleines Bahnhofsgebäude in Fachwerkstil (aufgegeben und leer), Agl Gaswerk Hechingen (abgebaut 1970).
km 28,06	Hechingen Landesbahn, Kreuzungs-, Abstell- und Ladegleise, großes Bahnhofsgebäude (besetzt), Gsch, Gleiswaage, kleiner eingleisiger Draisinenschuppen (1987 entfernt). Die Gleisanlagen sind Anfang der 70er Jahre umgestaltet worden. Übergabegleis zum hochgelegenen DB-Bahnhof. Einfahrsignale, Stellwerk im Bahnhof.
km 28,4	Agl Sägerei und Holzhandlung Wild (aufgegeben Anfang 70er Jahre).
km 32,56	Schlatt, Kreuzungs- und Ladegleis, kleiner Gsch mit Dienstraum (entfernt), neuer Wetterschutz für die Fahrgäste.
km 35,03	Jungingen, Kreuzungs- und Ladegleis, zweigeschossiges Bahnhofsgebäude mit Gsch (entfernt 1990), neuer Wetterschutz. Nebengleis wird nur noch von Personenzügen befahren und hat Rückfallweichen.
km 37,17	Killer, Kreuzungs- und Ladegleis, eine Weiche entfernt, Viehladerampe (entfernt), kleines Dienstgebäude, aufgegeben und vermietet, hier ist ein Peitschenmuseum eingerichtet worden.
km 38,84	Hausen-Starzeln, Kreuzungs- und Ladegleis, kleines Bahnhofsgebäude, Viehladerampe (beides entfernt), neuer Wetterschutz. Nebengleis wird nur noch von Personenzügen befahren und hat eine Rückfallweiche.

Haigerloch, 5.5.1986

Haigerloch, Lokschuppen, 5.5.1986

Rangendingen, 16.5.1991

Hechingen, 15.9.1983

Jungingen, 25.5.1975

Killer, 20.7.1979

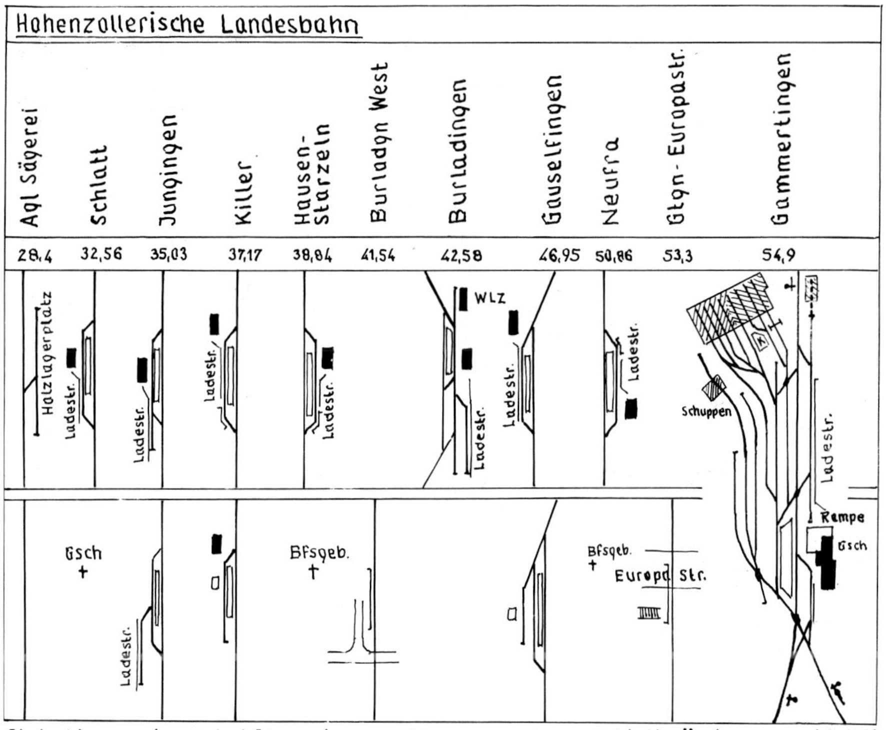

Gleisskizzen der Bahnhöfe oberes Feld ~1973 unteres Feld Veränderungen bis 1990

km 41,54 Burladingen West, Hp seit 3. Oktober 1987, Wetterschutz

km 42,58 Burladingen, Kreuzungs- und zwei Ladegleise, Ladegleis WLZ, größeres zweigeschossiges Bahnhofsgebäude (besetzt), früher Wasserstation und Gleiswaage (entfernt). Lokschuppen in den 30er Jahren entfernt, EDr2u-Stellwerksanlage, Einfahrsignale.

km 46,95 Gauselfingen, Kreuzungs- und Ladegleis, neues Ladegleis, kleines Bahnhofsgebäude (entfernt), neuer Wetterschutz. Nebengleis wird nur noch von Personenzügen befahren und hat Rückfallweichen.

km 50,86 Neufra, Lade- und Kreuzungsgleis, kleines Bahnhofsgebäude, Viehrampe (beides entfernt), neuer Wetterschutz.

km 52,44 Agl IG Farben (BASF), 2 Gleise, Gleiswaage, aufgegeben in den 40er Jahren.

km 53,3 Gammertingen-Europastraße, Hp seit 1989.

km 54,90 Gammertingen, umfangreiche langgezogene Gleisanlagen, mehrfach umgebaut und erweitert, letztmalig 1978/82. Großes Bahnhofsgebäude (besetzt) mit Stellwerk, Einfahrsignale, Gleiswaage, Wagenwaschplatte (aufgegeben). Kleiner eingleisiger Lokschuppen, heute Magazin ohne Gleisanschluß, ursprünglich viergleisiger Lokschuppen mit Werkstatt, später mehrfach vergrößert um weitere 4 Gleise, 1979/80 modernisiert und um eine neue zweigleisige Werkstatt erweitert.

km 57,99 Hettingen Tunnel, Hp, Bahnsteig (entfernt).

km 59,51 Hettingen, Kreuzungs- und Ladegleis, Bahnhofsgebäude (verkauft), Portalkran zum Umladen Schiene/Straße, entfernt 1989, früher Gleiswaage (entfernt), Holzladegleis und Lagerplatz.

km 61,83 Hermentingen, Kreuzungs- und Ladegleis (entfernt), kleine Wellblechbude, ersetzt durch kleines Wetterschutzhäuschen.

km 64,03 Agl Schwörer, je 1 Ladegleis zum Steinbruch (entfernt) und zum Werk für Fertigbauteile.

km 64,62 Veringenstadt, 2 Kreuzungs- und Ladegleise, Bahnhofsgebäude gleich dem in Hettingen (besetzt mit Agenten), Agl WLZ-Lagerhaus.

km 67,49 Veringendorf, je 1 Kreuzungs- und Ladegleis, kleines Bahnhofsgebäude.

Burladingen, 16.5.1967

Neufra, 20.9.1975

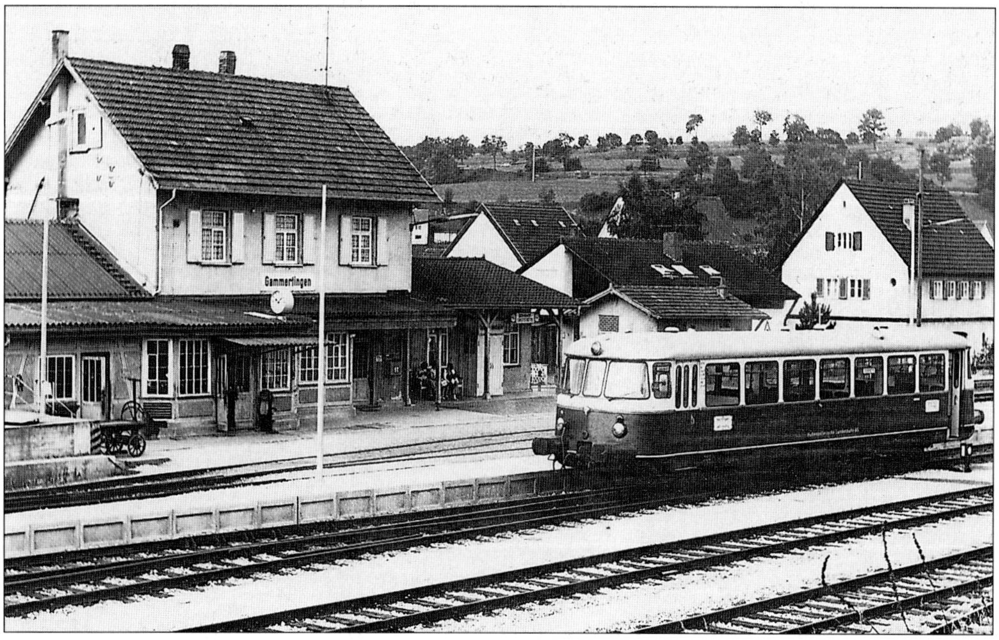

Gammertingen, 21.7.1979

Gammertingen, Betriebswerk, 20.9.1975

Gammertingen, Betriebswerk, 15.9.1983

Hettingen, 19.5.1962

Veringendorf, 26.2.1977

Sigmaringen, 19.5.1962

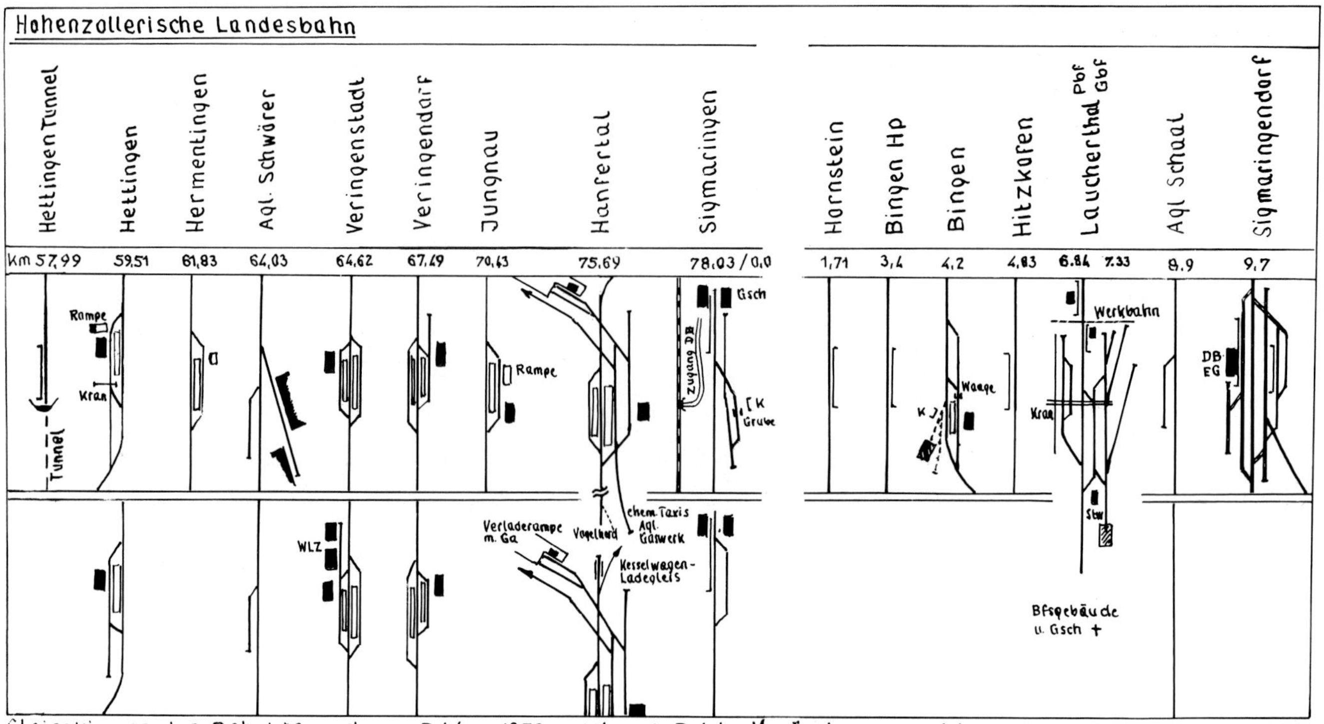

Gleisskizzen der Bahnhöfe oberes Feld ~ 1973 unteres Feld Veränderungen bis 1990

km 70,43 Jungnau, Kreuzungs- und Ladegleis, kleines Bahnhofsgebäude gleich dem in Veringendorf (aufgegeben und vermietet).

km 75,69 Hanfertal, ursprünglich 3 Durchfahrgleise mit 2 Bahnsteigen, 1 Ladegleis, Ladegleis Fa. Taxis und HzL-Agl Steinbruch Vogelherd (beide entfernt), letzter Umbau der Anlagen 1990/91.
Kleines zweigeschossiges Bahnhofsgebäude mit Stellwerk (besetzt), Einfahrsignale. Gleisanlagen später mehrfach erweitert, große Laderampe für Panzerverladungen, Ladegleis mit Betonauffangwanne für Kesselwagen, Agl Flüssiggaslager des Gaswerks Sigmaringen.

km 78,03 Sigmaringen HzL, Endbahnhof gegenüber dem DB-Bahnhof, Zugang durch Bahnsteigunterführung, keine Gleisverbindung zur DB. Umsetzgleis, Bahnhofsgebäude (besetzt mit einem Agenten). Kleiner Güterschuppen. Etwas zurückgelegen Abstellgleise, Lokbehandlungsgleis mit Untersuchungsgrube und Kohlenbansen, diese Anlagen sind entfernt worden. Der Bf Sigmaringen HzL wurde im April/Mai 1994 stillgelegt, die Gleisanlagen entfernt und der Gsch abgerissen. Bau eines neuen Verbindungsgleises zum DB-Bf und eines eigenen Bahnsteiges (Gleis 7), Modernisierung der Unterführung. Ab SoFpl 1994 Führung der HzL-Züge bis und ab dem neuen Bahnsteig.

Kilometrierung ab Hanfertal

km 1,71 Hornstein, Hp mit Bahnsteig.

km 3,4 Bingen, Hp, Bahnsteig.

km 4,2 Bingen Bf, ursprünglich Endbahnhof, Umsetz (Kreuzungs-) und Ladegleis, Abstellgleis und Lokschuppen,

Bingen, 1990

Hasental, 19.5.1962

neben Trochtelfingen, 15.9.1983

unten Mägerkingen, 19.5.1962

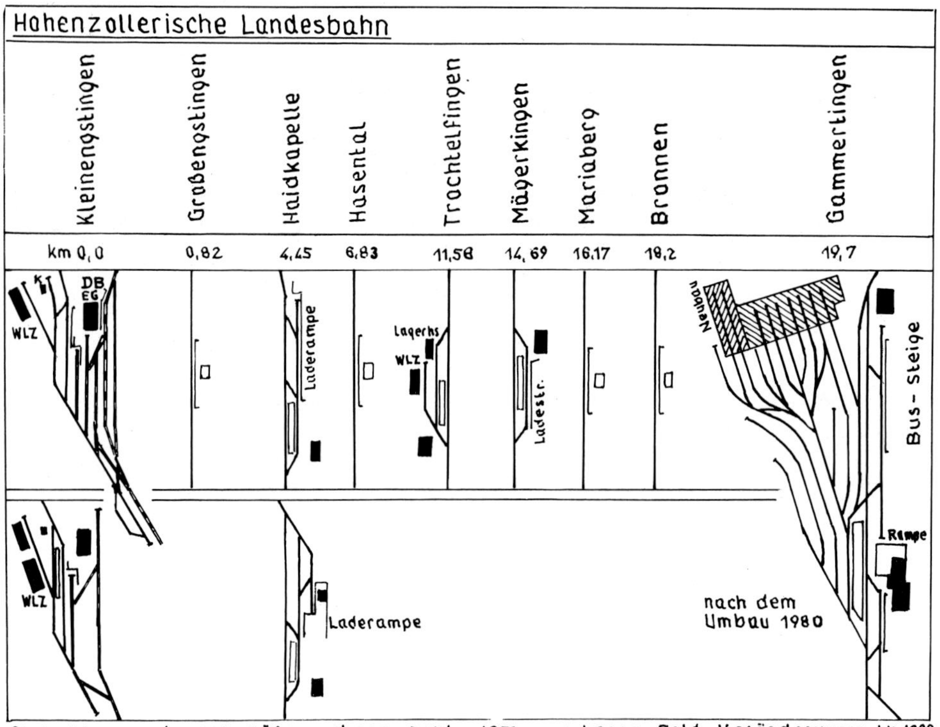

Gleisskizzen der Bahnhöfe oberes Feld ~ 1973 unteres Feld Veränderungen bis 1990

kleines, zweigeschossiges Bahnhofsgebäude (aufgegeben und verkauft, bewohnt). Gleisanlagen vereinfacht, früher Gleiswaage (entfernt). Abbau der Zufahrt zum Lokschuppen, der seit 1950 als Busgarage genutzt wurde und 1988 durch eine moderne KOM-Unterstellhalle ersetzt worden ist.

km 4,7 Agl Fa Stämpfli (entfernt).

km 4,83 Hitzkofen, Hp, Bahnsteig (entfernt),

km 6,84 Laucherthal Gbf, umfangreiche Gleisanlagen, beidseits des Streckengleises Werkhallen der Hütte und mehrere Agl, Kranbahn, die mehrere Gleise überspannt und bei Zugbetrieb teilweise verschlossen werden kann. Einfahrsignale mit hochziehbaren Lattenkreuzen versehen, die bei unbesetztem Bahnhof hochgezogen sind (Signal ungültig). Stellwerk, Gleiswaage (entfernt).

km 7,33 Laucherthal, Hp, Bahnsteig, kleines Bahnhofsgebäude und Laderampe (entfernt), Gsch

km 8,90 Agl Schaal (aufgegeben 1934).

km 9,7 Sigmaringendorf, HzL-Gleise neben den DB-Gleisen und dem DB-Bahnhof, Bahnsteig, Einfahrsignal, keine eigenen Abfertigungsanlagen.
1992 Aufgabe der HzL-eigenen Gleisanlagen, Einführung in das DB-Gleis über die neue Verbindungskurve.

km 0,0 Kleinengstingen, bescheidene Gleisanlagen neben und gegenüber dem DB-Bahnhof, keine eigenen Abfertigungsanlagen, Stumpfgleis mit Kohlenschuppen, Auszieh- und Umsetzgleis, Agl WLZ-Lagerhaus. 1976/77 Änderung und Vereinfachung der Gleisanlagen mit direkter Einführung in das DB-Streckengleis Richtung Münsingen.

km 0,82 Großengstingen, Hp mit Bahnsteig.

km 4,45 Haidkapelle, langgezogenes Kreuzungs- und Ladegleis mit Kopframpe, kleines Bahnhofsgebäude (aufgegeben und vermietet). 1975 Veränderung und Erweiterung der Gleisanlagen, neue Seiten- und Kopframpe für die Panzerverladung, auf der Rampe kleines Dienstgebäude (Güterabfertigung).

km 6,83 Hasental, Hp, Bahnsteig, kleines hübsches Fachwerk-Wetterschutzhäuschen (entfernt).

km 11,58 Trochtelfingen, Kreuzungs- und Ladegleis, großes Bahnhofsgebäude (1990 verkauft, Wohnhaus), Gleiswaage (entfernt). Agl WLZ-Landhandel, Lagergebäude mit großem Silo, vorgelagert WLZ-Raiffeisen-Markt. Das ursprüngliche Bauernverein-Lagerhaus befand sich bei km 11,48 vor dem Bahnhof, die Bereitstellung von Wagen erfolgte auf dem Streckengleis unter Beachtung besonderer Vorsichtsmaßnahmen.

km 14,69 Mägerkingen, Umsetz- und Ladegleis, kleines Dienstgebäude (aufgegeben und vermietet).

km 16,17 Mariaberg, Hp, Bahnsteig, kleines Wetterschutzhäuschen (entfernt).

km 18,2 Bronnen, Hp, Bahnsteig, kleine Wellblechbude (entfernt).

14 besetzte Bahnhöfe und Agenturen, 15 unbesetzte Bahnhöfe (1990).
Anzahl der Straßenkreuzungen mit Blinklichtanlagen:
1935 erste Warnlichtanlage am Tunnel in Haigerloch installiert
1968: 37, davon 1 mit Halbschranken
1974: 44
1980: 54, davon 15 mit Halbschranken
1989: 64, davon 15 mit Halbschranken
1991: 65, davon 16 mit Halbschranken
Zentralwerkstatt und Fahrzeughalle in Gammertingen
Kleine eingleisige Lokschuppen in:
Bingen (aufgegeben 1950, entfernt 1987)
Burladingen (aufgegeben in den 30er Jahren)
Haigerloch
Hechingen (entfernt 1987)
Gammertingen (aufgegeben, heute Magazin)
4 Tunnel mit insgesamt 408,5 m Länge
Stein- und Stahlbetonbrücken:
13 Stück Stützweite 2-20 m
5 Stück Stützweite größer als 20 m
Stahlbrücken:
28 Stück Stützweite 2-20 m
12 Stück Stützweite größer als 20 m
Einfahrsignale (Flügelsignale) hatten die Bahnhöfe:
Burladingen x), heute Lichtsignale
Haigerloch x), abgebaut

Hechingen +), heute Lichtsignale
Gammertingen +)
Hanfertal x), heute Lichtsignale
Laucherthal +)
Sigmaringendorf, von DB bedient
x) elektrisches Stellwerk
+) mechanisches Stellwerk
Rückfallweichen mit Sh1-Zungenprüfsignal und blauer Störsignalanzeige sind eingebaut bei den Bahnhöfen:
Jungingen
Veringenstadt
Hausen-Starzeln
Gauselfingen
Zugbahnfunk seit 1972, seit 1986 Gleichwellenfunksystem mit der Zentrale in Gammertingen und den zeitweise besetzten Zugleitstellen Hechingen, Hanfertal und Burladingen.

Geschichtliche Entwicklung und Bedeutung

Mit dem Beitrag über die Hohenzollerische Landesbahn wird der Leser nach Preußen entführt – Preußen mitten im Königreich Württemberg? Dazu ein ganz kurzer Ausflug in die Geschichte:

Das Haus Hohenzollern zählt zu den ältesten und bedeutendsten schwäbischen Adelsfamilien. Ausgangspunkt des 1061 erstmals erwähnten Geschlechts ist der Hohenzoller bei Hechingen, der der Burg, der Dynastie und dem Land den Namen gab. Herrschaftsbereich war im Mittelalter die Landschaft zwischen dem oberen Neckar, der Schwäbischen Alb und der oberen Donau.

Kurz nach 1200 teilte sich das Haus Hohenzollern in die schwäbische und fränkische Linie. Von der fränkischen Linie stammen die Markgrafen und Kurfürsten von Brandenburg und das spätere preußische Königshaus ab.

Wie das? Albrecht der Bär – den kennen Sie noch vom Geschichtsunterricht her – hatte 1134 die Nordmark als Lehen und das Havelland durch Erbschaft bekommen, er nannte sich Erster Markgraf von Brandenburg. Albrecht und sein Nachfolger dehnten die Mark Brandenburg weiter aus, gründeten Städte, förderten das Handwerk und kultivierten das Land. Mit dem Übergang der Mark Brandenburg an die Wittelsbacher 1324 wurde das Gebiet sehr vernachlässigt und verfiel zusehends. Das war die Situation 1411, als der Burggraf Friedrich VI. von Nürnberg – er gehörte zur fränkischen Linie der Hohenzollern –als Statthalter in die Mark Brandenburg geschickt wurde, um im Auftrag der Luxemburger (an die die Mark inzwischen gekommen war), die Mark wieder „auf Vordermann“ zu bringen, – was ihm auch schließlich gelang. Als Dank erhielt er 1415 u.a. die Mark Brandenburg als Lehen. Aus Friedrich VI. wurde Kurfürst Friedrich I. aus dem Haus Hohenzollern – da haben wir sie, die Verbindung des Hauses Hohenzollern mit der Mark Brandenburg.

Und nun noch rasch die Verbindung zu Preußen: Einer der Nachfahren Friedrich I., Kurfürst Johann Sigismund, der 1608 die Regierung antrat, hatte sich mit der Tochter Albrecht Friedrichs von Preußen vermählt. Nach dessen Tod 1618 fiel das Ordensland Preußen an Johann Sigismund, der 1613 zum reformierten Glauben übergetreten war, der von da an das Bekenntnis der Hohenzollerischen Hauptlinie blieb. Brandenburg war jetzt der mächtigste deutsche Staat und damit war der Grundstein zum Aufstieg Preußens gelegt.

Kurfürst Friedrich III., Sohn des Großen Kurfürsten, erhielt mit dem „Kontraktat“ 1700 die kaiserliche Zustimmung, für sein souveränes Herzogtum Preußen den Königstitel anzunehmen. Er war der erste „König in Preußen“ und nannte sich nach der Königskrönung 1701 Friedrich I., erst Friedrich der Große hat sich „König von Preußen“ genannt.

Von Preußen zurück zum Ausgangspunkt Hohenzollern und der schwäbischen Linie. Im 14. und 15. Jahrhundert erlitt das Herrschaftsgebiet durch Besitzteilung und Kämpfe gegen Württemberg erhebliche Rückschläge. 1423 wurde die Stammburg auf dem Zollerberg bei Hechingen zerstört. Mit brandenburgischer Hilfe gelang es insbesondere dem Grafen Eitelfriedrich I., das Territorium und die Stammburg wieder herzustellen. Seinen Nachfolgern gelang im 16. Jahrhundert die Erweiterung des Herrschaftsgebietes insbesondere um die Herrschaft Haigerloch und Wehrstein und die Belehung mit der Grafschaft Sigmaringen. Durch Erbteilungen entstanden 1576 die Grafschaften Hohenzollern-Sigmaringen und Hohenzollern-Hechingen mit den beiden Sitzen auf Burg Sigmaringen und Burg Hechingen.

Nachdem sich die brandenburg-preußischen und die schwäbischen Hohenzollern im 17. und 18. Jahrhundert infolge konfessioneller und politischer Entwicklung erheblich entfremdet hatten, wurden Ende des 18. Jahrhunderts wieder engere Beziehungen gepflegt, die dazu führten, daß die schwäbischen Zollern beim Reichsdeputationshauptschluß 1803 mit Preußens Hilfe ihr Gebiet erweitern konnten, ihre Souveränität erhielten und in den Rheinbund und 1815 in den Deutschen Bund aufgenommen wurden.

Revolutionswirren und die fehlenden Möglichkeiten zum Aufbau eines modernen Staatswesens veranlaßten beide Fürstentümer 1849, ihre Souveränitäts- und Regierungsrechte an den König von Preußen abzutreten und ihre Ländchen dem königlichen Vetter zu unterstellen, dafür wurde ihnen die Stellung Preußischer Prinzen eingeräumt. Die Gebiete der beiden Fürstentümer Hechingen und Sigmaringen bildeten seit 1850 als ein etwas unhomogenes Gebilde mit arg gezackten Grenzen, mit Exklaven in Baden und Württemberg sowie württembergischen Enklaven innerhalb, als Hohenzollerische Lande den preußischen Regierungsbezirk Sigmaringen und waren bis 1933 Bestandteil der preußischen Rheinprovinz bzw. unmittelbar den preußischen Zentralbehörden unterstellt. Nach der Reichsgründung 1871 entstand 1875 mit dem Landeskommunalverband eine eigene Selbstverwaltung.

Die Linie Hohenzollern-Hechingen ist 1869 im erbberechtigten Mannesstamm erloschen, seither führt die Sigmaringer Linie den Titel „Fürst“ bzw. „Prinz von Hohenzollern“. Die Inhaber der Hausgüter residieren auf Schloß Sigmaringen.

Die Burg Hechingen wurde ab 1819 vom preußischen Kronprinz und späteren König Friedrich Wilhelm IV. wiederhergestellt und ab 1850 durch Prinz Wilhelm, dem späteren Kaiser Wilhelm I. als romantisches Ideal einer mittelalterlichen Burg völlig neu gebaut.

1945 wurde der preußische Regierungsbezirk Sigmaringen Bestandteil von (Süd) Württemberg-Hohenzollern und kam damit 1952 zu dem neu geschaffenen Südweststaat Baden-Württemberg (Reg. Bez. Tübingen).

Der Leser verzeihe diesen geschichtlichen Exkurs – ein Blick auf die Karte der Hohenzollerischen Lande mit den verwirrenden Grenzen und Enklaven sowie Exklaven zeigt, wie interessant dieser ganze Komplex ist, in dem neben württembergischen und badischen Eisenbahnen eben die Hohenzollerische Landesbahn nach preußischen Normalien und Eisenbahnrecht angelegt ist.

Nun aber endgültig ins Eisenbahnjahrhundert – die Württembergische Staatsbahn erreichte in den 60er Jahren hohenzollerisches Gebiet. Am 29. Juni 1869 wurden die Strecke Tübingen – Hechingen (1. August 1874 bis Balingen, 4. Juli 1878 bis Sigmaringen) und 1868/73 die Strecke Ulm – Sigmaringen eröffnet. Das preußische Hohenzollern selbst blieb darüber hinaus vorerst eisenbahnlos, da weder der Staat Preußen noch das Königreich Württemberg Interesse am Bau von Nebenbahnen hatte. Zwar gab es schon 1842 hochfliegende Pläne einer Eisenbahnlinie von Rottenburg über Rangendingen, Hechingen, Gammertingen, Sigmaringendorf nach Ulm, in erster Linie politische, aber auch wirtschaftliche Gründe standen diesem Projekt entgegen, zur Ausführung ist es nicht gekommen. In den 70er Jahren gab es Überlegungen zu einem Projekt Reutlingen

– Engstingen – Sigmaringen/Münsingen – Ulm, das jedoch vorerst über Planungen auch nicht hinauskam.

Mit dem preußischen Kleinbahngesetz von 1892 eröffneten sich für Hohenzollern neue Perspektiven. Die Firma Lenz & Co GmbH, die 1892 in Stettin gegründet worden war und in Deutschland, vorwiegend in Preußen rund 4000 km Eisenbahnstrecken gebaut und betrieben hat, streckte ihre Fühler auch nach Württemberg aus. Eines der Lenz'schen Unternehmen war die Westdeutsche Eisenbahn-Gesellschaft (WeEG) mit Sitz in Köln (siehe Beitrag Württembergische Eisenbahn-Gesellschaft). Auch Lenz hatte Eisenbahnpläne für Hohenzollern, nämlich: eine Strecke Reutlingen – Gönningen – Undingen – Stetten unter Holstein – Mägerkingen – Gammertingen – Sigmaringen (siehe Beitrag Reutlingen – Gönningen), die von der WeEG ausgearbeitet und später teilweise realisiert worden ist.

Die gewerbetreibenden und wirtschaftlich regsamen Orte Haigerloch, Gammertingen und Burladingen sowie die Fürstlichen Unternehmungen Salzbergwerk Stetten und Hüttenwerk Laucherthal drängten auf Verbesserung der Konkurrenzfähigkeit durch den Anschluß an die Hohenzollern berührenden KWStE-Strecken. Besonders der Gammertinger Abgeordnete im preußischen Landtag, Josef Schmidt, trat für die eisenbahnmäßige Erschließung des Landes Hohenzollern ein und trug wiederholt seine Forderungen vor.

Nach der Verkündigung des preußischen Kleinbahngesetzes wandten sich verschiedene Eisenbahnkomitees an den Kommunallandtag mit Anträgen zum Bau von Nebenbahnen. Zur Finanzierung der einzelnen Projekte entschloß sich der Kommunallandtag in seiner Sitzung am 28. Februar 1898 zur Bildung einer Kleinbahnaktiengesellschaft. Der Gesellschaftsvertrag wurde am 5. Juli 1899 unterzeichnet und in das Handelsregister in Sigmaringen eingetragen.

Gründungsmitglieder der AG waren im wesentlichen:
- der Staat Preußen
- der Hohenzollerische Landeskommunalverband
- die Westdeutsche Eisenbahn-Gesellschaft

Geplant und gebaut wurden vier Stichstrecken, die ihre Ausgangspunkte bei den KWStE-Bahnhöfen Hechingen, Sigmaringen, Eyach und Kleinengstingen hatten. Von den insgesamt 53,3 km langen Bahnstrecken entfielen 38,37 km auf hohenzollerisches, der Rest auf württembergisches Gebiet.

Die Genehmigung für die auf dem Territorium des Königreich Württemberg gelegenen Streckenabschnitte wurde am 5./8. Juni 1899 erteilt, die preußische Genehmigung erfolgte am 28. Juni 1899 bzw. 22. Juli 1903. Die Konzession für die preußischen Streckenabschnitte wurde nach dem preußischen Kleinbahngesetz von 1892 erteilt, die württembergischen Streckenabschnitte waren als Nebenbahnen des allgemeinen Verkehrs konzessioniert.

Der Bau der vier Strecken wurde der WeEG übertragen. Ferner wurde mit der WeEG ein Betriebsführungsvertrag abgeschlossen, der am 7./19. Juli 1899 von der WeEG (Betriebsabteilung Stuttgart – Filderbahn, siehe dort –) und der AG Hohenzollern'sche Kleinbahngesellschaft unterzeichnet wurde.

Die WeEG hatte den Bau der Bahnen zu einem Pauschalpreis von 3,24 Mio Mark übernommen, der Betriebsführungsvertrag sah eine Laufzeit von 30 Jahren vor und der Landeskommunalverband hatte der WeEG eine $3\,^1/_2$%ige Verzinsung des WeEG-Kapitalanteils auf 35 Jahre zugesagt.

Ferner hatten die Oberamtsbezirke und Zunächstbeteiligten zur Entlastung des Landeskommunalverbandes für die laufende Unterhaltung der Bahnanlagen einen einmaligen Zuschuß von insgesamt 212 000 Mark gegeben. Nach Klärung aller rechtlichen, technischen (Spurweite 1435 mm!) und finanziellen Fragen wurde im Juni/Juli 1899 mit den Bauarbeiten der ersten drei Strecken Sigmaringendorf – Bingen, Hechingen – Burladingen und Eyach – Stetten begonnen. Alle drei Strecken wurden 1900/1901 in Betrieb genommen. Die behördlichen Abnahmen fanden am 27. März 1900, 16. März und 16. Juni 1901 statt. Geographische oder technische Schwierigkeiten gab es zumindest für die beiden erstgenannten Strecken nicht, lediglich die Strecke Eyach – Stetten verursachte einige Probleme durch Erdrutsche bei den Bahnhöfen Eyach und Imnau, der Eyach-Verlegung bei Stetten und dem Tunnelbau bei Haigerloch. Die längste Strecke Kleinengstingen – Gammertingen folgte im November 1901.

Alle Strecken waren nach den Prinzipien und Reglements des preußischen Kleinbahngesetzes geplant und gebaut worden, die staatliche Aufsicht lag in Berlin, die Bahnaufsicht bei der Eisenbahndirektion Frankfurt (M).

Das anfängliche Verkehrsaufkommen war sehr unterschiedlich – im Güterverkehr standen die Bingener und Haigerlocher Strecke durch die wichtigen Verfrachter, das Fürstl. Hohenzoller. Salzbergwerk in Stetten und das Fürstl. Hohenzoller. Hüttenwerk Laucherthal mit Abstand an der Spitze, im Personenverkehr war die Burladinger Strecke durch das wirtschaftlich sehr rege Burladingen von besonderer Bedeutung.

Sehr bald stellte sich die Notwendigkeit zur Verbindung der vier Stichstrecken heraus – schon 1904 wird im Geschäftsbericht

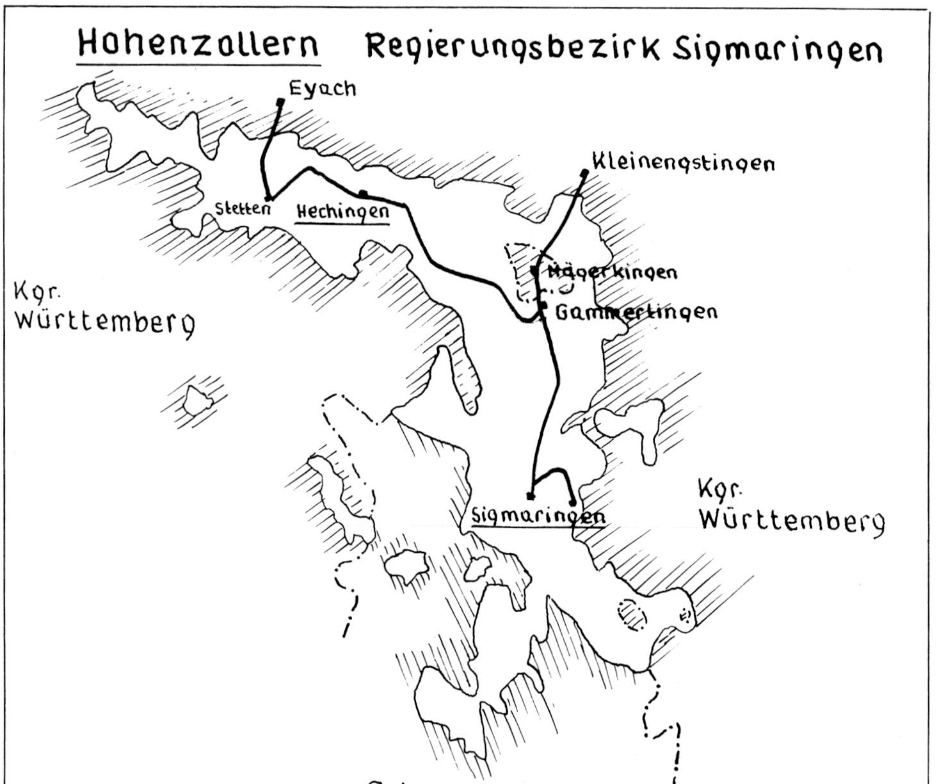

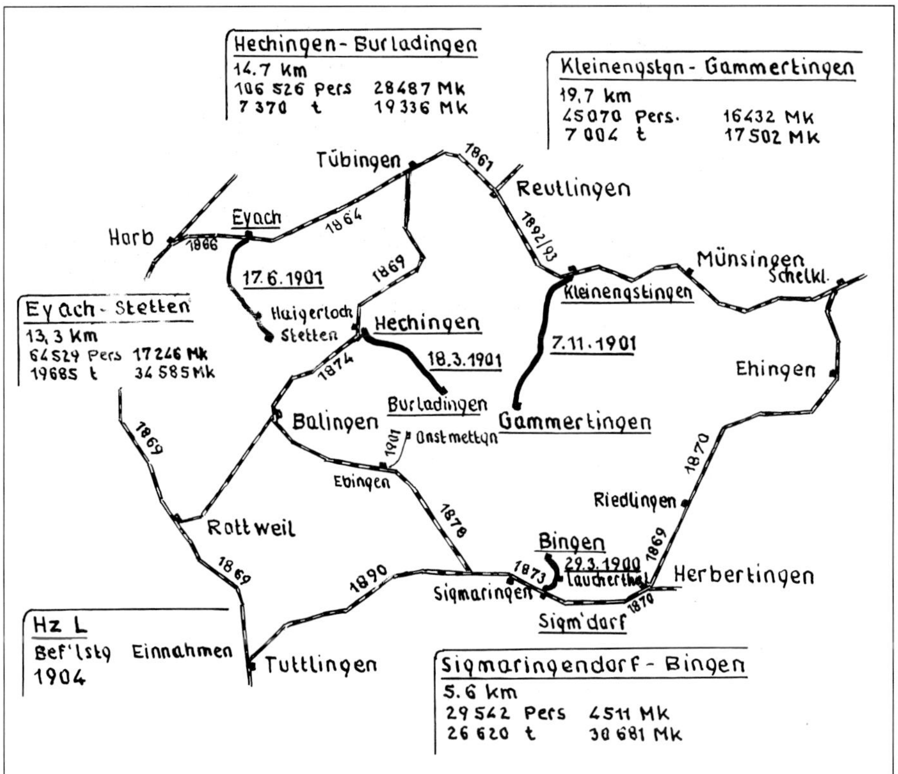

AG Hohenzollern'sche Kleinbahn-Ges. 1900 -1907

erwähnt, daß der Landeskommunalverband die Verbindung der Burladinger und Bingener Strecke über Gammertingen und 1905 den Weiterbau der Haigerlocher Strecke bis Hechingen plant – beide Projekte sind 1908, 1910 und 1912 verwirklicht worden. Die Genehmigung zum Bau und Betrieb der Strecke Burladingen – Gammertingen – Bingen/Sigmaringen wurde am 12. Juni 1907 erteilt.

1907 änderte die Gesellschaft ihren Namen in Hohenzollerische Landesbahn AG.

Die Bauarbeiten zogen sich in die Länge, insbesondere die Abschnitte Bingen – Hanfertal mit langen und hohen Dämmen, Hanfertal – Sigmaringen mit dem großen Viadukt über die Donau und Stetten – Hechingen durch die Forderung, die Strecke in einer sehr viel weiter nördlichen Führung an Hart, Höfendorf, Bietenhausen und Hirrlingen heranzubringen und die des Ortes Rangendingen nach einer südlichen Ortsumfahrung. Beide Forderungen wurden 1911 abgelehnt, vielmehr blieb man bei der direkten Linienführung Stetten – Rangendingen – Hechingen.

Eine neue Gesamtbahngenehmigung war für die preußischen Streckenabschnitte am 5. Januar 1912 auf die Dauer von „110 Jahren vom Tage der Erlaubnis zur Betriebseröffnung der Bahnlinie von Hechingen nach Stetten ab gerechnet" erteilt worden. Mit der Eröffnung dieser Strecke am 24. Dezember 1912 war das Netz der HzL komplett, die Streckenlänge betrug 107 km – das gesamte Netz besteht noch heute, Güterverkehr wird auf allen Strecken, Personenverkehr zwischen Hechingen und Sigmaringen betrieben.

Erstmals im Geschäftsbericht 1905 wird eine weitere Stichstrecke von Balingen nach Stetten erwähnt. Eine entsprechende Vorlage wurde 1907 dem Kommunallandtag zugeleitet und in seiner Sitzung im März 1909 beschlossen. Die Württembergische Staatsbahn hatte gegen dieses Projekt erhebliche Bedenken, da man befürchtete, mit einer Linie Balingen – Stetten – Eyach der Staatsbahnstrecke Balingen – Hechingen Verkehrsaufkommen wegzunehmen, zumal die Verlängerung Stetten – Hechingen ja bereits im Gespräch war. 1910 wurde das Projekt vorerst zurückgestellt, der Kommunallandtag bestätigte zwar den Bau der Strecke im Interesse des Landes Hohenzollern, die Regierung in Stuttgart hielt jedoch die Durchführung zur Zeit nicht für angezeigt. 1917 findet sich in den Geschäftsberichten letztmalig der Hinweis „... insbesondere ruht die Frage des Baues der Linie Stetten – Balingen". Damit fiel das Projekt offenbar politischen Differenzen zum Opfer, es ist auch später nicht wieder aufgegriffen und nie realisiert worden.

Die HzL entwickelte sich bis zum Ersten Weltkrieg zufriedenstellend, die Beförderungsleistungen erreichten im letzten Friedensjahr fast 700 000 Personen und 120 000 t Güter. Die Wirtschaftskrisen brachten der HzL erhebliche Verkehrseinbußen. Zwischen den Krisen und bis 1935 wurden die Zahlen von 1913 im Personenverkehr nicht wieder erreicht, im Güterverkehr jedoch deutlich überschritten. Ab 1936 setzte ein beachtlicher Verkehrsaufschwung ein, 1940 wurde im Personenverkehr die Millionen-Grenze überschritten, 1944 sogar fast 2 $^{1}/_{2}$ Millionen Personen befördert. Der Güterverkehr erfuhr in den Kriegsjahren einen enormen Auftrieb.

Die Einführung des Triebwagenverkehrs ab 1934 trug erheblich zur Verkehrssteigerung bei, der eingeschlagene Weg wurde jedoch durch den Krieg unterbrochen.

Die Betriebsführung der HzL war vertraglich 1899 der WeEG übertragen worden, der Vertrag hatte eine Dauer von 30 Jahren. Nach 15 Jahren war die Gesellschaft befugt, mit einjähriger Kündigung den Betrieb selbst zu übernehmen. Das Entgelt für die WeEG betrug in den ersten fünf Betriebsjahren 5% des Bruttoergebnisses und in den folgenden Jahren 10% des Netto-Ertrages. Der Betrieb wurde anfangs von der Betriebsabteilung Stuttgart geführt. Ab 1. März 1909 bestand eine selbständige Betriebsabteilung in Hechingen, die jedoch im folgenden Jahr wieder aufgegeben wurde, in Hechingen verblieb eine örtliche Betriebsleitung. 1925 wurde ein eigenes Verwaltungsgebäude, das heutige Direktionsgebäude, in Hechingen erstellt.

Im Zusammenhang mit der Zurruhesetzung des Hechinger Betriebsdirektors 1932 wurden von der HzL Überlegungen angestellt, den Betriebsvertrag zu kündigen, was zum 30. Juni 1933 geschah. Damit wurde die HzL eine selbständige und unabhängige Gesellschaft. Die Direktion befindet sich seither in dem Direktionsgebäude in Hechingen, Hofgartenstraße 39.

Der Zweite Weltkrieg, insbesondere die letzten Monate fügten der Bahn erhebliche Schäden zu – Züge wurden von Tieffliegern angegriffen, wobei auch viele Tote und Verletzte zu beklagen waren. Beim Rückzug wurden Bahndämme und mehrere Brücken zerstört, darunter der große Gammertinger Viadukt. Am 22. April 1945 mußte der Betrieb eingestellt werden.

Ab 3. August 1945 verkehrten wieder Züge zwischen Gammertingen und Sigmaringen, erst mit der Wiederherstellung des Gammertinger Viaduktes konnte ab 6. Dezember 1947 das ganz Netz wieder durchgehend befahren werden.

Nachdem wieder normale Verhältnisse herrschten, erholte sich der Verkehr langsam. Bereits 1946 war der Triebwagenverkehr wieder aufgenommen worden, er wurde in den folgenden Jahren zielstrebig weitergeführt. 1957 kam die erste V-Lok zur HzL. Mit der

Beschaffung weiterer V-Loks und VT wurde 1970 die Dampflokära bei der HzL beendet.

Mit der Aufnahme des KOM-Verkehrs 1947 wurde eine Entwicklung eingeleitet, mit der die HzL einen zweiten wichtigen Betriebszweig aufgebaut hat. Der moderne, 1975 in Betrieb genommene KOM-Betriebshof in Gammertingen und die im KOM-Verkehr erbrachten Leistungen zeigen deutlich die Bedeutung dieses Betriebszweiges.

Dagegen nahm der Schienenpersonenverkehr ab 1956 deutlich ab. Individualverkehr und auch konkurrierende Verdrängungseffekte durch den Bus haben – wie bei allen Bahnen – zu einem Schwund geführt, der schließlich 1968/73 zur Aufgabe des Personenverkehrs auf den Streckenabschnitten Eyach – Hechingen und Kleinengstingen – Gammertingen führte.

Gehalten und ausgebaut wurde der Personenverkehr auf dem Abschnitt Hechingen – Gammertingen – Sigmaringen.

Heute nicht selbstverständlich, aber bei der HzL deutlich und ausgeprägt verwirklicht, ist die Tatsache, daß Schienen- und Straßenverkehr gleichberechtigte Partner sind und der feste Wille besteht, den Schienenverkehr zu erhalten. Das zeigt sich in einer Vielzahl von Investitionen, die seit vielen Jahren konsequent und fortlaufend durchgeführt werden:

- Beschaffung neuer VT und V-Loks
- Verstärkung der Brücken
- Durcharbeitung und Erneuerung des Oberbaues
- Sicherung der Straßenkreuzungen mit Blinklicht- und Halbschrankenanlagen
- Einrichtung von Zugfunk (seit 1971/72)
- Modernisierung und Erweiterung der Werkstattanlagen in Gammertingen (1980)
- Bau neuer Bahnsteige und Wetterschutzhäuschen
- Auflassung, Verkauf oder Abbruch nicht mehr benötigter Bahnhofsgebäude
- Sanierung der noch besetzten Bahnhöfe
- Verbesserung des Fahrplanangebotes
- Modernisierung der Triebwagen, Umstellung auf Einmann-Betrieb
- tarifliche Verbesserungen und attraktive Angebote
- Einsatz funkferngesteuerter Lokomotiven (seit 1985).

Auch der Kraftverkehr der HzL erfährt fortlaufend Verbesserungen, Erneuerungen und Erweiterungen, dafür stehen ein moderner Fahrzeugpark und ein neuer Betriebshof sowie der Reiseverkehr.

Von 1970 bis 1993 wurden im Unternehmen insgesamt 114,4 Mio DM investiert, davon entfallen 85,6 Mio auf den Bahnbereich und 28,8 Mio auf den Kraftverkehr.

Die großen Investitionen waren nur mit Hilfe des Landes Baden-Württemberg, des Bundes und der Kreise möglich – das zu erreichen ist ausschließlich durch Überzeugungskraft und Selbstdarstellung möglich. Die HzL kann das und scheut keine Mühe, den ÖPNV zu stärken und zu erweitern und den Schienenverkehr, wo sinnvoll, zu erhalten und auszubauen. Die HzL ist ein wichtiger Arbeitgeber und beachtlicher Wirtschaftsfaktor, der ein enormes Auftragsvolumen an einheimische Unternehmen und auch bundesweit vergibt. 1993 wurde mit 17,6 Mio DM der bisher höchste Umsatz erzielt, 7,7 Mio DM entfielen auf den Kraftverkehr, 9,9 auf die Schiene. Der Schienenverkehr insgesamt bringt etwas mehr als 50% der gesamten Einnahmen.

Die Investitionen werden sowohl beim Eisenbahn- als auch beim KOM-Betrieb fortgeführt.

Kooperation mit der DB wird bei der HzL groß geschrieben, dazu gehören die neuen Einführungen bei den Übergabebahnhöfen Eyach, Kleinengstingen, Sigmaringendorf und Sigmaringen sowie die Übernahme zusätzlicher Zugleistungen auf der Donautalbahn zwischen Sigmaringen und Tuttlingen und Hechingen – Balingen, ferner Rangierleistungen im Raum Sigmaringen. Seit Sommerfahrplan 1991 fahren die HzL-Lokomotiven die Salz-Ganzzüge bis Ulm, dafür wurden vier Lokomotiven mit Indusi ausgerüstet.

Die HzL präsentiert sich heute als eine moderne und zukunftsweisende Verkehrsgesellschaft mit hervorragend instandgehaltenen Fahrzeugen und Bahnanlagen sowie rationalisierter Betriebsführung. Zukunft und Zuversicht ist angesagt und zwar auf der ganzen Linie, Zukunft nicht nur für den Straßen-, sondern betont auch für den Schienenverkehr.

Bei Gammertingen

Bei Hettingen, 15.5.1991

Bei Veringenstadt, 17.5.1991

Bei Laucherthal, 15.9.1983

Bei Hitzkofen, 10.5.1969

Fridingen (DB), 15.5.1991, Überholung

Fridingen (DB), 15.5.1991

Personenverkehr

Das Fahrgastaufkommen und die Einnahmen aus dem Personenverkehr waren bei den vier Teilstrecken sehr unterschiedlich – die Bingener und Stettener Strecken lebten im wesentlichen vom Güterverkehr, die Burladinger Strecke vom Personenverkehr und bei der Gammertinger Strecke waren die Einnahmen etwa gleich. Erst mit dem Zusammenschluß der vier Strecken stieg der Personenverkehr insgesamt deutlich an und entwickelte sich bis zum Ersten Weltkrieg stetig – 1913 wurden 685 744 Personen befördert. Die Vergrößerung des Wagenparks spiegelt die Verkehrszunahme wider.

Die Krisenjahre zeigen deutliche Einbrüche. 1924 wurden wieder knapp 500 000, 1928: 627 578 und 1930 557 036 Personen befördert.

Ab 1935 steigen die Beförderungsleistungen deutlich an:

1935:	663 026
1938:	893 176
1940:	1 077 161
1944:	2 401 907

damit wurde die höchste Leistung im Personenverkehr erbracht, die später auch nicht annähernd wieder erreicht worden ist. Zur Belebung und Kostensenkung des in den 20er Jahren sehr unbefriedigenden und defizitären Personenverkehrs beschaffte die HzL 1934 zwei kleine Triebwagen mit dazugehörigen Beiwagen, 1936 folgte ein größerer VT. Mit den Triebwagenzügen konnte die Fahrzeit deutlich verringert werden – während Dampfzüge für die 78 km lange Strecke Eyach – Sigmaringen 167 Minuten benötigten, schaffte der VT die Strecke in 124 Minuten. Die Triebwagenzüge wurden vom Publikum gut angenommen und haben erheblich dazu beigetragen, das Fahrgastaufkommen zu halten bzw. zu steigern.

Der Fahrplan 1938 weist folgendes Zugangebot aus:

Kleinengstingen – Gammertingen werktags 5, sonntags 6 Zp

Eyach – Sigmaringen werktags 9, sonntags 6 Zp, z.T. ab und bis Haigerloch bzw. Gammertingen

Sigmaringendorf – Hanfertal werktags 4, sonntags 2 Zp.

Werbung für den Personenverkehr wurde von der HzL schon in der Frühzeit betrieben, dazu gehören u.a. ein wunderschönes Poster aus der Anfangszeit, das von der HzL Mitte der 70er Jahre in geringer Auflage nachgedruckt worden ist, sowie mehrseitige bebilderte Werbeprospekte aus den 30er Jahren mit Ausflugs- und Wandervorschlägen, vorab natürlich zu den drei Zollernburgen Sigmaringen, Hechingen und Haigerloch.

Die Beseitigung der Kriegsschäden nach 1945 dauerte bis Ende 1947. Nach dreimonatiger Betriebseinstellung konnte am 23. Juli 1945 der Personenverkehr mit drei privaten Omnibussen zunächst auf der Strecke Haigerloch – Hechingen – Gammertingen – Sigmaringen wieder aufgenommen werden. Ab 3. August 1945 verkehrten wieder Züge zwischen Gammertingen und Sigmaringen, ab 17. Dezember 1945 zwischen Hechingen und Bad Imnau und ab 7. Januar 1946 bis Jungingen und Sigmaringendorf. Nach dem Wiederaufbau der Starzelbrücke bei Killer konnten die Züge wieder bis vor Gammertingen fahren, der zerstörte Lauchertviadukt in Gammertingen verhinderte vorerst die Weiterfahrt bis zum Bahnhof. Vor dem Viadukt war ein Behelfsbahnsteig errichtet worden, Fahrgäste, die Richtung Kleinengstingen und Sigmaringen weiterfahren wollten, mußten zu Fuß zum Bahnhof laufen. Trotz des gebrochenen Verkehrs benutzten 1947 rund 1,7 Mio Fahrgäste die Züge der HzL.

Nach der Fertigstellung des Gammertinger Viadukts konnte der durchgehende Verkehr am 6. Dezember 1947 wieder aufgenommen werden. 1948 fuhren 1,8 Mio Reisende mit den Zügen der HzL.

Nach der Wiederherstellung normaler Verkehrs- und Wirtschaftsverhältnisse machte sich ein Rückgang im Personenverkehr deutlich bemerkbar. 1951 wurden 1,28 Mio Fahrgäste befördert. Eine Verbesserung brachte der Einsatz der neuen kleinen Schienenbuseinheiten, die auf den weniger steigungsreichen Strecken und auf den Abschnitten mit geringerem Fahrgastaufkommen nach Kleinengstingen, Sigmaringendorf und Eyach eingesetzt wurden. Ein deutlicher Verkehrsanstieg ist bis 1956 zu verzeichnen – 1952: 1,33, 1954: 1,45, 1956: 1,6 Mio Fahrgäste, dann setzte ein stetiger Verkehrsrückgang ein.

1938

Hohenzoll Landesb Hechingen — **328 p Kleinengstingen - Gammertingen** — Alle Züge nur 3. Klasse

W 41	43	45		47	S 49	51	S 53	Sa 55	km	Zug Nr / Zug Nr		W 40	42	44	46	S 48	W 50	S 50	S u Sa 52	
6.20	8.55	11.30	...	15.01	16.53	19.25	22.12	22.57	0,0	ab **Kleinengstingen** 323a ... an	...	5.15	7.51	10.34	14.28	16.43	18.27	18.43	22.01	...
6.28	9.04	11.39	...	15.10	17.02	19.37	22.22	23.06	4,5	Haidkapelle	...	5.07	7.43	10.26	14.19	16.35	18.19	18.35	21.53	...
6.42	9.19	11.55	...	15.30	17.17	19.55	22.36	23.19	11,7	**Trochtelfingen** (Hohenz)	...	4.54	7.31	10.13	14.06	16.24	18.04	18 21	21.40	...
6.49	9.25	12.01	...	15.40	17.23	20.03	22.42	23.25	14,8	Mägerkingen	...	4.44	7.24	10.04	13.55	16.18	17.54	18.11	21.34	...
6.58	9.35	12.10	...	15.50	17.32	20.14	22.52	23.34	20,0	an **Gammertingen** 328 q ... ab	...	4.35	7.14	9.54	13.43	16.10	17.43	18.00	21.24	...

Weitere Halte in: km 0,8 Großengstingen, 6,9 Hasental, 16,4 Mariaberg, 18,4 Bronnen (Lauchert)

Hohenzoll Landesb Hechingen — **328 q Eyach - Haigerloch - Hechingen - Gammertingen - Sigmaringen** — Züge 2. 3. Kl, wenn nichts anderes angegeben

9 S 3.	W 3	5 W 3.	7	11 d 3	35 W h	15	17	23	27	km	Zug Nr / Zug Nr	f 2	10 S 3.	4	8 W 3.	14	38 W h	16	18	28 W 3.	20			
8.11	...	...	...	9.29	3.	13.29	16.00	18.08	22.23	0,0	ab **Eyach** 322a ... an	7.12	8.53	...	...	12.35	3.	15.38	18.04	...	20.29	...	...	...
8.17	...	...	...	9.39	...	13.36	16.07	18.14	22.34	3,8	Mühringen	7.04 täglich	8.47	...	...	12.28	...	15.32	17.58	...	20.21	...	...	...
8.22	W	W	...	9.46	W h	13.41	16.12	18.18	22.43	6,0	Bad Imnau	6.57	8.43	an	an	12.20	an W	15.28	17.53	an	20.14	...	...	...
8.30	4.53	6.01	7.42	10.05	11.50	13.54	16.23	18.27	22.58	10,9	**Haigerloch**	6.47	8.34	7.40	w9.45	12.10	13.48	15.20	17.45	w18.40	20.03	...	...	...
an	5.02	6.09	7.46	10.18	12.06	14.08	16.28	18.32	an	13,5	Stetten bHaigerlochPbf	w6.36	...	7.35	9.23	12.00	13.42	15.14	17.39	18.18	19.51	...	...	..
...	5.23	6.34	7.59	10.44	12.28	14.28	16.45	18.46	...	21,5	Rangendingen	6.14	...	7.23	8.57	11.39	13.21	15.00	17.26	17.53	19.30	...	...	.
...	5.42	6.51	8.11	11.08	12.48	14.46	17.00	18.53	...	28,0	an **Hechingen** 324a ... ab	w5.59	...	7.12	w8.36	11.25	13.06	14.47	17.13	w17.30	19.13	...	...	...

	W 3	31 S 3.	7	11	13 W 3.	15	15	19 S 3.	21 W 3.	23	25 3.	km	Zug Nr / Zug Nr	2 W 3.	30 S 3.	4	12 W 3	14		16	18 3.		20	22 3.	24 S	26 W 3.
...	w5.58	S6.12	8.34	11.27	w13.05	14.51		S17.22	w17.32	19.10	21.48	28,0	ab **Hechingen** Privb ... an	w5.13	S5.40	7.10	w9.35	10.54	..	14.35	17.07	...	18.54	21.18	...	...
...	6.09	6.20	8.42	11.42	13.18	15.03		17.31	17.42	19.19	21.57	32,6	Schlatt (Hohenz)	5.01	5.32	7.03	9.27	10.46	...	14.26	16.58	...	18.46	21.10	...	...
...	6.17	6.25	8.46	11.52	13.30	15.12		17.37	17.48	19.25	22.03	35,1	Jungingen (Hohenz)	4.50	5.27	6.59	9.21	10.40	...	14.21	16.53	...	18.40	21.05	...	...
...	6.25	6.30	8.51	12.01	13.40	15.20		17.42	17.53	19.30	22.08	37,2	Killer	4.36	5.23	6.54	9.17	10.35	...	14.17	16.48	...	18.34	21.00	...	...
...	6.33	6.34	8.55	12.10	13.54	15.28		17.47	17.58	19.35	22.13	38,9	Hausen-Starzeln	4.24	5.19	6.51	9.13	10.30	...	14.13	16.44	...	18.29	20.56	...	...
...	6.44	6.44	9.07	12.25	14.34	15.40		17.56	18.18	19.44	22.22	42,6	Burladingen	4.10	5.13	6.45	9.06	10.22	...	14.06	16.37	...	18.21	20.50	...	...
...	6.53	6.53	9.16	12.34	14.48	15.49		18.10	18.26	19.52	22.30	47,0	Gauselfingen	3.29	5.05	6.31	8.57	10.11	...	13.55	16.28	...	18.09	20.42	...	...
...	w7.03	7.03	9.25	12.44	15.03	15.59		18.18	18.35	20.01	22.39	51,0	Neufra (Hohenz)	3.08	4.56	6.22	8.48	10.01	...	13.47	16.20	...	17.58	20.33	an	an
...	7.16	S7.09	9.40	13.02	w15.16	S16.14	w16.23	18.27	18.46	20.08	22.47	55,0	**Gammertingen** 328 p	w2.45	S4.50	6.13	8.39	9.50	...	13.41	16.12	...	17.47	20.26	S21.20	w22.15
...	7.24	an	9.47	13.11	an	16.22	16.38	18.35	18.54	an	an	59,6	Hettingen	...	...	...	8.30	9.29	...	13.32	...	...	17.30	20.17	21.12	22.05
...	7.29	...	9.52	13.17	...	16.27	16.45	18.39	18.59	...	...	61,9	Hermentingen	...	...	...	8.24	9.23	...	13.27	...	...	17.24	20.12	21.06	21.49
...	7.36 täglich	...	9.57	13.24	...	16.33	17.00	18.45	19.05	...	...	64,7	Veringenstadt	...	...	...	8.18	9.17	..	13.23	...	...	17.19	20.06	21.01	21.41
...	7.41	...	10.02	13.30	...	16.39	17.12	18.50	19.11	...	...	67,6	Veringendorf	...	...	...	8.13	9.11	...	13.16	...	...	17.13	20.00	20.55	21.27
...	7.48	...	10.07	13.37	...	16.46	17.19	18.56	19.17	...	...	70,5	Jungnau	...	...	...	8.07	9.04	...	13.11	...	...	17.06	19.54	20.49	21.16
...	7.58	...	10.16	13.52	...	16.56	17.31	19.05	19.26	...	...	75,7	**Hanfertal** 328 r	...	...	...	7.57	8.54	...	13.03	...	...	16.56	19.46	20.39	21.03
...	8.03	...	10.20	13.57	...	S17.01	w17.36	S19.09	w19.30	...	...	78,0	an **Sigmaringn** Privb ab	...	...	...	w7.45	8.46	...	12.57	...	...	16.48	19.40	S20.31	w20.50

Weitere Halte in: km 9,7 Trillfingen, 18,0 Hart (Hohenz), 23,5 Lindich-Weilheim, 25,5 Stein (Hohenz), 26,9 Friedrichstraße-Sickingen

d Sonn- und Feiertags auch 2. Klasse **f** Werktags 3. Klasse, Sonn- und Feiertags 2. 3. Klasse **h** verkehrt **nicht** vom 3. VI.—9. VI., am 16. VI., 29. VI. und vom 23. VII.—31. VIII.

Hohenzoll Landesb Hechingen — **328 r Sigmaringen - Hanfertal - Bingen - Sigmaringendorf** — Alle Züge nur 3. Klasse

W 61		63		65		69		km	Zug Nr / Zug Nr		W 62		64	S 66	W 68		70		
...	...	10.55	...	14.08	...	18.02	...	0,0	ab **Sigmaringen** Privb 323. 323b. 326a s auch an	...	7.32	...	12.06	15.00	16.27	...	20.21	...	...
...	...	11.03	...	14.20	...	18.13	...	2,3	**Hanfertal** Nr 328 q	...	7.27	...	12.02	14.55	16.21	...	20.16	...	...
5.48	...	11.11	...	w14.36	...	18.34	...	6,5	**Bingen** (Hohenz) Bf.	...	7.08	...	11.51	14.40	16.02	...	20.00	...	...
6.03	...	11.18	...	14.55	...	18.53	...	9,6	Laucherthal Haltepunkt	...	6.37	...	11.43	...	15:42	...	19.36	...	...
6.07	...	11.22	...	w15.01	...	18.59	...	12,0	an **Sigmaringendorf** 323 ... ab	...	6.32	...	11.38	...	15.37	...	19.31	...	...

Weitere Halte in: km 4,0 Hornstein, 5,7 Bingen (Hohenz) Haltepunkt, 7,1 Hitzkofen

1956/57

▲ Bus Haltestelle im Ort

307b Kleinengstingen—Gammertingen

Alle Züge nur 2. Klasse

307 b—e

X 345		† 47	X 47	X 49	† 51	X 411 ★	X 351	km	Zug Nr Hohenz Landesb AG Hechingen Zug Nr	X 344		46	X 48	† 50	X 350	X 410 ★
...	...	† 10.05	X 10.50	...	† 18.50	...	X 19.00	0,0	ab Kleinengstingen 307f . an	...	...	10.00	...	† 17.46	X 18.34	...
...	...	X10.07	X10.52	...	X18.52	...	X19.02	0,8	Großengstingen	an	...	X9.57	...	X17.43	X18.31	...
X 5.57	...	10.15	11.00	...	19.00	...	19.14	4,4	Haldkapelle	X 5.44	...	9.50	...	17.36	18.21	...
X6.02	...	X10.19	x11.04	...	X19.04	...	X19.20	6,8	Hasental	X5.37	...	X9.46	an	X17.31	X18.13	an
6.14	...	10.27	11.12	X 12.14	19.13	X▲19.23	19.41	11,6	Trochtelfingen (Hohenz)	5.26	...	9.38	X 12.11	17.23	18.02	X▲19.20
6.23	...	10.34	11.20	X12.20	19.20	▲19.31	19.52	14,7	Mägerkingen	5.13	...	9.31	12.04	17.16	17.46	▲19.12
X6.27	...	X10.36	X11.22	X12.23	X19.23	▲19.35	X19.55	16,2	Mariaberg	X5.08	...	X9.28	X12.01	X17.13	X17.40	▲19.07
X6.31	...	X10.40	X11.26	X12.27	X19.27	▲19.38	X20.00	18,2	Bronnen (Lauchert)	X5.03	...	X9.24	X11.57	X17.09	X17.35	▲19.04
X 6.35	...	† 10.43	X 11.29	X 12.29	† 19.30	X19.41	20.05	19,7	an Gammertingen 307d... ab	X 5.00	...	9.22	X 11.55	† 17.07	X 17.32	X 19.00

Reutlingen—Kleinengstingen—Gammertingen 1307 b

†-Züge auch 1.XI., 24. u 31. XII. 56

X-Züge u X-Fahrten nicht 1.XI., 24. u 31. XII. 56

307c Sigmaringen—Sigmaringendorf

Alle Züge nur 2. Kl

Bus Sigmaringen—Riedlingen—Gammertingen 1307c

Bus Bingen (Hohenz)—Sigmaringendorf Sigmaringen 1307d

	† 63		† 65		km	Zug Nr Hohenz Landesb AG Hechingen Zug Nr		† 64		† 66	
...	† 11.25	...	† 17.42	...	0,0	ab Sigmaringen Landesb 307d an	...	† 12.47	...	† 18.52	...
...	11.31	...	17.48	...	2,3	Hanfertal	...	12.42	...	18.48	...
...	X 11.33	...	X 17.50	...	4,0	Hornstein	...	X 12.37	...	X18.43	...
...	11.37	...	17.54	...	5,7	Bingen (Hohenz) Haltepunkt	...	12.34	...	18.40	...
...	11.41	...	17.57	...	6,5	Bingen (Hohenz) Bf	...	12.30	...	18.37	...
...	X 11.42	...	X 17.58	...	7,1	Hitzkofen	...	X 12.25	...	X18.35	...
...	11.48	...	18.04	...	9,6	Laucherthal Haltepunkt	...	12.20	...	18.30	...
...	† 11.52	...	† 18.08	...	12,0	an Sigmaringendorf 307 .. ab	...	† 12.15	...	† 18.25	...

†-Züge auch 1. XI., 24. und 31. XII. 56

307d Eyach—Haigerloch—Hechingen—Gammertingen—Sigmaringen u zurück

Alle Züge nur 2. Klasse

km	Hohenz Landesbahn AG Hechingen		Zug Nr			3	X 5	† 7	X 297	X 9	13 oG	17	19	X 309		21	X 23	† 23	29	35	† 31	† 33	X 321	
	Tübingen Hbf	325 f	ab	...	...	...	...	...	...	...	7.50	...	11.14	...	...	13.47	15.57	15.57	17.16	...	20.21	...	20.21	...
	Horb	325 f	ab	...	...	...	...	...	...	...	8.01	...	10.54	...	...	14.16	15.50	16.55	17.51	...	20.41	...	20.41	...
0,0	Eyach (374 m) 325 f		ab					...	...	...	8.20	oG	11.54	...	...	† 14.32	X16.30	† 17.08	X18.08	oG	† 21.10	oG	X21.15	...
3,7	Mühringen							...	...	...	8.27	...	12.00	...	...	14.38	16.36	17.15	18.17	...	21.17	...	21.23	...
5,9	Bad Imnau							...	...	...	8.32	...	12.05	...	...	14.43	16.41	17.19	18.22	...	21.22	...	21.29	...
9,6	Trillfingen							...	...	...	x8.38	...	x12.11	...	...	x14.49	x16.47	x17.25	x18.29	...	x21.28	...	|	...
10,8	Haigerloch (425 m)		an					...	...	...	8.40	...	12.13	...	...	14.51	16.49	17.27	X18.32	...	† 21.30	...	X21.42	...
			ab	...	...	X4.56	X5.36	† 5.54	X6.16	...	8.44	...	12.16	...	...	14.52	16.54	17.28	18.40	...	↳	† 21.36	...	...
13,6	Stetten b Haigerloch			...	...	5.01	5.41	5.59	6.24	...	8.50	...	12.21	...	...	14.57	16.59	17.33	18.45	...	...	21.41	...	...
18,0	Hart (Hohenz)			...	...	5.09	5.49	6.07	6.36	...	8.59	...	12.30	...	...	15 05	17.08	17.41	18.53	...	...	21.49	...	...
21,5	Rangendingen (419 m)			...	...	5.16	5.55	6.13	6.46	...	9.05	...	12.36	...	...	15.11	17.14	17.47	18.59	...	...	21.55	..	...
23,5	Lindich-Weilheim			...	...	x5.19	X5.59	x6.16	x6.50	...	x9.08	...	x12.39	...	...	x15.14	x17.17	x17.51	x19.02	...	...	X21.58		...
25,5	Stein (Hohenz)			...	...	5.23	6.03	6.20	6.56	...	9.12	...	12.43	...	...	15.18	17.21	17.55	19.08	...	...	22.03	35	...
26,9	Friedrichstraße-Sickingen			...	...	5.26	6.06	6.23	7.02	...	9.16	...	12.46	...	...	15.21	17.25	17.58	19.11	...	...	22.06	oG	...
27,9	Hechingen Landesb (492 m) 307a		an	...	...	5.28	6.09	6.25	7.07	...	9.19	...	12.49	...	...	† 15.23	17.27	18.01	19.14	...	...	† 22.09		...
			ab	...	...	5.38	6.11	6.35	7.19	...	9.28	† 11.38	13.12	...	...	15.34	17.41	18.10	19.24	a21.05	...	↳	c22.20	...
32,6	Schlatt (Hohenz)			...	...	5.46	6.19	6.44	7.28	...	9.36	11.45	13.21	...	...	15.42	17.50	18.18	19.32	21.13	...	...	22.28	...
35,1	Jungingen (Hohenz) (591 m)			...	...	5.51	6.25	6.49	7.34	...	9.41	11.50	13.27	...	...	15.49	17.55	18.23	19.38	21.19	...	...	22.33	...
37,2	Killer			...	...	5.56	6.30	6.54	7.40	...	9.45	11.54	13.32	...	...	15.54	18.00	18.28	19.43	21.24	...	...	22.38	...
38,9	Hausen-Starzeln			...	...	6.01	6.35	6.59	7.46	...	9.49	11.57	13.37	...	...	15.58	18.04	18.32	19.47	21.28	...	...	22.42	...
42,6	Burladingen (728 m) Bus 1307e, f, [m,q]					6.09	6.46	7.10	7.56	...	9.57	12.05	13.45	...	...	16.07	18.15	† 18.39	19.55	21.36	...	...	22.50	...
47,0	Gauselfingen			1	1	6.15	6.54	7.17	8.04	...	10.03	12.13	13.52	...	...	16.15	18.24	an	20.02	21.44	...	...	22.56	...
50,9	Neufra (Hohenz)			oG	oG	6.25	7.02	7.25	8.13	...	10.10	12.21	13.59	...	...	16.24	18.32	...	20.12	21.52	...	...	23.04	...
54,5	Gammertingen (673 m) 307 b		an			X6.33	X7.09	7.32	X8.22	...	10.16	† 12.28	14.06	...	...	16.32	18.40	...	20.19	a21.59	...	...	c23.12	...
	Bus 1307b/c		ab	Mo5.25	h5.40	6.38	...	7.38	↳	X8.32	10.18	12.33	↳	X14.13	...	16.42	18.49	...	† 20.24					
59,5	Hettingen (Hohenz)			5.32	5.47	6.46	...	7.46	...	8.40	10.25	12.40	...	14.23	...	16.51	18.56	...	20.32					
61,8	Hermentingen			5.37	5.52	6.50	...	7.50	...	8.44	10.29	12.45	...	14.28	...	16.56	19.01	...	20.36					
64,6	Veringenstadt			5.41	5.56	6.56	...	7.56	...	8.49	10.34	12.50	...	14.34	...	17.04	19.05	...	20.42					
67,5	Veringendorf			5.46	6.01	7.01	...	8.01	...	8.56	10.39	12.55	...	14.40	...	17.10	19.10	...	20.47					
70,4	Jungnau			5.52	6.07	7.07	...	8.07	...	9.03	10.44	13.00	...	14.47	...	17.16	19.15	...	20.52					
75,7	Hanfertal (619 m)	307c		6.00	6.15	7.15	...	8.15	...	9.11	10.53	13.09	...	14.58	...	17.25	19.24	...	21.00					
78,0	Sigmaringen Ldb Bus 1307c/d	307c	an	Mo6.05	h6.20	7.20	...	† 8.20	...	X9.16	10.57	13.13	...	X15.03	...	17.30	X19.28	...	† 21.05					
	Ulm Hbf	307	an	Mo8.02	...	10.43	...	...	...	...	12.38	16.03	...	17.40	...	20.04	22.13	...	...					
	Tuttlingen	307	an	X7.20	X7.20	† 8.20 19.36		9.36	...	10.44	13.09	15.37	...	16.52	...	19.14	21.01	...	22.41					

X-Züge nicht 1.XI., 24. u 31. XII. 56

†-Züge auch 1.XI., 24. u 31. XII. 56

Bus Burladingen—Salmendingen 1307 e

Bus Burladingen—Schlatt (Hohenz) Ebingen (Württ) 1307 f

Bus Burladingen—Ringingen 1307 m

Bus Burladingen—Steinhilben 1307 q

km	Hohenz Landesbahn AG Hechingen		Zug Nr	X 2	X 302	10 oG	X 298	X 14 oG	X 304	18	† 20	24	26	X 26	X 32 oG	X 310	† 34 oG	X 312	† 36	X 38	† 38 oG	40	42 oG
	Tuttlingen	307	ab	...	...	...	...	4.52	...	6.45	...	10.09	12.00	...	...	...	13.58	13.58	...	16.10	18.30	19.27	...
	Ulm Hbf	307	ab	...	...	...	...	...	...	5.33	...	8.26	10.00	...	...	...	14.36	14.36	...	...	16.30	18.08	...
0,0	Sigmaringen Landesb (573 m) ●	307c	ab	...	...	...	...	X6.30	...	8.35	oG	11.11	13.21	...	...	...	† 16.16	X16.34	...	X18.05	† 19.18	a 20.45	c22.30
2,3	Hanfertal (619 m)			...	...	...	...	6.35	...	8.40	...	11.16	13.26	...	...	...	16.21	16.41	...	18.10	19.23	20.49	22.34
7,6	Jungnau			...	...	...	...	6.44	...	8.49	...	11.25	13.35	...	...	...	16.30	16.52	...	18.19	19.32	20.58	22.43
10,5	Veringendorf			...	...	...	...	6.49	...	8.55	...	11.30	13.40	...	...	...	16.35	16.59	...	18.25	19.37	21.03	22.48
13,4	Veringenstadt			...	...	...	...	6.55	...	9.01	...	11.35	13.45	...	...	...	16.41	17.05	...	18.30	19.43	21.08	22.53
16,2	Hermentingen			...	...	...	...	7.00	...	9.05	...	11.40	13.50	...	...	...	16.46	17.10	...	18.35	19.47	21.13	22.57
18,5	Hettingen (Hohenz)			...	...	...	...	7.05	...	9.10	...	11.44	13.55	...	...	...	16.52	17.16	...	18.40	19.52	21.18	23.02
23,1	Gammertingen (673 m) 307 b		an	...	...	...	...	X7.12	...	9.17	...	11.52	14.02	...	...	...	17.00	17.24	...	18.47	20.00	a 21.25	c23.09
	Bus 1307 b/c		ab	X 3.50	...	5.33	X6.14	↳	X7.15	9.20	† 10.47	11.57	14.15	...	X16.35	...	17.04	17.38	...	18.51	20.03	...	...
27,1	Neufra (Hohenz)			3.57	...	5.40	6.24	...	7.27	9.28	10.53	12.05	14.23	...	16.43	...	17.12	17.50	...	18.58	20.11	...	...
31,0	Gauselfingen			x4.04	...	5.47	6.34	...	7.38	9.35	11.00	12 14	14.31	...	16.51	...	17.20	18.00		19.05	20.17	...	...
35,4	Burladingen (728 m) Bus 1307e, f, [m,q]			4.15	...	5.54	6.45	...	X7.47	9.43	11.07	12.24	14.39	...	17.00	...	17.28	18.13	† 18.45	19.22	20.24	...	...
39,1	Hausen-Starzeln			x4.21	...	6.02	6.52	...	an	9.50	11.14	12.31	14.46	...	17.07	...	17.35	18.21	18.51	19.29	20.31	...	...
40,8	Killer			4.24	...	6.07	6.55	...	...	9.54	11.17	12.34	14.51	...	17.11	...	17.38	18.25	18.55	19.33	20.34	...	...
42,9	Jungingen (Hohenz) (591 m)			x4.28	...	6.12	7.00	...	...	9.59	11.21	12.39	14.57	...	17.16	...	17.43	18.30	18.59	19.38	20.38	...	...
45,4	Schlatt (Hohenz)			x4.32	...	6.19	7.05	...	...	10.03	11.26	12.44	15.02	...	17.21	...	17.48	18.35	19.04	19.44	20.43	...	...
50,1	Hechingen Landesb (492 m) 307a		an	4.40	...	6.27	X7.13	...	...	10.11	† 11.34	12.52	15.10	┐	X17.29	...	17.56	18.44	19.12	19.52	20.50	...	...
			ab	4.50	...	6.32	...	...	...	10.14	...	13.10	† 15.31	X15.55	↳	X17.44	18.09	19.00	19.28	20.08	21.01		
51,1	Friedrichstraße-Sickingen			x4.51	...	6.34	...	...	...	10.16	...	13.12	15.33	15.57	...	17.47	18.11	19.03	19.30	20.10	21.03		
52,5	Stein (Hohenz)			x4.54	...	6.37	...	...	...	10.20	...	13.15	15.36	16.01	...	17.51	18.14	19.09	19.34	20.13	21.06		
54,5	Lindich-Weilheim			x4.57	...	x 6.40	...	...	...	x10.23	...	x13.18	x15.39	x16.04	...	x17.55	x18.17	x19.13	x19.37	x20.16	x21.09		
56,5	Rangendingen (419 m)			x5.00	...	6.45	...	...	...	10.27	...	13.23	15.43	16.08	...	18.01	18.21	19.19	19.42	20.20	21.14		
60,0	Hart (Hohenz)			5.09	...	6.51	...	...	...	10.33	...	13.32	15.49	16.15	...	18.12	18.26	19.30	19.49	20.27	21.20		
64,4	Stetten b Haigerloch			x5.16	...	6.58	...	...	...	10.41	...	13.40	15.57	16.23	...	18.22	18.33	19.42	19.58	20.35	21.28		
67,2	Haigerloch (425 m)		an	X 5.21	...	7.03	...	...	...	10.46	...	13.45	16.02	16.28	...	X18.29	† 18.38	19.48	20.03	X20.40	† 21.33		
			ab	...	X 6.13	7.04	...	...	...	10.47	...	13.50	16.04	16.32	...	...	...	20.03	20.13	...			
69,4	Trillfingen			...	x6.15	x7.05	...	...	...	x10.48	...	x13.52	x16.06	x16.34	...	...	...	x20.06	x20.15	...			
72,1	Bad Imnau			...	6.25	7.11	...	...	...	10.55	...	13.59	16.12	16.41	...	...	...	20.17	20.21	...			
74,3	Mühringen			...	6.32	7.15	...	...	...	10.59	...	14.04	16.16	16.48	...	...	...	20.24	20.26	...			
78,0	Eyach (374 m) 325 f		an	...	X 6.40	7.22	...	...	...	11.06	...	14.12	† 16.23	X16.55	...	...	...	X20.32	† 20.32	...			
	Horb	325 f	an	...	e7.00	7.35	...	...	...	12.03	...	14.27	16.39	18.14	...	...	...	21.19	21.19	...	...	...	...
	Tübingen Hbf	325 f	an	...	7.32	X7.48 8.50		...	...	11.47	...	15.10	17.36	17.36	...	...	...	21.23	21.23	...	...	...	...

a = X außer Sa
c = † u Sa
e = nicht 25.XII.
h = verkehrt X ausgen Mo
● Bus 1307 c/d

Die Zahlen in Klammern neben den Bahnhofnamen geben die Höhenlage (Höhe über dem Meer) an

Der Fahrplan 1961/62 weist aus:

Kleinengstingen – Gammertingen werktags 2 durchgehende Zp und 1 Zp Trochtelfingen – Gammertingen, sonntags 3 Zp

Eyach – Sigmaringen werktags 10, sonntags 9 Zp, davon werktags nur 3 und sonntags 1 Zp durchgehend, die übrigen Fahrten ab bzw. bis Haigerloch oder Gammertingen

Sigmaringen – Hanfertal – Sigmaringendorf nur sonntags 2 Zp.

Mit der Beschaffung weiterer VT-Züge wurde der Personenverkehr 1961 vollständig auf Triebwagen umgestellt – der Fahrgastschwund war damit jedoch nicht aufzuhalten.

Ab Sommerfahrplan 1965 wurde versuchsweise ein Frühzugpaar Zug Nr. 6/13 über Eyach hinaus bis Horb und zurück gefahren. Zum Fahrplanwechsel 1. Juni 1969 wurde dieser Verkehr wieder eingestellt.

Mit dem Winterfahrplan 1968/69 wurde der Sonntagsverkehr auf der Schiene eingestellt. Gleichzeitig begann der Rückzug von der Schiene, zuerst auf den Abschnitten Sigmaringendorf – Bingen und Trochtelfingen – Kleinengstingen. Mit der Aufgabe des Personenverkehrs zwischen Haigerloch und Hechingen wurde diese Entwicklung 1973 abgeschlossen.

Die Geburtsstunde des HzL-Busverkehrs ist der 31. Januar 1947 – zwischen Riedlingen – Bingen – Gammertingen wurde mit einem zugeteilten Omnibus ein bescheidener Linienverkehr aufgezogen. Der erste fabrikneue Linienbus mit einem Anhänger kam 1949, weitere folgten.

Verlusten im Schienenverkehr standen Gewinne des KOM-Betriebes gegenüber, schlecht ausgelastete Triebwagenfahrten besonders in

1965

*307b Kleinengstingen—Gammertingen
Alle Züge nur 2. Klasse

307 b—d

407		47	49		55	411	53		km	Zug- oder Fahrt Nr Hohenz Landesb AG Hechingen		46	408	52		54	410		
...	...	† 9.52	⚒ 10.33	...	...	...	† 18.45	...	0,0	ab **Kleinengstingen** 307f (Bus) an	...	9.48	...	† 17.46	...	...	...	...	...
...	...	x 9.54	x10.35	...	...	...	x18.47	...	0,8	Großengstingen	...	x9.46	...	x17.44	...	...	...	...	...
...	...	10.00	10.48	...	...	...	18.56	...	4,4	Haidkapelle	...	9.40	...	17.37	...	...	...	...	...
...	...	x10.04	x10.52	...	...	...	x19.00	...	6,8	Hasental	...	x9.33	an	x17.32	...	an	an	...	...
⚒▲6.00	...	10.11	11.15	...	⚒ 18.04	a▲19.03	19.12	...	11,6	Trochtelfingen (Hohenz)	...	9.26	⚒ ▲12.36	17.24	...	⚒ 17.56	a▲19.00	...	...
▲6.07	...	10.18	11.32	...	18.13	▲19.09	19.21	...	14,7	Mägerkingen	...	9.13	▲12.20	17.15	...	17.49	▲18.54	...	...
▲6.10	...	x10.21	x11.35	...	x18.17	▲19.12	x19.24	...	16,2	Mariaberg	...	x9.06	x▲12.16	x17.12	...	x17.44	▲18.50	...	...
▲6.13	...	x10 25	x11.39	...	x18.21	▲19.15	x19.28	...	18,2	Bronnen (Lauchert)	...	x9.03	x▲12.13	x17.08	...	x17.40	▲18.46	...	...
⚒ 6.17	...	† 10.27	⚒ 11.42	..	⚒ 18.24	a 19.18	† 19.30	...	19,7	an **Gammertingen** 307d (Bus) ab	...	9.01	⚒ 12.10	† 17.06	...	⚒ 17.38	a 18.43	..	...

(Bus) Gammertingen—Kleinengstingen—Reutlingen 2307/12

a = ⚒ außer Sa

▲ Bus hält nicht am Bahnhof, siehe (Bus) 2307/12

307c Sigmaringen—Sigmaringendorf
Alle Züge nur 2. Kl

(Bus) **Bingen** (Hohenz)—**Sigmaringendorf**
Sigmaringen 2307/6
Sigmaringen—Riedlingen—Gammertingen 2307/5

	63		65		km	Zug Nr Hohenz Landesb AG Hechingen Zug Nr	64	66
...	† 11.34	...	† 17.50	...	0,0	ab **Sigmaringen** Landesb 307d (Bus) an	† 12.50	† 18.58
...	11.40	...	17.56	...	2,3	Hanfertal	12.46	18.54
...	x11.42	...	x17.58	...	4,0	Hornstein	x12.40	x18.49
...	11.46	...	18.02	...	5,7	Bingen (Hohenz) Haltepunkt	12.38	18.47
...	11.50	...	18.05	...	6,5	Bingen (Hohenz) Bf (Bus)	12.34	18.44
...	x11.51	...	x18.06	...	7,1	Hitzkofen	x12.32	x18.42
...	11.58	...	18.12	...	9,6	Laucherthal Haltepunkt	12.27	18.36
...	† 12.02	...	† 18.16	...	12,0	an **Sigmaringendorf** 307 (Bus) ab	† 12.22	† 18.32

307d Eyach—Haigerloch—Hechingen—Gammertingen—Sigmaringen u zurück
Alle Züge nur 2. Klasse

km	Hohenz Landesbahn AG Hechingen Zug Nr	1 oG		3		5	7	9	13	17	19		21	23	25	27	129 oG	29 oG	31	33	35	
	Tübingen Hbf 325f ab	...	...	...	...	...	...	...	*7.06*	...	*11.31*	...	*13.49*	...	*15.45*	*15.45*	*16.50*	*16.50*	...	*19.16*	*19.16*	...
	Horb 325f ab	...	...	...	...	...	...	...	8.09	...	*11.08*	...	*14.47*	...	*15.48*	*16.58*	*16.58*	**17.58**	...	**19.45**	*20.21*	...
0,0	**Eyach** (*374 m*) 325f ab	...	...	...	...	...	...	...	8.24	...	12.06	...	15.00	..	a 16.25	† 17.14	a17.30	⚒18.09	...	⚒ 20.00	† 20.33	...
3,7	Mühringen	...	...	...	...	...	...	...	8.31	...	12.12	...	15 05	...	16.32	17.21	17.36	18.16	...	20.06	20.39	...
5,9	Bad Imnau	...	...	.	...	...	...	...	8 35	...	12 16	...	15.08	...	16.35	17.25	a17.39	18.19	...	20.09	20.42	...
9,6	Trillfingen	...	...	...	...	...	...	...	x8.41	...	x12.21	...	x15.13	...	x16.41	x17.30	an	x18.24	...	x20.14	x20.47	...
10,8	**Haigerloch** (*425 m*) an	...	...	...	...	...	...	...	8.43	...	12 23	...	15.15	...	16.43	17.32	...	18.26	...	⚒ 20.16	20.49	...
	Haigerloch ab	...	...	⚒5.00	...	a5.50	†6.20	⚒6.28	8.46	...	12.25	...	c15.20	...	16.50	17.34	...	18.30	†18.50	...	20.52	...
13,6	Stetten b Haigerloch	...	...	5.05	...	5.56	6.24	6.33	8.52	...	12.30	...	15.25	...	16.58	17.38	...	18.34	18.55	..	20.57	...
18,0	Hart (Hohenz)	..	...	x5.11	...	6.03	x6.30	6.42	9.01	...	12.37	...	15.32	...	17.06	17.46	...	18.41	19.03	...	x21.04	...
21,5	Rangendingen (*419 m*)	...	...	5.17	...	6.08	6.35	6.51	9.08	...	12.42	...	15.38	...	17.13	17.52	...	18.46	19.09	..	21.10	...
23,5	Lindich-Weilheim	...	...	x5.20	...	x6.11	x6.38	x6.54	x9.11	...	x12.45	...	x15.41	...	x17.16	x17.55	...	x18.49	x19.12	...	x21.13	...
25,5	Stein (Hohenz)	...	...	x5.22	...	6.14	6.40	6.59	9.16	...	12.48	...	15.45	...	17.20	17.58	...	18.52	19.16	...	x21.15	...
26,9	Friedrichstraße-Sickingen	...	...	5.25	...	6.17	6.42	7.03	9.20	...	12.51	...	15.49	...	17.23	18.01	...	18.54	19.19	...	21.18	...
27,9	**Hechingen** Landesb (*492m*) 307a an	...	...	5.27	...	6.19	6.46	7.05	9.22	...	12.53	...	c15.51	...	17.25	18.03	...	18.56	19.22	...	† 21.20	...
	Hechingen ab	...	...	5.32	...	6.21	6.50	7.16	9.34	†11.45	13.10	...	15.58	...	17.48	18.10	...	19.00	19.32	...	21.30	...
32,6	Schlatt (Hohenz)	...	...	5.39	...	6.28	6.57	7.23	9.42	11.52	13.18	...	16.05	...	17.55	18.18	...	19.07	19.40	...	21.37	...
35,1	Jungingen (Hohenz) (*591 m*)	...	...	5.43	...	6.32	7.01	7.28	9.47	11.56	13.23	...	16.10	...	18.00	18.23	...	19.11	19.45	...	21.41	...
37,2	Killer	...	...	5.47	...	6.35	7.04	7.31	9.51	11.59	13.27	...	16.13	...	18.03	18.27	...	19.14	19.49	...	21.44	...
38,9	Hausen-Starzeln	...	...	5.50	...	6.39	7.07	7.35	9.55	12.03	13.31	...	16.16	...	18.07	18.31	...	19.17	19.52	...	21.47	...
42,6	Burladingen (*728 m*) (Bus)	...	...	5.58	...	6.47	7.14	7.48	10.04	12.11	13.39	...	16.22	...	18.15	†18.38	...	19.27	20.00	...	21.54	...
47,0	Gauselfingen	...	...	6.05	...	6.53	7.20	7.57	10.10	12.19	13.45	...	16.28	...	18.23	an	...	19.33	20.06	...	22 00	...
50,9	Neufra (Hohenz)	...	...	6.12	...	7.00	7.27	8.05	10.18	12.25	13.52	...	16.36	...	18.30	...	...	19.40	20.13	...	22.07	...
54,9	**Gammertingen** (*673 m*) 307b (Bus) an	...	...	6.18	...	a7.07	7.33	8.12	10.25	†12.30	13.58	...	❶16.41	...	18.37	...	...	⚒19.48	20.20	...	22.13	...
	Gammertingen ab	⚒ 5.11	...	6.25	...	...	7.35	8.20	10.29	12.32	⚒14 06	...	c16.43	a 17.03	18.47	...	...	Sa19.55	20.25	...	...	...
59,5	Hettingen (Hohenz)	5.16	...	6.32	...	...	7.41	8.26	10.35	12.38	14.13	...	16.48	17.09	18.54	...	...	20.02	20.32	...	...	...
61,8	Hermentingen	x5.20	...	6.36	...	...	7.45	8.30	10.39	12.42	14.17	...	16.53	17.13	18.58	...	...	20.07	x 20.36	...	...	...
64,6	Veringenstadt	5.24	...	6.42	...	...	7.50	8.35	10.44	12.46	14.22	...	16.59	17.19	19.03	...	...	20.12	20.41	...	...	...
67,5	Veringendorf	5.29	...	6.48	...	...	7.54	8.40	10.48	12.52	14.26	...	17.04	17.24	19.07	...	...	20.19	20.45	...	...	...
70,4	Jungnau	5.33	...	6.53	...	...	7.59	8.45	10.53	12.56	14.31	...	17.09	17.29	19.12	...	...	20.23	20.50	...	...	...
75,7	Hanfertal (*619 m*) 307c	x5.41	...	7.02	...	...	8.07	8.53	11.02	13.04	14.40	...	17.19	17.37	19.21	...	...	20.32	20.58	...	...	...
78,0	**Sigmaringen** Ldsb (*573m*) (Bus) an	⚒ 5.46		⚒7.06	...	...	†8.12	⚒8.58	11.06	13.09	⚒14.44	...	c17.24	a 17.41	a 19.25	...	...	Sa20.36	†21.03	...	...	...
	Ulm Hbf 307 an	**7.40**	...	*9.55*	...	...	*10.06*	***11.17***	*14.47*	*15.56*	*18.00*	...	*†19.42*	*20.14*	***21.19***	...	...	❷21.31	❷*21.31*	...	...	...
	Tuttlingen 307 an	⚒*8.58*	. .	⚒*8.58*	...	...	†*9.29*	***10.39***	***12.13***	*15.31*	*16.34*	...	*18.38*	*18.38*	*21.20*	...	...	...	❻*22.07*	...	...	...

km	Hohenz Landesbahn AG Hechingen Zug Nr	4	302	6	10	8	12 oG	16	18	20	22	24 oG	26	30	28	32	36	38	40	42 ❺	
	Tuttlingen 307 ab	...	...	...	...	...	...	*6.45*	...	*10.19*	...	*11.38*	...	***15.10***	***15.10***	...	***16.15***	***19.16***	***19.16***	*20.14*	...
	Ulm Hbf 307 ab	...	...	...	...	...	❸⚒*5.27*	⚒*5.34*/	†*5.50*	**8.33**	...	❹*9.10*	..	*13.03*	***15.18***	...	...	***18.29***	***18.29***	❸***19.47***	...
0,0	**Sigmaringen** Ldsb (*573m*) (Bus) 307c ab	...	...	Gammertingen-Horb	...	...	⚒6.30	8.22	...	11.22	...	13.22	...	†16.25	⚒16.54	...	a18.00	c 20.02	a 20.18	c 21.15	...
2,3	Hanfertal (*619 m*)	...	...		...	...	6.34	8.26	...	11.27	...	13.27	...	16.29	16.59	...	18.05	20.06	20.23	21.19	...
7,6	Jungnau	...	...		...	...	6.43	8.35	...	11.36	...	13.36	...	16.38	17.09	...	18.14	20.14	20.31	21.28	...
10,5	Veringendorf	...	...		...	...	6.49	8.40	...	11.40	...	13.40	...	16.43	17.13	...	18.19	20.19	20.36	21.32	...
13,4	Veringenstadt	...	...		...	...	6.55	8.45	...	11.45	...	13.45	...	16.48	17.19	...	18.24	20.24	20.41	21.37	...
16,2	Hermentingen	...	...		...	...	6.59	8.50	...	11.50	...	13.50	...	16.53	17.23	...	18.28	x20.28	20.45	x21.41	...
18,5	Hettingen (Hohenz)	...	...		...	...	7.04	8.54	...	11.54	...	13.54	...	16.58	17.28	...	18.32	20.33	20.50	21.45	...
23,1	**Gammertingen** (*673 m*) 307b (Bus) an	...	...		...	...	7.11	8.59	...	12.00	...	14.00	...	17.04	17.35	...	18.39	20.38	a 20.55	c 21.51	...
	Gammertingen ab	a 4.44	...	⚒5.35	† 6.03	⚒6.22	7.16	9.04	†10.32	12.05	...	14.05	a16.45	17.08	17.42	...	18.49	20.39			
27,1	Neufra (Hohenz)	4.51	...	5.41	6.09	6.30	7.24	9.11	10.38	12.12	...	14.11	16.51	17.16	17.51	...	18.56	20.45			
31,0	Gauselfingen	x4.57	...	5.48	6.16	6.36	7.31	9.19	10.45	12.19	...	14.18	16.58	17.24	18.00	...	19.05	20.52			
35,4	Burladingen (*728 m*) (Bus)	5.04	...	5.56	6.23	6.45	⚒7.37	9.28	10.52	12.29	...	14.25	17.06	17.33	18.13	†18 56	19.24	20.59			
39,1	Hausen-Starzeln	x5.09	...	6.01	6.28	6.51	an	9.35	10.57	12.35	...	14.31	17.12	17.40	18.20	19.02	19.30	21.04			
40,8	Killer	x5.11	...	6.04	6.31	6.53	...	9.39	11.00	12.39	...	14.35	17.15	17.44	18.23	19.05	19.33	21.07			
42,9	Jungingen (Hohenz) (*591 m*)	5.13	...	6.07	6.34	6.57	...	9.47	11.04	12.43	...	14.38	17.19	17.48	18.27	19.08	19.37	21.10			
45,4	Schlatt (Hohenz)	x5.17	...	6.11	6.38	7.01	...	9.53	11.08	12.47	...	14.42	17.23	17.53	18.33	19.13	19.41	21.14			
50,1	**Hechingen** Landesb (*492m*) 307a an	5.24	...	6.18	6.45	⚒7.08	...	10.00	†11.15	12.55	...	14.50	17.30	18.01	18.40	19.20	19.48	c 21.22			
	Hechingen ab	5.32	...	6.22	6.48	...	...	10.03	...	13.12	...	16.08	17.49	18.11	19.00	19.32	20.00	†21.28			
51,1	Friedrichstraße-Sickingen	5.34	...	6.24	6.50	...	...	10.05	...	13.14	...	16.10	17.51	18.13	19.02	19.34	20.02	21.30			
52,5	Stein (Hohenz)	x5.36	...	6.27	6.52	...	...	10.07	...	13.17	...	16.14	17.54	18.16	19.04	19.37	x20.04	x21.32			
54,5	Lindich-Weilheim	x5.38	...	x6.30	x6.54	...	...	x10.10	...	x13.20	...	x16.17	x17.57	x18.18	x19.07	x19.39	x20.07	x21.35			
56,5	Rangendingen (*419 m*)	5.40	...	6.34	6.58	...	...	10.14	...	13.26	...	16.21	18.02	18.22	19.11	19.43	20.10	21.38			
60,0	Hart (Hohenz)	x5.45	...	6.40	x7.02	...	...	10.19	...	13.33	...	16.26	18.07	18.27	19.16	x19.48	x20.15	x21.43			
64,4	Stetten b Haigerloch	5.53	...	6.48	7.09	...	...	10.26	...	13.42	...	16.34	18.14	18.35	19.23	19.55	x20.22	x21.50			
67,2	**Haigerloch** (*425m*) an	a 6.01	...	6.52	7.13	...	...	10.31	...	13.47	...	16.40	a18.19	†18.40	19.28	20.00	a20.26	†21.54			
	Haigerloch ab	↳	⚒ 6.15	6.53	7.14	...	...	10.32	...	13.52	a 15.40	16.45	130 oG (Bus)	...	19.33	20.04	...	...			
68,4	Trillfingen	...	x6.17	x6.54	x7.15	...	...	x10.33	...	x13.54	x15.41	x16.47		...	x19.34	x20.06	...	...			
72,1	Bad Imnau	...	6.23	7.00	7.21	...	...	10.40	...	14.02	15.47	16.54	a17.49	...	19.40	20.13	...	...			
74,3	Mühringen	...	6.27	7.03	7.24	...	...	10.44	...	14.07	15.50	16.58	17.50	...	19.44	20.17	...	...			
78,0	**Eyach** (*374 m*) 325f an	...	⚒ 6.34	⚒7.10	† 7.29	...	...	10.50	..	14.14	a 15.55	17.04	a17.58	...	⚒19.50	†20.23	...	...			
	Horb 325f an	...	***7.08***	*7.26*	***7.45***	...	...	***11.02***	...	*14.33*	*16.31*	*17.38*	*18.40*	...	*20.05*	*21.17*	...	...	...	...	...
	Tübingen Hbf 325f an	...	*7.19*	⚒*7.45*	*8.50*	...	...	*11.46*	...	*15.30*	*16.29*	*17.44*	***18.31***	...	***20.18***	*21.02*	...	...	...	...	...

(Bus) **Burladingen—Salmendingen 2307/23**

Burladingen
Schlatt (Hohenz)

Ebingen (Württ) **2307/24**

Burladingen—Ringingen 2307/25

Die Zahlen in Klammern neben den Bahnhofnamen geben die Höhenlage (Höhe über dem Meer) an

a = ⚒ außer Sa c = Sa und † e = ⚒ nach †

❶ † umsteigen ❷ Herbertingen an ❸ Mengen ab ❹ In Herbertingen umsteigen ❺ an Sa oG ❻ † Thiergarten an

den Randlagen wurden durch Busse ersetzt und ab 1968 auch der restliche VT-Verkehr auf den defizitären Streckenabschnitten umgestellt.

Das Verkehrskonzept der HzL sieht die Beibehaltung des Schienenpersonenverkehrs auf dem Abschnitt Hechingen – Sigmaringen vor, der übrige Personenverkehr nach Eyach, Kleinengstingen und Sigmaringendorf bleibt dem Bus vorbehalten. Das Angebot auf der Schiene ist ausgebaut worden und wird weiterhin gepflegt – Zugangebot, attraktive Tarifangebote, Einrichtung zusätzlicher Haltepunkte und Anlagen zur schnelleren Betriebsabwicklung (Rückfallweichen, Funk) sowie der modernisierte, einheitliche Fahrzeugpark belegen dieses Ziel.

Fahrplan 1975/76: Hechingen – Sigmaringen werktags 4 durchgehende Zp sowie 5 Zp auf Teilstrecken Hechingen – Burladingen und Gammertingen, ferner 1 Schülerzug ab und bis Bingen. Der Schülerverkehr prägte und prägt auch heute das Bild: rund zwei Drittel des Fahrgastaufkommens sind Schüler.

1990 weist der Fahrplan 6 durchgehende Zp aus, ferner 6 Zp auf Teilstrecken sowie eine Schülerfahrt ab und bis Bingen (aufgegeben 31. Mai 1991). Ergänzt wird das Zugangebot durch Buskurse. Die Zuglagen und die Einschränkungen zeigen die Abhängigkeit vom Schülerverkehr. Ein deutlicher Brechpunkt ist Neufra

Bei Hettingen, 14.5.1985

Bei Hanfertal, 6.5.1986

Mägerkingen, 17.5.1991

Bei Neufra, 19.7.1979

Haigerloch, 13.8.1977

Bei Hettingen, 14.5.1985

– von hier tendiert das Verkehrsaufkommen entweder nach Hechingen oder Sigmaringen.

Der Verkehr wird zügig abgewickelt, der Fahrplan exakt eingehalten, Zugkreuzungen ohne Verzögerungen in den Fahrplan eingebunden und durchgeführt. Dank der Verständigung über den Zugbahnfunk kann bei Störungen sofort eingegriffen und disponiert werden. Auf den besetzten Bahnhöfen werden die Abfahrtaufträge von rotbemützten Aufsichtsbeamten mit der Kelle gegeben – ein nicht alltägliches Bild für eine NE-Bahn.

Im Auftrag des Landratsamtes Tuttlingen fährt die HzL seit Winterfahrplan 3. September 1990 auf der Donautalbahn zusätzliche Züge, werktags 1 Zp Sigmaringen – Tuttlingen und 2 Zp Fridingen – Tuttlingen – dieses Angebot ist in einem besonderen Fahrplanbild zum Fahrplan 755 im Kursbuch ausgewiesen und macht einmal mehr deutlich, daß und wie die HzL auf den Schienen-Personennahverkehr setzt und attraktive Angebote macht.

Ferner fahren seit Herbst 1991 HzL-VT auch einige Zugleistungen der KBS 766 zwischen Hechingen und Balingen Süd.

Seit 1989 ist eine stete Aufwärtsentwicklung im Pv der HzL festzustellen – einschl. der Leistungen auf der Donautalbahn und der Strecke Hechingen – Balingen Süd benutzten 1993 0,973 Mio Fahrgäste die Züge der HzL.

Der KOM-Verkehr entwickelte sich seit 1947 erst langsam, dann sehr rasch. Waren es 1947 rund 29 000 Personen, die den Bus benutzten, so waren es 1950 bereits 263 197 Fahrgäste.

Im Laufe der Jahre wurde der KOM-Verkehr systematisch als zweiter Betriebszweig im Personenverkehr ausgebaut und erweitert und wird mit Fahrzeugbeschaffungen und Infrastrukturmaßnahmen auf dem neuesten Stand gehalten. In Burladingen entstand 1955 eine Unterstell- und Pflegehalle, die 1962 entsprechend dem wachsenden Fahrzeugpark erweitert werden mußte. Mit der Ausdehnung des Busverkehrs im Raum Bingen/Sigmaringendorf wurde der Lokschuppen Bingen für die KOM-Unterstellung genutzt.

Mit dem ersten eigenen Bus mit Anhänger 1949 entwickelte sich recht bald eine stattliche Busflotte, zehn Jahre später waren es bereits 16 KOM. Die Streckenlänge wuchs ebenso rasch.

Während in der ersten Hälfte der 60er Jahre die Fahrgastzahlen stagnierten, ist ein deutlicher Sprung in der Beförderungsstatistik von 1966 auf 1967 zu sehen – Vorbereitungen auf die teilweise Übernahme des Schienenpersonenverkehrs. Daß tatsächlich Neugewinne zu verzeichnen waren, zeigt sich daran, daß beim Schienenpersonenverkehr ein adäquater Rückgang nicht zu ersehen ist, ganz im Gegenteil, auch auf der Schiene brachte der Schülerverkehr seit 1968 einen deutlichen Zugang. 1967 wurde erstmals die Millionengrenze überschritten, in stetiger Aufwärtsentwicklung ging es 1975 über 2 Mio, 1979 war mit 2,688 Mio Fahrgästen ein Höhepunkt erreicht. Seitdem erfährt auch der KOM-Linienverkehr einen unübersehbaren Rückgang, der allerdings 1989 gestoppt werden konnte und seitdem wieder steigende Tendenz aufweist (1993 2 682 552 Personen).

Den zunehmenden Anforderungen des ÖPNV entsprechend wurden zu Beginn der 70er Jahre für den Linienverkehr neue Heckmotor-Busse mit einem Fassungsvermögen von 110 Personen beschafft und gleichzeitig eine Typenbereinigung durchgeführt. Seit 1976 werden auch Überland-Gelenkbusse mit großem Sitzplatzangebot eingesetzt, vorwiegend im Raum Sigmaringen und auf der Linie Gammertingen – Reutlingen. Der Linienverkehr wird mit Standard-Überland-Linienbussen von MAN und Daimler-Benz abgewickelt, wobei die HzL mit der Entwicklung Schritt hält und den Fahrzeugpark ständig modernisiert und die neuesten Typen beschafft und einsetzt.

Für die Wartung und Pflege der Fahrzeuge wurde 1971 ein neuer Betriebshof mit Zentralwerkstatt geplant, der 1973/74 „auf der grünen Wiese“ oberhalb Gammertingen auf einem von der Stadt angebotenen 1,32 ha großen Gelände errichtet worden ist. Baubeginn war 1973, 1975 konnten die Hallen bezogen werden. Die Anlage ist als Zentralwerkstatt für alle HzL-Omnibusse ausgelegt und verfügt über modernste Einrichtungen zur Wartung und Pflege der Fahrzeuge. Gleichzeitig wurde die Betriebsleitung Kraftverkehr in Gammertingen konzentriert. Ab 1979 ist zur rationellen Betriebsüberwachung ein Funksystem für die Linienomnibusse aufgebaut worden, dessen äußeres Erkennungszeichen die große Antennenanlage auf dem Dach des Betriebshofes ist. Über dieses Funksystem werden in Verbindung mit dem Bahnfunk auch die mobilen Bereitschafts- und Instandhaltungsgruppen koordiniert, die sicherstellen, daß bei gestörten Bahnanlagen wie z.B. Blinklicht- oder Halbschrankenanlagen schnellstens für Abhilfe gesorgt wird.

1987/88 entstanden neue KOM-Unterstellhallen in Bingen und Hechingen. Die alte Halle in Burladingen dient nach wie vor der Unterstellung von Bussen und des Lkw.

In Gammertingen ist neben dem HzL-Bahnhof 1990 der Busbahnhof neu gestaltet worden mit übersichtlichen Bussteigen, architektonisch nettem Wetterschutz und großzügigen Zu- und Abfahrten.

Das Liniennetz umfaßt 1993 rund 916 km und erreicht sieben Landkreise, wobei hauptsächlich die Kreise Sigmaringen, Zollernalb, Reutlingen und Biberach bedient werden.

Die Hauptrichtungen und wichtigen Ziele sind von

Gammertingen	nach Engstingen – Reutlingen, Sigmaringen, Sindelfingen sowie Schienenergänzungsverkehr nach Hechingen und Sigmaringen
Sigmaringen	nach Bingen – Riedlingen
Hechingen	nach Rangendingen, Haigerloch, Eyach, Eutingen, Mühringen-Horb, Sindelfingen sowie Schienenergänzungsverkehr Richtung Sigmaringen
Haigerloch	nach Eutingen
Burladingen	nach Albstadt-Ebingen
Veringenstadt	nach Gammertingen – Mariaberg – Albstadt-Ebingen

Ferner Stadtverkehr Burladingen.

Auch im Güterverkehr betätigt sich die HzL auf der Straße – seit 1941 im Nahverkehr, seit 1948 auch im Güterfernverkehr. Die Verteilung des Stückgutaufkommens für die Fläche ist Domäne des Lkw, darauf konzentriert sich die HzL seit 1968 verstärkt, der Güterfernverkehr ist 1968 aufgegeben worden.

Im Omnibus-Reiseverkehr ist die HzL ebenfalls aktiv – sie verfügt über modernste und mit allen Sicherheits- und Komforteinrichtungen ausgestattete Reisebusse. Der Reiseprospekt 1993 bietet Tages-, Kurz- und Urlaubsreisen an, die Palette reicht von Fahrten zum Nordkap, nach Irland, Spanien bis Ungarn. Die HzL hat eigene Anmeldestellen beim Betriebshof in Gammertingen und der Direktion in Hechingen und arbeitet auch mit Reisebüros in Sigmaringen, Bisingen, Hechingen und Burladingen zusammen.

KOM-Verkehr

Jahr	Anzahl KOM	Anzahl KOM-Linien	Linienlänge km	Anzahl Lkw
1960	16+1 Anhänger	7	189	2+2 Anhänger
1965	16	7	190,5	4+3
1970	22	10	370,3	4+2
1974	32	12	395,6	3+1
1979	42	10	590	5+1
1981	39+5 Gelenkbusse	10	595	5+1
1983	36+6	10	634+ 79 freigest.	5+1
1985	37+6	10	735+112,9	4
1989	36+6	11	764+122	4
1990	38+6	11	764+122	4
1993	47+7		916	4

Auch auf der HzL verkehren seit mehreren Jahren wieder dampflokbespannte Museumszüge. Die Eisenbahnfreunde Zollernbahn (EFZ) haben sich u.a. die HzL als Betätigungsfeld ausgesucht. Seit 1982 fahren an Wochenenden dampflokbespannte Museumszüge auf den Strecken Gammertingen – Kleinengstingen – Münsingen und Eyach – Hechingen. Beide Strecken haben ein eigenes

Fahrplanbild im Kursbuch mit Angabe der Verkehrstage (Fahrplan-Nr. 763, 767). In Gammertingen finden auch die „Dampfspektakel“ statt, die die EFZ regelmäßig veranstalten.

Die EFZ besitzen mehrere größere Dampflokomotiven und Wagen, die in Hechingen im DB-Bahnhof stehen, sowie ehemalige HzL-VT und VB (die jedoch wieder verkauft worden sind). Dagegen sind einige HzL-Dampflokomotiven und -Personenwagen zur GES abgewandert, die in den 70er Jahren mit diesen Garnituren die Heimatstrecken befuhren, sich aber heute auf Strecken der WEG zurückgezogen haben.

Güterverkehr

Der Güterverkehr der HzL stützt bzw. stützte sich auf mehrere Beine: Landhandel und Holzwirtschaft, das Salzbergwerk Stetten, die Hütte bzw. das Fürstl. Hohenzoller. Werk Laucherthal, mehrere Steinbrüche und der Militärverkehr. Die Beförderungsleistungen der vier Teilstrecken im Jahre 1904 zeigen deutlich die Bedeutung der beiden wichtigsten Kunden an dem Bingener und Haigerlocher Zweig.

Alle Bahnhöfe haben bzw. hatten Freiladegleise und Ladestraßen sowie Güterschuppen. Mehrere Bahnhöfe hatten Gleiswaagen, die meisten sind inzwischen ausgebaut worden.

Holzverladerampen und größere Lagerplätze gab es in Stetten, Hettingen, Bingen und Haidkapelle – der Holzverkehr ist stark zurückgegangen und beschränkt sich auf sporadisch anfallendes Windwurfholz und Schwartenbretter, jüngst jedoch wieder mit wachsender Bedeutung.

Größere Lagerschuppen der Landwirtschaftlichen Bezugs- und Absatzgenossenschaften, z.T. mit Agl, gibt es in Trochtelfingen (großes Silo), Kleinengstingen, Stetten (heute nicht mehr), Haigerloch (großes Silo) und Veringenstadt. Fast alle Bahnhöfe hatten feste oder fahrbare Viehverladerampen.

Mehrere Steinbrüche an der Strecke hatten Gleisanschlüsse und bedienten sich der Schiene, so die beiden HzL-eigenen Steinbrüche nördlich von Haigerloch mit zwei Agl und der Steinbruch Vogelherd in Hanfertal sowie ein Steinbruch bei Neufra, der der IG Farben gehörte, ferner ein Steinbruch bei Jungnau (Verladung auf freier Strecke) und der Steinbruch der Fa. Schwörer bei Veringenstadt, die ein Werk für Fertigbetonteile betreibt. Die Steinbrüche sind verkauft bzw. stillgelegt und spielen keine Rolle mehr, die Agl sind entfernt, lediglich das Agl zum Werk der Fa. Schwörer besteht noch.

Die Verkehrsleistungen im Güterverkehr nahmen bis zum Ersten Weltkrieg kontinuierlich zu (1913: 119 327 t). Ab Mitte der 20er Jahre wurden um 130 000 t im Jahr gefahren (1924: 131 785 t, 1928: 175 188 t, 1930: 134 988 t). Die Wirtschaftskrisen brachten deutliche Einbrüche, ab 1935 stieg der Wagenladungsverkehr deutlich an (1935: 154 064 t, 1939: 182 582 t, 1940: 244 064 t, 1944: 308 660 t).

Nach dem Krieg erholte sich der Güterverkehr nur langsam, die Beförderungsleistungen stiegen von 1947 mit 109 382 t bis 1954 mit einigen Schwankungen auf 163 035 t an und bewegten sich bis 1962 um 200 000 t/Jahr. Bis 1973 war eine kontinuierliche Steigerung zu verzeichnen, an der hauptsächlich der Salzverkehr beteiligt war. Mit rund 434 000 t war das Jahr 1973 das mit der größten Leistung im Güterverkehr. Die starken Schwankungen sind im wesentlichen durch den Salzverkehr und die Produktionsumstellung der Hütte bedingt.

Das Fürstliche Salzbergwerk Stetten, seit Anfang der 20er Jahre Salzbergwerk der Fa. Wacker-Chemie GmbH München war von Anfang an für die HzL einer der größten Bahnkunden und ist das auch heute noch. Die Gleis- und Verladeanlagen sind mehrfach erweitert worden. Das früher aus dem Stollen, heute aus dem Förderschacht geförderte Salz wird in loser Schüttung über eine Bänder- und Verladeanlage in die bereitgestellten Wagen geladen, daneben gibt es eine weitere Ladeanlage für Waggons und Lkw. Mehrere Gleise stehen für die Bereitstellung der Wagen zur Verfügung. Für das Rangiergeschäft ist in Stetten eine der kleinen V-Loks stationiert. Das Salz wird fast ausschließlich in geschlossenen Zügen zu den Chemie-Werken nach Burghausen transportiert und in Sigmaringendorf an die DB übergeben. Die schweren Ganzzüge werden mit zwei Mal zwei Lokomotiven in Doppeltraktion gefahren, wobei auf der langen Steigungsstrecke nach Burladingen hinauf nachgeschoben werden muß. Die DB übernimmt die Salzzüge in Sigmaringendorf bzw. zeitweise in Mengen. Seit Sommer 1991 wird ein Ganzzug aus vierachsigen Talns-Wagen eingesetzt, den die HzL mit ihren eigenen Loks in Doppeltraktion bis Ulm fährt und auf der Rückfahrt einen Leerzug mitnimmt.

Neben dem Salz in loser Schüttung wurde früher auch viel gesacktes Streusalz gefahren – dieses Produkt ist stark zurückgegangen und auch auf die Straße abgewandert. 1927 wird erstmals festgehalten, daß Steinsalz das am meisten beförderte Gut der HzL ist. Während im ersten Betriebsjahr 1131 t Salz abgefahren wurden, waren es 1970 rund 260 000 t – das war mehr als die Hälfte des gesamten Verkehrsaufkommens. Im Juni 1980 wurde die fünfmillionste Tonne Salz auf der Schiene abgefahren. Auch heute noch ist das Salzbergwerk Stetten der beste Bahnkunde (1984: 332 000 t) und erbringt zwei Drittel der gesamten Beförderungsleistung.

Das Fürstl. Hohenz. Hüttenwerk in Laucherthal war Anlaß für den Bau der Bingener Strecke und hatte von Anfang an einen Gleisanschluß. Das Streckengleis führt mitten durch das Werkgelände, beidseits zweigen die Agl zu den einzelnen Werkteilen ab. Der Bf Laucherthal ist zeitweise besetzt, der Zuglauf wird durch das Stellwerk geregelt. Ist der Bahnhof nicht besetzt, besteht keine Abhängigkeit zwischen den Einfahrsignalen und den Einfahrweichen, und an den Einfahrsignalen werden bewegliche Lattenkreuze hochgezogen, die die Außerbetriebstellung anzeigen.

Eine große Kranbahn führt über mehrere Gleise hinweg, für die besondere Betriebsvorschriften gelten. Durch eine besondere Sperreinrichtung kann das Befahren des über den HzL-Gleisen liegenden Teiles der Kranbahn ausgeschlossen werden.

Die Hütte hat(te) für das Rangiergeschäft eigene Lokomotiven sowie einen eigenen kleinen Lokschuppen.

In beiden Kriegen hatte die Hütte ein sehr hohes Verkehrsaufkommen und spielte für die Rüstungsindustrie eine Rolle.

1970 entfielen auf die Hütte rund 90 000 t, das war knapp ein Viertel des gesamten Güteraufkommens. Das Frachtaufkommen für die Hütte ist deutlich zurückgegangen und beschränkt sich heute im wesentlichen auf Stahlbrammen und Rohmaterial im Empfang.

An dritter Stelle beim Güterverkehr steht die Bundeswehr. Neuerstellte Verladerampen gibt es bei den Bahnhöfen Haidkapelle und Hanfertal. Wenn Manöver stattfinden, kommen besondere Aufgaben auf die HzL zu – lange Züge mit Güter- und Mannschaftswagen werden zusammengestellt, beladen und abgefahren. Für die Militärzüge sind in Kleinengstingen und Eyach die Gleisanlagen so geändert worden, daß die DB-Streckengleise ohne Sägefahrten direkt erreicht werden, ferner ist in Kleinengstingen ein neuer Bahnsteig errichtet worden. Durch die Umstrukturierung der Bundeswehr sind die Transporte deutlich zurückgegangen.

Für die Militärzüge hält die HzL Heizkesselwagen vor.

Neben diesen drei Großkunden gab und gibt es noch eine Vielzahl von Gleisanschlüssen mit mehr oder weniger großer Bedeutung, ein Teil der Gleisanschlüsse ist inzwischen aufgegeben worden:

- Imnau, Mineralbrunnen Überkingen-Teinach AG, heute Apollo-Quelle Mineralbrunnen AG, Flaschen im Empfang
- Haigerloch, Steinbruch der WeEG bzw. HzL (aufgegeben)
- Rangendingen, Lagerhaus der Fa. Betonwerk Dieringer

– Friedrichstraße-Sickingen, Städtisches Gaswerk Hechingen (aufgegeben Anfang der 70er Jahre)
– Hechingen, Sägerei Wild (aufgegeben)
– zwischen Neufra und Gammertingen, Steinbruch der Fa. IG-Farben, zwei Gleise, Gleiswaage (alles aufgegeben)
– Veringenstadt, Betonwerk Schwörer
– Hanfertal, Fa. Taxis, später Flüssiggaslager der Stadt Sigmaringen (Gaswerk), Steinbruch Vogelherd der WeEG bzw. HzL (aufgegeben)
– Hitzkofen, Fa. Stämpfli (aufgegeben)
– Sigmaringendorf, Fa. Schaal, Metallveredelung (aufgeg. 1974)

Übergabegleise zur DB bestehen in Eyach, Hechingen, Kleinengstingen und Sigmaringendorf. Heute wird in Hechingen nicht mehr an die DB übergeben, in Kleinengstingen nach Bedarf, in Eyach und Sigmaringendorf täglich.

Im Rahmen des Kooperationsmodells DB/NE führt die HzL mit einer V-Lok Rangierdienst im Raum Sigmaringen aus. Für den Salzverkehr werden große Anstrengungen unternommen – Traktion des Ganzzuges mit HzL-Lokomotiven über Sigmaringendorf hinaus bis Ulm, in diesem Zusammenhang hat die HzL gemeinsam mit der DB eine neue Verbindungskurve der Bingener Strecke mit direkter Einführung in die Donautalbahn Richtung Mengen gebaut, die Ende August 1992 in Betrieb genommen worden ist.

Die Beförderungsleistungen im Güterverkehr zeigen starke Schwankungen. Mit rund 434 000 t war 1973 ein Spitzenjahr, danach war jahrelang ein Rückgang zu verzeichnen. Ab Anfang der 80er Jahre zielen die Zahlen wieder nach oben, die starken Schwankungen sind im wesentlichen durch das Verkehrsaufkommen der beiden Großkunden, das Salzbergwerk und die Hütte bedingt, bei denen sich Konjunkturschwankungen direkt beim Wagenladungsverkehr niederschlagen.

Der allgemeine Ladungsverkehr ist zurückgegangen, trotzdem werden an allen größeren Bahnhöfen die Ladegleise vorgehalten und gepflegt und nach Bedarf auch erweitert, so z.B. in Burladingen ein neues Ladegleis am Bahnhof. Die HzL ist ungemein rege und nutzt jede sich bietende Gelegenheit, zu aquirieren und Bahnkunden zu halten oder neu hinzuzugewinnen. Immer wieder sieht man einzelne Wagen auf den Bahnhöfen, die täglich verkehrenden Güterzüge sind bunt gemischt. Trotz des großen Engagements zeigen die Beförderungsleistungen schwankende Entwicklungen.

Der Stückgutverkehr spielte eine große Rolle und ist auch heute noch von einiger Bedeutung. Nach dem Krieg lag er ziemlich konstant um 9000 t, 1970/80 zwischen 6000 und 8000 t/Jahr.

Heute verkehren direkte Stückgut-Richtungswagen nach Hannover, Frankfurt, Nürnberg, Duisburg und Kornwestheim. Abfertigungen gibt es in Stetten, Hechingen, Burladingen, Laucherthal, Gammertingen, Hanfertal (neue Güterabfertigung an der Laderampe) und Veringenstadt. Die Verteilung und Einsammlung geschieht mit eigenen Lkw. 1993 wurden 8582 t Expreß- und Stückgut befördert.

Beförderungsleistungen

	Personenverkehr (Linienverk.)		Güterverkehr (t)	
	Schiene	Straße	Schiene	Straße
1956	1 607 830	821 200	297 049	3 001
1959	1 450 030	755 568	207 302	3 392
1960	1 333 975	708 385	219 883	3 326
1963	1 132 049	640 861	242 881	4 169
1964	1 091 207	623 086	277 419	4 465
1967	1 088 498	1 124 471	282 447	3 015
1968	1 099 814	1 275 295	334 002	2 328
1970	1 196 030	1 580 587	415 565	1 632 *
1971	1 174 952	1 700 358	404 153	1 585
1972	1 209 854	1 861 344	406 703	1 643
1973	1 205 920	1 951 059	433 691	1 612
1974	1 272 374	1 965 435	417 672	1 360
1975	1 278 189	2 088 577	284 278**	1 380
1976	1 142 586	2 399 732	317 011	1 305
1977	1 069 375	2 530 302	320 664	1 109
1978	1 079 277	2 642 051	335 400	1 287
1979	1 070 509	2 688 422	321 445	1 002
1980	1 029 967	2 590 316	310 884	900
1981	982 283	2 598 976	321 939	597
1982	947 939	2 522 222	337 858	384
1983	932 414	2 467 681	339 399	295
1984	886 496	2 385 259	390 507	246
1985	857 753	2 386 153	401 058	275
1986	750 437	2 319 356	382 016	312
1987	827 203	2 286 154	373 954	253
1988	791 282	2 369 346	388 706	226
1989	767 563	2 499 212	368 409	nicht mehr ausgewiesen
1990	838 682	2 549 464	366 317	
1991	911 872	2 573 921	342 971	
1992	947 401	2 645 548	330 826	

* = ohne Stückgutflächenverkehr
** = weniger Salz

Personal

Anzahl der beschäftigten Personen

1904: 25 + 20 Arbeiter
1908: 27 + 25 Arbeiter
1912: 110
1925: 176
1928: 185
1932: 167
1935: 180
1938: 210, davon 96 Angestellte und 114 Lohnempfänger
1960: 266
1965: 231 + 21 KOM-Fahrer
1970: 224 + 22
1974: 178 + 34
1979: 126 + 47
1981: 134 + 51
1983: 128 + 48
1985: 134 + 47
1986: insg. 179
1987: insg. 182
1988: insg. 175
1989: 165
1990: 168 + 6 Auszubildende
1991: 181 + 5
1993: 174 + 6

Gammertingen, 14.5.1991

Hettingen, 15.9.1983

Jungnau, 6.5.1986

Stetten, 5.5.1986

Stetten, 16.5.1991

Bei Jungingen, 22.5.1975

Bei Hausen-Starzeln, 14.5.1971

Bei Hausen-Starzeln, 14.5.1985

Bei Schlatt, 15.5.1985

Streckenbeschreibung

Die Hohenzollerischen Lande, die von der Schwäbischen Alb von Südwesten nach Nordosten durchzogen werden, sind eine sehr reizvolle Gegend; die HzL durchfährt sie von Eyach bis Sigmaringen rund 80 km und passiert den Albtrauf und die Wasserscheide bei Burladingen. Aus dem Neckartal steigt die Strecke rund 360 m hoch bis zur Wasserscheide und fällt dann ganz sachte zur Donau hinab, wobei ein Höhenunterschied von rund 160 m zu überwinden ist. Eine Vielzahl von interessanten und alten Städten, Schlössern, Kirchen und Klöstern liegen an der Strecke, allen voran die Zollernburgen Hechingen, Haigerloch und Sigmaringen. Ein Besuch der HzL sollte sich nicht nur auf den Bahnbetrieb beschränken, man muß schon ein wenig Zeit mitbringen, um die landschaftlichen Schönheiten und kulturellen Baulichkeiten zu besuchen und kennenzulernen.

Ab Eyach folgt die Strecke in ständiger Steigung dem lieblichen weiten Eyachtal und verläuft am Fuß der steil ansteigenden bewaldeten Hänge auf der linken Seite der Eyach. Von der Straße aus ist die Strecke gut zu verfolgen. Hinter Stetten verläßt die Strecke das Eyachtal, erklimmt mit kurzer starker Steigung von 1:37 einen Höhenrücken, um auf der anderen Seite mit einem längeren Gefälle von 1:55 ins Starzeltal zu gelangen, dem die Strecke bis Hechingen und weiter bis Jungingen folgt. Das Starzeltal ist ebenfalls weit, weist jedoch eine deutlich größere Steigung auf. Von Hart bis Hechingen verläuft die Strecke parallel zur Straße und ist auf der ganzen Länge gut zu verfolgen. Ab Gammertingen folgt die Strecke dem reizvollen Tal der Lauchert, ebenfalls in Sichtweite zur Straße.

Der Endbahnhof Eyach erstreckt sich parallel den DB-Gleisen, zwischen den HzL- und den DB-Gleisen verläuft die Straße nach Starzach. Von der großen Straßenbrücke über die Bahnanlagen und den Neckar aus hat man einen umfassenden Blick. Der HzL-Bahnhof besteht aus drei langgezogenen im Bogen liegenden Gleisen, in der Verlängerung endet das Gleis stumpf am Bahnsteig gegenüber dem DB-Bahnhof. Das Übergabegleis war ursprünglich so konzipiert, daß vom Bahnhofsende aus Richtung Horb zurückgesetzt werden mußte. Die Gleisänderung ermöglicht jetzt eine direkte Einmündung Richtung Tübingen. Die Anlagen weisen keinerlei Besonderheiten auf, eigene Baulichkeiten waren und sind nicht vorhanden, abgesehen von den früheren Lokbehandlungsanlagen. Das Streckengleis verläßt den Bahnhof in einer Linkskurve und schwenkt in das Eyachtal ein. Kurz hinter der Ausfahrt wird die Eyach auf einer eisernen Fachwerkbrücke überfahren.

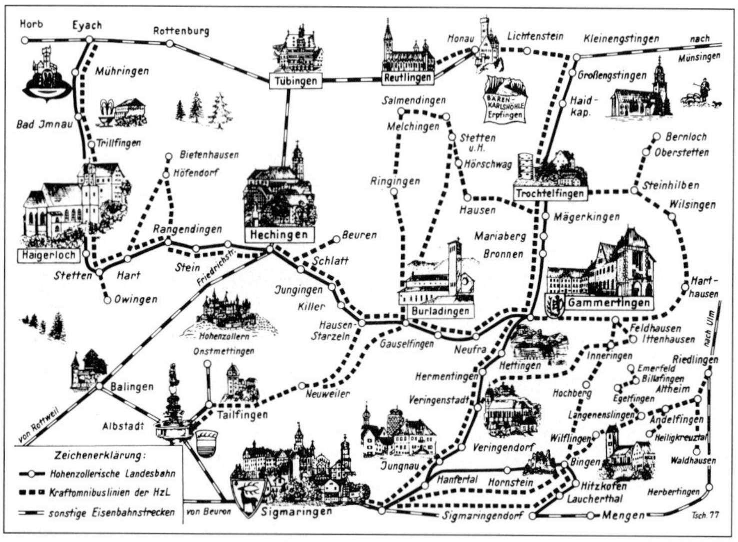

Der Bahnhof Mühringen liegt direkt an der Eyach und weist ein hübsches Fachwerkbahnhofsgebäude auf, umrahmt von hohen Bäumen.

Das schöne, früher ebenfalls unter hohen Bäumen gelegene Bahnhofsgebäude von Bad Imnau ist verschwunden, beachtlich ist der moderne und nüchtern neu erbaute Hallenkomplex der Mineralbrunnen AG/Apollo-Quelle.

Der Hp Trillfingen hatte eine kurze Bahnsteigkante und ein nettes kleines hölzernes Unterstellhäuschen und lag oberhalb der Eyach erhöht am Hang. Ein schmaler Fußweg führte über eine kleine Eyachbrücke am Hang empor zum Hp, etwas weiter südlich bestand eine Straßenzufahrt – das alles ist verschwunden, die Bahnsteigkante ist nicht mehr zu erkennen, lediglich die Eyach-Fußgängerbrücke ist noch vorhanden.

Bf Eyach, 15.9.1983

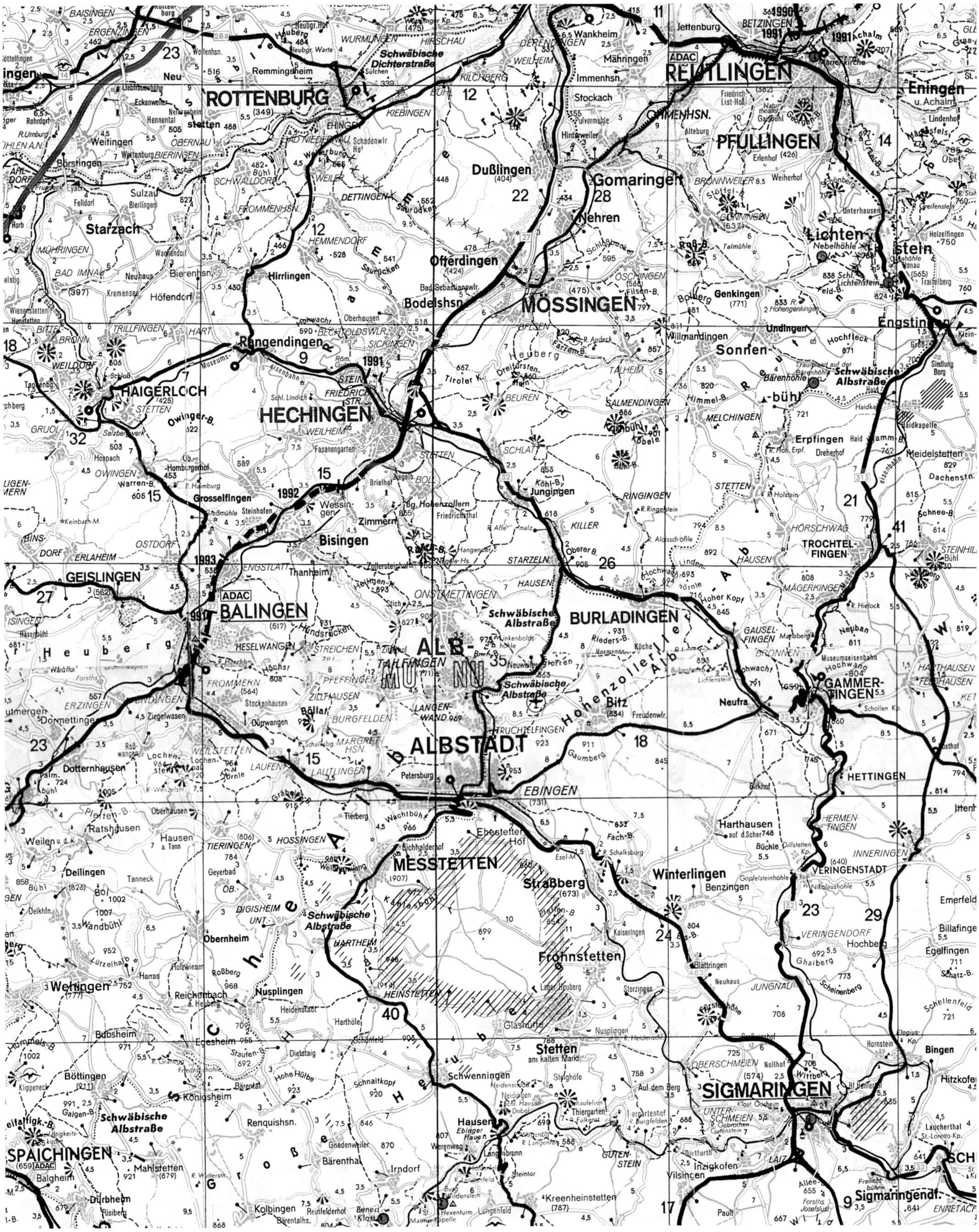
ROTTENBURG
REUTLINGEN
PFULLINGEN
Eningen
u. Achalm
Dußlingen
Gomaringen
Nehren
Ofterdingen
MÖSSINGEN
Bodelshsn.
Hirrlingen
Starzach
Haigerloch
Rangendingen
HECHINGEN
Lichtenstein
Genkingen
Sonnenbühl
Engstingen
Schwäbische Albstraße
Schwäbische Dichterstraße
Grosselfingen
Bisingen
Jungingen
Killer
BALINGEN
GEISLINGEN
BURLADINGEN
Erpfingen
TROCHTELFINGEN
GAMMERTINGEN
Neufra
Bitz
ALBSTADT
EBINGEN
HETTINGEN
MESSTETTEN
Straßberg
Winterlingen
VERINGENSTADT
Frohnstetten
Nusplingen
Wehingen
Obernheim
Stetten am kalten Markt
Schwenningen
SIGMARINGEN
Hausen
SPAICHINGEN
Böttingen
Dotternhausen
Meßkirch
Inzigkofen
Bingen
Hitzkofen
Mahlstetten
Dürbheim
Kreenheinstetten
Sigmaringendf.

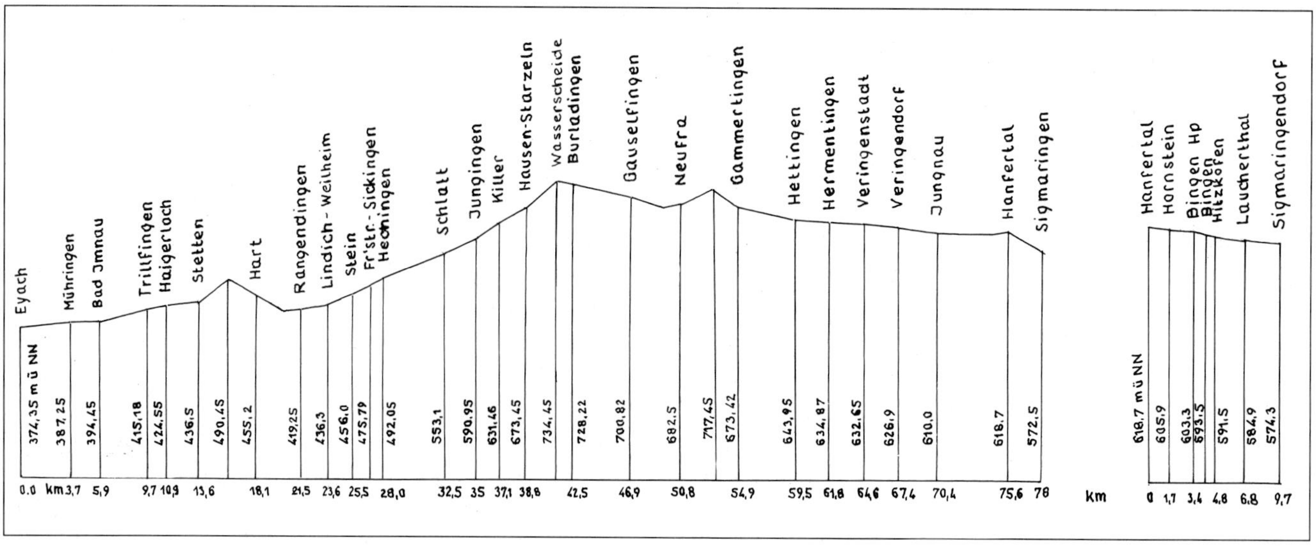

Bei Haigerloch, 5.5.1986; *unten* Haigerloch, Tunnel

Vor der Kulisse steil ansteigender Waldhänge führt das Gleis direkt an der Eyach entlang auf Haigerloch zu. Unmittelbar vor Haigerloch erstrecken sich rechts der Strecke große Steinbruchanlagen, die einst über ein Agl der HzL beachtlichen Wagenladungsverkehr brachten.

Haigerloch ist ein ungemein malerisches Städtchen mit reizvoller, schöner Ortskulisse, es erstreckt sich um zwei Schloßanlagen herum auf zwei von der Eyach umflossenen Bergspornen. Unterstadt und Oberstadt sind gleichermaßen interessant. Von der Oberstadt aus hat man einen schönen Blick über das tief und schluchtartig eingeschnittene Eyachtal hinweg auf die gegenüberliegende Schloßanlage und die Schloßkirche. Der Bahnhof liegt unten im Tal, eingezwängt zwischen steil ansteigenden Felsen und der Eyach, entsprechend langgezogen sind die Gleisanlagen. Als ehemaliger Endpunkt der Eyacher Strecke weist der Bahnhof ein großes schönes Bahnhofsgebäude und einen Lokschuppen auf, ferner zwei lange Ladegleise. Die Bedeutung von Haigerloch ist stark zurückgegangen, die Bahnanlagen haben jedoch nichts von ihrem Reiz eingebüßt.

Die Oberstadt wird mit einem 145 m langen Tunnel unterfahren, ein viel fotografiertes und sehr pittoreskes Motiv ist der Tunnelmund mit dem darüberliegenden Turm der ehemaligen Ulrichskirche direkt über der senkrecht abfallenden Felswand.

Hart an der Eyach entlang geht es weiter zum Bahnhof Stetten – auf langgezogenen Gleisanlagen stehen Selbstentladewagen zur Beladung bereit. Die ganze Anlage ist von der direkt danebenliegenden Straße aus gut einzusehen: jenseits der Straße befinden sich die Förder- und Werkanlagen des Salzbergwerkes. In den Schrägschacht kann man direkt hineinsehen – auffallend ist, daß große Aufbereitungsanlagen und Salzbunker o.ä. fehlen – die Anlagen und Lager befinden sich unter der Erde. Eine über ein Förderband beschickte Ladeanlage dient ausschließlich der Beladung von Waggons, eine ältere Anlage beidseitig der Schiene und den Straßenfahrzeugen. Vorgelagert befindet sich der Personenbahnhof mit Bahnsteig und Dienstgebäude.

Hinter Stetten wird die Eyach auf einem Steinviadukt überfahren.

Der Bf Hart direkt neben der Straße besticht durch neue Gleise – er ist als Vorbahnhof für Stetten ausgebaut worden, das hübsche kleine Bahnhofsgebäude wurde leider abgerissen. Fahrgäste, die hier ausstiegen, hatten einen halbstündigen Fußmarsch zum Ort zurückzulegen.

Vor Rangendingen wird die Landstraße auf einem großen steinernen Bogenviadukt überfahren. Der Bahnhof Rangendingen liegt gleich hinter der zweiten Straßenkreuzung am östlichen Ortsrand, an dem schönen und gut gepflegten Bahnhofsgebäude ist vermerkt, daß die Agentur mo-fr von 8-9 und 16-17 Uhr besetzt ist.

Der Hp Lindich-Weilheim hatte wohl für das nahegelegene Schloß einige Bedeutung, wer noch weiter nach Weilheim wollte, mußte gut zu Fuß sein.

Bf Hechingen, Landesbahn, 19.3.1962

Bei Hechingen, DB-Strecke kreuzt HzL

Bei Neufra, 25.3.1977

Einfahrt Gammertingen, 19.5.1962

Kurz vor Stein wechselt die Bahn auf einem großen Steinviadukt auf die andere Starzelseite, der Bf Stein liegt außerhalb des Ortes, der Bahnsteig ist ebenso wie beim Bf Friedrichstraße-Sickingen noch vorhanden. Hinter Stein folgt ein dritter großer Steinviadukt über die Straße und die Starzel. Der Bf Friedrichstraße-Sickingen liegt am westlichen Ende von Hechingen, das hübsche Fachwerkgebäude ist leer und abbruchträchtig. Der Bahnkörper des Agl zum Gaswerk ist noch zu erkennen.

Der Bf Hechingen Landesbahn liegt nördlich der Stadt im Tal, direkt unterhalb des höher gelegenen DB-Bahnhofs. Die Anlagen sind gepflegt und gut unterhalten, von dem Fußgängerweg aus zum DB-Bahnhof hinauf hat man einen guten Überblick über die ganzen Bahnhofsanlagen. Ein breiter Bahnsteig faßt kaum die vielen Schüler, die hier früh und mittags den Zug stürmen oder verlassen. Etwas zurückgelegen fädelt sich das Übergabegleis zur DB aus, das in einer kurzen und heftigen Steigung zum DB-Bahnhof hinaufführt und spitzkehrenartig die DB-Gleise erreicht.

Die Strecke folgt in ihrem weiteren Verlauf der Starzel und der Straße, z.T. am Fuß des Waldhanges entlang, mit mehreren Felseinschnitten, z.T. hoch am Hang mit kleinen Dämmen, streckenweise durch einsame Gegend abseits der Straße. Vor schroffen Felswänden oder sanft ansteigenden Hängen bietet die Trassenführung dem Fotografen viele schöne Motive. Die Strecke steigt ständig, ab Jungingen beginnt der rund 6 km lange Anstieg zur Wasserscheide kurz vor Burladingen mit einer durchgehenden Steigung von 1:36. Ein geflügeltes Wort aus der Dampflokzeit ist: „So mancher Lokführer hat schon den Kirchturm von Burladingen gesehen", hat es dann aber nicht bis oben geschafft und mußte nach Hausen zurück, um einen neuen Anlauf zu nehmen.

Die Steilstrecke ist der schwierigste Abschnitt der HzL und hat manchen Lokführer und Heizer zum Schwitzen gebracht und tut das mitunter auch heute noch. Die schweren Salzzüge werden auf diesem Abschnitt mit Doppeltraktion und doppeltem Nachschub gefahren.

Hinter Hechingen wird die DB-Strecke Tübingen – Balingen – Sigmaringen unterfahren – eine interessante Situation mit zwei übereinander liegenden Brücken, die der HzL über der Starzel und die der DB über der HzL-Strecke.

Die Bahnhöfe Killer und Hausen-Starzeln haben (hatten) kleine einfache Dienstgebäude, die Bahnhöfe Gauselfingen und Neufra die für die Zwischenstrecke Burladingen – Bingen typischen kleinen Fachwerkbauten mit Dienst- und Güterraum, Laderampe und einem Warteraum, der über einen offenen, verandaähnlichen Unterstell erreicht wurde. Ein Teil dieser netten Gebäude ist entfernt worden, so die o.g.

Burladingen weist als ehemaliger Endbahnhof umfangreiche Gleisanlagen und ein größeres Bahnhofsgebäude auf, der Bahnhof hat auch heute noch einige Bedeutung.

Der Brechpunkt wird kurz vor Burladingen erreicht, eine Schrifttafel (wenig unterhalb des Brechpunktes in dem Einschnitt auf der rechten Seite) weist auf die Wasserscheide zwischen Rhein und Donau auf 734,45 m ü. NN hin.

Der neue Hp Burladingen-West liegt inmitten von neuen Industriebetrieben und einem Supermarkt – die HzL bietet den Berufstätigen einen kurzen Weg zur Schiene!

Zur Lauchert hin fließt die Fehla, der die Bahn nun bis Neufra folgt. Die Strecke verläuft mit mäßigem Gefälle bis kurz vor Neufra, dann muß, um nach Gammertingen zu gelangen, in einem weiten südlichen Bogen mit einer kurzen, aber heftigen Steigung von beidseits 1:38 aus dem Fehletal hinaus und ins Lauchertal abgestiegen werden. Dieser Streckenabschnitt weist mehrere Felseinschnitte und einen kurzen Tunnel auf, dessen Portal ein klassizistischer Giebel krönt.

Der Abstieg nach Gammertingen ist landschaftlich sehr reizvoll, der Bf Gammertingen wird in einer weiten Kurve angefahren, in der der dreibogige Lauchertviadukt und zwei Straßenbrücken liegen.

Gammertingen ist ein größerer Ort mit reizvollem Stadtbild. Der Bahnhof liegt am nördlichen Ortsrand. Hier im Betriebsmittelpunkt der HzL mit dem großen Bahnhofsgebäude, den ausgedehnten Gleisanlagen und der zurückgelegenen Zentralwerkstatt mit insgesamt neun Einfahrten gibt es ständig etwas zu sehen. Der Eisenbahnfreund und Fotograf kommt hier auf seine Kosten und sollte etwas Zeit mitbringen. Ein Rundgang durch die Schuppen- und Werkstattanlagen zeigt mehr als deutlich die Entwicklung der letzten Jahrzehnte: rechts die alten Lokschuppenanlagen mit verrußtem Holzgebälk, links die neuen Werkstatt- und Pflegeanlagen mit modernster Ausstattung; der Altbau verbirgt sich hinter einer Fassade aus den 30er Jahren, die den ständig erweiterten Anlagen ein einheitliches Aussehen verleiht.

Ab Gammertingen folgt die Strecke bis Hanfertal der Lauchert durch ein weites liebliches Tal, immer in Sichtweite zur Straße und zum Flußlauf, der sich in engen Windungen durch das Tal mäandert. Die Lauchert wird siebenmal gekreuzt, allein zwischen Hermentingen und Veringenstadt viermal. Die Brücken – z.T. Fachwerk-, z.T. Vollwandträgerbrücken, sind in den letzten Jahren alle verstärkt und z.T. auch durch Betonbrücken ersetzt worden. Die Strecke verläuft in ständigem leichten Gefälle. Die Ortschaften im Laucherttal haben z.T. eine weit zurückreichende Geschichte, kleine Burgen und alte Kirchen wie in Veringenstadt, Veringendorf und Bingen erinnern an die geschichtsträchtige Vergangenheit.

Hettingen und Veringenstadt weisen größere Bahnhofsgebäude auf, Veringendorf und Jungnau die typischen o.g. kleinen Gebäude. Unmittelbar hinter dem Bf Veringenstadt wird ein Felsvorsprung mit einem kurzen Tunnel unterfahren, zwischen Jungnau und Hanfertal verläuft das Gleis abseits der Straße vor einer schroffen Felskulisse und auch in Felseinschnitten.

Zwischen Hermentingen und Veringenstadt lagen beidseits des Streckengleises die Agl der Fa. Schwörer. Das zum Steinbruch ist abgebaut, die Lage ist noch deutlich zu erkennen, das Gleis zum Fertigteilbau liegt noch, wird aber kaum noch benutzt.

Wenn man den Bf Hanfertal auf der Straße erreichen will, muß man suchen – er liegt einsam nördlich von Sigmaringen tief unten im Tal. Als reiner Betriebs- und Abzweigbahnhof weist er umfangreiche Gleisanlagen, ein Bahnhofsgebäude mit Stellwerk und Ladeanlagen für die Bundeswehr auf – das Militär- und Übungsgebiet erstreckt sich jenseits der hochliegenden Straße Bingen – Sigmaringen. Ein neues Entladegleis für Kesselwagen mit Betonauffangwanne zeigt die ständige Anpassung der Infrastruktur an das Verkehrsaufkommen.

Der Abstieg nach Sigmaringen hinunter bietet einen großartigen Blick auf den Ort und das Hohenzollern-Schloß, die Donau wird auf einer markanten Bogenbrücke (Beton) überfahren. Der Endbahnhof Sigmaringen befand sich bis 1994 jenseits des DB-Bahnhofs, der Zugang zum Bahnhof, den Bahnsteigen und dem Stadtausgang geschah durch eine Unterführung. Eine Gleisverbindung zum DB-Bf ist 1994 erstellt worden.

Die Strecke nach Sigmaringendorf bietet keine Besonderheiten, sie folgt in mehr oder weniger großem Abstand der Straße bzw. der Lauchert. Bis Bingen verkehrte bis 31.05.1991 früh und mittags ein Schülerzug, entsprechend sind die Bahnsteige unterhalten und beschildert. Die Bedeutung des früheren Endbahnhofs Bingen ist durch Rückbau der Gleisanlagen kaum mehr zu erkennen – das Bahnhofsgebäude liegt direkt an der Straße, auffallend ein uriger Ladekran aus der Gründungszeit der Bahn, der noch in seiner ursprünglichen Form erhalten, aber außer Betrieb ist.

Der Güterbahnhof Laucherthal ist nicht zugänglich, die Gleisanlagen führen mitten durch die Hütten- und Werkanlagen, markant die durchkreuzten Flügelsignale. Im Werk rangiert eine eigene gelbe Köf. Am Werksende befindet sich der Bahnsteig des früheren Personenbahnhofs.

In Sigmaringendorf lagen die Landesbahngleise direkt neben den DB-Bahnhofsgleisen, am Bahnsteig stand früher ebenso wie an allen Übergangsbahnhöfen eine Hinweistafel „Hohenzollerische Landesbahn, Übergang nach Laucherthal – Bingen“. Eigene Baulichkeiten sind nicht vorhanden.

Bei Hettingen, 14.5.1985

Bei Veringenstadt, 16.5.1991

Veringenstadt, Tunnel

Bei Hanfertal, 6.5.1986

VT 42 zwischen Jungnau und Hanfertal, 5.5.1994

Sigmaringen, Donaubrücke, 1953

Bf Sigmaringendorf, 24.4.1960

Kleinengstingen, 9.12.1961, links DB, rechts HzL

Die Strecke nach Kleinengstingen bietet landschaftlich und geografisch keinerlei Besonderheiten. Bis kurz vor Mägerkingen folgt sie dem Laucherttal und verläuft weiter mit leichter Steigung bis Haidkapelle, um dann mit leichtem Gefälle den Endpunkt Kleinengstingen zu erreichen.

Bis etwa 3 km hinter Trochtelfingen verläuft das Gleis parallel zur Straße, dann durch einsames Waldgebiet bis Großengstingen.

Der einzige größere Bahnhof ist Trochtelfingen mit einem zweigeschossigen Bahnhofsgebäude. Der Bf Mägerkingen liegt hoch am Hang über dem Ort und ist nur über einen Fußweg zu erreichen.

Von dem Hp Bronnen – Zugang über eine kleine Lauchertbrücke – und Mariaberg gegenüber dem hoch am Hang gelegenen Kloster ist nichts mehr zu entdecken, ebenso vom Hp Großengstingen (gegenüber dem Gasthof Ochsen).

Der Bf Haidkapelle liegt einsam und abseits der Straße, an der neuen Militär-Verladeanlage steht eine kleine Güterabfertigung – das alte flache Bahnhofsgebäude ist aufgegeben und vermietet.

Beim Endbahnhof Kleinengstingen ist die Welt zu Ende. Am DB-Bahnhof ist alles tot, das Gleis endet gleich hinter dem aufgegebenen EG; früher ging es weiter Richtung Lichtenstein – Honau (Zahnstangenabschnitt) – Reutlingen – das Gegenstück dazu finden wir beim Bf Reutlingen Süd, beschrieben in dem Beitrag über die Reutlingen – Eninger Bahn. Die DB-Gleisanlagen sind weitgehendst zurückgebaut, auf dem Gelände hat sich eine Transportfirma mit einer Unzahl abgestellter Behälter etabliert. Im Gegensatz dazu die durchgearbeiteten und in hellem Schotter verlegten HzL-Gleise mit der neuen direkten Einmündung Richtung Schelklingen und einem neuen Bahnsteig, der alte Bahnsteig lag gegenüber dem DB-Bahnhof mit direktem Zugang über die Straße. Eigene Baulichkeiten sind nicht vorhanden außer dem alten Kohlenschuppen, der hinter Gestrüpp ein Dornröschendasein führt und kaum entdeckt wird.

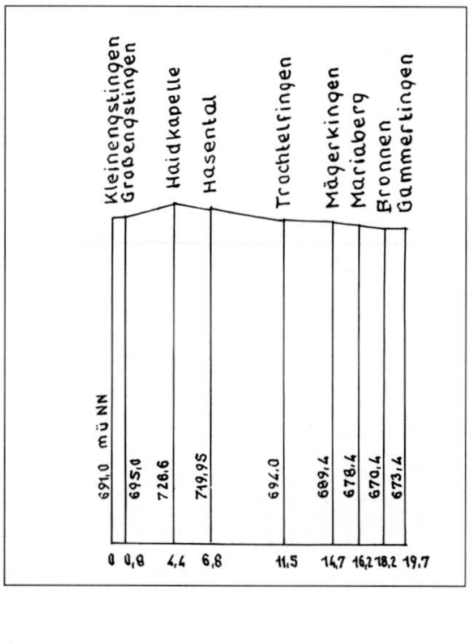

Fahrzeuge

Dampflokomotiven

Für jede der vier Teilstrecken hatte die HzL je zwei kleine zweiachsige Lokomotiven beschafft, fünf Stück fabrikneu von Hohenzollern und drei Stück offenbar im Tausch innerhalb des Konzerns von der Konzernbahn Rinteln – Stadthagen, die ihrerseits zwei stärkere Lokomotiven von einer anderen Lenz-Bahn erhalten hatte. Die beiden Bn2t 7 und 8 für die Killertalbahn Hechingen – Burladingen waren wegen der steigungsreichen Strecke etwas schwerer.

Mit dem Zusammenschluß der vier Stichstrecken und der Erweiterung des Netzes genügten die kleinen Maschinen nicht mehr, insbesondere während der Bauzeit 1909/10 herrschte Lokmangel, so daß 1909 vorübergehend eine WeEG-Leihlok bei der HzL im Einsatz war. 1911 beschaffte die HzL zwei neue größere Gölsdorf-Lokomotiven, der 1914 die schwere Eh2t 21 folgte.

Mit sieben kleinen und drei größeren Lokomotiven kam die HzL jahrelang aus, erst mit der deutlichen Verkehrszunahme ab Mitte der 30er Jahre und nach Ausmusterung der kleinen Bn2t beschaffte die HzL weitere große Maschinen. 1929 kam eine gleiche Lok wie die Eh2t von der Filderbahn sowie eine fabrikneue ELNA-Lok. 1940 wurde letztmalig eine neue Lok vom Hersteller bezogen, die als Besonderheit eine Ventilsteuerung hatte.

Ferner erwarb die HzL 1937 und 1938 über einen Gebrauchtfahrzeughändler zwei ehemalige DR-Lokomotiven sowie nach dem Zweiten Weltkrieg von der DB eine Dh2t, die 1928 von der Kreis Oldenburger Eisenbahn beschafft worden und nach der Verstaatlichung zur DR gelangt war. Eine 1944 bestellte schwere Lokomotive kam wegen der Kriegswirren nicht mehr zur Auslieferung.

Mit der letzten Fahrt der Dh2t16 am 24. Mai 1970 endete bei der HzL die Dampflokära.

Die beiden letzten im Einsatz befindlichen Dampflokomotiven Nr. 11 und 16 sind erhalten geblieben und an die GES verkauft worden, wo sie nach der Aufarbeitung heute wieder vor Oldtimer- und Bummelzügen zu sehen sind.

Dampflokomotiven

Betr.Nr.	Bauart	Hersteller	Baujahr/Fabr.Nr.	Bemerkungen
$1^d = 1$	Bn2t	Hohenzollern	1899/1188	1915 an RStE
$1^c = 7$	Bn2t	Hohenzollern	1899/1205	+ 1948
$2^c = 8$	Bn2t	Hohenzollern	1900/1210	1938 an O & K
$2^d = 2$	Bn2t	Hohenzollern	1900/1217	1936 an WN (Reutlingen – Gönningen)
$3^d = 3$	Bn2t	Hohenzollern	1900/1218	+ 1939
$4^d = 6$	Bn2t	Hohenzollern	1898/1105	1901 ex RStE 3^d, 1958 = Heizwg, + 1964
$5^d = 5$	Bn2t	Hohenzollern	1898/1077	1901 ex RStE 1^d, 1938 an Klöckner
$6^d = 6^{II}$	Bn2t	Hohenzollern	1898/1078	1901 ex RStE 2^d, + 1939, Kessel an $4^d = 6$
11	Dh2t	Eßlingen	1911/3630	urspr. n2t, 1936 Umb. h2t, 1969 an GES
12	Dh2t	Eßlingen	1911/3631	1964 verkauft als Schrott
14	Dn2t	Karlsruhe	1914/1920	1937 gekauft v. O & K, urspr. DR 92 242 (bad. Xb), + 1958
15	1D1h2t	Eßlingen	1940/4408	Ventilsteuerung, + 1964
16	Dh2t	AEG	1928/4230	1949 ex DB 92 442 (urspr. KOE 11), 24.05.1970 letzte Fahrt, 1971 verkauft an GES
21	Eh2t	Eßlingen	1914/3735	+ 1962
22	Eh2t	Eßlingen	1911/3624	1929 ex WN (Filderbahn) 12, + 1960, urspr. n2t
141	1Ch2t	Hohenzollern	1929/4681	ELNA, + 1964
142	1C1n2t	Karlsruhe	1902/1627	1938 gekauft von Klöckner, urspr. DR 75 154 (bad VIb3), + 1958

Bn2t 6

Dh2t 12

Dn2t 14

1D1h2t 15

Dh2t 16

Eh2t 21

1Ch2t 141, Hohenzollern

1Ch2t 142, Karlsruhe

Diesellokomotiven

Nachdem die Dieseltraktion bei der HzL schon 1934 mit den ersten beiden VT begonnen hatte und mit der Beschaffung weiterer VT vor bzw. gleich nach dem Krieg zielstrebig fortgeführt wurde, kamen 1957 die ersten beiden V-Loks zum Einsatz, der 1963 die dritte ähnliche Lok mit größerer Motorleistung folgte – es waren Steifrahmenloks mit Stangenantrieb, die in etwa der DB-Baureihe V 65 entsprachen. Mit der Beschaffung von zwei weiteren schweren V-Lokomotiven – Nebenbahn-V 100 mit zwei Drehgestellen – konnte die gesamte Zugförderung auf Dieselloks umgestellt werden.

1967 und 1973 übernahm die HzL zwei kleine zweiachsige Gebrauchtlokomotiven für den Verschubdienst in Stetten und andere Rangierarbeiten sowie Bauzüge.

Die 1973 beschaffte (von der SWEG bestellte) dieselelektrische Drehgestell-Lok V 126 befriedigte nicht und paßte auch nicht ins Konzept, sie wurde 1979 an die SWEG zurückgegeben. Dafür lieferte Krauss-Maffei 1978 zwei Drehgestell-Lokomotiven mit Vielfachsteuerung, die in Doppeltraktion vorwiegend für die schweren Salzzüge eingesetzt wurden. Ihnen folgten 1985 zwei leistungsstärkere Gmeinder-Lokomotiven, die mit 1550 PS die stärksten Maschinen der HzL sind, ebenso Vielfachsteuerung haben und funkfernsteuerbar sind – die Loks können auch mit den Krauss-Maffei-Loks in Doppeltraktion von einem Führerstand aus gefahren werden.

Ebenfalls 1985 lieferte Gmeinder eine kleine mit Funkfernsteuerung ausgestattete V-Lok für den Rangierdienst in Stetten.

Für den Einsatz auf DB-Strecken sind die Strecken-V-Loks V 150, 151, 152, 118, 119 und auch die VT 1990/91 mit Indusi-Einrichtungen ausgerüstet worden.

Diesellokomotiven

Betr.Nr.	Bauart	Hersteller	Baujahr/Fabr.Nr.	Bemerkungen
V 81	D	Eßlingen	1957/5212	950 PS
V 82	D	MaK	1957/800090	850 PS, 1979 verkauft an Württemberg. Nebenbahn AG
V 121	D	MaK	1963/1000157	1200 PS
V 122	B'B'	MaK	1964/1000247	1300 PS
V 124	B'B'	MaK	1969/1000258	1300 PS
V 126	B'B'	Gmeinder/Siemens	1973/5477	1160 PS del, bestellt von SWEG, 1973-1978 i.E. bei HzL
V 118	B'B'	Krauss Maffei	1978/19855	1170 PS, Vielfachsteuerung
V 119	B'B'	Krauss Maffei	1978/19856	1170 PS, Vielfachsteuerung
V 150	B'B'	Kaelble Gmeinder	1985/5649	1550 PS, Funkfern-/Vielfachsteuerung
V 151	B'B'	Kaelble Gmeinder	1985/5650	1550 PS, Funkfern-/Vielfachsteuerung
V 152	B'B'	Kaelble Gmeinder	1992/5701	i.E. seit 10.3.1993
V 23	B	MaK	1958/220052	240 PS, 1967 ex Krefelder Eb
V 25	B	MaK	1954/220018	240 PS, 1973 ex Bayer Leverkusen
V 34	B	Kaelble Gmeinder	1985/5651	355 PS, Funkfernsteuerung

V 82, Gammertingen, 19.5.1962

V 121

V 122, Juli 1966

V 126, Gammertingen, 22.5.1975

V 118, Gammertingen, 15.9.1983

V 151, Gammertingen, 22.10.1990

V 23, Stetten, 15.9.1983

V 25, Hechingen, 22.5.1975

V 35, Stetten, Oktober 1990

Trieb- und Beiwagen

Um den Personenverkehr wirtschaftlicher, schneller und attraktiver durchführen zu können, wurden 1934 zwei kleine zweiachsige Triebwagen mit zwei dazugehörigen Beiwagen beschafft, denen 1936 ein größerer, formschöner vierachsiger VT und ein weiterer Beiwagen folgten. Die Triebwagen wurden vom Publikum gut angenommen und führten zu einer deutlichen Verkehrszunahme.

Die Weiterführung des mit großem Erfolg begonnenen Verdieselungsprogramms wurde durch den Krieg unterbrochen, jedoch bereits 1951 mit der Beschaffung von zwei Schienenbuseinheiten VT + VB fortgesetzt.

Die HzL-Schienenbusse stehen zusammen mit den Schom VT 95 der DB am Anfang der Schom-Entwicklung und entsprachen den ersten, 1950 gelieferten Prototypen VT 95 901-911 + VB 140 701-706 mit 4,5 m Achsstand, jedoch mit zwei Türen an jeder Seite. Als Neulinge einer Entwicklung bewährten sich die beiden Schom-Einheiten auf den steigungsreichen Strecken der HzL nicht sonderlich, zumal sie wegen der vom Kfz-Bau übernommenen einfachen Ringfeder-Anhängerkupplung und ohne Seitenpuffer keine Güterwagen mitführen konnten. Immerhin waren die beiden Schom fast 20 Jahre im Einsatz und sind dann verkauft bzw. ausgemustert worden.

1961 wurden die ersten beiden neuen MAN-Triebwagen mit 2 x 180 PS-Motoren in Dienst gestellt, weitere gleiche Triebwagen wurden 1964/66 nachbeschafft bzw. 1973/77 von den Vorwohle-Emmerthaler Verkehrsbetrieben übernommen. Ebenso wurden zu den MAN-VT passende Bei- und Steuerwagen beschafft, so daß die HzL heute über einen einheitlichen MAN-Fahrzeugbestand von 6 VT, 3 VB und 4 VS verfügt, die im Rahmen eines Modernisierungsprogramms ab 1981 mit neuen Motoren 2 x 192 PS, neuen Getrieben, Türfernbedienung und Einmannbetrieb ausgestattet bzw. umgerüstet worden sind. Ferner haben die Wagen eine vollständig erneuerte Inneneinrichtung und einen Neuanstrich erhalten. Mit ihrer neuen Technik und dem modernen Design präsentieren sie sich heute als leistungsfähige, attraktive und wirtschaftlich einsetzbare Fahrzeuge.

VT 1 + VB 12, 19.5.1962

VT 3, Wumag 1936

Mit großem Aufwand wurde 1963 der VT 3 umgebaut und modernisiert, nicht einmal fünf Jahre war der Wagen wieder im Einsatz, da erlitt er einen Unfall und mußte verschrottet werden.

Als Gelegenheitskäufe gelangten einige Einzelgänger zur HzL, so als Ersatz für den VT 3 1968 von der Teutoburger Wald-Eisenbahn der Eßlinger VT 61 zusammen mit dem Bi 17, der mit Schlußleuchten versehen mit dem TWE-VT im Einsatz war, ferner von der Bentheimer Eisenbahn der Eßlinger Triebwagenzug VT BE 3 mit dem dazugehörigen Steuerwagen VS 21, der sich jedoch auf den steigungsreichen Strecken der HzL nicht bewährte und nach kurzem Einsatz 1973 im Ringtausch an die Lokalbahn Lam-Kötzting weitergegeben worden ist; dafür kamen von dort zwei zweiachsige VB, die im wesentlichen als Reserve vorgehalten wurden und nur selten im Einsatz waren. Beide sind heute noch bei Museumsbahnen vorhanden.

Ein ganz kurzes Gastspiel gab ein VT 98 als HzL VT Nr. 10 (II. Bes.). Dieser VT 798 794 war 1961 von der DB im Zusammenhang mit der Umstellung der Nebenstrecke Meckenbeuren – Tettnang von elektrischem auf Dieselbetrieb mit Bezuschussung des Landes Baden-Württemberg beschafft worden und jahrelang auf dieser Strecke im Einsatz. Nach der Stillegung 1976 stand der dem Land gehörende VT zur Disposition. Da die DB den VT nicht übernehmen wollte, wurde er zu der landes- bzw. kreiseigenen HzL überstellt. Der Schom paßte nicht in das Fahrzeugkonzept der HzL und ist 1977 im Tausch an die VEV abgegeben worden.

1990 wurden drei neue VT der Bauart Ne ’81 bestellt, die 1993 ausgeliefert worden sind.

Trieb- und Beiwagen

Betr.Nr.	Bauart	Hersteller	Baujahr/Fabr.Nr.	Bemerkungen
1	VT^2	Dessau	1934/3060	150 PS, + 1973
2	VT^2	Dessau	1934/3061	150 PS, abg. 1972, + 1974
3	VT^4	Wumag Görlitz	1936	2x150 PS, 1963 Umbau MAN 2x180 PS, + nach Unfall 1968
12 = 11	VB^2	Dessau	1935	1977 an Eisenbahnfreunde Zollernbahn
13 = 12	VB^2	Dessau	1935	+ nach Unfall 1968
14 = 13	VB^2	Dessau	1937	1977 an Eisenbahnfreunde Zollernbahn
6	VT^2	Uerdingen	1951/57064	120 PS, 1973 an Eisenbahnfreunde Zollernbahn
7	VT^2	Uerdingen	1951/57065	120 PS, + nach Unfall 1970
16	VB^2	Uerdingen	1951/57066	120 PS, + 1973
17	VB^2	Uerdingen	1951/57067	1973 an Eisenbahnfreunde Zollernbahn
4	VT^2	MAN	1960/145274	2x180 PS, 4-9 1980 ff Umbau, 2x192 PS
5	VT^2	MAN	1961/145275	2x180 PS
6^{II}	VT^2	MAN	1962/146631	2x180 PS, 1977 ex VEV 150 (ursprünglich Müllheim-Leverkusen)
7^{II}	VT^2	MAN	1962/146636	2x180 PS, 1973 ex VEV 151^{II}
8	VT^2	MAN	1961/145163	2x180 PS, 1964 an HzL (ursprünglich DB-Prototyp)
9	VT^2	MAN	1966/151129	2x180 PS
12	VS^2	MAN	1957/143411	1977 ex AKN 2.50 (ursprünglich Peine-Ilseder Eb)
13	VS^2	MAN	1958/143550	1977 ex ANB 4.53
14	VS^2	MAN	1962/148021	
15	VS^2	MAN	1962/148022	
18	VB^2	MAN	1963/150120	
19	VB^2	MAN	1963/150121	
21^{III}	VB^2	MAN	1956/142784	1986 ex SWEG 141 (ursprünglich AKN)
3^{II}	VT^4	ME	1952/23494	2x155 PS, 1968 ex TWE 61 (ursprünglich RStE), 1993 an Eisenbahnfreunde Zollernbahn
10	VT^4	ME	1952/23438	400 PS, 1971 ex BE 3, 1973 an LLK
21	VS^4	ME	1952/23440	1971 ex BE 21, 1973 an LLK
10^{II}	VT^2	MAN	1961/146576	2x150 PS, 1976 ex DB 798 794, 1977 an VEV (Typ Uerdingen)
20	VB^2	Uerdingen	1955/60837	1968 ex Klb Weidenau – Deuz 25, + 1988
21^{II}	VB^2	Uerdingen	1955/60838	1977 ex AKN 2.90 (ursprünglich Weidenau – Deuz 24), 1986 verkauft Fa. Müller (Gartenlaube)
16^{II}	VB^2	Talbot	1937/79961	1973 ex Lokalbahn Lam – Kötzting 04 (ursprünglich DB)
17^{II}	VB^2	Talbot	1937/80233	1973 ex Lokalbahn Lam – Kötzting 05 (ursprünglich DB); 16 u. 17 1986 an Freunde der Zahnradbahn Honau – Lichtenstein, Reutlingen
41-43	VT^4	ABB Henschel Waggon Union	1993/36100-102	WV Typ Ne 81, 2x250 PS
16^{II}	VS^4	ABB Henschel Waggon Union	1993/36103	WV Typ Ne 81 (VS)

VB 16 + VT 6, Sigmaringen, 19.5.1962

VB 18 + VB 19 + VT 7

VS 15

VB 20 ex Weidenau-Deuz

VT 10 II, ex DB

VT 3II ME, Gammertingen,
Oktober 1990

VB 17^{II}, 16^{II}, ex Lam-Kötzting, VB 13, VB 20, Gammertingen, 22.5.1975

VT 41

VT 42

Wagen

Für die Bingener Strecke wurden zwei, für die anderen drei Strecken je drei zweiachsige Personenwagen beschafft, von denen jeweils ein Wagen II. und III. Klasse und die übrigen nur III. Klasse hatten. Ferner erhielt jede Strecke einen PwPostwagen und zwei gedeckte Güterwagen, sowie insgesamt zwei Bahnmeisterwagen. Die Personen- und PwPostwagen waren 1900 von der Waggonfabrik Beuchelt, Grünberg gebaut und geliefert worden.

Mit der Ausdehnung des Netzes kamen sechs große vierachsige Personenwagen hinzu, von denen zwei ein Post- und Gepäckabteil hatten, ferner acht weitere zweiachsige Personen- und drei Gepäckwagen.

(Vor und) nach dem Zweiten Weltkrieg übernahm die HzL fünf altbrauchbare Personenwagen sowie 1972 als Ersatz für die alten PwPost- und Zugbegleitwagen von der DB vier ehemalige Postwagen, die als Zugbegleiterwagen im Güterzugdienst verwendet wurden und heute abgestellt sind bzw. als Werkstattwagen dienen. Bei der GES sind heute u.a. acht ehemalige HzL-Personen- und drei PwPostwagen im Einsatz.

Mit dem Einsatz der V-Lokomotiven mußten für die Beheizung der Militär- und anderer Züge Dampfkesselwagen beschafft werden – der erste Heizwagen entstand 1958 aus der Dampflokomotive Bn2t 6, der zweite als Ersatz 1975 durch Einbau eines Kessels in den ex DB-Glms-Wagen Pw 78.

Schließlich wurde als Ersatz für den Gerätewagen 76 (ehemals Pw 76) 1972 von der DB ein Haes-Wagen übernommen und als Gerätewagen hergerichtet.

Der Güterwagenbestand umfaßte max. 39 Wagen, von denen etwa 30 im DR-Park eingestellt waren. Für den internen Verkehr hat die HzL mehrere Flachwagen, z.T. Eigenbauten aus alten Personenwagen-Fahrgestellen, z.T. von der DB übernommen.

Personen-, PwPostwagen

Betr.Nr.	Bauart	Hersteller	Baujahr/Fabr.Nr.	Bemerkungen
1-11	Bi/BCi	Waggonf. Beuchelt, Grünberg	1900	1, 2 + 1964, 3, 6 1974 an GES, 4, 9 + 1968, 7, 9 = Arbeitswagen, 1976 an GES, 8 + 1956, 5, 10, 11 + 1950
12-19	Ci = Bi			+ bis 1973
21-24	C^4 bzw. BC^4	Waggonf. Rastatt	1908	21 1972, 22 1969 an GES, 23 + 1964, 24 = Arbeitswagen, 1972 an GES
25, 26	$CPwPost^4$	Waggonf. Rastatt	1908	25 + 1962, 26 später B^4, 1973 an GES
27-29	Bi^4		1911, 13	ex DB (28, 29 = Langenschwalbacher), + 1961, 62
40, 41	Bi		1889	ex ?, + 1950, 1958
12^{II}	Bi	Thielemann	1901	1968 ex TWE 17, kam zusammen mit TWE VT 61, 1969 an GES
71-74	Pw/PPost	Beuchelt, Grünberg	1900	71 + 1956, 72 + 1974, 73 abg. 1973 als Gsch Haidkapelle, 1977 an GES, 74 1973 an GES
75	Pw		1914	+ 1974
76	Pw	Hannov. Waggonf.	1919	+ 1978 (vorübergehend Gerätewagen)
77	Pw	Beuchelt, Grünberg	1900	1974 an GES
70	Pw	Talbot	1952	1972 ex DB Posti 508 000-11063-7 abg.
71^{II}	Pw	Talbot	1952	1972 ex DB Posti 508 000-11075-1, + 1988
72^{II}	Pw	Rathgeber	1950	1972 ex DB Posti 508 000-11175-9
75^{II}	Pw	Talbot	1954	1972 ex DB Posti 580 000-11048-8
78	Heizwagen			1970 ex DB Glms 2080 1451 896-2, 1975 Umbau zu Heizwagen

Arbeitswagen

79	Gerätewagen			1970 ex DB Haes 3180 2720 018-3
100-104	X	Unterg. ex Personenwagen		100-102 + 1977, 103, 104 + 1982
105	X	Unterg. ex Pw 71		+ 1976
106, 107	X			ex DB, 106 + 1981, 107 + 1986
108, 109	X			+ 1977, 1982
110, 111	X			1976 ex DB
112, 113	X		1939	1981 ex DB
114-116	K		1939, 40	1982 ex DB

Fahrzeugbestand

	1908	1928	1935	1938	1961	1965	1970	1975	1980	1985	1990*)
Dampf-	8	11	11	9	6	2	–	–	–	–	
Dieselloks			–	-	2	4	6	8	8	11	11
VT			2	3	7	8	8	7	7	7	7
Personen-	11	19	23	21	16	9					
VB-			3	4	5	9	12	9	9	9	7
PwPost-	4	5	5	4	5	5	5	4	4	4	3
Güter- und	10	39	39	39	26						
Spezialwagen					11	13	13	14	9	10	10

*) V 81, 118, 119, 121, 122, 124, 151, 152, 23, 25, 34
VT 3-9
VS 12-15, VB 18, 19, 21
Pw 70, 72, 75
X 110-116, Heizwagen 78, Gerätewagen 79
Schneepflug o.Nr. , Eigenbau 1967

B 5, Gammertingen, 19.5.1962

B 27, Juli 1966

B 29, Gammertingen, 19.5.1962

B 23

PwP 25, 19.5.1962

Pw 70, ex DB

Lokalbahn Meckenbeuren – Tettnang (LMT)

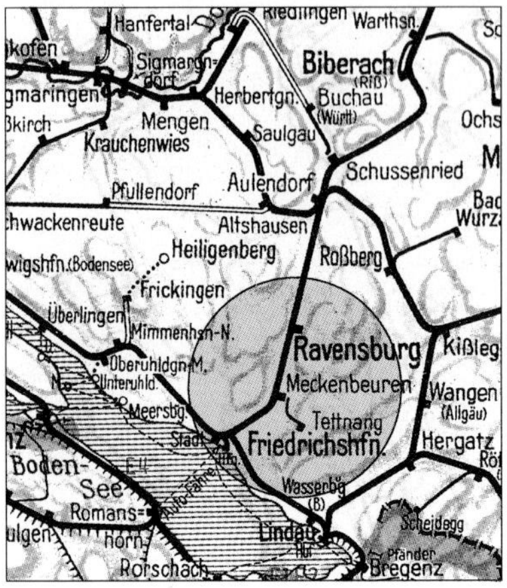

Meckenbeuren DB-Bahnhof (Bahnhofsvorplatz) – Tettnang

Spurweite:	1435 mm
Streckenlänge:	4,20 km
Gleislänge:	5,75 km

Eigener Bahnkörper

Betriebseröffnung: 04.12.1895

Stillegung des Pv: 30.05.1976

Betriebsart: Elektrischer Betrieb 650 V Gleichstrom
seit 01.02.1962 V-Lok-/Schom-Betrieb

Eigentümer und Betriebsführer:
Localbahn AG München,
seit 01.08.1938 Deutsche Reichsbahn bzw. Deutsche Bundesbahn

Ausstattung

Lokschuppen und Werkstatt in Tettnang
Anzahl der Kreuzungen mit Blinklichtanlagen: 1 (1965), 5 (1990)

km 0,0	Meckenbeuren, Abfahrtstelle der LAG-Züge vor dem Bahnhofsgebäude der Hauptbahn, Bahnsteig, Umsetzgleis (Anfang der 60er Jahre entfernt), Stumpfgleis zum Gsch, Verbindungsgleis zu den Stb-Anlagen
km 1,5	Habacht, Hp, nur Bahnsteig
km 3,8	Bechlingen, Hp, Wellblechbude (entfernt)
km 4,2	Tettnang, mehrgleisige Anlage, großes, zweigeschossiges Bahnhofsgebäude mit offener Unterstellaube und Gsch (entfernt 1976), neues Bahnhofsgebäude als moderner Flachbau 1962 (verkauft, Gaststätte), mehrere Lagerschuppen WLZ, zweigleisiger Fahrzeugschuppen mit el. Betriebszentrale (entfernt 1973/74)

Geschichtliche Entwicklung und Bedeutung

Am Anfang der LMT stand zum einen der Wunsch des gewerbetreibenden Städtchens Tettnang nach einem Eisenbahnanschluß, zum anderen die Möglichkeit, ein kleines Wasserkraftwerk im Schussental bei Brochenzell auszubauen.

Die Hauptbahn Ulm – Friedrichshafen führte durch das Schussental in direkter Linie auf den Bodensee zu, Meckenbeuren erhielt einen Bahnhof, Tettnang blieb im wahrsten Sinne des Wortes „links liegen“.

Bei Brochenzell hatte Ende der 80er Jahre eine Genossenschaft aus Tettnanger Bürgern ein Mühlenanwesen erworben und hier ein kleines Wasserkraftwerk errichtet, das von der angestauten Schussen betrieben wurde. Der erzeugte Strom kam in erster Linie den

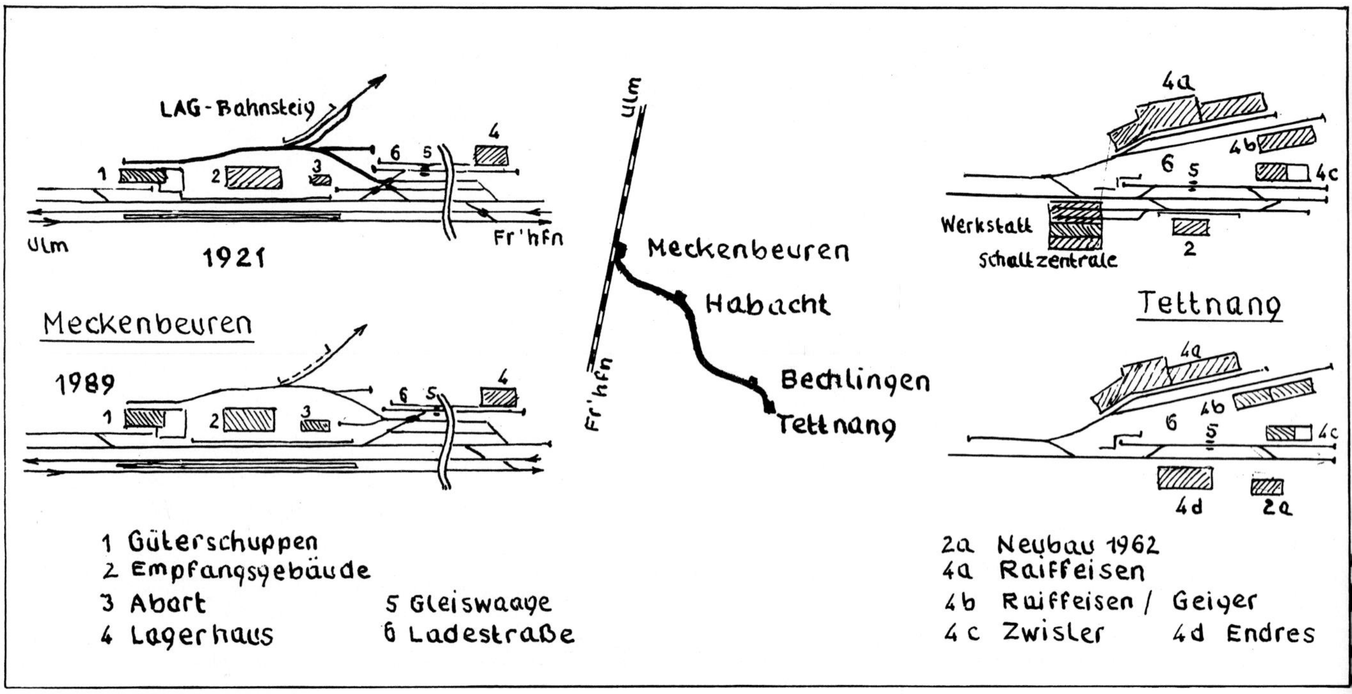

kleinen Industriebetrieben der näheren Umgebung – im wesentlichen Säge- und Hobelwerken – zugute.

Die Gemeindevertretung der Oberamtsstadt Tettnang setzte sich 1892 mit der Localbahn AG München in Verbindung, die bereits im Württembergischen aktiv geworden war und seit 1888 die Lokalbahn vom benachbarten Ravensburg nach Weingarten betrieb. Ein von dem Münchener Ingenieurbüro Oskar v. Miller ausgearbeiteter Vorentwurf für eine Stichbahn von Meckenbeuren nach Tettnang wurde von der LAG geprüft mit dem Ergebnis, daß der Ausbau des Schussen-Kraftwerkes und der Bau einer elektrisch betriebenen Regelspurbahn durchaus lukrativ schien, zudem auch noch die Möglichkeit bestand, überschüssigen Strom für die Versorgung des Städtchens Tettnang abzugeben. Die LAG bemühte sich daraufhin um die Konzession für eine Nebenbahn von Meckenbeuren nach Tettnang, die nach kurzer Zeit von der Königlichen Regierung in Stuttgart erteilt wurde.

Geographische Schwierigkeiten ergaben sich nicht, der Bahnbau konnte zügig durchgeführt werden, und nach nur sieben Monaten Bauzeit wurde der Betrieb zum Ende des Jahres 1895 aufgenommen.

Die LMT war die erste vollspurige Bahn mit Personen- und Güterverkehr in Deutschland, die elektrisch betrieben wurde, eine bemerkenswerte Tatsache, zu der das kleine Wasserkraftwerk im Schussental Pate gestanden hatte. Die LAG hatte nämlich gegen eine Ablösesumme das Kraftwerk von der Genossenschaft erworben und entsprechend ausgebaut, wobei zu der vorhandenen Turbine von 45 PS, die der allgemeinen Stromversorgung diente, eine zweite Turbine von 75 PS aufgestellt worden war, die Wechselstrom von 2100 V erzeugte, der über eine an den Masten der Fahrleitung aufgehängten Hochspannungsleitung zur Schaltzentrale beim Bahnhof Tettnang geleitet wurde. Hier wurde der hochgespannte Wechselstrom in 650 V Gleichstrom umgewandelt und an mehreren Punkten in die Fahrleitung eingespeist. Ferner wurde Kraft- und Lichtstrom über Kabel auf acht Trafostationen im Ort Tettnang verteilt, die der Versorgung mehrerer Verbraucher dienten.

Bei der Schaltzentrale war eine Reserveanlage mit einer 60-PS-Dampfmaschine installiert, die beim Ausfall des Kraftwerkes Brochenzell Haushalts- und Bahnstrom erzeugen konnte. Der Bahnbetrieb mit seinem stark schwankenden Energieverbrauch erforderte zudem eine Akku-Batterie mit einer Leistung von 40 Ah in der Schaltzentrale.

Die Fahrleitung war in Einfachaufhängung an Holzmasten befestigt. Für den Betrieb standen zwei kleine zweiachsige Triebwagen mit einem großen Gepäckabteil sowie ein zweiachsiger Personenwagen zur Verfügung.

Die Bahn entwickelte sich zufriedenstellend, bis zum Ersten Weltkrieg nahm die Zahl der täglichen Zugfahrten ständig zu, auch im Güterverkehr war eine Verdoppelung gegenüber dem ersten vollen Betriebsjahr festzustellen. 1906 wurde ein neuer größerer Triebwagen in Dienst gestellt, wenig später folgte ein zweiter Beiwagen.

Dem zunehmenden Strombedarf sowohl für die Licht- und Kraftversorgung als auch für die Bahn entsprechend mußten die elektrischen Anlagen mehrmals erweitert werden – 1898 wurden im Kraftwerk die alte 45-PS-Turbine gegen eine neue größere Anlage ausgetauscht und in Tettnang eine zweite Dampfmaschine aufgestellt. 1900 wurde die Kapazität der Batterieanlage auf 132 Ah vergrößert und 1905 das Wehr in Brochenzell erhöht, wodurch sich die Leistung des Kraftwerkes von 120 PS auf 230 PS erhöhte und die Aufstellung von zwei neuen Turbinen möglich wurde. Entsprechend mußte die Schaltzentrale in Tettnang erweitert werden, ferner wurde 1906 die Reserveanlage durch ein Dieselaggregat von 80 PS/60 kW ergänzt und 1911 die Batterie nochmals auf 222 Ah vergrößert, ferner mußte die 40-kW-Bahnstromdynamomaschine durch eine 70-kW-Anlage ersetzt werden.

1926 wurde die gesamte Stromversorgung in Schwaben umgestellt – die LAG nahm dies zum Anlaß, in Tettnang eine neue leistungsfähige Gleichrichteranlage zu installieren, die von den Überlandwerken „Energieversorgung Schwaben“ bzw. deren Vorgängerin „Oberschwäbische Elektrizitätswerke“ versorgt wurde. Die Reserveanlage in Tettnang und das Schussenkraftwerk konnten daraufhin stillgelegt bzw. verkauft werden.

Mit dem Übergang der LAG zum 1. August 1938 auf die Deutsche Reichsbahn (siehe Beitrag Ravensburg – Weingarten) änderte sich an der Betriebsführung der Tettnanger Bahn vorerst nichts, die örtliche Bahnleitung arbeitete unverändert und nach den bestehenden Vorschriften weiter, erst nach und nach wurde die Eingliederung in die DR und die Zuordnung von Personal und Fahrzeugen zu den DR-Dienststellen durchgeführt.

Der Gleichstrombetrieb wie überhaupt das Inseldasein der Tettnanger Bahn wurde bis Kriegsende beibehalten. In den ersten Nachkriegsjahren ruhte der elektrische Betrieb, stattdessen wurden dampflokbespannte Züge gefahren. 1950 wurde der elektrische Betrieb wieder aufgenommen, zu dem Ur-Tettnanger Vierachser (ET 185.01) gesellte sich ein Gleichstromtriebwagen der Isartalbahn (ET 183.05). Beide ET versahen bis zuletzt den Dienst, wobei jeweils nur ein Wagen im Einsatz war.

Zu Beginn der 60er Jahre waren die Fahrzeuge, Fahrleitung und die Gleichrichteranlagen derart veraltet, daß eine Erneuerung anstand. Da auch die EVS im Zuge der Vereinheitlichung der Stromsysteme auf eine erhöhte Abnahmespannung drängte, kündigte die DB an, die elektrische Zugförderung aufzugeben und den Personenverkehr einzustellen, was erhebliche Proteste der Bevölkerung und der Kreisstadt Tettnang zur Folge hatte. Schließlich einigte man sich dahingehend, daß der elektrische Betrieb aufgegeben und der Personenverkehr am 31. Januar 1962 auf Schienenbusbetrieb umgestellt wurde. Das Land Baden-Württemberg beteiligte sich an den Beschaffungskosten eines VT 98, in Tettnang wurde eine Tankanlage und ein neues Bahnhofsgebäude gebaut.

14 Jahre dauerte der Schom-Betrieb nach Tettnang, mit Fahrplanwechsel Frühjahr 1976 kam das Aus für den Schienenpersonenverkehr und die Umstellung auf Busbetrieb.

Geblieben ist ein reger Güterverkehr, der nach wie vor von regionaler Bedeutung ist.

Personen- und Güterverkehr

Der Fahrplan der Tettnanger Bahn war von Anfang an so angelegt, daß zu allen Zügen in Richtung Ulm und Friedrichshafen, die in Meckenbeuren hielten, Anschluß nach und von Tettnang bestand. Die täglichen Zugzahlen stiegen von Jahr zu Jahr an, die Beförderungsleistungen vergrößerten sich um mehr als das Doppelte gegenüber dem ersten vollen Betriebsjahr.

1896:	tgl. 14 Zp
1896/97:	werkt. 10, so 11 Zp
1911:	werkt. 19, so 20 Zp
1914:	tgl. 23 Zp
1938:	tgl. 15 Zp, Fahrzeit 12 Minuten

Auch der Güterverkehr zur Oberamtsstadt Tettnang entwickelte sich gut, die Landwirtschaft. Absatz- und Bezugs-Genossenschaft (heute Württ. Landwirtschaftliche Zentralgenossenschaft-Raiffeisen GmbH) erhielt viele Wagenladungen und betrieb an der Ladestraße einen großen Lagerschuppen. Ferner spielte die Holzwirtschaft eine erhebliche Rolle, ebenso wie die Obst- und Hopfenbauern, die für reges Stück- und Expreßgutaufkommen sorgten.

1938

Lokalbahn-AG München — Elektrischer Betrieb — 329 a Meckenbeuren - Tettnang und zurück — Alle Züge nur 3. Klasse

km																					
	Meckenbeuren 316.	ab	5.18	5.52	6.47	8.51	11.11	h12.27	g12.30	13.23	15.02	16.41	17.49	18.24	...	S19.17	k20.12	m20.14	20.44	22.53	p23.33	...
4,2	Tettnang	an	5.30	6.04	7.01	9.05	11.25	h12.41	g12.44	13.37	15.14	16.53	18.01	18.36	...	S19.29	k20.24	m20 26	20.56	23.05	p23.45	...

Tettnang	ab	w4.51	S4.57	5.35	w6.09	S6.29	8.27	10.38	w11.41	S12.09	12.55	14.32	15.59	17.28	S18.04	w18.07	S18.59	19.50	k20.27	m20.29	22.11	p23.16
Meckenbeuren 316	an	w5.02	S5.08	5.46	w6.20	S6.40	8.39	10.51	w11.54	S12.20	13.08	14.45	16.12	17.41	S18.15	w18.18	S19.10	20.03	k20.38	m20.40	22.22	p23.27

Weitere Halte in: km 1,7 Habacht, 3,8 Bechlingen **g** S u Sa **h** W außer Sa **k** S bis 31. V. u ab 1. IX. **m** S vom 1. VI.—31. VIII. **p** S vom 15. VII.—31. VIII.

1958

306 h Meckenbeuren—Tettnang u zurück *(Elektrischer Betrieb)* Alle Züge u nur 2. Klasse

a = ⚒ außer Sa b = täglich außer Sa c = † u Sa

Friedrichshafen—Tettnang 2306 42

⊕ Bedarfshaltepunkt

km	BD Stuttgart	Zug Nr	⚒4702	4704	4708	⚒4710	4714		†4716	4718	4720	4724	4726	4728		4732	4736		4738	4740	4742	4746	4748	4750	
0,0	Meckenbeuren 306.	ab	⚒5.42	6.16	6.50	⚒7.33	8.22	...	†9.08	10.06	11.32	13.17	13.57	15.20	...	17.10	17.52	...	18.38	a19.10	19.42	21.00	22.22	23.21	...
1,7	Habacht ⊕	↓	5.48	6.21	6.56	7.39	8.28	...	9.14	10.12	11.38	13.23	14.03	15.26	...	17.16	17.58	...	18.44	19.16	19.48	21.06	22.28	23.27	...
3,8	Bechlingen ⊕	↓	5.52	6.25	7.00	7.43	8.32	...	9.18	10.16	11.42	13.27	14.07	15.30	...	17.20	18.02	...	18.48	19.20	19.52	21.10	22.32	23.31	...
4,2	Tettnang	an	⚒5.54	6.26	7.02	⚒7.45	8.34	...	†9.20	10.18	11.44	13.29	14.09	15.32	...	17.22	18.04	...	18.50	a19.22	19.54	21.12	22.34	23.33	...

km	BD Stuttgart	Zug Nr	⚒4701	4703	4705	⚒4709	4711	†4715		4717	4719		4723	4725	4727	4731	4735	4737		4739	†4741	⚒4741	4743	4747	4749
0,0	Tettnang	ab	⚒5.24	6.00	6.29	⚒7.12	7.51	†8.45	...	9.40	11.04	...	12.38	13.39	14.39	16.48	17.28	18.12	...	a18.53	†19.08	⚒19.23	20.28	22.03	22.56
0,5	Bechlingen	↓	5.26	6.02	6.31	7.14	7.53	8.47	...	9.42	11.06	...	12.40	13.41	14.41	16.50	17.30	18.14	...	18.55	19.10	19.25	20.30	22.05	22.58
2,6	Habacht ⊕	↓	5.30	6.06	6.35	7.18	7.57	8.51	...	9.46	11.10	...	12.44	13.45	14.45	16.54	17.34	18.18	...	18.59	19.14	19.29	20.34	22.09	23.02
4,3	Meckenbeuren 306.	an	⚒5.36	6.12	6.41	⚒7.24	8.03	†8.57	...	9.52	11.16	...	12.50	13.51	14.51	17.00	17.40	18.24	...	a19.05	†19.20	⚒19.35	20.40	22.15	23.08

⚒-Züge nicht 5. VI. †-Züge auch 5. VI.

Deutliche Verkehrseinbrüche spiegeln die Wirtschaftskrisen 1922/23 und 1928/32 wider, 1933 war ein absoluter Tiefstand erreicht, danach ging es wieder deutlich bergauf.

Beförderungsleistungen

	Personen	Güter
1896:	80 534	11 163 t
1913:	140 941	30 513 t
1924:	181 809	16 601 t
1925:	205 955	19 770 t
1927:	169 759	23 086 t
1928:	210 546	27 212 t
1933:	108 609	12 414 t
1935:	129 700	20 430 t
1937:	173 082	22 054 t

Auch nach dem Zweiten Weltkrieg blieb der Verkehr sehr rege – der letzte Fahrplan mit elektrischem Betrieb 1961/62 weist werktags 15 und sonntags 13 Zugpaare aus, 1975 verkehrten mo-fr 16 Zugpaare, sa und so mehrere Busse.

Das Ende 1976 war bedingt durch eine ständige Abwanderung der Fahrgäste zur Straße und zum Bus, der mit direkten Fahrten von Tettnang nach Friedrichshafen ein sehr viel besseres Angebot darstellte als der Umsteigeverkehr in Meckenbeuren. Die Umstellung am 30. Mai 1976 geschah völlig sang- und klanglos und ohne großen Aufhebens.

Der Güterverkehr ist nach wie vor von einiger Bedeutung – Raiffeisen, Lagerhaus Endres, Lagerhaus Geiger.

Streckenbeschreibung

Die Strecke bietet weder landschaftlich noch geographisch irgendwelche Besonderheiten. Aus der dem Bodensee vorgelagerten Schussenebene steigt die Gegend zu den Moränenhügeln sachte an, zu deren Füßen das altertümliche Städtchen Tettnang mit dem schönen Montfortschen Schloß liegt. Die Strecke führt durch

Tettnang

Tettnang, Schienenbus vor dem neuen Bahnhofspavillon, im Hintergrund das alte Bahnhofsgebäude und der Lokschuppen

ET 183.05 in Tettnang, 24.3.1964

Meckenbeuren, abfahrbereiter Zug nach Tettnang, um 1900

Meckenbeuren, neuer Bahnsteig für den Schom, 1.4.1962

Obstgärten und Hopfenfelder, die größte Steigung beträgt 20‰, der kleinste Kurvenhalbmesser 150 m.

In Meckenbeuren befand sich die Abfahrtstelle der Lokalbahnzüge vor dem Bahnhof, etwas vorgelagert lag ein Umfahrgleis sowie das Übergabegleis zur Staatsbahn, das Lokalbahngleis endete am Güterschuppen.

Die Unterwegshaltepunkte Habacht und Bechlingen hatten keinerlei betriebliche Anlagen. Der Halt in Habacht veranlaßte die Schaffner für die aussteigenden Fahrgäste immer wieder zu dem Zuruf „Hab acht in Habacht".

Das Bahnhofsgebäude in Tettnang war ein hübscher, später erweiterter Bau mit offenem, verandaähnlichem Anbau für die wartenden Fahrgäste und einem Güterschuppen. Unmittelbar vor dem alten Bahnhofsgebäude wurde 1962 ein moderner Flachbau mit Dienst- und Fahrgasträumen und einem markanten Türmchen erstellt, der heute als Gaststätte genutzt wird. Das alte Bahnhofsgebäude und der Fahrzeugschuppen sind 1973/76 abgebrochen worden; hier steht heute ein neues, großes Lagerhaus. Eine lange Ladestraße, Lagerschuppen und die Lagerhalle der WLZ zeigen an, daß der Güterverkehr auch heute noch eine Rolle spielt.

Fahrzeuge

Der Betrieb wurde mit zwei kleinen, hochbeinigen, zweiachsigen Triebwagen aufgenommen, von denen einer ein 2.-Klasse-Abteil hatte, das später in ein 3.-Klasse-Abteil umgezeichnet worden ist. Die Wagen hatten 32 Sitzplätze und ursprünglich eine Leistung von 2 x 19 kW, später 2 x 44 kW. Beide Wagen hatten ein großes, mittig angeordnetes Gepäckabteil mit seitlichen Schiebetüren. Der ursprüngliche Rollenstromabnehmer ist später durch einen Scherenbügel ersetzt worden. Wegen der unterschiedlichen Klassen- und Raumaufteilung hatten die Wagen unterschiedliche Gewichte (360: 16 t Leer-, 21,4 t Dienstgewicht voll besetzt, 361: 13,9 t bzw. 19,3 t). Die ursprünglich offenen Plattformen, auf denen der Fahrer nur durch eine schmale Segeltuchplane mit eingesetzter kleiner Scheibe notdürftig gegen Wind und Wetter geschützt war, wurden später mit Stirnvorbauten geschlossen.

1906 kam als 3. Triebfahrzeug ein größerer vierachsiger Wagen mit je einem 2.- und 3.-Klasse-Abteil (8+36 Sitzplätze) sowie einem Post- und Gepäckabteil hinzu. Nach mehreren Umbauten wurden die drei Triebwagen mit geschlossenen Plattformen und 2 x 44 kW Leistung 1938 in das Nummernschema der DR eingereiht und in ET 184.41, 42 und 185.01 umgezeichnet. Die kleinen Zweiachser waren bis Kriegsende in Betrieb und sind nach 1950 nicht wieder zum Einsatz gekommen. 184.41 war noch jahrelang als Arbeitswagen im Einsatz und stand dann lange Zeit abgestellt in Tettnang; 184.42 ist nach 1950 ausgemustert worden, 185.01 ging nach der Aufgabe des elektrischen Betriebes den Weg allen Eisens.

Zum Anfangsbestand gehörte auch ein zweiachsiger Personenwagen mit offenen Plattformen und 50 Sitzplätzen. Um 1906 wurde von Füssen der Ci 30 nach Tettnang umgesetzt, beide Wagen waren bis Kriegsende im Einsatz und sind danach verschrottet worden.

Ferner gehörten zur Tettnanger Bahn zwei geschlossene Güterwagen mit 5 t Ladegewicht für den Lokalverkehr.

Es sei angemerkt, daß nach 1950 zwei „Fremde" nach Tettnang kamen, der ehemalige Isartalbahn-Wagen ET 183.05 sowie der interessante Einzelgänger EB 184.51, ein ehemaliger Triebwagen der Kreis Oldenburger Eisenbahn (AEG 1925), der 1941 an die DR gekommen war, später als EB 184.51 auftauchte, bis 1962 auf der Tettnanger Strecke im Einsatz war und dann ausgemustert worden ist.

Eine Eigenart der Tettnanger Fahrzeuge waren die falsch angeschriebenen Nummern: 18 501, 18 305 und 18 451 – sie liefen so nach dem Krieg bis 1962.

Von LAG für Meckenbeuren – Tettnang beschafft				
Betr. Nr.	Bauart/LAG-Betr.Nr	Hersteller	Baujahr/Fabr.Nr.	Bemerkungen
DR ET 184.41 DR ET 184.42	LAG BCP2elT 360 LAG CP2elT 361	MAN/SSW MAN/Oerlikon	1895 1895	später CP2elT 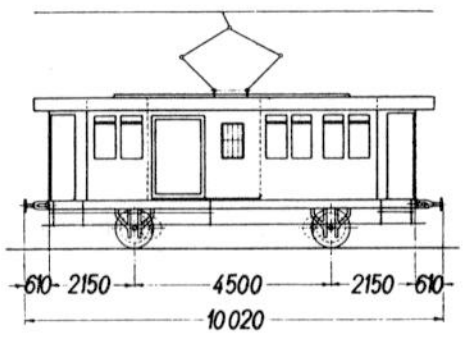
DR ET 185.01	LAG BCPPost4elT 772	MAN/SSW	1906	1936 = CPPost4elT 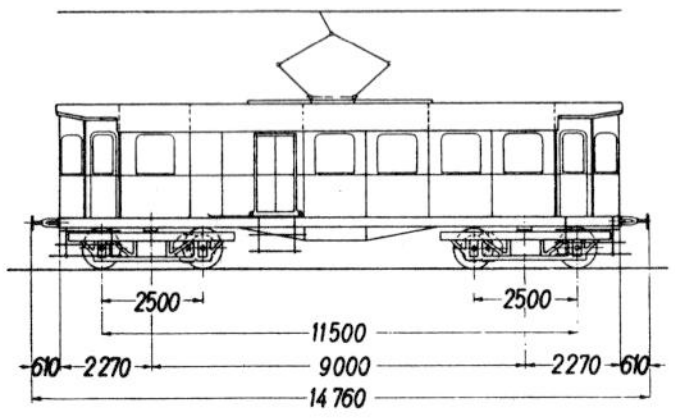
DR EB 184.41	LAG C2i 30	MAN	1889	seit etwa 1906 in Tettnang 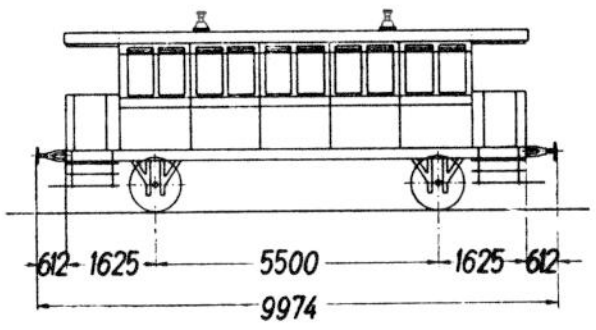
DR EB 184.42	LAG C2i 362	MAN	1895	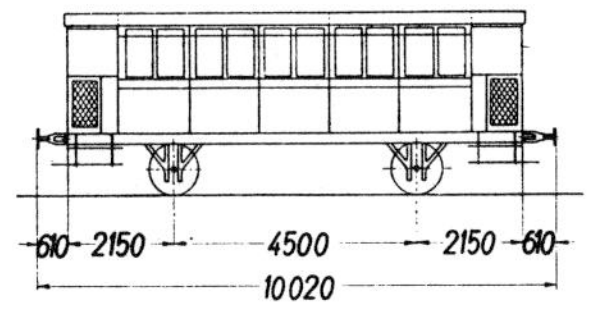
	LAG G 363, 364	MAN	1895	gedeckte Güterwagen für den Binnenverkehr

LAG elT 772

LAG elT 360

EB 194.51, ehem. VT der KOB, i.E. auf der Strecke Meckenbeuren – Tettnang, 26.4.1959

Lokalbahn Ravensburg – Weingarten – Baienfurt (LRW), Güterbahn Niederbiegen – Baienfurt – Weingarten

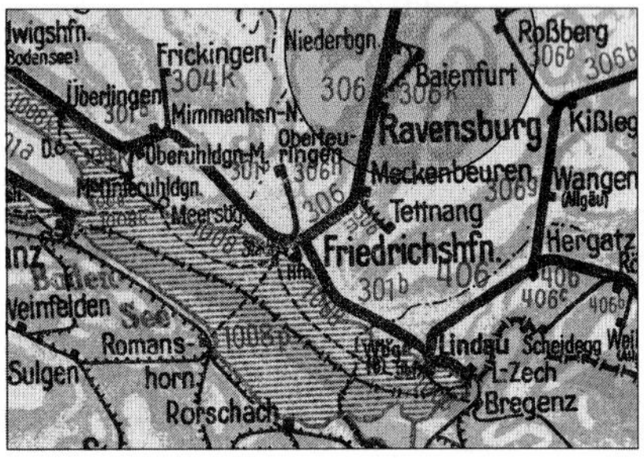

Ravensburg DB-Bahnhofsvorplatz – Weingarten – Baienfurt (1000 mm)

Niederbiegen – Baienfurt (1435 mm)/Weingarten (dreischienig)

Spurweite: 1000 mm, 1435 mm und dreischienig

Streckenlänge:

Ravensburg – Weingarten (bis 1910)	4,10 km
Ravensburg – Baienfurt (Spurweite 1000 mm)	6,56 km
Niederbiegen – Baienfurt/Weingarten (Spurweite 1435 mm)	4,89 km

Gleislänge: 7,85 km, davon 2,80 km Rillengleis (1000 mm)
9,82 km (1435 mm)

Bahnkörper: auf bzw. neben der Straße Ravensburg – Weingarten und in Baienfurt, Niederbiegen – Weingarten/Baienfurt (Regelspur) eigener Bahnkörper

Betriebseröffnung:

06.01.1888	Ravensburg – Weingarten, Dampfbetrieb
01.09.1910	Verlängerung bis zum neuen Bf Weingarten und elektr. Betrieb 700 V =
13.09.1911	Verlängerung bis Baienfurt
01.10.1911	Niederbiegen – Baienfurt Gbf mit Abzweig nach Weingarten

Stillegung:

22.02.1959	Ravensburg – Weingarten-Charlottenplatz
30.06.1959	Weingarten-Charlottenplatz – Baienfurt (Meterspur)
1938	Pv Niederbiegen – Weingarten mit dem Übergang auf die DR 1938

Eigentümer und Betriebsführer:
Lokalbahn Aktiengesellschaft München (LAG), ab 1938 Deutsche Reichsbahn bzw. später Deutsche Bundesbahn

Ausstattung

Ravensburg, Endpunkt und Umsetzgleis vor dem Empfangsgebäude der Stb auf der Straße, Verlängerung des Stumpfgleises bis zum Gsch
5 Zwischenstationen:

- Hp Frauentor, hübscher, hölzerner, sechseckiger Pavillon für den Fahrkarten- und Zigarrenverkauf, erstellt 1905
- Hp Falken (ab 1910), Heilig Kreuz, 14 Nothelfer und Weingarten Stadt
- Weingarten, ursprünglich Endbahnhof a. d. Waldseerstraße, drei Gleise, kleines Stationsgebäude mit Dienst- und Warteraum, Gsch, Ladestraße, zweigleisiger Lokschuppen, 1910 aufgegeben
- Weingarten Güterbahnhof (ab 1910), umfangreiche Gleisanlagen, Umladegleis Regel-/Schmalspur, langes Ladegleis mit Ladehalle und Kran. Gleiswaage. Lagerplätze für Kohlen etc, mehrere Lagerschuppen. Großes Bahnhofsgebäude mit Gsch und Nebengebäude, in den 50er Jahren durch Verlängerung des Gsch verändert. Zweiständiger Lokschuppen für die Regelspurlok, Wagenhalle und Werkstatt für die Meterspurfahrzeuge.
  Agl (33‰ Steigung) zur Maschinenfabrik Weingarten, das sich im Werkgelände mehrmals verzweigt.
  Agl zur Gießerei Stoz.
  Zur Reichsbahn- und später in der DB-Zeit sind die Gleisanlagen teilweise zurückgebaut und der Regelspur-Lokschuppen aufgegeben worden.
- Baienfurt Ort, Umsetzgleis, kleine Wartehalle.
- Baienfurt Güterbahnhof, umfangreiche Gleisanlagen, Laderampe, großer Lagerplatz mit langer Ladestraße, Gleiswaage, großes zweigeschossiges Bahnhofsgebäude mit angebautem Gsch.
  Agl Papierfabrik, Kiesladeanlage, mehrere Lagerschuppen verschiedener Firmen.

Nach der Elektrifizierung gab es folgende Haltestellen:

km 0,0	Ravensburg Staatsbahnhof
km 0,8	Ravensburg Frauentor, kleine Wartehalle, seit 1931 Ausweiche
km 1,1	Ravensburg Falken
km 1,5	Ravensburg Heilig Kreuz, Ausweiche
km 2,0	Ravensburg Kraftwerk, Ausweiche, kleine Wartehalle
km 2,5	Ravensburg Unterburach
km 3,0	Weingarten 14 Nothelfer, Ausweiche
km 3,6	Weingarten Scherzachbrücke, später Lamm, kleine Wartehalle
km 4,1	Weingarten Charlottenstraße (1939-45 Horst-Wessel-Straße), Wartehalle, Ausweiche (an der Stelle des früheren Endbahnhofs)
km 4,6	Weingarten Post, kleine Wartehalle
km 4,9	Weingarten Traube
km 5,1	Weingarten Güterbahnhof

km 5,7	Traubenhof
km 6,3	Baienfurt Süd
km 6,6	Baienfurt Ort

Regelspurige Güterbahn/Nebenbahn

km 0,0	Niederbiegen, Endpunkt mit Umsetzgleis vor dem EG der Stb, keine eigenen baulichen Anlagen, Übergabegleis zur Stb.
km 2,3	Baienfurt West, (östl. der Gabelung) Bahnsteig
km 2,8	Baienfurt Süd, (vor der Ausfädelung des Schmalspurgleises) Bahnsteig
km 3,3	Traubenhof, Bahnsteig
km 3,9	Weingarten Gbf

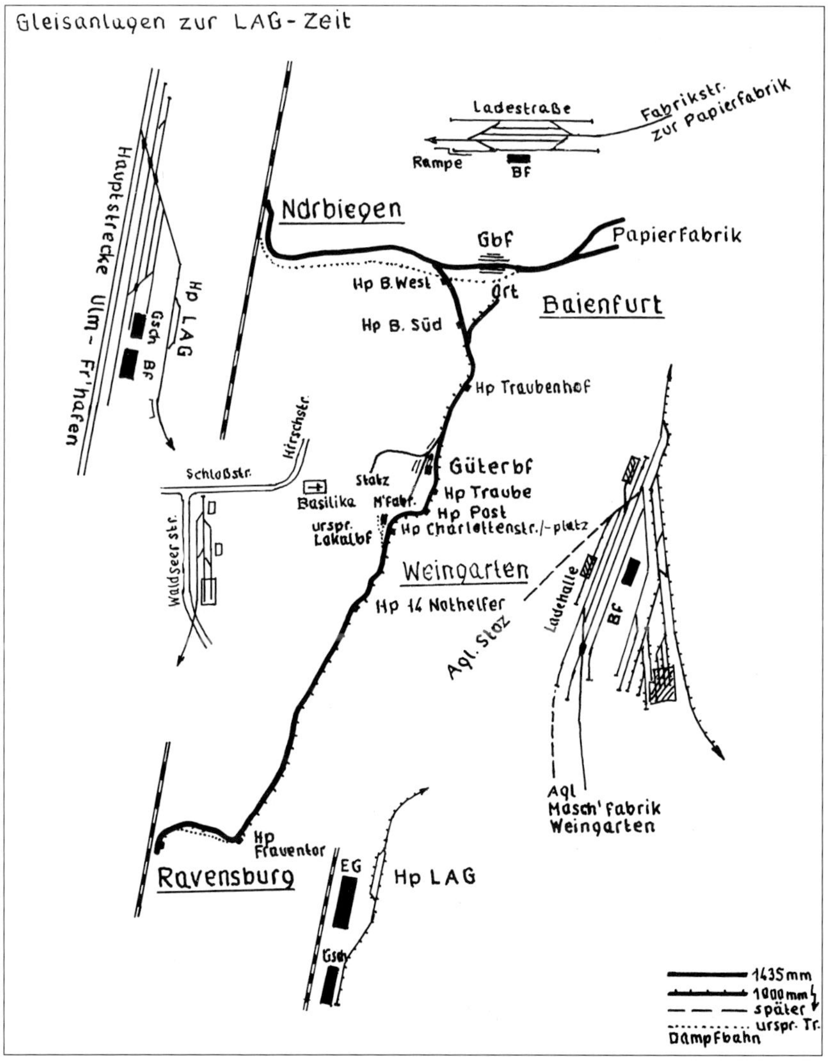

Geschichtliche Entwicklung und Bedeutung

Auf dem oberen Teil der KWStB „Südbahn" war der Betrieb 1847 zwischen Friedrichshafen und Ravensburg aufgenommen worden; am 1. Juni 1850 wurde in Ulm der Anschluß nach Stuttgart erreicht. Damit hatte Ravensburg den Anschluß an die „große weite Welt" gefunden – nach Süden zur Schweiz, nach Norden über Ulm nach Bayern und über Stuttgart nach Baden, Preußen und Hessen.

Die Bedeutung Ravensburgs als wichtiger Handelsplatz, Getreide- und Viehmarkt wuchs mit dem Bahnanschluß beträchtlich.

Die Bemühungen um einen Eisenbahnanschluß der etwa 4 km abseits der Bahnlinie liegenden Stadt Weingarten reichen bis in die 70er Jahre des vorigen Jahrhunderts zurück. 1879 legt der schweizerische Ingenieur Lutz ein Projekt für eine „Straßeneisenbahn mit Dampfbetrieb" zwischen Ravensburg und Weingarten vor. Am 30. September 1879 wird in Weingarten eine „Eisenbahncommission" aus Gemeinderat, Bürgerausschuß und dem Schultheißen gebildet, die die Pläne von Lutz und von dem inzwischen auf den Plan getretenen Schweizer Ingenieur H. Single prüfen und bearbeiten. Die Berechnungen sind vage, man kommt nicht weiter – im Dezember 1879 werden beide Ingenieure negativ beschieden.

1881 liegt ein weiteres Angebot vor, das der Gewerbeverein Weingarten von dem Schweizer Ingenieur Reitlinger eingeholt hatte. Reitlinger wollte auf eigene Kosten eine regelspurige Bahn von Ravensburg nach Weingarten bauen. Aber auch dieses Projekt lehnt der Gemeinderat ab.

Bevor Weingarten zu seiner Anschlußbahn kommt, müssen wir einen Blick zu dem benachbarten Ort Baienfurt werfen. 1871 war hier die Papierfabrik Baienfurt gegründet worden, der 1884 eine Zellulosefabrik angegliedert wurde. 1879 war eine feste Straße von Baienfurt zur Bahnstation Niederbiegen entstanden, die den Materialtransport erheblich verbesserte.

1886 unterbreiteten die Eisenbahningenieure T. Lechner und V. Krüzner, die in München ein Lokalbahn-Bau- und Betriebsunternehmen führten, der Papierfabrik den Vorschlag einer regelspurigen Verbindungsbahn vom Bf Niederbiegen zur Papierfabrik. Aus Kostenersparnisgründen sollten die Gleise in Seitenlage zur Straße verlegt werden, die Beförderung der Wagen war mit Pferden vorgesehen.

1891 wurde die „Privatstraßenbahn" mit Pferdebetrieb eröffnet. 1892 wurden die Pferde durch eine Akku-Lokomotive abgelöst, die jedoch wenig erfolgreich war und 1893 durch eine kleine Dampflokomotive mit stehendem Kessel ersetzt wurde (Harzer Werke Zorge 1893/67). 1902 wurde eine größere Lokomotive beschafft (Bn2t, Hartmann 1902/2812).

Die Anschlußbahn zweigte nördlich des Bahnhofs Niederbiegen von der Hauptbahn ab, folgte der Vicinalstraße Richtung Baienfurt, überquerte mitten im Ort beim Gasthof Löwen (km 2,36) die Straße nach Waldsee, folgte dann 300 m in Seitenlage der Straße nach Bergatreute und der Fabrikstraße und endete beim Kesselhaus und dem Holzplatz der Papierfabrik. Bei km 2,1 zweigte ein Anschlußgleis zur Staelinschen Kunst- und Sägemühle ab.

Die Bahn war Eigentum der Papierfabrik und wurde als Bahn des nichtöffentlichen Verkehrs in eigener Regie und mit eigenen Fahrzeugen betrieben.

Durch die Anschlußbahn gewann der Bf Niederbiegen erhebliche Bedeutung – 1904 wurden hier 60 000 t abgefertigt.

Zurück nach Weingarten. Die Firma Lechner & Krüzner hatte gleichzeitig mit dem Projekt der Anschlußbahn zur Papierfabrik Baienfurt der Stadt Weingarten eine Offerte für eine schmalspurige Dampfstraßenbahn von Ravensburg nach Weingarten gemacht. Die Stadt Weingarten und der Gewerbeverein zeigten sich sehr interessiert, trat doch mit der Firma L & K ein Unternehmen auf, das bereits die Feldabahn projektiert und gebaut hatte.

Noch im gleichen Jahr, im Februar 1887, gründete die Firma L & K zusammen mit der Kommanditgesellschaft Lokomotivfabrik Krauss

Ravensburg

Weingarten

Weingarten, im Vordergrund Regelspurteil, links Schmalspurgleis Ausfahrt Richtung Ravensburg

ET 195.01 und ET 196.02, Zugkreuzung Weingarten Charlottenplatz, 11.4.1956

ET 196.02 und ET 195.01, Zugkreuzung Ravensburg Krankenhaus, 6.10.1954

LAG-Zug in Ravensburg

Bahnhofsvorplatz Ravensburg

Weingarten

& Co in München die Localbahn-Actiengesellschaft (LAG), die nun Gesprächspartner der Stadt Weingarten war.

Der Offerte lagen bereits detaillierte Vermessungs- und Planungsunterlagen sowie Kostenangaben zugrunde. Verlangt wurde die kostenfreie Abtretung von für den Bahnbau benötigten Grund und Boden. Die Gemeinderäte von Ravensburg und Weingarten stimmten im Februar bzw. März 1887 den vorliegenden Plänen und Bedingungen sowie der Trassenführung auf bzw. neben der Straße zu, so daß die LAG am 19. Februar 1887 beim Außenministerium in Stuttgart den Konzessionsantrag stellen konnte.

Am 1. März wurden die Unterlagen an die Generaldirektion der Kgl. Württ. Stb. zur Prüfung weitergegeben.

Bis zur Konzessionserteilung vergingen acht Monate. Nach der vorläufigen Baugenehmigung vom 14. Oktober 1887 erfolgte am 15. November die Konzession, die am 22. November 1887 im Regierungsblatt für das Königreich Württemberg veröffentlicht wurde.

Mit den Bauarbeiten war bereits Mitte des Jahres begonnen worden, Schwierigkeiten stellten sich nicht ein, die Trassierung neben bzw. auf der Straße war verhältnismäßig einfach. An Hochbauten waren lediglich beim Endbahnhof Weingarten ein kleines Bahnhofsgebäude und ein Lokschuppen vorgesehen.

Zum Ende des Jahres 1887 war die Bahn fertiggestellt. Die für den 22. Dezember vorgesehene Eröffnungsfeier mußte zweimal verschoben werden, da die behördliche Abnahme wegen Schneefall nicht durchgeführt werden konnte. Am 5. Januar konnten schließlich Probefahrt und Abnahme durch die Prüfungskommission durchgeführt werden. Am folgenden Tag wurde der planmäßige Betrieb aufgenommen. Das Einweihungsfest wurde am 10. Januar nachvollzogen.

Die Gesamtkosten der Bahn beliefen sich Ende 1889 auf 191 848 Mark.

Während der Güterverkehr eine völlig untergeordnete Rolle spielte und erst im August 1888 aufgenommen wurde, entwickelte sich der Personenverkehr mit jährlich steigenden Beförderungsleistungen sehr gut.

Bereits zu Ende des Jahres wurde der Wunsch laut, die Bahn bis Baienfurt zu verlängern. Die LAG legte entsprechende Entwürfe vor, die eine Fortsetzung der Schmalspurstrecke bis Baienfurt sowie die Elektrifizierung der Bahn vorsahen, ferner eine regelspurige Industriebahn Niederbiegen – Baienfurt mit Abzweigung nach Weingarten. An dieses Projekt war die Bedingung geknüpft, ein eigenes Elektrizitätswerk zu bauen, das gleichzeitig die anliegenden Orte mit Licht- und Kraftstrom versorgen sollte. Diese Bedingung war Anlaß zu jahrelangen Auseinandersetzungen zwischen der Stadt Weingarten und der LAG, die schließlich mit dem Bau des städtischen Elektrizitätswerkes Weingarten 1905 vorerst beendet waren.

Mit der Elektrifizierung der Dampfbahn war die Verlegung des Bahnhofs Weingarten und eine Trassenveränderung in Ravensburg über den Marienplatz und am städtischen Krankenhaus vorbei vorgesehen – nach längeren Debatten um die günstigste Gleisführung blieb es in Ravensburg bei der Gleislage in der Schussenstraße, lediglich entlang der Promenade wurde das Gleis nach Norden verschoben, um die Promenade neu gestalten zu können.

Für den Bahnstrom errichtete die LAG bei Burach ein eigenes Gleichstromwerk mit zwei Dieselmotoren und Dynamo-Maschinen.

Für die Industriebahn/Nebenbahn Niederbiegen – Baienfurt sah die LAG eine neue Trassenführung auf eigenem Bahnkörper nördlich der Provinzialstraße vor. Der neue Güterbahnhof war am nördlichen Ortsrand geplant, von wo die Gleise zur Papierfabrik weiterführen sollten. Die neue Strecke Weingarten – Baienfurt war dreischienig projektiert, wobei der Endpunkt der Personenzüge im Ort vor der Brücke über die Wolfegger Ach vorgesehen war.

Bis zum Februar 1909 waren über die Gleisführung, die Zuschüsse zum Umbau und den Bau des Gleichstromwerkes mit der Stadt Ravensburg und bis zum März 1909 mit der Stadt Weingarten die entsprechenden Vereinbarungen getroffen worden, so daß ab Mai 1909 mit den Vermessungs- und wenig später mit den Bauarbeiten begonnen werden konnte. Die geänderte Konzession wurde am 21. August 1909 erteilt.

Am 14. Mai 1910 erhielt die LAG die Bau- und Betriebserlaubnis für die neue elektrische Bahn mit der Verlängerung nach Baienfurt. Die Abnahme des neuen Bahnhofs in Weingarten fand am 13. August 1910 statt, am 24. und 26. August wurde die „neue Elektrische“ gebührend gefeiert und am 1. September 1910 der planmäßige Betrieb bis Weingarten aufgenommen. Ab 13. September 1911 fuhren die Züge bis Baienfurt.

Die Normalspurstreckenpläne wurden nach Erteilung der Konzession (14. Mai 1910) am 19. September 1910 vorgelegt und die Baugenehmigung schon am 2. November 1910 erteilt. Nach einem knappen Jahr Bauzeit fand am 29. September 1911 die Abnahme statt, der Betrieb wurde am 1. Oktober 1911 aufgenommen und sowohl die Straßenbahn nach Baienfurt als auch die neue Güterbahn am 12. Oktober kräftig gefeiert.

Völlig neu entstanden waren die regelspurigen Güterbahnhöfe Baienfurt und Weingarten mit umfangreichen Gleisanlagen und einem großen Bahnhofsgebäude, ferner ein neues Depot mit Werkstatt für die Schmalspurfahrzeuge.

Die Beförderungsleistungen sowohl auf der Güterbahn als auch auf der Schmalspurstrecke nahmen bis zum Ersten Weltkrieg deutlich zu. Kraftstoff- und Kohlenmangel für die Stromversorgung machten ab 1917 sowohl der LAG als auch der Oberschwäbischen Elektrizitätswerke (OEW), die 1909 durch Zusammenschluß verschiedener kommunaler E-Werke entstanden war, erhebliche Probleme, die dazu führten, daß die LAG die eigene Stromerzeugung aufgab und auf Fremdbezug von den OEW umstellte, wobei im LAG-Kraftwerk 1917 eine Gleichrichterstation eingebaut wurde. Mitte der 20er Jahre wurden dann die Gasmotoren und Dynamomaschinen ausgebaut.

Die Nachkriegszeit – Inflation und Wirtschaftskrise – setzten der Lokalbahn sehr zu, auch gab es Auseinandersetzungen bezüglich Fahrplan und Tarife zwischen Stadt und LAG und wegen des Stromtarifs mit der OEW. Die wirtschaftliche Situation der Lokalbahn verschlechterte sich derart, daß nach Weigerung der Städte Ravensburg, Weingarten und Baienfurt, Betriebszuschüsse zu leisten, die LAG mit Einstellung des elektrischen Betriebes drohte. Nachdem weder mit der OEW noch mit den Städten eine Einigung möglich war, wurde am 1. November 1923 die Straßenbahn stillgelegt.

Den Durchbruch erzielte nach langwierigen Verhandlungen der Weingartener Schultheiß Braun mit der Zusage, daß die Kommune zwei Drittel des monatlichen Defizits von rund 3000 Mark übernehmen würde, ferner bot die OEW eine 25%ige Tarifreduzierung an – Voraussetzungen dafür, daß der Betrieb am 15. Januar 1924 wieder aufgenommen werden konnte.

Die folgenden 15 Jahre waren geprägt durch ständige Auseinandersetzungen mit den Gemeinden wegen Tarif- und Fahrplanfragen, die Forderung nach Ausbau der Provinzstraße, Überlegungen der Umstellung auf Busbetrieb und durch die größer werdende Autokonkurrenz sowie durch Unfälle und Behinderung des Straßenverkehrs durch die Straßenbahn.

Dazu kam, daß die LAG 1932 wirtschaftlich ins Schlingern geriet.

Nach 1934 erholte sich die LAG, die „Verreichlichung“ war jedoch eingeläutet auch im Hinblick auf die Eigentumsverhältnisse und Hauptaktionäre der LAG, die zu den „Ungeliebten“ des Dritten Reiches gehörten.

Bei den ständigen Querelen zwischen LAG und den Gemeinden Ravensburg, Weingarten und Baienfurt signalisierte die LAG 1937 durch die Beschaffung zweier Beiwagen Entgegenkommen, in Fragen des Bahnersatzes durch einen Busverkehr konnte jedoch keine Einigung erzielt werden. Die Veränderung bei den Eigentumsverhältnissen und die politischen Verhältnisse setzten weiteren Überlegungen erst einmal ein Ende.

Mit Gesetz vom 16. Juni 1938 wurde die LAG verstaatlicht und deren Strecken der DR zugeschlagen. Somit kam auch die Güterbahn und die Straßenbahn Ravensburg-Weingarten-Baienfurt zur Deutschen Reichsbahn.

Eigentlich enden hier unsere Betrachtungen. Die Ravensburger-Weingartener Bahn hat jedoch unter der DR-/DB-Regie immer ein Eigenleben geführt, wir wollen die Entwicklung bis zur Einstellung des Schmalspurbetriebes verfolgen.

Der Übergang auf die DR und auch die Eingemeindung von Weingarten nach Ravensburg am 1. April 1939 brachten für den Bahnverkehr vorerst keine Änderungen. Der Krieg forderte durch die Rüstungsindustrie beim Güterverkehr und im Berufsverkehr besondere Leistungen. Am 23. April 1945 wurde wegen Errichtung von Panzersperren der Bahnbetrieb eingestellt. Mit dem Einmarsch der französischen Truppen am 28. April war für das Schussental der Krieg vorbei.

Da kaum Kriegszerstörungen zu verzeichnen waren, konnte der Betrieb am 11. Juli 1945 wieder aufgenommen werden.

Die Nachkriegsjahre bescherten der elektrischen Bahn im Personenverkehr einen enormen Verkehrsaufschwung – 1956 wird die 5-Mio-Grenze überschritten –, dann setzte ein langsamer Verkehrsrückgang ein, bedingt durch die wachsende Motorisierung.

Und auch die Diskussion um die Beibehaltung der Bahn oder Umstellung auf Busbetrieb, über die Verkehrsbehinderungen durch die Bahn, um den anstehenden Straßenausbau der B 30 und um Tariferhöhungen flammte nach der Normalisierung der Verhältnisse erneut auf und wurde immer heftiger geführt. Obwohl die DB für die Ravensburger Bahn 1954 zwei neue Großraum-Straßenbahnwagen beschaffte, entbrannte der Kampf ums Überleben der Bahn wenig später heftiger als je zuvor. Gutachten wurden erstellt, mit Emotionen wurde beraten mit Zahlen der Unwirtschaftlichkeit belegt bzw. die Wirtschaftlichkeit nachgewiesen.

Direkter Anlaß für die Umstellung auf Busbetrieb waren dann 1957 und 1958 mehrere heftige Unfälle, die Geschwindigkeitsbegrenzung auf 10 km/h auf den Stadtabschnitten in Ravensburg und Baienfurt ab 13. Oktober 1958 und die anstehende Gleiserneuerung auf verschiedenen Abschnitten.

1959 war alles vorbei – der elektrische Betrieb wurde eingestellt und an die Stelle der Straßenbahnwagen traten die roten DB-Busse.

Personenverkehr

Die Lokalbahn wurde von Anfang an gut angenommen, der Verkehr entwickelte sich rasch und zufriedenstellend.

Von 1888 bis 1910 stieg die Bevölkerungszahl der angefahrenen Orte von insgesamt 17 000 auf 23 600, die Beförderungsleistung nahm von 180 000 auf 680 000 zu.

Neben dem allgemeinen Verkehr spielte der Berufsverkehr eine beachtliche Rolle – die Maschinenfabrik Schatz in Weingarten beschäftigte 1890 rund 40 Arbeiter und Angestellte, 1910 waren es rund 700. Ferner gab es Spinnereien, Mühlenbetriebe und eine Gießerei. Eine besondere Rolle spielte auch das Infanterieregiment „König Wilhelm“ No. 120 in Weingarten, dessen höhere Chargen sogar 2. Klasse fuhren.

Zur Dampfbahnzeit war immer nur ein Zug unterwegs, der die Anschlüsse zur Staatsbahn aus und in Richtung Friedrichshafen und Ulm herstellte. 1909 verkehrten täglich 13 Zugpaare, die Fahrzeit betrug 20 Minuten. Die kurze Strecke wies vier, später fünf Unterwegsstationen auf – Hinweis für einen ausgeprägten Lokalverkehr.

Im allgemeinen betrug die Zuglänge zur Dampfbahnzeit drei bis vier Wagen. Von Anfang an übernahmen die Züge der LAG auch die Postbeförderung.

Mit der Elektrifizierung 1910 und Verlängerung bis Baienfurt 1911 stieg der Verkehr deutlich an, das Zugangebot wurde von zuletzt 34 auf 66 Fahrten erhöht, die Züge verkehrten zwischen 5.45 und 23.45 Uhr, von 6 bis 22 Uhr fuhr alle halbe Stunde ein Zug. Die Fahrzeit betrug 28 Minuten. Zugkreuzungen fanden wechselnd an den Haltestellen Heilig Kreuz und Charlottenstraße statt.

Entgegen der ursprünglichen Vorstellungen der LAG, keinen Personenverkehr auf der Regelspurstrecke Niederbiegen – Weingarten durchzuführen, setzten die Anliegergemeinden ihre Forderungen durch, so daß werktags drei Güterzüge mit Personenbeförderung angeboten wurden, sonntags verkehrten vier Personenzugpaare. Die Fahrzeit betrug 12 Minuten. Die Beförderungsleistungen waren bescheiden, sie lagen anfangs wenig über 10 000/Jahr (1913: 16 519, 1919: 9284, 1921: 13 948 Personen) und in den Jahren nach 1926 zwischen 1000 und 3000/Jahr (1933: 6128).

Von einiger Bedeutung waren die Militärsonderzüge zu Anfang des Ersten Weltkrieges und wenig später die Lazarettzüge.

1938

Lokalbahn-AG München **Elektrischer Betrieb** **329 Ravensburg - Weingarten - Baienfurt und zurück** Alle Züge nur 3. Klasse

km																									
	Ravensburg Reichsbf 316 ab	5.32	5.52	6.30	7.00	7.30	8.00	8.36	9.18	10.00	10.46	w11.06	11.22	w11.58	12.08	12.30	w12.50	13.02	13.32	14.00	14.20	14.40	15.00	15.20	S15.40
4,6	**Weingarten** Post ↓	5.53	6.12	6.50	7.20	7.50	8.20	8.58	9.38	10.20	11.06	w11.26	11.42	)12.20	12.28	12.50	)13.12	13.22	13.52	14.20	14.40	15.00	15.20	15.40	)16.00
6,6	**Baienfurt** Ort an	5.58	6.18	6.56	7.26	7.56	8.24	9.02	9.44	10.26	11.12	an	11.48	w12.26	12.34	12.56	w13.18	13.28	13.58	14.26	14.46	15.06	15.26	15.46	S16.06

Fortsetzg																							
Ravensburg Reichsbf 316 ab	16.00	16.20	16.40	17.00	17.20	17.40	18.00	18.20	18.40	19.00	19.20	19.40	20.00	20.20	20.40	21.08	21.32	22.22	22.50	23.14	23.52	f 0.08	...
Weingarten Post ↓	16.20	16.40	17.00	17.20	17.40	18.00	18.20	18.40	19.00	19.20	19.40	20.00	20.20	20.40	21.00	21.28	21.52	22.42	23.10	23.34	0.12	)0.28	...
Baienfurt Ort an	16.26	16.46	17.06	17.26	17.46	18.06	18.24	18.46	19.06	19.26	19.46	20.06	20.26	20.46	21.06	21.34	21.58	22.48	23.16	23.40	0.18	f 0.34	...

km																										
	Baienfurt Ort ab	S4.42	5.00	w5.20	w5.40	6.00	6.28	6.58	7.28	7.58	8.26	9.16	9.58	w	d10.33	S11.30	w11.40	11.58	w12.26	12.38	13.00	13.30	13.50	14.08	14.29	14.49
2,0	**Weingarten** Post ↓	)4.49	5.07	)5.27	)5.47	6.07	6.35	7.05	7.35	8.05	8.33	9.23	10.05	)10.25	10.43	11.37	)11.47	12.05	)12.35	12.45	13.07	13.37	13.57	14.15	14.36	14.56
6,6	**Ravensburg** Reichsbf 316 an	S5.08	5.26	w5.46	w6.06	6.26	6.54	7.24	7.54	8.24	8.52	9.42	10.24	)10.44	11.02	11.56	w12.06	12.24	w12.50	13.02	13.24	13.56	14.16	14.34	14.56	15.16

Fortsetzg																							
Baienfurt Ort ab	S15.09	15.29	15.49	16.09	16.29	16.49	17.09	17.29	17.49	18.09	18.29	18.49	19.09	19.29	19.49	20.09	20.29	20.58	21.40	22.04	22.48	23.22	23.42
Weingarten Post ↓	)15.16	15.36	15.56	16.16	16.36	16.56	17.16	17.36	17.56	18.16	18.36	18.56	19.16	19.36	19.56	20.16	20.36	21.05	21.47	22.11	22.55	23.29	c23.49
Ravensburg Reichsbf 316 an	S15.36	15.56	16.16	16.36	16.56	17.16	17.34	17.56	18.16	18.36	18.56	19.16	19.36	19.54	20.16	20.36	20.56	21.24	22.06	22.30	23.14	23.46	c 0.08

Weitere Halte in Ravensburg: km 0,8 Frauentor, 1,6 Hl Kreuz, 2,0 Kraftwerk; **in Weingarten:** 3,1 Nothelfer, 3,6 Lamm, 4,1 Charlottenstraße, 5,1 Güterbahnhof

c nur S und Sa sowie am 26. und 27. V. und 16. VI. **d** an S ab Baienfurt 3 Min später **f** nur S und nS sowie am 27. und 28. V. und 17. VI.

1958

306 g Ravensburg—Weingarten—Baienfurt u zurück *(Elektrische Straßenbahn)* Alle Züge 🚋 u nur 2. Klasse

km	BD Stuttgart													
												usw alle 20 Minuten (05, 25, 45) außerdem		
0,0	**Ravensburg** Bf 306 ab	0.05	h0.35	...	...	...		...	5.05	...	5.25	Zwischenfahrten in den Hauptverkehrszeiten zwi-	20.05	...
5,1	Weingarten (Württ) Güterbf. ↓	0.27	)0.57	...	4.23	...	4.46	)✕5.08	5.28	...	5.48	schen Ravensburg u Weingarten Charlottenplatz	20.28	..
6,6	**Baienfurt** Ort an	0.31	h1.01	...	4.27	...	4.50	)✕5.12	5.32	...	5.52	siehe Aushänge an den Haltestellen	20.32	...

(Fortsetzung)																				
Ravensburg Bf 306 ab	)c20.25	...	20.35	...	20.45	...	21.05	...	..	21.35	...	...	22.05	...	22.35	...	23.05	...	23.35	...
Weingarten (Württ) Güterbf. ↓	)c20.48	...	20.58	...	21.10	...	21.27	...	...	21.57	...	...	22.27	...	22.57	..	23.27	...	23.57	...
Baienfurt Ort an	an	...	21.02	...	21.14	...	21.31	...	..	22.01	...	...	22.31	..	23.01	...	23.31	...	0.01	...

km	BD Stuttgart														
														usw alle 20 Minuten (15.35.55)	
0,0	**Baienfurt** Ort ab	0.05	...	...	...	0.32	)h1.02	...	4.30	4.55	...	)✕5.15	...	5.35	außerdem Zwischenfahrten ab Weingar-	...
1,5	Weingarten (Württ) Güterbf. ↓	0.08	...	)h0.09	...	0.36	)h1.06	...	4.33	4.58	...	)✕5.17	5.18	5.38	ten Charlottenplatz in den Hauptverkehrs-	...
6,6	**Ravensburg** Bf 306 an	an	...	)h0.31	...	an	an	...	4.55	5.21	...	an	5.41	6.01	zeiten siehe Aushänge an den Haltestellen	...

(Fortsetzung)																				
Baienfurt Ort ab	19.35	...	c19.55	...	20.05	...	20.15	20.35	...	21.05	...	21.15	21.35	...	22.05	22.35	...	23.05	...	23.35
Weingarten (Württ) Güterbf. ↓	19.38	...	)19.58	...	20.08	...	20.18	20.39	...	21.09	...	21.19	21.39	...	22.09	22.39	...	23.09	...	23.39
Ravensburg Bf 306 an	20.01	...	c20.21	...	20.31	...	20.41	21.01	...	21.31	...	an	22.01	...	22.31	23.01	..	23.31	...	0.01

Weitere Halte in **Ravensburg** Frauentor 0,8 km, Falken 1,1 km, Hl Kreuz 1,5 km und Kraftwerk 2,0 km, in **Weingarten** Städt Krankenhaus 3,0 km, Lamm 3,6 km, Charlottenplatz 4,1 km, Post 4,6 km und Baienfurt Süd 6,3 km

a = ✕ außer Sa
c = † u Sa
h = † u Mo, sowie 6. u 18.VI.

✕-Züge nicht 5. VI.
†-Züge auch 5. VI.

1922 war mangels Bedürfnis der Personenverkehr auf der Güterbahn eingestellt worden, auf Drängen der Anliegergemeinden wurde er ab 1927 wieder durchgeführt, spielte jedoch eine völlig unbedeutende Rolle.

Auf der Meterspurstrecke nahmen die Beförderungsleistungen kräftig und stetig zu und kletterten von 1 089 908 Fahrgästen 1913 auf 1 859 260 im Jahre 1920.

Die Wirtschaftskrisen, Tarif- und Fahrplanstreitigkeiten zwischen LAG und den Städten Ravensburg, Weingarten und Baienfurt sowie die aufkommende Kraftwagenkonkurrenz und auch die im Verkehrsbereich fahrenden Postbuslinien wirkten sich in der Zeit zwischen den Kriegen nicht unbedingt positiv auf das Verkehrsaufkommen aus. 1923 und 1924 sanken die Beförderungsleistungen auf 781 650 und 763 361 Fahrgäste ab und erholten sich bis 1930 kaum – rund 1 Mio Fahrgäste/Jahr. 1931/34 pendeln sie dann zwischen 750 000 und 836 000, um 1936 wieder 1 Mio zu übersteigen.

Die DR bot 1939 einen erweiterten Fahrplan an: werktags verkehrten 46 Zugpaare, ferner einige Zusatzfahrten Weingarten – Baienfurt, sonntags waren es 43 Zugpaare. Die Fahrzeit betrug auf der gesamten Strecke 24-28 Minuten je nach Aufenthalt in Weingarten Gbf. In der Rush hour wurde drei- bis viermal stündlich gefahren. Betriebszeit war von 5.00 bis 0.22 Uhr.

Nach dem Zweiten Weltkrieg entwickelte sich die Lokalbahn zu einer „besseren Straßenbahn“ mit Verkehrsleistungen von über 5 Mio Fahrgästen im Jahr (1956). Zwischen Ravensburg und Weingarten verkehrten die Züge im 10- bzw. 20-Minuten-Abstand und nach Baienfurt alle 20 Minuten.

Der Berufs- und Schülerverkehr – bis zu 13 700 Personen täglich – spielte eine besondere Rolle.

Wachsende Straßenkonkurrenz, die Gleislage im Straßenplanum in Ravensburg, Weingarten und Baienfurt und die dringende Forderung nach Ausbau und Verbreiterung der Bundesstraße 30 ließen die Lokalbahn 1959 das Schicksal so vieler Straßenbahn- und Nebenbahnstrecken teilen – den Ersatz durch Busse.

Güterverkehr

Zur Dampfbahnzeit beschränkte sich der Güterverkehr auf die Beförderung von Gepäck und Stückgut sowie Kohlen für den Eigenbedarf und für die Garnison, später auch Ladegüter für die Maschinenfabrik Schatz in Weingarten.

1888 wurde in Weingarten ein kleiner Güterschuppen in Betrieb genommen, wenig später wurde hier ein Drehkran zum Umladen von Maschinenteilen für die Maschinenfabrik Schatz aufgestellt, der bei der Cadolzburger Bahn freigeworden war.

In dieser Zeit wurde auch das Stumpfgleis in Ravensburg bis zum Güterschuppen verlängert.

Die Beförderungsleistungen waren bescheiden

1889	767 t
1892	1436 t
1895	2072 t
1897	2775 t
1907	3319 t,

trugen jedoch mit anfangs 17, später 40% der Gesamteinnahmen wesentlich zum Betriebsergebnis der Dampfbahn bei. Drei Güterwagen reichten vollauf.

Die für den Güterverkehr potente Papierfabrik in Baienfurt spielte für die Lokalbahn keine Rolle, sie wurde über die werkseigene Anschlußbahn von Niederbiegen aus bedient. Erst mit der neuen, von der LAG erbauten Regelspurstrecke Niederbiegen – Baienfurt – Weingarten kommt dem Güterverkehr für die LAG Bedeutung zu.

An der Güterbahn lagen mehrere Anschlußgleise:

- Papierfabrik Baienfurt
- Sägemühle Staelin, Baienfurt (die Staelin'sche Getreidemühle hatte auf einen Gleisanschluß verzichtet)
- Kiesladegleis km 2,1 an der Gabelung Baienfurt, später hier Betonwerk Rostan
- Eisengießerei Meteor, Ladegleis km 2,1 an der Gabelung Baienfurt, 1936 erstellt
- Maschinenfabrik Weingarten (ehemals Schatz)
- Gießerei Stoz, Weingarten

Ferner wurde Wagenladungsverkehr in Weingarten und Baienfurt abgefertigt. Beim Bf Baienfurt war ursprünglich ein großer Lagerplatz für Langholz angelegt worden. Die Holztransporte erlangten jedoch nie die erwartete Bedeutung, vielmehr wurde 1925 hier ein Kieslagerplatz und eine Umladeanlage errichtet – aus den Kiesgruben der Firma Segerer & Weinig wurde der Kies nun mit einer Seilbahn vom Annaberg zum Bf Baienfurt transportiert.

Wurden vor dem Bau der Güterbahn in Niederbiegen rund 60 000 t übergeben bzw. umgeschlagen (fast ausschließlich für die Papierfabrik), so zeigt der Anstieg auf rund 100 000 t eine erhebliche Ausweitung für Weingarten.

Die bedeutendsten Bahnkunden waren die Papierfabrik Baienfurt, die mit eigenen Werkslokomotiven die Wagen vom Bf Baienfurt zum Werk und zurück überführte sowie die Maschinenfabrik Weingarten. In den 30er Jahren kamen weitere Agl hinzu, ferner siedelten sich in Baienfurt mehrere Firmen an, die am Bahnhof eigene Lagerschuppen und Tankanlagen (Spiritus- und Preßhefefabrik) errichteten.

Auch am Bahnhof Weingarten entstanden Verladeanlagen, so für die Ölmühle.

Das Verkehrsaufkommen und der Wagenladungsverkehr stiegen rasch an:

1914:	114 594 t
1919:	88 885 t
1922:	115 667 t
1924:	99 957 t
1926:	131 308 t
1928:	237 522 t
1932:	114 594 t
1934:	134 037 t
1937:	183 618 t

Die Einbrüche in den 20er Jahren waren insbesondere dadurch bedingt, daß die Papierfabrik wegen Kohlenmangel ihre Produktion stark reduzieren mußte.

Dazu kamen bis Anfang der 20er Jahre zwischen 300 und 500 t, später zwischen 120 und 200 t Gepäck im Jahr, das mit der Schmalspurbahn ab und bis Weingarten befördert wurde.

Die wirtschaftliche Lage der Papierfabrik und der Maschinenfabrik spiegelt sich in den Beförderungsleistungen der Güterbahn wider. In der Reichsbahnzeit setzte sich der Aufschwung im Güterverkehr fort, im Zweiten Weltkrieg wurden 200 000 Jahrestonnen erreicht.

Auch nach dem Zweiten Weltkrieg behielt die Güterbahn ihre einstige Bedeutung und hat sie auch heute noch. Die Maschinenfabrik Weingarten zählte in den 80er Jahren mehr als 2500 Mitarbeiter. Mit der Erweiterung der Gleisanlagen kam in den 50er Jahren ein neues Agl hinzu. Rund 1000 Wagenladungen und 375 Stückgutwagen wurden jährlich im Bf Weingarten für die Maschinenfabrik bereitgestellt. Spektakulär sind die Transporte schwerer Maschinenteile auf Tieflade- und Schwerlastwagen. Der Stückgutverkehr für die Maschinenfabrik wird seit 1975 ab und bis Bf Ravensburg mit LKW durchgeführt. Die Papierfabrik Baienfurt spielt nach wie vor für die Güterbahn eine große Rolle.

Während Bahnkunden wie die Eisengießerei Meteor, das Betonwerk Rostan (das sich später an dem Kiesladegleis vor der Gabelung ansiedelte), die Kiesgrube Weinig, die Ölmühle und die

Preß- und Hefefabrik sowie die Kohlenhändler in Baienfurt und Weingarten der Schiene den Rücken gekehrt haben, siedelten sich an dem langen Agl zur Metallgießerei Stoz – heute Industriestammgleis der Stadt Weingarten – weitere Anschließer an, so die Bundeswehr, die Holzhandlung Habisreutinger und die Schrotthandlung Baumgärtner.

Die Leistungen der Güterbahn Niederbiegen – Baienfurt/Weingarten liegen heute bei rund 140 000 t im Jahr.

Personal

1888:	6 (Betriebsleiter, Lokführer, Heizer, Zugführer, Bahnaufseher)
1935:	26 (elektrischer Betrieb) + 31 (Güterbetrieb)

Streckenbeschreibung

Die Lokalbahn begann in Ravensburg vor dem EG der Staatsbahn und bog wenig später, den Flattbach kreuzend (zwischen der Post und dem Gaswerk hindurch) nach rechts in die Schussenstraße ein, der sie auf der linken Straßenseite folgte. Am „gemalten Turm" bog das Gleis ursprünglich auf die Promenade ab, später verlief das Gleis wenig nördlich der Promenade weiter auf der Schussenstraße bis zum Frauentor. Hier war der neuralgische Punkt der ganzen Trasse – die mit einem 50 m-Bogen rechtwinklige Abzweigung in die Gartenstraße und weiter neben der Landstraße nach Weingarten, der sie an der rechten Seite auf eigenem Bahnkörper folgte.

In Weingarten verließ ursprünglich das Gleis bei km 3,6 (Hp Weingarten Stadt) die Straße, zweigte nach links ab und endete nach 400 m auf eigenem Bahnkörper im Endbahnhof Weingarten an der Waldseer Straße.

Nach 1910 ließ das Streckengleis den ehemaligen Endbahnhof rechts liegen – auf der Höhe des ehemaligen Endbahnhofs wurde die Haltestelle Charlottenstraße angelegt –, folgte der Waldseer Straße, bog dann ganz scharf nach rechts in die Schloßstraße und an deren Ende mit einem engen Bogen in die Hirschstraße (Haltestelle Post) ein.

An der Ecke Schloßstraße/Hirschstraße (heute Abt-Hyller-Straße) liegt die Basilika – in diesen Straßen sind die vielen markanten Aufnahmen von einem Lokalbahnzug mit der Basilika im Hintergrund entstanden.

Die Verlängerung der Hirschstraße war die Militärstraße, die die Bahn ganz flach kreuzte, um neben der Straße auf eigenem Bahnkörper den Güterbahnhof Weingarten zu erreichen.

Das kurze Stück eigener Bahnkörper am alten Endbahnhof ist später durch die Verlängerung der Waldseer Straße entfallen und das Gleis in das Straßenplanum der neuen Straße verlegt worden.

Durch großzügigen Straßenausbau ist die Situation heute stark verändert, von der Bahn ist nichts mehr erkennbar. Wenn man von Ravensburg kommt, folgt man in Weingarten der Ravensburger Straße, Waldseer Straße und der Abt-Hyller-Straße bis zur Basilika und weiter der Heinrich-Schatz-Straße und kann sich einbilden, in etwa entlang den Gleisen der ehemaligen Lokalbahn zu wandeln.

Der Güterbahnhof ist nach 1938 gleismäßig verändert worden, neue Agl sind entstanden, das Umladegleis und die Gleise zum Lokschuppen sind entfernt worden, der Schuppen selbst existiert noch, ist aber arg verbaut.

Das Bahnhofsgebäude ist noch vorhanden; straßenseitig lagen die Schmalspurgleise, auf der anderen Seite die Regelspurgleise. Die ehemalige Fahrzeughalle dient heute den Bussen als Unterstell. Auf dem Terrain der Schmalspurgleise ist die Buszufahrt entstanden, die schmalspurige Zufahrt zum Güterbahnhof ist zugewachsen.

Hinter dem Gbf Weingarten kamen in km 5,2 das Regel- und das Schmalspurgleis zusammen und weiter ging es dreischienig auf eigenem Bahnkörper in Abstand zur Landstraße nach Baienfurt, die in km 6,2 gekreuzt wurde. In km 6,18 zweigte nach rechts das Schmalspurgleis in die Straße nach Baienfurt ab und endete nach etwa 500 m vor der Ach-Brücke mit einer Ausweiche im Straßenplanum.

Die Kilometrierung der regelspurigen Güterbahn beginnt in Niederbiegen, wo das Gleis am nördlichen Bahnhofskopf die DB-Gleise verläßt, vor dem Bf Niederbiegen herführt (hier befand sich ursprünglich eine Ausweiche) und dann vor dem Erreichen der Landstraße nach Baienfurt nach Osten abbiegt, in dieser Kurve lag auch der kurze Bahnsteig für den bescheidenen Personenverkehr Das Streckengleis verläuft im Abstand von etwa 100-150 m parallel zur Landstraße bis Kilometer 2,1, wo sich die Gleisverzweigung nach Baienfurt Güterbahnhof und Weingarten Güterbahnhof befindet. Das Weingartener Gleis kreuzt bei Kilometer 2,35 die Landstraße, dann den Oberkanal der ehemaligen Staelinschen Sägerei und wenig später die Wolfegger Ach auf eigenen Brücken. Gleich hinter der Gleisverzweigung lag ein Ausweichgleis. Zwischen der Landstraße und dem Oberkanal zweigte das Agl zum Holzlagerplatz der Staelinschen Sägerei ab; etwa gegenüber befand sich der (heute überbaute) Hp Baienfurt West. In km 2,9 wurde die Straße nach Weingarten gekreuzt, gleich dahinter vereinigte sich das Schmalspurgleis aus Baienfurt mit dem Regelspurgleis, um dreischienig weiter nach Weingarten zu führen.

Das Baienfurter Gleis führt am nördlichen Ortsrand weiter auf eigenem Bahnkörper und erreicht nach 800 m den Gbf Baienfurt mit seinen umfangreichen Gleisanlagen, die ihre Fortsetzung im Agl zur Papierfabrik finden. Das große Bahnhofsgebäude ist noch vorhanden, im Untergeschoß werden einige Räume dienstlich genutzt.

Fahrzeuge

Während der Dampfbahnzeit umfaßte der Fahrzeugpark 2 kleine Kastenlokomotiven LAG Nr. 1 und 2, 7 zweiachsige Personenwagen mit offenen Plattformen LAG Nr. 1-5, 8 und 16 und 3 Güterwagen LAG Nr. 6, 7 und 17.

Bn2t	1-2	Krauss 1887/1814, 1817
	LüP mm	4700
	Radstand mm	1800
	Zylinder ø mm	225
	Kolbenhub mm	350
	Heizfläche m²	23,48
	Rostfläche m²	0,43
	Dampfdruck atü	14
	Gewicht leer t	11
	mit Vorräten t	13,3

Personenwagen							
LAG Betr.Nr.	1	2,3	4	5	8, 16	6,7	17
Bauart	B2	C2	BCPw2	CPw2	C2	O	G
LüP mm Radstand mm Sitzplätze	8550 3900 24, später III Kl. + 4 Sitzpl. a.d.Plattform	8200 3900 32	8550 3900 13 + 9 4 und 5 später Vergrößerung des Gepäckabteils und 13 Sitzplätze	8550 3900 22 mittiges Gepäckabteil	7700 2300 32 mittiges Gepäckabteil 8 und 16 urspr. halboffen mit einsetzbaren Fenstern, später 4 Fenster	5250 2000	5700 2000
Alle Wagen MAN Baujahr 1887/88							

Die Personenwagen taten auch nach 1910 bei dem elektrischen Betrieb noch Dienst, C2 1 ist vor 1937 ausgemustert worden.

Für den elektrischen Betrieb hatte die LAG 5 große vierachsige Triebwagen mit je einem Abteil 2. und 3. Klasse und Mittel- und Endeinstiegen beschafft. Die Wagen hatten zwei Lyrabügel, die später durch einen Scherenstromabnehmer ersetzt wurden. Die ursprünglich halbhohen Scherengitter an den Endeinstiegen sind später durch Klapptüren ersetzt worden. Die 2. Klasse wurde 1938 aufgehoben.

1914 kam als sechstes Triebfahrzeug ein kleinerer Zweiachser dazu.

Ferner waren 1910 drei neue zweiachsige Beiwagen mit halboffenen Plattformen beschafft worden, von denen einer ein Gepäckabteil hatte. Die alten Beiwagen blieben nach geringfügigen Anpassungsarbeiten für den elektrischen Betrieb im Einsatz.

Alle Fahrzeuge hatten Luftdruckbremse, die ab 1928 durch eine Magnetschienenbremse ersetzt worden ist.

Über der ursprünglichen Kuppelstange wurde nach 1950 eine automatische Anhängerkupplung angeordnet.

War für die LAG die Waggonbaufirma MAN Hauslieferant für alle Fahrzeuge, so wurden die Fahrzeuge für den elektrischen Betrieb Ravensburg – Weingarten abweichend von dieser Beschaffungspraxis von der Maschinenfabrik Eßlingen gebaut.

Die Farbgebung der Fahrzeuge war ursprünglich dunkelgrün, ab 1936 lindgrün mit cremefarbenem Fensterband und dunkelgrüner Trennlinie, zur DR-Zeit hellrot/creme und zur DB-Zeit ab 1950 dunkelrot mit weißen Zierlinien. Die Großraum-Straßenbahnwagen hatten einen hellgrün/cremefarbenen Anstrich. Markant für die Ravensburger Bahn war in den letzten Betriebsjahren der rot/weiße Gefahrenanstrich an den Kanten der Stirnwände.

1937 beschaffte die LAG für die Ravensburger Bahn 2 vierachsige Beiwagen mit Mittel- und Endeinstiegen, die in etwa den Triebwagen angepaßt waren.

Die DB setzte 1954 auf der Lokalbahn Ravensburg – Weingarten 2 fabrikneue DÜWAG-Zweirichtungs-Großraumwagen ein, die nur auf einer Seite Einstiege aufwiesen. Die Wagen hatten eine automatische Kupplung und konnten als Doppelwagen von einem Führerstand aus gefahren werden; mit dem übrigen Fahrzeugpark war die Kupplung nicht kompatibel.

Triebwagen				
Betr. Nr.	Bauart	Hersteller	Baujahr/Fabr.Nr.	Bemerkungen
ET 196.01-05 ex 800-804	BC4elT	ME/SSW	1908	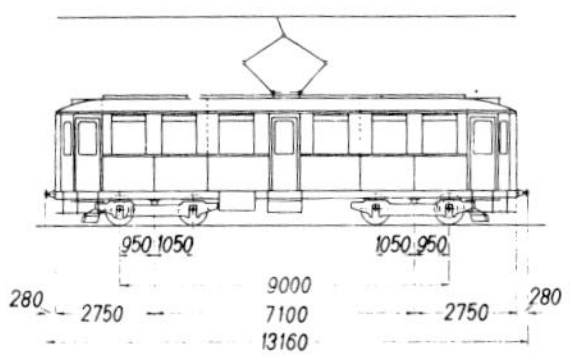
ET 197.01 ex 875	C2elT	ME/Oerlikon	1914	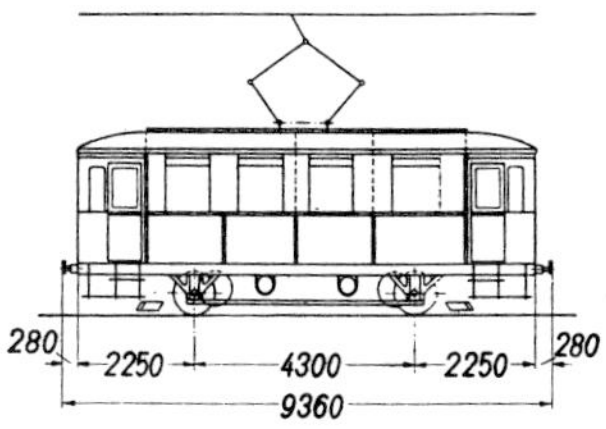
ET 195.01, 02		DÜWAG	1954	

Betr. Nr.	Bauart	Hersteller	Baujahr/Fabr.Nr.	Bemerkungen

Beiwagen

Betr. Nr.	Bauart	Hersteller	Baujahr/Fabr.Nr.	Bemerkungen
EB 197.05 ex 832	CPw2	ME	1910	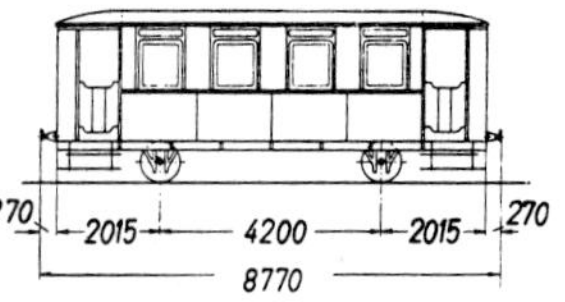
EB 197.06, 07 ex 833, 834	C2	ME	1910	
EB 196.01, 02 ex 921, 922	C4	ME	1937	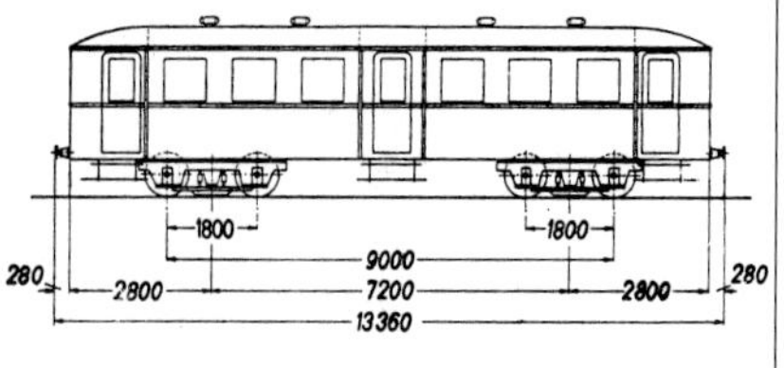
EB 197.01, 92 ex 2, 3	C2	MAN	1887/88	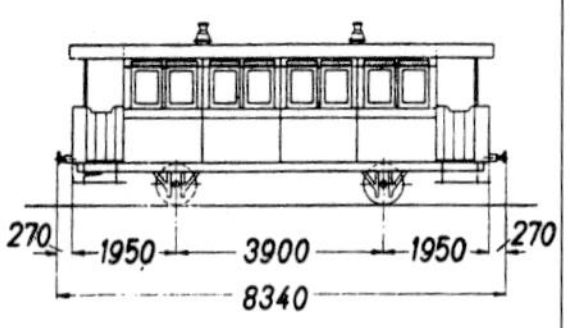
EB 197.11, 12 ex 4, 5	BCPw2	MAN	1887/88	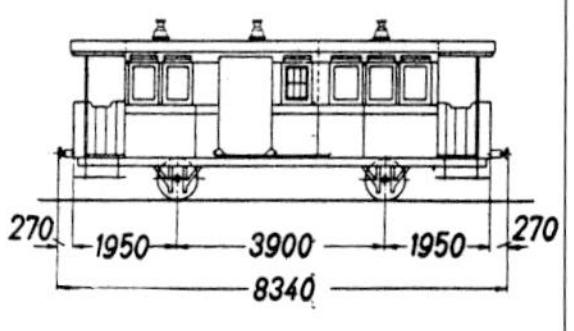
EB 197.03, 04 ex 8, 16	C2	MAN	1887/88	197.11 später Turmwagen 6205 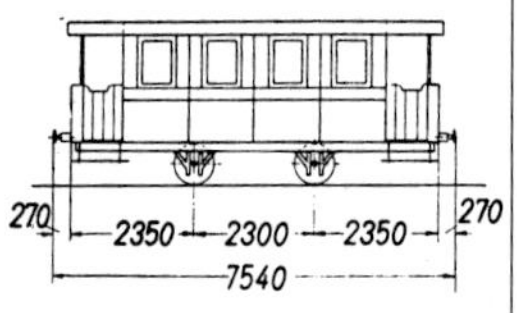

Technische Daten

Triebwagen

	ET 196.01-05	ET 197.01	ET 195.01, 02
LüP mm	13 160	9 360	15 040
Radstand mm	2000 im Drehg./9000 ges.	4300	1800 im Drehg./7800 ges.
Leistung kW	2 x 33	2 x 25	1 x 100
Sitzplätze	44	30	34 + 36 Stehpl.

Beiwagen

	EB 197.05	EB 197.06, 07	EB 196.01, 02
LüP mm	8 770	8 770	13 360
Radstand mm	4 200	4 200	1 800 im Drehg./900 ges.
Sitzplätze	24 (32)	32	48
Bemerkungen	1940 Umbau C^2		

Alle elektrischen Triebfahrzeuge, die 1910 und 1937 beschafften Beiwagen und 6 Beiwagen aus der Dampfbahnzeit (davon diente 197.11 nach entsprechender Herrichtung als Turmwagen) waren bis zur Betriebseinstellung vorhanden.

Nach der Stillegung 1959 standen die Fahrzeuge drei Jahre brotlos in Weingarten herum, dann sind sie an Ort und Stelle verschrottet worden bis auf die vier jüngsten Wagen Baujahr 1937 und 1954: Die beiden Großraum-Straßenbahnwagen wurden nach Rotterdam verkauft, wo sie bei der RTM nach Zufügung eines Motor-/Generatorwagens als Triebwagenzug bis 1967 im Einsatz waren und dann an die Zillertalbahn veräußert wurden. Die vierachsigen Beiwagen gelangten 1962 an das österreichische Bahnunternehmen Stern & Hafferl. EB 196.02 war als Beiwagen Bi/s 20 221 bis Ende der 70er Jahre in Vorchdorf im Einsatz und gelangte dann über das „Stuttgarter Straßenbahnmuseum e.V." (1980) und das Straßenbahnmuseum Schönau 1986 an den Deutschen Eisenbahn Verein e.V., wo er aufgearbeitet wurde und heute zum Betriebsbestand der Museumsbahn Bruchhausen-Vilsen – Asendorf zählt.

Für den Regelspurbetrieb hatte die LAG die CPost 560 (Bj. 1902) und den C2 18 (Bj. 1888) sowie die dreiachsige Dampflok Nr. 7 (Krauss 1889/2051) von der Nebenbahn Marktoberdorf – Füssen (bzw. Fürth – Cadolzburg) nach Weingarten umgesetzt. Später kam der Packwagen 837 (Bj. 1911) hinzu. Die Cn2t 7 ist 1928 an die Papierfabrik Baienfurt verkauft worden und erfreut sich nach der Aufarbeitung vor einigen Jahren noch heute großer Beliebtheit insbesondere beim „Inselfest", das alljährlich von der Werksfeuerwehr der Papierfabrik veranstaltet wird.

Als Reservemaschinen wurden verschiedene LAG-Lokomotiven in Weingarten eingesetzt. 1930 überstellte die LAG die von der DR erworbenen Ch2t 82 und 83 (LHB 1906, 08/366, 512, ex KPEV Stettin 7002 und Efd 7008, DR 89 006, 065, seit 1928 Braunschweiger Landesbahn Nr. 35 und 37) nach Weingarten, wo sie bis 1938 im Einsatz waren, bei der Übernahme erhielten sie die DR-Nr. 89 1001 und 1002.

Literatur

Raimund Kolb, „Bähnle", „Mühle", Zug und Bus, Verlag W. Eppe, Bergatreute 1987

Weingarten, links Einfahrt aus Ravensburg

Schmalspureinfahrt Weingarten, 1.4.1962

ehem. Fahrzeugschuppen Weingarten, April 1968

Weingarten, Ausfahrt Richtung Baienfurt, Einfädelung des Schmalspurgleises, 1.4.1962

LAG Bn2t 2

LAG C 8

LAG 833

EB 196.01 als St u. H. 20.221, Vorchdorf 17.6.1969

EB 197.11

LAG elT 875

LAG elT 804

DB ET 195.01

Lokalbahn Reutlingen – Eningen

Dampfbahn Reutlingen Bahnhofsvorplatz – Bahnhof Eningen u.A. (unter Achalm) – Eningen Ort, 4,79 km

Elektrische Straßenbahn Reutlingen – Eningen, 4,8 km
– Betzingen, 2,5 km
– Pfullingen, 4,2 km

Betriebseröffnung:

01.11.1899	Reutlingen Bahnhofsvorplatz – Eningen (Dampfbetrieb)
24.07.1912	Reutlingen – Eningen und Betzingen (elektrischer Betrieb)
29.09.1916	Reutlingen – Pfullingen Traube
21.05.1926	bis Pfullingen Lindenplatz
08.08.1927	Gleisschleife Karlsplatz – Listplatz
20.10.1927	bis Pfullingen Laiblinsplatz

Spurweite: 1000 mm

Streckenlänge: 4,79 km (bis 1912), 9,51 (1938)

Gleislänge: 5,94 km (bis 1912), 11,52 km (1938)

Bahnkörper: Zum Teil eigener Bahnkörper; in Reutlingen, Betzingen und Pfullingen Gleise im Straßenplanum

Eigentümer und Betriebsführer:

bis 1903	GmbH (Ritter v. Schwind und vier Fabrikanten)
ab 01.02.1903	Gemeinde Eningen
ab 01.06.1911	Württembergische Eisenbahn-Gesellschaft (WEG)
ab 01.03.1944	Stadt Reutlingen

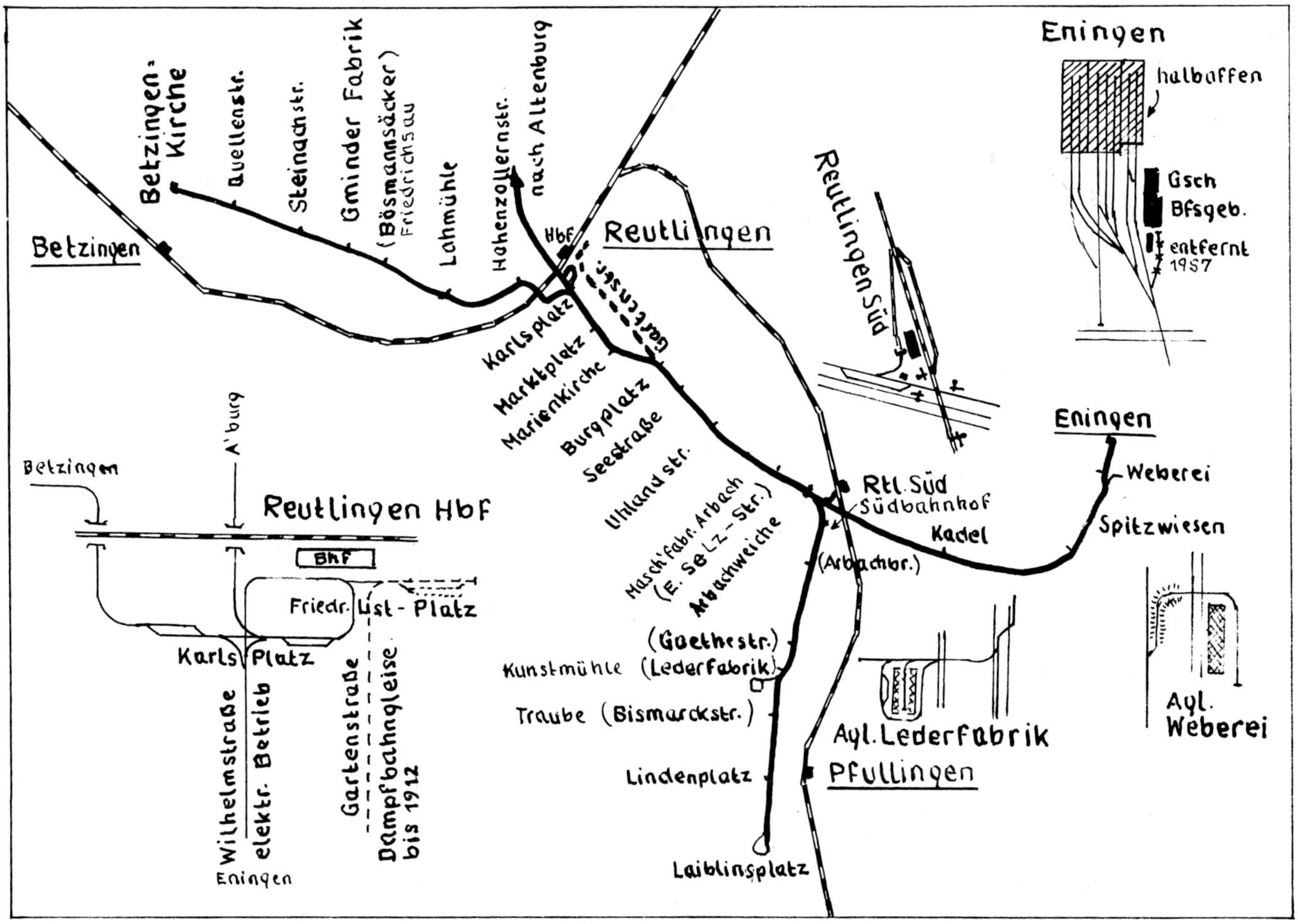

Stand: vor 1944 ( ) Bezeichnung der Hst nach 1945

Ausstattung

Eninger Strecke:	10 (11) Unterwegshaltestellen
Ausweichen:	Reutlingen Süd (Umsetzgleis für den Güterverkehr) und Reutlingen Marktplatz, später auch Reutlingen Marienkirche und Seestraße, Arbachweiche
Übergabegleis und Rollwagengrube Reutlingen Süd	
Agl Weberei Eningen	
Eningen:	Umfangreiche Gleisanlagen, mehrmals erweitert, Fahrzeughalle mit Werkstatt, im Zuge der Elektrifizierung und auch später vergrößert und ausgebaut. Bahnhofs- und Betriebsgebäude, Sitz der (örtlichen) Bahnverwaltung, Güterschuppen, Laderampe und Freiladegleis.
Betzinger Strecke:	6 Unterwegshaltestellen. Umsetzgleis an der Endhaltestelle Betzingen Kirche.
Pfullinger Strecke:	4 (5) Unterwegshaltestellen, Agl Lederwarenfabrik.
ab 1967	Ausweiche an der Haltestelle Goethestraße. Endpunkt mit Umsetzgleis Pfullingen Traube (entfernt 1925)
ab 1926	Lindenplatz (entfernt 1968)
ab 1927	Laiblinsplatz (Schleifenfahrt ab 1951).

Niveaukreuzung mit der Staatsbahnstrecke Reutlingen – Honau – Kleinengstingen beim Bf Eningen u.A., später Reutlingen Süd, wobei von allen vier Seiten die Zufahrten mit Formsignalen gesichert und gegenseitig verriegelt waren. Bedienung der Signale vom DR-Stellwerk Reutlingen-Süd. Eine Besonderheit war, daß die Regelspurschienen nicht eingeschnitten waren, die Spurrillen der Schmalspurschienen waren hochgezogen, so daß die Straßenbahnwagen auf dem Spurkranz die Regelspurgleise überfuhren, ferner war zwischen den beiden Regelspurschienen in den Schmalspurschienen noch ein Einschnitt für das Zahnrad (der kombinierten Adhäsions-Zahnradlok für die Strecke Honau – Lichtenstein) vorhanden.

Geschichtliche Entwicklung und Bedeutung

Die Gemeinde Eningen, deren Einwohner im wesentlichen vom Handel mit Zeugstoffen und Wollwaren lebten, suchte schon früh den Bahnanschluß nach Reutlingen.

Reutlingen hatte bereits 1859 Anschluß an das württembergische Eisenbahnnetz gefunden. Als die geplante Zollernbahn Reutlingen – Hechingen – Sigmaringen diskutiert wurde, machte sich Eningen stark, die Strecke über ihre Gemeinde zu führen, was 1869 fehlschlug.

Auch bei dem Bahnprojekt Reutlingen – Honau – Münsingen (Echaztalbahn), das bereits in den 70er Jahren geplant und 1893 verwirklicht wurde, blieb die Gemeinde Eningen erfolglos – der Umweg über Eningen hätte die Kosten der Bahnstrecke erheblich in die Höhe getrieben. Über diesen Mißerfolg waren die Eninger so verärgert, daß sie die Teilnahme an der Eröffnung der Echaztalbahn und an dem Empfang auf dem neuen Bahnhof Eningen u.A. (später Reutlingen Süd), der 2,5 km vom Ort entfernt lag, verweigerten.

Bei der Ablehnung der Eninger Wünsche für die Echaztalbahn hatte das Stuttgarter Ministerium angeregt, eine Dampfstraßenbahn zur Anbindung von Eningen zu bauen. Dieser Vorschlag wurde nach der Eröffnung der Echaztalbahn aufgegriffen und – wie das am Anfang einer eigenen Bahn immer gemacht wird – ein Eisenbahnkomitee gebildet. 1895 konnte eine Denkschrift vorgelegt werden, mit der u.a. vorgeschlagen wurde, die Anschlußbahn nicht am Bahnhof Eningen der Echaztalbahn enden zu lassen, sondern bis Reutlingen zu führen – Eningen hatte sich inzwischen zu einer Arbeiterwohngemeinde entwickelt, aus der mehrere hundert Arbeiter in den Reutlinger Fabriken beschäftigt waren.

Die Ausarbeitung dieses Projektes wurde dem Direktor der Localbahn Innsbruck – Hall, Hermann Ritter von Schwind übertragen, der in Österreich bereits mehrere Bahnen gebaut und entsprechende Erfahrung gesammelt hatte.

Am 4. September 1896 konnte ein vorläufiger und am 1. Mai 1899 ein endgültiger Vertrag mit der Stadt Reutlingen abgeschlossen werden.

Für die Finanzierung wurden von einem Konsortium (v. Schwind und vier Industrielle) 180 000 Mark aufgebracht, die Gemeinde Eningen stellte ein Prioritätsdarlehen von 200 000 Mark zur Verfügung.

Nach der Erteilung der Konzession vom Württembergischen Ministerium für auswärtige Angelegenheiten am 3. Oktober 1898 stand dem Bau der Nebenbahn Reutlingen – Eningen nichts mehr im Weg.

Bereits im April 1898 hatte v. Schwind mit den Vorbereitungen und dem Grunderwerb begonnen, im Juni 1898 rückten die Bauarbeiter in Eningen an. Schwierigkeiten mit dem Grunderwerb und verspätete Auslieferung der Fahrzeuge verzögerten die Fertigstellung und Inbetriebnahme der Bahn erheblich.

Nach der Begehung und Abnahme der Strecke am 31. Oktober konnte die Lokalbahn am 1. November 1899 den Betrieb aufnehmen.

Die Bahn entwickelte sich nicht so wie vorgesehen – die Tarife der Lokalbahn waren höher als die der Staatsbahn, so daß die Arbeiter die Bahn kaum benutzten. Auch der Güterverkehr entsprach nicht den Erwartungen.

Fahrplaneinschränkungen und Tariferhöhungen führten zu heftigen Auseinandersetzungen zwischen v. Schwind und der Gemeinde Eningen bzw. der Stadt Reutlingen. Die Bilanz für das Jahr 1901 wies einen Verlust von 21 000 Mark bei Einnahmen von 36 000 Mark aus.

Im Mai 1902 mußte v. Schwind der Gemeinde Eningen mitteilen, daß er die Zinsen für das Darlehn nicht mehr bezahlen könne und alle Sanierungsversuche gescheitert seien.

Um nicht die Bahn und auch das Darlehen zu verlieren, beschloß die Gemeinde Eningen 1903, die Bahn zu übernehmen. Am 23. Januar 1903 wurde ein entsprechender Kaufvertrag vom Eninger Gemeinderat genehmigt, mit dem ab 1. Februar 1903 die Bahn mit allen Grundstücken, Anlagen und Fahrzeugen in das Eigentum der Gemeinde Eningen überging.

Aber auch unter Eninger Regie blieb eine positive Entwicklung des Bahnbetriebes aus. Zwar erlebte die Gemeinde Eningen durch die Bahn einen deutlichen Aufschwung durch Ansiedlung mehrerer kleinerer Betriebe und der besseren Verkehrsmöglichkeit zu der aufstrebenden Reutlinger Industrie, die Bilanzen der Bahn blieben jedoch negativ. Dazu kam, daß die Dampfstraßenbahn in Reutlingen mehr und mehr durch Ruß und Qualm zu erheblichen Belästigungen führte und Beschwerden der Anwohner sich häuften. Als schließlich Gleiserneuerungsarbeiten anstanden, versuchte die Gemeinde Eningen, für die Bahn einen Käufer zu finden. Inzwischen gelangten auch die Planungen der Stadt Reutlingen für eine elektrische Straßenbahn nach Tuttlingen und Betzingen in ein konkretes Stadium.

Die „Gesellschaft für elektrische Unternehmungen“ in Berlin interessierte sich für dieses Projekt und legte im November 1909 entsprechende Planungen einschließlich der Elektrifizierung der Strecke nach Eningen vor.

Auch die Württembergische Eisenbahn-Gesellschaft (WEG) zeigte großes Interesse an dem Projekt und legte am 12. November 1909 ein Angebot über den Kauf der Eninger Bahn zu einem Preis von 210 000 Mark sowie Pläne für die Elektrifizierung der Strecke und den Bau der Straßenbahn Pfullingen – Betzingen vor.

Am 5. Januar 1910 wurde der Kaufvertrag mit der WEG unterzeichnet, wobei die WEG zur Bedingung machte, daß der elektrische Betrieb bis Pfullingen und Betzingen ausgedehnt würde.

An dieser Bedingung scheiterte das Vorhaben vorerst, weil die Gemeinde Pfullingen eine Beteiligung an den Grunderwerbskosten ablehnte. Um überhaupt weiterzukommen, war die WEG schließlich auch damit einverstanden, zunächst nur die Verlängerung der Eninger Strecke bis Betzingen durchzuführen. Ein entsprechender Vertrag wurde am 18. Januar 1911 für eine Laufzeit von 30 Jahren abgeschlossen. Nach der Erteilung der Konzession für eine elektrische Bahn Eningen – Reutlingen – Betzingen am 20. April 1911 wechselte die Lokalbahn Reutlingen – Eningen mit Wirkung vom 1. Juni 1911 zum zweiten Mal den Besitzer; neuer Betreiber war nun für 33 Jahre die WEG.

Im März 1912 begannen die Bauarbeiten, im Mai war die Betzinger Strecke für Bauzüge befahrbar. Innerhalb von vier Monaten entstand eine teilweise neue 7 km lange Bahn, die **Elektrische Straßenbahn Eningen – Reutlingen – Betzingen.** Die gesamten Kosten einschließlich der Fahrzeuge betrugen 370 000 Mark. Die Eninger Streckenführung war im wesentlichen beibehalten worden, lediglich in Reutlingen wurde die Gleisführung durch die Gartenstraße und der Endpunkt vor dem Bahnhof aufgegeben und die neuen Gleise durch die Wilhelmstraße zum Karlsplatz (und weiter nach Betzingen) geführt. Der Betriebshof in Eningen blieb bestehen und wurde entsprechend erweitert.

Am 24. Juli 1912 wurde die Elektrische mit großen Feierlichkeiten eingeweiht, zwei bekränzte Sonderzüge brachten die Gäste der Staatsbehörden aus Stuttgart und die Honoratioren der Gemeinden nach Eningen, wo ein Festakt stattfand, dann nach Betzingen, wo ein herzlicher Empfang bereitet wurde und zurück nach Reutlingen, wo mit einem Festbankett im großen Saal des Rathauses aufgewartet wurde.

Nachdem Betzingen und Eningen ihre Straßenbahnverbindung nach Reutlingen hatten, bekam Pfullingen auch Geschmack an der Sache. Vorreiter der Pfullinger Strecke war die Firma Schlayer, die an der Kunstmühle eine neue Schuhfabrik plante und als Voraussetzung für die Arbeiter aus Reutlingen eine Fahrgelegenheit forderte. 1913 reichte die Stadt Reutlingen ein Gesuch der Gemeinde Pfullingen für den Bau einer Straßenbahnlinie beim Ministerium in Stuttgart ein, das positiv beschieden wurde. Daraufhin wurde am 23.Juli 1913 ein Vertrag mit der WEG abgeschlossen. Die Konzession für die Pfullinger Strecke wurde am 20. Dezember 1913 erteilt. Der Erste Weltkrieg und auch Unstimmigkeiten über den Endpunkt der Bahn in Pfullingen verzögerten das Projekt erheblich, erst im Juni 1916 konnte mit den Bauarbeiten begonnen werden.

Am 29. September 1916 wurde die Elektrische Bahn von Reutlingen Marktplatz bis zur vorläufigen Pfullinger Endhaltestelle Gasthof Traube in Betrieb genommen, das Agl zur Schuhfabrik Schlayer folgte am 15. Februar 1917.

Die Schienen für den Weiterbau waren 1921 wieder verkauft worden, die wirtschaftliche Lage ließ eine Verlängerung vorerst nicht zu. Erst im Mai 1926 konnte die Verlängerung bis zum Lindenplatz und im Oktober 1927 bis zum Laiblinsplatz in Betrieb genommen werden.

Die Wagenhalle in Eningen mußte zwischen 1914 und 1929 mehrfach vergrößert werden.

Bestrebungen der Stadt Reutlingen, das Neckarvorland verkehrsmäßig zu erschließen, reichen bis 1905 zurück – damals war vorgesehen, eine Neckarbahn von Nürtingen aus zu bauen. Die Planungen für verschiedene Projekte dauerten zwei Jahrzehnte, der Erfolg blieb jedoch aus. 1926 beschloß der Gemeinderat, eine Straßenbahn Reutlingen – Rommelsbach – Oferdingen – Altenburg mit einem Betriebshof in Oferdingen zu bauen. Die WEG zeigte für dieses Projekt Interesse und nach Erteilung der Konzession wurde am 24. September 1927 ein Betriebsvertrag zwischen der WEG und der Stadt Reutlingen unterzeichnet. Streckenbau und Fahrzeugbeschaffung lagen in der Hand des Tiefbauamtes der Stadt Reutlingen.

Am 1. August 1928 wurde die 8,26 km lange Straßenbahnstrecke nach Altenburg in Betrieb genommen, dafür waren vier Triebwagen und fünf Beiwagen (Eigentum der Stadt Reutlingen, in der WEG-Fahrzeugliste nicht aufgeführt) beschafft worden. Der Betrieb auf der Altenburger Linie lief so gut, daß 1929 je ein weiterer Trieb- und Beiwagen angeschafft wurde.

Unstimmigkeiten bei der Verteilung der Einnahmen aus den Umsteigefahrscheinen und der Betriebs- und Verwaltungskosten führten im Juli 1930 zur Auflösung des Betriebsvertrages mit der WEG für die Altenburger Strecke. Ab 1. Januar 1931 übernahm das Elektrizitätswerk Reutlingen die Betriebsführung. Damit hatte Reutlingen zwei voneinander unabhängige Straßenbahnen: die eigene Linie nach Altenburg und die WEG-Linien nach Pfullingen, Betzingen und Eningen.

Dieser Zustand war unbefriedigend und führte zu ständigen Auseinandersetzungen bezüglich Fahrplan und Tarif. 1939 wurden Überlegungen angestellt, die WEG-Strecken auf die Stadt Reutlingen zu übernehmen und das notwendige Kapital bereitzustellen. Da der 1911 unterzeichnete Betriebsvertrag mit der WEG jedoch eine Laufzeit von 30 Jahren hatte und die WEG eine vorzeitige Kündigung ablehnte, ruhte die Angelegenheit erst einmal. Der Kriegsausbruch verzögerte dann die weiteren Verhandlungen.

1942 wurde eine „Kommission zur Besorgung der Vorarbeiten für die Übernahme der Straßenbahn" einberufen, auf deren Veranlassung der Betriebsvertrag zum 31. Dezember 1943 gekündigt wurde. Die WEG widersprach der Kündigung mit der Begründung, daß die Laufzeit des Vertrages erst mit der Inbetriebnahme der letzten Teilstrecke 1916 bzw. 1927 in Kraft getreten sei. Daraus erwuchs ein Rechtsstreit, der damit endete, daß der Klage der Stadt Reutlingen, die Bahnanlagen an die Stadt Reutlingen zu übergeben, am 16. Dezember 1943 stattgegeben wurde. Zum 1. März 1944 erfolgte die Übergabe der WEG-Straßenbahnstrecken einschließlich der Anlagen und Fahrzeuge zu einem Preis von 1,058 Mio RM an die Stadt Reutlingen.

Damit endet 1944 das Engagement der WEG für die meterspurige Straßenbahn und damit auch die Darstellung der Reutlinger Straßenbahn in diesem Buch.

Bleibt anzumerken, daß nach dem Krieg der Fahrzeugpark durch Beschaffung altbrauchbarer und auch neuer Wagen ergänzt und 1964 noch eine Zweigstrecke Orschel – Hagen in Betrieb genommen wurde, drei Jahre vor dem Beginn der Stillegung des Reutlinger Straßenbahnnetzes und Umstellung auf Busbetrieb:

09.09.1967	Reutlingen-Karlsplatz – Betzingen
30.05.1970	Reutlingen-Karlsplatz – Altenburg und Hagen
19.10.1974	Reutlingen-Karlsplatz – Pfullingen und Eningen

Personenverkehr

Zur Dampfbahnzeit verkehrten die Züge von 5.35 Uhr bis 21.50 Uhr etwa stündlich. Die Regelzüge bestanden aus zwei bis drei Wagen, zur Berufszeit waren fünf Anhänger, ab 1904 sechs und ab 1908 morgens und abends neun Anhänger zugelassen.

Die Postbeförderung oblag von Anfang an der Bahn. Dafür standen zwei G-Wagen bzw. das Postabteil eines Personenwagens zur Verfügung. Ferner hatten alle Beiwagen auf einer Plattform einen Posteinwurfkasten.

Zur Zeit des Dampfbetriebes wurden (bis 1910) zwischen 400 000 und 500 000 Personen (1909: 435 044) jährlich befördert. Erst ab 1912 ist eine Verkehrszunahme festzustellen (1913: 900 000 t).

Nach der Elektrifizierung wurde ein straßenbahnmäßiger Betrieb mit starrem Fahrplan und dem Verkehrsaufkommen angepaßter Zugfolge angeboten – Sommer 1915 Eningen – Betzingen werktags 23, sonntags 20 Zugpaare.

Auch die Beförderungsleistungen stiegen sprunghaft an:
1917: rund 2,1 Mio, 1918: rund 2.5 Mio Fahrgäste.

Nach dem Ersten Weltkrieg stellte sich ein deutlicher und stetiger Verkehrsrückgang ein, der 1923 mit rund 600 000 einen Tiefstand erreichte (Einstellung des Pv vom 1. September bis 12. Dezember 1923 aus finanziellen Gründen) – das war die Zeit, wo die WEG laut über die Aufgabe des Straßenbahnbetriebes nachdachte.

Ab 1924 ging es wieder aufwärts, 1928, 1929 und 1930 weist die Statistik deutlich über 2,5 und in den 30er Jahren bis Kriegsbeginn um 2,1 Mio Fahrgäste im Jahr aus. Im letzten vollen WEG-Jahr steigerte sich diese Zahl auf 4,6 Mio.

Die Straßenbahnwagen hatten anfangs als Zielbeschilderung auf dem Dach drehbare Flachtafeln. Mit der Erweiterung nach Pfullingen wurden die Flachtafeln durch kastenförmige Walzen ersetzt, wobei die Aufschriften in unterschiedlichem Ton gehalten waren:

Eningen	schwarze Schrift auf weißem Grund
Betzingen	weiße Schrift auf schwarzem Grund
Reutlingen	weiße Schrift auf rotem Grund
Pfullingen	weiße Schrift auf rotem Grund

Güterverkehr

Schwierigkeiten wegen der Niveaukreuzung beim Bahnhof Eningen u.A. verzögerten die Aufnahme des Güterverkehrs – er konnte erst am 5. September 1900 aufgenommen werden.

Der Güterverkehr beschränkte sich auf Stück- und Expreßgut und die Zustellung von Wagenladungen beim Endbahnhof Eningen und zur Weberei Eningen, die ein Agl besaß. Es wurden ausschließlich aufgeschemelte Wagen zugestellt, dafür waren anfangs drei, später sieben Rollbockpaare vorhanden. Die Übergabe erfolgte in einfachster Weise beim späteren Bahnhof Reutlingen Süd.

Die Beförderungsleistungen waren bescheiden – bis 1903 um 6000 t/Jahr, 1905/06 um 8000 t, 1909 6511 t.

An der Pfullinger Linie kam 1917 das Agl zur Schuh- und Lederfabrik Schlayer hinzu, das 1924 und 1938/39 erweitert wurde.

Ab 1921 lagen die Verkehrsleistungen um 12 000 t im Jahr und stiegen 1927 sogar auf 17 000 t an, danach war ein ständiger Rückgang auf 5000 t zu verzeichnen. Bis Kriegsanfang erholten sich die jährlichen Verkehrsleistungen auf 10 000 t.

Die Bedienung der beiden Agl wurde bis 1962 durchgeführt und zum Jahresende 1962 der Güterverkehr aufgegeben.

Personal

Anzahl der beschäftigten Personen:

1909:	20 (Dampfbahnzeit)
1916:	26 (elektrischer Betrieb)
1938:	51 (elektrischer Betrieb)

Streckenbeschreibung

In Reutlingen lag der Endpunkt der Dampfbahn in der Bahnhofstraße am nordöstlichen Ende des Empfangsgebäudes der Staatsbahn. Das Gleis bog vor dem Empfangsgebäude in die Gartenstraße ein und folgte ihr bis zum Burgplatz. Die Gleise führten über den Burgplatz und weiter durch die Albstraße bis zur Vereinigung mit der Lindachstraße und weiter auf eigenem Bahnkörper im Abstand der Straße auf den Bahnhof Eningen u.A. (später Reutlingen Süd) zu.

Die Albstraße ist heute zu einer breiten Ausfallstraße ausgebaut, die anschließende B 312 führt ab Betzenried vierspurig Richtung Südbahnhof.

Von einigen Rosetten an den Häuserfronten der Albstraße abgesehen ist von der Bahn nichts mehr zu erkennen, lediglich zwischen Betzenried und Reutlingen-Süd ist der Bahnkörper jenseits des Bachlaufes stellenweise auszumachen – auf diesem Abschnitt befand sich das nach dem Krieg angelegte lange Kreuzungsgleis (Arbachweiche).

Kurz vor dem Bahnhof Reutlingen-Süd kam das Gleis wieder an die Straße heran und kreuzte auf eigenem Bahnkörper neben der Straße niveaugleich das Gleis der Staatsbahnstrecke nach Honau.

Vor der Kreuzung war ein Umsetzgleis angeordnet, aus dem das Übergabegleis abzweigte, das an der Rollbockgrube endete, die sich direkt vor dem Bahnhofsgebäude Reutlingen-Süd befand – genau an der Stelle der Rollbockgrube (die verfüllt ist) befindet

Reutlingen Süd, 10.8.1956, Niveaukreuzung mit DB-Strecke

Südbahnhof, rechts die Wartehalle, 9.5.1969

Reutlingen Marktplatz

Strecke nach Eningen, 8.5.1963

Agl Weberei (mit abgestelltem Wagen) an der Eninger Strecke, 2.5.1971

Eningen, um 1920

Bahnhof und Depot Eningen, 8.5.1963

Eningen Depot, September 1975

Endpunkt Betzingen, um 1910

sich heute das regelspurige Übergabegleis, das mit einem Prellbock abgeschlossen ist.

Das Streckengleis führte auf eigenem Bahnkörper im Abstand oberhalb und parallel zur Straße mit mäßiger Steigung bis Eningen. Auf diesem Abschnitt ist der Bahnkörper nach der Stillegung der Bahn auf der ganzen Länge zu einem Rad- und Fußweg „Auf dem Bahndamm" ausgebaut worden.

Der Endbahnhof Eningen befand sich am westlichen Ortsrand, wir finden ihn am Ende der „Bahnhofstraße". Die Anlagen sind noch vollständig und fast unverändert erhalten – das Depot mit sieben Einfahrgleisen und dem Gleisvorfeld (heute städtischer Bauhof), das schöne große Bahnhofs- und Verwaltungsgebäude, sehr stilvoll restauriert – es beherbergt im Untergeschoß ein Atelier, der angebaute Güterschuppen und das vorgesetzte Dienst- und Toilettenhäuschen sind unverändert erhalten. Der vordere Teil des ehemaligen Bahnhofsgeländes ist mit einem Tengelmann-Markt überbaut, die Ausfahrt hat eine neue Straße aufgenommen, an deren Ende der Rad- und Fußweg beginnt.

Wenn man der Straße Reutlingen-Süd – Eningen folgt, liegt kurz vor Eningen rechter Hand ein großer Fabrikkomplex – die ehemalige Weberei, in deren Werkhof das Ladegleis noch zu sehen ist. Das Agl zweigte aus Richtung Reutlingen vom Streckengleis ab, führte mit beachtlichem Gefälle zur Straße hinunter, kreuzte die Straße und verlief im Werkhof fast um den ganzen Fabrikkomplex herum.

Mit der Elektrifizierung wurde die Gleisführung in Reutlingen geändert. Das Gleis bog am Burgplatz nach links ab in die Wilhelmstraße und folgte ihr bis zum Karlsplatz. Für einige wenige Züge wurden die alten Rangiergleise der Dampfbahn über die Bahnhofstraße angebunden (bis 1920).

Die Betzinger Strecke bog am Karlsplatz links (vor dem Telegrafenamt befand sich eine Ausweiche) und nach etwa 200 m nach rechts ab, unterfuhr im Zuge der Gutenbergstraße die Hauptbahn, bog dann nach links in die Hohenzollernstraße ein und folgte der Tübinger Straße in Straßenmitte bis Betzingen. Der Endpunkt mit einem Umsetzgleis lag in der heutigen „Steinachstraße" in Seitenlage gegenüber der Mauritiuskirche unmittelbar vor der heutigen Bäckerei und Conditorei, die unverändert auf alten Bildern zu erkennen ist.

Mit dem Bau der Altenburger Strecke wurden 1927 die Anlagen am Karlsplatz umgestaltet und zu einer Schleife um den Friedrich-List-Platz erweitert. Die WEG-Gleisanlagen sind durch Nachkriegsveränderungen und die im Zuge der Umgestaltung des Bahnhofsvorplatzes und des Karlsplatzes und der großzügigen Straßenbaumaßnahmen kaum mehr nachvollziehbar.

Die Pfullinger Stecke verlief auf eigenem Bahnkörper links neben der Straße bis zur 1967 erbauten Ausweiche Goethestraße und ab hier auf der Straße in rechter Seitenlage (1968 auf die linke Straßenseite verlegt) bis Pfullingen. Der ursprüngliche Endpunkt befand sich ca. 200 m unterhalb der späteren Haltestelle Lindenplatz auf der rechten Seite der Marktstraße. Heute befindet sich am Lindenplatz der gleichnamige Bushp vor dem Restaurant „Split", die Häuserfront ist auf alten Bildern unverändert zu erkennen.

1927 wurde die Strecke um rund 300 m verlängert, zweigte an der Kirche nach rechts ab, führte über den heutigen Marktplatz mit dem schönen Fachwerkrathaus und dem pittoresken Brunnen weiter durch die Kirchstraße bis zum Laiblinsplatz, wo sie mit einem Umsetzgleis (ab 1951 Schleifenfahrt) endete. Durch die Umgestaltung des Marktplatzes und der Kirchstraße zu einem Fußgängerbereich ist die Situation arg verändert, nichts erinnert mehr an die Bahn.

Der ausgedehnte Werkkomplex der Schuh- und Lederfabrik ist heute noch vorhanden und nach Aufgabe der Lederfabrik zum Schlayer-Gewerbepark umgestaltet worden. Die Gleise im Werkhof sind teilweise noch vorhanden. Das Agl zweigte unmittelbar hinter der Kunstmühlenstraße nach rechts ab, verlief ca. 300 m durch Gartengelände, kreuzte eine Nebenstraße und verschwand in den ausgedehnten Werkanlagen, die mit einer Schleife um- bzw. durchfahren wurden. Im Werk gab es ein Umsetzgleis und mehrere Ladestellen.

Fahrzeuge

Der Betrieb wurde 1899 mit drei kleinen zweiachsigen Dampflokomotiven und acht Personenwagen mit zwölf Sitz- und vier Plattformsitzplätzen, offenen Plattformen und Laternendachaufsatz, aufgenommen.

Für den Stückgutverkehr standen zwei geschlossene Wagen mit offenen Plattformen zur Verfügung, die mit Bänken ausgestattet auch für den Personenverkehr zugelassen waren.

Die Personenwagen trugen an den Seitenwänden die Anschrift Reutlingen – Eningen und große, schwungvoll verzierte Wappen beider Gemeinden.

Für den elektrischen Betrieb beschaffte die WEG 1912 vier Triebwagen und 1916 für die Pfullinger Linie drei weitere, gleiche Fahrzeuge Nr. 21-27 (Gewicht 13 t, LüP 8,7 m, Radstand 2,3 m, 18 Sitzplätze). Die Wagen hatten ursprünglich sechs schmale Fenster, die in den 60er Jahren durch Herausnahme je eines Zwischensteges in drei breite Fenster geändert worden sind. Ferner sind die ursprünglich auf dem Dach angeordneten drehbaren Zielschilder später durch Rollbänder in der Stirnwand bzw. auf dem Dach ersetzt worden.

1924 übernahm die WEG von der Krefelder Straßenbahn zwei Triebwagen, die zunächst beide als Bw zum Einsatz kamen; einer verkehrte 1927-35 wieder als Triebwagen. 1928 wurden zwei fabrikneue Triebwagen von der Maschinenfabrik Eßlingen beschafft (Gewicht 11,2 t, LüP 8,65 m, 18 Sitzplätze).

Für den elektrischen Betrieb wurden die kleinen Anhänger aus der Dampfbahnzeit 1912 in der Werkstatt Neuffen umgebaut und mit geschlossenen Plattformen versehen (Gewicht 3,5 t, LüP 5,65 m, Achsstand 2,15 m), ferner Ersatz der Luft- gegen eine elektrische Solenoidbremse. Durch die großen Plattformen hatten die Wagen ein markantes Äußeres und fielen als „Umbauten" sofort ins Auge. Die Wagen sind z.T. bis in die 50er Jahre in Betrieb gewesen.

1915/16 kamen für die Pfullinger Linie drei neue Beiwagen, die im Äußeren den Triebwagen 21-27 entsprachen (Gewicht 5 t, LüP 8,7 m, Radstand 2,6 m, 18 Sitzplätze). Die Fensterteilung ist ebenso wie bei den Triebwagen in den 60er Jahren von sechs in drei geändert worden.

1922/25 wurde der Beiwagenpark um insgesamt sechs Fahrzeuge Nr. 14-19 ergänzt, die altbrauchbar von Hohenstein, Krefeld und Mansfeld kamen.

Als Neubauten beschaffte die WEG 1936/39 letztmalig Wagen und zwar die modernen, mit großen Fenstern versehenen Bw 17-20 (LüP 9,75 m, Radstand 3 m, 22 Sitzplätze), dafür konnten die Mansfelder Wagen 1938 ausgemustert werden.

Dampfbahnwagen in der Ursprungsform

Dampfbahnwagen in der Ursprungsform

Bn2t 1, Eningen, 1898

Bn2t 1, Eningen, 1898 (Ausschnitt aus vorigem Bild)

Bn2t 4

E-Lok 1, Eningen, 8.3.1957

Bw 13, Serie 11-13, gleiches Aussehen wie Tw 21-27, 3.8.1957

Für den Güterverkehr war eine winzige, putzige Ellok mit mittigem Führerstand vorhanden (Gewicht 12 t, LüP 4,2 m, Achsstand 2,5 m, 2 Motore mit je 46 kW), die 50 Jahre im Einsatz war und nach Aufgabe des Güterverkehrs 1963 abgestellt worden ist. Die Lok hatte ursprünglich zwei Lyrabügel, die später durch einen Scherenstromabnehmer ersetzt worden sind, der das Aussehen der Lok noch unproportionierter erscheinen ließ.

Die Fahrzeuge hatten ursprünglich Trichterkupplung mit Steckbolzen. Ab 1939 geschah die Umstellung auf BSI-Kompaktkupplung.

Alle Fahrzeuge, soweit 1944 noch vorhanden, gingen auf die Reutlinger Straßenbahn über.

Literatur

W.R. Gassmann und C. Jeanmaire: Reutlinger Straßenbahn – von der Lokalbahn zur elektrischen Straßenbahn 1899 – 1912 – 1974, Archiv Nr. 34, Verlag Eisenbahn, Gut Vorhard, Villigen AG (Schweiz)

Betr.Nr.	Bauart	Hersteller	Baujahr/Fabr.Nr.	Bemerkungen
Dampflokomotiven				
1-3 4	Bn2t Bn2t	Krauss Heilbronn	1899/4149-51 1890/oder 1903?	abg. 1912/13; Verbleib unbekannt; 1903 besch. 1912; Umbau Regelspur, i.E.EO 14; 1917 verkauft
Personenwagen				
1-8 9-10		Rastatt Rastatt	1899 1903	zweiachsig mit offenen Plattformen, nach 1912 geschlossene Plattformen. Weiterbetr. für die elektrische Straßenbahn; 1 1904, 5 1912 1 Plattform geschlossen für Postabteil; 1 + 1956; 2 1947 Salzwagen , 1974 Rückbau, Denkmal Gaswerk Reutlingen; 3 + 1957; 4 + 1938; 5 1939 Salzwagen, + 1944; 6 1947 Störungswagen; 1970 Museum Marxzell, 1978 Straßenbahnmuseum Stuttgart, 1981 Pferde-Museumsbahn Spiekeroog, 1985 Museum Mannheim; 7-10 + 1956/58
Güterwagen				
51 52	G G	Rastatt Rastatt	1899 1899	mit offenen Plattformen und Notsitzen mit offenen Plattformen und Notsitzen; 51 1930 Turmwagen, + 1975; 52 ca. 1940 Lore G1, + 1990
6 offene Loren für den Baudienst, 5 davon + 1912 7 Rollbockpaare Rastatt/Eßlingen 1900/16				
Elektrische Lokomotive				
1	Ellok^2	BBC	1913	+ 1965
Elektrische Triebwagen				
21-24 25-27 28 30 = 28^{II}, 29	Tw^2 Tw^2 Tw^2 Tw^2	Herbrand/BBC Herbrand/BBC Werdau/BBC Eßlingen/BBC	1912 1916 1916 1928	21, 26 Museum Hannover; 23 Museum Neckarmühlbach; 27 Museum Reutlingen; 29 Museum Pfullingen; 22, 24, 25, 28^{II} + 1970/73 1924 ex Krefeld 256; bis 1927 und ab 1935 als Bw 16 i.E., dazw. Tw 28
Elektrische Beiwagen				
1-10	Bw^2	Rastatt	1899/1903	(geschl. Plattformen, el. Solenoidbremse, für den el. Betrieb 1912 hergerichtet, Verbleib s.o.
11-13	Bw^2	Herbrand	1916	12, 13 + 1963/67, 11 Museum Schönau
14	Bw^2	AG für Eisenbahn- und Militärbedarf	1912	1922 ex Straßenbahn Hohenstein-Ernsttal 22
15, 16	Bw^2	Werdau	1914	1924 ex Krefeld Tw 257, 256; i.E. als Bw
17-19	Bw^4	Breslau	1900	1922 ex Straßenbahn Mansfeld Tw 3, 9, 14, i.E. als Bw, + 1938
17^{II}-18^{II}	Bw^2	Eßlingen	1936	
19^{II}-20	Bw^2	Eßlingen	1938	Verbleib 11ff. Museum Reutlingen; 19 Berg. Museum, alle übrigen + 1963/70 z.T. auch früher

Teuringertalbahn (TTB)

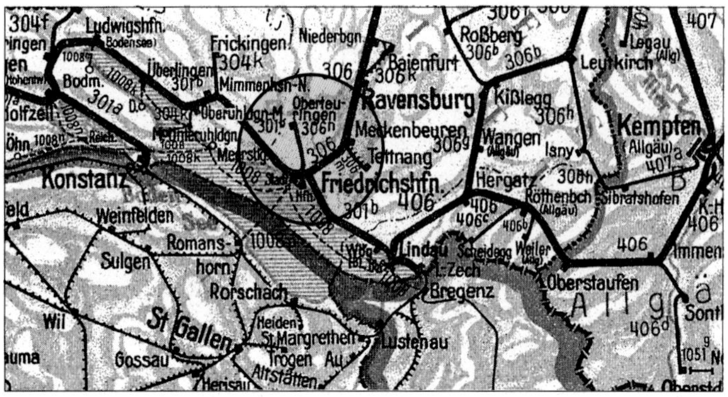

Friedrichshafen DB-Bahnhof – Oberteuringen

Spurweite:	1435 mm	
Streckenlänge:	10,60 km	
Gleislänge:		
1928	11,21 km	
1933	11,79 km	
Eigener Bahnkörper		
Betriebseröffnung:	01.06.1922	
Stillegung:		
Personenverkehr:	23.05.1954	
Güterverkehr:	15.02.1960	Trautenmühle – Oberteuringen
	1962	Abbau der Gleise bis Trautenmühle
Eigentümer:	GmbH, Gesellschafter waren die Stadt Friedrichshafen (2/3 der Gesellschaftsanteile), die Gemeinden Berg, Oberteuringen und Schnetzenhausen, die Amtskörperschaft Tettnang und die Zeppelinwohlfahrt GmbH (Tochterunternehmen der LZ GmbH Friedrichshafen)	
ab 1943	Deutsche Reichsbahn	

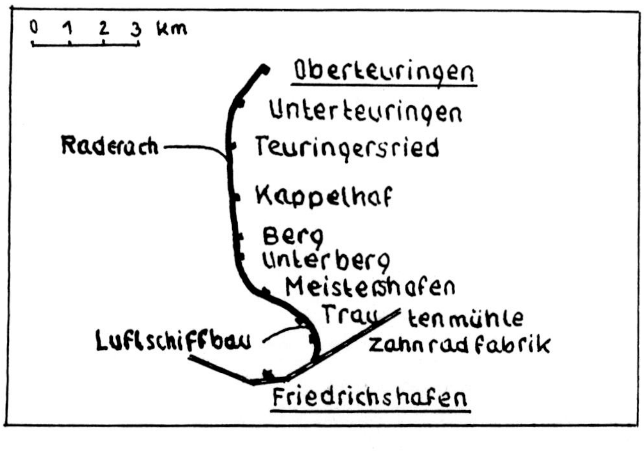

Betriebsführung:

Ursprünglich	Württembergische Nebenbahnen AG
ab 1924	eigene Betriebsführung,
ab 1943	DR

Ausstattung

km 0,0	Friedrichshafen: Einmündung in den Staatsbahnhof, keine eigenen Anlagen.
km 1,3	Friedrichshafen Gbf, Rangier- und Abstellgleise.
km 1,8	Zahnradfabrik, Hp, Agl zur Zahnradfabrik.
km 2,5	Trautenmühle, Hp, Agl zur Zeppelinwerft.
km 3,4	Meistershofen, Hp.
km 5,0	Unterberg, Hp.
km 5,5	Berg, Bahnhofsgebäude mit Güterschuppen und Laderampe (entfernt), Kreuzungs- und Ladegleis, Gleiswaage.
km 6,7	Kappelhof, Hp.
km 8,16	Agl Raderach, Umsetzgleis, an der einen Seite Stumpfgleis, an der anderen Seite Ausfahrt, gleich dahinter zwei Abstellgleise.
km 8,3	Teuringersried, Hp.
km 9,4	Unterteuringen, Hp.
km 10,6	Oberteuringen, Bahnhofsgebäude, Güterschuppen mit Laderampe (beide Gebäude entfernt), Lagerschuppen des Landhandels (noch vorhanden), Abstell- und Ladegleis, Ladestraße, Gleiswaage, 7-t-Holzverladekran, eingleisiger Lokschuppen (entfernt).

Geschichtliche Entwicklung und Bedeutung

Die nördliche Bodenseelandschaft war und ist eisenbahnmäßig nicht erschlossen. Die Strecke Radolfzell – Überlingen – Friedrichshafen verläuft am Ufer des Bodensees entlang, lediglich zwischen Überlingen und Immenstaad macht sie einen nördlichen Bogen ins Landesinnere. Im Osten verläuft in Nord-Süd-Richtung die Hauptstrecke Ulm – Friedrichshafen, im Norden die Strecke Aulendorf – Pfullendorf – Schwackenreute und im Westen die Strecke Radolfzell – Stockach.

Es hat nicht an Überlegungen gefehlt, das in diesem Dreieck liegende dicht besiedelte und rein landwirtschaftlich genutzte Gebiet eisenbahnmäßig zu erschließen.

Die Bemühungen um den Bau von Nebenbahnen gehen bis zur Jahrhundertwende zurück, alle Anstrengungen waren jedoch erfolglos. Als sich dann in und um Friedrichshafen größere Industriebetriebe ansiedelten und Erweiterungen der Anlagen immer mehr Arbeitskräfte aus dem Umland anzogen, wurde der Ruf nach einer Nebenbahn von Friedrichshafen aus nach Norden Richtung Wilhelmsdorf immer lauter.

Die Verhandlungen waren nicht erfolgreich, Rentabilitätsberechnungen zeigten, daß nicht genügend Verkehrsaufkommen zu erwarten war.

Der Erste Weltkrieg machte allen Bemühungen vorerst ein Ende, zeigte aber auch, wie wichtig eine Eisenbahn als Zubringer von Arbeitskräften für die inzwischen kriegswichtig gewordenen Industriebetriebe wie die Zahnradfabrik und die Zeppelinwerft sowie die Maschinen- und Schiffsbaugesellschaft Manzell

Noch im Krieg wurden Nebenbahnstrecken nach Hefigkofen und von Ravensburg nach Wilhelmsdorf geplant, aber nicht mehr ausgeführt.

Die Bemühungen wurden jedoch nach dem Krieg fortgesetzt, insbesondere drei Männer waren es, die die Bahnprojekte vorantrieben: Verwaltungsdirektor Mayer, der Stadtvorstand von Friedrichshafen, Kommerzienrat Colsmann von der Zeppelinwerft und der Oberamtmann von Tettnang, Dr. Scholl. Ferner beteiligte sich die Maschinen- und Schiffsbaugesellschaft Manzell. Am 3. August 1919 wurde die Teuringertal-Bahn GmbH gegründet. Im Regierungsblatt Nr. 27 vom 27. August 1919 lesen wir:

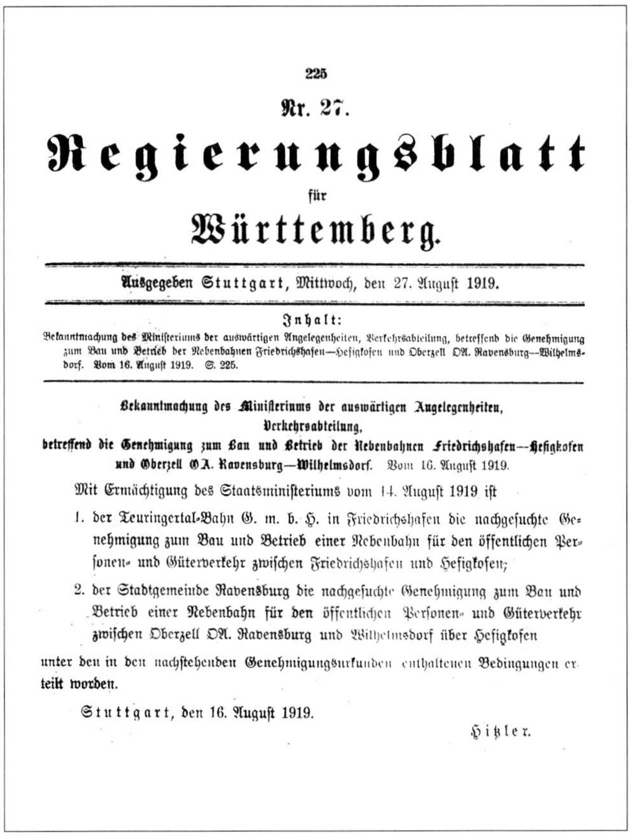

225

Nr. 27.

Regierungsblatt
für
Württemberg.

Ausgegeben Stuttgart, Mittwoch, den 27. August 1919.

Inhalt:

Bekanntmachung des Ministeriums der auswärtigen Angelegenheiten, Verkehrsabteilung, betreffend die Genehmigung zum Bau und Betrieb der Nebenbahnen Friedrichshafen—Hefigkofen und Oberzell OA. Ravensburg—Wilhelmsdorf. Vom 16. August 1919. S. 225.

Bekanntmachung des Ministeriums der auswärtigen Angelegenheiten, Verkehrsabteilung, betreffend die Genehmigung zum Bau und Betrieb der Nebenbahnen Friedrichshafen—Hefigkofen und Oberzell OA. Ravensburg—Wilhelmsdorf. Vom 16. August 1919.

Mit Ermächtigung des Staatsministeriums vom 14. August 1919 ist

1. der Teuringertal-Bahn G. m. b. H. in Friedrichshafen die nachgesuchte Genehmigung zum Bau und Betrieb einer Nebenbahn für den öffentlichen Personen- und Güterverkehr zwischen Friedrichshafen und Hefigkofen;
2. der Stadtgemeinde Ravensburg die nachgesuchte Genehmigung zum Bau und Betrieb einer Nebenbahn für den öffentlichen Personen- und Güterverkehr zwischen Oberzell OA. Ravensburg und Wilhelmsdorf über Hefigkofen

unter den in den nachstehenden Genehmigungsurkunden enthaltenen Bedingungen erteilt worden.

Stuttgart, den 16. August 1919.

Hitzler.

In der Genehmigung war vorgesehen, daß in Hefigkofen ein Gemeinschafts- oder Anschlußbahnhof erstellt werden sollte und daß der Endbahnhof Wilhelmsdorf so anzulegen sei, daß eine spätere Verlängerung nach Ostrach (an der Staatsbahnstrecke Aulendorf – Pfullendorf) möglich wäre.

Die Nebenbahn Oberzell – Wilhelmsdorf ist nie gebaut worden, dagegen wurde bei der Teuringertalbahn im Oktober 1919 mit den Bauarbeiten begonnen.

Die allgemeine Nachkriegssituation, Fragen zur Trassierung, Grundstücksprobleme, Geldmangel und lokale Streitigkeiten verzögerten den Bahnbau erheblich, dazu kam, daß die Industrie am Boden lag und sich nur langsam erholte. Seit 1920 wurden schon vereinzelt Obstladungen ab Berg gefahren.

Nach rund 2 $^1/_2$ Jahren Bauzeit war es dann im Mai schließlich so weit: die Teuringertalbahn konnte den Betrieb aufnehmen. Das große Ereignis wurde gebührend gefeiert „... mit dem heutigen Tag ist dieses reich gesegnete Land unserer engeren Umgebung dem Schienenstrang angeschlossen und hineingerückt in die wirtschaftliche Verkehrspolitik unserer Zeit ...“. Die Honoratioren und Festgäste hatten sich in Friedrichshafen am Stadtbahnhof versammelt und mit einem Sonderzug ging's nach Oberteuringen. Die Anliegergemeinden begrüßten den Zug mit Böllerschüssen, in Berg und Oberteuringen wurden Reden gehalten und zur Begrüßung hatten sich die örtlichen Vereine und Repräsentanten – Soldaten- und Veteranenverein, Radfahrverein, Gesangsgruppen, die Gemeindekollegien und die Geistlichkeit – versammelt. Im Gasthof „Post“ wurde die Bahneröffnung offiziell befeiert als ein „Neues Kulturwerk am südlichen Ende des Schwabenlandes“.

So freudig und überschwenglich die Eröffnung der Teuringertalbahn gefeiert wurde, so schlecht war der Start schlechthin. Nicht nur, daß die veranschlagten Kosten von 2,5 Mio Mark mit 1 Mio Mark überschritten waren, sondern auch die Fahrgäste blieben aus, die Bahn wurde nicht angenommen. Dazu kamen Querelen mit der betriebsführenden Verwaltung. Das Verkehrsaufkommen war derart gering, daß nach elf Monaten Betriebszeit die Teuringertalbahn den Verkehr einstellte.

Ein Jahr später, im Sommer 1924 gelang es, die Bahn unter eigener Betriebsführung wieder in Gang zu bringen.

Die Luftschiffbau-Zeppelin GmbH, die mit der Bebauung des neuen Werftgeländes nördlich von Friedrichshafen 1908/09 begonnen hatte, hatte 1909 einen Gleisanschluß vom Stadtbahnhof aus erhalten, der entlang der Ernst-Lehmann-Straße zum Werkgelände führte. Die Trassierung war jedoch nicht günstig und stand den Stadtplanern im Wege. Zu Anfang des Zweiten Weltkrieges entstand ein neues Agl, das vom Bf Trautenmühle der TTB abzweigte und zu dem etwa 3 km entfernten Werkgelände der Zeppelinwerft führte, auf dem inzwischen mehrere zum LZ gehörende Industriebetriebe (Motoren- und Stahlbau) etabliert waren.

Als in Raderach 1942/43 große unterirdische Treibstoffproduktions- sowie Fabrikationsanlagen für die V 2-Raketen entstanden, wurde ein etwa 3,5 km langes Agl von Teuringersried nach Raderach gebaut.

Die beiden Agl ließen den Güterverkehr, der bis dahin kaum eine Rolle gespielt hatte, ansteigen und zwar so stark, daß er mit den eigenen Lokomotiven nicht mehr bewältigt werden konnte; für die schweren und langen Züge mußten von der DR Lokomotiven geliehen werden. Mit den beiden neuen Anschlußgleisen zu den kriegswichtigen Produktionsstätten erlangte die Teuringertalbahn eine derartige Bedeutung, daß die Verstaatlichung gefordert und kurzfristig durchgeführt wurde. Mit Vertrag vom 3. Dezember 1943 wurde die Teuringertalbahn GmbH aufgelöst und die Anlagen und das Vermögen rückwirkend ab 1. Januar 1943 auf das Großdeutsche Reich übertragen. Die Strecke und die Fahrzeuge wurden von der Deutschen Reichsbahn übernommen.

Bis März 1945 erlebte die Teuringertal-Strecke einen enormen Aufschwung, die Blüte war jedoch nur kurz – nach 1945 versank die Bahn wieder in den Dornröschenschlaf wie vor dem Krieg.

Straßenkonkurrenz und Individualverkehr raubten der Teuringertal-Strecke das verbliebene bescheidene Restaufkommen, die DB reihte die Strecke, die mit einem Kostendeckungsgrad von 10% als unrentabelste im Direktionsbezirk Stuttgart betrieben wurde, in das Stillegungsprogramm ein.

1954 wurde der Personenverkehr auf Busbetrieb umgestellt. 1960 folgte die Aufgabe des Güterverkehrs auf dem oberen Abschnitt ab Trautenmühle.

Für den unteren Abschnitt waren die vorhandenen und neuangesiedelten Industriebetriebe von einiger Bedeutung, es entstanden neue Agl, die der Bahn einiges Verkehrsaufkommen brachten. Die Strecke Friedrichshafen-Stadtbahnhof – Trautenmühle mit dem langen Agl zum Gelände der ehemaligen Zeppelinwerft besteht noch und wird als Anschlußbahn betrieben.

Personenverkehr

Von Anfang an stand die Bahn unter einem unguten Stern. Obwohl dem Personenverkehr zumindest bis zum Zweiten Weltkrieg die Hauptbedeutung zugedacht war, wurde die Bahn nicht angenommen. Hohe Tarife schreckten die Arbeiter und Schüler ab, sie benutzten weiterhin das Fahrrad. Das geringe Reisendenaufkommen führte nach elf Monaten Betriebszeit zur Einstellung des Verkehrs, der dann im Sommer 1924 wieder aufgenommen wurde.

1928 wurden 48 598 Personen befördert – eine für die 10 km lange Strecke mit sieben Unterwegshaltepunkten bescheidene Leistung. Täglich verkehrten drei Zugpaare.

Für 1932 sind ganze 8531 Fahrgäste ausgewiesen – der Berufsverkehr war völlig zum Erliegen gekommen.

1935 sind es 15 200 Personen, die die Bahn benutzten. Erst mit dem Aufschwung der Maschinen- und Werftbetriebe in und um Friedrichshafen ab 1937 zog der Personenverkehr kräftig an. Für die langen Arbeiterzüge wurden bei den Haltepunkten Trautenmühle und Zahnradfabrik die Bahnsteige verlängert.

Der Fahrplan 1938 weist täglich drei Zugpaare aus, früh mittags und abends fuhren zusätzliche Züge zum Schichtwechsel bei der Zeppelinwerft und der Zahnradfabrik von und bis Friedrichshafen und Oberteuringen zum Haltepunkt Trautenmühle. Die Fahrzeit für die gesamte Strecke betrug 35 Minuten.

Die Beförderungsleistung 1938 zeigt die wachsende Bedeutung des Berufsverkehrs: 165 594 Personen.

1950 weist der Fahrplan ebenfalls täglich drei Zugpaare aus, ferner mittags ein Zugpaar Friedrichshafen-Stadtbahnhof – Trautenmühle. Das Verkehrsaufkommen nahm nach 1950 rasch ab, der Individualverkehr wurde zur dominierenden Konkurrenz. Die Umstellung auf KOM-Betrieb war eine zwingende Folge. 1952 wurde der Zugverkehr eingeschränkt und ein KOM-Linienverkehr über Ailingen nach Oberteuringen eingerichtet. 1954 wurde dann der Personenverkehr auf der Schiene ganz eingestellt.

Der Busfahrplan 1955 zeigt mit sehr viel mehr Haltestellen ein viel umfangreicheres Angebot – Indiz dafür, daß die Bahnstrecke nicht gerade günstig zu den Ortschaften lag und den Bedürfnissen nie entsprochen hat.

1938

Teuringertal-Bahn GmbH Friedrichshafen — **329 b Friedrichshafen Stadt - Oberteuringen** — **Alle Züge nur 3. Klasse**

	W 102	4		6		W 8	S 10		km	Zug Nr	W 3	S 5		Sa 7	Sa 101	ausg Sa 9	Sa 11	Mo—Fr 13	S 15	
...	e7.06	8.30	...	13.25	...	18.10	19.50	...	0,0	ab **Friedrichshafen** Stadt 316. 326 .. an	6.45	8.00	...	11.35	...	12.35	16.25	17.05	19.05	...
...	...	8.50	...	13.45	...	18.30	20.10	...	5,7	Y Berg .... ↑	6.28	7.41	...	11.16	...	12.16	16.06	16.46	18.46	...
...	...	9.05	...	14.00	...	18.45	20.25	...	10,7	an **Oberteuringen** .... ab	6.15	7.25	...	11.00	e12.40	12.00	15.50	16.30	18.30	...

Weitere Halte in: km 1,8 Zahnradfabrik, 2,5 Trautenmühle, 3,4 Meistershofen, 6,8 Kappelhof, 9,6 Unterteuringen

e verkehrt nur bis bzw ab Trautenmühle

Güterverkehr

Das Güteraufkommen war bis zum Zweiten Weltkrieg ausgesprochen bescheiden und rechtfertigte den Bahnbau in keiner Weise. Von einiger Bedeutung war der Landhandel, der an den Bahnhöfen Berg und Oberteuringen Lagerschuppen mit Gleisanschluß hatte. Ferner gab es zwischen Friedrichshafen und Trautenmühle zwei Anschlußgleise: Sägewerk Reutter (km 1,8) und Zahnradfabrik Friedrichshafen (km 1,99).

Die Beförderungsleistungen waren unbedeutend:

1928:	5278 t
1932:	1805 t, davon 182 t Stückgut, 17 t Expreßgut
1935:	1938 t
1938:	4049 t

Der Bahnhof Berg war mit einem Agenten besetzt, beim Bahnhof Oberteuringen erledigte ein Bahnangestellter die Geschäfte – nur diese beiden Bahnhöfe hatten Ladegleise und Ladestraßen für den Güterverkehr.

Erst im Zweiten Weltkrieg erlangte die TTB Bedeutung durch die neuen Agl zur Zeppelinwerft (km 2,59) und zu dem Treibstoff- und Montagewerk bei Raderach.

Zur Zeppelinwerft – auf dem Werftgelände waren neben den Anlagen der Luftschiffbau Zeppelin GmbH schon vor dem Ersten Weltkrieg die Maybach-Motorenbau GmbH entstanden – wurden Maschinenteile und Rohstoffe gefahren, auf dem Agl Raderach wurden täglich 30 bis 40 Wagenladungen, vorwiegend Kesselwagen transportiert. Für die Beförderung der schweren Züge, die ab 1943 hauptsächlich nachts verkehrten, setzte die DR Lokomotiven der BR 94 ein.

Nach 1945 brach der Verkehr schlagartig ab. Die Anlagen in Raderach lagen nach einem gezielten Luftangriff in Trümmern und sind auch später nicht mehr genutzt worden.

Nach der Normalisierung der Nachkriegsverhältnisse erholte sich der Güterverkehr nur zögernd und mit einiger Bedeutung auch nur auf dem unteren Abschnitt. Der obere Abschnitt wurde in den letzten Jahren nur noch nach Bedarf befahren, einziger Empfänger war der Landhandel mit einigen Ladungen Brennstoffen und Kunstdünger. Nach der Aufgabe des oberen Abschnittes 1960 verblieb der untere Abschnitt mit den beiden Agl Reutter und Zahnradfabrik sowie dem Industrieanschlußgleis (Besitz Fa. Luftschiffbau Zeppelin GmbH, Friedrichshafen). Hier entwickelte sich der Betrieb zufriedenstellend. 1966 erhielt der Schlachthof Friedrichshafen in Kilometer 2,31 ein neues Agl.

Auf dem Gelände der ehemaligen Zeppelinwerft haben sich nach dem Krieg mehrere neue Firmen angesiedelt, so die Zeppelin-Metallwerke, die Zahnradfabrik Friedrichshafen mit dem neuen Werk 2, das Sauerstoffwerk Friedrichshafen (hervorgegangen aus der Betriebsabteilung „Gaswerk" der LZ GmbH), Fa. Raab-Karcher (früher Solle KG bzw. Stinnes-Strohmayer Lindau), CRAS Centre de Réparation Auto Sud (Reparaturbetrieb der französischen Streitkräfte), sowie 1968 IBO Internationale Bodenseemesse GmbH. Die Maybach-Motorenbau GmbH, heute MTU, haben ihre Anlagen erheblich erweitert.

Das Sägewerk Reutter wurde 1962 im Zusammenhang mit Straßenbaumaßnahmen aufgegeben und das Agl entfernt. Das Agl Schlachthof ist 1982 mangels Transportaufkommen aufgehoben, das Agl CRAS ist nach Aufgabe des Werkes 1985 aufgegeben worden. Alle übrigen Anschließer spielen nach wie vor für die DB eine Rolle, wobei besonders die Zeppelin-Metallwerke und die Fa. Raab-Karcher (Mineralöl-Ganzzüge) besonders hervorzuheben sind.

Personal

Anzahl der beschäftigten Personen
1928: 9
1935: 7
1938: 8

Streckenbeschreibung

Die TTB hatte im unteren Bereich eine Nordwest-, im oberen Bereich eine Nordrichtung. Sie folgte dem Teuringer Tal, einer Senke, die westlich der Straße Friedrichshafen – Berg – Oberteuringen – Hefigkofen verläuft. Während im oberen Teil der Trassenverlauf am westlichen Talhang entlang dem Waldrand als Fuß- und Wirtschaftsweg stellenweise erkennbar ist, ist er im unteren Teil durch Überbauung vollständig verschwunden.

Das einzige noch existierende Gebäude aus der TTB-Zeit ist der Lagerschuppen der Fa. Hanser, Neuhaus in Oberteuringen, alle übrigen Gebäude in Oberteuringen und Berg sind nicht mehr vorhanden.

Nach der Auflassung des Bahnbetriebes und dem Abbau der Gleise ist das Bahngelände an die Anliegergemeinden verkauft worden.

Die TTB-Züge begannen im Stadtbahnhof Friedrichshafen am Bahnsteig 3, Gleis 5. Sie verließen den Stadtbahnhof Richtung Ulm auf dem nördlichen Gleis und durchfuhren den Vorbahnhof bis zum westlichen Bahnhofskopf. Hier gabeln sich die Gleise: südlich nach Eriskirch, geradeaus nach Ulm, links, d.h. nördlich nach Trautenmühle – Oberteuringen. Die Einfahrt Stadtbahnhof war und ist auch heute noch mit einem Signal gesichert. Hinter der Ausfahrt biegt das TTB-Gleis (heute „Industriegleis“) nach Nordwesten ab und führt auf den Stadtteil Löwental zu. Der Hp Zahnradfabrik befand sich auf der Höhe der Abbiegung unmittelbar vor der Straßenkreuzung Friedrichshafen – Löwental (Löwentaler Straße), gleich dahinter (km 1,99) zweigte das Gleis zur Zahnradfabrik ab. Das Agl Sägewerk Reutter war bei km 1,92.

Nach 700 m wird die Ailinger Straße gekreuzt, unmittelbar davor zweigt bei km 2,55 nach links das Agl zum Industriegelände (MTU/Maybach, ehemals Zeppelinwerft) ab, 250 m weiter das Agl zum Schlachthof. Der Hp Trautenmühle lag unmittelbar hinter dem Abzweig zur Zeppelinwerft, direkt hinter der Löwentaler Straße; der lange Bahnsteig ist noch vorhanden. Nach dem Abbau des oberen Abschnittes endete das Gleis bei km 3,2.

Bei einem Besuch 1978 habe ich notiert: Hinter dem Bahnsteig verschwindet das Gleis im Gebüsch und ist völlig zugewachsen – 1988 hatte die Natur auch den Bahnsteig zurückerobert, er ist noch vorhanden, aber überwachsen und auf Anhieb nicht zu erkennen.

Bis Kappelhof ist von der Trasse kaum noch etwas zu erkennen, durch Überbauung und Straßenneubau ist der Bahnkörper spurlos aufgegeben.

Im Ortsteil Meistershofen verlief die Strecke dort, wo sich heute das Neubaugebiet befindet, der Bahnkörper ist verschwunden. Von hier sieht man sehr schön nördlich die Situation bei dem hochgelegenen Ort Berg, der westlich im Tal umfahren wurde. Der Hp Unterberg lag südlich, der Bf Berg nördlich des Ortes. Wenn man von der Straße nach Oberteuringen gleich hinter dem Ort links abbiegt, kommt man in ein Neubaugebiet, wo nach rechts die „Talbahnstraße“ abzweigt. Kurz vor dem Ende der Straße war der ehemalige Bf Berg; 1978 stand hier noch ein großer Güterschuppen für den Landhandel ähnlich dem in Oberteuringen, heute ist nichts mehr vorhanden, das ehemalige Bahnhofsgelände ist völlig überbaut. Die Verlängerung der „Talbahnstraße“ ist ein asphaltierter Weg auf dem ehemaligen Bahnkörper. Auch in der Gegenrichtung zeigt ein kurzes asphaltiertes Wegstück den ehemaligen Trassenverlauf an.

Friedrichshafen Stadt, 8.11.1936

Wir folgen der Landstraße nach Oberteuringen und biegen nach einigen Kilometern links nach Raderach ab. Die Straße führt durch eine Senke, durchquert einen etwa 200 m breiten Waldstreifen und steigt nach dem Austritt aus dem Wald an. Hier, ab Waldende und vor dem Anstieg wird die TTB-Trasse gekreuzt, die als Fußweg am Talhang beidseitig gut zu verfolgen ist. Der Hp Kappelhof befand sich etwa 500 m Richtung Friedrichshafen. Von dem Agl zur Treibstoffabrik ist nichts mehr zu erkennen.

Zurück zur Straße nach Oberteuringen – am Ortsende von Unterteuringen steht links ein alleinstehender Hof, gleich dahinter verlief der TTB-Bahnkörper mit dem Hp Unterteuringen, durch Flurbereinigung jedoch nicht mehr zu erkennen. Der Endbahnhof Oberteuringen befand sich am südwestlichen Ortsrand, das ehemalige Bahnhofsgelände ist vollständig überbaut mit einer großen Lagerhalle der Obstgenossenschaft BAG und dem Edeka-Komplex, dahinter steht ein großer hölzerner Lagerschuppen – letztes Relikt der TTB. Gegenüber dem Güterschuppen befand sich der Lokschuppen, hier war auch das nördliche Ende des Bahnhofsgeländes. Die Ausfahrt Richtung Friedrichshafen ist durch Flurumlegung und Bebauung verschwunden und nicht mehr zu erkennen.

Fahrzeuge

Bis 1935 bestand der bahneigene Fahrzeugpark aus 2 Dampflokomotiven, 2 Personenwagen, 1 PwPostwagen und 1 Güterwagen, ferner waren 6 Güterwagen bei der DR eingestellt.

1935 kam ein weiterer Personenwagen und mit der Steigerung des Personenverkehrs 1937 ein großer vierachsiger Wagen hinzu.

Post wurde von Anfang an befördert – mit der Eröffnung der Bahn war die tägliche Postverbindung nach Oberteuringen eingestellt worden.

Alle Fahrzeuge wurden altbrauchbar von der Kgl. Württ. Staatsbahn bzw. der DR erworben, wobei die ersten beiden Lokomotiven 1923 an die DR zurückgegeben und nach der Wiederaufnahme des Betriebes 1924 durch zwei altbrauchbar gewordene Maschinen ersetzt wurden.

Von diesen beiden Lokomotiven ist lediglich bekannt, daß es T 3-Maschinen waren; nur von der TBB 2 liegen Daten vor: Eßlingen 1893/2591, ex DR 89 308, ursprüngliche Württ. T 3, 1942 nach HU an Masch'fabrik Eßlingen verkauft.

Oberteuringen, 5.6.1936

LAB-Schuppen, Oberteuringen, 1988

Trossinger Eisenbahn (TE)

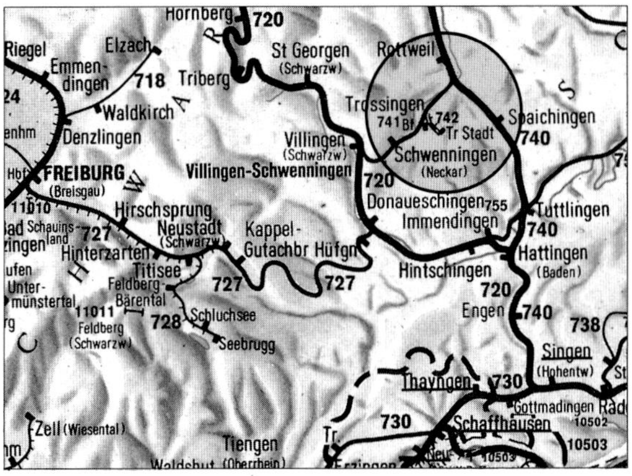

Trossingen Bahnhofsvorplatz – Trossingen Stadt

Spurweite:	1435 mm
Streckenlänge:	4,30 km
Gleislänge:	
1904 und später	5,58 km
1970	6,00 km
Eigener Bahnkörper	
Betriebsart:	Elektrischer Betrieb 600 V Gleichstrom
Betriebseröffnung:	14.12.1898
Eigentümer:	Ursprünglich AG
seit 1908	(Gemeinde) Stadt Trossingen
Betriebsführung:	(Stadt) Stadtwerke Trossingen

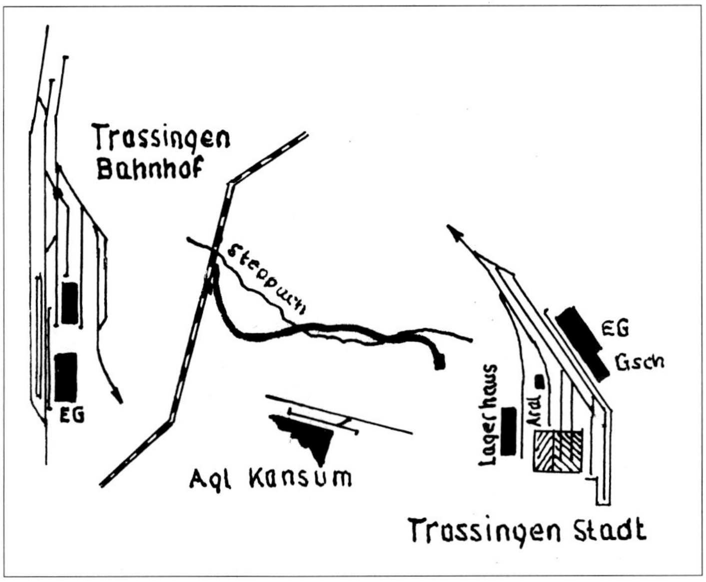

Ausstattung

km 0,0 Trossingen Bahnhof, Ankunfts- und Abfahrtsstelle vor dem DB-Bahnhofsgebäude, 1931 Bau eines Umsetzgleises, Verbindungs- und Übergabegleis zur DB. Der Abfertigungsdienst wurde von der Staatsbahn durchgeführt, seit 1980 ist der Bahnhof nicht mehr besetzt.

km 4,3 Trossingen Stadt, großes massives Bahnhofs- und Verwaltungsgebäude mit schönem Fachwerk-Obergeschoß, nach dem Zweiten Weltkrieg erweitert und modernisiert. Güterschuppen, Lagerhaus, Freiladegleis, umfangreiche Gleisanlagen, mehrmals erweitert, Agl Landhandel-Lagerhaus, Ladegleis und Lagerplatz Firma Hohner, zweigleisige Fahrzeughalle mit Werkstatt, Gleiswaage.

Anzahl der Straßenkreuzungen mit Blinklichtanlagen: 2

Geschichtliche Entwicklung und Bedeutung

Die Trossinger Eisenbahn zählt zu den Winzlingen unter den Privatbahnen, mit 4,3 km Streckenlänge ist sie die kleinste elektrisch betriebene Regelspurbahn in Europa.

Nichtsdestotrotz kann die TE mit einer Vielzahl von besonderen Attributen aufwarten:

- interessanter Fahrzeugpark
- zeitlebens individuelle und engagierte Betriebsführung
- liebevolle Dokumentation der Bau- und Bahngeschichte mit zwei sehr guten Festschriften
- immer und zu jeder Zeit gepflegte, farbenfreudige Fahrzeuge
- trotz ihrer Winzigkeit große wirtschaftliche Bedeutung für die Stadt Trossingen
- Pflege der Tradition, gezeigt u.a. mit den 1990 restaurierten Fahrzeugen aus der Anfangszeit.

Die TE ist eine liebenswerte Bahn und hebt sich in so mancher Hinsicht von vielen anderen Privatbahnen deutlich ab. Wer kennt nicht den Namen Hohner. Jeder Leser dieses Buches hat sicherlich in seiner Kindheit eine Mundharmonika gehabt, kleine Instrumente nur um Töne zu erzeugen, anspruchsvolle Instrumente für Gesangbegleitung bei Wanderungen, Singabenden, Hausmusik. Ganz sicherlich war diese Mundharmonika von Hohner! Oder die großen Akkordeons – „Schifferklaviere", „Quetschkommoden"; Akkordeonorchester erfreuen sich nach wie vor großer Beliebtheit.

Die Firma Hohner ist in der Stadt Trossingen zuhause und wirtschaftlich mit ihr engstens verbunden. 1857 gründete Matth. Hohner das Werk, das sich zum bedeutendsten Industriezentrum der Stadt Trossingen entwickelte und heute mehrere tausend Mitarbeiter beschäftigt. Die Firma Hohner fördert und initiiert eine Vielzahl von kulturellen Einrichtungen wie die Städtische Musikschule, das staatlich anerkannte Musiklehrerseminar für Harmonikainstrumente, das Hochschulinstitut für Musik, das Archiv für Musikwissenschaft und die Trossinger Orchester. Die Trossinger

Musiktage sind Ereignisse, die weit über Trossingen hinaus bekannt sind und viele Besucher und Zuhörer anziehen.

Die Stadt Trossingen liegt auf der Baarhochebene, die sich zwischen Schwarzwald und Schwäbischer Alb hinzieht. Die obere Neckartalbahn Stuttgart – Rottweil – Tuttlingen und die Schwarzwaldbahn Offenburg – Immendingen – Singen führen in großem Abstand an Trossingen vorbei und haben für die Stadt nur geringe Bedeutung. Zum 7 km entfernten Bahnhof Aldingen bestand eine Postverbindung.

Mit der Eröffnung der Strecke Rottweil – Villingen am 26. August 1869 erhielt Trossingen zwar einen Bahnhof, die Bahn führte jedoch durch das Neckartal und der Trossinger Bahnhof lag 4 km vom Ort entfernt. Zwischen dem Bahnhof und der Stadt wurde eine Postverbindung aufgenommen, die jedoch dem allgemeinen Verkehr nicht genügte. Material und Waren mußten mit Pferdefuhrwerken zum Bahnhof transportiert werden – ein Zustand, der auf Dauer unerträglich wurde, zumal die Menge der zu befördernden Güter stetig größer wurde und der ortsansässige Fuhrunternehmer mit seinen zwei Fuhrwerken den Verkehr nicht mehr bewältigen konnte.

Der Staat zeigte kein Interesse, so daß sich die Gemeinde Trossingen Anfang der 90er Jahre entschloß, eine Gleisverbindung selbst herzustellen. Die Beratungen wurden 1895/96 intensiv geführt. Treibende Kraft war neben dem Gewerbeverein und dem Bürgermeister Koch Matth. Hohner, der für den inzwischen weltweiten Versand seiner Erzeugnisse dringend an einer besseren Verkehrsverbindung interessiert war. Bei den Überlegungen, den Anschluß in Aldingen oder durch das Steppachtal zum Staatsbahnhof Trossingen zu suchen, entschied man sich für die kürzere Steppachtalführung, obwohl diese Trasse erhebliche und langanhaltende Steigungen von 1:33 aufwies. Daß für diese schwierige Bahnführung von Anfang an Regelspur und elektrische Traktion vorgesehen war, zeugt vom Weitblick der Initiatoren.

Damit kam zu dem Bahnprojekt gleichzeitig ein zweites Projekt: ein Elektrizitätswerk, das die Industrie und die Stadt mit elektrischer Energie versorgen sollte.

Zur Durchführung dieser beiden Projekte wurde 1896 eine Aktiengesellschaft gegründet, die Bauarbeiten wurden im Oktober 1896 aufgenommen.

Am 10. September 1897 zeichneten die Gesellschafter der „AG Elektrizitätswerk und Verbindungsbahn Trossingen“ insgesamt 420 000 Mark, davon die Gemeinde 250 000, Matth. Hohner 109 000 und den Rest Fabrikanten, Gastwirte und Bürger der Stadt. Da der Kostenanschlag 450 000 Mark betrug, wurde eine Anleihe von 30 000 Mark aufgenommen.

Mit den Bauarbeiten hatte man es so eilig, daß bereits Teile des Oberbaues, des Bahnhofsgebäudes und des Elektrizitätswerkes fertiggestellt waren, als die am 31. Dezember 1897 erteilte Konzession am 20. Januar 1898 veröffentlicht wurde.

Im Dezember 1898 waren Bahn und Elektrizitätswerk fertiggestellt und konnten den Betrieb aufnehmen.

Für die Versorgung der Bahn und der Stadt mit elektrischer Energie waren zwei Sauggasmotoren mit zwei 50- bzw. 32-kW-Dynamomaschinen aufgestellt worden, die Kohlen für das E-Werk wurden mit der Bahn angefahren. 1908 wurde das E-Werk durch eine dritte Kraftmaschine mit 95 kW erweitert.

Die gesamten Kosten beider Bauwerke betrugen 605 161 Mark und hatten den Kostenanschlag erheblich überstiegen.

Nachdem die Königliche Regierung in Stuttgart mit einem Gesetz von 1899 die Restriktionen für den Bau von Privatbahnen aufgegeben hatte und für solche Bahnprojekte staatliche Zuschüsse gewährte, wandte sich die Gemeinde Trossingen am 24. April 1900 mit einem Antrag um Bewilligung eines Staatsbeitrages von 100 000 Mark an die Regierung in Stuttgart, der jedoch nach Beratung der Kammer im November abgelehnt wurde, ebenso wie der am 17. Januar 1902 erneut gestellte Antrag.

Innerhalb von 15 Jahren nach Inbetriebnahme von Bahn und E-Werk hatte sich die Einwohnerzahl von Trossingen verdoppelt (1913: 6000 Einwohner), die Steuerkraft hatte sich vervierfacht, Zuzug neuer Bürger und die Ausweitung der Industriebetriebe hielten an. Bahn und Elektrizitätswerk entwickelten sich gut, die Dividenden der ersten Jahre betrugen zwischen 3 und 5%. Die finanziellen Belastungen waren jedoch sehr hoch und für die AG nicht mehr zu verkraften, zumal die Stromversorgung ständig erweitert werden mußte. 1908 übernahm die Gemeinde Trossingen für 1,064 Mio Mark beide Werke. 1913 wurden mit der Kgl. Württ. Staatsbahn Verhandlungen geführt, die Bahn einschließlich des Elektrizitätswerkes zu übernehmen und nach Aldingen, Durchhausen und Schwenningen/Talheim – Tuttlingen zu verlängern. Mit Bescheid vom 13. März 1914 zeigte sich der Staat zur Übernahme der Verbindungsbahn bereit, jedoch ohne das E-Werk. Alle weiteren Pläne und Verhandlungen wurden durch die Kriegsereignisse vorerst beendet und sind auch später nicht weiter betrieben worden. Die Beförderungsleistungen und die Stromabgabe stiegen während und nach dem Krieg stark an.

Kohlenmangel und Überforderung der Sauggasanlage führten ab 1917 zum Stromfremdbezug von dem Überlandwerk Tuttlingen. Nach der Errichtung neuer Schalt- und Umspannanlagen wurde 1925 die eigene Stromerzeugung eingestellt.

Krieg und Nachkriegszeit hatten der Bahn arg zugesetzt, dringend notwendige Erweiterungs- und Erneuerungsarbeiten waren unterblieben. Nach der Überwindung der Inflationszeit konnten ab 1925 die Steppachbrücken verstärkt, der Oberbau erneuert, die Holzmasten gegen Stahlmasten ausgewechselt und die Fahrleitung verstärkt werden. Ferner wurden Wagenhalle und Werkstatt vergrößert und die Gleisanlagen in Trossingen und beim DR-Bahnhof erweitert.

1927 wurde Trossingen zur Stadt erhoben (1990: 11 000 Einwohner).

Die Rezession Anfang der 30er Jahre brachte starke Einbrüche, nach 1934 ging es dann steil bergauf. 1938 konnte ein neuer Triebwagen beschafft werden.

Das Ende des Zweiten Weltkrieges setzte der Entwicklung der Bahn ein jähes Ende. In den letzten Kriegstagen wurden die Fahrzeughalle und der Bahnkörper beschädigt, der Betrieb ging jedoch weiter. Am 21. April 1945 wurde mit dem Einrücken der französischen Panzer und Soldaten Strom- und Wasserversorgung und der Bahnbetrieb eingestellt. Ende April lieferten Umspann- und Wasserwerke wieder Energie, nach Zustimmung der Besatzungsbehörde konnte im Juni 1945 der Bahnbetrieb wieder aufgenommen werden.

Während sich der Personenverkehr rasch erholte, lief der Güterverkehr nur zögernd und viel später wieder an, weil die Industriebetriebe z.T. stillagen und sich erst nach der Währungsreform langsam erholten.

Ab Anfang der 50er Jahre wurden jahrelang zurückgestellte Erneuerungen durchgeführt:

- Umbau des Oberbaues in Form P6
- teilweise Ersatz der Holzschwellen gegen Stahlschwellen
- Beschaffung neuer Fahrzeuge
- Bau eines Ladegleises mit Lagerplatz für die Firma Hohner
- Modernisierung und Erweiterung des Bahnhofsgebäudes Trossingen
- Sicherung der Bahnübergänge durch Blinklichtanlagen
- Bau eines Agl für die Konsumgenossenschaft Alb-Schwarzwald
- Erneuerung der Oberleitung (Kettenaufhängung) und der Gleichrichteranlagen

1968 und 1988 wurden Jubiläen zum 70- bzw. 90jährigen Bestehen gefeiert und zu beiden Anlässen hübsche, mit viel Liebe zusammengestellte und ausführliche Festschriften herausgegeben.

Straßenkonkurrenz und damit verbunden ständig sinkende Beförderungsleistungen im Personenverkehr und das stagnierende, ohnehin bescheidene Güteraufkommen brachten den Stadtwerken ab den 70er Jahren immer größere Verluste, trotzdem engagierte sich die Gemeinde immer wieder für die Bahn – trotz 400 000 DM jährlichem Zuschuß. Als 1975 die Deutsche Bundesbahn die Verbindungsstrecke

Rottweil – Villingen auf die Liste der nicht wirtschaftlich zu betreibenden Strecken setzte und die Stillegung ankündigte, sah es um die Zukunft der Bahn schlecht aus.

Seit Frühjahr 1988 macht die DB durch den Einsatz von neuen Nahverkehrstriebwagen und Einführung eines Taktverkehrs neue Anstrengungen zur Aufwertung der Strecke Villingen – Rottweil. Diesem neuen Anlauf ist die Verbindungsbahn nach Trossingen mit erweitertem Fahrplan und dem modernisierten T5 gefolgt. Der Landkreis Tuttlingen hat zugesagt, den Bahnbetrieb mit 100 000 DM/Jahr bis vorerst 1993 zu unterstützen, wenn auch die beiden Nachbarkreise in ähnlicher Weise mitziehen. Sollte das neue Angebot allerdings nicht angenommen werden und der Erfolg ausbleiben, dann sieht es für die Strecke Rottweil – Villingen und die Trossinger Eisenbahn schlecht aus – die Einstellung des Bahnbetriebes hängt wie ein Damoklesschwert über Bahn und Region.

Personenverkehr

Für den Personenverkehr standen anfangs zwei Trieb- und ein Beiwagen zu Verfügung. Bis zum Ersten Weltkrieg erlebte der Personenverkehr eine stetige Zunahme und erreichte 1914 knapp 90 000 Personen. Dem wachsenden Reisendenaufkommen wurde 1908 und 1913 mit der Beschaffung von zwei weiteren Beiwagen entsprochen.

Der Krieg 1914/18 brachte Einbrüche, nach dessen Ende stiegen die Beförderungsleistungen schnell und steil an. 1924 wurden fast 300 000 Fahrgäste erreicht, ein Wert, der nur noch einmal 1943/44 wenig überschritten wurde. 1925 und 1932/34 waren Tiefpunkte mit rund 100 000 Fahrgästen und weniger.

Ab 1949 erlebte der Personenverkehr eine mehrere Jahre anhaltende kontinuierliche Steigerung. 1958 war mit rund 270 000 der Gipfel erreicht, danach ist ein stetiger Abfall mit einer kleinen kurzzeitigen Steigung 1973/74 zu verzeichnen.

Das Fahrgastaufkommen setzt sich ausschließlich aus Übergangsreisenden von und zur Staatsbahn zusammen. Zu allen Zügen aus und in Richtung Rottweil und Villingen besteht Anschluß.

1937	verkehrten 20 Zugpaare, die Fahrzeit betrug 10-12 Minuten.
1971:	werktags 17 bzw. 16 Zugfahrten in jeder Richtung, sonntags 15 Zp
1981:	werktags 15 bzw. 16 Zugfahrten in jeder Richtung, sonntags 9 Zp
Fahrzeit:	Bergfahrt 9, Talfahrt 8 Minuten.
1990:	18 Zugpaare, davon 1 Zug nur an Schultagen, von Samstagmittag (letzte Fahrt 13.17 Uhr ab Trossingen Bahnhof) bis Montagfrüh ruht der Schienenverkehr (seit Winterfahrplan 1988/89), dafür Busverkehr Trossingen – Villingen und Rottweil, Bustabelle 7281.

Der direkte Verkehr von Trossingen nach Rottweil und Villingen wird durch DB-Busse bzw. durch die Regionalgesellschaft auf der Straße durchgeführt.

Lebenswichtig für den Personenverkehr der TE ist der DB-Verkehr auf der Strecke Rottweil – Villingen. Nach starker Zurücknahme des Zugangebotes und jahrelanger Zurückhaltung und Unsicherheit wird die Strecke seit 1988 mit Zügen der Regional-Schnellbahn (tgl. 6 E- und 7 RSB-Zugpaare, 3 Buskurse) bedient mit guten Übergängen von und nach Stuttgart, Neustadt (Schw) und Freiburg. Dieses gute und erweiterte Zugangebot hat auch die TE zu einer Verbesserung der Leistungen veranlaßt. Ob allerdings eine dauerhafte Verkehrssteigerung der drohenden Stillegung Einhalt bieten kann,

1938

Direkt d Tross Els in Trossingen **Elektr Betrieb** **328 s Trossingen** Reichsbahn - **Trossingen** Stadt **und zurück** Alle Züge 2. 3. Klasse

km																						
	Trossingen Reichsb	324 f.....ab	w5.36	S5.47	w6.04	6.31	7.05	7.34	...	8.39	...	...	9.26	10.55	...	11.43	12.30	...	13.09	...	...	
5,0	**Trossingen** Stadt	**hin** .....an	w5.48	S5.59	w6.15	6.43	7.17	7.46	...	8.51	...	...	9.38	11.07	...	11.55	12.42	...	13.21	...	...	
Fort-	**Trossingen** Reichsb	**hin** .....ab	14.23	15.23	...	17.28	...	17.57	...	18.48	19.39	...	20.19	...	21.20	21.45	...	...	23.36	...	...	
setzg	**Trossingen** Stadt	.....an	14.35	15.35	...	17.40	...	18.09	...	19.00	19.51	...	20.31	...	21.30	21.57	...	...	23.48	...	...	
km	**Trossingen** Stadt	**zurück** ..ab	w5.25	S5.32	w5.51	6.16	6.50	...	7.19	8.02	8.57	10.17	...	11.23	12.15	12.50	...	14.00	15.00	17.10	...	17.42
5,0	**Trossingen** Reichsb	..an	w5.35	S5.42	w6.01	6.26	7.00	...	7.29	8.12	9.07	10.27	...	11.33	12.25	13.00	...	14.10	15.10	17.20	...	17.52
Fort-	**Trossingen** Stadt	**zurück** ..ab	18.22	...	19.20	19.55	...	21.00	21.31	...	...	23.00	...	...	...	...	...	...	...	...	...	...
setzg	**Trossingen** Reichsb	324 f ..an	18.32	...	19.30	20.05	...	21.10	21.41	...	...	23.10	...	...	...	...	...	...	...	...	...	...

1956

308b Trossingen Bahnhof—**Trossingen** Stadt **und zurück** *(elektrischer Betrieb)* Alle Züge nur 2 Klasse

km	*Trossinger Eisenbahn* Zug Nr	6	†8	10	12	14	16	18	20	24	Sa 26	30	32	Sa 36	38		42	44	46	48	50	54	56	60	62	64	66
0,0	**Trossingen** Bahnhof 308a ab	5.33	†5.56	6.21	7.08	7.35	8.22	9.05	9.46	10.43	Sa11.45	12.45	13.16	13.47	14.35	...	16.15	17.16	a17.52	18.05	18.45	19.27	20.39	21.40	a22.13	23.24	23.42
5,0	**Trossingen** Stadt .... an	5.43	†6.06	6.31	7.18	7.43	8.32	9.15	9.56	10.53	Sa11.55	12.55	13.26	13.57	14.45	...	16.25	17.26	a18.02	18.15	18.55	19.37	20.49	21.50	a22.23	23.33	23.52

km	*Trossinger Eisenbahn* Zug Nr	3	†7	9	11	13	15	17	19	28	Sa 25	27	31		Sa 35	37	39	43	45	49	51	55	57	61	63	65	
0,0	**Trossingen** Stadt .... ab	5.05	†5.43	6.07	6.52	7.20	8.07	8.48	9.28	10.25	Sa11.28	12.26	13.02	...	Sa13.33	14.18	15.55	16.58	17.35	18.30	19.08	20.23	21.21	a22.00	23.10	23.33	...
5,0	**Trossingen** Bahnhof 308a an	5.15	†5.53	6.17	7.02	7.30	8.17	8.58	9.38	10.35	Sa11.38	12.36	13.12	...	Sa13.43	14.28	16.05	17.08	17.45	18.40	19.18	20.33	21.31	a22.10	23.22	23.42	...

a = ✕ außer Sa b = täglich außer Sa c = † u Sa

1990/91

743 Trossingen Bahnhof – Trossingen Stadt ↓743

Rottweil–Villingen (Schwarzw) 7281

Alle Züge 2. Klasse und mit Gepäck- und Fahrradbeförderung

An ⑥ ab 13.30 Uhr und an † kein Zugverkehr nach Trossingen Stadt; Busverkehr ab Villingen und Rottweil siehe Bustabelle 7281

km	*Trossinger Eisenb.* Zug	10	12	14	16	22	24	26	28	30	32	48	52	56	58	60	62		66	68
0	**Trossingen** Bf 742	Ⓐ6 43	✕7 21	ⓧ8 03	✕8 45	✕9 16	Ⓐ10 34	✕11 12	✕12 18	✕12 46	✕13 17	Ⓐ14 42	Ⓐ15 50	Ⓐ16 16	Ⓐ17 00	Ⓐ17 37	Ⓐ18 29		Ⓐ19 17	Ⓐ20 03
5	**Trossingen** Stadt ○	Ⓐ6 52	✕7 30	ⓧ8 12	✕8 54	✕9 25	Ⓐ10 43	✕11 21	✕12 27	✕12 55	✕13 26	Ⓐ14 51	Ⓐ15 59	Ⓐ16 25	Ⓐ17 09	Ⓐ17 46	Ⓐ18 38		Ⓐ19 26	Ⓐ20 12

Trossinger Eisenb. Zug	9	11	13	15	21	23	25	27	29	31	43	45	49	51	53	55	57	61	
Trossingen Stadt	Ⓐ6 22	✕6 55	ⓧ7 35	✕8 19	✕9 05	Ⓐ10 22	✕11 00	✕12 06	✕12 34	✕13 05	Ⓐ14 16	Ⓐ15 38	Ⓐ16 04	Ⓐ16 35	Ⓐ17 25	Ⓐ18 17	Ⓐ18 50	Ⓐ19 52	
Trossingen Bf 742 ② ○	Ⓐ6 30	✕7 03	ⓧ7 43	✕8 27	✕9 13	Ⓐ10 30	✕11 08	✕12 14	✕12 42	✕13 13	Ⓐ14 24	Ⓐ15 46	Ⓐ16 12	Ⓐ16 43	Ⓐ17 33	Ⓐ18 25	Ⓐ18 58	Ⓐ20 00	

Ⓐ = ✕ außer ⑥ ⓧ = an Schultagen Auf verspätete Anschlußzüge wird gewartet

Diese Tabellen enthalten das Fahrplanangebot des Jahresfahrplans 1990/91 (27. V. 90 bis 1. VI. 91)

bleibt abzuwarten. In den letzten Jahren stagnierte das Reisendenaufkommen um 80 000/Jahr.

Die TE-Züge kommen so rechtzeitig in Trossingen Bahnhof an, daß der kurze Übergang über den Bahnhofsvorplatz zum DB-Bahnsteig immer gewährleistet ist. Für die Rückfahrt gilt und im Fahrplan besonders vermerkt: Auf verspätete Anschlußzüge wird gewartet.

Gepäck und Expreßgut wird, soweit mit den DB-Zügen befördert, auf einen am Bahnsteig bereitstehenden E-Karren geladen bzw. bereitgestellt, der vom Trossinger ET-Fahrer geholt bzw. gebracht wird und der auch die Umladung übernimmt. Der verwaiste und allein dastehende Gepäckkarren, der plötzlich auftauchende TE-Fahrer, der dann mit dem E-Karren zu seinem Triebwagen zockelt und dort aus- und einlädt, dann den Karren zum DB-Bahnsteig fährt und den Anschlußzug abwartet, ist eine der liebenswerten Besonderheiten der TE.

Eigene Aktivitäten auf der Straße bestehen nicht.

Güterverkehr

Von 1898 bis 1906 stieg der Güterverkehr rasch von 10 000 auf knapp 40 000 t/Jahr an, dann folgte ein Rückgang bis 1910 auf rund 22 000 t, von dem sich die Bahn bis Kriegsanfang nur langsam erholte (1913: rund 32 000 t). 1922 war das absolute Spitzenjahr mit 66 000 t, ein Wert, der auch nicht annähernd noch einmal erreicht worden ist. Die Wirtschaftskrise Anfang der 30er Jahre brachte Einbrüche auf 15 000 t/Jahr. Davor und danach lagen die jährlichen Beförderungsleistungen zwischen 30 000 und 38 000 t/Jahr.

Für den Stadtbahnhof spielte der allgemeine Ladungsverkehr eine Rolle: Baustoffe, landwirtschaftliche Produkte und Waren des Landhandels, Brennstoffe, bis 1925 Kohlen für das Elektrizitätswerk. Anschluß- bzw. besondere Ladegleise mit Lagerschuppen und Lagerplatz waren für die Landproduktengesellschaft und die Firma Hohner vorhanden, ferner spielte die Verladung von Baumaschinen der Firma Held eine Rolle.

Beim Bahnhof Trossingen Stadt entstand 1950 ein neuer Umschlagplatz für Benzin und Dieselkraftstoff, das in Kesselwagen angefahren und auf der Straße verteilt wurde.

1968 wurde in Kilometer 2,6 ein neues Anschlußgleis für die Konsumgenossenschaft Alb-Schwarzwald, später Coop erstellt, über das in den ersten Jahren viele Kühlwagen mit Gemüse und Obst vorwiegend aus Italien sowie andere Wagenladungen zugestellt wurden.

Mit rund 25 000 t/Jahr war 1963/64 der Gipfel der Nachkriegszeit erreicht, danach ging es deutlich abwärts. Das Coop-Lager brachte ab 1968 einen deutlichen Anstieg, die Erholung war jedoch nur kurzzeitig – die Ladungen sind in den letzten Jahren stetig auf die Straße abgewandert und spielen kaum noch eine Rolle; 1988 war das Gleis total verrostet, seit 1985 ist kein Wagenaufkommen mehr zu verzeichnen.

1981 wurden insgesamt 865, 1982 805 Wagen an die DB übergeben bzw. übernommen.

Das Ladungsaufkommen in Trossingen ist in den letzten Jahren stetig zurückgegangen. Die vorgenannten Verlader Firma Held, Firma Hohner und die Landproduktenhandlung haben der Bahn den Rücken gekehrt. Bis 1985 sorgte das Tanklager für bescheidenes Wagenaufkommen, 1985 wurden 616 Ladungen insgesamt gestellt, danach war es drei Jahre äußerst ruhig – 1989 fielen ganze 53 Wagenladungen an. Seit Mai 1990 hat der Wagenladungsverkehr wieder angezogen.

Der Stückgutverkehr spielte eine erhebliche Rolle – mehrere Stückgutwagen wurden täglich in Trossingen bereitgestellt. Heute kommt täglich ein Stückgutwagen an die Rampe in Trossingen Stadt.

Beförderungsleistungen

Jahr	Personen	Güter, in t
1904:	81 312	18 034
1914:	84 672	
1918:	102 700	
1919:	140 775	
1924:	287 502	65 580
1927:	230 000	47 000
1930:	164 498	27 209
1932:	108 081	14 265
1933:	98 029	15 132
1935:	150 708	33 340
1938:	170 508	32 644
1960:	232 041	17 500
1965:	168 000	20 800
1970:	128 300	16 400
1972:	118 165	14 860
1973:	131 530	19 220
1974:	151 327	18 124
1975:	143 711	15 164
1976:	127 733	15 233
1977:	126 658	17 516
1978:	129 061	14 352
1979:	129 100	14 800
1980:	126 952	15 034
1981:	124 200	14 600
1982:	126 900	15 000
1983:	96 500	15 900
1984:	96 800	20 500
1985:	89 600	15 900
1986:	83 200	10 600
1987:	84 200	4 200
1988:	78 600	2 400
1989:	86 500	2 400
1990:	96 200	7 300

Personal

Anzahl der beschäftigten Mitarbeiter:

1904:	3 Beamte + 8 Arbeiter
1908:	12 + 3 in den Nebenbetrieben
1928:	23 + 4 in den Nebenbetrieben
1935:	17
1938:	20
1960/65:	16
1970/83:	13
1985:	12
1986:	12
1990:	9

T3 vor Güterzug, 23.7.1979

Trossingen Bahnhof, 4.5.1986

Trossingen Bahnhof, 18.5.1981

Trossingen Bahnhof, 14.5.1991

Streckenbeschreibung

Die Abfahrt- und Ankunftsstelle der TE mit kleinem Bahnsteig befindet sich direkt gegenüber dem EG der DB jenseits der Straße. Das Umsetzgleis ist erst später hinzugekommen. In der Verlängerung mündet das TE-Gleis in einem Stumpfgleis mit Verbindungsweiche zur DB.

Die Strecke folgt auf der ganzen Länge dem Steppachtal und bleibt rechts neben bzw. unterhalb der Straße nach Trossingen, von dort aus gut einzusehen mit besten Standorten für die Fotografen. Das Gleis liegt in ständiger Steigung, mit einem langanhaltenden Abschnitt von 30 ‰. Der ohne Gegengefälle überwundene Höhenunterschied beträgt 66 m (Trossingen Bf 650 m ü. NN, Trossingen Stadt 715,5 m ü. NN). Baulich oder landschaftlich bietet die Strecke keine Besonderheiten.

Durch den Bau der Autobahn mit Anschluß und Kreuzung der B 27 sind zwei große neue Straßenunterfahrungen entstanden, die auch Anlaß zur Erneuerung eines längeren Gleisabschnittes waren.

Der Stadtbahnhof befindet sich am westlichen Ortsrand. Das große Bahnhofsgebäude mit dem schönen Fachwerkobergeschoß und dem Turmanbau an der Straßenseite ist in den 50er Jahren umgebaut und erweitert worden – die Dachkonstruktion und der Turmhelm wurden abgetragen, der Bau nach Osten erweitert und das OG außen verputzt, so daß das Fachwerk nicht mehr sichtbar ist. Zum Jubiläum 1968 erhielt der Bahnhof eine neue Empfangshalle mit

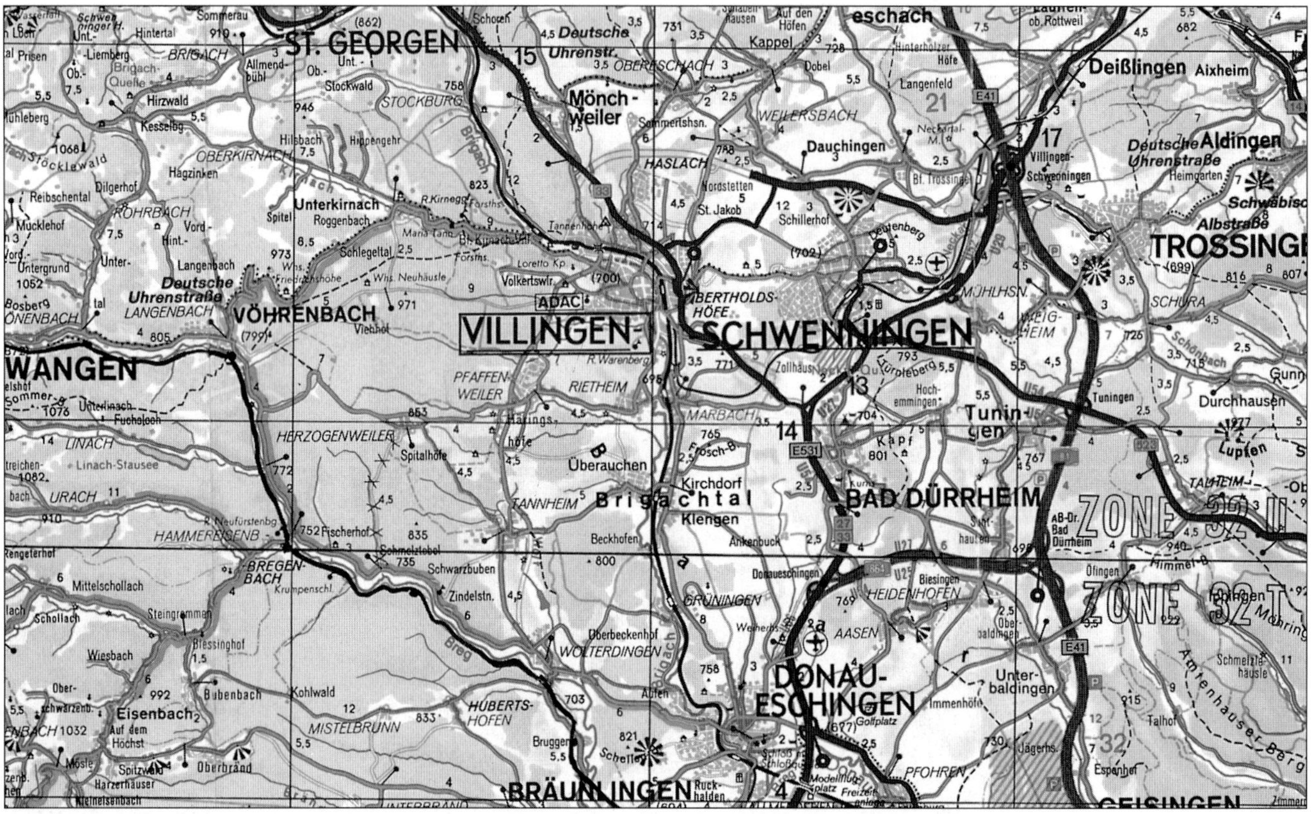

Trossingen Stadt, 1960

Abfertigungsschaltern. In dem Durchgang wurde eine Glasvitrine mit Modellen der TE-Fahrzeuge aufgestellt, die leider wegen versuchten Diebstahls und Beschädigung wieder entfernt worden ist.

Die Gleisanlagen sind mehrfach durch zusätzliche Ladegleise erweitert worden.

Die TE präsentiert sich heute in einem hervorragenden Zustand – in den vergangenen Jahren sind alle Masten neu gestrichen worden, der Oberbau ist durchgearbeitet und in Ordnung, die Bahnanlagen sind in gepflegtem und sauberem Zustand. Die Fahrzeuge bestechen durch gepflegtes und sauberes Aussehen sowohl innen wie außen. Der Museumszug ist auf das immer gute Erscheinungsbild der TE seit 1990 das Tüpfelchen auf dem i.

Trossingen Stadt, 10.5.1975

Trossingen Stadt, 23.7.1979

Trossingen Stadt, Betriebswerkstatt, 10.5.1975

T 3 und T 6, 23.7.1979

Agl COOP, T 6, 17.2.1979

T 5, 10.8.1975

Fahrzeuge

Der Betrieb wurde mit zwei elektrischen Trieb- und einem Beiwagen aufgenommen. Die Fahrzeuge entsprachen bis auf geringfügige Details den kurz zuvor an die LAG ausgelieferten Triebwagen für die Strecke Meckenbeuren – Tettnang. Die Triebfahrzeuge hatten offene Plattformen mit kleinen Windschutzscheiben über den Stirnwänden sowie zwei Abteile mit acht (2. Klasse) und 20 (3. Klasse) Sitzplätzen und dazwischen liegendem Gepäckabteil, das von außen über Schiebetüren zugänglich war, ferner Rollenstromabnehmer (LüP 10,0 m, Radstand 4,0 m). Der Beiwagen entsprach in seinem Aufbau und den Abmessungen den Triebwagen, hatte jedoch ein durchgehendes Abteil mit 50 Sitzplätzen.

Für den Güter- und Rangierdienst kam 1902 eine kleine Ellok hinzu (Radstand 2,5 m, LüP 5,75 m). Die Lok war 65 Jahre im Einsatz und ist 1967 abgestellt worden.

Der Wagenpark wurde 1908 durch einen altbrauchbaren, von Hanomag erworbenen zweiachsigen Beiwagen ergänzt, der durch sein Tonnendach, die geschlossenen Einstiege mit leicht gerundeten Stirnwänden, die schmalen Doppeltüren und die unregelmäßige Fenstereinteilung ein eigenartiges Aussehen hatte. Der Wagen soll als Dampftriebwagen von Ganz & Co Budapest geliefert worden sein und stieß 1908 zur TE. Der Innenraum war in zwei Abteile mit 16 (2. Klasse) und 30 (3. Klasse) Sitzplätzen aufgeteilt, dazwischen befand sich ein Einstieg (LüP 11,5 m, Radstand 5,9 m).

1913 schließlich kam ein dritter Beiwagen zur TE, der den langen Zweiachsern der WüStb entsprach und 75 Sitzplätze 3. Klasse aufwies (LüP 12,9 m, Radstand 8 m).

Dieser Fahrzeugpark – zwei Trieb- und drei Beiwagen, eine Lok – blieb 25 Jahre konstant.

1925 erhielten die Plattformen der Triebwagen eine über die ganze Breite durchgehende Stirnwandverglasung, ferner wurden 1927 die Rollenstromabnehmer durch zwei Lyrabügel mit Schleifstücken ersetzt (später zwei Scherenstromabnehmer).

Statt des ursprünglich dunkelgrünen Anstrichs erschienen die Fahrzeuge ab Mitte der 20er Jahre in einem creme/roten Erscheinungsbild.

Zur Bewältigung des größer werdenden Güterverkehrs beschaffte die TE 1938 einen vierachsigen Triebwagen, der in der Bergfahrt 120 t und bei der Talfahrt 200 t befördern konnte – das war ein Vielfaches der alten ET- und Ellok-Leistung. Neben der bis dahin gebräuchlichen elektrischen Widerstands- und Handbremse hatte der Wagen auch Druckluft- und Solenoidbremse (Schienenmagnetbremse). Zwischen den Abteilen der 2. und 3. Klasse liegt der Einstieg, ferner ist ein Gepäckabteil vorhanden (LüP 15,05 m, Radstand im Drehgestell 2,5 m, Drehzapfenabstand 8,6 m). Der neue Triebwagen erhielt die Nr. 3, der B 3 die nächste freie Nr. 7.

1951 wurden die alten Triebwagen mit geschlossenen Plattformen versehen.

Der B 3 = 7 erhielt 1952 das auf 4,4 m Achsstand verkürzte Untergestell des ausgemusterten B 5 und wechselte seine Nr. erneut in 6, während der alte B 6 = 7 wurde, da er zur Ausmusterung anstand.

1956 wurde ein neuer zweiachsiger Triebwagen in Dienst gestellt, der mit seinem modernen Aufbau, den abgerundeten Plattformen, großen Fenstern und breiten Einstiegen mit Schiebetüren ein elegantes Aussehen hat. Der Wagen weist 30 Sitzplätze und ein großes Gepäckabteil auf, ferner Luftdruckbremse und kann bergwärts 30 t und talwärts 80 t Anhängelast mitnehmen (LüP 12,3 m, Radstand 5,8 m). Der neue ET5 erhielt erstmals den blau/elfenbeinfarbenen Anstrich, dem die anderen Fahrzeuge später folgten.

Mit dem ET5 wurden die beiden Beiwagen arbeitslos. B 6 = 7 wurde ausgemustert und B 3 = 6 = 7 erhielt eine Arbeitsplattform auf dem Dach und diente als Arbeitswagen.

Nach langwierigen Finanzierungsverhandlungen konnte 1968 ein neues Triebfahrzeug beschafft werden. Der Wagen entspricht dem T5, die Schiebetüren sind durch Falttüren ersetzt und auch die Innenteilung ist geändert worden.

Für den Stückgut- und internen Verkehr besaß die TE einen G-Wagen (G4 MAN 1898), der zu Ende des Zweiten Weltkrieges verlustig gegangen ist.

Zum Jubiläum des 125jährigen Bestehens des Trossinger Gewerbevereins 1990 hat der Verein, der sich bereits beim Bau der TE engagiert hatte, der TE Geld zur Verfügung gestellt und die Aufarbeitung der drei noch vorhandenen Fahrzeuge aus den Anfangsjahren angeregt und unterstützt. Die Fahrzeuge sind in der Zentralwerkstatt der Mannheimer Verkehrsbetriebe aufgearbeitet und in den Originalzustand zurückversetzt worden. Das Land

Baden-Württemberg – Amt für Denkmalpflege – beteiligte sich mit 50% an den Aufarbeitungskosten von 150 000 DM. Am 8. September 1990 ging der Olttimerzug, bestehend aus L2, ET 1 und B 6 erstmals auf die Strecke und wird zukünftig für Sonderfahrten bereitgehalten bzw. ist seit Fahrplan 1991 in den Sommermonaten an bestimmten Tagen im Plandienst eingesetzt.

Literatur

7 Jahrzehnte Stadtwerke Trossingen 1898-1968
Trossinger Eisenbahn 1988, 90 Jahre auf der Schiene
beide Schriften herausgegeben von den Stadtwerken Trossingen

Betr.Nr.	Bauart	Hersteller	Baujahr/Fabr.Nr.	Bemerkungen
1, 2	ET^2	MAN/AEG	1898/369, 370	2x50 kW, 1925 durchgehende Stirnwände, 1951 geschl. Plattformen; 2 + 1961; 1 1990 aufgearbeitet
3 = 7 = 6	B^2	MAN	1898	1952 Wagenkasten auf Laufwerk des B 5, neue Nr. B 6, seit 1968 Arbeitswagen B 2, 1990 aufgearbeitet
(4)	Ellok	AEG	1902/160	2x40 kW, abg. 1967, 1990 aufgearbeitet
5	B^2	Ganz & Co	1900	Umbau 1906, urspr. Dampftriebwagen, 1908 als B^2 von Hanomag erworben, + 1952, Fahrgestell an B 3 = 7
6 = 7	B^2	Rastatt	1913/9627	abg. 1965, + 1967
3^{II}	ET^4	Maschf. Eßlingen/AEG	1938/19254	4x75 kW
5^{II}	ET^2	ME/SSW	1956/24836	2x60 kW
6^{II}	ET^2	Rastatt/SWS	1968/2173	2x60 kW
4	G	MAN	1898	1944/45 Kriegsverlust

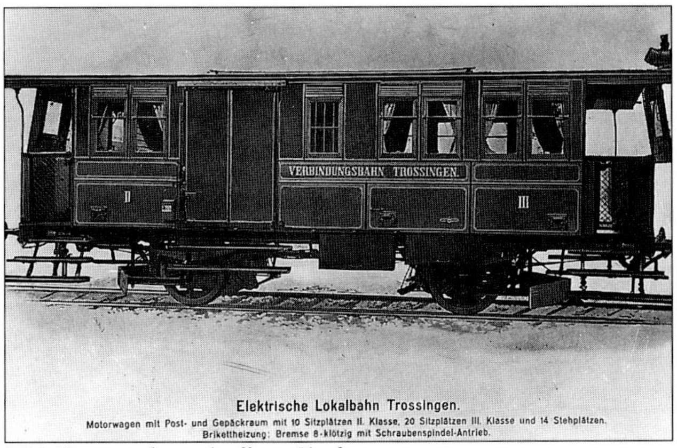

ET 1, Ursprungsform mit offenen Plattformen

ET 1 als Arbeitswagen

ET 1, Umbauform

ET 1 nach musealem Umbau

E-Lok, 28.6.1953

ET 6, E-Karre bringt Gepäck vom DB-Bahnhof Trossingen, 18.5.1981

ET 3, 10.5.1975

B 7

ET 5

B 6

Württembergische Eisenbahn-Gesellschaft

In Württemberg betätigten sich u.a. zwei große Eisenbahn-Gesellschaften: die Württembergische Eisenbahn-Gesellschaft AG (WEG) und die Württembergische Nebenbahnen AG (WN), die beide ihren Sitz in Stuttgart hatten und später eine Betriebs- und Verwaltungsgemeinschaft führten. Beide Gesellschaften hatten ursprünglich nichts miteinander zu tun und sind völlig verschiedenen Ursprungs.

Die WN hat ihre Wurzeln bei der Westdeutschen Eisenbahngesellschaft in Köln, die WEG bei der AG für Bahn-Bau und Betrieb in Frankfurt (M). Erst durch die Fusion der Mutter- bzw. Nachfolgeunternehmen Deutsche Eisenbahn-Gesellschaft und Westdeutsche Eisenbahn-Gesellschaft mit der AG für Verkehrswesen 1925/28 bzw. 1929 sind die beiden württembergischen Bahngesellschaften in unmittelbare Beziehungen zueinander getreten.

Beide Gesellschaften hatten ihre Verwaltungen in einem gemeinsamen Direktionsgebäude in Stuttgart, das 1944 zerstört worden ist. Nach dem Krieg bezogen beide Gesellschaften Mieträume, zuletzt in der Königstraße.

Neben der WEG und WN gibt es seit 1955 die Kraftverkehrsgesellschaft der WEG, WEG-KVG, die den Straßenverkehr abwickelt.

Ferner gehören zur WEG (bzw. DEG) zwei KOM-Betriebe:
seit 1987 die Heidenheimer Verkehrsgesellschaft (hvg) und
seit 1990 die Omnibus-Verkehr Ruoff (OVR), Waiblingen.

Die seit längerer Zeit betriebene Verschmelzung beider Gesellschaften WEG und WN ist 1984 vollzogen worden – am 13. August 1984 beschlossen die Gesellschafterversammlungen der WEG und WN einen entsprechenden Vertrag. Die neue Gesellschaft trägt den Namen Württembergische Eisenbahn-Gesellschaft mbH und ist am 4. Oktober 1984 beim Registergericht in Stuttgart eingetragen worden. Der Vertrag gilt rückwirkend ab 1. Januar 1984. Die WEG hat ihren Sitz in Stuttgart, die Verwaltung befand sich bis 1987 in dem angemieteten Gebäude Königstraße 1B, residierte bis 1991 in dem WEG-eigenen Bürogebäude Mönchhaldenstraße 26 und ist Ende 1991 in das OVR-Betriebsgebäude in Waiblingen (Stetten-Beinstein) umgezogen.

WEG-Geschäftsstellen bestehen in
Stuttgart (Direktion)
Gerstetten (örtliche Bahnverwaltung der Nb AG)
Laichingen (örtliche WEG-Busbetriebsstelle)
Albstadt-Tailfingen (örtliche Bahnverwaltung der Nb EO in A.-Tailfingen)
Gaildorf (örtliche Bahnverwaltung der Nb GU)
Neuenstadt (örtliche Bahnverwaltung der Nb JO)
Weissach (örtliche Bahnverwaltung der Nb KW)
Neuffen (örtliche Bahnverwaltung der Nb NN)
Vaihingen (örtliche Bahnverwaltung der Nb VE)
bis 1989 Reutlingen (örtliche Bahnverwaltung der Nb RG)

Der LKW-Verkehr ist zum 1. Januar 1990 mit der Neuordnung des DB-Stückgutverkehrs ausgegliedert und in die DEG-Spedition eingebracht worden, die nunmehr auch in Württemberg akquiriert und aktiv ist.

Württembergische Eisenbahn-Gesellschaft AG (WEG)

1897 wurde in Frankfurt (M) die AG für Bahn-Bau und Betrieb (BBB) gegründet.

Aus der BBB ging 1898 als Effekten-Holding-Gesellschaft die Deutsche Eisenbahn-Gesellschaft AG (DEAG) hervor.

Zur BBB gehörten drei Tochterunternehmen:
- Bremisch-Hannoversche Kleinbahn mit
  Klb. Bremen – Tarmstedter
  Klb. Bremen – Thedinghausener
- Industriebahn AG mit
  Eisenbahn Beuel – Großenbusch
  Höxtersche Kleinbahn
  Eisenbahn Kaldenkirchen – Brügge
- Württembergische Eisenbahn-Gesellschaft WEG mit
  mehreren Bahnen in Württemberg

Die WEG wurde am 13. Mai 1899 als Aktiengesellschaft unter der Leitung der Firma Artur Koppel, Fabrik schmalspuriger Bahnen in Berlin, in Stuttgart gegründet. Das gesamte Aktienkapital lag bei der BBB.

Die WEG erhielt sieben Konzessionen für den Bau und Betrieb von Nebenbahnen:
Jagstfeld – Ohrnberg (Spurweite 1435 mm)
Vaihingen – Enzweihingen (1435 mm)
Gaildorf – Untergröningen (1435 mm)
Nürtingen – Neuffen (1435 mm)
Amstetten – Gerstetten (1435 mm)
Amstetten – Laichingen (1000 mm)
Ebingen – Onstmettingen (1435 mm)

1911 übernahm die WEG von der Gemeinde Eningen die Lokalbahn Reutlingen – Eningen. Nach der Elektrifizierung der Lokalbahn und mehreren Streckenerweiterungen schied die Reutlinger Bahn 1944 durch Verkauf an die Stadt Reutlingen wieder aus.

1922 ging das Kapital der BBB an die DEAG, die somit auch Besitzerin des WEG-Kapitalanteils wurde. Die Aufgaben der BBB beschränkten sich seit 1922 auf reine Betriebsführungstätigkeiten.

Nachdem die Westdeutsche Eisenbahngesellschaft 1928 mit der Aktiengesellschaft für Verkehrswesen (AGV) – gegründet 1901 im Zusammenhang mit den Lenz-Unternehmungen – fusioniert hatte, ging auch die DEAG 1929 eine Fusion mit der AGV ein unter Aufgabe ihres gesellschaftsrechtlichen Status und Übertragung des Namens auf die BBB, die fortan Deutsche Eisenbahn-Gesellschaft AG (DEGA) hieß, heute Deutsche Eisenbahn-Gesellschaft mbH (DEG).

Die WEG blieb ebenfalls als Betriebsführungsgesellschaft in Stuttgart bestehen. Die Effekten lagen fast ausschließlich bei der AGV (3,6 Mio. Mark Grundkapital, 95% im Konzernbesitz).

Durch die Fusionen 1928/29 mit der AGV kam die aus der Westdeutschen Eisenbahn-Gesellschaft hervorgegangene Württembergische Nebenbahnen AG mit der WEG in Berührung, woraus sich später eine enge Zusammenarbeit entwickelte, die 1984 zur Fusion beider Gesellschaften geführt hat.

Durch Beschluß der Hauptversammlung vom 29. Dezember 1965 wurde die WEG am 31. März 1966 in eine GmbH umgewandelt, wobei das Grundkapital der AG als Stammkapital der GmbH in gleicher Höhe weitergeführt wurde. Das Stammkapital der WEG beträgt 3,6 Mio. Mark und wird mit 3,49 Mio. von der AGV (seit 1966 Aktiengesellschaft für Verkehrswesen und Industrie (AGVI) und 0,19 Mio. DM von dem Bankhaus Sal. Oppenheim in Köln gehalten.

Bis 1984 führte die WEG im Rahmen einer Verwaltungsgemeinschaft die Geschäfte der WN und die der WEG-KVG. Beide Töchter waren bzw. sind seit 1974 bzw. 1976 durch Ergebnisübernahme-Verträge (Organschaftsverträge) an die WEG gebunden.

Die WEG hat mit der DEG Frankfurt (M) seit Januar 1968 einen Vertrag geschlossen über Beratung und Vertretung in Tarif- und Verkehrsangelegenheiten einschließlich Verkehrskontrolle, Abrechnungs- und Entschädigungsdienste. Seit 1. Januar 1975 führt die DEG auch die Betriebsbuchhaltung, Lohn- und Gehaltsabrechnung und das Kassenwesen der WEG, WEG-KVG (und WN).

Die sechs Regelspurbahnen der WEG (alt) bestehen nach wie vor und betreiben Personen- und Güterverkehr. Die Meterspurbahn Amstetten – Laichingen ist 1985 eingestellt und bis auf den Abschnitt Amstetten – Oppingen (Museumsbahn) abgebaut worden.

WEG – Dampflokomotiven (Regelspur)

Bei der Eröffnung der sechs Normalspurstrecken wurden für jede Bahn 2 Lokomotiven beschafft, die fortlaufend von 1-12 numeriert waren. Die erste Bahn NN erhielt die beiden Cn2t 1-2, die letzteröffnete JO die beiden Dn2vt 11-12. Einige dieser Loks wurden schon bald ausgetauscht, so die leichten dreiachsigen Lokomotiven 5 und 6 von Untergröningen nach Enzweihingen, wobei dann die Bahn GU die ersten stärkeren Dn2vt-Maschinen bekam.

Die ersten 4 Maschinen waren dreiachsige Tenderlokomotiven, 1903 folgten 2 Verbundlokomotiven, alle folgenden bis 1908 fabrikneu gelieferten und 1914 ff von anderen Konzernbahnen übernommenen Lokomotiven waren (bis auf Nr. 16 und 20) vierachsige Verbund-Tenderloks, eine Bauart, auf die die WEG offenbar setzte und der sie treu geblieben ist.

Die 1905 von Humboldt und 1908 von der Maschinenfabrik Eßlingen beschafften Loks unterschieden sich äußerlich nur durch die längeren seitlichen Wasserkästen.

Als letzte fabrikneue Lok wurde 1908 die Nr. 13 beschafft, der erste Einsatz war in Onstmettingen, danach hat die Lok öfter die Einsatzbahn gewechselt.

1914 und 1926 übernahm die WEG insgesamt 5 Dn2vt-Lokomotiven von anderen Konzernbahnen und setzte sie auf verschiedenen WEG-Strecken ein. Alle 5 Zugereisten unterschieden sich zu den bereits vorhandenen Dn2vt durch die fehlenden seitlichen Vorratsbehälter.

Die Nr. 16 war offenbar ein ungewollter oder günstig angebotener Gelegenheitskauf – als Cn2t paßt sie nicht in die Beschaffungspolitik der WEG.

Auch die Dn2t 20 war ein Gelegenheitskauf, der offenbar aus der Not heraus getätigt worden ist – die Lok war für eine Zuckerfabrik in Kapstadt bestimmt, kam durch die Kriegsereignisse nicht zur Auslieferung und gelangte nach dem Krieg zur Flensburger Hafenbahn, von wo sie die WEG übernahm. Wegen schlechter Dampfentwicklung war die Lok wenig beliebt, sie wanderte von einer Bahn zur anderen und half da, wo gerade Bedarf war.

1948 übernahm die WEG 2 vierachsige Lokomotiven von der DB, es waren die einzigen Heißdampflokomotiven im WEG-Lokomotivpark.

Die Lokomotiven der WEG haben mehrmals die Einsatzbahn gewechselt – wo wann welche Lok im Einsatz war, läßt sich im einzelnen nicht mehr nachvollziehen. In der Liste ist der erste Einsatz angegeben und der letzte, bzw. die Bahn, bei der die Lok dann abgestellt und verschrottet worden ist.

Bei der Reutlingen – Eninger Bahn ist nachgewiesen, daß eine der Bn2t 1913 umgespurt und nach Onstmettingen gekommen ist. Näheres zu dieser Lok ist nicht bekannt.

Die schmalspurigen Dampflokomotiven sind bei den beiden Meterspurbahnen RE und AL aufgeführt, ein Wechsel hat nie stattgefunden.

WEG Dampflokomotiven

Betr.Nr.	Bauart	Hersteller	Baujahr/Fabr.Nr.	Erster Einsatz	Bemerkungen
1	Cn2t	MF Eßlingen	1899/3086	NN	ALICE = wü T3; 1925 verk. Bremen – Thedinghausen
2	Cn2t	MF Eßlingen	1899/3087	NN	AGNES = wü T3; verk. vor 1922
3	Cn2t	Borsig	1901/4874	EO	pr T3, 1923 verk. Kaldenkirchen – Brüggen
4	Cn2t	Borsig	1901/4875	EO	pr T3, 1913 verk. Bremen – Thedinghausen
5	Cn2vt	Borsig	1903/5187	GU	1904 an VE, abg. 1954 bei VE, + 1958
6	Cn2vt	Borsig	1903/5188	GU	an VE, abg. 1954 bei NN, + 1959
7	Dn2vt	MF Eßlingen	1904/3314	GU	+ 1963 bei EO
8	Dn2vt	MF Eßlingen	1904/3315	GU	+ 1959 bei EO
9	Dn2vt	Humboldt	1905/263	AG	Ersatzkessel 3291, + 1962 bei GU
10	Dn2vt	Humboldt	1905/264	AG	Ersatzkessel 3290, + 1963 bei AG
11	Dn2vt	Humboldt	1906/320	JO	+ 1961 bei VE
12	Dn2vt	Humboldt	1906/321	JO	+ 1959 bei NN
13	Dn2vt	MF Eßlingen	1908/3506	EO	+ 1956 bei GU
14	Dn2vt	Borsig	1908/6679	NN	1914 ex BT; + 1956 bei KW
15	Dn2vt	Borsig	1908/6681	NN	1914 ex BT; + 1952 bei JO
16	Cn2t	Hohenzollern	1911/2722	NN	1922 ex KB; + 1966 bei EO
17	Dn2vt	Borsig	1908/6680	EO	1926 ex BT; + 1959 bei VE
18	Dn2vt	Borsig	1907/5909	NN	1926 ex ESchE; + 1950 bei NN
19	Dn2vt	Borsig	1907/5908	JO	1926 ex ESchE; abg. 1959 bei JO, + 1963
20	Dn2t	Hanomag	1914/7186	JO	1932 gekauft; + 1963 bei NN, bestimmt f. Zuckerfabrik Kapstadt, nicht abgeliefert, bis 1932 Hafenbahn Flensburg
30	Dh2t	MF Eßlingen	1916/3769	NN	1948 ex DB; ehem. wü T6-1402 = DB 92 002,
1	Dh2t	MF Eßlingen	1916/3771	GU	1948 ex DB; ehem. wü T6-1404 = DB 92 004, beide + 1965 bei NN

BT Eisenbahn Bremen – Thedinghausen
KB Eisenbahn Kaldenkirchen – Brüggen
ESchE Eberswalde – Schöpfurther Eisenbahn

WEG Cn2vt 6, Borsig 1903

WEG Dn2vt 7, ME 1904, Onstmettingen, 26.5.1961

WEG Dn2vt 9, Humboldt 1905

WEG Dn2vt 11, Humboldt 1906, Enzweihingen, 1958

WEG Dn2vt 17, Borsig 1908, Enzweihingen, 1959

WEG Cn2vt 16, Hohenzollern 1911

WEG Cn2vt 19, Borsig 1907, Ohrnberg, 1.7.1962

WEG Dn2vt 20, Hanomag 1914, Enzweihingen, 1958

WEG Dh2t 31, ME 1916, Neuffen, 13.3.1962

WEG Personen- und Gepäckwagen (Regelspur)

Die WEG besaß 1912 insgesamt 27 und nach dem Ersten Weltkrieg 29 Personenwagen, von 1938 bis etwa 1950 sind im Bestand 28 Wagen mit den Betr.Nr. 1-28 nachgewiesen, davon mehrere 1942 ex DR.

Diese Wagen teilten sich in vier verschiedene Bauarten auf, die sich durch die Dachform und Fensteranordnung unterschieden.

Mit dem Aufkommen der Triebwagen erhielten einzelne Wagen einen rot/creme-farbenen Anstrich und liefen als Triebwagen-Anhänger, wobei der Bi 20 sogar noch moderne Fenster erhielt und als VB 110 bei GU bis in die 70er Jahre im Einsatz war – die Nr. 110 im VB-Nummern-Schema ist später durch den ex ANB-VB zum zweiten Mal besetzt worden.

Nach 1952 sind die Personenwagen ausgemustert und verschrottet worden, wobei einige Untergestelle in der Werkstatt Neuffen ab 1960 mit neuen Aufbauten der Firma Auwärter in Stuttgart versehen worden sind. Bi Nr. 5 (MAN 1903) gelangte 1983 zur GES und hat dort die Nr. 14 erhalten.

Für jede Bahn war ein PwPostwagen vorhanden, also 6 Stück, die alle verschieden waren und die Nr. 101-106 trugen.

Die schmalspurigen Wagen sind bei den beiden Meterspurbahnen nachgewiesen.

WEG Bi 3, Gerstetten, 14.4.1962

WEG VB (Bi) 110 ex Bi 20, Onstmettingen, Juni 1966

WEG Bi 2, Onstmettingen, 5.5.1962

WEG Pw 103, Untergröningen, 1962

Württembergische Nebenbahnen AG (WN)

Die Württembergische Nebenbahnen AG ist am 29. Mai 1905 entstanden. Sie war einerseits Nachfolgerin der Filderbahn-Gesellschaft (FBG), die am 14. Juli 1884 gegründet worden war, und andererseits ein Tochterunternehmen der Westdeutschen Eisenbahn-Gesellschaft. Das hört sich einfach an, zum Verständnis müssen wir aber etwas weiter ausholen.

1892 hatte der Geheimrat Friedrich Lenz die Eisenbahnbau- und Betriebsgesellschaft Lenz & Co GmbH in Stettin gegründet. Zur Finanzierung der einzelnen Bahnbauten bildete Lenz Kapitalgesellschaften, so u.a. die Ostdeutschen Kleinbahnen AG, die AG für Verkehrswesen (AGV) und 1895 die Westdeutsche Eisenbahn-Gesellschaft in Köln (WeEG). Die WeEG entwickelte sich bis Ende der 90er Jahre zu einem völlig selbständigen und von Lenz unabhängigen Unternehmen.

Zum Betrieb der von ihr erbauten Bahnen gründete die WeEG Betriebsgesellschaften, so u.a. die Badische Lokal-Eisenbahn-Gesellschaft (BLEAG) in Karlsruhe. Das Kapital der BLEAG blieb anteilmäßig ganz in den Händen der WeEG.

Die Filderbahn-Gesellschaft hatte bis 1904 auf der Höhe der Filder südöstlich von Stuttgart mehrere meterspurige Strecken gebaut und plante die Umstellung auf elektrischen Betrieb und z.T. Regelspur. Für dieses Projekt suchte die FBG einen Finanzier und fand ihn 1902 in der WeEG.

Am 1. Juni 1903 trat die WeEG in die Filderbahn-Gesellschaft ein, übernahm die Betriebsführung und beteiligte sich auch finanziell an dem Unternehmen.

Die BLEAG hatte inzwischen drei Konzessionen für den Bau von Nebenbahnen in Württemberg erlangt:

Korntal – Weissach
Reutlingen – Gönningen
Aalen – Ballmertshofen (Dillingen)

– jedoch mit der Auflage, in Württemberg eine Betriebsniederlassung zu gründen. Dies geschah in der Form der Württembergischen Lokal-Eisenbahnen mit Sitz in Stuttgart, einer Unterabteilung der BLEAG (kein Tochterunternehmen!).

Die BLEAG, die mehr in Baden aktiv war (siehe Bd. 2 dieser Buchreihe Beiträge SWEG und Albtalbahn), hielt es 1905 für sinnvoll, ihre Konzessionen für die Bahn Korntal – Weissach an die Filderbahn abzutreten, was auf der Generalversammlung am 29. Mai 1905 beschlossen wurde. Durch diese Verbindung erhoffte sich die WeEG eine finanzielle Aufbesserung der FBG.

Die FBG änderte mit der Übernahme der Korntal-Weissacher Bahn ihren Namen in Württembergische Nebenbahnen AG, womit wir endlich bei der WN angelangt sind.

Veröffentlicht wurde die Namensänderung im Regierungsblatt vom 11. August 1905.

Mit dem Übergang der Nb KW auf die FBG, der von der Verkehrsabteilung des Ministeriums für auswärtige Angelegenheiten vom 20. Dezember 1905 genehmigt worden war, drängten die Ständekammer und die Staatsregierung von Württemberg auch auf die Übernahme der beiden anderen BLEAG-Bahnen RG und Härtsfeldbahn Aalen-Neresheim-Dillingen, was jedoch erst 1910 geschah – am 25. November 1910 gingen die Konzessionen der beiden Bahnen auf die WN und mit Wirkung vom 1. Oktober 1910 in das Eigentum der WN über. Die BLEAG löste daraufhin ihre Dependence in Stuttgart auf

Die WN besaß und betrieb nun vier Bahnen:

Filderbahnstrecken (Spurweite 1000 und 1435 mm)
Reutlingen – Gönningen (1435 mm)
Korntal – Weissach (1435 mm)
Härtsfeldbahn Aalen – Neresheim – Dillingen (1000 mm)

Ferner übte die WN von 1922 bis 1924 die Betriebsführung der Teuringertalbahn aus.

Nach dem Ersten Weltkrieg hatte sich die finanzielle Situation der WN deutlich verschlechtert, was im wesentlichen auf die schlechte Situation bei der Filderbahn zurückzuführen war. Die WN versuchte deshalb, die Filderbahn abzustoßen – 1920 schied die Filderbahn durch Verkauf an die Stadt Stuttgart und an die Staatsbahn aus.

1928 fusionierte die WeEG mit der Aktiengesellschaft für Verkehrswesen (AGV). Die Betriebsführungsaufgaben gingen an die Vereinigte Kleinbahnen AG über, für die Württembergischen Bahnen blieb die WN als Betriebsführungsgesellschaft bestehen (Grundkapital 3,275 Mio. Mark, 99,8% in Konzernbesitz).

Die Effekten hält fast ausschließlich die AGV, seit 1966 AGVI.

1966 wurde – wie bei der WEG – mit Beschluß der Hauptversammlung vom 29. Dezember 1965 die WN AG in eine GmbH umgewandelt, was offiziell am 21. April 1966 geschah, mit Eintragung ins Handelsregister am 20. Juni 1966. Das Grundkapital der AG wurde in gleicher Höhe als Stammkapital von der GmbH weitergeführt.

Das Stammkapital der WN betrug 1984 2,2925 Mio. DM und wurde von der AGVI (2,2659 Mio. DM, Übertragung auf die WEG) und dem Bankhaus Sal. Oppenheim jr & Cie (0,0266 Mio. DM) gehalten.

1972 wurde die Härtsfeldbahn stillgelegt und abgebaut. 1982 wurde die Reutlingen-Gönninger Bahn auf dem oberen Abschnitt stillgelegt und abgebaut, 1985 folgte der untere Abschnitt. Somit verblieb der WN nurmehr die Korntal-Weissacher Bahn, die sich in den letzten Jahren zu einem bedeutenden Verkehrsbetrieb entwickelt hat.

Wie in dem Beitrag über die WEG dargestellt, bestanden schon seit 1928 enge Beziehungen zwischen der WEG und der WN, was 1984 zur Verschmelzung beider Unternehmen geführt hat – der entsprechende Vertrag wurde am 13. August 1984 durch die Gesellschafterversammlung beider Unternehmen unterzeichnet. Damit endete die WN als selbständiges Unternehmen, der Name ist im Handelsregister am 4. Oktober 1984 gelöscht worden.

WN – Dampflokomotiven (Regelspur)

Im Gegensatz zur WEG hatte die WN ihre Lokomotiven und Wagen nicht fortlaufend genummert; die ursprüngliche Numerierung der Vorgängerbahnen wurde beibehalten, so daß die Nummern bei der WN mehrfach besetzt waren.

Die Filderbahn (Regelspurbetrieb) hatte anfangs 4 Lokomotiven. 1905/06 beschaffte die FBG für die eigenen Strecken und die Nebenbahn Korntal – Weissach 5 Dn2vt-Verbundmaschinen, offenbar zusammen mit der WEG vom gleichen Hersteller und gleicher Bauart. 3 Loks kamen zur FBG, dafür wurden die Mallets zu anderen WeEG-Konzernbahnen und die beiden kleinen Maschinen zur Nb KW abgegeben.

Mit der Übernahme der Reutlingen-Gönninger Bahn kamen deren 3 Stück Cn2t mit ihren BLEAG-Nummern 1-3 zur WN.

Wie bei allen Konzernbahnen, so wechselten auch die WN-Lokomotiven mehrfach die Einsatzbahn.

Die FBG Dn2vt 1 und 2 blieben bis 1920 bei der FBG, Nr. 3 finden wir bei KW und RG. Die KW-Dn2vt 4 und 5 blieben zeitlebens in Weissach und sind auch dort verschrottet worden.

Die WeEG beschaffte 1908 4 kleine Lokomotiven mit einem stehenden Kittel-Kessel. Zwei dieser Maschinen kamen zur Moselbahn, 2 zur WN, die sie bei der Nb KW einsetzte. Die Maschinen bewährten sich offenbar nicht, jedenfalls sind die KW-Lokomotiven 1912 an die KWStE verkauft worden, wo sie beim Bw Tübingen bis etwa 1918 eingesetzt waren. KL 2 gelangte später nach Osnabrück zu den Kupfer- und Drahtwerken, von dort erwarb sie der Deutsche Eienbahn-Verein, der sie aufgearbeitet hat und vor seinen Museumszügen einsetzt.

1911 beschaffte die WN 2 schwere fünfachsige Lokomotiven, die anfangs bei der FBG und Nb KW eingesetzt waren. Nr. 11 taucht nach einem Gastspiel bei der Industriebahn Stuttgart-Münster-Cannstatt 1926 bei der Nb KW auf, wo sie bis 1950 blieb. Danach war sie in Reutlingen und ist 1959 in Weissach verschrottet worden. Nr. 12 kam 1915 im Tausch gegen die Dn2vt zur FBG und wurde nach dem Ausscheiden der FBG aus der WN 1922 an die Firma Stern verkauft, die sie an die HzL veräußerte.

1920 und 1936 tätigte die WN zwei Gelegenheitskäufe, beide Maschinen kamen nach Reutlingen, wo sie jedoch nur einige Jahre im Einsatz waren.

Die Meterspurlokomotiven sind bei der Filderbahn und der Härtsfeldbahn nachgewiesen.

WN – Dampflokomotiven

Betr.Nr.	Bauart	Hersteller	Baujahr/Fabr.Nr.	Erster Einsatz	Bemerkungen
1	B'Bn4vt	Hohenzollern	1902/1599	FBG	Typ „Mosel", 1906 an Bergh. Krb.
2	B'Bn4vt	Hohenzollern	1902/1600	FBG	Typ „Mosel", 1906 an Mosenbahn
3	Cn2t		1902	FBG	an KW, 1906 verk.
4	Bn2t		1904	FBG	an KW, 1916 verk.
1	Cn2t	Humboldt	1902/109	RG	1952 an JO, + 1957 bei JO
2	Cn2t	Humboldt	1902/110	RG	+ 1960 bei RG
3	Cn2t	Humboldt	1902/143	RG	verk. vor 1929
1	Dn2vt	Humboldt	1905/290	FBG	1920 verk. Fa. Stern & Co
2	Dn2vt	Humboldt	1905/291	FBG	1920 verk. Fa. Stern & Co
3	Dn2vt	Humboldt	1906/293	FBG	an KW, 1955 an RG, dort + 1959
4	Dn2vt	Humboldt	1906/294	KW	Kessel + 1958, Fahrg. an Nr. 5
5	Dn2vt	Humboldt	1906/295	KW	Fahrg. von Nr. 4 erhalten, + 1960, als Schrott verk. Fa. Rados
11	Bh2t	MF Eßlingen	1908/3480÷83	KW	
12	Bh2t	MF Eßlingen	1908	KW	Kittel-Stehkessel, 1912 an KWStE KL 1, KL 2
11[1]	En2t	MF Eßlingen	1911/3590	FBG	+ 1959 bei KW
12[1]	En2t	MF Eßlingen	1911/3624	KW	1922 verk. Fa. Stern & Co (1929 HzL)
3[6]	Cn2t	Karlsruhe	1883/1063	RG	1920 ex KPEV, Efd 6127, + 1930
	Bn2t	Hohenzollern	1900/1217	RG	1936 ex HzL

WN Cn2t 1, Humboldt 1902

WN Dn2vt 3, Humboldt 1906, Gönningen, 1958

WN Dn2vt 5, Humboldt 1906, Weissach, 1958

WN Dn2vt 5, Humboldt 1906, Korntal

WN Bh2t 11 mit Stehkessel, ME 1911

WN En2t 11, ME 1911, Weissach 1958

WN – Personen- und Gepäckwagen (Regelspur)

In den 30er Jahren zählten zum WN-Fahrzeugpark 24 Personenwagen, die bei den Nb KW und RG eingesetzt waren. Dieser Bestand blieb bis 1950 konstant, wobei 1950 für RG 14 (RG 2-4, 6, 8-17) und KW 11 (KW 1-6, 11-14, 20) Wagen nachgewiesen sind. Die Größe dieses Personenwagenparks ist beachtlich.

Das äußere Erscheinungsbild der Wagen war vielfältig, darunter auch die beiden Vierachser Ci 13 und 11 (Herbrand 1906, 1913) bei KW und 2 kombinierte CPwi. Alle Wagen sind zwischen 1951 und 1965 ausgemustert worden, einige Fahrgestelle wurden 1958/63 für den Bau der VB 201 ff verwendet.

Der RG Ci 8 erhielt später eine geschlossene Plattform und ein Gepäckabteil und war als VB (BPw) 250 mit rot/creme-farbigem Anstrich noch mehrere Jahre im Einsatz. Bi WN 9 (Busch 1904) und WN 16 (Beuchelt 1901), beschafft für RG, gelangten 1975 bzw. 1972 zur GES und haben dort die Nr. 15 und 16 erhalten.

Die WN besaß zwei Gepäckwagen mit Postabteil Nr. 21 und 22. 21 war bei RG bis Mitte der 60er Jahre in Betrieb, Nr. 22 ist bei KW 1962 ausgemustert worden.

Die Meterspurwagen sind bei der FB und Härtsfeldbahn nachgewiesen.

WN Bi ^{4} 13, Weissach, 9.5.1963

WN VB (BPw) 250, Weissach

WN Bi 10, Untergröningen

Triebwagen

Die Verbrennungstriebwagen der WEG und WN sind von Anfang an in einem gemeinsamen Nummernsystem zusammengefaßt worden, wobei vor der Nummer das Eigentumskürzel WEG oder WN steht bzw. stand.

Mit der Zusammenführung der WEG und WN 1984 ist für die Fahrzeuge der WEG mbH ein neues Nummernschema eingeführt worden, was sukzessive bei den HU der VT angewendet wird (VT Nr. 401 ff).

Die WN hatte bereits vor dem Krieg für die Nb KW einen zweiachsigen Triebwagen VT 01 beschafft, der einen in einem Rahmen unter dem Wagenkasten angeordneten 150 PS Motor sowie Stirntüren hatte. Nach dem Krieg ist der Wagen modernisiert und mit zwei Unterflurmotoren ausgerüstet worden, die Stirntüren wurden entfernt. Nach einem Unfall ist der Triebwagen 1961 ausgemustert worden – in Weissach, wo er – bis auf die Aushilfszeit 1946-48 bei der Nb NN – zeitlebens war.

Als Ersatz und mit Teilen des alten T 01 baute die WN einen neuen T 01, der auf einem neuen Untergestell einen Wagenkasten von der Firma Auwärter in Stuttgart erhielt, der ebenfalls der Nb KW zugewiesen wurde.

Die WEG stellte 1953 den ersten VT in Dienst, der von der Kleinbahn Neheim-Hüsten-Sundern übernommen und 1953 mit einem neuen Aufbau versehen worden war. Der Wagen war ursprünglich bei der Nb EO und dann immer bei der Nb RG eingesetzt und ist seit 1979 in Neuffen abgestellt.

Ebenfalls 1953 übernahm die WEG von der DB zwei Triebwagen der Reihe VT 70, die 1957 in der Werkstatt Weissach aufgearbeitet und mit neuen Motoren versehen wurden. T 03 war bis 1957 bei der Nb RG und dann bei der Nb VE eingesetzt und ist nach einem Unfall 1975 abgestellt worden. Als Ersatz kam das Schwesterfahrzeug T 04, das von Anfang an bei der Nb GU im Einsatz war und seit 1975 bei der Nb VE im Einsatz ist; an seine Stelle kam T 036 zur Nb GU.

1955/56 beschafften WN und WEG insgesamt 5 gleiche zweiachsige Triebwagen von der Waggonbaufirma Fuchs, 4 für Regelspur und 1 für die Meterspurbahn Amstetten – Laichingen, letzterer ist nach der Zuweisung von Härtsfeldbahn-Triebwagen nach Laichingen umgespurt und der Nb GU zugewiesen worden. T 05 war und ist Stammfahrzeug für die Nb AG, T 06 war viele Jahre einziges Triebfahrzeug bei der Nb JO, T 07 tat Dienst bei der Nb KW und der Nb RG und T 08 bei der Nb KW, der Nb NN und seit Jahren als einziges Triebfahrzeug bei der Nb EO.

Ähnlich den Fuchs-Wagen und baugleich mit VT 01 II. Bes. ist der T 09, der von der WEG zusammen mit Auwärter entwickelt und gebaut worden ist.

WN T 01, Dessau 1935

WN T 01, WN/Auwärter 1969, Weissach, 21.5.1976

WEG T 02, Gotha 1934, Untergröningen, 10.8.1960

WEG T 03, Wegmann 1925, Vaihingen, 24.3.1962

WEG T 06, Fuchs 1956, Neuenstadt, 16.5.1975

Wie für viele andere Nebenbahnen, so lieferte die Maschinenfabrik Eßlingen 1951 und 1953 auch für die WEG zwei vierachsige, moderne große Triebwagen in der tpischen ME-Bauart. Die Wagen waren lange Zeit bei der Nb NN und der Nb KW im Einsatz.

Von der DB erwarb die WEG 1953 einen Oldtimer Baujahr 1928. Nach Modernisierungsarbeiten, insbesondere im Stirnwandbereich und Ausrüstung mit vier neuen Motoren, kam der Wagen 1958 im schweren Steinverkehr bei der Nb NN zum Einsatz, wo er auch heute noch ist. 1990 ist der Wagen aufgearbeitet worden und zeigt sich in neuem WEG-Look und in alter Frische.

1965, 1975, 1977 und 1978 stießen als Gelegenheitskäufe 5 Gebrauchttriebwagen zur WEG/WN: die Zweiachser wurden im Beschaffungszustand eingesetzt, während der Frankfurt-Königsteiner Wagen als Unfallfahrzeug übernommen worden ist und nach der Wiederherstellung und Modernisierung 1980 der Nb KW zugewiesen wurde. Nach der Beschaffung der neuen WU-Triebwagen ist der T 405 nach Neuffen umgesetzt worden.

Der von der Kiel-Schönberger Eisenbahn gekaufte VT KS 80 gab nur ein kurzes Gastspiel – gleich nach dem Kauf wurde er zur SWEG ausgeliehen und tat in Menzingen und Ottenhöfen Dienst. Ein rechtes Arbeitsfeld fand sich bei der WEG nicht – der Wagen war jahrelang in Weissach abgestellt und ist 1984 zum Schrottpreis an die SWEG verkauft und nach Menzingen überführt worden. Seine bei der WEG vorgesehene neue Nummer 404 hat er nie getragen.

T 23 und T 24 wurden für den schweren Steinverkehr bei der Nb NN beschafft, waren ursprünglich mit Scharfenberg-Kupplung ausgestattet und konnten mit Vielfachsteuerung zusammen eingesetzt werden. Nach der Aufgabe des Steinverkehrs ist die Schaku gegen normale Zughaken getauscht und wenig später sind die Wagen zur Nb JO umgesetzt worden.

Aus der neuen NE-Triebwagenreihe der Firma Waggon Union Berlin beschaffte auch die WEG zwei Fahrzeuge, die bei der Nb KW eingesetzt sind, zwei weitere sind bestellt.

Schließlich sind noch 5 Fahrzeuge zu erwähnen, die die WEG altbrauchbar gekauft hat, die aber nicht mehr zum Einsatz gekommen sind, da die Beschaffungspolitik sich ab 1980 auf die modernen WU-Triebwagen ausrichtete:

Von der Kassel-Naumburger Eisenbahn wurde 1977 der Vierachser VT 110 erworben – der Wagen stand lange betriebsunfähig in Weissach und wurde 1982 von dem Arbeitskreis „Historischer Zug e.V. Kassel" übernommen.

Von der Eisenbahn Altona – Kaldenkirchen – Neumünster und der Alsternordbahn wurden 1977 2 Trieb- und 2 Beiwagen MAN Baujahr 1957/58 übernommen (AKN VT 2.10, ANB VT 4.41, 4.44 und VS 4.45). Während der AKN-VT zu einem Beiwagen umgerüstet wurde, fand man für die anderen Fahrzeuge keine Verwendung, sie wurden im Laufe der Jahre ausgeschlachtet und 1982 zur HW Lengerich (zur Verschrottung) überführt.

Als jüngste Errungenschaft im Park der Zugereisten gelten die Eßlinger Trieb- und Steuerwagen VT 102, 103, 104 (VT 101 ist bereits seit 1975 bei der WEG) und VS 201-203 von der Kleinbahn Frankfurt-Königstein, die gründlich aufgearbeitet werden sollten und für Neuverkehre vorgesehen waren. Neuere Überlegungen zielen dahin, die FK-Fahrzeuge zu verkaufen, da z. Zt. kein Bedarf für weitere betriebsfähige VT besteht.

WEG – WN – Triebwagen

Betr.Nr.	Bauart	Hersteller	Baujahr/Fabr.Nr.	Bemerkungen
WN T 01[I]	VT[2]	Dessau	1935/3101	2 x 150 PS, bis 1953 1 x 150 PS; 1953 neue Motoranlage; + 1961 nach Unfall bei KW
WN T 01[II]	VT[2]	WN/Auwärter	1969/	2 x 210 PS; Unterg. WN, Aufbau Auwärter, Bau 1962-1969, + 1985
WEG T 02	VT[2]	Gotha	1934/28058	170 PS; 1950 ex Klb NHS, 1953 mit neuem Aufbau in Dienst gestellt, abg. 1979
WEG T 03	VT[2]	Wegmann	1925/35252	2 x 180 PS; urspr. 2 x 150 PS; 1953 ex DB VT 70 901; abg. 1975; 1980 verk. DEG (TWE)
WEG T 04	VT[2]	Wegmann	1927/35254	2 x 210 PS; urspr. 2 x 150 PS; 1953 ex DB VT 70 900; Umbau 1957; 1989 Einbau einer Funkfernsteuerungsanlage im Bw Lengerich
WEG T 05	VT[2]	Fuchs	1956/9055	2 x 210 PS
WEG T 06	VT[2]	Fuchs	1956/9056	2 x 210 PS
WN T 07	VT[2]	Fuchs	1956/9059	2 x 192 PS; abg. 1985 (in Neuffen); Ersatzteilspender
WEG T 08	VT[2]	Fuchs	1956/9057	2 x 192 PS; + 1984 bei KW
WEG T 09	VT[2]	WEG/Auwärter	1963	2 x 210 PS; urspr. 2 x 170 PS
WN T 10 = 402	VT[4]	MF Eßlingen	1951/23343	urspr. 2 x 150 PS; 1968 neue Motoranlage 2 x 210 PS
WEG T 11 = 401	VT[4]	MF Dessau	1928	4 x 210 PS; 1953 ex DB VT 66 906; 1958 iD, 1990 aufgearbeitet
WN T 12	VT[2]	MAN	1956/142776	2 x 200 PS; 1978 ex VB Hornburg VT 12
WN T 19 = 405	VT[4]	MF Eßlingen	1958/24999	2 x 227 PS; 1975 ex Klb Frankfurt-Königstein T 101, 1980 nach Umbau iD
WEG T 20 = 403	VT[4]	MF Eßlingen	1953/23493	2 x 210 PS; bis 1958 2 x 150 PS
WN T 21	VT[2]	MAN	1957/143403	192 PS; 1965 ex Uetersener Eb T 4, Zuweisung KW
WN T 22	VT[2]	MAN	1958/143554	210 PS; 1965 ex Uetersener Eb T 5, Zuweisung KW
WEG T 23	VT[2]	Gmeinder/Auwärter	1968/5442	2 x 210 PS; Vielfachsteuerung, urspr. Schaku für die Fal-Züge auf der
WEG T 24	VT[2]	Gmeinder/Auwärter	1968/5443	Nb NN; 1978 normale Zughaken
WEG T 36	VT[2]	Fuchs	1955/9058	2 x 210 PS; urspr. AL, Spurweite 1000 mm, 1973/74 umgespurt
WN T 80 = 404	VT[4]	MaK	1953/505	2 x 145 PS; 1977 ex Kiel-Schönberger Eb T 80; 1978 abg, 1984 als Schrott an SWEG
WN T 410	VT[4]	WU	1981/82206/7	2 x 260 PS
WN T 411	VT[4]	WU	1981/82206/8	2 x 260 PS
WEG T 412, 413	VT[4]	WU	1993	mit Doppelfalttüren und geänderten Stirnfenstern
WEG 406	VT[4]	ME	1959/25000	2 x 275 PS; 1989 ex Frankfurt-Königstein 102, kurzzeitig i.E. NN, abg. in Neuffen
WEG 407	VT[4]	ME	1959/25001	2 x 275 PS; 1989 ex Frankfurt-Königstein 103, abg. in Weissach
WEG 408	VT[4]	ME	1961/25628	2 x 275 PS; 1989 ex Frankfurt-Königstein 104, abg. in Lengerich

WN 402 ex T 10, ME 1951, Neuffen, März 1987

WEG 401 ex T 11, Dessau 1928, bei Neuffen, 25.8.1984

Werkaufnahme des T 10

WN T 21, MAN 1957, Weissach, 21.5.1976

WEG 403 ex T 20, ME 1953, Neuffen, 8.5.1987

WEG T 23, Gmeinder/Auwärter 1968, Friedrichshall 24.5.1981

Werkaufnahme des T 20

WEG T 36 (Regelspur), Fuchs 1955, Gaildorf 1990

WN T 410, WU 1981, Korntal 1991

WN VT 412, WU 1993 mit Doppelfalttüren und geänderter Stirnwand, Heimerdingen, 17.5.1994

VT – Bei- und Steuerwagen

Die WEG hat ihre Wagen mit 101 ff und die WN mit 201 ff numeriert, davon abweichend sind die WN-Zugänge VM und VS 110 und 113. Die Beschaffungspolitik ist gemeinsam durchgeführt worden – es sind bis auf die Fremdzugänge ausschließlich moderne Aufbauten der Firma Auwärter auf neue und alte Fahrgestelle.

Der älteste Beiwagen ist ein Vierachser, den die Firma Auwärter 1956 auf dem Untergestell des ehemaligen WN C4i Nr. 13 aufgebaut hat. Der Wagen hat Mitteleinstiege mit ursprünglich einer großen Schiebetür (VB 22), die später durch eine zweiteilige Falttür ersetzt worden ist (VB 122), ferner Stirnwände mit zwei großen Fenstern (LüP 14,7 m, Gew. 16,8 t, 82 Sitzplätze).

Alle folgenden Auwärter-Aufbauten sind auf zweiachsigen Fahrgestellen erstellt worden.

1958/61 entstanden unter Verwendung alter Untergestelle für die WN 5 und für die WEG 7 Beiwagen mit z.T. beidseitigen Gummiwulst-Übergängen und z.T. einseitigem Gummiwulst-Übergang und einseitiger fester Stirnwand mit zwei großen Stirnfenstern; erstere werden als Mittel-, letztere als Endwagen benutzt. Die WEG-Wagen und der WN-Mittelwagen haben an den Enden Einstiege mit mehrteiliger Falttür, dagegen sind bei den WN-Endwagen die Einstiege nur in Wagenmitte angeordnet. Die Abmessungen der Wagen sind unterschiedlich (LüP 12,3-13,0 m, Radst. 7 bzw. 8 m, Gew. 12,9-13,4 t, WEG 52, WN 64 Sitzplätze).

1963/64 folgten für die WN 3 Stück und für die WEG 4 Stück äußerlich gleiche aber in den Abmessungen verschiedene Wagen, die von Auwärter auf neuen in der Hauptwerkstatt Neuffen hergestellten Fahrgestsellen aufgebaut worden und den Vorgängern ähnlich sind, der Aufbau ist jedoch mehr den Fuchs-VT T 05 ff angeglichen (LüP 13-13,8 m, Radst. 7 m, Gew. 13-14,7 t, 50-56 Sitzplätze). Die Wagen haben Endeinstiege mit zweiteiligen Falttüren und großen Plattformen und sind als VS mit einem Führerstand konzipiert, jedoch nur für die WEG als VS gebaut und für die WN als VB geliefert worden.

Die Nummer 205 ist merkwürdigerweise nicht besetzt gewesen.

Zusammen mit dem Hornburger VT T 12 kam der zugehörige VS, den die WN mit der alten VBH-Nr. VS 113 einreihte (LüP 16,2 m, Gew. 15,3 t, 60 Sitzplätze). Von den vier vorher erwähnten bei AKN bzw. ANB erworbenen Trieb- und Beiwagen wurde nur der ANB VT 4.41 verwendet, er kam nach Ausbau der Maschinenanlage als WN VB 110 (LüP 16,2 m, Gew. 15,3 t, 78 Sitzplätze) zum Einsatz und läuft meistens zusammen mit dem VS 113 und dem T 12 als Pendelzug mit typischem MAN-Aussehen.

WEG VB 106 + 105 + 107, Auwärter 1960/61, WEG-Variante mit Endtüren, Nürtingen, 21.5.1976

WN VB 204, 206, Auwärter 1958, WN-Variante mit Mitteleinstieg, Weissach, 8.3.1962

WN VB 206, Auwärter 1958, WN-Variante mit Mitteleinstieg und einseitigem Gummiwulstübergang, Weissach, 21.9.1976

WN VS 209, Auwärter 1963, analog VT 05 ff, Amstetten, 2.11.1982

Das modernste Fahrzeug ist der zu den neuen WU-Triebwagen 410, 411 gehörige vierachsige Steuerwagen VS 220 (LüP 23,9 m, Gew. 26,58 t, 80 Sitzplätze).

Der jüngste Zugang im Beiwagenpark ist der VS 230, der als VT 62 von der Teutoburger Wald-Eisenbahn übernommen worden ist und nach dem Ausbau der Maschinenanlage als Steuerwagen läuft (102 Sitzplätze). Analog zu diesem VS wurde seit 1990 ein von der Kahlgrundbahn übernommener gleicher VB umgebaut, der 1993 als VS 240 im neuen Farbdesign in Betrieb genommen worden ist.

Schließlich sind zusammen mit den Frankfurt-Königsteiner VT drei dazugehörige VS übernommen worden, die z.Zt. in Lengerich stehen und auf die Herrichtung bzw. weitere Verwendung warten.

WEG – WN Bei- und Steuerwagen

Betr.Nr.	Bauart	Hersteller	Baujahr/Fabr.Nr.	Bemerkungen
WEG 101-105	VB	Auwärter	1960/61	Aufbau auf MAN-Fahrg. alter Personenwagen, beidseitige Übergänge mit Gummiwulst
WEG 106, 107	VB	Auwärter	1961	dto, geschl. Plattform, einseitig Übergang mit Gummiwulst; 106, 107 verk. 1990 EUROVAPOR (Kandern),
WEG 108, 109	VB	Auwärter	1963	Aufbau auf neue Fahrgestelle der Werkstatt Neuffen
WN 110	VB	MAN	1957/142780	1979 ex ANB VT 4.41, Ausbau der Maschinenanlage
WEG 111	VS	Auwärter	1964	Aufbau auf neue Fahrgestelle der Werkstatt Neuffen
WEG 112	VB	Auwärter	1964	wie 111
WN 113	VS	MAN	1959/143547	1978 zusammen mit T 12 ex Verkehrsbetr. Hornburg VS 113
WEG 122	VB[4]	Auwärter	1956	Aufbau auf Unterg. Ci 13, urspr. VB 22, abg. NN
WN 201-204, 206	VB	Auwärter	1958	Aufbau auf ME/Herbrand-Fahrgestelle alter Personenwagen (Bi 2-4 u. 11), Mitteleinstieg, einseitiger Gummiwulst-Übergang; 202 beidseitige Gummiwulst-Übergänge; 201-206 abg.
WN 207-209	VB	Auwärter	1963	Aufbau auf neue Fahrgestelle der Werkstatt Neuffen; 209 bis 1987 VS; 207 verk. 1989 Dampfb. Kochertal; 203, 206 abg. 1981
WN 220	VS[4]	WU	1981	zu VT 410, 411
WN 230	VS[4]	ME	1952/23504	1986 ex Teutoburger Wald-Eb VT T 62; Ausbau der Maschinenanlage, modernisiert u. zu VS umgebaut in der HW Neuffen, iD seit 1989
WEG 240	VS[4]	ME	1955/23779	1988 ex Kahlgrundbahn VB 166 (urspr. Tegernseebahn und Frankfurt-Königstein VS 166); 1990/93 Umbau zu VS (wie VS 230), i.B. seit Oktober 1993
WEG 201-203	VS[4]	ME	1959/25002-04	1989 ex FK 201-203, z.Zt. abg. in Lengerich

WEG VB 122, Auwärter 1956, Onstmettingen, 5.5.1962

Diesellokomotiven

Mit dem Aufkommen der Dieseltriebwagen übernahmen diese das gesamte Geschäft bei den Einsatzbahnen, auch den mehr oder weniger starken Güterverkehr.

Für den ansteigenden Verkehr, besonders für den Zuckerrübenverkehr, bei der Nebenbahn Korntal-Weissach genügten die Triebwagen nicht mehr; die WN erwarb deshalb 1978 von der Hohenzoller. Landesbahn deren vierachsige Stangenlok V 82 und setzte sie als WN V 83 bei der Nb KW ein (MaK 1957/800 090, 850 PS, LüP 11,36 m, Gew. 62 t). Die Lok war bis 1982 im Einsatz, wurde dann mit dem Zugang der beiden neuen WU-Triebwagen brotlos und ist 1983 an die Firma Layritz in München verkauft worden.

Für den Stückgutverkehr Korntal-Weissach erwarb die WEG im Dezember 1989 von der Teutoburger Wald-Eisenbahn die ehemalige DB-V-Lok 216 004, die erst im Februar 1989 zur TWE gekommen war und im Dezember des gleichen Jahres in Weissach ein neues Arbeitsfeld erhielt. Die orange lackierte Lok wurde dem WEG-Farbschema angepaßt und präsentiert sich seit Februar 1990 im orange/gau/blauen Gewand als WEG V 216 (Krupp 1960, 2090 PS, LüP 16,0 m, Gew. 74 t). Nach dem Rückgang des Stückgutverkehrs in Weissach ist die Lok dort ebenfalls brotlos geworden, sie ging am 16. Juli 1993 zurück zur TWE nach Lengerich.

Literaturhinweis

1986 ist im Motorbuch Verlag Stuttgart ein umfangreiches Buch von Dr. H. Bürnheim über die WEG erschienen.

Die Texte der hier vorliegenden Dokumentation sind kein Abklatsch des Buches von Dr. Bürnheim, vielmehr sind die Bahnbeschreibungen nach der üblichen und bewährten Gliederung der EK-Kleinbahnbücher geschrieben, sind die Angaben überarbeitet, geprüft, verglichen und da wo notwendig korrigiert worden, insbesondere bei den Angaben zum Verbleib der Fahrzeuge. Ferner sind die Beiträge über die einzelnen Bahnen durch eigenes Erleben und eigene Aufzeichnungen sowie Bahnbereisungen 1990 und 1991 ergänzt und die Entwicklung bis Ende 1991 fortgeschrieben.

Unterschiedliche Angaben zu denen im Buch von Dr. Bürnheim sind geprüft und weitestgehend abgesichert.

WN V 83, Weissach, 29.6.1982

WN V 216, Korntal 1991

Nebenbahn Amstetten – Gerstetten (Nb AG)

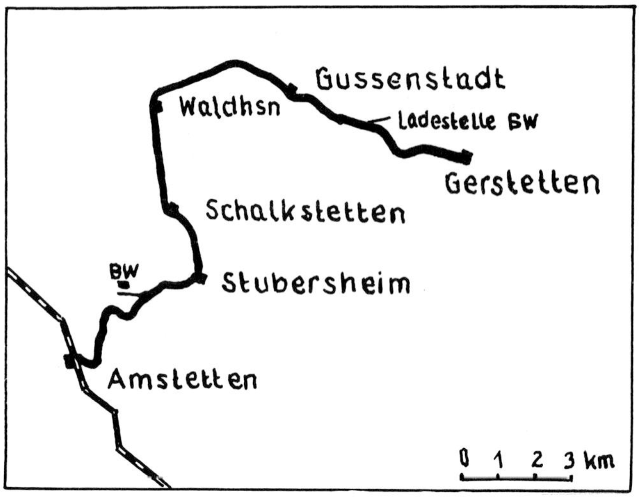

Amstetten Nebenbahn-Bahnhof – Gerstetten

Spurweite:	1435 mm
Streckenlänge:	20,05 km
Gleislänge:	21,7 km (1960), 22,3 km (1975 ff)

Eigener Bahnkörper

Betriebseröffnung: 01.07.1906

Eigentümer und Betriebsführung:
Württembergische Eisenbahn-Gesellschaft

Sitz der örtlichen Betriebsleitung:
Gerstetten

Ausstattung

Lokschuppen und Werkstatt in Gerstetten
Anzahl der Bahnübergänge mit Blinklicht-/Lichtzeichenanlage: 6, davon 1 mit Halbschranken
Zugbahnfunk seit 1989

Typisch für die AG sind die kleinen, völlig gleichen Bahnhofsgebäude mit Dienst-, Warte- und Güterraum, ähnlich denen der Nb Jagstfeld – Ohrnberg, die bis Mitte der 80er Jahre mit Agenten besetzt waren.

km 00,00 Amstetten; Umsetzgleis, etwas zurückgelegenen Übergabegleise und Verbindung zur DB, Wohnhaus, darüber hinaus keine eigenen Anlagen.

km 03,40 Agl Bundeswehr-Depot Amstetten, mehrere Ladegleise, z.T. überdacht, Lokschuppen für die BW-eigene Lok (dient heute den Ulmer Eisenbahnfreunden als UEF-Bw), früher Gleiswaage (entfernt).

km 05,06 Stubersheim, kleines Bahnhofsgebäude (vermietet), Kreuzungs- und Ladegleis, Ladegleis der Sägerei (1982 entfernt), früher Gleiswaage (entfernt), aufgestellter G10-Wagenkasten für die Rotte.

km 07,44 Schalkstetten, kleines Bahnhofsgebäude, Warteraum noch genutzt, Kreuzungs- und Ladegleis, Lagerschuppen der WLZ.

km 09,99 Waldhausen, kleines Bahnhofsgebäude (vermietet), Kreuzungs- und Ladegleis.

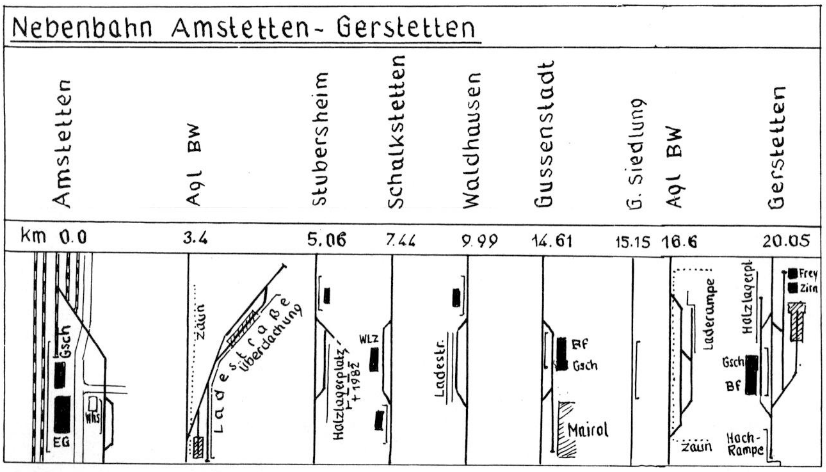

Gleisskizzen Stand 1961/90

km 14,61 Gussenstadt, großes Bahnhofsgebäude mit angebautem Güterschuppen (UG vermietet, OG Wohnung), Kreuzungs- und Ladegleis, Gleiswaage (entfernt), Agl Mairol.

km 15,15 Gussenstadt Siedlung, Hp (seit 1956), Bahnsteig und Ortsschild.

km 16,60 Agl Bundeswehr-Depot Steinheim, langes Abstell- und Ladegleis mit zwei Gleiswechseln.

km 20,05 Gerstetten, großes Bahnhofsgebäude mit angebautem Güterschuppen, UG Diensträume, OG Wohnung. Lokschuppen und Werkstatt, mehrere Gleise, Rübenverladerampe, Gleiswaage (entfernt), Lagerschuppen Fa. Frey u. Fa. Zirn, heute Firma Leco Gesundheitsschuhe.

Geschichtliche Entwicklung und Bedeutung

Da bei den Planungen für die Hauptstrecke Stuttgart – Ulm – Friedrichshafen die Führung durch das Remstal unberücksichtigt blieb, war die Trasse ab Stuttgart durch das Neckar- und Filstal vorgegeben, auch ab Ulm Richtung Süden ergaben sich keine Schwierigkeiten. Der Albaufstieg ab Geislingen stellte allerdings erhebliche Probleme. Als Trassenvariante war u.a. eine Streckenführung mit geringer Steigung durch das Eybtal über Eybach und weiter durch das Mägentäle über Gussenstadt – Gerstetten – Weidenstetten nach Ulm im Gespräch, man entschied sich dann aber für den direkten Albaufstieg Geislingen – Amstetten, der sog. Geislinger Steige, die heute noch Bewunderung und Hochachtung für die mutigen Eisenbahnbauer der damaligen Zeit abnötigt – 1850 war der Bau der Geislinger Steige fertiggestellt.

Auch als wenig später die KWStE die Strecke von Aalen über Heidenheim nach Ulm projektierte, blieb Gerstetten unberücksichtigt – man wählte die etwas längere, aber topographisch weniger schwierige Trassenführung durch das Brenztal.

Die neuen Bahnstrecken zogen bald Industrie an, die kleinen Betriebe abseits der Bahn hatten es immer schwieriger, gegen die Konkurrenz anzukämpfen, die durch die besseren Verkehrsverhältnisse billiger arbeiten und anbieten konnte – das galt auch für die Baumwoll- und Leinenwebereien um Gerstetten. Viele kleine Handwebereien gaben auf, die Bewohner verließen ihren Heimatort, um auswärts bessere Verdienstmöglichkeiten wahrzunehmen, der Niedergang des heimischen Kleingewerbes und der Ortschaften zeigte sich überall.

Um dieser Entwicklung entgegenzuwirken, gründeten mehrere Bürger 1895 einen Verein zur Hebung der Industrie in Gerstetten – der Erfolg blieb aus, weil durch die Verkehrsferne die Ansiedlung neuer Industriebetriebe wenig attraktiv war.

Ab 1896 bemühte sich der Bürgerverein intensiv um eine Eisenbahnstrecke Amstetten – Gerstetten – Herbrechtingen. Am 19. April 1896 wurde ein Eisenbahnkomitee gegründet, das eine Vorlage für diese Strecke ausarbeitete und ein Gutachten von Prof. Maurer aus Stuttgart einholte. Die Vorlage wurde am 23. Dezember 1896 bei der Ständekammer und der Regierung in Stuttgart eingereicht.

Wenig später wurde von dem Eisenbahnkomitee eine weitere Streckenvariante von Beimerstetten über Gerstetten nach Heidenheim vorgeschlagen. Die Abgeordnetenkammer empfahl in einer Stellungnahme vom 12. Mai 1897 der Königlichen Regierung eine Bahnstrecke nach dem 1. Vorschlag. 1898 arbeitete das Planungsbüro der KWStE ein Projekt für eine 750 mm Schmalspurbahn aus und empfahl 1899, die Strecke vorerst nur bis Gerstetten zu bauen.

Da die Angelegenheit nicht weiterging, wandte sich das Eisenbahnkomitee 1899 an die neugegründete WEG, die sofort Interesse zeigte und sich des Projektes annahm. Am 14. Dezember 1901 schlossen die beteiligten Gemeinden mit der WEG einen Vertrag zur Projektierung der Strecke Amstetten – Gerstetten ab, mit dem sich die Gemeinden verpflichteten, 5000 Mark pro km zu zahlen und die für den Bahnbau benötigten Grundstücke zur Verfügung zu stellen. Die Staatsregierung stellte einen Zuschuß von 32 000 Mark pro km.

Am 30. Juni 1902 erhielt die WEG die Konzession für eine Nebenbahn von Amstetten über Schalkstetten – Gussenstadt nach Gerstetten.

Die Kostenfrage wurde dergestalt geregelt, daß Gerstetten 43%, Gussenstadt 25%, Waldhausen 14% und Schalkstetten und Stubersheim je 9% des auf die Gemeinden fallenden Anteils übernahmen.

Der endgültige Bau- und Betriebsvertrag wurde mit der WEG am 2. Februar 1903 in Gussenstadt abgeschlossen, er erhielt u.a. die Änderung der ursprünglich vorgesehenen Schmalspur in Regelspur, wofür die Gemeinden die Mehrkosten zu tragen hatten. 1903 folgte der Vertrag mit der KWStE über die Einführung in Amstetten, somit stand dem Bahnbau nichts mehr im Wege.

Im Dezember 1904 wurde mit dem Bahnbau begonnen, 1 ½ Jahre später konnte der Betrieb aufgenommen werden.

Die gesamten Baukosten einschließlich der Fahrzeuge betrugen 1,65 Mio. Mark, dazu kamen 140 000 Mark Grunderwerbskosten. Der Endbahnhof in Gerstetten war so angelegt, daß eine Verlängerung zur Brenztalbahn möglich war – wie ursprünglich auch vorgesehen. Diese Absicht ist in den folgenden Jahren immer wieder diskutiert, aber nie verwirklicht worden.

Die Eröffnungsfeierlichkeiten am 1. Juli 1906 waren für alle Anliegerorte ein besonderes Ereignis – die Bahnhöfe waren festlich geschmückt, die Schulkinder hatten frei, überall erwarteten die Anwohner und Gäste den Zug mit Gesang, Reden und Böllerschüssen; Kapellen waren versammelt, in Gerstetten fand ein Festakt statt.

Die Bahn entwickelte sich gut, die Beförderungsleistungen im Personenverkehr waren befriedigend, im Güterverkehr blieben sie zeitlebens bescheiden. Besondere Ereignisse fanden bis zum Zweiten Weltkrieg nicht statt. 1940 errichtete die Wehrmacht bei Stubersheim ein Treibstofflager, das über ein Anschluß- und Ladegleis von der Nebenbahn versorgt wurde. Nach dem Krieg kam ein Ladegleis für das Munitionsdepot Steinheim hinzu, das bei Gussenstadt angelegt wurde.

Die Nb AG hatte in der letzten Kriegsphase insbesondere unter Luftangriffen zu leiden, die der Bahn einige Schäden an den Bahnanlagen und Fahrzeugen brachten. Der Bahnbetrieb mußte am 8. April 1945 eingestellt und konnte erst am 10. November 1945 wieder aufgenommen werden.

Bis 1956 besorgten Dampflokomotiven das Geschäft, sie wurden von einem fabrikneuen Dieseltriebwagen abgelöst, der im Juni 1956 nach Gerstetten kam.

Die Einrichtung von Mittelpunktschulen brachten der Nb AG ab Anfang der 60er Jahre einigen Schülerverkehr, der heute das Rückgrat des Personenverkehrs bildet.

Wachsende Straßenkonkurrenz und der Individualverkehr führten der Nb AG erhebliche Verkehrseinbußen zu, die zwar durch den Schülerverkehr und den Wagenladungsverkehr für die Bundeswehr aufgefangen wurden, aber nicht darüber hinwegtäuschen konnten, daß die Bahn erheblich an Bedeutung verlor und das Betriebsergebnis mehr und mehr unausgeglichen war.

1985 stellte die WEG für die Nb AG den Antrag auf Stillegung, der jedoch 1986 vorerst zurückgezogen wurde, nachdem sich die Gebietskörperschaften bereiterklärt hatten, rund ein Drittel des Betriebsverlustes im Interesse der Erhaltung der Infrastruktur für ihre Region zu übernehmen und die Bundeswehr ihre Bereitschaft erklärte, sich an den Umbaukosten zu beteiligen und eine Mindestverfrachtung zusagte. Das Land Baden-Württemberg sagte eine Beteiligung an den Sanierungskosten zu, so daß der Weiterbetrieb der AG für fünf bis zehn Jahre vorerst gesichert war. Dazu kam, daß die Bundeswehr bei Gerstetten ein neues Depot plante und Bedienung über die Schiene signalisierte.

Die WEG leitete ab 1981 für die Nb AG ein Umbauprogramm ein – Erneuerung des Oberbaues, Sanierung der Gebäude, Ausbau der Sicherungsanlagen, Gesamtkosten 4,2 Mio. DM.

Mit der Abgabe des Stückgutverkehrs 1990 und dem Verzicht der Bundeswehr auf das neue Depot bei Gerstetten hat sich die Lage der Nb AG erneut verschlechtert, der Gleisumbau für den letzten Abschnitt Stubersheim – Amstetten ist zurückgestellt worden, die Zukunft sieht nicht rosig aus. Zwar ist der Weiterbetrieb bis vorerst 1994 sichergestellt, was danach kommt, ist offen.

Personenverkehr

Drei Personenwagen waren über Jahrzehnte ausreichend für den Personenverkehr; werktags verkehrten drei, sonntags 4 Zugpaare, ähnlich war es 1938 mit täglich drei Zugpaaren, die Fahrzeit betrug 50 Minuten.

Bis zum Ersten Weltkrieg lagen die Beförderungsleistungen konstant um 80 000 Fahrgäste im Jahr. Der Erste Weltkrieg brachte deutliche Einschränkungen, 1920/22 erreichten die Beförderungsleistungen um 120 000 Fahrgäste im Jahr. Nach deutlichen Einbrüchen 1923/24 sanken die Beförderungsleistungen ab 1925 von 110 000 Fahrgästen stetig auf knapp 50 000 1933 und 1934, dann ging es wieder langsam bergauf (1935: 56 812, 1938: 58 591 Personen).

In den Nachkriegsjahren 1947/48 erbrachte die Bahn durch den Hamsterverkehr Spitzenleistungen von bis zu 250 000 Reisenden, nach der Normalisierung der Verhältnisse sanken dann die Beförderungsleistungen wieder auf knapp die Hälfte.

Ab 1955 erlangte die Nb AG erhebliche Bedeutung für die Schüler: Mittelpunktschulen in Amstetten und Geislingen sorgten für einen regen Schülerverkehr, der 1957 die Beförderungsleistungen auf etwas über 160 000 Fahrgäste ansteigen ließ.

Bis 1965 zeigt die Statistik stetig fallende Leistungen und nach einem deutlichen Anstieg 1968/70 das gleiche Bild.

90% der Fahrgäste sind Schüler, der Fahrplan ist auf die Schulen in Amstetten und Geislingen abgestimmt.

1957: werktags 5, sonntags 3 Zugpaare
1962: werktags 4, freitags 5, sonntags 3 Zugpaare
1975: werktags 3, zusätzl. Schülerzug Amstetten – Schalkstetten, sonntags 2 Zugpaare
1976: mo-fr 3, samstags 2 Zugpaare

Seit Winterfahrplan 1975/76 ruht sonntags der Schienenverkehr.

Der Fahrplan zeigt seit 1976 Jahr für Jahr fast das gleiche Bild: Mo-Fr Gerstetten – Amstetten drei und in der Gegenrichtung zwei Züge, dazu eine im Fahrplan nicht veröffentlichte 3. Fahrt frühmorgens, die den Stückgutwagen nach Gerstetten brachte (seit 1. Januar 1990 Leerfahrt), ferner mittags eine Schülerfahrt Amstetten – Schalkstetten, Sa an Schultagen zwei Zugpaare.

Bis 1957 besorgte die Nb AG auch die Postbeförderung.

Seit 1968 betreibt die Nb AG (WEG) Schienenergänzungsverkehr auf der Straße. Befahren werden die Linien Bräunisheim/Schalkstetten – Amstetten (in den 80er Jahren zeitweise bis Geislingen) und Waldhausen – Eybach. Die Beförderungsleistungen liegen erheblich über denen der Schiene, aber auch hier in den letzten Jahren deutlich fallend. Rund 95% der Fahrgäste sind Schüler – Eigenmotorisierung und sinkende Schülerzahlen prägen das Bild.

Anläßlich des 75jährigen Bestehens der Nb AG hat die „Gesellschaft zur Erhaltung von Schienenfahrzeugen" mit ihrem dampflokbespannten Oldtimerzug am 5. Juli 1981 Sonderfahrten Amstetten – Gerstetten durchgeführt. Diese Fahrten haben so großen Anklang gefunden, daß nun schon seit mehreren Jahren die Ulmer Eisenbahnfreunde e.V. regelmäßig an sieben bis acht Sonntagen im Sommer historische Dampfsonderzüge fahren, die auch im Fahrplan veröffentlicht sind. Dafür steht eine Zuggarnitur in Amstetten bereit.

Güterverkehr

Anfangs zwei, später drei Beine waren es, auf denen der Wagenladungsverkehr stand: Landhandel, Holzwirtschaft und die Wehrmacht.

Der Landhandel und die Forstwirtschaft spielten für die Nb AG jahrzehntelang eine große Rolle. An allen Bahnhöfen sind Ladegleise mit Ladestraßen und große Holzlagerplätze vorhanden. Die Sägerei Stubersheim hatte am Bahnhof ein eigenes Ladegleis (1982 entfernt), die Sägerei Gussenstadt verlud am Bahnhofsgleis.

Beim Bahnhof Schalkstetten hat die WLZ einen Lagerschuppen mit einem kleinen Silo, ferner gibt es beim Bahnhof Gerstetten Lagerschuppen des Landhandels (Firma Zirn und Firma Frey).

Nach dem Zweiten Weltkrieg spielte die Rübenverladung verstärkt eine Rolle, in Gerstetten gibt es eine feste hohe Verladerampe, die zur Straße hin mit ausnehmbaren Gittern gesichert ist.

Das dritte Standbein war die Wehrmacht bzw. ist die Bundeswehr mit dem Treibstofflager bei Stubersheim und seit 1975 dem Munitionslager Steinheim, für das bei der Ladestelle zwischen Gussenstadt und Gerstetten die Wagenladungen bereitgestellt werden. Die Ladestelle bei Stubersheim weist mehrere Gleise auf, ferner ist hier eine eigene Lok der BW für den Verschiebedienst beheimatet.

Bis etwa 1938 gab es oberhalb der Kreuzung mit der B 10 in km 0,6 die Ladestelle Detal, ein Stumpfgleis, in dem zwei bis drei Wagen für den jenseits der Straße gelegenen Steinbruch bereitgestellt werden konnten.

1952 siedelte sich die Firma Maier (Mairol-Blumendünger) beim Bahnhof Gussenstadt an und erhielt ein Anschlußgleis, das der Bahn anfangs einen deutlichen Verkehrszuwachs brachte.

1956

320 s Amstetten (Württ) — Gerstetten — Alle Züge 2. Klasse

km	Zug Nr / Eisenb-Ges Stuttgart		✕ 2	† 4		✕ 304	6	308	Sa 308	310	† 10	
	ab Stuttgart Hbf (320)	...	:4.36	:6.13	...	:6.13	12.08	:16.38	17.38	18.50	19.10	...
	ab Geislingen (Steige) (320)	...	5.37	7.32	...	7.32	13.16	18.00	18.38	19.55	20.17	...
	an Amstetten (Württ) (320)	...	5.45	7.38	...	7.38	13.23	18.08	18.46	20.03	20.24	...
	ab Ulm Hbf (320)	...	5.36	6.59	...	6.59	12.17	a17.29	18.09	19.33	d19.29 e19.36	...
	an Amstetten (Württ) (320)	...	5.58	7.30	...	7.30	12.52	a18.03	18.42	20.06	20.05	...
0,0	ab Amstetten (Württ) 320	...	✕6.03	†7.45	...	✕7.45	13.27	a18.13	Sa18.50	a20.20	†20.29	...
5,1	Stubersheim	...	6.15	7.57	...	8.00	13.41	18.26	19.03	20.34	20.40	...
7,4	Schalkstetten	...	6.21	8.03	...	8.08	13.47	18.32	19.09	20.40	20.46	...
10,0	Waldhausen (b Geisl)	...	6.26	8.08	...	8.16	13.53	18.38	19.15	20.46	20.51	...
14,6	Gussenstadt	...	6.35	8.17	...	8.30	14.05	18.50	19.26	20.57	21.01	...
20,0	an Gerstetten	...	✕6.45	†8.27	...	✕8.43	14.16	a19.00	Sa19.37	a21.10	†21.11	...

km	Zug Nr / Eisenb-Ges Stuttgart		✕ 1		3		5	Sa 307	7	† 9	311	
	an Stuttgart Hbf (320)	...	7.13	...	9.03	...	:13.58	:19.53	:19.21	21.50	21.50	...
	an Geislingen (Steige) (320)	...	6.06	...	7.38	...	13.00	18.49	a18.10	20.12	20.12	...
	ab Amstetten (Württ) (320)	...	5.59	...	7.31	...	12.53	18.43	a18.04	20.06	20.06	...
	an Ulm Hbf (320)	...	✕6.26	...	8.15	...	13.32	18.41	18.41	20.22	20.27	...
	ab Amstetten (Württ) (320)	...	✕5.46	...	7.39	...	12.58	18.09	18.09	19.49	20.03	...
0,0	an Amstetten (Württ) 320	...	✕5.42	...	7.26	...	12.48	Sa17.45	a18.03	†19.40	a20.00	...
5,1	Stubersheim	...	5.33	...	7.17	...	12.38	17.35	17.53	19.31	19.47	...
7,4	Schalkstetten	...	5.27	...	7.12	...	12.32	17.27	17.48	19.25	19.41	...
10,0	Waldhausen (b Geisl)	...	5.21	...	7.07	...	12.26	17.19	17.42	19.19	19.35	...
14,6	Gussenstadt	...	5.11	...	6.58	...	12.15	17.06	17.33	19.09	19.24	...
20,0	ab Gerstetten	...	✕5.00	...	6.47	...	12.03	Sa16.50	a17.23	†18.58	a19.10	...

a = ✕ außer Sa   d = verkehrt nur vom 30.VI.—8.IX.   e = verkehrt nur bis 29.VI. und ab 9.IX.

Alles in allem war und ist der Güterverkehr der AG bescheiden. Die Statistik zeigt in guten Zeiten um 20 000 t/Jahr (1906 und 1907: 30 000 t), in Krisenzeiten 1922/23 und 1931/33 wenig über 10 000 t/Jahr (1935: 13 952 t, 1938: 21 528 t).

Nach dem Zweiten Weltkrieg erholte sich der Güterverkehr nur zögernd von 10 000 t (bis 1955) auf 20 000 bis 25 000 t/Jahr.

Anfang der 80er Jahre verteilte sich das Wagenladungsaufkommen u.a. wie folgt:

		1979	1981
gesamt		22 588 t	23 478 t
davon	Stückgut und Expreßgut	1 490 t	1 328 t
	Holz	1 433 t	1 486 t
	Brennstoffe	585 t	395 t
	Düngemittel	6 969 t	7 508 t
	Bundeswehr	10 021 t	9 459 t

Ab Mitte der 80er Jahre verlor der Güterverkehr deutlich an Bedeutung.

Während die Firma Mairol bis Mitte der 70er Jahre noch fünf bis sieben Ladungen täglich erhielt, ist fast das gesamte Aufkommen, insbesondere das gesamte Stückgut 1979 zu einem Spediteur abgewandert. Heute verfrachtet die Firma kaum mehr als 1000 t/Jahr auf der Schiene. Mit rund zwei Drittel des Verkehrsaufkommens ist die Bundeswehr bester Kunde der Bahn (Stubersheim rund 3500 t, Steinheim rund 6500 t in den letzten Jahren).

Die Landwirtschaft spielt kaum mehr eine Rolle und beschränkt sich auf einige wenige Wagenladungen Getreide und Kunstdünger pro Jahr in Schalkstetten und Gerstetten. Die Rübenverladung ist ganz eingestellt worden, 1988 wurden letztmalig Zuckerrüben abgefahren.

Während noch bis Mitte der 70er Jahre das viele Holz auf den Lagerplätzen auffallend war, sieht man heute so gut wie nichts mehr. Die Sägerei Stubersheim verläd ab und an Schwarten- und Bündelholz (rund 200 t/1989).

Von einiger Bedeutung war auch der Stückgutverkehr, die Abfertigung geschah bis zuletzt in Gussenstadt und Gerstetten. In Gerstetten gibt bzw. gab es mehrere Industriebetriebe mit einigem Stückgutaufkommen: Fa. Siemens (verlegt), Fa. Walther Electronic, vorm. Walther Büromaschinen (Konkurs), heute Industriepark Gerstetten, Maschinenfabrik u.a.m. Mit dem neuen DB-Stückgutkonzept mußte die Nb AG ab 1. Januar 1990 den Stückgutverkehr abgeben, er wird heute von einem Vertragsspediteur ab Heidenheim durchgeführt – damit hat die Nb AG ein Drittel der Einnahmen aus dem Güterverkehr verloren.

Im Wechselverkehr mit der DB wurden übergeben/übernommen

1983: 1098 Wagen
1985: 1189 Wagen
1987: 941 Wagen
1989: 1127 Wagen, davon 456 Militär
1990: 916 Wagen, davon 322 Militär
1991: 506 Wagen

Beförderungsleistungen

Jahr	Personen (Schiene)	(Straße)	Güter
1960	132 361		18 500 t
1965:	88 500		22 400 t
1970:	110 100	99 121	22 846 t
1974:	81 100		23 200 t
1975:	86 800	158 392	22 990 t
1976:	90 000	159 212	20 700 t
1977:	79 000	160 897	24 300 t
1978:	75 000	140 776	33 236 t
1979:	78 023	105 956	22 588 t
1980:	81 566	110 332	25 980 t
1981:	66 038	105 298	23 478 t
1982:	85 034	114 446	22 692 t
1983:	88 551	111 090	20 500 t
1984:	80 950	99 682	21 304 t
1985:	73 871	84 293	22 400 t
1986:	68 787	70 577	19 617 t
1987:	63 568	61 517	15 070 t
1988:	56 089	60 630	12 512 t
1989:	52 659	59 830	14 683 t
1990:	54 460	64 137	14 338 t (ca. 10 000 t Militär)
1991:			9 794 t

T 05 mit Güterzug zwischen Stubersheim und Schalkstetten, 13.5.1981

Personal

Anzahl der beschäftigten Personen

1906:	14
1935,38:	20
1960:	16
1965:	11
1970:	17
1975:	19
1979:	14
1981:	19
1984:	15
1985,87:	11
1989:	9
1990:	7

Streckenbeschreibung

Landschaftlich bietet die Bahn zumindest im oberen Bereich keine Besonderheiten. Von Amstetten (581 m ü. NN) steigt die Strecke mit langanhaltenden Steigungen von 1:50 und 1:40 ununterbrochen bis Stubersheim (679 m ü. NN) und bleibt dann auf der Hochebene der Schwäbischen Alb (Schalkstetten 688 m ü. NN, Waldhausen 671 m ü. NN, Gussenstadt 666 m ü. NN). Der Bahnhof Gerstetten liegt rund 30 m tiefer (635 mm ü. NN).

Der Aufstieg auf die Hochebene ist landschaftlich sehr schön, die Strecke verläuft in weiten Bögen und z.T. auf Dämmen durch einsamstes Waldgebiet.

Auf der Hochebene holt die Trasse z.T. in weiten Kehren aus, weit voraus ist das helle Schotterband zu erkennen.

Ab Schalkstetten folgt die Trasse in mehr oder weniger großem Abstand der Straße bis Gerstetten, sie mehrmals kreuzend. Felder,

Amstetten, 14.4.1962

Amstetten, 2.11.1982

Ausfahrt Amstetten, 2.11.1982

Stubersheim, 12.5.1979

Stubersheim, 2.11.1982

Zwischen Amstetten und Stubersheim, 22.3.1972

Schalkstetten, 9.5.1975

Waldhausen, 16.9.1983

Gussenstadt, 4.9.1991

Gerstetten, 14.4.1962

Gerstetten, links ehemalige Rübenverladeanlage, 23.10.1990

Gerstetten, VB 209 vor dem Bw Gerstetten, 23.10.1990

Gerstetten, 14.4.1962

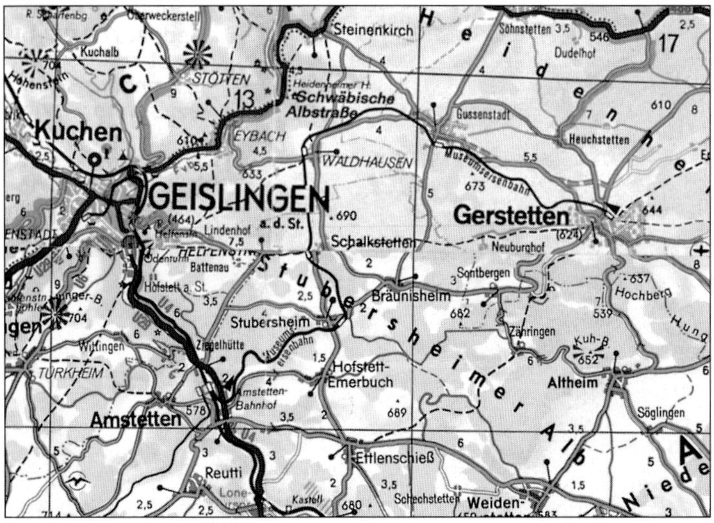

Wiesen und wenig Wald prägen das Bild, der umfassende Rundblick auf der Hochebene ist markant für die Gegend. In Amstetten liegt die Abfahrtstelle der Nb AG dem DB-EG gegenüber auf der anderen Straßenseite. In der Verlängerung mündet das Gleis in die DB-Anlagen, wobei zwei Gleise als Übergabegleise ausgewiesen sind.

Die Strecke biegt kurz hinter dem Bahnhof Amstetten nach links ab. Jenseits der Straße nach Hofstett-Emerbuch sehen wir den großen, heute aufgegebenen Steinbruch, der der Bahn mit dem Ladegleis Detal einen bescheidenen Wagenladungsverkehr brachte – die Lage des Ladegleises ist noch zu erkennen. Gleich dahinter beginnt der Albaufstieg. Die Bahnhöfe liegen verkehrlich durchweg günstig zum Ort, am westlichen Ortsrand von Schalkstetten und Waldhausen, südlich Stubersheim und Gussenstadt und nördlich von Gerstetten.

Die Anlagen der Nb AG machten schon immer einen gepflegten Eindruck, insbesondere nach dem Gleisumbau bestîcht der Oberbau (bis Stubersheim) durch hervorragende Lage. Die Bahnhofsgebäude sind gut gepflegt, die großen Gebäude in Gussenstadt und Gerstetten sind saniert, der Lokschuppen mit dem typischen Wasserturmanbau und der davorliegenden Tankanlage scheint unbenutzt – so sauber sieht alles aus.

Dieses Bild einer gepflegten und liebevoll geführten Bahn täuscht über die wirtschaftlichen Schwierigkeiten hinweg, der sich die Bahn gegenübergestellt sieht. Dem sauber und gepflegten Triebwagenzug wünschte man mehr Fahrgäste und den aufgeräumten Ladegleisen mehr Verkehr.

Fahrzeuge

Zur Betriebseröffnung erhielt die Nb AG zwei Lokomotiven (Dn2vt 9 und 10), 3 Personen- und 1 PwPostwagen (Nr. 104). Dieser Bestand blieb bis zum Ende der Dampflokzeit konstant, wobei die Lokomotiven z.T. ausgetauscht worden sind. In den DR-Wagenpark waren 9 Güterwagen eingestellt.

Für den Schülerverkehr wurden Mitte der 50er Jahre zwei weitere Personenwagen nach Gerstetten umgesetzt.

Die Dampfära wurde im Juli 1956 durch den fabrikneuen VT 05 beendet, der fortan das gesamte Geschäft übernahm.

Zuletzt in Gerstetten waren Dn2vt 10, hier verschrottet 1963 und 11, 1957 abgegeben nach Enzweihingen.

T 05 ist seit 1956 das Stammfahrzeug für Nb AG, er ist nach Modernisierungs- und Umbaumaßnahmen und mit dem neuen WEG-Anstrich und der Aufschrift LOKALBAHN, flankiert mit den Wappen von Amstetten und Gerstetten, nach wie vor einziges Triebfahrzeug, das den gesamten Verkehr bewältigt.

Die Personenwagen wurden nach und nach ausgemustert bzw. abgegeben, letzter Vertreter war der Bi 3, der dann durch den VS 209 ersetzt worden ist (1976).

Der PwP 104 ist Mitte der 60er Jahre ausgemustert worden.

Fahrzeugbestand

	1935/38	1960	1962	1965	ab 1970
Dampflokomotiven	2	2	1	–	–
Triebwagen	-	1	1	1	1
Personenwagen	3	3	5	3	1
PwPostwagen	1	1	1		

Der Fahrzeugpark umfaßt schon seit Jahren nur den VT T 05 und den VS 209, der seit 1987 des Führerstandes beraubt ist.

Dn2t 10 vor dem Lokschuppen in Gerstetten, 18.5.1958

Nebenbahn Amstetten – Laichingen (Nb AL)

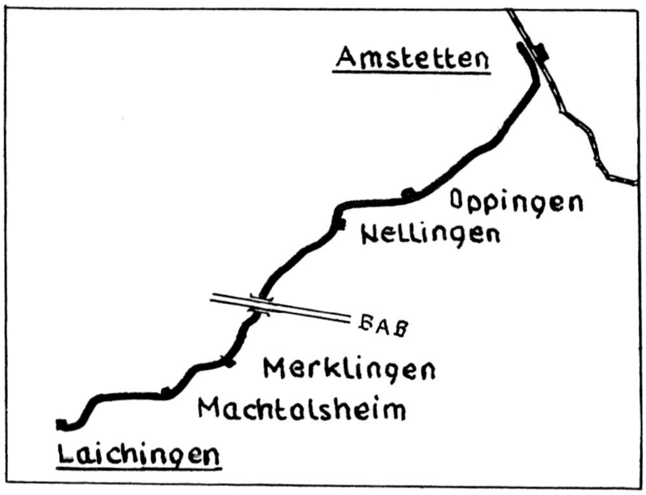

Amstetten – Nellingen – Laichingen

Spurweite: 1000 mm

Streckenlänge: 18,96 km

Gleislänge: 22,6 km

Eigener Bahnkörper

Betriebseröffnung: 20.10.1901

Betriebseinstellung:
Personenverkehr: 31.08.1985
Güterverkehr: 14.09.1985

Eigentümer und Betriebsführung:
Württembergische Eisenbahn-Gesellschaft

Sitz der örtlichen Betriebsleitung:
Laichingen

Ausstattung

Lokschuppen und Werkstatt in Laichingen, 1980/82 Umbau des vorhandenen Schuppens und Anbau eines neuen Schuppens mit modernen Werkstatt- und Pflegeanlagen für VT und KOM, heute ausschließlich für KOM genutzt.
Anzahl der Blinklichtanlagen: 8, davon 1 mit Halbschranken.

km 00,00 Amstetten, langgezogene Gleisanlagen neben den DB-Gleisen auf der dem EG gegenüberliegenden Bahnhofsseite, Bahnsteig- und Umsetzgleis, drei Abstellgleise, zwei Rollbockgruben, Drehscheibe für das Umsetzen des VT 35, zwei kleine Umladekrane, die jedoch schon sehr frühzeitig entfernt worden sind, da ein Umladen von Gütern kaum stattgefunden hat.

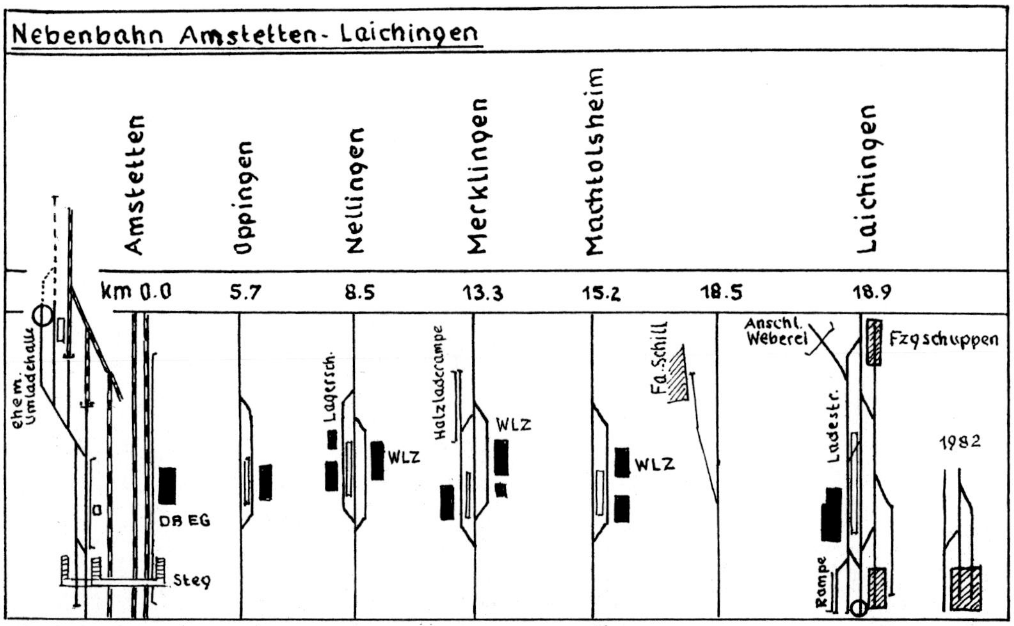

Gleisskizzen der Bahnhöfe Stand 1962/85

Keine eigenen Abfertigungsanlagen.
Fußgängersteg zu dem DB-EG und den DB-Bahnsteigen, in den 70erJahren über die Sm-Gleise hinweg verlängert mit neuem Abgang zum Schulzentrum und den Parkplätzen. Nach Bau einer Unterführung 1981 Abbau des Fußgängersteges.

km 05,70 Oppingen, kleines Bahnhofsgebäude (1986 verk. an Gemeinde Nellingen), Kreuzungs- und Ladegleis.

km 08,50 Nellingen, großes zweigeschossiges Bahnhofsgebäude mit Güterschuppen (1986 verk. an Gemeinde Merklingen, bewohnt und als Asylantenheim genutzt), Lagerschuppen des Landhandels, Kreuzungs- und Ladegleis, daran WLZ-Lagerhaus. Geplant ist die Überbauung des Bahnhofsgeländes durch die WLZ.

km 12,80 Merklingen Ost, Hp eingerichtet um 1970 für den Schülerverkehr, Bahnsteig, keine weiteren Anlagen.

km 13,30 Merklingen, kleines Bahnhofsgebäude (verkauft 1986, 1989 abgebrochen), Kreuzungs- und drei Ladegleise, daran u.a. WLZ-Lagerhaus und eine lange Holzladerampe mit großem Lagerplatz. WLZ-Lagerhaus zu Wohnhaus umgebaut, Überbauung des Bahnhofsgeländes ist geplant.

km 15,20 Machtolsheim, kleines Bahnhofsgebäude (entfernt 1979 und durch eine Wartehalle ersetzt)
Ladegleis, daran u.a. WLZ-Lagerhaus

km 18,50 Agl Kalkwerk Laichingen, seit 1956 IBAG, seit 1967 Elektrokabelwerk Schill, um 1980 abgebaut.

km 18,90 Laichingen, großes zweigeschossiges Bahnhofs- und Verwaltungsgebäude, im OG Wohnung für den Bahnverwalter. Langgezogene Gleisanlagen, Abstellgleise, Kopf- und Seitenrampe. Ursprünglich ein, später zwei regelspurige Absetzgleise zum Be- und Entladen abgebockter Regelspurwagen, später beide entfernt. Drehscheibe für das Umsetzen des VT 35. Lokschuppen und Werkstatt, 1980/82 erweitert. Eingleisiger Wagenschuppen (Lackierhalle) mit vorgesetzter halboffener Verlängerung, später allseitig geschlossen. Agl Weberei mit regelspurigem Absetzgleis (aufgegeben 1975).

T 35 auf der Drehscheibe in Amstetten, 18.5.1958

Drehscheibe zum Wenden des T 35 in Laichingen, 14.4.1962

Geschichtliche Entwicklung und Bedeutung

Bestrebungen, die auf der Hochfläche der Alb liegenden Ortschaften Laichingen, Merklingen und Nellingen an das Eisenbahnnetz anzuschließen, gehen bis in die 70er Jahre des vorigen Jahrhunderts zurück. Insbesondere der aufstrebende Ort Laichingen und die umliegende Leinen- und Bettwäscheindustrie erhofften sich durch einen Bahnanschluß bessere Entwicklungs- und Absatzchancen.

Es dauerte jedoch noch mehr als zehn Jahre, bis sich die Bahninteressenten formierten und konkrete Pläne diskutiert werden konnten. Ein 1888 gegründetes Eisenbahnkomitee beauftragte die Bahnplanungs- und – Baufirma Hostmann & Cie, Hannover, Pläne für einen Bahnanschluß an die Hauptstrecke Ulm – Stuttgart aufzustellen. Als Anschlußbahnhöfe kamen Amstetten, Lonsee, Westerstetten und – auf Anregung der Stadt Ulm – der mehr südlich gelegene Ort Beimerstetten infrage. Eine weitere Interessengruppe favorisierte eine ganz andere Linienführung, nämlich von Kirchheim (Teck) über Laichingen nach Blaubeuren. Außer Amstetten war allen vorgeschlagenen Trassen gemein, daß die an eine Bahnverbindung ebenfalls interessierten Gemeinden Merklingen und Nellingen nicht berücksichtigt werden konnten – von hier kam denn auch letztlich die Ablehnung der verschiedenen Trassenvarianten und die zwingende Forderung, den Anschluß in Amstetten zu suchen – nur unter dieser Voraussetzung war man bereit, sich am Bahnbau zu beteiligen. Die Trasse nach Amstetten bot erhebliche geographische Schwierigkeiten, der Anstieg auf die Alb wurde durch ein Seitental über Oppingen gewählt.

Es vergingen dann weitere zehn Jahre, bis eine Realisierung des Projektes in greifbare Nähe rückte. Die Königlich Württembergische Staatsbahn lehnte den Bau der Bahn aus wirtschaftlichen Gründen ab, war doch eine Rentabilität der Strecke kaum zu erwarten.

Inzwischen hatte sich 1899 die WEG gebildet, die u.a. das Projekt eines Bahnbaues von Amstetten nach Laichingen aufgriff und bei der Verkehrsabteilung des Königlichen Ministeriums für auswärtige Angelegenheiten die Konzession für die Strecke beantragte, die am 24. Oktober 1899 erteilt wurde.

Vertragsgemäß mußten die Anliegergemeinden den Grund und Boden für die Bahnanlagen zur Verfügung stellen.

Im Juni 1900 wurde mit den Bauarbeiten begonnen, die so zügig durchgeführt wurden, daß bereits ein Jahr später am 22. Juni 1901 der erste durchgehende Arbeitszug den Endbahnhof Laichingen erreichte.

Die behördliche Abnahme der Bahnanlagen erfolgte am 17. Oktober 1901, der Betrieb wurde am 20. Oktober mit einem großen Fest eröffnet, an dem sich die Bevölkerung der Anliegergemeinden mit Veranstaltungen, Festessen, Reden, Musik, Grußadressen und Böllerschießen beteiligten. Tags zuvor war mit ein wenig Wehmut die Postkutsche zwischen Geislingen und Laichingen zum letzten Mal gefahren.

Die Baukosten der Bahn beliefen sich einschließlich der Fahrzeuge auf 1 317 000 Mark.

Die Nebenbahn AL war eine reine Erschließungsbahn ohne große wirtschaftliche Erfolgsaussichten – das war auch der Grund, warum man sich seinerzeit für die Schmalspur entschieden hatte, um das Verhältnis Baukosten zu wirtschaftlichem Erfolg in etwa zu wahren. Die Beförderungsleistungen waren bescheiden und bewegten sich beim Personenverkehr unter der 100 000-Grenze, beim Güterverkehr lagen sie um 20 000 t/Jahr. Abgesehen von den kriegsbedingten Einbrüchen 1914/15, der Inflationszeit und der Wirtschaftskrise Anfang der 30er Jahre, gab es kaum Zäsuren oder bemerkenswerte Ereignisse. Lediglich der Autobahnbau 1936/37 forderte der Bahn kurzfristig große Anstrengungen ab, um beachtliche Materialmengen nach Merklingen zu transportieren.

Der Fahrzeugpark blieb jahrzehntelang konstant. Der Zweite Weltkrieg fügte der Bahn erhebliche Schäden an Fahrzeugen, Gebäuden und Oberbau zu. Am 17. April 1945 mußte der Betrieb eingestellt werden und konnte erst am 3. September 1945 unter wegen der Zonengrenze erschwerten Bedingungen wieder aufgenommen werden. Die Nachkriegszeit war gekennzeichnet durch starken Schülerverkehr, für den die von der 1973 stillgelegten Härtsfeldbahn nach Laichingen umgesetzten Trieb- und Personenwagen willkommener Zuwachs waren.

Ein besonderes Problem für die Nb AL waren die Schneeverwehungen, die auf den hochgelegenen weiten Flächen der Alb die Bahn zu besonderen Vorkehrungen zwangen – dazu gehörten die Aufstellung von Schneezäunen und die Vorhaltung von Räumfahrzeugen.

Mit dem 60jährigen Jubiläum, das „groß gefeiert" wurde, nahm man auch endgültig Abschied vom Dampfbetrieb. Zum letzten Mal dampfte es vor dem Jubiläumszug. Bereits 1954 war das Ende

Amstetten, 1935

Einfahrt Amstetten, 19.7.1952

Lok- und VT-Schuppen Laichingen, 14.4.1962

Lok- und VT-Schuppen Laichingen, nach der Erweiterung 1980/82, 2.11.1982

der Dampflokära durch die Beschaffung eines Triebwagens eingeläutet und 1956 mit der Zuweisung eines weiteren VT praktisch besiegelt worden.

Anfang der 80er Jahre sah die Zukunft der Nb AL noch rosig aus, die WEG setzte weiterhin auf die schmale Spur und machte erhebliche Anstrengungen, den Betrieb zu rationalisieren, den Fahrzeugpark zu modernisieren, die Bahnanlagen zu sanieren und das Wirtschaftsergebnis zu verbessern.

1981 kam der viermotorige Schlepptriebwagen VT 31 nach einer vollständigen Grundüberholung in der Hauptwerkstatt Neuffen zurück, VT 30 folgte 1983. Eine Zugbahn-Funkanlage löste 1981 das Streckentelefon ab. Gefährliche Straßenkreuzungen wurden durch Blinklichtanlagen gesichert, mit Landesmitteln wurde der Bahnkörper durchgearbeitet und der Oberbau erneuert, wobei Schienen des stärkeren Profils Form 6 zum Einbau kamen. In Laichingen entstand ebenfalls mit Landeszuschüssen eine neue moderne Fahrzeughalle mit Werkstatt- und Wartungsanlagen, neuen Hebeböcken und Werkzeugmaschinen. Die Unterwegsbahnhöfe waren schon seit Jahren nicht mehr besetzt, die letzte Agentur in Nellingen war 1983 aufgegeben worden. Die nicht mehr benötigten Gebäude wurden vermietet und später verkauft.

In den letzten Jahren erfreute sich die Nb AL ihres besonderen Status, in der Bundesrepublik die letzte öffentlich betriebene Schmalspurbahn für Personenverkehr und Güterverkehr auf dem Festland zu sein – die vielen Besuche von Eisenbahnfreunden, Fotosafaris, Verfolgung des Bahngeschehens in Liebhaberzeitschriften und Bilder auf Titelseiten zeugen von dieser Besonderheit.

Die Nb AL präsentierte sich Anfang der 80er Jahre in hervorragender Verfassung – die Bahnanlagen waren gepflegt, der Fahrzeugpark ausreichend und soweit betriebsnotwendig gut unterhalten, das Verkehrsaufkommen war beachtlich, die Betriebsabwicklung wirtschaftlich, pünktlich und zuverlässig. Schließlich ist auch erwähnenswert, daß die Waggonbaufirma Linke-Hofmann-Busch, Salzgitter, 1981 Probefahrten mit für Bangladesh gebauten Triebzügen auf der Nb AL durchführte, die mit Culemeyer-Fahrzeugen herangefahren worden waren – die Nb AL bot hierfür besonders günstige und für den Auftragnehmer ähnliche Verkehrs- und Einsatzverhältnisse wie Steigungen, enge Gleisbögen und Fahrgeschwindigkeiten bis 50 km/h.

Das Ende kam plötzlich und unerwartet. Sinkende Leistungen im Güterverkehr, Zurücknahme von Zuschüssen und der aufwendige, jedoch nicht kostendeckende Schülerverkehr ließen die Kostenschere immer mehr auseinanderklaffen. Konnte die Bahnleitung 1981 noch stolz darauf hinweisen, daß rund 90% der Betriebsausgaben durch eigene Einnahmen und zustehende Zuschüsse (Gasölbetriebsbeihilfe, Ausgleich für Sozialtarife) gedeckt waren, sah das Bild fünf Jahre später anders aus. Die WEG sah sich nicht mehr in der Lage, die erheblichen Verluste der Nb AL (rund 250 000 DM für 1984) durch Rationalisierungsmaßnahmen und Vereinfachung des Schienenbetriebes auszugleichen. Beteiligungen der Anliegergemeinden am Betriebsverlust wurden abgelehnt, ganz im Gegenteil, man votierte für die Umstellung auf Busbetrieb. Lediglich die Gemeinde Amstetten war am Weiterbetrieb der Bahn interessiert und gegebenenfalls bereit, einen Kostenzuschuß zu leisten.

So sah sich die WEG gezwungen, am 25. Oktober 1984 beim zuständigen Ministerium des Landes Baden-Württemberg Antrag auf Entbindung von der Betriebspflicht für die Nb AL zu stellen.

Die Stillegung war für den Fahrplanwechsel Mai 1985 vorgesehen, die Behandlung des Stillegungsantrages im Parlament wurde jedoch mehrfach verschoben. Nach Zustimmung durch das Ministerium wurde der Bahnbetrieb am 31. August 1985 eingestellt und auf Bus und LKW umgestellt.

Der Gleisabschnitt Oppingen – Amstetten einschließlich der Bahnhofsgleise wurde nicht abgebaut. Hier wird seit 1990 ein Museums-Eisenbahnbetrieb aufgebaut und durchgeführt.

Personenverkehr

Der Fahrzeugpark von fünf Personen- und einem PwPostwagen zeigt auf, daß die Erwartungen nicht sehr hoch lagen und maximal zwei Zugstämme zur Abwicklung des Fahrplans ausreichend waren. In den ersten Betriebsjahren verkehrten werktags drei, sonntags vier Zugpaare. Dieses Zugangebot blieb, abgesehen von den Kriegs- und Krisenjahren, in etwa konstant. Die Fahrzeit betrug 58-64 Minuten. 1951 weist der Fahrplan täglich drei Zugpaare aus.

Die Beförderungsleistungen bewegten sich bis zum Ersten Weltkrieg zwischen 50 000 und 80 000 Fahrgästen/Jahr, in den Nachkriegsjahren um 120 000. Die Inflationszeit zeigt deutliche Einbrüche (80 000/Jahr), dann stiegen die Fahrgastzahlen wieder auf 100 000/Jahr, fielen in der Weltwirtschaftskrise auf 40 000 ab, um dann bis Kriegsanfang 1939 kontinuierlich auf 110 000 Fahrgäste/Jahr zu steigen. (1935: 77 935, 1938: 81 734). Die Kriegs- und insbesondere die Nachkriegszeit brachte der Bahn hohes Reisendenaufkommen – 1948 wurden rund 320 000 Personen befördert, vorwiegend Hamsterer aus der Stuttgarter Gegend. Bis 1954 sanken die Beförderungszahlen auf 200 000 ab.

Eine besondere Situation ergab sich für die Nb AL nach Kriegsende durch die Zonengrenze zwischen Machtolsheim und Laichingen. Reisende, die von den in der amerikanischen Zone liegenden Orten Amstetten, Merklingen, Oppingen, Nellingen und Machtolsheim zu dem in der französischen Zone liegenden Laichingen wollten, mußten einen Passierschein vorweisen und sich strengen Kontrollen unterwerfen – für die Hamsterer eine ärgerliche Belästigung, die mit Schlichen umgangen werden mußte. Nach der Aufgabe der Zonengrenzen und Gründung der Bundesrepublik blieb die Markierungslinie noch bis 1952 Landesgrenze zwischen den ehemaligen Ländern Württemberg-Baden, Württemberg-Hohenzollern und (Süd-)Baden, was jedoch für den Betriebsablauf keine Rolle spielte.

Die Nachkriegszeit zeigt durchgehend bedeutend höhere Fahrgastzahlen auf als in den Jahren vor dem Krieg. Durch die Bildung von Mittelpunktschulen – Gymnasium, Realschule, Wirtschaftsoberschule und Aufbauschule in Laichingen – und die Bildung eines Schulverbandes mit Aufteilung der Klassen auf die Schulen in Nellingen, Merklingen und Machtolsheim kamen mit der Schülerbeförderung ganz besondere Aufgaben auf die Nb AL zu. Die jährlichen Beförderungsleistungen stiegen auf über 285 000 Personen. Der Schülerbeförderung auf der Schiene wurde sowohl vom Schulträger als auch von der WEG große Bedeutung beigemessen und Busleistungen konnten seit 1978 sukzessive auf die Schiene verlagert werden.

Fahrplan 1961: werkt. a.Sa 7, Sa 5, So 3 Zp; 1975: werkt. früh 2, mittags 1, nachm. 3 durchgehende Zp, so 2 Zp.

Fahrzeit 40-45 Minuten. Werktags wies sich 1 Zp mit rund 60 Minuten Fahrzeit als GmP aus. Ferner verkehrten an Schultagen zwischen Nellingen und Laichingen früh und mittags mehrere Schülerzüge, die nur in den Aushängefahrplänen ausgewiesen waren und z.T. je nach Schulbeginn/-ende zusätzlich eingelegt wurden. Nach Bedarf verkehrten die VT in Doppeltraktion – der Fotograf kam in der Mittagszeit auf seine Kosten, da die VT z.T. leer zurückfuhren, um den Schüleransturm zu bewältigen.

Zu allen Zügen bestand in Amstetten Anschluß von und nach Ulm und Stuttgart, der Übergangsverkehr spielte jedoch nur eine geringe Rolle.

Ab 1976 ruhte Sa nachmittag und So der Schienenverkehr. 1980 war vorerst ein Höhepunkt in der Schülerbeförderung erreicht, danach zeigten sich markante Einbrüche – Grund war die wachsende Motorisierung auch bei den Schülern und der Besuch weiterführender Schulen außerhalb des Einzugsbereiches der Nb AL. Zwei Jahre vor der Stillegung wurden noch einmal 285 000 Schüler befördert, an denen der KOM bereits erheblich beteiligt war.

1956

320 r Amstetten (Württ)—Laichingen *(Schmalspurbahn)* Alle Züge 2. Klasse

	km	Zug Nr ⚒2	⚒4	†6	⚒306	10	14	†16	16	Sa318	⚒20	†20
ab *Stuttgart Hbf* (320)		:4.36	...	:6.13	:6.13	12.08	:15.35	:16.38	:16.38	17.38	18.52	19.10
ab *Geislingen (Steige)* (320)		5.37	...	7.32	7.32	13.16	17.18	18.00	18.00	18.38	19.55	20.17
an *Amstetten (Württ)* (320)		5.45	...	7.38	7.38	13.23	17.27	18.08	18.08	18.46	20.02	20.24
ab *Ulm Hbf* (320)		4.40	5.47	6.59	6.59	12.17	15.58	...	a17.29	18.09	d19.29	e19.36
an *Amstetten (Württ)* (320)		5.11	6.22	7.30	7.30	12.52	16.31	...	a18.03	18.42	20.05	20.05
ab **Amstetten** (Württ) 320	0,0	⚒5.52	⚒6.29	†7.45	⚒7.55	13.27	a17.30	†18.14	a18.14	Sa18.52	⚒20.10	†20.30
Oppingen	5,7	6.09	6.42	7.58	8.13	13.40	17.42	18.27	18.32	19.12	20.23	20.43
Nellingen	8,6	6.16	6.49	8.04	8.25	13.47	17.48	18.33	18.40	19.25	20.29	20.49
Merklingen	13,4	6.26	7.00	8.13	8.40	14.00	17.57	18.42	18.50	19.38	20.38	20.58
Machtolsheim	15,3	6.31	7.05	8.18	8.50	14.04	18.01	18.47	18.55	19.44	20.43	21.03
an **Laichingen**	18,9	⚒6.38	⚒7.12	†8.25	⚒9.00	14.11	a18.08	†18.54	a19.02	Sa19.55	⚒20.50	†21.10

Württ Eisenb-Ges Stuttgart	Zug Nr ⚒1	⚒3	5	9	11	313	Sa315	†15	17	19	
an *Stuttgart Hbf* (320)	7.13	⚒7.50	9.03	:13.58	18.06	:19.21	:19.53	:19.53	21.50	21.50	...
an *Geislingen (Steige)* (320)	6.06	⚒6.46	7.38	13.00	16.39	a18.10	18.49	18.49	20.12	20.12	...
ab *Amstetten (Württ)* (320)	5.59	⚒6.39	7.31	12.53	16.32	a18.04	18.43	18.43	20.06	20.06	...
an *Ulm Hbf* (320)	⚒6.26	7.19	8.15	13.32	⚒17.21	18.41	18.41	18.41	20.22	20.22	. .
ab *Amstetten (Württ)* (320)	⚒5.46	6.50	7.39	12.58	⚒16.49	18.09	18.09	18.09	19.49	19.49	. .
an **Amstetten** (Württ) 320	⚒5.42	⚒6.19	7.26	12.48	a16.25	a17.24	Sa18.03	†18.05	a19.00	c19.42	...
Oppingen	5.31	6.08	7.15	12.36	16.14	17.06	17.46	17.54	18.49	19.31	...
Nellingen	5.24	6.01	7.08	12.28	16.07	16.57	17.37	17.47	18.42	19.24	...
Merklingen	5.14	5.51	6.58	12.17	15.57	16.41	17.18	17.37	18.30	19.14	. .
Machtolsheim	5.10	5.46	6.53	12.11	15.53	16.33	17.06	17.32	18.25	19.10	. .
ab **Laichingen**	⚒5.02	⚒5.38	6.46	12.03	a15.45	a16.21	Sa16.55	†17.25	a18.17	c19.02	...

a = ⚒ außer Sa c = † u Sa d = verkehrt nur vom 30. VI.—8. IX. e = verkehrt nur bis 29. VI. und ab 9. IX.

Der Sommerfahrplan 1985 war schon ganz auf KOM-Umstellung gestimmt, vermerkt war: „Gültig vom 2. Juni 1985 bis auf Widerruf". Die fünf durchgehenden Züge waren zwar noch als VT gekennzeichnet, die Schülerfahrten zwischen Laichingen und Nellingen jedoch z.T. schon auf KOM umgestellt. Bislang hatte der allgemeine KOM-Verkehr nur eine unbedeutende Rolle gespielt. Eine WEG-Konzession Laichingen – Ulm wurde nicht selbst, sondern von der Bundespost (heute RAB Regionalbus Alb-Donau) wahrgenommen. Für den Schülerverkehr waren Mietbusse eingesetzt, seit 1978 stellte ein Unternehmer nur noch einen KOM.

Die Umstellung auf Busbetrieb 1985 ging relativ problemlos vor sich – die WEG hatte entsprechende Maßnahmen getroffen und die Vorbereitung langfristig eingeleitet. Der in Laichingen stationierte WEG-Buspark bestand bereits im Sommer 1985 aus einem normalen und einem Gelenkbus, beide gebraucht erworben, sowie aus einem nagelneuen KOM, ferner wurde ein Gelenkbus von der Moselbahn erwartet.

1990: 4 KOM, Amstetten – Laichingen 20 km, Betriebsleitung und KOM-Stützpunkt in Laichingen.

Güterverkehr

Bis zum Ersten Weltkrieg lagen die Beförderungsleistungen um 20 000 t/Jahr, Hauptbeförderungsgüter waren landwirtschaftliche Produkte, Brennstoffe und Holz. Es gab vier Gleisanschlüsse:

1. Weberei Laichingen, Agl im Bahnhof und
2. seit 1904 das Agl zum Kalkwerk Laichingen (km 18,5 kurz vor dem Endbahnhof), das Werk ging mehrmals in Konkurs bzw. wurde stillgelegt, um dann nach Jahren den Betrieb wieder aufzunehmen (kein Aglverkehr 1907-1909, 1924-1934, 1935-1939, 1945-1951); seit 1956 IBAG Internationale Baumaschinen AG Neustadt/Weinstr., Filiale Laichingen, seit 1967 Elektrokabelwerk Otto Schill KG Fellbach, Werk Laichingen. Beide Anschlüsse bestanden noch Mitte der 70er Jahre, wurden jedoch nicht mehr bedient – das Agl Weberei wurde 1975, das Agl Schill 1974 aufgegeben;

3. und 4. zwei WLZ-Anschlußgleise in Nellingen und Merklingen.

Alle Bahnhöfe hatten Ladegleise sowie große Lagerhäuser der Württembergisch Landwirtschaftlichen Zentralgenossenschaft und Raiffeisen eGmbH (WLZ), die über die Schiene bedient wurden. In Merklingen lagerten bis zuletzt große Mengen Stammholz, die jedoch für die Bahn kaum mehr Bedeutung hatten – die Firma Baumann verlud je nach Konjunktur wöchentlich 1 Waggon.

Eine besondere Rolle spielte von Anfang an der Stückgutverkehr. Das Auf und Ab beim Güterverkehr war nicht so markant wie bei anderen Bahnen – in der Nachkriegszeit um 30 000 t, in der Wirtschaftskrise um 15 000 t/Jahr.

Rollbockverkehr bestand von Anfang an, trotzdem war der Güterwagenpark beachtlich, so daß zumindest in den ersten Jahrzehnten auch der Umladebetrieb in Amstetten eine Rolle spielte – dafür waren eine Umladerampe sowie früher zwei Umladekrane vorhanden. Nach dem Zweiten Weltkrieg beschränkte sich der Güterverkehr ausschließlich auf die Beförderung aufgeschemelter Regelspurwagen; dafür war der Rollbockpark erheblich erweitert und der Güterwagenpark entsprechend reduziert worden.

Die Jahre 1936 und 1937 brachten der Nb AL durch den Autobahnbau ungeahnte und bislang nicht annähernd erbrachte Verkehrsleistungen: rund 80 000 t Baustoffe mußten zu der besonders dafür eingerichteten Ladestelle Merklingen geschafft werden, die später wieder entfernt worden ist. Aushilfsweise war während dieser Zeit die Lok Dn2t Nr. 5 der Härtsfeldbahn eingesetzt.

Ab Mitte der 30er Jahre belebte sich auch der allgemeine Güterverkehr: 1935: 26 565 t, 1938: 24 751 t.

Nach dem Krieg bis etwa 1965 pendelten die Beförderungsleistungen zwischen 15 000 und 20 000 t/Jahr, ab 1971 setzte ein Rückgang ein, der mit kurzzeitiger Belebung 1977/79 die Jahresleistung 1983 auf rund 7000 t absinken ließ.

In den beiden letzten Jahrzehnten war es fast ausschließlich die Landwirtschaft, die das Verkehrsaufkommen brachte: Kunstdünger rund 60%, landwirtschaftliche Produkte rund 20% des Verkehrsaufkommens.

Die Holzabfuhr spielte kam mehr eine Rolle – 1973 waren es noch 3000 t, 1976 nur noch 400 t.

Die Anfuhr von Kunstdünger war das wichtigste Geschäft überhaupt, es schwankte sehr, je nachdem wie und wann die Lagerhäuser ihre Bestände einlagerten. Wenn die WLZ für ihre Lagerhäuser einen Ganzzug orderte, herrschte tagelang Hochbetrieb auf der Schmalspurbahn – 40-50 aufgebockte Wagen mit Kunstdünger mußten binnen einiger Tage befördert werden. Dieser Hochbedarfszeit folgten dann lang anhaltende flaue Zeiten. Insgesamt wurden 1981 einschließlich der Stückgutwagen 863 Ladungen in Amstetten übergeben.

Die Umstellung auf Granulat und lose Schüttung im Kunstdüngergeschäft rief die LKW-Konkurrenz mit ihren Silofahrzeugen schlagartig auf den Plan – binnen eines Jahres verlor die Nb AL fast die Hälfte der Kunstdüngertransporte, was wesentlich zur Aufgabe des Schienenbetriebes beitrug.

Von einiger Bedeutung für die Nb AL war das Militärdepot Feldstetten (Ersatzteillager für die BW), das in den 70er Jahren für zusätzliches Verkehrsaufkommen an der Ladestraße in Laichingen sorgte.

Ein weiteres, wichtiges Bein, auf dem die Nb AL stand, war der Stückgut- und Expreßgutverkehr, der in guten Zeiten zwischen 15 und 20% der Einnahmen im Güterverkehr ausmachte, im letzten Jahrzehnt mo-sa täglich ein Stückgutwagen nach/von Kornwestheim bzw. Ulm. Das Stückgut wurde in Nellingen (wenig) und

T 30 mit Stückgutwagen in Laichingen, 19.6.1985

Laichingen abgefertigt, die Flächenbedienung war einem Unternehmer übertragen.

Durch die Aufgabe der DB-Ga Münsingen nahm das Stückgut für Laichingen wieder zu (das waren täglich 35-40 Sendungen ausschließlich in Laichingen):

1976: 1500 t	1987: 1922 t
1979: 2923 t	1988: 1656 t
1981: 2558 t	1989: 1657 t
1983: 2067 t	
1986: 1787 t	

Mit der Stückgut-Neukonzeption der DB zum 1. Januar 1990 ist die Stückgutabfertigung in Laichingen aufgegeben worden. Der Stückgutverkehr geschieht heute durch einen von der DB beauftragten Unternehmer direkt ab Umladebahnhof Ulm.

Beförderungsleistungen

Jahr	Personen (Schiene)	(Straße)	Güter
1960:	220 727		15 100 t
1965:	182 700		26 900 t
1970:	219 700		18 100 t
1974:	239 300		16 500 t
1975:	265 200		11 900 t
1976:	262 000		12 500 t Wagenladungen, ohne Stückgut
1977:	263 000		14 300 t
1978:	268 000		12 518 t
1979:	273 885		15 188 t
1980:	275 072		14 533 t
1981:	261 000		11 800 t
1982:	273 900		11 600 t
1983:	285 000		6 800 t
1984:	274 100		6 000 t
1986:		233 200 KOM	
1987:		226 200	
1988:		212 200	
1989:		205 600	

Personal

Anzahl der beschäftigten Personen
1902: 16
1935: 23
1938: 20
1960: 21
1965: 17
1970: 24
1975: 22
1980: 16
1982: 19
1984: 15
1986: 10 (ausschl. LKW- und KOM-Verkehr)
1989: 10
1990: 3 (nur noch KOM-Verkehr)

Streckenbeschreibung

Die langgezogenen Schmalspurgleisanlagen zogen sich in Amstetten parallel zu den DB-Gleisen hin. Der Zugang vom DB-Hausbahnsteig geschah über einen rund 25 m langen Fußgängersteg, der die gesamten DB-Gleise überspannte und von dem aus sich ein umfassender Blick auf die Bahnhofsanlagen einerseits und die Ausfahrt Richtung Ulm – Laichingen und links im Hintergrund nach Gerstetten bot. So manches schöne Bild auf den bereitstehenden, ein- oder ausfahrenden Schmalspurzug und auf die zurückliegenden Rollbockanlagen ist von hieraus geschossen worden. Der pittoreske Steg ist 1981 durch eine Unterführung ersetzt worden – der Kleinbahnfreund fügt „leider" hinzu.

Die aufgebockten Wagen wurden immer bis zum Bahnsteig vorgezogen und hier „geschlaucht", dafür stand jenseits des Bahnsteigs ein Gestell, auf dem – zig Luftschläuche aufgehängt waren, mit denen die Rollböcke über die Durchgangsleitungen der aufgebockten Wagen verbunden wurden – mit den Abzweigstücken oftmals ein schlangenähnliches Gewirr, das seine ganz besonderen Reize hatte und für den Güterverkehr der Nb AL so typisch war.

Amstetten, 14.4.1962

Amstetten, links AL-Bahnsteig, im Vordergrund „Besuch“ von AG, rechts DB-Bf.-Gebäude, 14.4.1962

AL-Bahnsteig Amstetten, 8.5.1975

Amstetten: die bereitliegenden Luftschläuche zeugen vom regen Rollbockverkehr, 14.4.1962

Rollbockzug nach Ankunft in Amstetten, August 1975

Amstetten: Im Vordergrund ausfahrender AL-Zug nach Laichingen, im Hintergrund ausfahrender AG-Zug nach Gerstetten

Ausfahrt Amstetten mit tiefem Felseinschnitt, 12.5.1979

..., nach Erweiterung der Straße, 19.6.1985

Die Ausfahrt führte einige hundert Meter neben den DB-Gleisen Richtung Ulm her, dann bog das Schmalspurgleis scharf nach Südwesten ab, durchfuhr in einem schmalen tiefen Einschnitt eine vorspringende Felsnase und begann gleich dahinter den Anstieg durch ein im unteren Bereich weites, dann enger werdendes liebliches Tal auf die Hochebene der Schwäbischen Alb hinauf. Der markante Felseinschnitt ist Anfang der 80er Jahre erweitert worden, um eine neue Straße aufzunehmen, die im Zusammenhang mit dem Bau der großen neuen Werkanlagen der Heidelberger Druckmaschinen und deren Zufahrt entstanden ist. Die Gleisführung und der schluchtartige Einschnitt haben durch diese Maßnahme erheblich an Reiz verloren.

Der Steilanstieg nach Oppingen hinauf am Hang entlang führend, auf Dammabschnitten und durch Hochwald, mit ständigen und langanhaltenden Steigungen von 1:35, die schönen Ausblicke auf das tiefer und enger werdende Tal und auf die karstigen Talhänge, auf denen alleinstehende Ginster- und Wacholdersträucher auffallen, die Fahrt durch einsame, menschenleere Gegend – nur Rehe sind zu sehen, die den Zug unbekümmert beobachten –, dieser Abschnitt war der absolute Höhepunkt der Nb AL. Bis Oppingen war auf 5,7 km ein Höhenunterschied von 123 m zu überwinden.

Und das war es denn auch schon – die weite Trassenführung bot keinerlei Besonderheiten mehr. In weiten Schleifen und mit ständigen Gefällwechseln verliefen die Gleise parallel, jedoch in einigem Abstand zu der Landstraße Oppingen – Nellingen – Merklingen – Laichingen. Sowohl vom Zug aus nach vorn und nach hinten als auch von verschiedenen höhergelegenen Punkten war die Streckenführung auf langen Abschnitten zu beobachten – deutlich in der Landschaft markiert durch das für die WEG-Bahnen so typische helle Schotterbett aus Kalksteinen. Bei der Beobachtung der Trasse konnte man sich des Eindrucks nicht erwehren, daß sich verschiedene Grundbesitzer damals gewehrt haben, ihr Land für den Bahnbau zur Verfügung zu stellen – ohne geographische Notwendigkeiten wurden große Schleifen ausgeführt, Feldgrenzen umfahren, die Ortschaften, die schon von weitem auszumachen sind, nicht direkt angefahren.

In dem steilen Anstieg zwischen Amstetten und Oppingen, 7.5.1975

Zwischen Amstetten und Oppingen, 10.8.1985

Oppingen, 6.5.1975

Nellingen, 16.9.1983

Merklingen, 22.3.1985

Machtolsheim, 14.4.1962

Bei Merklingen, 6.5.1975

Zwischen Machtolsheim und Laichingen, 14.5.1982

Die Unterwegsbahnhöfe Oppingen, Merklingen und Machtolsheim hatten gleiche Bahnhofsgebäude – lange, schmale, eingeschossige Bauten mit mittigem Dienstraum und beidseitig angesetzten Güterschuppen sowie Warteraum mit offenem verandaähnlichem Vorbau.

Alle Unterwegsbahnhöfe lagen in etwa auf gleicher Höhe, dazwischen gab es jeweils flache Senken, die mit kurzen, aber starken Steigungen ausgefahren werden mußten. Nach Laichingen mußte dann noch einmal ein Höhenunterschied von 36 m überwunden werden.

Während der Bahnhof Oppingen fast 1 km vom Ort entfernt liegt, war die Lage der übrigen Bahnhöfe zum Ortsmittelpunkt durchweg günstig.

Bei km 11,78, kurz vor Merklingen, wurde die BAB unterfahren.

Bei einer eisenbahnarchäologischen Wanderung im Oktober 1990, fünf Jahre nach der Betriebseinstellung und dem Abbau der Gleisanlagen war festzustellen, daß der Bahnkörper zwischen Oppingen und Merklingen stellenweise bereits verschwunden und in Wiesen und Felder aufgegangen ist.

Etwa 200 m hinter dem Bahnhof Oppingen endet das Gleis mit einem Prellbock. Im weiteren Trassenverlauf ist der Bahnkörper bis zu der Stelle, wo er an die Straße nach Nellingen herankommt, noch vorhanden, dann aber bis kurz vor Nellingen nicht mehr erkennbar. Der große Damm rechts der Straße ist fast ganz verschwunden. Vor dem Ort Nellingen wurde die Straße gekreuzt, der Bahnkörper am südöstlichen Ortsrand ist noch vorhanden und wird als Zufahrt zum WLZ-Lagerhaus am ehemaligen Bahnhof genutzt, der an der Straße nach Scharenstetten liegt. Die Situation dort ist unverändert, das Bahnhofsgebäude ist noch vorhanden, aber arg verkommen, die Gleise sind als Fragmente noch zu erkennen.

Hinter Nellingen kommt die Trasse links an die Straße heran und folgt ihr, stellenweise noch gut zu erkennen und als Feldweg genutzt, etwa 1,5 km, dann schwenkt sie nach links ab, unterfährt in einigem Abstand zur Straße die BAB und führt auf Merklingen zu. Der Bahnhof Merklingen lag am Ortsende, man findet ihn, wenn man am Ortsende einer Straße folgt, die an einer großen Linde links abzweigt. Das Bahnhofsgelände ist völlig abgeräumt und zeigt sich als freie Fläche, Bahnhofsgebäude und WLZ-

Kurz vor Laichingen, 12.5.1981

Laichingen, 7.5.1975

Laichingen, abfahrbereiter Zug nach Amstetten, 28.7.1979

T 31, T 37, T 30 vor dem Lokschuppen in Laichingen, 16.9.1978

Laichingen, links die halboffene Fzg-Halle, 14.4.1962

Lagerhaus sind verschwunden, alles deutet auf eine bevorstehende Überbauung hin.

Der Bahnkörper folgt der Straße nach Machtolsheim; an den Stellen, wo die Straße leichte Senken durchfährt, sind die kleinen Dämme links der Straße noch vorhanden, wie überhaupt der Bahnkörper gut zu verfolgen ist – der Schotter liegt noch frei und ist kaum bewachsen, die Vegetation zeigt sich jedoch schon und schickt sich an, den ungenutzten Bahnkörper zurückzuerobern.

Vor Machtolsheim wurde die Ortszufahrt gekreuzt, der Bahnhof befand sich etwa 100 m hinter der Straßenkreuzung am Ortsanfang, die „Bahnhofstraße“ weist eindeutig den Weg. Das kleine hölzerne Unterstellgebäude ist noch vorhanden und wird als Gewächshaus genutzt, der uralte G10-Wagenkasten gegenüber dem ehemaligen Bahnhofsgebäude ist noch da.

Bis Laichingen ist der Bahnkörper voll erhalten und von der Straße aus, der er in einigem Abstand folgt, gut zu verfolgen, erkennbar an dem hellen Schotterbett, das nicht genutzt ist und sich langsam begrünt. Vor Laichingen wurde die Straße gekreuzt, dahinter ist der Bahnkörper in einem Neubaugebiet aufgegangen. Den ehemaligen Bahnhof findet man, wenn man der „Bahnhofstraße“ folgt – dort ist die Situation unverändert, alle Bahnbauten sind noch vorhanden, im Bahnhofsgebäude residiert die Busleitung, Fahrzeughalle und Werkstatt werden für die dort beheimateten KOM genutzt. Buswendeplatz und Tankanlage vervollständigen das Bild.

Die Erinnerung geht ein wenig wehmütig zurück an die schönen Bahnbereisungen erstmals 1962 und schließlich zum Abschied im Juni 1985. Die Nb AL zählt in der Erinnerung zu einer der interessantesten und schönsten Schmalspurbahnen mit landschaftlichen Reizen, vielfältigem Fahrzeugpark, beschaulicher Betriebsabwicklung, zumindest bis 1983 zukunftsträchtigen Aussichten, mit gepflegtem Oberbau und Bahngebäuden – und mit immer freundlichem Personal, sei es Triebfahrzeugführer, sei es der Rangierer in Amstetten, der Werkstättenarbeiter in Laichingen oder der örtliche Bahnleiter.

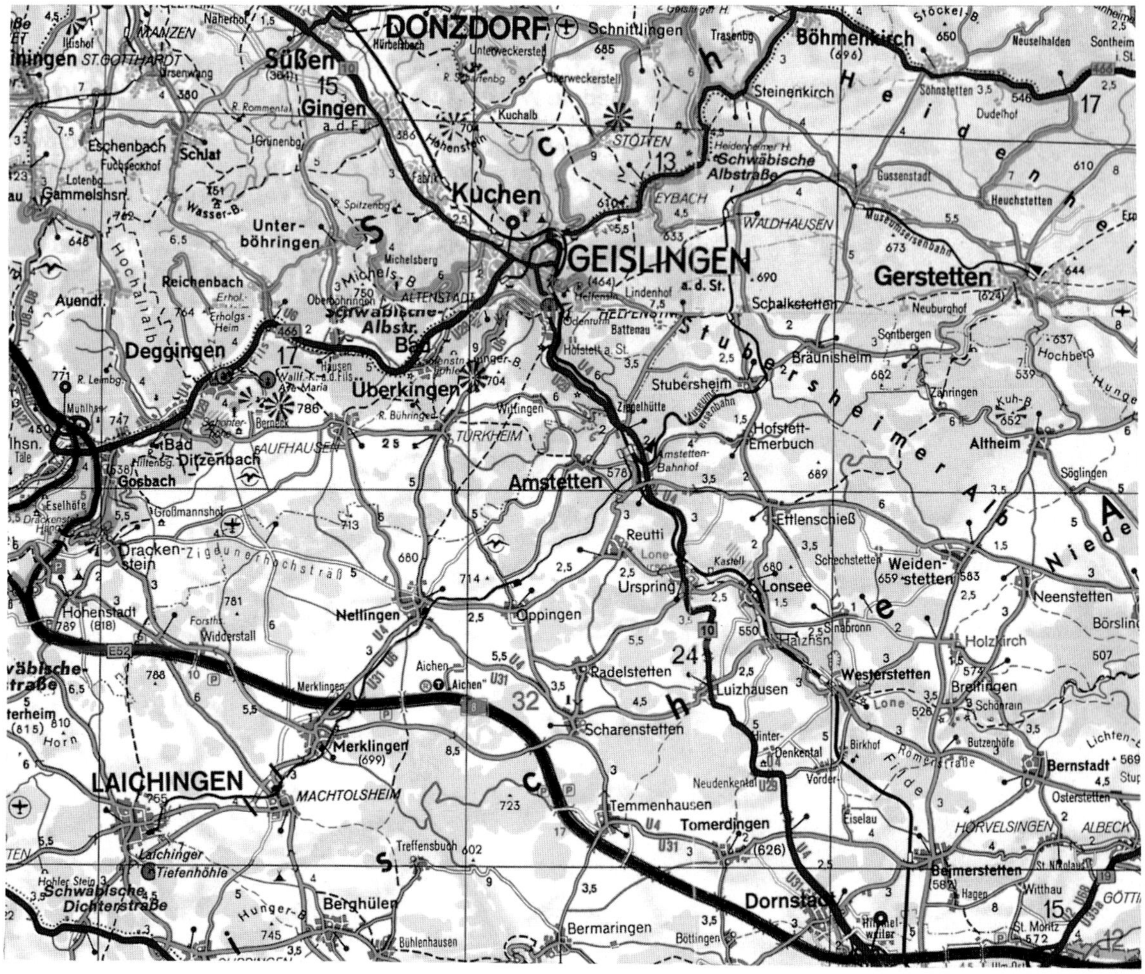

Für die Erhaltung des Abschnittes Amstetten – Oppingen haben sich die Ulmer Eisenbahnfreunde stark gemacht – die Gleisanlagen sind nicht abgebaut worden und voll erhalten bis auf etwa 500 m unterhalb des Bahnhofs Oppingen, die bereits entfernt waren. Das Gleismaterial des gesamten Streckenabschnittes mußte vom Schrotthändler zurückgekauft werden. Für die Einrichtung eines Museumsbetriebes hat der Verein von der AVG (DGEG) als Leihgabe die ex Mosbach – Mudau Cn2t 99 7203 übernommen und aufgearbeitet. Von der Appenzellerbahn kamen einige Personenwagen nach Amstetten, ferner wartet der T 34, seiner Motoranlage beraubt, auf die Instandsetzung. Im Sommer 1990 dampfte erstmals wieder ein Zug nach Oppingen. Die Lokomotive überwintert vorerst in einem primitiven Wellblechverhau, eine Fahrzeughalle ist in der Verlängerung des Drehscheibengleises im Bau.

In den beiden Rollbockgruben rosten einige Rollböcke vor sich hin, ferner stehen in Amstetten mehrere Fahrzeugrudimente und ein Stuttgarter Straßenbahnanhänger. Ob dem Museumsbetrieb Erfolg beschieden sein wird? In Oppingen enden die Museumszüge beim Bahnhof, der weit abseits des Ortes einsam in der „Pampa“ liegt, jegliche Infrastruktur für einen attraktiven Museumsbahnbetrieb fehlt – ebenso wie ein Finanzierungs-, Betriebs- und Gesamtkonzept.

Fahrzeuge

Die WEG hatte für die ursprünglich schmalspurig geplante Nebenbahn Gaildorf – Untergröningen vier dreiachsige Lokomotiven bestellt. Nach der Umdisponierung auf regelspurige Ausführung wurden drei der Lokomotiven für die Nb AL bestimmt, die vierte (Fabr.Nr. 4873) wurde an die Württembergiche Staatsbahn verkauft und als Ts 3 Nr. 9 übernommen (später 99 121). Die drei Dampfloks waren seit 1901 bei der Nb AL im Einsatz und sind mit der Beschaffung der Triebwagen 1956 abgestellt worden. Lok 2 kam 1961 anläßlich des 60jährigen Bestehens noch einmal zu Ehren und zum Einsatz und wurde dann 1964 als Lokdenkmal bei der Tiefenhöhle aufgestellt, wo sie noch 1975 in bedauernswertem Zustand bewundert werden konnte. Inzwischen ist sie zum Technikmuseum Marxzell überstellt worden, wo sie im Freien steht und sich langsam auflöst.

Die Umstellung von Dampf auf Diesel begann mit einem Unikum: 1954 übernahm die WEG von der ÜSTRA Hannover einen LKW, der 1936 von Büssing als dreiachsiger KOM gebaut und 1953 in Hannover zu einem Werkstattwagen umgebaut worden war. In der Werkstatt Neuffen entstand aus dem Straßen-LKW ein Schienentriebwagen, indem auf das Fahrgestell ein neuer Wagenkasten aufgebaut wurde. Die vorderen Straßenräder wurden durch Schienenräder und die hinteren beiden Achsen durch ein Drehgestell ersetzt. Als Antrieb diente ein 150-PS-Büssing Unterflurmotor. Die Lenkung der Vorderräder war blockiert, das Fahrzeug behielt seinen Führerstand, so daß nur in einer Richtung gefahren werden konnte. Zum Rangieren war ein Rückwärtsgang vorhanden. Zum Wenden mußten an den Endbahnhöfen kleine Drehscheiben eingebaut werden, die aus Trägern stillgelegter Brückenwaagen entstanden waren und von Hand bewegt werden konnten. Das 12,2 t schwere Fahrzeug konnte 49 Fahrgäste aufnehmen und war in der Lage, mit der üblichen Mittelkupplung einen Beiwagen mitzuführen. Zehn Jahre war der VT bei der Nb AL im Einsatz, dann wurde er nach einem Zusammenstoß mit einem LKW fahruntüchtig abgestellt und nach dem Eintreffen des ex MEG-VT verschrottet.

Cn2t 2 in Laichingen, 18.5.1958

1956 kam ein fabrikneuer zweiachsiger VT nach Laichingen, der gleich den WEG Regelspurtriebwagen T 05 ff war und deshalb auch ohne Schwierigkeiten 1974 umgespurt werden konnte. Wie alle nachfolgenden VT hatte der VT 36 neben der Sm-Mittelkupplung hochangebrachte Zug- und Stoßvorrichtungen der Regelspurfahrzeuge, so daß aufgebockte Wagen direkt gekuppelt werden konnten.

Als universell einsetzbarer Wagen entstand 1963 in der HW Neuffen ein zweiachsiger Steuerwagen mit einem Auwärter-Aufbau passend zum VT 36 und normalspuriger Zug- und Stoßvorrichtung, an den aufgeschemelte Wagen direkt angekuppelt werden konnten. Der Wagen hatte 50 Sitzplätze.

Zwei von der Brünigbahn erworbene dreiachsige Personenwagen erhielten 1957 neue Aufbauten, die an einem Ende mit Jalousien verschließbare Übergänge hatten, wobei über die Stirnwände ein Durchgang möglich war. Die Wagen waren einzeln und auch als Pärchen im Einsatz.

1956 übernahm die WEG von der Kleinbahn Bremen – Tarmstedt zwei gleiche Triebwagen T 4 und T 2 (zwei weitere VT gingen an die WN). Der T 4 erhielt bei der Waggonfabrik Fuchs einen neuen Aufbau von der Firma Auwärter (T 34).

Der 24 t schwere Wagen wies 34 Sitzplätze und ein Gepäckabteil auf, über dem Kühler- und Auspuffanlage in einem erhöhten Aufbau untergebracht waren. Der zweite VT (Wismar 1934) kam nicht zum Einsatz, diente als Ersatzteilspender und wurde schließlich 1962 zerlegt.

Nach der Einstellung der Härtsfeldbahn Aalen – Neresheim – Dillingen gelangten von dort nach Laichingen die noch betriebsfähigen WN-VT 37, 30, 31 und 33. Die viermotorigen VT 30 und 31 waren als Schlepptriebwagen gebaut und wirkten durch ihr bulliges Aussehen wie rechte Arbeitselefanten, was sie auch waren. Nach der Überstellung zur Nb AL blieb der T 31 erst einmal abgestellt. 1980 entschloß sich die WEG zu einer Grundüberholung beider VT in der HW Neuffen. Als erster wurde T 31 mit einem Kostenaufwand von nahezu 250 000 DM umgebaut, modernisiert, neu beblecht und mit neuen Motoren ausgerüstet. Am 5. Juni 1981 wurde der in den neuen Farben orange/graublau gespritzte Triebwagen wieder in Betrieb genommen. VT 30 folgte zwei Jahre später.

Der VT 33 war ebenfalls ein ehemaliger Bremen-Tarmstedter, der bei der AND 1963 einen neuen Aufbau erhalten hatte. Bei der Nb AL kam er nur kurzzeitig zum Einsatz, da er nach einem Getriebeschaden abgestellt werden mußte und dann als Ersatzteilspender diente.

Schließlich gelangte 1968 von den Mittelbadischen Eisenbahnen deren VT 15 (ursprünglich Zell – Todtnau) zur Nb AL und kam nach Änderung der Motoranlage (210 PS Büssing-Motor, Voith-Getriebe) zum Einsatz. Wegen der fehlenden Regelspur-Zug- und Stoßeinrichtung blieb sein Einsatzfeld beschränkt, er wurde durch die Härtsfelder VT arbeitslos und fand 1976 bei der Inselbahn Langeoog einen neuen Wirkungsbereich.

1973 und später waren bis zu sechs VT in Laichingen, von denen durchweg drei im Einsatz waren – für den Eisenbahnfreund ein wahres Eldorado.

Von Neresheim wurden nach der Stillegung auch die beiden WN-VB 101 und 103 sowie das Pärchen 253/254 mit mittigen Gummiwulstübergängen nach Laichingen überstellt. Während 101 und 103 noch jahrelang im Einsatz waren und auch den neuen orange/graublauen Anstrich erhielten, waren die beiden VB 253/254 kaum im Betrieb und sind 1976 verkauft worden.

Der Personenwagenpark umfaßte von Anfang an 5 Zweiachser mit beidseitigen offenen Plattformen und fünf schmalen Doppelfenstern. BC Nr. 1 war ein II./III.-Klassewagen und hatte drei Abteile mit 6 (II. Nicht-), 8 (III. Nicht-) und 24 (III. Raucher-)Plätzen, Nr. 2-5 hatten 2 Abteile III. Klasse Raucher und Nichtraucher mit 16 + 24 Plätzen. Die III.-Klasse-Wagen erhielten Anfang der 20er Jahre in der HW Neuffen einen Umbau, wobei die Doppelfenster durch fünf Einzelfenster ersetzt worden sind.

Der „Salonwagen" Nr. 1 hat sein Aussehen nicht verändert und blieb bis 1961 (als Bi) im Einsatz, ebenso die Bi 3 und 5.

1949 konnten die WEG/WN von der Brünigbahn 6 dreiachsige Personenwagen erwerben, 4 kamen zur Härtsfeldbahn und 2 nach Laichingen. 1957 erhielten die Wagen neue Aufbauten und waren bis 1980 als VT-Anhänger im Einsatz.

Insgesamt gab es 2 Packwagen – zum Anfangsbestand zählte der BPwPost 101 mit einer offenen Plattform, dessen Fensteranordnung mehrfach geändert worden ist. Das Sitzabteil ist später nicht mehr benutzt worden. Nach dem Krieg ist der G 155 mit zwei Fenstern an jeder Wagenseite, mit einer Zwischenwand und mit einseitiger Stirnwandtür und Übergang ausgerüstet worden und war bis Mitte der 50er Jahre als PwPost 155 im Einsatz – nach 1955 stand das Fahrgestell des Wagens noch jahrelang als fahrbare Pritsche im Agl Schill und ist dann bei der HMB gelandet.

Der Güterwagenpark umfaßte anfangs 6 G- und 12 O-Wagen, alles Zweiachser und hälftig mit und ohne Bremse. Die G-Wagen hatten ein hochgesetztes Bremserhaus, was ihnen ein unproportioniertes und merkwürdiges Aussehen gab.

6 O-Wagen hatten aufsetzbare Drehschemel für den Holztransport. Die Seitenwände der O-Wagen waren bis auf die Stirnwände mit Bremsersitz aushebbar, die Höhe der Seitenwände betrug 1 m und ist später auf 0,65 m reduziert worden.

Alle gebremsten Wagen hatten eine kombinierte Westinghouse-Druckluftbremse.

1907/08 wurden 2 O-Wagen (ohne Bremse) zu G-Wagen umgebaut.

1910/11 schieden 6 O-Wagen (2 mit, 4 ohne Bremse) aus und gelangten zur Kleinbahn Bremen – Tarmstedt.

Mit 8 G- und 4 O-Wagen blieb der Wagenbestand bis 1930 konstant. Vor und nach dem Krieg schieden je ein O-Wagen aus, ferner Ende der 50er Jahre 6 G-Wagen.

Zur Härtsfeld-Museumsbahn gelangten folgende Wagen bzw. Rudimente:

- Untergestell des (V)B 6
- Gm 153 und 156
- Untergestell des Gw(PwPost) 155, dort HMB 154
- Pufferwagen 155
- Ow 301 (wahrscheinlich ehem. 302), Ow 303

Nach der Stillegung haben die Ulmer Eisenbahnfreunde 12 Rollböcke übernommen.

Das Untergestell des (V)B 7 ist zur DGEG gegangen und dort mit einem alten Wagenkasten wiedervereinigt worden.

Ein Unikum war ein Schneepflug, der auf dem Fahrgestell der Lok 3 aufgebaut worden war. Er wurde arbeitslos, nachdem die VT 30 und 31 mit Anbaubeschlägen ausgestattet wurden, an denen hydraulisch heb- und senkbare Anbauschneepflüge installiert werden konnten.

Betr.Nr.	Bauart	Hersteller	Baujahr/Fabr.Nr.	Bemerkungen
Dampflokomotiven				
1s-3s	Cn2t	Borsig	1901/4870/72	1 + 1956; 2 abg. 1956, 1961 für Jubiläum noch einmal eingesetzt. 1964 aufgestellt bei der Tiefenhöhle bei Laichingen, heute Eisenbahnmuseum Marxzell; 3 + 1956. Das Fahrgestell wurde zu einem Schneepflug umgebaut.
Triebwagen und Beiwagen (in der Reihenfolge des Zuganges bei der Nb AL)				
35	VT³	Büssing	1936/418, Umbau 1954, 150 PS	urspr. KOM der ÜSTRA Hannover, bis 1953 dort Werkstattwagen, 1954 Umbau zu einem 1000 mm Spur-Triebwagen mit nur 1 Führerstand, abgestellt nach Unfall 1965, + 1970
36	VT²	Fuchs, Heidelberg	1956/9058, 2 x 150 PS, später 2 x 180 PS	1973 abg. nach Umspurung 1974 i.E. bei Nb GU
34	VT⁴	Wismar	1937/20279, 2 x 170 PS	1956 ex Klb Bremen-Tarmstedt (urspr. Euskirchener Krb), neuer Aufbau Fuchs/Auwärter, seit 1957 i.E., abg. 1981, seit 1986 ohne Motoranlage abg. in Amstetten, 1987 an Ulmer Eisenbahnfreunde,
35^II	VT⁴	Fuchs	1955/9107, 210 PS	1968 ex MEG, Überholung und ab 1973 i.E., 1976 an Inselbahn Langeoog
6 + 7	TA³	Auwärter	1957	neue Auwärter-Wagenkästen auf Brünigbahn-Unterg. als Pärchen mit einseitigem Übergang in der Mitte, i.E. als VB bis Ende 70er Jahre, abg. 1980, + 1983; Fahrgestell an HMB und DGEG (Jagsttalbahn)
150	VS²	HW Neuffen	1963	Auwärter-Aufbau auf einem alten Fahrgestell, 1987 an Härtsfeld-Museumsbahn
1973 von Aalen – Neresheim – Dillingen zur Nb AL umgestellt:				
37	VT⁴	MAN	1960/145169, 2 x 210 PS	*) 1963 ex SHE für AND, dort bis 1973 i.E., 1987 an Härtsfeld-Museumsbahn
30	VT⁴	Fuchs	1956/9053, 4 x 170 PS	*) geliefert für AND, 1989 an Brohltalbahn
31	VT⁴	Fuchs	1956/9054, 4 x 180 PS	*) T 31 vollst. Überholung 1981 in der HW Neuffen, T 30 ebenfalls 1983; T 30 ab 1985 Ersatzteilspender WEG, T 31 1986 verk. an NEWAG München
33	VT⁴	Wismar	1934/20233, 180 PS	*) bis 1973 AND (urspr. Klb Bremen-Tarmstedt), nach Getriebeschaden abg. Ende 1973, Ersatzteilspender für T 34, 1984 an Härtsfeld-Museumsbahn
101/103	TA⁴	Auwärter	1954*)	1973 an AND, 101 1985 an Härtsfeld-Museumsbahn; 103 1986 an Märkische Museums-Eisenbahn
253/254	TA²	Auwärter	1963*)	1973 ex AND, festgekuppeltes Pärchen mit mittigem Übergang, 1976 an Inselbahn Langeoog

Alle VT (außer VT 35 und 35^II) und VS 150 hatten hochgesetzte Regelspur-Zug- und Stoßvorrichtungen, so daß aufgebockte Wagen direkt gekuppelt werden konnten.

*) Vorgeschichte bis 1973 bei AND dargestellt.

VT 35 + Bi 3 in Amstetten, 18.5.1958

VT 34, 14.4.1962

VT 36, 13.5.1958

VT 37, Laichingen, 16.9.1978

VT 30, 16.9.1978

VT 33, Laichingen, 9.5.1975

VT 35 II ex (MEG), 19.5.1975

VB TA 6

VB TA 103 + 101, 2.11.1982

VS 150

Wagen

Betr.Nr.	Bauart	Hersteller	Baujahr/Fabr.Nr.	Bemerkungen
1, 2-5	BC^2, C^2	Waggonf.Kelsterbach	1901	2, 4 + 1959; Wagenkästen als Kauen in Machtolsheim und Merklingen weiterverwendet, 1962 noch vorhanden; 1, 3, 5 + 1963
6-7	B^3	SIG	1886/92	1949 ex SBB Brünigbahn, 1957 neue Auwärter-Aufbauten (siehe oben)
101	$BPwPost^2$	Waggonf.Kelsterbach	1901	abg. 1959, + 1965
151-156	Gw		1901	155 1948/49 = PwPost 155; abg. um 1955, Fahrgestell an Fa. Schill (später HMB)
157-158	Gw			1907/08 Umbau aus Ow 310, 312, einer davon 1948/49 = Pufferwagen 155^{II} mit Normalspur-Zug- und Stoßvorr. und Luftbremse
301-312	Ow		1901	310, 312 1907/08 Umb. zu Gw 157, 158; 305-309, 311 1912/13 an BT

Güterwagen und Rollbockbestand

1904	18 Güterwagen	10 Rollböcke
1935	12	46
1950	10*)	44
1960	4**)	38
1965	4	38
1970	3	25***)
1975	3	35***)
1980	–	35
1984	–	35

*) Gw 151-158, Ow 301 (wahrsch. ex 302), 303
**) Gw 157, Pufferwagen 155, Ow 301, 30
***) 1968 10 Rollb. (ME 1936/42) an AND ausgeliehen, 1973 kamen 10 Rollb. von Neresheim zurück (2 Stck ex AL, 8 Stck AND)

C 1, 14.4.1962

C 3, 14.4.1962

O 303, 14.4.1962

G 154, 18.5.1959

G 155, 14.4.1962

PwP 101, 18.5.1958

Nebenbahn Ebingen – Onstmettingen (NB EO)

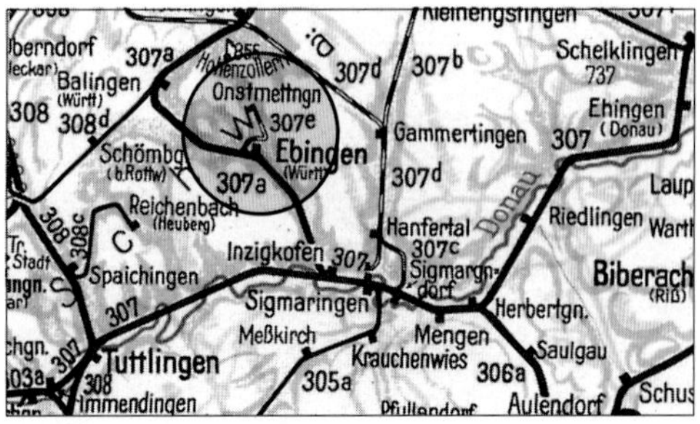

Auf der nebenstehenden (neueren) Karte ist der Streckenverlauf detaillierter dargestellt

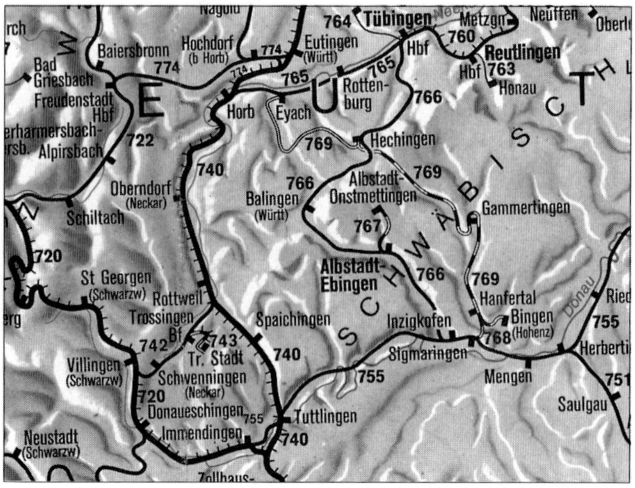

Ebingen Bahnhofsvorplatz – Tailfingen – Onstmettingen

Spurweite: 1435 mm

Streckenlänge: 8,24 km

Gleislänge: 11,1 km

Eigener Bahnkörper

Betriebseröffnung: 14.07.1901

Eigentümer und Betriebsführung:
Württembergische Eisenbahn-Gesellschaft (WEG)

Sitz der örtlichen Betriebsleitung:
ursprünglich Onstmettingen, seit 1935 Tailfingen

Ausstattung

km 00,65 Ebingen Bahnhof, Bahnsteig schräg gegenüber dem DB-EG in der Kurve bzw. Auffahrt zur Brücke, 1946 aufgegeben und zurückverlegt nach:
km 00,45 Ebingen Bahnsteig, Abfahrtstelle der EO-Züge seit 1946 vor dem DB-EG, keine eigenen Anlagen. Ca. 300 m zurückgelegen Übergabegleis zur DB und Umsetzmöglichkeit.
km 01,10 Ebingen-Vorstadt/Häringstein, Hp, aufgegeben 1989.
km 01,50 Ebingen-Gymnasium, Hp, seit 1973.
km 03,05 Truchtelfingen, kleines hübsches Bahnhofsgebäude im Fachwerkstil mit angebautem Güterschuppen (vermietet), Lade- und Kreuzungsgleis.
km 03,65 Truchtelfingen-Holdertal, Hp.
km 04,29 Agl Gaswerk Tailfingen, aufgegeben 1967, abgebaut 1976.
km 04,47 Agl Firma Adolff, aufgegeben 1950, abgebaut 1960.
km 04,98 Tailfingen, zweigeschossiges großes Bahnhofsgebäude mit Güterschuppen, besetzt, Kreuzungs- und zwei Ladegleise, Agl Postamt, stillgelegt 1987.
km 05,80 Tailfingen-Kirche, Hp.
km 06,10 Tailfingen-Schulzentrum, Hp, seit 1973.
km 06,40 Tailfingen, Buchtal, Hp (aufgegeben 1960).
km 06,50 Agl Sägewerk Ammann, aufgegeben 1953, abgebaut 1960.
km 08,24 Onstmettingen, dreigeschossiges großes Bahnhofsgebäude mit Güterschuppen, besetzt, Umsetz-, Lade- und Abstellgleise, Lokschuppen und Werkstatt, Anbau für KOM-Unterstellung und -Pflege.

Die Hp Ebingen-Gymnasium und Tailfingen-Schulzentrum sind erst 1973 für den Schülerverkehr eingerichtet worden und bestehen aus einem Bahnsteig mit Namenstafel und Fußgängerübergängen, die z.T. mit roten halbhohen Blinkleuchten versehen sind.

Fahrzeugschuppen und Werkstatt in Onstmettingen.

Anzahl der Bahnübergänge mit Blinklicht- und z.T. Halbschrankenanlagen: 7

In Ebingen rund 200 m langer Viadukt mit fünf bogenförmigen Durchlässen (11-18 m lichte Weite), einem Durchlaß für die Schmiecha, einem Straßendurchlaß von 15,49 m lichter Weite (ursprünglich Fachwerkbrücke, 1985 im Zuge des Ausbaues der Osttangente und Verbreiterung der Durchfahrt durch eine neue Schweißkonstruktion ersetzt). Der Viadukt ist eine Betonkonstruktion, außen mit Bruchsteinen verblendet und liegt in einer Krümmung.

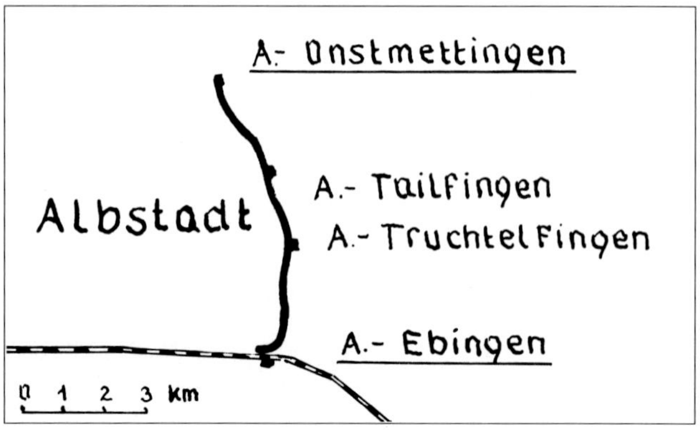

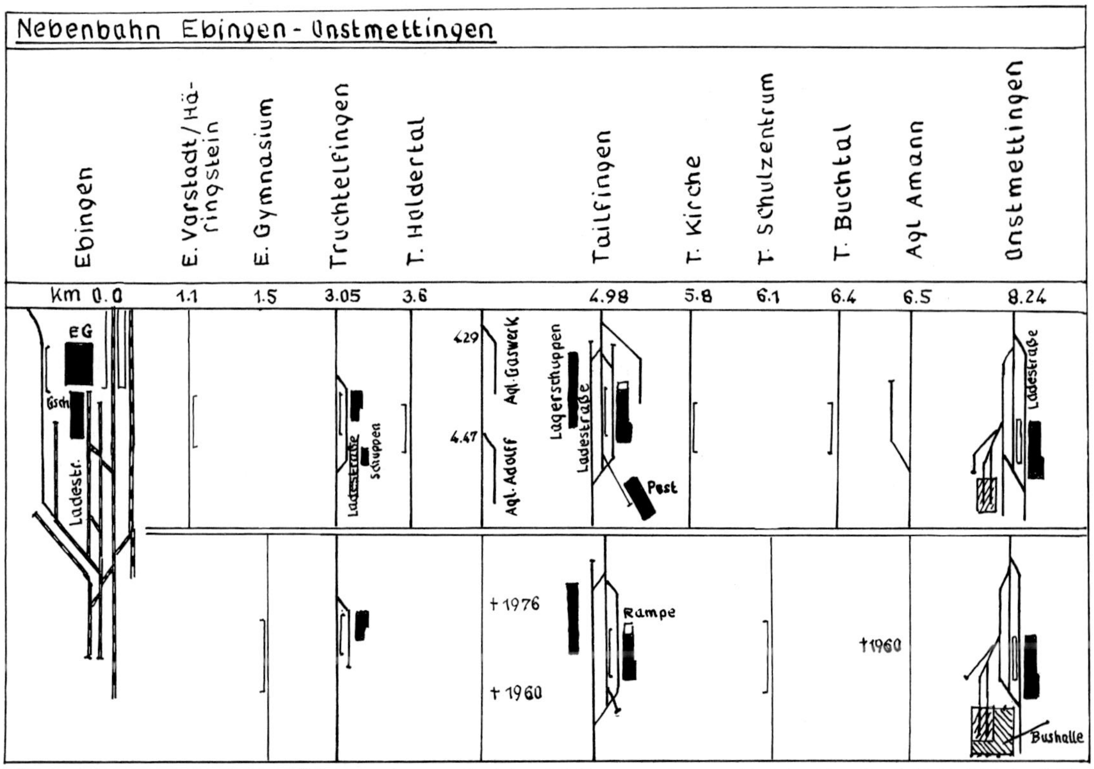

Gleisskizzen der Bahnhöfe oberes Feld ~1960 unteres Feld Veränderungen ÷ 1990

Geschichtliche Entwicklung und Bedeutung

1878 erhielt die Stadt Ebingen mit der Strecke Balingen – Ebingen (– Inzighofen – Sigmaringen) einen Eisenbahnanschluß. Das brachte zwar den vielen kleinen Gewerbebetrieben – Textilindustrie und feinmechanische Werkstätten – im Schmiechatal eine bessere verkehrliche Anbindung, der Weg zum Bahnhof war jedoch weit und beschwerlich.

Die „Talganggemeinden" Truchtelfingen, Tailfingen und Onstmettingen – das Schmiechatal wird in diesem Bereich Talgang genannt – suchten deshalb schon frühzeitig nach einer Eisenbahnverbindung nach.

Damals gab es in Onstmettingen eine größere Trikotagenfabrik und sechs feinmechanische Werkstätten, in Tailfingen zehn größere und 30 kleinere und in Truchtelfingen fünf Trikotagenfabriken.

1889 wandten sich die Vertreter dieser Gemeinden mit einer Eingabe vom 4. Mai an die Abgeordnetenkammer und forderten eine Stichbahn von Ebingen aus nach Onstmettingen. Die KWStE hatte jedoch an solch einer kurzen Strecke kein Interesse, die Petition war erfolglos, ebenso alle weiteren Bemühungen.

Erst als in Württemberg der reine Staatsbahngedanke der Privatinitiative beim Bau von Eisenbahnen Platz machte, zeichneten sich für die Talganggemeinden neue Erfolgsaussichten ab.

1897 wurde in Onstmettingen ein Eisenbahnkomitee gegründet, dem neben dem Fabrikanten Conzelmann zur Rose als treibende Kraft elf weitere Fabrikanten sowie die Schultheißen der drei Gemeinden und mehrere Gemeinderäte angehörten. Eine erneute Eingabe vom 29. Januar 1897 an die Staatsregierung war erfolgreich – die Generaldirektion der KWStE sagte die Bearbeitung des Antrags zu.

Im Juli 1899 legte die Staatsregierung der Abgeordnetenkammer einen Gesetzentwurf für elf Privatbahnen vor; darunter war auch die Strecke Ebingen – Onstmettingen, um die sich die Württembergische Eisenbahn-Gesellschaft bemühte. Die WEG erhielt die von seiner Königlichen Majestät am 19. Oktober 1899 unterzeichneten und am 24. Oktober 1899 im Regierungsblatt veröffentlichten Konzessionen für die Nebenbahnen Ebingen – Onstmettingen, Gaildorf – Untergröningen und Amstetten – Laichingen. Für die Nb EO wurde ein Baukostenzuschuß von 10 000 Mark pro Kilometer zugesagt.

Geographische Schwierigkeiten für den Bahnbau bestanden nicht, die Einführung in das Schmiechatal durch die Ortsbebauung in Ebingen bereitete jedoch erhebliche Schwierigkeiten und machte den Bau eines langen, in der Krümmung liegenden Viaduktes direkt hinter dem Bahnhof Ebingen erforderlich, für dessen Bau u.a. ein Wohnhaus umgesetzt werden mußte.

Mit dem ersten Spatenstich am 14. April 1900 begannen die Bauarbeiten, die sich 1 1/4 Jahr hinzogen – insbesondere der lange Viadukt verzögerte die Bauarbeiten erheblich.

Am 14. Juli 1901 konnte der Betrieb aufgenommen werden, nachdem am 11. und 12. Juli mit großen Feierlichkeiten die neue Bahnstrecke eingeweiht worden war.

Die Gesamtkosten für die Nb EO beliefen sich einschließlich der Fahrzeug- und Grundstückskosten auf 1,0025 Mio. Goldmark – ein hoher Preis für die nur 8,2 km lange Bahn.

Die „Talgangbahn", im Volksmund auch „Schellamattheis" genannt, entwickelte sich gut, das Verkehrsaufkommen stieg bis zum Ersten Weltkrieg ständig an. Der Krieg sowie die Wirtschaftskrisen 1922/23 und 1929/32 brachten zwar deutliche Einbrüche, ansonsten gab es bei der Nb EO keine besonderen Ereignisse bis auf einen Unfall 1907, als in Truchtelfingen ein beladener Rungenwagen entlief und erst hinter dem Viadukt entgleiste, umstürzte und einigen Sachschaden verursachte.

1928 wurde eine eigene Buslinie parallel zur Schiene eröffnet, die zwar der Bahn einiges Fahrgastaufkommen wegnahm, die Ortschaften aber besser bediente.

Schneeverwehungen mach(t)en der am Hang verlaufenden und z.T. freiliegenden Strecke immer wieder zu schaffen – ein in Onstmettingen stationierter Schneepflug wurde häufig eingesetzt, und auch heute noch steht auf einem kurzen Gleisstumpen in Onstmettingen ein Vorsatzschneepflug bereit.

Zu Kriegsende wurde am 13. Februar 1945 durch Bombentreffer ein Pfeiler des Viaduktes in Ebingen zerstört, so daß der Güterverkehr eingestellt werden mußte, die Personenzüge endeten am Hp Ebingen-Vorstadt.

Nach der Wiederherstellung des zerstörten Brückenteils konnte der durchgehende Betrieb ab 10. Mai 1946 wieder aufgenommen werden.

1956 wurden die Dampflokomotiven durch die Zuweisung eines Triebwagens abgelöst.

Während der Güterverkehr nach dem Zweiten Weltkrieg zumindest bis Mitte der 60er Jahre gut war, nahm der Schienenpersonenverkehr ab 1950 deutlich ab auf Kosten der parallel verkehrenden Buslinien.

Die Einrichtung von Mittelpunktschulen brachten der EO ab 1970 deutliches Mehraufkommen im Personenverkehr, dagegen machte sich beim Güterverkehr die Straßenkonkurrenz und die Umstrukturierung der Industrie deutlich bemerkbar.

1975 wurde die Großgemeinde Albstadt gegründet, zu der u.a. die Orte im Talgang von Ebingen bis Onstmettingen gehören – das brachte u.a. auch für den öffentlichen Personenverkehr Auswirkungen, bis hin zur Gründung der Albstädter-Verkehrsgemeinschaft 1982 durch die WEG und KVG mit zwei weiteren Verkehrsunternehmen und der Stadt Albstadt.

In den 70er Jahren ist die Nb EO saniert und modernisiert worden – Durcharbeitung bzw. Erneuerung des Oberbaues, Modernisierung des Fahrzeugparks, Zugbahnfunk mit einer Leitstelle in Tailfingen, Restaurierung der Bahnhofsgebäude, Ausbau der Werkstatt und Erstellung einer modernen Buspflege- und -Instandhaltungshalle, Sicherung der Bahnübergänge mit Blinklicht- und Halbschrankenanlagen, Einrichtung neuer Hp für den Schülerverkehr, Ausbau des Busnetzes und jüngst Einbeziehung in die Albstädter-Verkehrsgemeinschaft.

Das neue Stückgutkonzept der DB hat der EO ab 1. Januar 1990 einer erheblichen Einnahmequelle beraubt, so daß die noch vor einigen Jahren zukunftsträchtigen Aussichten der Bahn zu Pessimismus neigen und 1991 über einen Antrag auf Stillegung der Nb EO laut nachgedacht worden ist. Nichtsdestotrotz wurde die Konzession vom Verkehrsministerium Baden-Württemberg 1993 bis zum 31. Dezember 2043 verlängert.

Personenverkehr

Bis zum Ersten Weltkrieg nahm der Personenverkehr kontinuierlich von rund 100 000 Fahrgästen im Jahre 1902 auf rund 185 000 (1913) zu. 1918 wurden rund 460 000 Fahrgäste gezählt. Dann kam ein durch die Wirtschaftskrise diktierter Einbruch (1923: 200 000). 1925-29 lagen die jährlichen Beförderungsleistungen um 330 000, dann setzte ein stetiger Rückgang ein, der einerseits durch die wirtschaftlichen Verhältnisse bedingt war, andererseits durch eine parallele Buslinie, die 1928 eingerichtet worden war und der Bahn die Fahrgäste wegnahm. 1933 ff benutzten rund 200 000 Fahrgäste die Bahn, ab 1936 stiegen die Beförderungsleistungen wieder an – 1935: 205 795, 1938: 245 667.

Der Fahrplan 1938 weist werktags 7 und sonntags 6 Zugpaare aus, die Fahrzeit betrug 25 Minuten. Es waren im wesentlichen die vielen kleinen und mittleren Textilbetriebe im Talgang, die der Bahn das Verkehrsaufkommen sowohl im Personen- als auch im Güterverkehr brachten, der Personenverkehr beschränkte sich im wesentlichen auf den Berufsverkehr. Es ist einleuchtend, daß der Bus mit sehr viel mehr Haltestellen als der Zug – mehrere Hp sind erst nach dem Zweiten Weltkrieg eingerichtet worden – ein attraktiveres Angebot war und Ein- und Ausstiegmöglichkeiten in unmittelbarer Nähe der Fabriken bot.

In den Kriegs- und Nachkriegsjahren wurden Höchstleistungen erreicht – 1943: 700 000, 1947 und 1948 800 000 Reisende.

Für den Personenverkehr standen anfangs 4, später 6 Wagen zur Verfügung. Der für die kurze Bahn verhältnismäßig große Wagenpark macht deutlich, daß der Berufsverkehr mit großem, kurzzeitig benötigten Fahrzeugraum den Betrieb und das Verkehrsaufkommen diktierte.

Der wachsende Individualverkehr und der bald nach Kriegsende wieder aufgenommene Busbetrieb ließen die Beförderungsleistungen der Schiene auf rund 130 000 Fahrgäste im Jahr 1955 sinken. Ein absolutes Tief wurde 1964 mit 65 000 Reisenden erreicht.

Die Einrichtung von Mittelpunktschulen brachte der Nb EO ab 1965 einen deutlichen Verkehrszuwachs. Für die neuen Schulen in Ebingen und Tailfingen wurden in unmittelbarer Nähe Hp eingerichtet, weitere Hp kamen hinzu.

1961 weist der Fahrplan werktags früh, mittags und am frühen Abend je 1 Zugfahrt von Ebingen nach Onstmettingen und in der Gegenrichtung früh und am späten Vormittag je 1 Zugfahrt aus.

Seit 1954 ruht der Schienenverkehr ab Samstagmittag bis Montagfrüh.

Die WEG macht große Anstrengungen, den Schülerverkehr auf der Schiene zu erhalten – mit Handzetteln werden Fahrgäste und Haushalte aufgefordert, die Züge zu benutzen. Der Erfolg zeigt sich in den Fahrgastzahlen.

T 09 + VS 112 + VS 111 zwischen Ebingen und Truchtelfingen, 7.5.1981

1956/57

307 e Ebingen (Württ)—Onstmettingen Alle Züge nur 2. Klasse

		✕ 2	✕ 10		✕ 16	✕ 18	km	Zug Nr Württ Elsenb-Ges Zug Nr	✕ 1		✕ 9				
...	Ebingen (Württ) —Onstmettingen 1307 g u Bitz— Stuttgart 1307 r	✕ 7.02	✕ 12.08	...	✕ 18.10	✕ 20.56	0,0	ab **Ebingen** (Württ) 307 a (722 m) an	✕ 6.27	...	✕ 11.51	...	...	weitere Bedarfshaltestellen: Tailfingen-Truchtelfingen Holdertal, Tailfingen Buchtal	...
...		7.06	12.11	...	18.13	20.59	0,6	Ebingen Vorstadt ✕	6.24	...	11.48	...	...		...
...		7.12	12.17	...	18.19	21.05	3,0	Tailfingen-Truchtelfingen (754 m)	6.19	...	11.43	...	...		...
...		7.18	12.23	...	18.25	21.11	5,0	Tailfingen (771 m)........	6.14	...	11.38	...	...	✕-Züge nicht 1.XI., 24. u 31. XII. 56	...
...		7.21	12.26		18.28	21.14	5,7	Tailfingen Kirche ✕	6.11	...	11.35	...	...		...
		✕ 7.27	✕ 12.31		✕ 18.33	✕ 21.19	8,2	an **Onstmettingen** (802 m) .. ab	✕ 6.06	...	✕ 11.30	...	...		...

90% des Fahrgastaufkommens sind Schüler, das Zugangebot zeigt deutlich, daß der Normalreiseverkehr keine Rolle mehr spielt. Der Fahrplan weist schon seit Jahren das gleiche Bild auf: früh und mittags 1 bzw. 2 Zugfahrten in jeder Richtung [mo-fr und sa zu verschiedenen Zeiten je nach Schulschluß]. Die Fußnoten in der KB-Tabelle beziehen sich ausschließlich auf Schultage. Dazu verkehren zeitweise im Fahrplan nicht ausgedruckte zusätzliche Schülerfahrten.

Der KOM-Verkehr ist erheblich ausgeweitet worden, es werden mehrere Linien im Einzugsbereich von Tailfingen bzw. Albstadt befahren. 1980 betrug die Streckenlänge 33 km. Heute werden vier Linien im Rahmen der Albstädter-Verkehrsgemeinschaft bedient: L 44 Albstadt – Bisingen (18,3 km), L 45 Stadtverkehr Onstmettingen (2,7 km), L 46 Stadtverkehr Tailfingen (13,7 km) und L 47 Stadtverkehr Tailfingen – Nank – Lammerberg (3,4 km). Das Fahrplanbild ist für Ortsunkundige äußerst kompliziert, da die einzelnen Kurse auf verschiedenen Wegen ihr Ziel erreichen, ferner gibt es eine Vielzahl von Fußnoten, die Einschränkungen oder Besonderheiten anzeigen. Für die Ortsansässigen ist das offenbar kein Problem – der Fahrplan ist auf die individuellen Bedürfnisse und die Arbeitszeiten abgestimmt. Handzettel mit dem Fahrplan und Hinweise auf günstige Fahrmöglichkeiten werden breit gestreut, Mehrfahrten- und preiswerte Zeitkarten machen das Angebot attraktiv.

Rund 75% des Fahrgastaufkommens sind Schüler, 20% Berufsverkehr. Beförderungsleistungen im Busverkehr von 1-2 Mio. Fahrgästen im Jahr geben den Anstrengungen recht.

In Onstmettingen wurde 1951 eine moderne Businstandhaltungs- und Pflegestelle gebaut, die 1983 durch einen Anbau erweitert worden ist.

Anzahl der in Onstmettingen beheimateten Busse:
1980: 14, 1983: 12, 1985: 11, 1987: 9, 1991: 9.

Der allgemeine Individualverkehr und der Pillenknick haben allerdings auch beim Straßenverkehr abnehmende Fahrgastzahlen zur Folge.

Eine besondere Rolle spielt auch der Gelegenheits- und Gesellschaftsreiseverkehr. 1989 buchten rund 4000 Reisende beim WEG-Reisedienst in Tailfingen.

Güterverkehr

Die ausgeprägte Textilindustrie brachte der Nb EO das typische Verkehrsaufkommen – Kohlen für die Krafterzeugung und Rohmaterial im Empfang, Fertigprodukte im Versand.

Von besonderer Bedeutung war der Stückgutverkehr. Ein besonderes Angebot der Talgangbahn war in den 30er Jahren der sog. Trikotagen-Expreß, der in den Wochen vor Weihnachten je nach Bedarf ab Tailfingen verkehrte und aus Schnellzug-Gepäckwagen bestand, die in Ebingen als Kurswagen für die Schnellzüge zu verschiedenen Großstädten im Norden und Süden übergeben wurden.

Ein weiteres Bein der Nb EO war der Holzverkehr (Schnitt- und Grubenholz), der heute überhaupt keine Rolle mehr spielt.

Auch die Landwirtschaft (WLZ Ebingen) und die örtlichen Kohlenhändler brachten der Nb EO einiges Verkehrsaufkommen, es ist heute unbedeutend.

Die Bahnhöfe weisen z.T. lange Freiladegleise auf, für den Wagenladungsverkehr spielten Tailfingen und Onstmettingen eine große Rolle.

Lange Lagerschuppen in Tailfingen stehen für die Zwischenlagerung von Rohgarnen und Gewerbesalzen zur Verfügung.

Die Beförderungsleistungen bewegten sich vor dem Ersten Weltkrieg und in den Nachkriegsjahren zwischen 30 000 und 50 000 t im Jahr. Deutliche Einbrüche brachten die Kriegsjahre und die Wirtschaftskrise 1923 (17 000 t). Gute Jahre waren 1926/30 (bis 70 000 t/Jahr). Von 1930 bis zum Zweiten Weltkrieg schwankte das Güteraufkommen zwischen 40 000 und 48 000 t/Jahr (1935: 42 688 t, 1938: 45 969 t).

Strukturveränderungen – Umstellung von Kohle auf Gas und Heizöl – und die Straßenkonkurrenz haben der Nb EO den ihr eigenen klassischen Wagenladungsverkehr genommen.

Es gab insgesamt vier Anschlußgleise:

– Firma Adolff, Garne – die Firma betreibt seit den 50er Jahren eigenen Werkfernverkehr und befördert ihre Güter ausschließlich

T 09 mit Güterzug zwischen Ebingen und Truchtelfingen, 23.3.1987

auf der Straße, das Agl ist 1950 aufgegeben und 1960 abgebaut worden.

- Gaswerk Tailfingen – Kohlen im Empfang, Umstellung auf Erdgas, Agl 1967 aufgegeben, 1976 abgebaut.
- Sägewerk Ammann – Sägewerk stillgelegt, Agl 1953 aufgegeben und 1960 abgebaut.
- Post- und Paketamt Tailfingen – täglich 1-2 Wagenladungen, 31.05.1987 aufgegeben.

Ferner wurden Wagenladungen auch auf freier Strecke bereitgestellt, die Ladestelle ist zur Talseite mit einer Gleissperre und Sh2-Scheibe gesichert, so direkt auf dem Viadukt in Ebingen für die Firma Ebner (nicht mehr vorhanden) und bei km 1,3 in Ebingen für die Spedition Ott, die Chemikalien in Kesselwagen erhielt – durch die verschärften Bestimmungen für Gefahrgutsendungen werden die Produkte heute auf der Straße angefahren.

Eine besondere Bedeutung spielte und spielt auch heute noch der Stückgutverkehr, der ein Viertel bis ein Drittel des gesamten Gutaufkommens bringt. Es verkehren direkte Stückgutwagen für die Nb EO ab Umladestelle Kornwestheim. Stückgutannahme und -ausgabe sind bei den Bahnhöfen Tailfingen und Onstmettingen – die großen Güterschuppen sind beredte Zeugnisse des regen Aufkommens. Für die Verteilung ab Tailfingen waren bis 1989 3-4 eigene LKW im Einsatz.

Wenn auch die Straßenkonkurrenz – mehrere Speditionen mit beachtlichem LKW-Park zwischen Ebingen und Onstmettingen zeigen mehr als deutlich, wer hier das Sagen hat – der Nb EO das Güteraufkommen abgejagt hat, so zeigt die Verteilung der verschiedenen Gutarten am Gesamtaufkommen nach wie vor das gleiche Bild:

	70er + 80er	1989
Stückgut	25-35%	44%
Brennstoffe	40-45%	41%
Heizöllager in Onstmettingen	um 3000 t/Jahr	rund 2000 t 1990 deutlich weniger
Säuren, Chemikalien, Salze	10-15%	–

Die Ladestraßen und Freiladegleise in Truchtelfingen und Tailfingen spielen kaum mehr eine Rolle und sind z.T. zurückgebaut worden.

Die langen Lagerschuppen in Tailfingen dienen nach wie vor der Textilindustrie, werden aber über die Straße bedient.

Das Güteraufkommen der Talgangbahn ist alles in allem insbesondere ab 1970 auf einen bescheidenen Rest von rund 5000 t/Jahr zurückgegangen.

1981 wurden noch 1247 Wagen in Ebingen übergeben, 1989 waren es 173, 1990 324 und 1991 366 Wagen (1990 und 1991 einschließlich der Wagen für die DEG-Spedition Ebingen).

Das DB-Stückgutkonzept 1990 hat der Nb EO einen erheblichen Einschnitt gebracht. Die WEG hat zum 1. Januar 1990 die Abwicklung und Abfertigung des Expreß- und Stückgutverkehrs im gesamten Postleitzahlenbereich 747 von der DB übernommen und den Hausverkehr an die DEG-Spedition abgegeben. Die WEG-LKW sind in die DEG-Spedition eingebracht worden.

Die WEG bzw. die DEG-Spedition hat von der DB die Ga Ebingen übernommen und dort moderne Abfertigungsräume und eine EDV-Datenstation eingerichtet.

Das Stückgut wird von Kornwestheim nur noch nach Ebingen gefahren und ab dort mit LKW verteilt.

Wegen der katastrophalen Verkehrsverhältnisse während der Hauptverkehrszeiten auf der Straße zwischen Ebingen und Onstmettingen wird das Stückgut für die Selbstabholer in Tailfingen und Onstmettingen in Ebingen umgeladen und nach wie vor auf der Schiene gefahren. Der LKW benötigt von Ebingen bis Onstmettingen spätnachmittags bis zu 3/4 Stunden, der VT schafft diese Strecke in 10 Minuten – das heißt für die Auflieferer 30 Minuten spätere Annahmezeit, die zu Schichtende eine große Rolle spielen.

Der größere Anteil am Stückgutgeschäft ist der Schiene allerdings verlorengegangen, so daß es im Güterverkehr bei der Talgangbahn eher schlecht aussieht, zumal fraglich ist, wie lange der Stückgutwagen für Tailfingen und Onstmettingen noch verkehrt.

Beförderungsleistungen

Jahr	Personen		Güter	
	Schiene	Straße	Schiene	Straße
1960:	116 857		36 600 t	
1963:	76 275	1 851 506	45 486 t	15 700 t
1965:	71 700		41 800 t	
1970:	83 000		28 400 t	
1973:	112 278	2 060 435	22 115 t	7 600 t
1974:	149 000		18 900 t	
1975:	138 500		16 200 t	
1976:	149 000	1 924 351	16 100 t	5 743 t
1977:	165 000	1 817 526	15 000 t	4 820 t
1978:	155 000	1 759 032	12 370 t	4 792 t
1979:	128 635	1 749 654	14 080 t	4 693 t
1980:	105 991	1 711 638	14 024 t	4 713 t
1981:	149 033	1 653 862	10 821 t	4 256 t
1982:	175 269	1 476 491	8 300 t	3 070 t
1983:	180 557	1 339 430	7 078 t	3 274 t
1984:	178 404	1 254 715	7 121 t	2 427 t
1985:	186 500	1 014 246	8 800 t	2 584 t
1986:	217 959	949 156	7 783 t	3 000 t
1987:	235 906	1 000 481	7 118 t	2 968 t
1988:	223 129	876 527	6 791 t	3 163 t
1989:	214 789	865 011	4 412 t	3 337 t
1990:	221 569	894 937	7 648 t*)	–
1991:			7 218 t*)	–

*) einschließlich des Stückgutes für die DEG-Spedition in Ebingen

Personal

Anzahl der beschäftigten Personen
1901: 14
1935: 29
1938: 27
1960: 20
1965: 21
1970: 19
1974: 18
1979: 11
1981: 13
1983: 11
1985: 10
1986: 10 (Eisenbahn) + 17 (KOM + LKW)
1991: 15 (Eisenbahn) + 14 (KOM)

Streckenbeschreibung

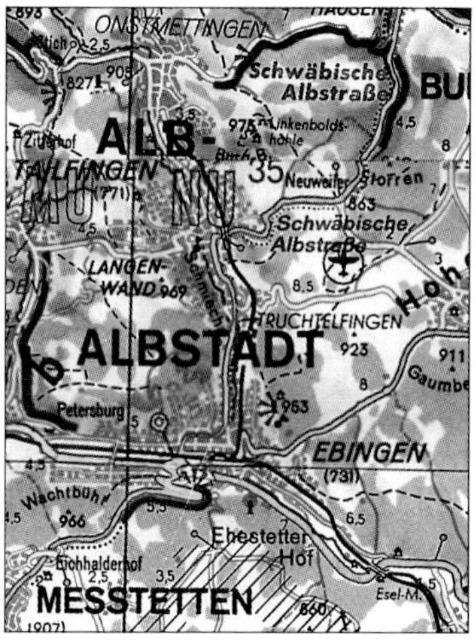

In Ebingen liegt der Nb EO-Bahnsteig vor dem DB-Empfangsgebäude. Zum Umsetzen müssen die Nb EO-Züge an der Ladestraße vorbei etwa 400 m weiterfahren, hier befinden sich auch die Übergabegleise. Ursprünglich lag der Bahnsteig ca. 200 m östlich am Anfang der Kurve.

Richtung Onstmettingen biegt das Streckengleis hinter der Ausfahrt nach links ab, erklettert auf einer Rampe die Höhe des Viaduktes, der in einem Bogen überfahren wird, und schwenkt anschließend in das Schmiechatal ein. In ständiger leichter Steigung, zwischen Truchtelfingen und Tailfingen mit 1:54, führt das Gleis an der östlichen Talseite teilweise auf kleinen Dämmen und Einschnitten talaufwärts, wobei bis Onstmettingen ohne verlorene Steigungen ein Höhenunterschied von 80 m zu überwinden ist. Die Trasse bleibt auf der ganzen Länge in unmittelbarer Nachbarschaft

Ebingen, Bahnhofsvorplatz, rechts DB-Bahnhof, 2.11.1982

DB-Übergabe Ebingen, 19.10.1990

VT 08 rangiert in Ebingen, 5.5.1962

Viadukt Ebingen, 22.5.1975

Viadukt Ebingen, 30.9.1967

Viadukt Ebingen, 30.9.1967

Zwischen Ebingen und Truchtelfingen, 14.5.1991

Truchtelfingen, 7.5.1981

T 09 mit Stückgutwagen in Tailfingen, 29.5.1992

Onstmettingen, 7.5.1981

T 09 mit Stückgutwagen nach Ankunft in Onstmettingen, 19.10.1990

Lokschuppen und Werkstatt Onstmettingen, 5.5.1962

Onstmettingen, links der neue KOM-Schuppenanbau, 19.10.1990

zur Straße, mehr oder weniger weit von ihr entfernt. Eine Vielzahl von Straßen und Wegen kreuzt das Gleis.

Die beiden Unterwegsbahnhöfe und die Hp liegen verkehrlich günstig. Waren die Talgangsortschaften früher voneinander getrennt, sind sie heute durch die dichte Bebauung zusammengewachsen, so daß ab Truchtelfingen der Eindruck einer unendlich langen Straßenortschaft entstanden ist. Auch haben sich die Ortsteile stark nach Westen ausgedehnt, so daß der Bus heute diese sehr viel besser erschließen kann als die Bahn mit der unveränderten Trasse, die heute die Ortsteile mehr im Osten tangiert.

Der Endbahnhof Onstmettingen liegt am südlichen Ortsanfang, bis zum Ortsmittelpunkt sind es mehr als 1 km.

Die Trassenführung bietet im unteren Teil keine Besonderheiten, im oberen Teil ist sie recht reizvoll, insbesondere die Anfahrt auf Onstmettingen auf hohem Damm bzw. Absatz direkt neben und über der Straße. Der Oberbau ist in hervorragendem Zustand, das helle Schotterbett ist typisch für die WEG-Bahnen.

Fahrzeuge

Der Betrieb wurde mit den beiden Cn2t Nr. 3 und 4 (Borsig 1901) eröffnet, die unmittelbar vor bzw. nach dem Ersten Weltkrieg wegen der wachsenden Zuggewichte durch die beiden Untergröninger Dn2vt 7 und 8 (Eßlingen 1904) ersetzt wurden. Beide Loks sind 1963 bzw. 1959 in Onstmettingen ausgemustert worden. Nach dem Zweiten Weltkrieg waren auch noch andere Lokomotiven bei der Talgangbahn, u.a. Dn2vt 13, Cn2t 16 und Dn2vt 17.

1956 kam als Ablösung der Dampflokomotiven der VT T 08 zur Nb EO, der 1963 durch den T 09 ersetzt worden ist.

Zum Anfangsbestand zählten 4 zweiachsige Personenwagen, 2 weitere Wagen ergänzten in den 30er Jahren den Wagenbestand, der mit 6 Stück bis in die 50er Jahre konstant blieb.

Mit dem Rückgang des Personenverkehrs und der Zuweisung des VT und des VB 22 wurden die Personenwagen abgezogen bzw. verschrottet. 1962 waren noch 2 Stück vorhanden, von denen aber nur der Bi Nr. 2 im Einsatz war.

1964 wurden zur Bewältigung des starken Schülerverkehrs der VB 112 und der VS 111 nach Onstmettingen beordert – moderne Wagen mit neuen Aufbauten, die seitdem zusammen mit dem T 09 den gesamten Verkehr bewältigen und seit 1964 die einzigen Fahrzeuge der EO sind. Mit dem Einsatz des Wendezuges erübrigt sich das Umsetzen an den Endbahnhöfen, was insbesondere in Ebingen früher immer zu erheblichen Zeitverzögerungen führte.

Auffallend für den EO-Triebwagen ist die Anbau-Vorrichtung für den Schneepflug, der hydraulisch höhenverstellbar vom Führerstand aus bedient werden kann.

Für den Post- und Gepäckverkehr war jahrzehntelang der PwP 102 bei der Talgangbahn im Einsatz, er wurde mit dem Einsatz des VT, der ein großes Gepäckabteil hat, überflüssig und ist 1959 ausgemustert worden.

Fahrzeugbestand

	1935/38	1950	1960	1965	1966 ff
Lokomotiven	3	3	1		
Triebwagen			1	2	1 (VT 09)
Personenwagen	6	6	3	2	2 (VB 112, VS 111)
PwPostwagen	1	1			
Güterwagen	8 *)	8 *)			

*) 6 Stück im Wagenpark der DR, 2 Stück für den Binnenverkehr, + 1954 und 1959

Nebenbahn Gaildorf – Untergröningen (Nb GU)

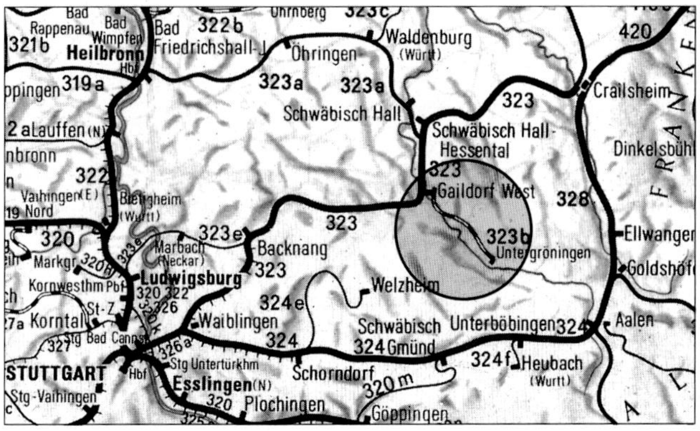

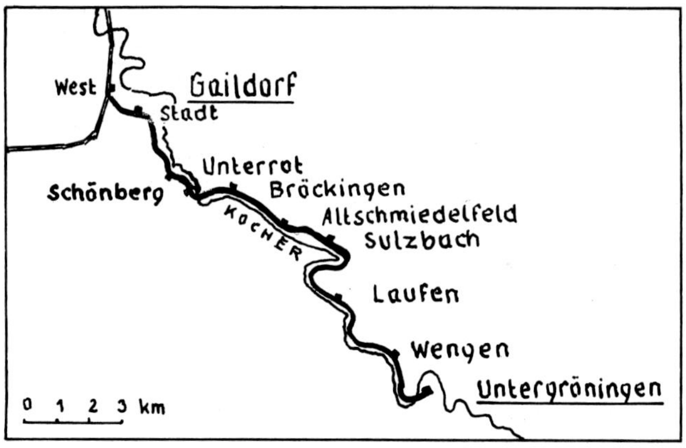

Gaildorf-West DB-Bahnhof – Untergröningen

Spurweite: 1435 mm
Streckenlänge: 18,52 km
Gleislänge: 21,1 km
Eigener Bahnkörper

Betriebseröffnung: 01.10.1903
Einführung in den DB-Bahnhof und Aufgabe des eigenen Bahnsteigs Gaildorf-West seit 18.07.1967

Eigentümer und Betriebsführung:
Württembergische Eisenbahn-Gesellschaft (WEG)

Sitz der örtlichen Betriebsleitung:
Ursprünglich Bahnhof Untergröningen
1961-1970 im Bahnhof Gaildorf-Stadt
seit 1970 Gaildorf-West (Güterschuppen der DB)

Ausstattung

Lokschuppen und Werkstatt in Untergröningen
Anzahl der Straßenkreuzungen mit Blinklicht-/Halbschrankenanlagen: 6 (1990)
Zugfunk seit 26.12.1984

km 00,00 Gaildorf-West, ursprünglich eigene Ankunfts- und Abfahrstelle vor dem EG der Staatsbahn, dahinter Einmündung in die Staatsbahngleise, Bahnsteig, Wasserkran, keine eigenen Baulichkeiten. Seit 1967 Einführung der GU-Gleise südlich des EG in die DB-Gleise, Ein- und Ausfahrtsignal.

km 01,35 Agl Kraussbaar, später Wehrmacht, 1972 entfernt.

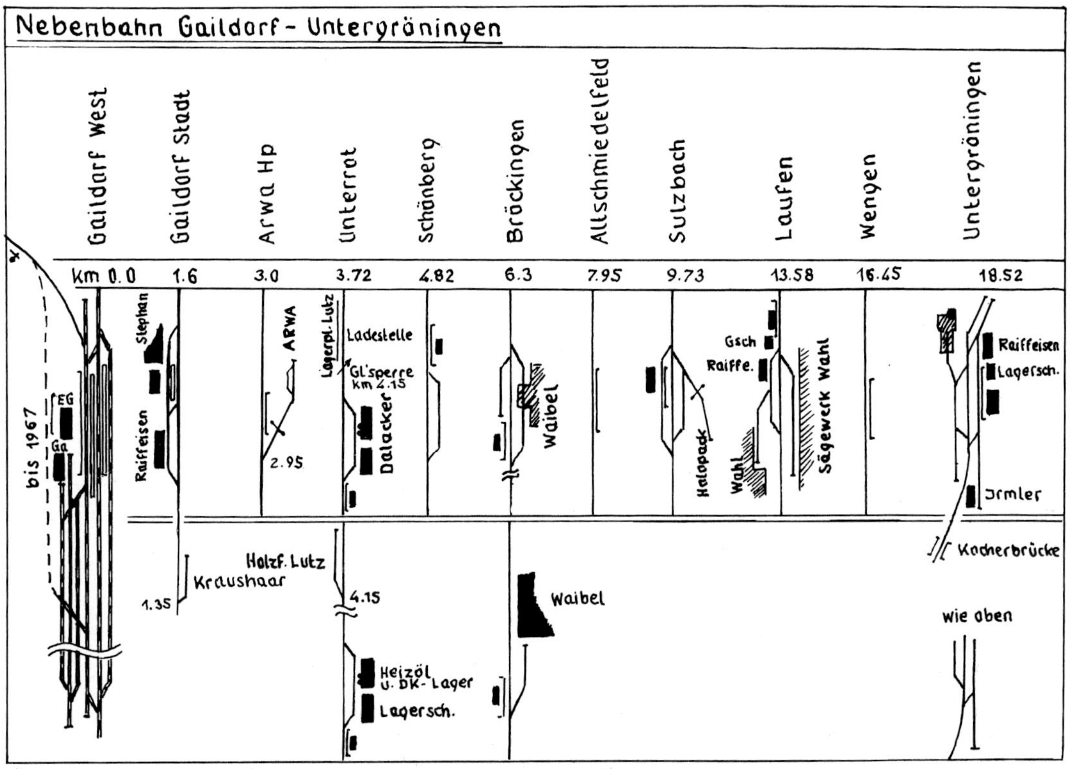

Gleisskizzen Stand ~ 1965 unteres Feld Veränderungen bis 1990

km 01,60 Gaildorf-Stadt, großes zweigeschossiges Bahnhofsgebäude, OG Wohnung, Diensträume im UG seit 1990 leer, Kreuzungs- und Ladegleis, Gleiswaage 1970 stillgelegt. Mehrere Verlader am Ladegleis. 1961-70 Sitz der örtlichen Bahnleitung.

km 03,00 Unterrot ARWA, Hp, Bahnsteig, Agl ARWA Feinstrumpfwirkerei (Mitte der 80er Jahre entfernt).

km 03,72 Unterrot, kleines Bahnhofsgebäude, vermietet an Gartenbauverein, Ladegleis Land- und Brennstoffhandlung Dalacker, Gleiswaage (entfernt)

km 04,15 Agl Sägerei und Holzfabrik Lutz, bis 1985 Verladung am Streckengleis, Ladestelle mit Gleissperre + Sh-Signal gesichert.

km 04,82 Schönberg, kleines Bahnhofsgebäude, vermietet an Brieftaubenverein Gaildorf, Ladegleis mit Holzverladerampe, Gleiswaage (entfernt).

km 06,30 Bröckingen, kleines Bahnhofsgebäude, vermietet an Freiwillige Feuerwehr Bröckingen, Ladegleis, Gleiswaage (entfernt), Agl Waibel KG.

km 07,95 Altschmiedelfeld, Hp, nach 1950 eingerichtet, Bahnsteig.

km 09,73 Sulzbach, großes zweigeschossiges Bahnhofsgebäude, OG Wohnung, Diensträume im UG, seit 1990 leer, Kreuzungs- und Ladegleis, Gleiswaage (entfernt). Agl Sägerei Langbein, heute Firma Holopack.

km 13,58 Laufen, kleines Bahnhofsgebäude, Ladegleis; Raiffeisen-Lagerschuppen, 1 Agl und 1 bahneigenes Ladegleis Sägerei und Holzfabrik Wahl.

km 16,45 Wengen, Hp, Bahnsteig.

km 18,52 Untergröningen, großes zweigeschossiges Bahnhofsgebäude, OG Wohnung, Diensträume im UG, seit 1990 leer, bis 1961 Sitz der örtlichen Bahnleitung. Langgezogene Gleisanlagen, mehrere Ladegleise, Ladegleis Irmler, Gleiswaage (entfernt), Lokschuppen und Werkstatt.

Bauliche Besonderheiten:
Brücke über den Rotbach in km 3,3, 14,49 m Stützweite,
2 Fachwerkbrücken über den Kocher in km 5,36, 2 x 31,4 m Stützweite und km 18,085, 35 m Stützweite.

Geschichtliche Entwicklung und Bedeutung

Im Kochertal finden wir zwei WEG-Nebenbahnen, im oberen Kochertal die Nebenbahn von Gaildorf nach Untergröningen (Nb GU) und im unteren Kochertal die Nebenbahn Jagstfeld – Ohrnberg (Nb JO). Die Nb GU zweigt von der „Murrtalbahn" Stuttgart – Crailsheim, die Nb JO von der Hauptbahn Heilbronn – Osterburken – Würzburg ab.

Beiden Bahnen ist gemein, daß sie auf der ganzen Länge dem Kochertal folgen, ursprünglich als Schmalspurbahn geplant waren und die Firma A. Koppel in Berlin die ersten Planungen ausführte.

Das obere Kochertal ist waldreich – die Holzindustrie war es denn auch, die den ersten Anstoß zum Bau einer Eisenbahn gab. Noch bevor Gaildorf an die Murrtalbahn angeschlossen wurde – der erste Zug erreichte Gaildorf am 1. Dezember 1879, die gesamte Strecke von Waiblingen nach Hessental (Murrtalbahn) wurde am 15. Mai 1880 in Betrieb genommen –, verfaßte der Abgeordnete Kauser 1857 eine Denkschrift über eine Eisenbahnstrecke von Gaildorf nach Wasseralfingen. Dieser Vorschlag blieb ohne Resonanz und geriet bald wieder in Vergessenheit.

Erst nach dem Bau der Murrtalbahn wurde das Projekt einer Eisenbahn durch das obere Kochertal über Untergröningen nach Wasseralfingen wieder aufgegriffen, insbesondere die Forstwirtschaft und Holzindustrie beklagten die schlechten und engen Straßen, auf denen das Langholz mühsam, gefährlich und umständlich und mit großem Zeitaufwand transportiert werden mußte.

1889 versuchte Graf Heinrich Adelmann von Adelmannsfelden, mehrere Bahninteressenten in Untergröningen zu einer Initiative zu bewegen, der Erfolg ließ jedoch noch Jahre auf sich warten, zumal die Regierung kein Interesse an einer öffentlichen Bahnlinie für private Anlieger hatte. Das änderte sich erst mit der Annahme eines Gesetzentwurfes 1899, wonach der Bau von Privatbahnen ermöglicht wurde.

Damit hatte ein Eisenbahnkomitee, das 1897 gegründet worden war und am 30. März 1897 eine Eingabe betr. Bau einer Bahn von Gaildorf nach Untergröningen an die Ständekammer gemacht hatte, im Vorfeld der vorerwähnten Gesetzgebung gute Chancen, sofern sich private Geldgeber finden ließen. Sowohl die beteiligten Amtskörperschaften als auch die großen Sägewerke der Gräflich von Pückler-Limpurg'schen Herrschaft in Bröckingen und der Firma Langbein in Sulzbach ließen Bereitschaft zu finanziellem Engagement erkennen. Das Komitee beauftragte daraufhin die Firma Koppel in Berlin zur Ausarbeitung eines Projektes für eine Schmalspurbahn von Gaildorf nach Untergröningen. Nach der Gründung der WEG im Mai 1899 gingen die Vereinbarungen mit der Firma Koppel auf die WEG über, die nach Zusage eines Staatszuschusses für den Bahnbau die Pläne zu einer regelspurigen Bahn von Gaildorf über Untergröningen – Wasseralfingen nach Aalen umkonzipierte.

Die Konzession zum Bau und Betrieb einer Schmalspurbahn erhielt die WEG am 24. Oktober 1899, die Änderung für eine Regelspurbahn erfolgte am 28. Dezember 1901.

Am 12. Juli 1901 hatte die Regierung in Stuttgart einen Zuschuß von 643 000 Mark in Aussicht gestellt, ferner sicherten die Gemeinden insgesamt 50 000 Mark und der Landkreis 30 000 Mark zu – alle Voraussetzungen für den Bahnbau bis Untergröningen waren geschaffen. Der Streckenverlauf folgt dem Kocher, Schwierigkeiten boten sich kaum, lediglich zwei größere Brücken über den Kocher waren notwendig. Die für das Schmalspurprojekt bereits bestellten vier Lokomotiven fanden durch die Bahn Amstetten – Laichingen einen Abnehmer, die neue Bestellung von zwei Regelspurlokomotiven wurde so rechtzeitig ausgeführt, daß die Bahn von Gaildorf nach Untergröningen am 1. Oktober 1903 in Betrieb genommen werden konnte.

Der Weiterbau bis Aalen war noch einige Jahre im Gespräch, Untergröningen blieb jedoch Endpunkt der Bahn.

Die Holzindustrie und der Landhandel waren die Hauptkunden der Bahn und sorgten für beachtliches Verkehrsaufkommen. Die Bahn entwickelte sich von Anfang an gut, Einbrüche brachten der Erste Weltkrieg und die Weltwirtschaftskrise sowie die Wirtschaftsstagnationen ab 1922 und Anfang der 30er Jahre.

Nach dem Zweiten Weltkrieg sind es der Schülerverkehr und die Holzindustrie, die für beachtlichen Verkehr sorgen.

Der Weltkrieg brachte der Nb GU insbesondere in den letzten Kriegsjahren 1944/45 erhebliche Beeinträchtigungen durch Tieffliegerbeschuß und Zerstörung der Kocherbrücke bei Schönberg, ab 2. April 1945 ruhte der Betrieb. Mit dem Wiederaufbau der Kocherbrücke konnte der Bahnverkehr am 10. April 1946 wieder aufgenommen werden.

Ab 1954 konnte der Dampflokbetrieb durch den Einsatz eines Dieseltriebwagens abgelöst werden.

1967 wurde der eigene Bahnsteig vor dem EG in Gaildorf-West aufgegeben und das Streckengleis direkt in den DB-Bahnhof eingeführt.

Am 26. Dezember 1984 wurde eine moderne Zugleitfunkanlage in Betrieb genommen.

1970 siedelte die örtliche Bahnleitung in den von der DB gemieteten und entsprechend hergerichteten Güterschuppen in Gaildorf-West um, nachdem die Anlagen in Gaildorf Stadt zu klein geworden und die Abfertigung der Holzschnitzelwagen in Gaildorf-West (nur hier noch befindet sich eine Gleiswaage) durchgeführt werden muß.

Mit der Aufgabe des Stückgutverkehrs zum 31. Dezember 1989 sind die Agenturen in Gaildorf-Stadt, Sulzbach und Untergröningen aufgegeben und die Diensträume geräumt worden.

Eigenes Personal ist heute nur noch in Gaildorf-West vorhanden.

Personenverkehr

Mit vier, später drei Personenwagen war die Ausstattung der Nb GU eher bescheiden. Die Beförderungsleistungen lagen vor dem Ersten Weltkrieg zwischen 51 000 und 54 000 Fahrgäste im Jahr (1904: 64 502 Personen), täglich verkehrten drei Zugpaare.

Der Erste Weltkrieg brachte erhebliche Einbußen und das Zugangebot wurde reduziert.

Nach dem Krieg stiegen die Beförderungsleistungen deutlich an und erreichten 1922 knapp 100 000 Fahrgäste. 1923/24 und 1931/35 sanken die Beförderungsleistungen, um sich ab 1935 langsam zu erholen (1925: 83 665, 1935: 33 210, 1938: 34 167 Personen).

1938 verkehrten täglich drei Zugpaare, die Fahrzeit betrug 50-65 Minuten. 1950 weist der Fahrplan täglich zwei Zugpaare aus, Fahrzeit 48-58 Minuten.

Kriegs- und Nachkriegszeit forderten der Bahn große Verkehrsleistungen ab – 1948 über 150 000 Fahrgäste.

Ab Mitte der 50er Jahre erlebte der Personenverkehr durch die Einrichtung von Mittelpunktschulen und die Beförderung von Schülern einen deutlichen Aufschwung, ferner trug die Umstellung auf VT-Betrieb ab 1954 zur Erhöhung des Zugangebotes bei. Früh und mittags verkehrt der VT mit zwei Beiwagen.

Ab 1956 weist der Fahrplan über Jahre werktags sechs und sonntags vier Zugpaare aus, die Fahrzeit betrug 40 Minuten bzw. 1 Stunde für den GmP. 1977 war das Jahr mit der höchsten Beförderungsleistung (228 000), danach ist eine stetige Abnahme zu verzeichnen.

Der Fahrplan Sommer 1980 weist werktags 5, sonntags 3 Zugpaare aus. In Gaildorf-West besteht im allgemeinen für VT und Bus Anschluß nach Backnang (Stuttgart) und Schwäbisch Hall-Hessental (Crailsheim).

Seit 1983 ruht samstags ab Mittag und sonntags der Schienenverkehr. Heute verkehren mo-fr nach wie vor 5, samstags 3 Zugpaare, die Fahrten sind dem Schulbeginn bzw. -ende angepaßt. Die Fahrzeit beträgt zwischen 37 und 40 Minuten, für den GmP 1 Stunde.

Bis 4. Oktober 1959 beförderten die Personenzüge auch die Post.

Seit 1950 verkehrt parallel zur Schiene (zeitweise bis Aalen) eine Buslinie. Die Beförderungsleistungen waren anfangs bescheiden, haben sich jedoch seit 1978 kontinuierlich gesteigert. Ebenso wie der Triebwagen befördert der Bus fast ausschließlich Schüler. 1990 weist der Fahrplan zwischen Gaildorf und Untergröningen zusätzlich zu den Zügen mo-fr 6, sa 1 Buskurse aus, Fahrzeit 33 Minuten. Sonntags ruht der Verkehr.

Für den KOM-Betrieb wird (von der WEG-Kraftverkehrs-Gesellschaft) ein Bus vorgehalten, der in Untergröningen stationiert ist.

Ferner werden von einem Unternehmer die Lokallinien Sulzbach – Egelsbach – Sulzbach und Sulzbach – Laufen – Rübgarten – Sulzbach befahren, die auch für den Schülerverkehr eine Rolle spielen.

Seit 1976 ist eine Arbeitsgruppe der Eisenbahnfreunde Zollernbahn e.V. (EFZ) in Gaildorf tätig, erste Dampflokfahrten mit EFZ-Fahrzeugen fanden im Sommer 1976 statt. Bis 1985 hatten die Aktivitäten einen derartigen Umfang angenommen, daß sich die Gruppe verselbständigte und am 9. November 1985 die Dampfbahn Kochertal e.V. (DBK) mit Sitz in Sulzbach-Laufen gründete. Die DBK betreibt seit 1986 mit eigenen Fahrzeugen an mehreren Wochenenden im Sommer Oldtimerfahrten, die im Fahrplanbild KB 785 Gaildorf – Untergröningen verzeichnet sind. Als Triebfahrzeuge sind zwei ehemalige Werklokomotiven eingesetzt, die bei der DBK ihre jetzt angeschriebenen Bezeichnungen erhalten haben, die Dampflok Cn2t 80 106 (ME 1952/5054) und die dreiachsige V-Lok V 36 510 (ME 1953/5056). Der Personenzug besteht aus mehreren ehemaligen DB-Wagen verschiedener Bauart und einem ex ÖBB-Wagen, die auf einem Nebengleis in Gaildorf-West zwischen den Ausfahrten Richtung Backnang und Gaildorf-Stadt stehen und auch dort gepflegt werden. Für die Arbeiten steht ein kleines Gebäude der ehemaligen Bahnmeisterei zur Verfügung. Der geographischen Lage entsprechend wird die Nb GU im Fahrplan als „Obere Kochertalbahn" geführt.

Güterverkehr

Von Anfang an war die Holz- und Forstwirtschaft der wichtigste Verfrachter und ist das auch heute noch. Alle Bahnhöfe haben Ladestraßen mit mehr oder weniger großen Holzlagerplätzen, die jedoch heute für den allgemeinen Verkehr kaum mehr genutzt werden. Der Holzverkehr beschränkt sich auf die großen Anschließer in Unterrot (Sulzbach), Laufen und Untergröningen.

Daneben spielt die Landwirtschaft eine Rolle.

Die Beförderungsleistungen lagen vor dem Ersten Weltkrieg um 40 000 t/Jahr (1904: 36 572 t), nach dem Krieg bedeutend höher: 1920: 67 000 t, 1925: 45 523 t), in den Jahren der Stagnation und besonders nach 1930 unter 30 000 t (1935: 27 440 t, 1938: 28 824 t). Nach dem Zweiten Weltkrieg blieb das Verkehrsaufkommen bis 1965 gering (um 20 000 t/Jahr).

Nach dem Krieg haben sich einige neue Industriebetriebe angesiedelt – bei Unterrot die ARWA Feinstrumpfwirkerei mit einem Agl, ferner das Abfüllwerk Holopack in Sulzbach – Anschlußgleis, Kesselwagen im Empfang, Stückgut im Versand – und die Firma Waibel in Bröckingen (Agl), die Büromöbel und Plattenbeschichtungen herstellt. Beim Bahnhof Gaildorf-Stadt hat sich die Schrottverwertungsfirma Brecht niedergelassen, die am Ladegleis verlädt.

Die Firma ARWA ist 1981 aufgegeben worden, in den Werkanlagen sind heute mehrere Firmen etabliert, die für die Schiene keine Rolle spielen. Das Agl ist abgebaut worden.

1965

323 a Gaildorf—Untergröningen

Alle Züge 2. Klasse

⚒4.22	6.39	6.39	⚒10.04	11.29	11.36	Sa13.07	13.27	16.35	17.43	19.01	19.01		Stuttgart Hbf 323.	8.29	9.28	9.28	13.22	15.08	15.08	16.57	18.37	19.42	19.42	23.43	†22.36
⚒5.16	7.49	7.49	11.08	11.08	⚒13.02	⚒13.02	15.41	a17.03	18.05	a18.17	†20.49		Schwäb Hall 323c	⚒7.30	9.04	9.04	12.18	b14.01	14.01	Sa15.06	18.19	19.34	19.34	21.31	b23.10
2	4	306	8	10	12	14	16	20	22	24	26	km	Zug Nr ↓ WürttElsenb-Ges ↑ Zug Nr	1	3	5	307	9	11	311	315	17	19	23	25
⚒6.29	†8.40	⚒9.00	⚒12.00	†12.41	a13.52	Sa14.41	a17.10	a18.16	c19.10	Fr20.48	†21.24	0,0	**Gaildorf** West 323	⚒6.25	⚒7.52	†8.12	⚒11.24	†12.29	a13.27	Sa14.28	a16.29	a18.09	c18.29	Fr20.36	†21.14
6.33	8.44	9.08	12.10	12.45	14.02	14.47	17.14	18.20	19.14	20.52	21.28	1,6	Gaildorf Stadt	6.22	7.49	8.09	11.20	12.26	13.24	14.25	16.25	18.06	18.26	20.33	21.11
6.38	8.49	9.16	12.15	12.50	14.07	14.55	17.19	18.25	19.19	20.57	21.33	3,7	Unterrot	6.17	7.44	8.04	11.08	12.21	13.19	14.12	16.04	18.01	18.21	20.27	21.06
6.40	8.51	9.18	12.17	12.52	14.09	14.57	17.21	18.27	19.21	20.59	21.35	4,8	Schönberg (b Gaild) ×	6.14	7.41	8.01	11.02	12.18	13.16	14.05	15.56	17.58	18.18	20.24	21.03
6.44	8.55	9.22	12.21	12.56	14.13	15.01	17.25	18.31	19.25	21.03	21.39	6,3	Bröckingen	6.11	7.38	7.58	10.59	12.15	13.13	14.02	15.53	17.55	18.15	20.21	21.00
6.51	9.02	9.33	12.28	13.03	14.20	15.12	17.32	18.38	19.32	21.10	21.46	9,7	Sulzbach (Kocher)	6.04	7.31	7.51	10.51	12.08	13.06	13.54	15.45	17.48	18.08	20.14	20.53
6.59	9.10	9.42	12.36	13.11	14.28	15.20	a17.39	18.46	19.40	21.18	21.54	13,6	Laufen (Kocher)	5.56	7.23	7.43	10.41	12.00	12.58	13.41	15.32	a17.40	18.00	20.06	20.45
7.05	9.16	9.48	12.42	13.17	14.34	15.26	an	18.52	19.46	21.24	22.00	16,4	Wengen ×	5.50	7.17	7.37	10.34	11.54	12.52	13.34	15.25	ab	17.54	20.00	20.39
⚒7.09	†9.20	⚒9.52	⚒12.46	†13.21	a14.38	Sa15.30	...	a18.56	c19.50	Fr21.28	†22.04	18,4	**Untergröningen**	⚒5.46	⚒7.13	†7.33	⚒10.30	†11.50	a12.48	Sa13.30	a15.20	...	c17.50	Fr19.56	†20.35

a = ⚒ außer Sa   c = Sa und †

Weitere Bedarfshaltestellen: Unterrot ARWA und Altschmiedelfeld

Mit der Aufgabe des Stückgutverkehrs ist die Bedeutung der Firma Holopack für die Schiene stark zurückgegangen (schon 1989 nur noch 37 Wagenladungen mit insgesamt 182 t). Die Schrottverladung in Gaildorf hat in den letzten Jahren stark nachgelassen und endete 1988 mit der Verlegung der Firma. Auch die Firma Waibel hat fast kein Aufkommen mehr für die Schiene.

Beim Bahnhof Gaildorf-Stadt hatte die Firma Krausshaar (Teefabrik) ein Agl, das später von der Wehrmacht übernommen und Anfang der 70er Jahre aufgegeben worden ist.

Die Raiffeisengenossenschaften Gaildorf, Sulzbach, Laufen und Untergröningen haben heute nur noch geringen Wagenladungsverkehr (Lagerhäuser Gaildorf und Untergröningen 1989 25 Wagenladungen, Düngemittel 643 t, übrige einen Wagen mit 26 t).

Die Firma Irmler, Untergröningen, entlädt fast ausschließlich Kartoffeln (1989 24 Ladungen, 484 t).

Von einiger Bedeutung ist die Firma Dalacker in Unterrot, Landhandel, Brennstoffe, Diesel- und Heizöl (1989 30 Wagen, 1510 t).

Nach 1965 sorgte die Holzindustrie für einen beachtlichen Verkehrsaufschwung.

In Laufen betreibt die Firma Wahl ein großes Holzwerk mit Sägerei und Fertigung von Kabeltrommeln. Zu dem früher schon vorhandenen Ladegleis ist ein weiteres Agl hinzugekommen. Für den Späneversand und den Kabeltrommeltransport stehen Spezial-Privatwagen der Firma Lang, Laufen zur Verfügung (1989 983 Wagenladungen, 29 948 t * – siehe Tabelle Beförderungsleistungen).

In Bröckingen betrieb die Gräflich von Pückler-Limpurgsche Sägerei eine Holzfabrik, die später von der Firma Lutz gepachtet worden ist. Nach der Verlegung der Firma Lutz nach Unterrot hat Ende der 60er Jahre die Firma Waibel die Werkanlagen übernommen und umgebaut.

Die Firma Lutz betreibt in Unterrot eine große Holzfabrik mit Sägerei und Herstellung von Schaltafeln. Die Bereitstellung der Wagen geschah jahrelang auf freier Strecke östlich des Bahnhofs Unterrot, wobei die Wagen mit einer umlegbaren Gleissperre gesichert waren. 1985 ist ein neues Agl gebaut worden (1989 49 Ladungen, 17 832 t* – siehe Tabelle Beförderungsleistungen).

Beim Bahnhof Sulzbach befand sich die Sägerei Langbein mit einem Agl, die Anlagen sind später von der Firma Holopack über-

Vom Hackschnitzel- und Holzverkehr lebt heute die GU

T 36 mit 2 Tiefladewagen für Kabeltrommeln und zwei Hackschnitzelwagen des P-Wagen-Einstellers Fa. Lang, Sulzbach, zwischen Sulzbach und Laufen, 10.9.1990

Laufen, 20.7.1988, Agl. Sägewerk Wahl beidseits des Streckengleises

nommen worden. Für die Verladung von Hackschnitzel, die fast ausschließlich auf der Straße transportiert wurden, hat die WEG 1984 eine eigene Initiative ergriffen und am Bahnhof Untergröningen eine Verladeanlage mit einem großen Lagerplatz eingerichtet und 1985 in Betrieb genommen. Hier verladen die Firmen Hirschbach in Laufen und Bullinger, Abtsgmünd (auch Stammholz im Empfang, 1989 668 Wagen, 31 000 t * – siehe Tabelle Beförderungsleistungen).

Für die Holzschnitzelverladung hält die Firma Lang, Laufen b. Sulzbach (Tochterunternehmen von Firma Wahl) überlange, vierachsige E-Wagen und Spezial-Selbstentladewagen vor, die von der Firma Talbot Aachen entwickelt und gebaut worden sind – 15 Stück grasgrün gestrichen der Gattung Fals, Baujahr 1963, bei der DB eingestellt 1987, und 7 Stück Ealos, Baujahr 1983. Neben dem Wagenladungsverkehr werden immer noch große Mengen Holzschnitzel auf der Straße transportiert, die Nb GU bzw. WEG macht große Anstrengungen, auch diesen Verkehr auf die Schiene zu bringen – in der Schnitzelbeförderung liegt die Zukunft der Nb GU!

Letzte Meldung: Durch die Akquisition von Neukunden konnte 1993 ein beachtliches Ergebnis mit insgesamt 65 700 t erzielt werden. Dazu beigetragen hat ein Ganzzugverkehr ab Mai 1993 ins französische Petit Quevilly mit Hackschnitzeln – dazu haben sich mehrere Sägewerke zusammengeschlossen. In den Spitzenzeiten setzt die Nb GU einen eigens nach Gaildorf überstellten zweiten VT als Schleppfahrzeug ein.

Der schon über Jahre einzige, bei der Nb GU eingesetzte VT hat bei dem in den letzten Jahren angestiegenen Güterverkehr Schwerstarbeit zu verrichten. Der Vormittagszug 214 8.42 Uhr ab Gaildorf-West nimmt die früh bereitgestellten Wagen mit – bei einem Besuch im Juli 1990 wurde eine Anhängelast von 12 Wagen beobachtet, 2 x 2 Kabeltrommelwagen, 3 grüne Selbstentlade- und 3 Ealos-Holzhackschnitzelwagen und 2 Ladungen Schnittholz. Der Nachmittagszug 227 15.30 Uhr ab Untergröningen nimmt die beladenen Holzschnitzelwagen und die übrigen Ladungen bzw. Leerwagen wieder mit zurück. Wenn möglich, werden dem Mittagszug 223 schon Güterwagen beigegeben. Bei besonders schweren Zügen Richtung Gaildorf müssen Wagen in Unterrot stehengelassen und in einer zweiten Zugfahrt nachgeführt werden.

Hackschnitzelzug zwischen Sulzbach und Bröckingen, 20.7.1988

Übergabe eines Hackschnitzelzuges an die DB in Gaildorf-West, 20.7.1988

Der Stückgutverkehr spielte eine nicht unwesentliche Rolle – er machte rund 5% des Verkehrsaufkommens aus. Stück- und Expreßgut wurde in Gaildorf-Stadt, Sulzbach und Untergröningen abgefertigt, die Bahnhöfe waren werktäglich mit Agenten besetzt. 1970 hat die WEG die DB-Güterabfertigung Gaildorf-West übernommen, Kurswagen wurden hier umgeladen und das Stückgut mit dem bahneigenen G-Wagen weiterbefördert bzw. gesammelt.

Mit der Neuorganisation des Stückgutverkehrs der DB hat die Ga Gaildorf und somit die Nb GU den Stückgutverkehr verloren, was der Bahn erhebliche Einbußen und auch Strukturprobleme gebracht hat. Die Agenturen sind aufgelöst worden, seit 1. Januar 1990 wird das Stückgut von einem Spediteur ab DB-Bahnhof Crailsheim zugestellt.

Im Wechselverkehr mit der DB wurden übergeben bzw. übernommen:

1980: 2253 Wagen
1983: 1521
1985: 1823
1987: 1751
1989: 2571 (viel Stammholz im Empfang)
1990: 1924
1991: 2020

Beförderungsleistungen

Jahr	Personen (Schiene)	(Straße)	Güter
1960:	120 424		17 200 t
1965:	107 700		23 900 t
1970:	185 900		49 000 t
1974:	197 900		57 700 t
1975:	199 100		43 600 t
1976:	205 000	9 336	46 900 t
1977:	228 000	8 137	47 000 t
1978:	203 000	25 967	48 624 t
1979:	172 416	44 772	52 112 t
1980:	164 169	47 736	47 058 t
1981:	165 897	50 643	38 569 t
1982:	177 890	58 250	33 788 t
1983:	166 875	59 547	33 491 t
1984:	157 212	60 562	33 018 t
1985:	140 633	57 131	54 750 t
1986:	125 736	56 437	33 835 t
1987:	122 906	59 766	46 110 t
1988:	104 458	62 408	57 988 t
1989:	104 787	79 611	69 329 t*)
1990:	116 100	120 300	62 159 t
1991:			57 862 t

*) Die Unterschiede in den Einzelangaben und der Gesamt-Tonnenzahl beruhen auf tatsächlich gewogener Last und der Tariflast. Holz-Hackschnitzel werden nur als Wagenladungen abgerechnet, wobei für das großvolumige und verhältnismäßig leichte Gut (Wagen mit großem Fassungsvermögen) besondere Tarife gelten.

Das Ladungsaufkommen für die Holzindustrie ist abhängig von der Holzwirtschaft, den Absatzmöglichkeiten und auch von Naturereignissen (Windwurfholz). Die Schwankungen machen sich im Gesamtverkehrsaufkommen der Nb GU deutlich bemerkbar, zumal bis in die 70er Jahre die Holzindustrie mit 60-70% beteiligt war und heute fast das gesamte Frachtaufkommen stellt.

Personal

Bei der GU beschäftigte Mitarbeiter

1935,38:	21
1960:	19
1965:	10
1970:	16
1975:	18
1979:	14
1981:	15
1985:	13
1989:	12
1990:	9

Streckenbeschreibung

Die Züge der Nb GU beginnen und enden am Gleis 1 (Hausbahnsteig) des DB-Bahnhofs Gaildorf-West (früher Gaildorf Rbf). Ein- und Ausfahrt geschieht mit Lichtsignal Hp 2. Ursprünglich führte das GU-Gleis vor dem EG des Bahnhofs Gaildorf-West her – gegenüber dem EG befand sich der GU-Bahnsteig – und mündete am nördlichen Bahnhofskopf in die DB-Gleise ein. Unmittelbar hinter dem Bahnhof Ausfahrt Richtung Backnang zweigt das Streckengleis nach links ab und erreicht mit einigem Gefälle nach 1,6 km den Bahnhof Gaildorf-Stadt.

Der DB-Bahnhof liegt abseits des Ortes hoch am Hang. Den Abfertigungsdienst und Fahrkartenverkauf übernimmt die DB.

Der Bahnhof Gaildorf-Stadt liegt auf 343,47 m ü. NN am südlichen Ortsrand noch im Weichbild der Stadt. Das Bahnhofsgebäude ist ein hübscher zweigeschossiger Bau, UG Ziegelmauerwerk, OG Fachwerk, mit angebautem Güterschuppen, vor einigen Jahren renoviert und in gutem Zustand, jedoch dienstlich nicht mehr genutzt. Das Raiffeisen-Lagerhaus und die Schrottverwertung sowie der Stückgutverkehr brachten dem Bahnhof früher ein großes Wagenaufkommen, heute ist es hier ruhig.

Die Strecke führt nun nach Süden, überquert die Straße nach Murrhardt/Schwäbisch Gmünd und kurz darauf den Rotbach und erreicht bei km 3,7 den Bf Unterrot (333,6 m ü. NN) links der Straße nach Schwäbisch Gmünd. Hier steht eines der für die WEG-Bahnen und insbesondere für die Nb GU typischen kleinen Bahnhofsgebäude mit Dienst- und Warteraum, wie wir sie auch in Schönberg, Bröckingen und Laufen finden. Hinter dem Bahnhof zweigt bei km 4,2 das neue Agl zur Holzfabrik Lutz ab.

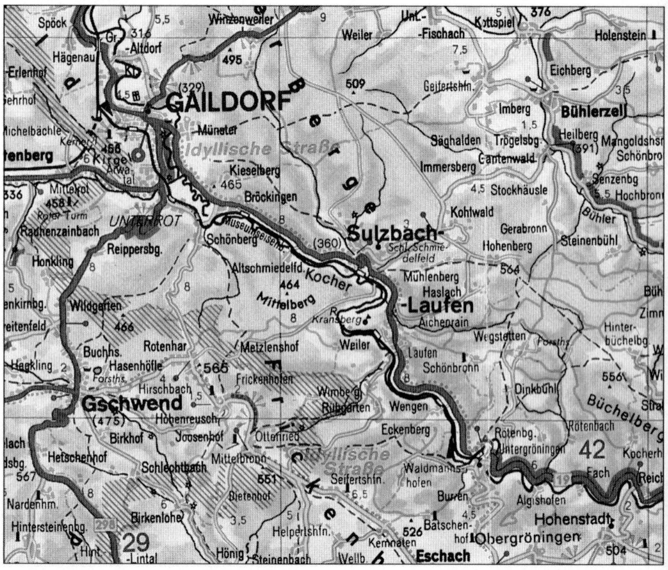

Gaildorf West, 15.5.1975

T 04 abfahrbereit nach Untergröningen am alten GU-Bahnsteig vor dem DB-Gebäude, 1961

Ursprüngliche Zufahrt zum DB-Bahnhof Gaildorf West, 20.5.1972

T 04 abfahrbereit in Gaildorf West, 1.6.1973

T 04 Einfahrt Gaildorf West, 20.5.1972

Zwischen Gaildorf West und Gaildorf Stadt, 28.8.1984

T 36 mit Stückgutwagen in Gaildorf Stadt, 14.9.1993

Schönberg, 20.5.1972

Unterrot (330,7 m ü. NN) ist der tiefste Punkt der Bahn, bis Gaildorf-West (348 m ü. NN) müssen 17,8 m Höhenunterschied überwunden werden. Ab Unterrot folgt die Bahn dem windungsreichen Kochertal mit ständiger ganz mäßiger Steigung bis Untergröningen (352,5 m ü. NN). Fast auf der ganzen Länge ist das Streckengleis von der Straße Gaildorf – Untergröningen – Abtsgmünd aus zu verfolgen, es führt auf langen Abschnitten in unmittelbarer Nachbarschaft der Straße an der rechten Seite her, stellenweise eingezwängt zwischen dem Kocher und der z.T. hochliegenden Straße.

Das Kochertal ist im oberen Teil besonders schön – die hohen Hänge sind bewaldet, das Tal wird zunehmend enger. Die Ortschaften liegen im Tal bzw. am Hang.

Schönberg und Bröckingen, zwei in der Anlage gleiche Bahnhöfe, liegen direkt neben der Straße, die Gleisanlagen des Bahnhofs Bröckingen sind durch die Erweiterung der Fabrikanlagen der Firma Waibel verändert worden.

Zwischen Schönberg und Bröckingen wird der Kocher auf einer zweibogigen Fachwerkbrücke überschritten, die von der Straße bzw. einem Feldweg aus gut einzusehen ist.

Der idyllisch gelegene Hp Altschmiedelfeld ist nur durch einen kurzen Bahnsteig, ein Namensschild und eine Bank erkennbar.

Während der Ort Sulzbach hoch am Hang liegt, bleibt die Bahn im Tal. Der Bahnhof liegt unterhalb des Ortes und weist ein zweigeschossiges Bahnhofsgebäude ähnlich dem in Gaildorf-Stadt auf. Das Agl zur ehemaligen Sägerei Langbein, heute Firma Holopack, ist bis auf zwei Wagenlängen zurückgebaut und wird nicht mehr benutzt.

Hinter Sulzbach führen Kocher und Bahn eine weite Schleife nach Westen, um eine Bergnase zu umfahren, die von der Straße in direkter Linienführung überfahren wird. Bei Laufen treffen sich Straße und Bahn wieder.

Der Bahnhof Laufen ist geprägt durch die beidseitigen Anlagen der Sägerei und Holzfabrik Wahl mit zwei Ladegleisen. Der Güterschuppen ist abgebrochen und mußte der Werkzufahrt Platz machen, das kleine Bahnhofsgebäude mutet inmitten der Werkanlagen bescheiden an. Hier gibt es täglich für den VT viel zu tun, wenn aus beiden Ladegleisen die Wagen abgezogen bzw. bereitgestellt werden. Wegen des kurzen Umsetzgleises gestalten sich die Rangiermanöver schwierig und zeitraubend.

An dem Straßenabzweig nach Wengen liegt der Hp gleichen Namens mit einem kurzen Bahnsteig, einer Namenstafel und einer Bogenlampe. Direkt am Hp befand sich eine der vielen hübschen, überdachten Holzbrücken über den Kocher, die heute durchweg

Unterrot, 1.6.1973

Kocherbrücke zwischen Schönberg und Bröckingen, 28.8.1984

Bröckingen, 1.6.1973

Sulzbad, 14.9.1983

Laufen, 1.6.1973

T 36 vor einer der typischen holzgedeckten Kocherbrücken bei Hp Wengen, 24.5.1979

Zwischen Sulzbach und Laufen, 14.9.1983

Kocherbrücke vor Untergröningen, 20.7.1988

durch Betonbrücken ersetzt sind. Wenig später wird der Endpunkt erreicht.

Kocher und Straße führen in einem weiten Bogen um den Ort Untergröningen. Die Bahn überquert vor diesem Bogen den Kocher auf einer einbogigen Fachwerkbrücke und erreicht wenig später den Bahnhof Untergröningen. Von der Kocherbrücke aus hat man einen schönen Blick auf den Ort und das hochgelegene Schloß. Der Bahnhof liegt am nordwestlichen Ortsrand; um zum Ort zu gelangen, muß man eine nette Brücke über den Kocher passieren, von wo aus sich ein umfassender Blick auf die Bahnhofsanlagen mit dem großen, 1981 renovierten Bahnhofsgebäude, Güterschuppen, dem kleinen Toilettengebäude und dem Lokschuppen mit dem für die WEG-Bahnen typischen angebauten Wasserturm ergibt.

Die Bahn mit all ihren Anlagen macht einen ausgesprochen gepflegten Eindruck, der Bahnkörper und die Gleisanlagen sind in hervorragendem Zustand, die Gebäude sind sauber und gut unterhalten.

Dem GmP mit oft bis zu zehn angehängten Wagen zu folgen ist für Eisenbahnfreunde ein besonderes Erlebnis – von der Straße aus bieten sich vielfältige schöne Fotomotive. Aber auch das Erlebnis einer Zugfahrt mit Blick nach vorn oder hinten in das Kochertal, auf die netten Ortschaften und die Bahnanlagen, ist unvergeßlich.

Wachsendes Verkehrsaufkommen und die schöne Landschaft inspirieren für die Gaildorf-Untergröninger-Bahn Vertrauen in eine Nebenbahn, die unter den WEG-Betrieben besondere Beachtung verdient.

Fahrzeuge

Der Fahrzeugbestand betrug bis in die 20er Jahre 2 Dampflokomotiven (anfangs Cn2t 5 und 6, Baujahr 1903, geliefert an die Nb GU, wenig später Dn2vt 7 und 8), 4 Personenwagen und 1 Packwagen (Nr. 103).

Der Lokbestand blieb mit 3 Stück konstant. Nach dem Krieg waren im Einsatz und sind bei der Nb GU verschrottet worden: Dn2vt 13 (+ 1956), Dn2vt 9 (+ 1962) und Dh2t 31 (+ 1965 in Neuffen).

1954 kam der zweimotorige ex DR-VT T 04 Baujahr 1927 nach Gaildorf, der 20 Jahre den gesamten Verkehr abgewickelt hat. 1975 wurde der T 04 durch den gleich starken T 36 mit 2x210 PS abgelöst, der seitdem ununterbrochen als einziges Triebfahrzeug den inzwischen deutlich gesteigerten Verkehr abwickelt.

Untergröningen, 31.5.1973

Lok- und VT-Schuppen in Untergröningen, 23.5.1981

Für den Schülerverkehr stehen 2 VB (108, 109, Neubau 1963, von Anfang an bei GU) zur Verfügung, ferner war bis Mitte der 70er Jahre der Bi 110 (ex Bi 20, Baujahr 1906) vorhanden, der in Anpassung an den VT einen rot/cremen Anstrich hatte.

Der zeitlebens bei der Nb GU gewesene Pw 103 wurde mit dem Einsatz des VT 04 nicht mehr benötigt und ist Ende der 50er Jahre abgestellt und nach 1964 verschrottet worden.

Der Güterwagenpark umfaßte außer den bei der DR eingestellten Wagen u.a. 21 Spezialwagen, das waren E-Wagen, deren Dach entfernt war und die für den Spänetransport eingesetzt waren – diese Wagen sind bis zum Zweiten Weltkrieg in der Statistik ausgewiesen.

Heute stehen für den Holzhackschnitzelverkehr Privatwagen der Firma Lang, Laufen b. Sulzbach zur Verfügung, lange offene Wagen und offene Selbstentladewagen mit Seitenklappen und Sattelboden.

Für den Stückgutverkehr war nach dem Krieg der G 159, ein ex DR- G 10-Wagen mit hochliegendem Bremserhaus im Einsatz, der um 1985 von dem G 160 abgelöst worden ist. G 159 ist an die GES, G 160 nach Aufgabe des Stückgutverkehrs 1990 an die DBK abgegeben worden.

Fahrzeugbestand

	1906	1916	1927	1935/38	1940	1950	1960	1965/70	1971 ff	1990
Dampflokomotiven	2	2	2	2	2	2	1			
Triebwagen							1 (T 04)	1 (T 04)	1 (T 04)	1 (T 36)
Personenwagen	4	4	4	3	3	3	2	3 (B 110, VB 108/109)	2 (VB 108, 109)	2 (VB 108, 109)
PwPostwagen	1	1	1	1	1	1	1	1 (103)		
Güterwagen	27 *	28	27	8 + 21	25	10	1	2	1 (G 159)	1 (G 160)

* einschl. der bei der Staatsbahn eingestellten Wagen

Nebenbahn Jagstfeld – Ohrnberg (Nb JO)
Kochertalbahn

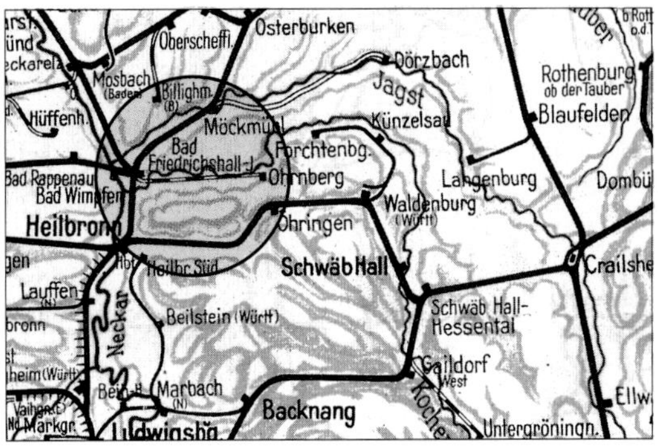

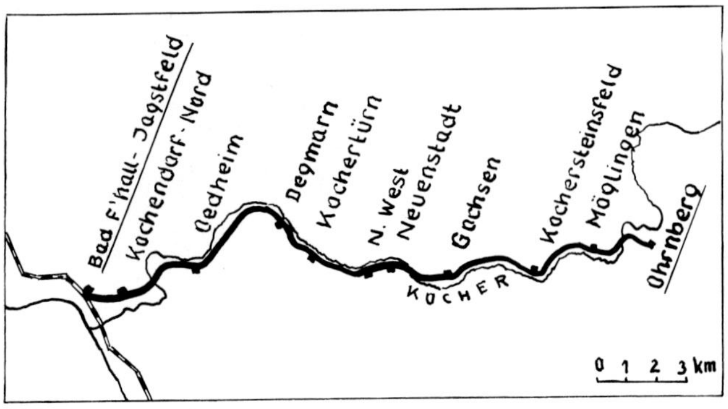

Bad Friedrichshall-Jagstfeld DB-Bahnhof – Ohrnberg

Spurweite: 1435 mm

Streckenlänge: 22,61 km

Gleislänge: 27,2 km (1960), 25,0 km (1975)

Eigener Bahnkörper

Betriebseröffnung:
Jagstfeld – Neuenstadt 15.09.1907, bis Ohrnberg 01.08.1913
1952 Einführung in den DB-Bahnhof Bad Friedrichshall-Jagstfeld, Aufgabe der eigenen Gleis- und Bahnsteiganlagen.

Eigentümer und Betriebsführung:
Württembergische Eisenbahn-Gesellschaft

Sitz der örtlichen Betriebsleitung:
Neuenstadt

Ausstattung

Lokschuppen und Werkstatt in Ohrnberg
KOM-Halle in Neuenstadt
Anzahl der Straßenkreuzungen mit Blinklicht-/Lichtzeichenanlage: 13, davon 1 mit Halbschranken.
Typisch für die Nb JO sind die gleichen, kleinen Bahnhofsgebäude mit Dienst- und Warteraum und angebautem Güterschuppen an der Stammstrecke und in einfacherer Form mit nebenstehendem Güterschuppen an der Verlängerung Neuenstadt – Ohrnberg.

km 00,00 Bad Friedrichshall-Jagstfeld, Einführung in den DB-Bahnhof, Ankunft und Abfahrt der Nb-JO-Züge auf Gleis 1, Aus- und Einfahrt auf Signal. Bis 1952 eigene Gleisanlagen an der Nordostseite des Staatsbahnhofs mit beidseitiger Anbindung zu den Staatsbahngleisen. Zugang zu den Bahnsteigen und dem im Gleisfeld (Insellage) liegenden EG über einen Fußgängersteg, 1951/52 Umbau des DB-Bahnhofs und Aufgabe der WEG-eigenen Gleisanlagen.

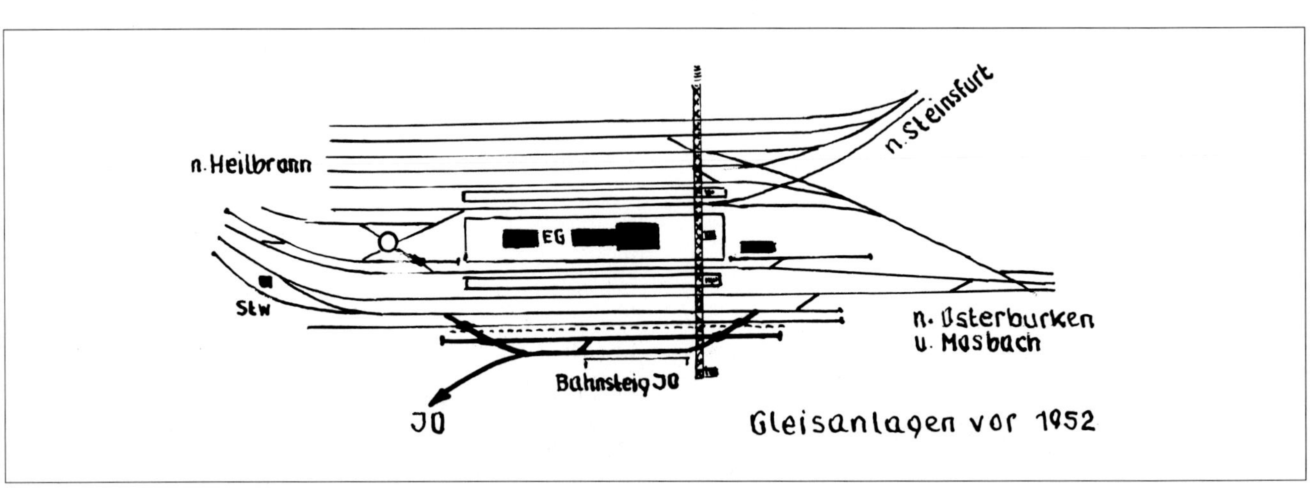

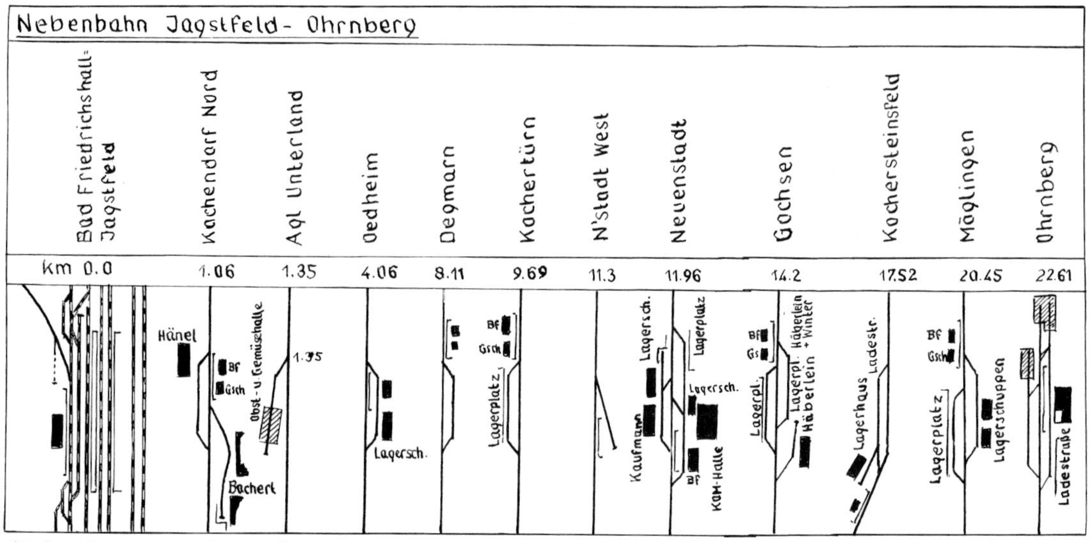

Gleisskizzen der Bahnhöfe Stand ~1970

km 01,06 Kochendorf Nord, kleines Bahnhofsgebäude mit Güterschuppen, der dienstlich noch genutzt wird, Kreuzungs- und gleichzeitig Ladegleis für die Firmen Landry und Hänel und Ladegleis, an dessen Ende die Firma Bachert verlädt.

km 01,35 Agl Obst- und Gemüseverwertung Unterland AG, heute Firma Hengstenberg.

km 04,06 Oedheim, großes zweigeschossiges Bahnhofsgebäude mit Güterschuppen, OG bewohnt, UG dienstlich genutzt (Agentur). Ladegleis, Lager LZG, feste Rübenverladeanlage.

km 08,11 Degmarn, Hp, Bahnsteig, kleines Bahnhofsgebäude (abgerissen 1971), Ladegleis (Mitte der 70er Jahre entfernt).

km 09,69 Kochertürn, kleines Bahnhofsgebäude mit Güterschuppen (Agentur), feste Rübenverladeanlage.

km 11,30 Neuenstadt-West, Bahnsteig, Ladegleis.

km 11,96 Neuenstadt, großes Bahnhofsgebäude mit angebautem Güterschuppen, UG betrieblich besetzt, Sitz der örtlichen Bahnleitung, OG bewohnt. Kreuzungsgleis, mehrere Ladegleise, Lager LZG, eingleisiger Lokschuppen, entfernt nach 1913, kleine KOM-Halle, 1978 entfernt und durch großen Neubau ersetzt.

km 14,20 Gochsen, kleines Bahnhofsgebäude, Güterschuppen (Agentur), Kreuzungs- und Ladegleis, zwei Agl Sägereien Firma Häberlein und Firma Winter, feste Rübenverladeanlage.

km 17,52 Kochersteinsfeld, kleines Bahnhofsgebäude und Güterschuppen 1966/67 entfernt und durch ein nüchternes kleines Dienstgebäude mit Laderaum ersetzt, Kreuzungs- und Ladegleis, Agl LZG, Rübenverladeanlage (beweglich).

km 20,45 Möglingen, kleines Bahnhofsgebäude, nicht mehr benutzt, Güterschuppen, Lade- und Kreuzungsgleis, Lager LZG.

km 22,61 Ohrnberg, großes zweigeschossiges Bahnhofsgebäude, UG von Zugpersonal genutzt, ansonsten leer, OG Wohnung, Güterschuppen, langgezogene Gleisanlagen. Zweigleisiger Lokschuppen mit Werkstatt, eingleisiger VT-Schuppen (Zufahrtgleis abgebaut). Rübenverladeanlage (fest).
Zugfunk seit 1981.

Drei Brücken über den Kocher:
- km 2,527 – 2,614 zweiteilige Stahlfachwerkbrücke, Stützweite 51,6 und 31,2 m
- km 12,989 – 13,064 Stahlfachwerkbrücke, Stützweite 52,8 m, anschließende Trägerbrücke, Stützweite 21,3 m
- km 20,998 – 21,086 Stahlfachwerkbrücke, Stützweite 44,6 m, Länge 64 m, beidseitige Trägerbrücken, Stützweite 21,5 und 22,8 m.

Geschichtliche Entwicklung und Bedeutung

Entgegen den Erwartungen wurden die Staatsbahnstrecken Heilbronn – Schwäbisch Hall und Heilbronn – Osterburken nicht durch das untere Kochertal geführt, sondern verliefen in weitem Abstand südlich und nördlich des Tales. Der an der Einmündung vom Kocher in den Neckar gelegene Ortsteil Jagstfeld entwickelte sich zu einem bedeutenden Eisenbahnknotenpunkt.

Die im Kochertal gelegenen Ortschaften erlebten nach dem Bahnbau einen erheblichen Rückschlag ihrer wirtschaftlichen Entwicklung – die aufstrebende Industrie um Heilbronn und Neckarsulm führte zur Entvölkerung des unteren Kochertales.

Eine Eingabe an die Regierung in Stuttgart 1873 mit der Forderung einer Eisenbahnstrecke ins Kochertal blieb ohne Erfolg.

Als 1892 die Stichstrecke Waldenburg – Künzelsau eröffnet wurde, die in derr Talsohle des Kochers endigte, gab die von Sr. Exzellenz dem zuständigen Ressortminister Dr. Freiherr von Mittnacht bei der Eröffnungsfeier ausgesprochene Vermutung, die Bahn werde ihre Fortsetzung Kocher-abwärts finden, den Bewohnern des Kochertales neue Hoffnung. Die Verlängerung wurde dann später (1924) nur bis Forchtenberg durchgeführt, das untere Kochertal blieb vorerst ohne Eisenbahnanschluß.

Nachdem der Staat Württemberg vom ausschließlichen Prinzip der Staatsbahnen Abstand genommen hatte und auch Privatkapital beim Eisenbahnbau Verwendung finden durfte, trat eine Wende ein. Die Gemeinden Neuenstadt, Kochertürn, Degmarn und Oedheim bildeten am 15. April 1898 ein Komitee und schlossen mit der Firma

Artur Koppel in Berlin einen Vertrag zum Bau einer Eisenbahnstrecke von Jagstfeld nach Neuenstadt ab.

Koppel arbeitete ein Projekt für eine Schmalspurbahn aus. Der Anschluß an die Staatsbahn wurde anfangs bei der Oberamtsstadt Neckarsulm gesucht. Für die unteren Kocherorte war dies jedoch keine Lösung und auch die Königliche Staatsregierung hatte Einwände. Die Firma Koppel legte am 18. Dezember 1898 die Planungen für eine 750 mm Schmalspurbahn von Jagstfeld nach Neuenstadt vor. Nach langwierigen Verhandlungen über Linienführung und Lage der Haltestellen sowie über die finanziellen Beteiligungen wurde am 25. Januar 1899 ein entsprechender Vertrag unterschrieben, mit dem sich die Gemeinden zur Stellung des für den Bahnbau benötigten Grund und Bodens verpflichteten und einen einmaligen Betrag von 50 000 Mark je Bahn-Kilometer zusicherten.

Noch im gleichen Jahr wurde der Vertrag zur Begutachtung der Königlichen Staatsregierung vorgelegt mit dem Antrag, eine entsprechende Konzession zu erteilen und einen Baukostenzuschuß zu gewähren. Am 29. Juli 1899 wurde die Konzession erteilt und ein Zuschuß von 20 000 Mark je Bahn-Kilometer zugesagt.

Dieser Erfolg veranlaßte auch die oberhalb bis Künzelsau am Kocher liegenden Gemeinden, sich den Bahnbestrebungen anzuschließen und der Firma Koppel die Ausarbeitung eines entsprechenden Projektes zu übertragen, vorerst jedoch erfolglos.

Inzwischen war 1899 die Württembergische Eisenbahn-Gesellschaft gegründet worden, die die Planungen und Projekte der Firma Koppel übernahm und weiterführte. Die Arbeiten an dem Projekt Jagstfeld – Neuenstadt ergaben so günstige Ergebnisse, daß die WEG in Zusammenarbeit mit der Königlichen Generaldirektion der Staatsbahnen die Planungen auf Regelspur umarbeitete. Die regelspurige Streckenführung war zwar teurer, wies jedoch wesentliche Vorteile gegenüber der Schmalspur auf.

Die Gemeinden und das Komitee stimmten der Änderung zu und übernahmen die Mehrkostsen von 5000 Mark je Bahn-Kilometer.

Die geänderte Konzession für eine Regelspurbahn von Jagstfeld nach Neuenstadt wurde am 25. Juli 1902 erteilt und ein Staatszuschuß von 28 000 Mark je Bahn-Kilometer zugesagt, der jedoch den Betrag von 338 000 Mark nicht überschreiten durfte.

Die Verlängerung Richtung Künzelsau blieb vorerst zurückgestellt. Strittig war nach wie vor die Lage des Bahnhofs in Neuenstadt, was zu erheblichen Bauverzögerungen beitrug.

1904 wurde mit den Bauarbeiten zunächst im Bereich von Jagstfeld und an der Kocherbrücke und 1906 auch in Neuenstadt begonnen. 1907 konnten die Bauarbeiten abgeschlossen werden, auch die bestellten Fahrzeuge waren eingetroffen.

Die Gesamtbaukosten betrugen 1,49 Mio. Mark.

Am 14. September 1907 fanden die Eröffnungsfahrt und die Feierlichkeiten zur Inbetriebnahme der Bahn statt, am folgenden Tag wurde der fahrplanmäßige Verkehr aufgenommen.

Noch während der Bauzeit hatte die WEG eine Verlängerung der Strecke bis Ohrnberg ausgearbeitet und einen entsprechenden Projektantrag bei der Königlichen Staatsregierung eingereicht. Anfang 1907 wurde dieses Gesuch durch eine eigene Eingabe der Gemeinden Gochsen, Kochersteinsfeld, Möglingen und Ohrnberg an die Regierung und die Ständekammer unterstützt. Am 17. Mai 1910 wurde die Konzession für die Verlängerung bis Ohrnberg bzw. für die Gesamtstrecke Jagstfeld – Ohrnberg erteilt. An der Finanzierung beteiligten sich der Staat mit 30 000 und die Gemeinden mit 80 000 Mark je Bahn-Kilometer und stellten das benötigte Gelände für den Bahnbau zur Verfügung.

Im November 1911 wurden die Bauarbeiten aufgenommen, die Bauzeit betrug 1 $^1/_2$ Jahre. Am 1. August 1913 konnte der Betrieb bis Ohrnberg eröffnet werden. Die Baukosten für die Verlängerung beliefen sich auf 1,072 Mio. Mark.

Fast genau 40 Jahre waren seit den ersten Anläufen für eine Bahn ins untere Kochertal vergangen. Nach langwierigen Bemühungen und schier unüberwindbaren Schwierigkeiten war der Bahnanschluß nun endlich hergestellt.

Der wirtschaftliche Aufschwung stellte sich denn auch bald ein, der Bahnbetrieb entwickelte sich gut. Bis zum Ersten Weltkrieg stiegen die jährlichen Beförderungsleistungen stetig an und erreichten zu Kriegsende rund 350 000 beförderte Personen und rund 58 000 t Güter. Während sich der Güterverkehr von den Einbrüchen der Wirtschaftskrisen und Nachkriegszeiten abgesehen zwischen 40 000 und 50 000 t/Jahr hielt, sanken die Beförderungsleistungen im Personenverkehr kontinuierlich ab und erreichten 1933 den Tiefstand von 80 000 beförderten Personen, danach ging es wieder bergauf, ohne jedoch die Spitzenleistungen von 1919 zu erreichen.

Der Zweite Weltkrieg fügte der Bahn erhebliche Schäden zu, insbesondere im letzten Kriegsjahr im Raum Friedrichshall-Jagstfeld. Tieffliegerangriffe und Bombenabwürfe erschwerten den Betrieb. Die Beschädigungen bzw. Sprengung der Kocherbrücken durch rückziehende Truppen zwangen die Bahn am 1. April 1945 zur Betriebseinstellung. Erst nach der Instandsetzung der Brücken und Bahnanlagen konnte der Verkehr am 15. August 1946 bis Neuenstadt, am 23. September 1946 bis Möglingen und am 21. Dezember 1946 bis Ohrnberg wieder aufgenommen werden.

Der Umbau des DB-Bahnhofs Friedrichshall-Jagstfeld 1951/52 bedingte die Aufgabe der eigenen JO-Gleisanlagen, um Platz für das neue Empfangsgebäude zu schaffen, das an der Nordostseite der Gleisanlagen gebaut wurde und das alte EG in Insellage zwischen den Gleisen ersetzte. Das JO-Gleis wurde direkt in den DB-Bahnhof eingeführt, so daß die Züge am DB-Bahnsteig enden und beginnen können.

1956 wurde durch die Zuweisung eines Triebwagens der Dampflokverkehr abgelöst.

Ab Anfang der 50er Jahre ging der Personenverkehr deutlich zurück. Mit der Einrichtung eines WEG-eigenen Busverkehrs aus dem Kochertal direkt nach Neckarsulm und Heilbronn 1949 wanderte der Personenverkehr von der Schiene zum Bus ab. An die Stelle der Berufspendler traten die Schüler der Mittelpunktschulen.

Der Güterverkehr war nach dem Krieg rückläufig, eine Besserung ist durch die Abfuhr von Zuckerrüben in den beiden letzten Jahrzehnten eingetreten. Neuansiedlung von Industriebetrieben in Kochendorf und Neuenstadt brachten zeitweise einigen zusätzlichen Verkehr.

Das 75jährige Bestehen der Bahn wurde am 2. Oktober 1982 mit einem Festakt in der Stadthalle Neuenstadt gefeiert, besondere Attraktion zum Jubiläum war der dampflokbespannte Sonderzug der GES.

Um die Zukunft der Kochertalbahn ist es nicht gut bestellt – die Zuckerrübenabfuhr ist wenig attraktiv und ohne Zukunft, da die Zuckerrübenfabriken zur Straße tendieren. Vorerst bestehen noch Verträge mit der Zuckerfabrik bzw. der DB bis 1994, voraussichtlich endet die Zuckerrübenabfuhr mit der Kampagne 1994. Der allgemeine Ladungsverkehr ist rückläufig und ohne große Bedeutung. Der Stückgutverkehr ist zum 1. Januar 1990 aufgegeben worden.

Entwicklung 1993 siehe am Schluß des Beitrags.

Personenverkehr

Zur Betriebseröffnung der Bahn Jagstfeld – Neuenstadt waren 3 Personenwagen und 1 PwPostwagen vorhanden, denen sich für die Verlängerung bis Ohrnberg 1 und später 2 weitere Personenwagen hinzugesellten. Dieser Bestand war jahrzehntelang ausreichend für zwei Zugstämme.

Der Fahrplan 1913 weist werktags 4 und sonntags 5 Zugpaare aus, mittwochs verkehrte ein zusätzliches Zugpaar sowie täglich 1 Zugpaar zwischen Jagstfeld und Neuenstadt. Die Fahrzeit betrug 62-72 Minuten. Die Streckenverlängerung bis Ohrnberg läßt sich in

1959

322 b Bad Friedrichshall-Jagstfeld—Ohrnberg

Stein (Kocher) / Lampoldshausen — Neuenstadt (Kocher) — Heilbronn Hbf / Bad Fr'-Jagstfeld 2322/11

a = X auß Sa b = tägl auß Sa c = † u Sa

Alle Züge 2. Klasse

km		Zug Nr	X302	X306	† 6	Sa 8	† 12	X312	316	16	† 18
	ab	Stuttgart Hbf ... 322	...	5.29	7.04	10.05	11.04	13.21	15.55	16.54	19.30
	ab	Heilbronn Hbf .. 322	5.13	6.50	7.58	12.16	c12.56	14.11	17.38	18.00	20.38
	ab	Osterburken 322	4.53	6.30	6.30	11.43	12.25	12.25	17.02	17.02	18.26
0,0	ab	Bad Fr-Jagstfeld 322	X 6.02	X 7.32	† 8.20	Sa12.38	†13.27	X14.24	a17.57	c18.18	†21.00
1,1		Kochendorf Nord	6.05	7.36	8.23	12.41	13.30	14.27	18.00	18.21	21.03
4,1		Oedheim	6.13	7.46	8.29	12.47	13.36	14.34	18.07	18.27	21.09
8,1		Degmarn	6.22	7.57	8.37	12.55	13.44	14.43	18.16	18.35	21.17
9,7		Kochertürn	6.26	8.02	8.41	12.59	13.48	14.47	18.20	18.39	21.21
11,3		Neuenstadt West	×6.30	×8.06	×8.44	×13.02	×13.51	×14.51	×18.24	×18.42	×21.24
12,0		Neuenstadt (Kocher)...	X 6.32	8.25	8.47	Sa13.04	13.54	14.54	18.27	18.45	21.27
14,2		Gochsen	an	8.34	8.52	an	13.59	15.00	18.33	18.50	21.32
17,5		Kochersteinsfeld	...	8.43	8.59	...	14.06	15.07	18.40	18.57	21.39
20,5		Möglingen (Kocher)	...	8.51	9.05	...	14.12	15.14	18.47	19.03	21.45
22,6	an	Ohrnberg		X 8.57	† 9.10	...	†14.17	X15.19	a18.52	c19.08	†21.50

W Eisenb-Ges		X 1	X3	† 5	Sa 7	309	† 9	Sa 11	X313	† 15	† 17
Stuttgart Hbf ... 322	an	X 7.39	8.41	9.49	13.24	15.00	15.00	15.00	X18.48	†19.39	21.40
Heilbronn Hbf .. 322	an	X 6.17	7.27	8.25	12.26	13.30	13.30	14.06	X17.35	18.12	20.37
Osterburken 322	an	X 7.37	8.47	8.47	Sa 13.26	14.55	c14.27	14.55	18.41	18.47	22.28
Bad Fr-Jagstfeld 322	an	X 5.53	X7.01	† 8.00	Sa12.06	a13.08	†13.08	Sa13.33	X17.13	†17.48	†20.15
Kochendorf Nord		5.51	6.59	7.58	12.04	13.06	13.06	13.31	17.10	17.46	20.13
Oedheim		5.44	6.53	7.52	11.58	12.59	13.00	13.24	16.57	17.40	20.07
Degmarn		5.35	6.45	7.44	11.50	12.50	12.52	13.17	16.43	17.32	19.59
Kochertürn		5.31	6.41	7.40	11.46	12.46	12.48	13.13	16.38	17.28	19.55
Neuenstadt West		×5.26	×6.37	×7.36	×11.42	×12.41	×12.44	×13.09	×16.33	×17.24	×19.51
Neuenstadt (Kocher)...		5.24	X6.35	7.34	11.40	12.39	12.42	Sa13.07	16.31	17.22	19.49
Gochsen		5.18	ab	7.29	11.31	12.29	12.37	ab	16.15	17.17	19.44
Kochersteinsfeld		5.10	...	7.22	11.24	12.21	12.30	...	16.05	17.10	19.37
Möglingen (Kocher)		5.03	...	7.16	11.18	12.14	12.24	...	15.56	17.04	19.31
Ohrnberg	ab	X 4.57	...	† 7.10	Sa11.12	a12.08	†12.18	...	X15.49	†16.58	†19.25

der Leistungsstatistik kaum erkennen, nur wenig mehr Fahrgäste benutzten die Bahn 1913 und 1914.

Bis zum Ersten Weltkrieg lagen die Beförderungsleistungen um 120 000 Personen im Jahr und stiegen bis 1919 auf rund 350 000 Personen an. Danach ist ein stetiger Abfall mit Schwankungen bis 1935 zu verzeichnen (1935: 79 470, 1938: 95 686 Fahrgäste). Eine Erholung setzte erst kurz vor dem Zweiten Weltkrieg ein.

Der Fahrplan 1938 weist werktags 4 und sonntags und mittwochs 5 Zugpaare aus, die Fahrzeit betrug 56 Minuten.

Die Nachkriegs- und Hamsterzeit ließ die Beförderungsleistungen 1947/48 auf rund 470 000 Reisende schnellen, dann setzte eine abrupte Talfahrt ein, die 1966 einen absoluten Tiefstand erreichte.

Die Einrichtung von Mittelpunktschulen brachte der Nb JO ab den 50er Jahren einigen Schülerverkehr insbesondere nach Jagstfeld und zu den Schulzentren Oedheim und Neuenstadt.

1950 verkehrten werktags und sonntags 3 Zugpaare, die Fahrzeit betrug 60-70 Minunten. Dazu kam werktags 1 Zugpaar Jagstfeld – Kochersteinsfeld. Dieses Angebot blieb über Jahrzehnte konstant.

Mit dem Einsatz des Triebwagens ab 1956 verkürzte sich die Fahrzeit auf 42 Minuten; ein Zugpaar zeichnet sich mit 64 Minuten Fahrzeit als GmP aus.

Ab den 70er Jahren erscheinen im Fahrplan zusätzliche Schülerzüge, außerdem wurden die Sonntagsfahrten auf zwei Zugpaare reduziert.

1980/82 zeigt der Fahrplan parallele Buskurse.

Seit 1983 ruht der Verkehr auf der Schiene ab Samstagmittag bis Montag früh.

1985 weist der Fahrplan werktags 4 Zugpaare aus, ferner zusätzliche Schülerzüge.

In den letzten Jahren ist das Zugangebot zurückgenommen worden:

1989: werktags 2 Zugpaare + zusätzliche Schülerzüge

1990: mo-fr 1 Zugpaar als GmP und 1 Zugpaar an Schultagen, sa 1 Zugpaar Neuenstadt – Ohrnberg an Schultagen.

Bis 1958 wurde die Postbeförderung ins Kochertal mit den Zügen der Nb JO durchgeführt, dafür stand der PwPostwagen 106 zur Verfügung.

Seit 1949 betreibt die WEG auch Busverkehr, z.T. parallel zur Schiene ab Neuenstadt nach Neckarsulm, Heilbronn, Lampoldshausen, Stein und Langenbeutingen. Die Streckenlänge beträgt insgesamt rund 75 km. Für den Berufsverkehr nach Neckarsulm und Heilbronn stehen große doppelstöckige Busse zur Verfügung.

Schülerverkehr wird zu den o.g. Schulzentren und zu den Grundschulzentren Hardthausen bei Gochsen, Langenbrettach und Stein gefahren (ca. 1100 Schüler/Tag).

In Neuenstadt wurde 1978 der kleine, aus den 50er Jahren stammende KOM-Schuppen durch eine große neue KOM-Halle mit Werkstatt und Pflegeanlagen ersetzt. 1980 waren hier 16 Busse stationiert, davon 5 Doppelstockbusse, 1990 waren es 17 KOM, davon 3 Doppelstock-, 2 Gelenk- und 3 Reisebusse.

Die WEG-KVG betätigt sich im unteren Kochertal auch im Reiseverkehr – in Neuenstadt können Urlaubsreisen bis St. Petersburg und Venedig gebucht werden.

Jeder Bahn ihren Museumszug – so auch bei der Kochertalbahn. Seit 1985 verkehren im Sommer an bestimmten im Fahrplan verzeichneten Wochenenden dampflokbespannte Oldtimerzüge der Eisenbahnfreunde Zollern-Bahn e.V. Es fahren dann sonntags 3 Zugpaare, die Fahrzeit beträgt rund 1 Stunde.

Güterverkehr

Das Güteraufkommen der Nb JO war jahrzehntelang breit gestreut und ohne große Schwerpunkte. In den Anfangsjahren spielten die Holzindustrie und die Forstwirtschaft eine Rolle – der Holzverkehr ist zurückgegangen und heute unbedeutend.

Der Landhandel brachte vielfältige Verkehrsaufkommen – Brennstoffe, Kunstdünger und landwirtschaftliche Erzeugnisse. Lager der Genossenschaften gibt es bei den Bahnhöfen Oedheim, Neuenstadt, Kochersteinsfeld (neuer großer Silo-Turm) und Möglingen (großes Silogebäude). Heute ist der Landhandel nur noch mit 4-5% am Gesamtaufkommen beteiligt.

Alle Bahnhöfe haben Ladegleise mit Laderampen und Lagerplätzen, die heute z.T. anderweitig genutzt werden bzw. vermietet sind.

Die Beförderungsleistungen kletterten bis zum Ersten Weltkrieg kontinuierlich auf rund 40 000 t im Jahr und erreichten im Krieg und den ersten Nachkriegsjahren rund 58 000 t. Die Wirtschaftskrisen 1923/24 und ab 1931 brachten deutliche Einbrüche auf rund 30 000 t/Jahr. Ab 1934 setzte eine leichte Erholung ein (1935: 39 090 t, 1938: 43 972 t).

In den Nachkriegsjahren 1950-70 bewegten sich die Beförderungsleistungen stark schwankend zwischen 30 000 und 40 000 t.

Seit Anfang der 70er Jahre hat sich der Zuckerrübenverkehr stark ausgeweitet, der sich jedoch nur während der kurzen Kampagne von Oktober bis Dezember abspielt. In dieser Zeit werden täglich 10-20 E-Wagen bereitgestellt und zur Zuckerfabrik Offenau abgefahren. In den letzten Jahren sind bei mehreren Bahnhöfen moderne Rübenverladeanlagen aufgestellt worden, fest installiert bei den Bahnhöfen Oedheim, Kochertürn, Gochsen und Ohrnberg und bewegliche Anlagen in Kochersteinsfeld und zeitweise in Neuenstadt. Die Rübenabfuhr auf der Schiene ist stark schwankend und wie auch bei anderen Bahnen und der DB rückläufig – die Zuckerfabriken legen die Quoten für die Schiene fest und favorisieren mehr und mehr die Straße. 1979 wurden rund 45 600 t Zuckerrüben (76% des gesamten Güteraufkommens) abgefahren, im Rekordjahr 1981 1978 Wagenladungen = 58 159 t (85%), 1982: 52 109 t (85,3%), 1983: 32 000 t (77%), 1984: 42 000 t (85,8%), 1985: 44 802 t (83%), 1986: 48 666 t

(85%), 1987: 45 609 t (87%), 1988: 42 125 t (88%), 1989: 47 137 t (87%). Welche Bedeutung der Rübenverkehr hat, zeigt das monatliche Wagenaufkommen 1990: Januar bis August 15-24, Oktober 680, November 610, Dezember 166 Wagen und 1991 Januar bis August 12-18, Oktober 692, November 645 und Dezember 161 Wagen.

Einige Firmen werden und wurden über Gleisanschlüsse und bahneigene Ladegleise bedient, so schon vor dem Krieg die Firma Bachert beim Bahnhof Kochendorf Nord (Herstellung von Feuerwehrgeräten und chemischen Erzeugnissen), Firma Unterland AG, heute Hengstenberg, Obst- und Gemüseverwertung und Nahrungsmittelbedarf, Kochendorf und in Gochsen die Sägewerke Häberlein und Winter. Nach dem Krieg sind weitere Firmen hinzugekommen: beim Bahnhof Kochendorf Nord die Firma Hänel (Stahlmöbelherstellung) sowie die Firma Landry & Sohn (Faßreinigung und Altölverwertung).

Die Firma Bachert ist 1987 in Konkurs gegangen, Verladung findet nicht mehr statt. Das Agl Hengstenberg ist 1988 abgebaut worden, da die Firma auf die Straße abgewandert ist. Die Firma Landry hat ein neues Werk in Friedrichshall gebaut und wird 1991/92 nach dort umgelagert; in den letzten Jahren war das Frachtaufkommen schon stark rückläufig (etwa 5 Wagen/Monat). Das Werkgelände wird von der Firma Hänel übernommen, die ihre Fertigung ausweiten will. Die Sägereien Winter und Häberlein in Gochsen verladen schon seit Jahren nicht mehr auf der Schiene. Von den o.g. Bahnkunden ist lediglich die Firma Hänel schienentreu geblieben (1990 rund 1000 t, 42 Wagenladungen).

Von einiger Bedeutung war auch der Stückgutverkehr, der auf der Schiene ab und bis Neuenstadt und Ohrnberg, früher auch Oedheim gefahren wurde. Mit einem eigenen LKW wurden ab Neuenstadt die Ortschaften im Kochertal und seit 1. Januar 1980 auch die im unteren Jagsttal bedient (die Jagsttalbahn hat im Rahmen des „Nahverkehrsmodell Hohenlohe" den Stückgutverkehr zum 31. Dezember 1979 aufgegeben). In den letzten Jahren wurden mo 2-3 und di-fr 1 Stückgutwagen im Empfang und mo-fr täglich 1 Stückgutwagen im Versand gefahren. Mit der Neuordnung des Stückgutverkehrs der DB hat die Kochertalbahn zum 31. Dezember 1989 den gesamten Stückgutverkehr verloren. Das Stückgut wird heute mit einem Spediteur ab und bis Heilbronn gefahren.

Im DB-Bahnhof Bad Friedrichshall-Jagstfeld wurden übergeben bzw. übernommen:

1983: 1960 Wagen
1989: 2298 Wagen
1990: 1737 Wagen
1991: 1632 Wagen

Beförderungsleistungen

Jahr	Personen (Schiene)	(Straße)	Güter
1935:	79 470		39 090 t
1938:	95 686		43 972 t
1960:	80 446		39 200 t
1965:	74 500		38 700 t
1966:	59 419	729 202	29 467 t
1970:	109 000		28 900 (wenig Rübenaufkommen)
1974:	119 600		59 800 t
1975:	112 500		53 400 t
1976:	118 000	1 525 821	53 423 t
1977:	114 000		48 700 t
1978:	90 000		55 259 t
1979:	93 802		59 973 t
1980:	98 084	1 538 306	53 639 t
1981:	96 759		67 886 t
1982:	103 303		61 104 t
1983:	99 850	1 485 744	41 265 t
1984:	84 843	1 390 333	59 742 t
1985:	88 900	1 318 600	53 800 t
1986:	69 700	1 249 200	56 703 t
1987:	72 100	1 200 900	52 398 t
1988:	69 200	1 138 400	47 715 t
1989:	68 900	1 105 800	54 196 t
1990:	68 700	1 100 200	47 730 t
1991:			44 968 t

Neuenstadt, 20.7.1988: Noch ist reger Verkehr an der Laderampe

Rübenverkehr, T 23 + T 24 mit Rübenzug bei Degmarn, 3.11.1981

Rübenverladung in Kochertürn, 17.10.1991

Personal

Anzahl der bei der Nb JO beschäftigten Mitarbeiter:
1913: 18
1935/39:35
1960: 20
1965: 12
1970: 22
1974: 23
1979: 20
1981: 23
1983: 21
1985: 19
1989: 21
1990: 9 (Bahn), 18 (Bus)

Streckenbeschreibung

Das untere Kochertal ist weit und nicht tief eingeschnitten. Westlich von Oedheim gibt es an den Hängen einigen Weinbau. Die Trassenführung der Nb JO ist ungemein reizvoll. Die Bahn fährt fast auf der ganzen Länge entlang dem Kocher, z.T. unmittelbar neben dem Flußlauf und macht somit dem Namen „Kochertalbahn" alle Ehre. Die Strecke hat kaum Steigungen, nach Oedheim und Kochertürn hinunter gibt es zwei kleine verlorene Steigungen. Der Anfangsbahnhof Bad Friedrichshall-Jagstfeld liegt auf 155,17 m ü. NN, der Endpunkt Ohrnberg 178,5 m ü. NN. Die größte Neigung beträgt 1:90. Von der Straße aus ist die Strecke ab Gochsen flußaufwärts auf der ganzen Länge zu verfolgen, z.T. in einiger Entfernung. Auch auf dem mittleren Teil entfernt sich die Bahn nur wenig von der Straße, lediglich im unteren Teil rückt die Trasse weiter von der Straße ab.

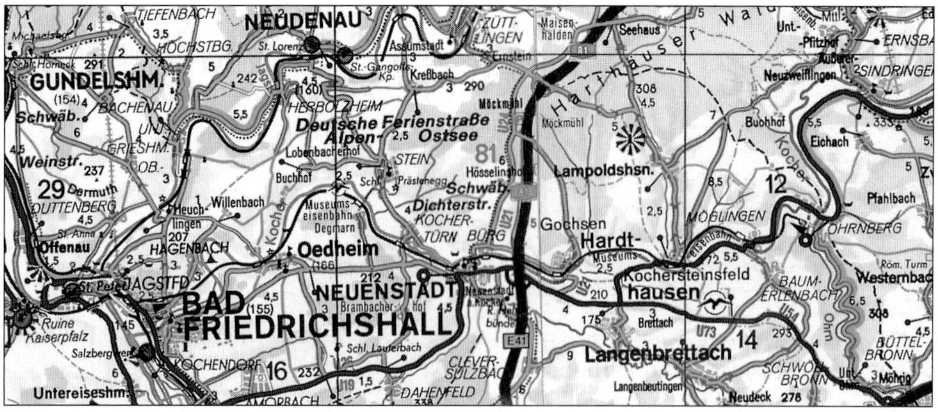

Typisch für die Kochertalbahn sind die netten kleinen Bahnhofsgebäude in Fachwerk-/Klinkerbauweise mit Dienst- und Warteraum und dem nebenstehenden hölzernen Güterschuppen – wir finden sie auf dem unteren Abschnitt. Auf der Verlängerungsstrecke Neuenstadt – Ohrnberg sind die kleinen Bahnhofsgebäude einfacher, nüchtern und in Massivbauweise.

Bis 1952 endeten die JO-Züge in Bad Friedrichshall-Jagstfeld auf eigenen Gleisanlagen und an einem eigenen Bahnsteig nordöstlich der DB-Bahnhofsgleise. Zum mitten im Gleisfeld liegenden EG gelangte man über einen Steg. Im Zuge des Bahnhofsneubaues ist die Kochertalbahn 1952 in den Bahnhof Friedrichshall-Jagstfeld eingeführt worden, die Züge enden und beginnen am Hausbahnsteig 1. Die Einfahrt war mit einem Flügelsignal und ist heute mit einem Lichtsignal gesichert, ebenso die Ausfahrt am Bahnsteig 1.

Das Kochertalbahngleis verläßt den Bahnhof in einer weiten Linkskurve, durchfährt den nördlichen Ortsteil Kochendorf mit dem Bahnhof Kochendorf-Nord – der DB-Bahnhof Bad Friedrichshall-Kochendorf liegt am westlichen Ortsrand – und erreicht bei km 2,5 das Kochertal, wo eine der engen Kocherschleifen abgeschnitten und der Fluß auf einer hohen Brücke überfahren wird. Beidseits der Brücke verlaufen die Gleise auf hohen Dämmen.

Vor Oedheim kommt der Kocher wieder links an die Strecke heran. Der Bahnhof Oedheim mit seinem großen zweigeschossigen Bahnhofsgebäude liegt ungemein malerisch direkt an dem oberhalb des Ortes gestauten Kocher, von der Straßenbrücke aus bietet sich ein reizvoller Blick über den Kocher hinweg auf den Bahnhof.

Hinter Oedheim vollführt der Kocher eine weite Schleife nach Norden, der die Bahn folgt, während die Straße direkt auf Kochertürn zuführt. An der Flußschleife liegt der kleine Ort Degmarn, der Haltepunkt ist verwaist, das kleine Bahnhofsgebäude entfernt und das Ladegleis, das 1974 total verrostet und schon nicht mehr benutzt war, abgebaut.

Bahnhof und Ort Kochertürn sind durch den Kocher getrennt, die Verbindung ist durch eine kleine idyllische Brücke gegeben.

Typisch für das Kochertal waren diese kleinen, hölzernen, überdachten Brücken, die heute weitgehendst durch Betonbrücken ersetzt sind, nur noch ganz vereinzelt sind die alten Bauwerke zu sehen.

Der Hp Neuenstadt-West liegt direkt an der Straße und besteht nur aus einem Bahnsteig und einem Ladegleis.

Während der Ort Neuenstadt etwas erhöht liegt, bleibt die Bahn im Tal, der Bahnhof liegt unmittelbar unterhalb des Ortes. Der große Güterschuppen zeugt von dem früher regen Stückgutverkehr. Das lange Ladegleis kreuzt neben dem Streckengleis die Straße, jenseits der Straße befindet sich eine heute völlig überwachsene und nicht mehr benutzte Ladestraße. Zwischen Neuenstadt und Gochsen wechselt die Bahn die Flußseite auf einer Stahl-Fachwerkbrücke.

Der Bahnhof Gochsen ist durch Holz- und Sägewerke der Firmen Häberlein und Winter geprägt, beidseits der Gleise lagern große

Bad Friedrichshall-Jagstfeld, 5.9.1954

Mengen Stamm- und Schnittholz, die jedoch leider nicht mehr für die Bahn bestimmt sind.

Es folgen die Bahnhöfe Kochersteinsfeld und Möglingen – Bahn und Kocher entfernen sich stellenweise von der Straße und schmiegen sich dem nördlichen Talhang an.

Hinter Möglingen liegt die dritte Kocherbrücke, sie ist von der etwas höher gelegenen Straße aus gut einzusehen und sehr fotogen.

Der Endbahnhof Ohrnberg mit seinen langgezogenen Gleisanlagen befindet sich etwas abseits am westlichen Ortsrand, die Zufahrt zum Ort ist in jüngster Zeit durch Straßenneubau und – erweiterung verbessert worden. Beim Bahnhof Ohrnberg ist es ruhig – nur noch selten kommt eine Wagenladung für den Landhandel auf, lediglich im Herbst herrscht an der Zuckerrübenverlageanlage reger Betrieb. Das große Bahnhofsgebäude ist bewohnt, die Diensträume im Erdgeschoß sind aufgegeben bzw. werden vom Zugpersonal als Aufenthaltsraum genutzt. Die VT verstecken sich tagsüber im Schuppen, draußen steht als einziges Fahrzeug der VB. Der hölzerne VT-Schuppen ist von den Bahnhofsgleisen abgeschnitten, drinnen wartet der Sprengwagen S2 auf sein weiteres Schicksal.

Der Oberbau der Nb JO ist in gutem Zustand, die Bahnhofsgebäude sind gepflegt und sauber, die Bahnanlagen aufgeräumt, die Bahn macht einen ausgesprochen guten Eindruck.

In Neuenstadt zeigen die Busse, wer bei der Nb JO das Sagen und den größeren Verkehrsanteil hat.

In den Schulferien verkehrt morgens früh der GmP, dann ruht der Betrieb und Eisenbahnfreunde, die zufällig dann der Nb JO einen Besuch abstatten wollen, erleben absolute Betriebsruhe.

Einfahrt Bad Friedrichshall-Jagstfeld, 5.9.1959

VT 23 abfahrbereit, Bf Friedrichshall-Jagstfeld, 24.5.1981

VT 06 in Kochendorf Nord, 2.6.1973

Kocherbrücke zwischen Kochendorf Nord und Oedheim, 20.7.1988

VT 06 mit Stückgutwagen in Oedheim, 16.5.1975

Bei Kochertürn, 5.5.1988

Kochertürn, 20.7.1988

Kocherbrücke zwischen Neuenstadt und Gochsen, 6.5.1988

Entlang dem Kocher bei Neuenstadt, 5.6.1971

Neuenstadt, November 1970, WEG-Doppelstockbus nach Heilbronn abfahrbereit.

Gochsen, 22.5.1990

Möglingen, 16.5.1975

Zwischen Neuenstadt und Gochsen, 6.8.1988

T 24 vor den Weinbergen im Kochertal zwischen Möglingen und Kochersteinsfeld, 6.5.1988

Kocherbrücke zwischen Möglingen und Ohrnberg, 24.5.1981

Ohrnberg, 2.6.1973

Lok- und VT-Schuppen Ohrnberg, 17.10.1991

Fahrzeuge

Zur Erstausstattung gehörten die Dampflokomotiven Nr. 11 und 12, 3 Personen- und 1 BPwPostwagen. Mit der Verlängerung nach Ohrnberg kamen eine der ex Bremen – Thedinghausener Dn2vt und 1 weiterer Personenwagen hinzu.

Dn2vt 12 ist zeitlebens in Ohrnberg geblieben und in Neuffen 1959 verschrottet worden, während Nr. 11 um 1933 ausgetauscht worden ist.

Bis etwa 1950 waren der Nb JO immer 3 Lokomotiven zugewiesen.

Nach 1950 waren die Lokomotiven Nr. 12, 14, 15, 16 und 19 im Einsatz, die drei letztgenannten sind auch hier zwischen 1952 und 1959 außer Dienst gestellt und verschrottet worden.

Im Februar 1956 wurde der fabrikneue Triebwagen T 06 bei der Nb JO in Betrieb genommen, der den gesamten Zugverkehr übernahm. Einige Jahre wurden die drei Dampflokomotiven noch als Reserve vorgehalten, kamen jedoch nur noch sporadisch zum Einsatz. 1960 verschwand die letzte Dampflok in Ohrnberg. Der T 06 blieb mehrere Jahre einziges Triebfahrzeug.

1979 wurden die beiden Schlepptriebwagen T 23 und T 24 bei der Nebenbahn Nürtingen – Neuffen überflüssig und nach Ohrnberg umgesetzt; sie besorgen seitdem den Zugverkehr bei der Nb JO.

Bis 1950 blieb der Personenwagenpark mit 6 Fahrzeugen konstant. 1964 waren noch die Wagen 5, 21 und 24 vorhanden, sie sind Ende der 60er Jahre verschwunden.

Als Ersatz für die alten Personenwagen kam 1965 der VB 122 von Onstmettingen nach Ohrnberg, der zusammen mit dem T 06 jahrelang den gesamten Verkehr und die Schülerfahrten durchführte. VB 122 ist 1979 nach Neuffen umgesetzt worden, als Ersatz wurde der VB 204 nach Ohrnberg zugewiesen.

Noch 1973 war als letztes Relikt des Wagenparks ein als Kaue neben dem Lokschuppen in Ohrnberg aufgestellter Wagenkasten zu bewundern.

Der BPwPostwagen ist bis Ende der 50er Jahre im Einsatz gewesen. Offenbar wurde das 2.-Klasse-Reisenden-Abteil dem Gepäckraum zugeschlagen, als PwPostwagen 106 verabschiedete er sich nach der Aufgabe des Postverkehrs 1958 vom aktiven Dienst.

Der Güterwagenbestand wird mit 3 gedeckten und 5 offenen Wagen angegeben, von denen 7 Stück im Park der DB eingestellt waren. G 162 wurde in Ohrnberg für den Stückgut- und Binnenverkehr vorgehalten.

Seit 1980 umfaßt der Nb-JO-Fahrzeugpark die beiden Triebwagen T 23 und T 24 sowie den VB 204. Ferner befindet sich im alten Triebwagenschuppen in Ohrnberg der Spritzwagen S 2.

Fahrzeugbestand

	1907	1914	1927/35/38	1960	1965	1970	1976	1980/90
Dampflokomotiven	2	3	3	1 (Dn2vt 19 abg.)				
Triebwagen				1 (T 06)	1	1	1 (T 06)	2 (T 23 + T 24)
Personenwagen	3	4	6	3	3	1	1 (VB 122)	1 (VB 122)
PwPostwagen	1	1	1					
Güterwagen	7	8	8	1 (Sprengwagen S2)	1	1	1	(1)

Epilog 1994

Nachdem die Südzucker AG definitiv mitgeteilt hatte, daß ab 1994 keine Zuckerrüben mehr auf der Schiene angenommen werden, hatte die WEG die Stillegung der Nb JO zum Jahresende 1992 beantragt.

Kurzzeitige Lichtblicke brachten Verhandlungen mit einer Firma, die erhebliches Neuverkehrsaufkommen (Erdaushub) ankündigte, so daß die WEG von der Stillegung zum Jahresende 1992 vorerst absah.

Die Verhandlungen sind noch nicht abgeschlossen, ferner sind zwei langfristige Projekte im Gespräch: ein Industriestammgleis in Neuenstadt und Stadtbahnbetrieb bis Kochersteinsfeld – Zukunftsmusik. Die WEG sah sich daher gezwungen, den PV zum 28.2.1993 und den Gv zum 27.12.1993 aufzugeben.

Ein Antrag auf Entbindung von der Betriebspflicht ist nicht gestellt, jedoch ruht der Schienenverkehr. Alle Anlagen sind abgeschaltet, die beiden VT nach Neuffen überstellt und die örtliche Bahnleitung auf die Durchführung des KOM-Betriebes beschränkt.

Nebenbahn Nürtingen – Neuffen (Nb NN)

Nürtingen DB-Bahnhof – Neuffen

Spurweite: 1435 mm

Streckenlänge: 8,93 km
(8,40 km Eigentum)

Gleislänge: 9,80 km

Eigener Bahnkörper

Betriebseröffnung:
Personenverkehr 01.06.1900
Güterverkehr 21.06.1900

Eigentümer und Betriebsführer:
Württembergische Eisenbahn-Gesellschaft
Sitz der örtlichen Bahnleitung: Neuffen

Ausstattung

km 0,0	DB-Bahnhof Nürtingen Gleis 3
km 0,53	Ausfädelung aus den DB-Gleisen (km 0,0 Eigentumsgrenze)
km 0,81	Nürtingen-Vorstadt, Hp, Bahnsteig und Unterstellhäuschen
km 2,24	Nürtingen Roßdorf, Hp, Bahnsteig und Unterstellhäuschen
km 2,43	Agl Gnida
km 2,62	neues Agl Gnida (Coilhalle)
km 3,77	Agl Haußmann
km 4,25	Frickenhausen, Kreuzungs- und Ladegleise, zweigeschossiges Bahnhofsgebäude mit angebautem Güterschuppen (besetzt) Agl Ziegelei Mayer (entfernt)
km 4,83	Frickenhausen-Kelterstraße, Hp, Bahnsteig und Unterstellhäuschen
km 6,37	Linsenhofen, Lade- und Kreuzungsgleis, kleines Bahnhofsgebäude mit angebautem Güterschuppen (als Wohnhaus vermietet)
km 8,93	Neuffen, umfangreiche Gleisanlagen, großes Bahnhofsgebäude (besetzt), Güterschuppen, eingleisiger Lok-, später VT-Schuppen, verlängert 1953, entfernt 1987, und zweigleisige Fahrzeughalle mit Werkstatt, 1978/79 erweitert. Bis 1975 Kalksteinverladeanlagen Buspflegehalle (erstellt 1988)

Elf Straßenübergänge mit Blinklichtanlagen, davon zwei mit Halbschranken
Zentralwerkstatt für die WEG-Fahrzeuge in Neuffen

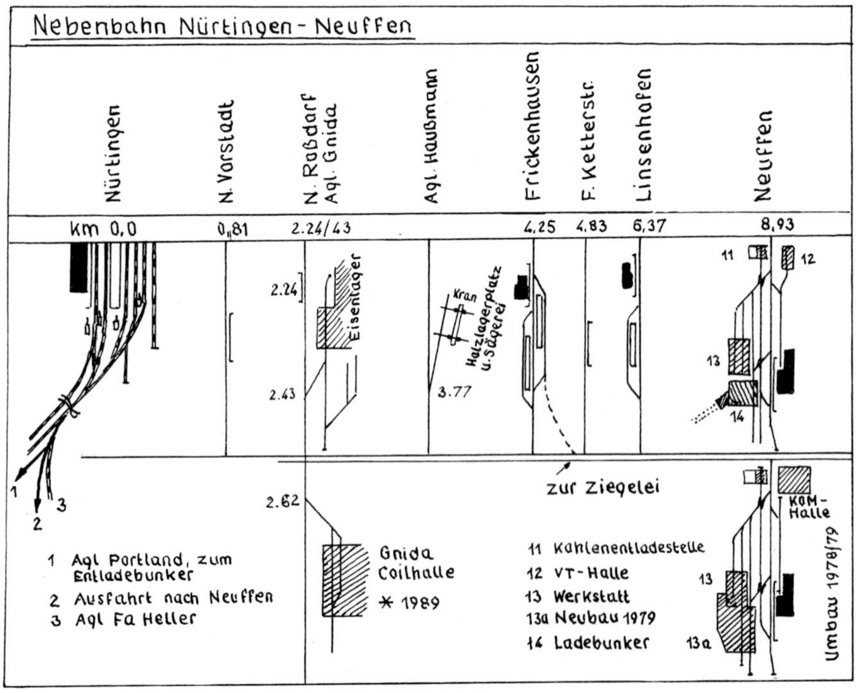

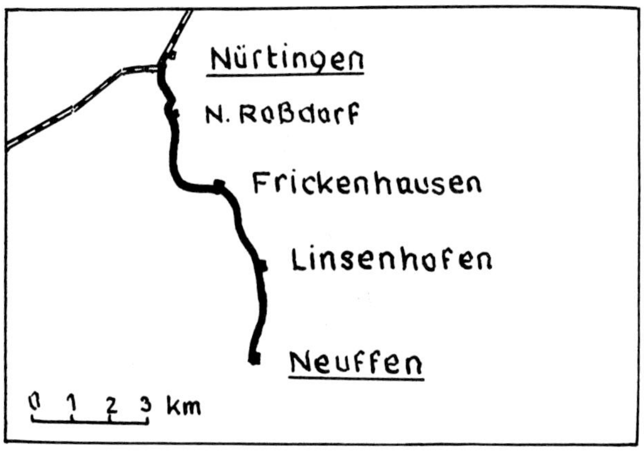

Geschichtliche Entwicklung und Bedeutung

Am 22. Oktober 1845 wurde die erste Eisenbahnstrecke in Württemberg von Cannstatt nach Untertürkheim in Betrieb genommen. 14 Jahre später erhielt Nürtingen Anschluß an die KWStE-Strecke (Stuttgart –) Plochingen – Reutlingen.

Die KWStE war wenig interessiert an kurzen Stichstrecken, andererseits wünschte die Königliche Regierung nicht den Bau von Privatbahnen. So blieben die schon frühzeitig eingeleiteten Bemühungen der Ortschaften im Steinachtal um einen Bahnanschluß zur Oberamtsstadt Nürtingen vorerst ohne Erfolg.

1895 wurde ein erneuter Anlauf genommen – das Stadtschultheißenamt Neuffen setzte sich mit dem Eisenbahn- und Betriebsunternehmen M. Hahn, Berlin in Verbindung und ließ einen Plan für den Bau einer Straßenbahn von Neuffen nach Nürtingen ausarbeiten. Zur Finanzierung und Durchführung dieses Projektes wurde am 3. Mai 1895 ein Eisenbahnkomitee gegründet, dem der Neuffener Stadtschultheiß Nestle vorstand und die Schultheißen der Talgemeinden Linsenhofen und Frickenhausen, mehrere Gemeinderäte und Fabrikanten angehörten. Ein entsprechendes Gesuch an die Staatsregierung wurde von der Verkehrsabteilung des Ministeriums für auswärtige Angelegenheiten in Stuttgart abschlägig beschieden.

Daraufhin trat das Komitee mit der Lokalbahn AG in München in Verbindung, jedoch ohne Erfolg. Am 6. Februar 1898 erfolgte eine erneute Eingabe, nun für eine regelspurige Anschlußbahn von Nürtingen nach Neuffen.

Bei der Regierung in Stuttgart hatte inzwischen ein Umdenken in Richtung Privatbahnen stattgefunden, das Gesuch wurde angenommen und zur Bearbeitung an die KWStE überwiesen.

Mit den Vorarbeiten für das Bahnprojekt wurde die Firma A. Koppel, Berlin, beauftragt, die am 1. Oktober 1898 auch den Konzessionsantrag stellte. Am 25. November 1898 erhielt die Firma Koppel die von der KWStE ausgearbeiteten Entwurfsunterlagen, dem Bau stand nun nichts mehr im Wege.

Am 13. Mai 1899 war in Stuttgart die Württembergische Eisenbahn-Gesellschaft gegründet worden, deren erster Direktor A. Köhler, bis dahin Vertreter der Firma A. Koppel war.

Die WEG trat in die Verträge der Firma Koppel ein und erhielt am 30. Juni 1899 die Konzession für die regelspurige Nebenbahn Nürtingen – Neuffen, veröffentlicht im Regierungsblatt Nr. 20 vom 15. Juli 1899.

Mit den Bauarbeiten wurde im September 1899 begonnen, nach acht Monaten Bauzeit war die Bahn fertiggestellt. Am 25. und 26. Mai 1900 konnten die Belastungsproben für die Brücken und die amtliche Abnahme durchgeführt werden. Der 31. Mai war der große Feiertag für die „Tälesbahn", wie sie von den Talgemeinden genannt wurde. Böllerschüsse, Festreden, ein Festzug mit „Festjungfrauen", Honoratioren von der Regierung und den Gemeinden, die Uracher Stadtkapelle, Mittagessen, Toast auf den König und den Minister von Mittnacht, Festessen im „Gasthof zum Ochsen" in Neuffen und Grußworte gehörten ebenso dazu wie das letzte Abfahrtsignal der Postkutsche.

Ein besonderer Akt war die Taufe der beiden Lokomotiven auf die Namen „Agnes" und „Alice", Töchter des ersten WEG-Direktors Köhler. „,... mögen beide wie ihre Namensspenderinnen lange Jahre zugkräftig und dienstfähig bleiben zum Wachstum und Wohle der Bevölkerung ..."

Am folgenden Tag nahm die Tälesbahn als erste Bahn der WEG den Betrieb auf.

Mit großem Jubel wurde am 7. Juli 1900 das Königspaar begrüßt, das die neueröffnete Bahn besuchte und mit einer Sonderfahrt kennenlernte.

Die Tälesbahn entwickelte sich von Anfang an gut, bereits im 1. Betriebsjahr wurden mehr als 100 000 Personen befördert. Sowohl die Industrie in und um Nürtingen als auch die sich rasch entwickelnden kleineren Betriebe in Neuffen sorgten für einen regen Pendlerverkehr.

Neue Aufgaben kamen auf die NbNN zu, als 1913 das Portland-Zementwerk in Nürtingen den Betrieb aufnahm. Maßgebend für den Standort waren die Kalksteinvorkommen am „Hörnle" südwestlich von Neuffen, wo ein neuer Bruch aufgefahren worden war. Die Kalksteine wurden mit einer Seilbahn zum Bahnhof Neuffen transportiert, über eine große Bunker- und Verladeanlage in Eisenbahnwagen umgeschlagen und mit der Tälesbahn nach Nürtingen gefahren.

Besondere Ereignisse gab es bei der Tälesbahn nicht, das Verkehrsaufkommen im Personenverkehr blieb hoch, die kriegs- und wirtschaftskrisenbedingten Einbrüche waren wenig ausgeprägt. Im Güterverkehr stiegen die Verkehrsleistungen nach dem Ersten Weltkrieg und erst recht ab 1948 kontinuierlich an, wesentlich beeinflußt durch die Kalksteintransporte.

Kriegszerstörungen und das Kriegsende zwangen die NbNN zu einer Betriebsunterbrechung ab 21. April 1945, aber schon am 7. Juni konnte der Betrieb wieder aufgenommen werden.

Katastrophale Folgen hatten die Aufgabe des Kalksteinbruches 1974 und die Schließung der Zementfabrik Nürtingen zum 30. Juni 1977. Damit verlor die Bahn rund 500 000 t, die jährlich befördert worden waren. Es schien so, als ob das Schicksal der Tälesbahn damit besiegelt war. Das Gegenteil war der Fall – der Schülerverkehr hatte inzwischen einen derartigen Umfang angenommen, daß an eine Aufgabe des Bahnbetriebes gar nicht zu denken war.

Die WEG setzte auf die Tälesbahn und hat in den 80er Jahren große Anstrengungen unternommen, den Schienenverkehr attraktiv zu machen und die Bahnanlagen entsprechend herzurichten:

- Verlängerung und Erneuerung der Bahnsteige
- Ausbau des Bahnhofs Frickenhausen zum Kreuzungsbahnhof mit beheizten Rückfallweichen
- ferngesteuerte Blinklichtanlagen, die über eine Induktionsschleife an den Haltepunkten vom Triebfahrzeugführer eingeschaltet werden
- Zugleitfunk, Zugleitstelle in Neuffen
- Modernisierung des Fahrzeugparks, Beschallung aller Wagen
- Fahrkartenautomaten (seit September 1984)
- Anschluß an den Stuttgarter Verkehrs- und Tarifverbund (1. Stufe seit 1. Juni 1982)
- schaffnerloser Betrieb (seit 1984)
- Sanierung der Bahnanlagen und der Bahnhofsgebäude
- Erhöhung der Geschwindigkeit auf 60 km/h
- Verbesserung des Fahrplans, Fahrzeitverkürzungen und Verdichtung der Zugfolge.

Diese Investitionen erforderten einen Aufwand von rund einer halben Mio DM.

Schließlich ist 1978/79 mit einem Kostenaufwand von 1,4 Mio DM die alte Werkstatt in Neuffen durch Erweiterung und Modernisierung zur Zentralwerkstatt für alle WEG-Fahrzeuge ausgebaut worden, in der alle aufkommenden Reparatur-, Umbau- und Revisionsarbeiten durchgeführt werden können.

Als Ergänzung zum Schienenbetrieb wird von Neuffen aus seit 1969 KOM-Verkehr durchgeführt. Für die Pflege der Busse ist 1988 anstelle des kleinen eingleisigen Fahrzeugschuppens eine neue KOM-Halle mit den entsprechenden Anlagen errichtet worden.

Die Tälesbahn präsentiert sich heute als moderner, leistungsfähiger Bahnbetrieb mit dichter Zugfolge und gepflegten Anlagen. Von ganz besonderem Reiz ist das hübsche, 1975/80 restaurierte Bahnhofsgebäude in Neuffen. Die Zukunft der Bahn scheint gesichert – 1990 ist die Konzession um weitere 40 Jahre bis zum Jahr 2030 verlängert worden.

Auf einer gepflegten und ebenso modernen wie traditionsbewußten NE-Bahn darf heute das Dampflokspektakel nicht fehlen – bei der Tälesbahn ist es die GES Gesellschaft zur Erhaltung von Schienenfahrzeugen e.V. mit Sitz in Stuttgart, die sich an mehreren Schwerpunkten betätigt, so neben den Aktivitäten bei der Hohenzollerischen Landesbahn (heute nicht mehr, siehe Beitrag HzL-Eisenbahnfreunde Zollernbahn) und der Strohgäubahn auch in Neuffen.

Eine Arbeitsgruppe, die „Neuffener", hat ihren Sitz in der WEG-Hauptwerkstatt Neuffen und pflegt ihr dort beheimatetes „Sofazügle" (Dn2t 11 ex HzL, 4 Personen- und 1 Pw ex HzL, 2 Personenwagen ex WEG) und restauriert auch Fahrzeuge.

Seit 1971 verkehren auf der Tälesbahn historische Dampfzüge, vom Mai bis Oktober und im Dezember fährt das „Sofazügle" an jedem 3. Sonntag im Monat.

Personenverkehr

Der Fahrplan Nürtingen – Neuffen „gültig vom Tage der Betriebseröffnung ab" weist werktags 5 und sonntags 2 weitere Zugpaare aus. 1912 verkehrten täglich 6 Zugpaare, 1938 werktags 7, sonntags 6 Zugpaare; die Fahrzeit betrug 25 Minuten. Das Fahrplanangebot macht die Bedeutung des Personenverkehrs deutlich, der bereits im ersten vollen Betriebsjahr rund 160 000 Fahrgäste an die Schiene band und bis zum Ersten Weltkrieg ziemlich konstant auf dieser Höhe blieb. Bis 1922 kletterte die Beförderungszahl auf über 300 000 und blieb, von den Krisenjahren 1923/24 abgesehen, bis 1929 auf dieser Höhe. Dann setzte ein starker Rückgang ein, 1933 war ein Tiefpunkt erreicht (rund 150 000), dann ging es wieder kontinuierlich bergauf – 1935: 165 710, 1938: 183 124, 1943: 440 000.

Ab Mitte der 50er Jahre erfuhr der Personenverkehr eine beachtliche Steigerung, die Vorkriegsleistungen wurden verdreifacht. 1958 wurden rund 950 000 Fahrgäste befördert – Berufs- und Schüler –, aber auch allgemeiner Reiseverkehr.

Das erheblich ausgeweitete Fahrplanangebot wurde gut angenommen. 1956 weist der Fahrplan mo-fr 10, sa 9 und so 5 VT-Zugpaare aus, ferner täglich 4 lokbespannte Zugpaare als GmP mit längerer Fahrzeit und z.T. ohne Halt in Frickenhausen-Kelterstraße und Nürtingen-Roßdorf.

1961: werktags 15, so 9 Zugpaare, Fahrzeit 20-25 Minuten. Für alle Züge sind die Anschlüsse nach bzw. von Stuttgart angegeben.

1984: mo-fr 18, sa 9 Zugpaare, sa 15.00 Uhr bis so abends ausschließlich Busverkehr (seit Sommerfahrplan 1976). Der Fahrplan beginnt mit dem Frühzug 4.58 Uhr ab Neuffen und endet mit 2 Busfahrten, die letzte täglich 21.23 Uhr. Für alle Züge ist der Anschluß nach bzw. von Stuttgart und Tübingen angegeben.

1990: mo-fr 20, sa früh und mittags 9 Zugpaare.

Es sind durchweg 2 Züge im Einsatz, Kreuzungsbahnhof ist Frickenhausen.

Das gute Zugangebot auf der Tälesbahn ist einmal mehr Bestätigung für die These, daß die Fahrgäste mit dem Zug fahren, wenn die Zugfolge dicht, die Fahrzeit kurz und der Tarif attraktiv ist.

Seit September 1984 verkehren die Züge schaffnerlos, Fahrkarten werden am Automaten gelöst und entwertet.

Seit 1989 sind auch für die Tälesbahn Mehrfahrten (Punkte)-Karten eingeführt worden, die gegenüber dem Einzelfahrschein 25-40% Preisvorteile bringen.

Je 20% der Beförderungsleistungen entfallen auf den allgemeinen Reise- und Berufsverkehr, 60% auf den Schülerverkehr.

Eine Episode blieben die 1946/48 durchgehenden NN-Züge Neuffen – Nürtingen – Kirchheim (Teck), für die von Weissach der VT 01 nach Neuffen umgesetzt worden war.

Seit Anfang der 60er Jahre hat die WEG eine Buskonzession, die ein Unternehmer aus Beuren im Auftrag der WEG befuhr. Seit 1969 wird von Neuffen aus KOM-Ergänzungsverkehr mit eigenen Bussen betrieben, mit dem die Nachbarorte bedarfsgerecht an den öffentlichen Personennahverkehr angeschlossen werden. Befahren wird auf verschiedenen Wegen die Linie Nürtingen – Neuffen – Beuren – Erkenbrechtsweiler mit einer Streckenlänge von rund 30 km (1984), ferner Schülerfahrten zu verschiedenen Schulzentren.

Seit 1. Juni 1982 gehört die Tälesbahn mit den WEG-Buslinien zum Stuttgarter Verkehrs- und Tarifverbund mit folgenden KOM-Linien:

L 180 Neuffen – Beuren – Nürtingen (9,5 km)
L 198 Linsenhofen – Frickenhausen – Tischardt (6 km)
L 199 (Beuren) – Neuffen – Kohlberg – Metzingen (seit 1989: 12,0 km)

1969

325 c Nürtingen—Neuffen und zurück Alle Züge 2. Klasse

km	Württ Eisenb-Ges mbH Stuttg Zug Nr	4	6	308	14	316	18	320	22	26		328	34	36	338	42	44	48	52		356	360	362	
	Stuttgart Hbf 325 ab	...	4.28	6.05	7.31	✕7.56	10.00	10.00	11.11	12.26	...	12.26	✕12.48	14.01	15.15	16.01	a16.49	17.30	17.52	c18.24/	a18.40	20.36	22.55	...
0	Nürtingen 325 ab	✕5.27	✕6.25	✕6.58	†8.22	✕9.01	†10.39	✕11.02	✕12.14	†13.00	...	✕13.15	a14.12	c14.34	a15.50	✕16.50	a17.25	18.11	a19.04	...	19.16	21.15	23.30	...
1	Nürtingen Vorstadt ✕	5.29	6.27	7.00	8.24	9.03	10.41	11.04	12.16	13.02	...	13.17	14.14	14.36	15.52	16.52	17.27	18.13	19.06	...	19.18	21.17	23.32	...
4	Frickenhausen	5.37	6.36	7.17	8.32	9.13	10.49	11.14	12.25	13.10	...	13.26	14.22	14.44	16.01	17.01	17.36	18.23	19.14	...	19.28	21.26	23.40	...
6	Linsenhofen	5.43	6.42	7.24	8.38	9.21	10.55	11.22	12.31	13.16	...	13.34	14.28	14.50	16.09	17.07	17.42	18.29	19.20	...	19.36	21.34	23.46	...
9	Neuffen an	✕5.48	✕6.47	✕7.29	†8.43	✕9.26	†11.00	✕11.27	✕12.36	†13.21	...	✕13.40	a14.33	c14.55	a16.15	✕17.12	a17.47	18.34	a19.25	...	19.41	21.40	23.51	...

km	Württ Eisenb-Ges mbH Stuttg Zug Nr	3	5	7	9	11	313	317	21	323	25	27	33	337	39	41	343	45	47	349	51	357	361
0	Neuffen ab	✕5.00	✕5.49	✕6.20	✕7.03	†7.45	✕7.56	9.48	✕11.39	✕12.07	†12.19	a12.42	c13.44	a14.43	a15.20	Sa16.20	a16.30	c17.18	a17.22	a18.06	18.37	20.15	22.10
3	Linsenhofen	5.06	5.55	6.26	7.09	7.51	8.03	9.55	11.45	12.15	12.25	12.48	13.50	14.50	15.26	16.26	16.38	17.24	17.28	18.13	18.43	20.22	22.17
5	Frickenhausen	5.12	6.01	6.35	7.16	7.57	8.11	10.03	11.51	12.24	12.31	12.54	13.56	14.58	15.32	16.32	17.00	17.30	17.35	18.22	18.49	20.30	22.25
8	Nürtingen Vorstadt ✕	5.19	6.08	6.43	7.23	8.04	8.19	10.11	11.58	12.32	12.38	13.01	14.03	15.06	15.39	16.39	17.08	17.37	17.42	18.30	18.56	20.38	22.33
9	Nürtingen 325 an	✕5.21	✕6.10	✕6.45	✕7.25	†8.06	✕8.21	10.13	✕12.00	✕12.34	†12.40	a13.03	c14.05	a15.08	a15.41	Sa16.41	a17.10	c17.39	a17.44	a18.32	18.58	20.40	22.35
	Stuttgart Hbf 325 an	✕5.59	6.55	7.33	✕8.09	8.48	9.41	10.52	12.39	✕13.45	†13.33	13.39	15.01	16.06	16.45	17.18	18.21	c18.26	a19.06	19.43	19.43	21.24	23.16

Weitere Bedarfshaltestellen: Nürtingen-Roßdorf und Frickenhausen Kelterstraße   a = ✕ außer Sa   c = Sa und †

In der HVZ werden bis zu 6-Wagen-Züge gefahren, hier VS 230 + VT 401 + 4 Beiwagen, bei Fricken-hausen, 5.9.1991

VT 401, Bf Linsenhofen, 25.8.1984

Ferner fahren WEG-Busse von Neuffen zum Thermalbad Beuren (3,7 km) und eine Schülerlinie Neuffen Bahnhof – Neuffen Schule (1,4 km). Die Metzinger Linie, die von dem Privatunternehmen Kuhn übernommen wurde, hat einen deutlichen Verkehrszuwachs gebracht.

Beim Busstützpunkt Neuffen, der seit 1988 über eine moderne Unterstell- und Pflegehalle verfügt, sind 7-8 Busse, seit 1990 9 Busse stationiert.

Für den Busbetrieb macht der Schülerverkehr 57-60% aus, 15% entfallen auf den Berufs-, der Rest auf den allgemeinen Reiseverkehr. Interessant und zukunftsorientiert sind die Überlegungen und Vorschläge der WEG, die Tälesbahnzüge über Nürtingen hinaus bis Wendlingen zu führen, um hier den Anschluß an die geplante S-Bahnstrecke nach Kirchheim/Teck herzustellen.

Die „Sofazügle", dampflokbespannte Oldtimerzüge, verkehren vom Mai bis Oktober und sind im Fahrplan vermerkt. An jedem dritten Sonntag im Monat fährt der Zug 6 x von Neuffen nach Nürtingen und zurück. Die Fahrzeit beträgt 30 Minuten. Triebfahrzeugführer werden von der NN gestellt, als Zugführer, Schaffner und Begleiter fungieren Mitglieder der GES. Eine besondere Attraktion ist das jährlich stattfindende Bahnhofsfest in Neuffen mit Sonderfahrten, Fahrzeugsausstellung, Informationsständen, Bewirtung im Zelt und „offener Tür" für die Werkstatt.

Güterverkehr

Land- und Forstwirtschaft waren die ersten Bahnkunden der Tälesbahn – sie spielen heute keine Rolle mehr.

In Frickenhausen und Neuffen erhielten Kohlen- und Baustoffhändler Wagenladungen – in Neuffen gibt es heute noch eine interessante Entladeanlage der Brennstoffhandlung Schall, wo die Kohlen vom Gleis aus seitlich in kleine Boxen rutschen, aus denen unten auf

Straßenniveau die Kohlen entnommen, gewogen, gesackt und zu den Kunden gebracht werden.

Ferner erhält die Hauptgenossenschaft Neuffen sporadisch Kohlen- und Kunstdüngerladungen. Der allgemeine Ladungsverkehr bringt heute nur noch einige wenige Wagen im Jahr.

Schon in den Anfangsjahren gab es zwei Anschlußgleise:

- bei Frickenhausen Sägerei Haußmann (seit 1911), die heute nur noch sporadisch verlädt (ca. 10-20 Wagen im Jahr),
- vom Bahnhof Frickenhausen abzweigend das ca. 0,6 km lange private Agl zur Ziegelei Th. Mayer & Co. (seit 1904); das Agl wird seit 1972 nicht mehr bedient und ist Ende der 70er Jahre abgebaut worden.

Mit der Erschließung des Kalksteinbruches am Hörnle 1913 für das Portlandzementwerk Nürtingen kamen besondere Aufgaben auf die NN zu. Anfangs war das Frachtaufkommen äußerst gering und die Verladung wurde auch mehrmals vorübergehend wieder eingestellt. Später nahm der Kalksteinverkehr zu und erbrachte dann jahrzehntelang etwa 50% des gesamten Güterverkehrs und 70% der gesamten Einnahmen der WEG und beherrschte den Verkehr auf der Tälesbahn.

Nach dem Ersten Weltkrieg stiegen die Beförderungsleistungen stetig an und erreichten kurz vor Kriegsanfang 1940 knapp 200 000 t/Jahr (1935: 128 506 t, 1938: 182 935 t).

Die rege Bautätigkeit nach dem Krieg bescherte dem Zementwerk eine gewaltige Nachfrage und somit der NN einen ständig ansteigenden Verkehr – mit insgesamt rund 700 000 t (der Löwenanteil waren Kalksteine) – wurden 1966 und 1972 Spitzenleistungen erreicht, entsprechend der Konjunktur schwankten die Abfuhrmengen zwischen 550 000 t und knapp 700 000 t.

Die Steine wurden hoch oben am „Hörnle" gebrochen, mit einer Seilbahn zum Bahnhof Neuffen gefahren und hier über eine große Bunker- und Ladeanlage in die darunterstehenden Waggons geladen. In den 60er Jahren wurden täglich 70-80 Wagen gestellt und mit Kalksteinen beladen über die ganze Strecke zum Zementwerk Nürtingen befördert.

Ein Teil der Steinzüge wurde als GmP gefahren – 1954 werktags 4 GmP, ferner werktags 2 und sonntags 1 Ganzzug. Fallweise wurden den Triebwagen auch Steinladungen oder Leerwagen beigegeben, die in Nürtingen Bahnhof bei- oder abgestellt wurden.

Neuffen, zur Kalkverladung bereitstehende O-Wagen, 13.3.1962

Neue Kalksteinverladeanlage Neuffen, 6.9.1971

Neuffen, Kalksteinverladeanlage,
April 1974

Kalksteinzug vor dem Einfahrtsignal
Nürtingen, Juni 1974

VT 20 mit Leerzug für die Kalkstein-
verladung abfahrbereit in Nürtingen,
13.3.1962

Fal 306, für den Kalkverkehr

VT 401 mit Güterzug bei Nürtingen-Roßdorf, 27.5.1992

VT 401 rangiert im Agl Gnida, 27.5.1992

VT 23 + VT 24 vor Kalksteinzug bei Neuffen, April 1974

Das Agl zur Entladeanlage zweigte bei der Einmündung des NN-Gleises in die DB-Gleise ab und führte etwa 500 m bis zur Entladestelle, von wo aus die Steine über eine Bandförderanlage zum jenseits der Hauptbahn gelegenen Zementwerk gelangten.

Für den Kalksteintransport wurden 1964/65 insgesamt 12 altbrauchbare vierachsige Selbstentladewagen gekauft, die ein Ladegewicht von ca. 58 t hatten und in zwei Pendeleinheiten zwischen Neuffen und Nürtingen verkehrten. Die Wagen hatten ebenso wie die speziell für die schweren Steinzüge beschafften VT T23 und T24 (Doppeltraktion) Scharfenberg-Kupplungen. Besonders günstig war der Steinverkehr deshalb, weil die Wagen leer bergauf und beladen zu Tal gefahren wurden.

Die Zustellung der E-Wagenzüge erfolgte tagsüber durch die DB-Kleinlok des Bahnhofs Nürtingen und abends von Triebfahrzeugen der NbNN. Die Selbstentladewagen wurden grundsätzlich von der NN zugestellt und von NbNN-Personal entleert. Der Fahrplan 1973 sah werktags 8 Bedienungsfahrten vor.

Mit der Schließung des Kalksteinbruches und der Aufgabe des Zementwerkes zum 30. Juni 1977 verlor die NN diesen attraktiven und gewinnbringenden Verkehr.

Nach dem Zweiten Weltkrieg siedelte sich in Nürtingen-Roßdorf die Eisenhandelsfirma Gnida an, die sehr schnell expandierte. 1947 erhielt das Werk ein Anschlußgleis, das sich innerhalb der Werkanlagen in mehrere Ladegleise verzweigt. Für die neue Coilhalle, in der kaltgewalzte Bleche hergestellt werden, wurde 1989 ein Agl gebaut. Die Firma Gnida zählt heute zu dem besten (fast einzigen) Bahnkunden und bringt monatlich rund 3000 t (1975: 16 374 t, 1992 55 000 t) für den Schienenverkehr – die Steigerung im Güterverkehr in den letzten Jahren entfällt ausschließlich auf die Firma Gnida. Für das Zustellgeschäft ist ein Triebfahrzeug fast ganztägig im Einsatz.

Ein wesentlicher Verkehrszweig war auch das Stückgutgeschäft – in den 60er Jahren wurden täglich 4-5 Stückgutwagen gestellt, an allen drei Bahnhöfen (Linsenhofen Agentur) wurde Stückgut ausgegeben und angenommen. Der erweiterte Güterschuppen und die überdachte Laderampe in Frickenhausen erinnern an diesen wichtigen Verkehr.

Das Stückgutaufkommen ist stark zurückgegangen. 1976 war es nur noch 1 täglicher Wagen für die NbNN ab und bis zur Umladestelle Kornwestheim.

Die Neuordnung des Stückgutverkehrs der DB hat der Nb NN den Stückgutverkehr genommen, Stückgut wird heute von einem Unternehmer ab Bahnhof Kirchheim auf der Straße gefahren und für die Selbstabholer in Neuffen und Frickenhausen bereitgestellt.

Der Güterverkehr beschränkt sich heute fast ausschließlich auf die Bedienung der Firma Gnida. Die sporadisch und höchst selten anfallenden Wagenladungen für Frickenhausen und Neuffen werden dem planmäßig verkehrenden VT mitgegeben.

1981 wurden 1035 Wagen in Nürtingen an die DB übergeben, 1989: 911, 1990: 1193 und 1991: 1198 Wagen.

Beförderungsleistungen

Jahr	Personen (Schiene)	Personen (Straße)	Güter	
1960	864 383		405 500 t	
1965	729 600		326 100 t	
1966	748 347	272 735	688 412 t	
1970	761 900		570 700 t	
1974	764 222	413 145	498 384 t	
1975	698 476	379 709	23 697 t	
1976	690 000	374 657	25 300 t	
1977	666 000	452 366	26 200 t	
1978	665 000	442 093	28 608 t	
1979	663 423	488 258	31 531 t	
1980	685 293	506 796	30 249 t	
1981	669 565	487 451	27 838 t	
1982	786 191	458 852	18 919 t	
1983	753 275	448 513	22 395 t	
1984	693 827	420 633	22 458 t	
1985	675 988	410 270	22 034 t	
1986	671 919	352 658	20 040 t	
1987	655 763	346 416	25 642 t	
1988	604 538	369 156	30 585 t	Mehr Verkehr
1989	619 055	577 009 (neu L.199)	40 483 t	durch das neue Kaltwalzwerk
1990	645 550	552 481	49 010 t	der Firma Gnida.
1991			53 416 t	

Personal

Anzahl der beschäftigten Personale

1936:	39
1939:	37
1960:	23
1965:	16
1970:	18
1974:	20
1979:	20
1981:	22
1983:	20
1985:	20
1989:	19 (Bahn) + 10 (KOM)
1991:	20 (Bahn) + 10 (KOM)

Streckenbeschreibung

Die Streckenführung bietet landschaftlich und geografisch keine Besonderheiten. Die Bahnhöfe liegen günstig zum Ortsmittelpunkt.

Die Strecke verläuft in dauernder Steigung (max. 1:51), insgesamt wird ein Höhenunterschied von 112 m überwunden.

Das Gleis führt auf der gesamten Länge parallel und mit mehr oder weniger großem Abstand zur Straße und ist von der Straße aus gut zu verfolgen.

Der Bahnkörper befindet sich in hervorragendem Zustand, das saubere helle Schotterbett ist typisch für die Bahnen der WEG. Das NN-Gleis mündet in den DB-Bahnhof Nürtingen (282,87 m ü. NN) ein, eigene Anlagen sind hier nicht vorhanden, der Abfertigungs-

VT 403, Bf Nürtingen, 19.10.1990

Zwischen Nürtingen-Roßdorf und Frickenhausen, 2.9.1991

Bf Frickenhausen, 14.5.1975

Bf Frickenhausen, mit dem vergrößerten Güterschuppen, 24.3.1987

Bei Linsenhofen, 24.8.1988

T 23 + T 24 unterhalb Neuffen, 23.2.1977

V 403 zwischen Neuffen und Linsenhofen, 1.6.1989

Unterhalb Neuffen, im Hintergrund der Hohe Neuffen, 24.6.1988

Neuffen, 13.9.1983

VT-Schuppen Neuffen, 23.5.1981

dienst wird von der Staatsbahn besorgt. Die Ausfahrt erfolgt auf Signal, die Einfahrt ist mit einem Hauptsignal gesichert, das etwa 600 m vor der Einmündung in das DB-Gleis steht.

Neben dem Ausfahrgleis verläuft das Agl zur Firma Heller, erst ein Stück parallel, dann verschwindet es in dem ausgedehnten Werkgelände – das Agl gehört nicht der NN und wird von der DB bedient.

Bis 1975 zweigte gleich hinter der Ausfahrt das Zustellgleis zur Zementfabrik ab, es führte parallel der Strecke nach Horb und endete nach etwa 500 m mit zwei Umsetzgleisen an dem Entladebunker, von wo mit einem Transportband die Kalksteine über eine Transportbrücke zum jenseits der Hauptbahn liegenden Zementwerk befördert wurden.

Das NN-Streckengleis führt durch das südliche Wohngebiet von Nürtingen mit den beiden Hp Vorstadt und Roßdorf. Bei Kilometer 2,4 zweigt das Agl der Firma Gnida ab, das sich mit mehreren Ladestellen in dem weiträumigen Freigelände und zur Fertigungshalle verzweigt. Nach weiteren 200 m zweigt das neue Agl zur Coilhalle ab.

Vor Frickenhausen wird die Landstraße gekreuzt, der Bahnhof (320,6 m ü. NN) liegt am nördlichen Ortsrand, der Ort wird östlich umfahren. Das zweigeschossige Bahnhofsgebäude mit einer kleinen Bahnsteigüberdachung und angebautem hölzernen Güterschuppen ist ein schmucker und gut gepflegter Bau; die erst Ende der 70er Jahre gebaute Überdachung der Laderampe bot den Umladearbeitern Schutz und macht deutlich, welch großen Umfang des Stückgutgeschäft bis 1989 hatte.

Der Bf Linsenhofen (354,9 m ü. NN) liegt am östlichen Ortsrand, das nette kleine Bahnhofsgebäude ist sicherlich vom gleichen Architekten, wie die an der ein Jahr später eröffneten Laichinger Bahn entworfen, – es entspricht genau den für diese Bahn so typischen Bahnhofsgebäuden.

Schon von weitem ist östlich der Hohe Neuffen, Hausberg von Neuffen, zu sehen, die Anfahrt auf den Ort und den Bergkegel zu ist landschaftlich sehr reizvoll. Südwestlich am „Hörnle" sieht man als große helle Stelle den Steinbruch, der der NN jahrzehntelang den umfangreichen Steinverkehr bescherte.

Bis zum Endbahnhof Neuffen (394,46 m ü. NN) ist eine langanhaltende Steigung von 1:51 zu überwinden. Der Bahnhof liegt am nördlichen Ende des Ortes.

Da wo früher die Ladestelle für die Kalksteine stand, befindet sich heute der moderne und formschöne Werkstattanbau. Das Bahnhofsgebäude mit Güterschuppen und Bahnhofswirtschaft ist in den letzten Jahren renoviert worden und besticht durch Architektur und gepflegtes Aussehen.

Neuffen, Werkstatt mit dem neuen Anbau, 30.3.1981

Neuffen, neue Hauptwerkstatt, zu Gast T 31 von AL, 1981

Die Zentralwerkstatt sorgt dafür, daß hier immer zu dem ohnehin großen Fahrzeugpark der Tälesbahn Fahrzeuge stehen, die auf die Ausbesserung warten.

Fahrzeuge

Die ersten beiden Lokomotiven waren kleine dreiachsige Maschinen mit Namen ALICE und AGNES, die einzigen WEG-Loks, die Namen trugen.

1914 kamen zwei größere Dn2vt-Maschinen, 1922 folgte eine Cn2t, die von DEGA-Betrieben übernommen worden waren und die kleinen Loks der Erstausstattung ablösten.

Mehrere Dn2vt waren zu verschiedenen Zeiten in Neuffen stationiert, Nr. 12, 18 und 20 beendeten hier ihr Dasein.

Für die schweren Steinzüge wurden der NbNN die 1948 von der DR erworbenen Dn2t Nr. 30 und 31 zugewiesen, die hier bis 1963 im Einsatz waren.

Bis zuletzt im Einsatz waren und in Neuffen ausgemustert wurden:

Betr.Nr.	Bauart	Hersteller	Baujahr/Fabr.Nr.	Bemerkungen
12	Dn2vt	Humboldt	1906	+ 1959
18	Dn2vt	Borsig	1907	+ 1950
20	Dn2t	Hanomag	1914	+ 1968
30	Dh2t	ME	1916	+ 1965
31	Dh2t	ME	1916	+ 1965

Die Ablösung der Dampflokomotiven wurde 1953 mit dem fabrikneuen Eßlinger Triebwagen T20 eingeläutet, der den Personenverkehr voll übernahm. 1958 folgte der Oldtimer T11, der 1953 von der DB übernommen und mit neuen Motoren sowie neuen Stirnwänden für die NN hergerichtet worden war. Der T11 übernahm einen Teil des Güterverkehrs und war auch vor Steinzügen zu sehen.

Speziell für den Steinverkehr kamen 1968 die beiden VT T23 und T25, moderne und leistungsfähige Fahrzeuge, die mit Scharfenberg-Kupplungen ausgerüstet waren, um das Umsetzen der Steinzüge zu erleichtern und zu beschleunigen. Die Triebwagen waren für Doppeltraktion eingerichtet und konnten von einem Führerstand aus gefahren werden. Nach der Aufgabe des Steinverkehrs sind die beiden Zwillinge in Neuffen brotlos und nach Anbau normaler Schraubenkupplungen 1978 der NbJO zugewiesen worden.

Der 1980 in der Neuffener Werkstatt wieder hergerichtete ex FK-VT T19 war länger hier im Einsatz, gab dann ein kurzes Gastspiel bei der Korntal-Weissacher Bahn und ist seit 1981 als 3. Triebwagen Stammfahrzeug in Neuffen.

Der Personenwagenpark umfaßte anfangs 4, später 8 zweiachsige Wagen mit offenen Plattformen. 1950 waren noch 6 Stück vorhanden, die bis 1963 ausgemustert worden sind.

1960/61 wurden die in der Werkstatt Neuffen mit neuen Auwärter-Aufbauten versehenen Beiwagen Nr. 101-107 in Betrieb genommen, die z.T. heute noch bei der NN im Einsatz sind.

Der vierachsige VB 122 war jahrelang ebenfalls bei der NN und steht heute als Ausstellungswagen in Neuffen.

Bis 1959 war der PwP 105 bei der NN im Einsatz, er wurde durch den Einsatz der VT überflüssig und ist in Neuffen verschrottet worden.

Für die Kalksteintransporte, die jahrzehntelang in normalen, offenen Wagen abgewickelt wurden, beschaffte die WEG 1964/65 12 vierachsige Selbstentladewagen mit Sattelböden und Seitenwandklappen altbrauchbar von den Verkehrsbetrieben Peine-Salzgitter (4 Stück) und der DB (8 Stück). Die Wagen erhielten in der Werkstatt Neuffen einen neuen, größeren Oberkasten und hatten bei 22 t Eigengewicht ein Ladegewicht von 58 t. Alle Wagen hatten Scharfenberg-Kupplung. Nach der Aufgabe des Steinverkehrs wurden 11 Wagen 1977 an die Firma Krupp bzw. Firma Kali + Salz, Salzdetfurth verkauft. Übrig blieb der Wagen 306, der noch jahrelang in Linsenhofen stand und 1984 verschrottet worden ist.

Fahrzeugbestand

	1935, 1938	1960	1965
Dampflokomotiven	3	1	–
Triebwagen		2	2
Personenwagen/VB	5	10	8
PwP-Wagen	1	–	–
Güterwagen	19 *)	8 *)	12 **)

*) im Park der DR/bzw. DB
**) Selbstentladewagen (Scharfenberg-Kupplung)

301	Westd. Waggonfabrik Köln	1939	301-308 1964/65 ex DB
302	O & K	1939	
303	Talbot	1939	
304	Talbot	1939	
305	Westd. Waggonfabrik Köln	1939	
306	Waggonfabrik Uerdingen	1939	
307	Waggonfabrik Uerdingen	1939	
308	Waggonfabrik Uerdingen	1939	
309	O & K	1939	
310	Westd. Waggonfabrik Köln	1939	309-312 1965 ex VPS
311	Westd. Waggonfabrik Köln	1939	
312	Westd. Waggonfabrik Köln	1939	

1961	Dampflok	Nr. 20 und 30 iB, 31 abg.
	VT	T11, T20
	VB	101-107
1975	VT	T11, T20, T23, T24, FK 101 (abg.)
	VB	101-107, 122
	Fad	301-312 (abg.)
1981	VT	T11, T20, T19
	VB	101-107, 122
	VS	230
	Fad	306 (abg.)
1989	VT	T401 (11), T403 (20), T405 (19), T406 (FK 102), T06 R
	VB	101-105, 202, 122 (Ausstellungswagen, abg.)
	VS	230, 240
1991	wie 1989, jedoch ohne VB 102, 105	

Nebenbahn Vaihingen – Enzweihingen (Nb VE)

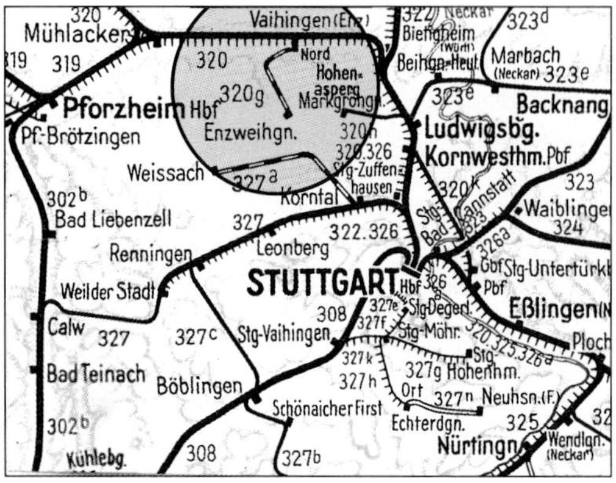

Vaihingen Nord DB-Bahnhof (Bahnhofsvorplatz) – Vaihingen Stadt – Enzweihingen

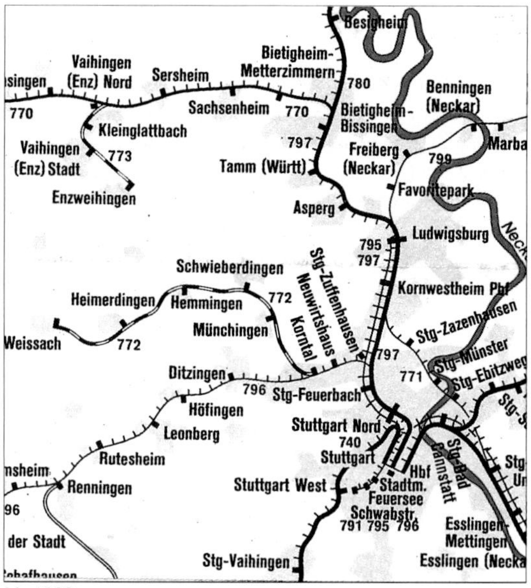

bis 1990

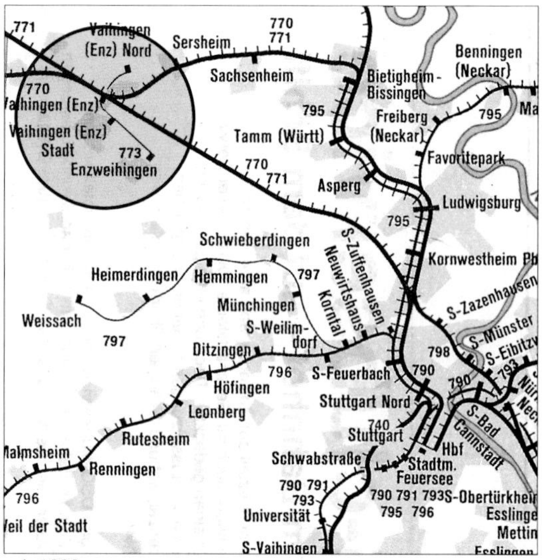

seit 1990

Spurweite: 1435 mm

Streckenlänge: 7,33 km

Gleislänge: 8,2 km + 1,2 km Industriegleis der Stadt Vaihingen

Eigener Bahnkörper

Betriebseröffnung: 16.10.1904

Eigentümer und Betriebsführung:
Württembergische Eisenbahn-Gesellschaft (WEG)

Sitz der örtlichen Betriebsleitung:
Vaihingen-Stadt

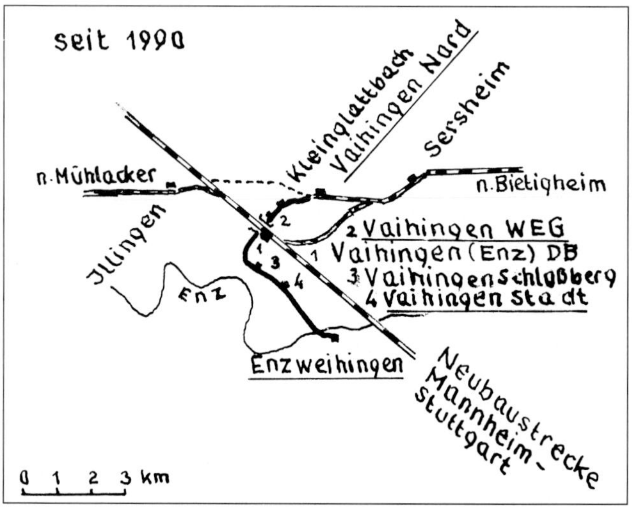

Ausstattung

Zweigleisiger Lokschuppen und Werkstatt in Enzweihingen
Zugfunk seit 1984, Leitstelle in Vaihingen-Stadt
Funkfernsteuerung des VT 04 seit 01.01.1990
Anzahl der Straßenkreuzungen mit Lichtzeichenanlagen: 7 (ohne Halbschranken)

km 00,00	Vaihingen-Nord, eigene Ankunft- und Abfahrtstelle, ursprünglich vor dem DB-EG, beidseitig Einmündung in die DB-Gleise, kleiner Bahnsteig, keine eigenen Anlagen. Seit April 1979 neuer eigener Bahnsteig neben dem DB-EG mit Unterführung zu den DB-Bahnsteigen. Aus- und Einfahrtsignale.
km 01,37	Kleinglattbach, Hp, Bahnsteig, kleines Bahnhofsgebäude mit Dienstraum, aufgegeben und vermietet an Modellbahnclub.
km 02,20	Vaihingen WEG, Hp, Bahnsteig, Wetterschutz, Treppenzugang zum neuen DB-Bahnhof Vaihingen, Inbetriebnahme September 1990.
km 03,32	Abzweig Industriestammgleis der Stadt Vaihingen mit mehreren Anschließern.
km 04,05	Agl Baresel.
km 04,15	Vaihingen Schloßberg, Hp mit Bahnsteig und Wetterschutzhäuschen.
km 04,71	Vaihingen-Stadt, Kreuzungs- und Ladegleise, Bahnhofsgebäude mit Güterschuppen, lange Hochrampe für Zuckerrübenverladung, Gleiswaage, Portal-Ladekran. Ladegleis WLZ. 1946 Bau eines kleinen Lokschuppens, 1951 aufgegeben und seit 1952 als Bushalle genutzt, Zufahrtgleis entfernt, 1982 abgebrochen.
km 05,47	Agl Kartonagenfabrik Schoen.
km 05,58	Agl Leimfabrik Conradt & Sohn.
km 07,33	Enzweihingen, dreigleisige Anlage mit mehreren Lade- und Abstellgleisen, Bahnhofsgebäude, seit 1. Januar 1991 nicht mehr besetzt, Dienstwohnungen. Lokschuppen mit kleiner Werkstatt, nur noch ein Zufahrtgleis vorhanden. Ladegleis Fa. Blum. KOM-Halle.

Geschichtliche Entwicklung und Bedeutung

Alle Bemühungen der Oberamtsstadt Vaihingen, die Trassenführung der „Westbahn" Bietigheim – Mühlacker – Bruchsal näher an Vaihingen heranzuführen, waren vergeblich – als die Bahn 1853 eröffnet wurde, lag der Bahnhof 3 km von der Stadt entfernt und trug sogar den Namen des näher gelegenen Ortes Sersheim.

Die sogenannten Roßbauern waren zufrieden, sicherte ihnen doch der vom Ort entfernt gelegene Bahnhof ein dauerhaftes und einträgliches Fuhrgeschäft.

Nicht so die Stadtväter, sie bemühten sich weiterhin um eine bessere Anbindung und bauten 1853 als Ersatz für den fehlenden Bahnanschluß eine 3 km lange Straße zwischen dem Bahnhof und dem Ort. Auch wurde erreicht, daß der Bahnhof in „Vaihingen-Sersheim" umbenannt wurde – das verhinderte aber nicht die Abwanderung von Arbeitskräften und die Verkümmerung von Industrie und Gewerbe.

1899 bildete sich in Vaihingen ein Eisenbahnkomitee mit dem Ziel, den Ort mit einer Stichstrecke an die Staatsbahn anzuschließen. Mehrere Varianten wurden ausgearbeitet, u.a. eine Trassenführung nach Ludwigsburg, die von der Firma Lenz & Co, Berlin ausgearbeitet worden war, jedoch von der KWStE abgelehnt wurde, da man eine Konkurrenzierung der Hauptbahn befürchtete.

Das Komitee wandte sich daraufhin an die Firma A. Koppel in Berlin, die verschiedene Trassenvarianten aufgriff, von denen in Absprache mit dem Komitee die Streckenführung Vaihingen-Sersheim – Vaihingen – Enzweihingen weiterverfolgt wurde.

Nach Gründung der WEG übernahm diese das Projekt und schloß am 15. Dezember 1900 mit den Gemeinden Vaihingen und Enzweihingen einen Vertrag, wonach beide Gemeinden zwei Drittel bzw. ein Drittel der Kosten für den Grunderwerb übernehmen und einen Barbetrag von 55 000 Mark leisten mußten.

Am 26. Januar 1901 erhielt die Firma A. Koppel den Auftrag zum Bau dieser Stichbahn, die Konzessionserteilung erfolgte am 30. Juli 1902 an die WEG.

Am 16. März 1903 wurden die Planungen für die 7,3 km lange Strecke den Behörden vorgelegt. Nach Erteilung der Genehmigung vom 14. Juli 1903 konnte am 20. Oktober 1903 der erste Spatenstich getan werden.

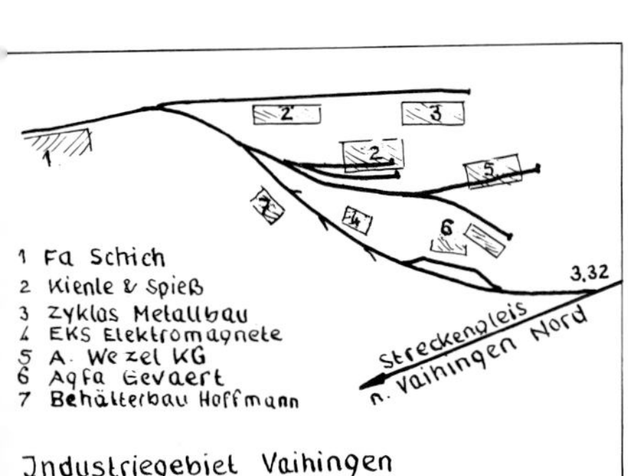

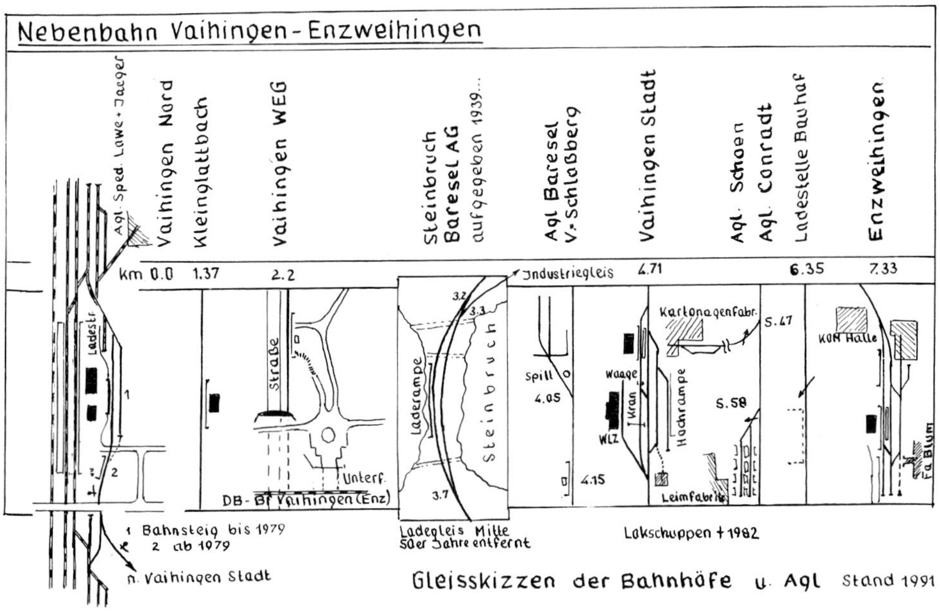

Nach einjähriger Bauzeit war es soweit – am 15. Oktober 1904 wurde mit großen Feierlichkeiten die Bahn eingeweiht und am folgenden Tag der planmäßige Betrieb aufgenommen.

Die Bahn entwickelte sich gut – bereits im nächsten Jahr mußte in Vaihingen ein zweites Ladegleis errichtet werden, ferner erhielt der Steinbruch Baresel einen Gleisanschluß.

Die Ansiedlung bzw. das Anwachsen der Gewerbebetriebe mit mehreren Anschlußgleisen brachte der Bahn ein großes Verkehrsaufkommen, was über Jahrzehnte auf beachtlicher Höhe lag.

Die Aufgabe des Steinbruchs 1939 raubte der Bahn einen ihrer besten Kunden. In den Anlagen des Steinbruchs wurden im Zweiten Weltkrieg von der Wehrmacht eine Anlage für die V-Waffenherstellung gebaut sowie ein Anschlußgleis mit mehreren Ladestellen errichtet, über die die verschiedenen Fertigungskomplexe hätten erreicht werden sollen – die Anlage ist jedoch nicht fertig geworden und nie in Betrieb genommen worden. Zu Kriegsende wurden die Betonbauten gesprengt und das Gelände z.T. eingeebnet. Das Anschlußgleis ging an die Stadt über, die hier mehrere Industriebetriebe angesiedelt hat, die über das Stammgleis bedient werden und der Bahn einiges Verkehrsaufkommen bringen.

Aus Kostengründen hatte die Bahn seinerzeit auf eine eigene Enzbrücke unterhalb Enzweihingen verzichtet, vielmehr wurde die Straßenbrücke mit benutzt, das Gleis war auf der linken Straßenseite im Pflaster eingelassen. Beim Rückzug der Truppen wurde die Enzbrücke 1945 gesprengt, so daß kein durchgehender Betrieb mehr möglich war. Am 1. April 1945 wurde der Verkehr ganz eingestellt. Der Bahnbetrieb ruhte mehr als ein Jahr. Der Wiederaufbau der Brücke verzögerte sich erheblich. Am 2. Mai 1946 wurde der Betrieb vorerst bis zur Enzbrücke wieder aufgenommen, die Personenzüge endeten an einem provisorischen Bahnsteig vor der Brücke, Fahrgäste nach Enzweihingen mußten die Enz auf einer Notbrücke queren und die restlichen 800 m zu Fuß gehen. Für die Unterstellung der Lok war 1946 in Vaihingen ein kleiner Lokschuppen errichtet worden, der bis zur Wiederinbetriebnahme der Anlagen in Enzweihingen benutzt worden ist.

1951 endlich konnte der Wiederaufbau der Enzbrücke abgeschlossen werden, wobei Straße und Bahn zwei getrennte, dicht nebeneinanderliegende Brücken erhalten haben, die durch einen Betonsockel voneinander getrennt sind.

Am 17. Juli 1951 konnte der durchgehende Betrieb bis Enzweihingen wieder aufgenommen werden.

Als Notmaßnahme war 1949 eine parallel zur Schiene verlaufende Buslinie eingerichtet worden, die auch nach der Wiederinbetriebnahme bis Enzweihingen bestehen blieb und der Bahn die Fahrgäste wegnahm. Die Einrichtung von Mittelpunktschulen und der wachsende Schülerverkehr ließen den Schienenpersonenverkehr wieder aufleben.

Als eine der „kleinen" Privatbahnen hat sich die Vaihinger Bahn bis heute ein beachtliches Verkehrsaufkommen sowohl im Personen- als auch im Güterverkehr erhalten, drittes Standbein ist der Busverkehr.

1990 hatte die Nebenbahn Teil an der spektakulären Einweihung des neuen DB-Bahnhofs Vaihingen (Enz) an der Neubaustrecke Mannheim – Stuttgart – ein neuer Haltepunkt mit Bahnsteig und Treppenaufgang zum DB-Bahnhof wartet seitdem auf viele, viele Übergangsreisende, die leider außer den Schülern nicht kommen.

Personenverkehr

Gleich in den Anfangsjahren kletterten die Beförderungsleistungen auf über 100 000 Fahrgäste im Jahr und lagen bis zum Ersten Weltkrieg um 120 000 und Anfang der 20er Jahre bei 150 000.

Der Berufs-, Schüler- und allgemeine Reiseverkehr nach Stuttgart wurde gut angenommen. Der Fahrplan der Anfangsjahre zeigt werktags 6 und sonntags 7 Zugpaare, davon verkehrten 3 durchgehend bis und ab Bietigheim (1916 nur noch 1 durchgehendes Zp).

Die Krisenjahre 1923/24 und ab 1930 brachten deutliche Einbrüche, 1934 war mit rund 40 000 ein absoluter Tiefpunkt erreicht, von dem sich die Bahn bis zum Krieg nicht wieder erholte (1935: 43 656, 1938: 50 428 Personen).

1938 weist der Fahrplan täglich 6 Zugpaare aus, die Fahrzeit betrug 20-25 Minuten. Durchgehende Fahrten über Vaihingen-Sersheim hinaus tauchen nach 1938 nicht wieder auf.

Das Ende des Zweiten Weltkrieges brachte der Bahn eine mehr als einjährige Betriebsruhe.

Erst am 2. Mai 1946 konnte der Verkehr wieder aufgenommen werden, wobei Personenzüge an einem provisorischen Bahnsteig vor der Enzbrücke endeten. Als Ersatz wurde 1949 eine bahneigene KOM-Linie vom DB-Bahnhof Vaihingen-Nord (so hieß nun der Bahnhof Vaihingen-Sersheim) über Vaihingen – Enzweihingen nach Oberriexingen eingerichtet, die der Bahn die Fahrgäste sehr schnell abnahm, so daß sich der Fahrplan auf ein Frühzugpaar Vaihingen-Stadt ab 5.11, an Vaihingen-Nord 5.23 und 6.12 Uhr wieder zurück beschränken mußte.

Nach der Wiederaufnahme des durchgehenden Verkehrs bis Enzweihingen ab 17. Juli 1951 hatte der Bus sein Feld derart behauptet, daß der Personenzugverkehr kurz vorher, am 19. Mai 1951 ganz eingestellt wurde.

Noch 1957 vermerkt der Fahrplan unter der Nr. 320 g: Vorläufig kein Reiseverkehr.

1958 zeigt das Kursbuch werktags früh, mittags und abends je 1 Zugpaar, die Fahrzeit betrug 18, die des GmP 42 Minuten, ferner mittags 1 Zugpaar Vaihingen-Stadt – Enzweihingen.

Dieser Fahrplan wurde jahrelang beibehalten, erst 1976 zeigt er eine Reduzierung auf werktags einen Frühzug ab Enzweihingen und 1 Zugpaar mittags – Auswirkungen des wachsenden Individualverkehrs und der nach wie vor verkehrenden KOM-Linie.

Mit kleinen Änderungen blieb so das im Fahrplan veröffentlichte Zugangebot bis 1981.

1979

773 Vaihingen Nord—Enzweihingen

Oberriexingen—Vaihingen Nord—Ensingen 7708

Alle Züge 2. Klasse und mit Gepäck- und Fahrradbeförderung

									km		Zug Nr Württ Eisenb-Ges mbH Stuttgart Zug Nr		3		11						
					12 ●								●		●						
...	...	...	...	...	a14.10 ..	...	...	...	0	ab	Vaihingen (Enz) Nord 770 .	an	X6.51	...	a13 34	...	...	...	...	...	...
...	...	...	...	...	a14.27 ...	...	...	...	7	an	Enzweihingen..........	ab	X6.33	...	a13 10		..	...	...	...	...

a = X außer ⑥ ● = nicht 14. Vi.

Weitere Haltestellen: Kleinglattbach, Vaihingen (Enz) Stadt

773 Vaihingen Nord – Enzweihingen *Stadtbahn* 773

🚌 Oberriexingen–Enzweihingen–Vaihingen (Enz)–Ensingen und Vaihingen (Enz)–Sersheim veröffentlicht im Fahrplan der Württ. Eisenbahn-GmbH Stuttgart

An Sonn- und Feiertagen kein Zugverkehr, am 24. und 31. XII. Verkehr wie ⑥

Bahnhof 7143 Vaihingen (Enz) Stadt, ☎ (07042) 8036

Alle Züge 2. Klasse und mit Gepäckabteil

2	4	12	14	16	18	24	26	km	Zug *Württ Eisenb-Ges mbH*	Zug	1	3	11	13	15	217	223	25
✕ 7 01	✕ 7 18	⑥ 11 21	✕ 12 36	Ⓐ 13 16	Ⓐ 14 15	Ⓐ 17 16	Ⓐ 17 36	0	Vaihingen (Enz) Nord	O	✕ 6 51	✕ 7 11	⑥ 11 19	✕ 12 15	Ⓐ 13 01	Ⓐ 14 00	Ⓐ 16 56	Ⓐ 17 34
O 7 05	⟨ 7 22	⟨ 11 25	⟨ 12 40	Ⓐ 13 20	⟨ 14 19	O 17 20	⟨ 17 40	2	**Vaihingen (Enz) WEG** 770		⟨ 6 47	✕ 7 07	⟨ 11 15	⟨ 12 11	⟨ 12 57	⟨ 13 55	⟨ 16 51	Ⓐ 17 30
	✕ 7 30	⟨ 11 33	✕ 12 48	O 13 27	⟨ 14 27		⟨ 17 48	5	Vaihingen (Enz) Stadt		⟨ 6 40		⟨ 11 08	⟨ 12 04	Ⓐ 12 50	Ⓐ 13 47	Ⓐ 16 43	
	⑥ 7 35	⑥ 11 38	⑥ 12 53		Ⓐ 14 32		Ⓐ 17 53	7	O **Enzweihingen**		✕ 6 34		⑥ 11 02	✕ 11 50				

Ⓐ = ✕ außer ⑥

Bedarfshaltestellen: Kleinglattbach, Vaihingen (Enz) Schloßberg

Die Einrichtung von Mittelpunktschulen, insbesondere des großen neuen Schulkomplexes am nordwestlichen Ortsrand von Vaihingen, brachte Bahn und Bus neue Aufgaben. Für den Schülerverkehr wurde 1965 ein neuer Bahn-Hp Vaihingen-Schloßberg eingerichtet.

Ab Anfang der 70er Jahre stieg der Schülerverkehr sprunghaft an und blieb jahrelang auf beachtlicher Höhe. Pillenknick und Fahrgemeinschaften sowie auch der Schülerindividualverkehr lassen die Beförderungsleistungen bei der Bahn ab 1986 deutlich und beim Bus merkbar sinken.

Seit 1. Juni 1982 gehört die Nebenbahn Vaihingen – Enzweihingen zum Verkehrs- und Tarifverbund Stuttgart, vorerst jedoch nur mit der Stufe II (Zeitkarten), was der Bahn jedoch kein Mehraufkommen gebracht hat. Obwohl schon vorher für den Schülerverkehr zusätzliche Züge verkehrten, ist im Kursbuch 1982 erstmals ein Schülerzugpaar offiziell aufgeführt – dieses Fahrplanbild blieb so bis 1988. Seit 1988 ist das Zugangebot deutlich erhöht worden. 1991 weist der Fahrplan aus: werktags 6 Zp Vaihingen-Nord – Vaihingen WEG bzw. Vaihingen-Stadt, davon 4 bzw. 2 Zp bis und ab Enzweihingen. Samstagmittag bis Montagfrüh ruht der Verkehr.

Neu für die Nb VE ist der im Fahrplan aufgeführte Begriff STADTBAHN – die Nb VE liegt auf ihrer ganzen Länge auf dem Gebiet der Stadt Vaihingen.

Mit der Inbetriebnahme der Neubaustrecke nach Stuttgart und der Einrichtung des neuen Haltepunktes Vaihingen WEG unterhalb des neuen futuristischen DB-Bahnhofs Vaihingen (Enz) zum Fahrplanwechsel am 30. September 1990 hat der Endbahnhof Vaihingen-Nord an Bedeutung verloren – hier endet heute die von Bietigheim kommende alte DB-Strecke, die nur noch für den Güterverkehr bedient wird – alle Personenzüge fahren seit September 1990 über den Neubau-Streckenabschnitt Illingen – Sersheim mit dem neuen Bahnhof Vaihingen (Enz).

Im Busbetrieb wird seit 1949 die Linie Ensingen/Sersheim – Vaihingen – Oberriexingen (Streckenlänge: 16 bzw. insgesamt 24 km) befahren. Seit 1952 diente der Lokschuppen in Vaihingen-Stadt als Unterstellhalle, 1977 wurde in Enzweihingen auf dem Gelände an der südwestlichen Bahnhofsausfahrt, auf dem bis dahin Wohnbaracken standen, eine moderne KOM-Unterstell- und Pflegehalle mit drei Einfahrten gebaut.

Seit Mitte der 70er Jahre sind in Enzweihingen sechs Busse, davon ein Doppelstockbus bzw. seit 1991 ein Gelenkbus beheimatet.

Güterverkehr

Bis zum Ersten Weltkrieg nahmen die Leistungen im Güterverkehr kontinuierlich zu und erreichten 1914 rund 165 000 t. Der wichtigste Kunde im allgemeinen Wagenladungsverkehr war die Landwirtschaft; in Vaihingen-Stadt hat das WLZ-Lagerhaus ein eigenes Ladegleis.

Der zweite wichtige Bahnkunde war der Steinbruch C. Baresel AG, der sich unterhalb Vaihingen beidseits der Bahntrasse erstreckte – beide Brüche waren durch Stollen unter der Bahn hindurch miteinander verbunden. Für die Steinverladung war ein beidseitig angebundenes langes Ladegleis vorhanden, auf dem an einer Hochrampe mit Rutschen die Wagen beladen und vorgezogen werden konnten. Der Steinbruch ist Ende der 30er Jahre aufgegeben und der östliche Teil verfüllt worden. Hier errichtete im Zweiten Weltkrieg die Wehrmacht Produktionsanlagen und ein Arbeitslager für die Waffenherstellung sowie ein langes Anschlußgleis mit mehreren Stichgleisen zu den verschiedenen Bau- und Ladestellen. Die ganze Anlage ist jedoch nicht fertiggestellt und nicht mehr in Betrieb genommen worden. Die Bauten wurden nach 1945 gesprengt bzw. anderweitig genutzt. Weichenzungen und Herzstücke in dem Industriestammgleis erinnern heute noch an diese ebenso hochfliegenden wie traurigen Vorhaben.

Nach der Aufgabe der Wehrmachtsanlagen übernahm die Stadt Vaihingen das Gelände und versuchte mit Erfolg, hier Industriebetriebe anzusiedeln. Das Anschlußgleis ist heute ein Industriestammgleis, über das mehrere Betriebe bedient werden. Wichtigster Kunde ist das Stanzwerk Kienle & Spieß mit rund 260 gestellten Wagen/a (1990: 6050 t, 1981: 4000 t) sowie die Firma Schick & Co (Kältemittel, Kältesolen, Ammoniak, Schwefeldioxid, rund 500 Wagengestellungen, vorwiegend Kesselwagen (1990 rund 6000 t). Die übrigen Betriebe sind entweder aufgegeben oder bedienen sich kaum mehr der Schiene.

Der westliche Steinbruch ist noch vorhanden, aber nicht mehr in Betrieb – vom Bahnkörper aus bietet sich ein eindrucksvolles Bild in den ausgebeuteten und heute begrünten ehemaligen Steinbruch. Reste der Verladeanlagen sind noch vorhanden und erinnern an diesen wichtigen Verlader.

Die Firma Baresel besteht als Bauunternehmung auch heute noch und hat ein Agl, das sich im Werkgelände zu zwei Ladestellen verzweigt, aber nur noch selten benutzt wird (1990 zwei Ladungen). Eine Umlenkrolle an der Abzweigstelle des Agl ermöglichte das Herausziehen der Wagen so, daß die Lok sie direkt Richtung DB-Bahnhof aufnehmen konnte.

Ein weiterer wichtiger Kunde ist die Leim- und Gelatineindustrie um Vaihingen. Am Ladegleis Vaihingen-Stadt verlädt die Leimfabrik Häcker & Sohn, dafür steht ein Bockkran zur Verfügung, um die Ladungen (Häute) vom Waggon auf den Lkw umzuladen (1981 rund 400, 1990 rund 200 Wagen = 5000 t, 1991 ca. 2500 t).

Die Hautleimfabrik Conradt hat ein eigenes Agl, das sich innerhalb des Werkgeländes in zwei Gleise entlang der Ladeboxen verzweigt, gleisfahrbare Kräne stehen für die Entladung zur Verfügung (1981 rund 400 Ladungen, 1990 rund 80 Ladungen = 1600 t). Im März 1991 ist die Firma in Konkurs gegangen, seitdem stehen die Anlagen leer.

Typisch für diese Bahnkunden ist einerseits der bestialische Gestank der Häute und Gerbereiabfälle sowie die vielen kleinen aneinandergereihten mit Weißkalk besprühten Boxen für die Lagerung der Häute.

Zukunftsträchtig war die Kartonagenfabrik Schoen, die südlich von Vaihingen 1970/71 ein großes neues Werk gebaut hat und über

Rübenzug in Bf Vaihingen Stadt, 16.10.1991

ein langes Agl bedient wurde. Die Anlagen sind 1979 aufgegeben bzw. die Fertigung verlagert worden, das Nachfolgeunternehmen Firma Behr (Autoteile, Zulieferungsbetrieb) verfrachtet ausschließlich über die Straße.

Die Ladestelle des Straßenbauhofes oberhalb von Vaihingen (an der freien Strecke, mit Sperrklotz und kleiner ShO-Scheibe gesichert) angelegt Mitte der 70er Jahre für die Anfuhr von Streusalz, spielt kaum mehr eine Rolle.

In Enzweihingen verlädt das Stanzwerk Blum über eine urige Anlage – das wenig tiefer unterhalb des Bahnhofs gelegene Werk hat einen Aufzug, mit dem kleine Flachwagen nach oben transportiert und auf Schienen zum Ladegleis gerollt werden. Die Ladestelle ist überdacht, vorziehbare Wandteile mit einem Dachteil ermöglichen das Laden nässeempfindlicher Bleche auch bei schlechtem Wetter; ferner gibt es eine Straßenzufahrt, die heute fast ausschließlich benutzt wird (1990 35 Ladungen = 1800 t Versand, 220 Ladungen = 11 160 t Empfang, vorwiegend Blechcoils).

Die Landwirtschaft spielt auch heute noch eine wesentliche Rolle, insbesondere (bis 1992) die Zuckerrübenverladung, die beim Bahnhof Vaihingen-Stadt über eine lange Hochrampe geschah (1981 rund 20 000 t, 1990 rund 16 000 t). Die WLZ Vaihingen erhält Düngemittel und Torf (1981 rund 3000 t, 1990 77 Ladungen = 2200 t).

Von erheblicher Bedeutung war der Expreß- und Stückgutverkehr sowohl für einige Betriebe im Industriegebiet (Firma Götzelmann, Metallbau Zykla und Agfa-Gaevert) als auch für die Papierwaren- und Druckereibetriebe in Vaihingen. In den 80er Jahren wurden täglich 1-2 Stückgutwagen für Vaihingen-Stadt und ein Wagen für Enzweihingen gestellt. Mit 4000 t (1980) bzw. 3526 t (1981) und 2879 t (1988) machte das Stückgut 5-6% der Güterverkehrsleistungen aus.

Mit dem neuen Stückgutkonzept der DB hat die Nb VE zum 31. Dezember 1989 den gesamten Stückgutverkehr verloren.

1980 wurden 2985, 1981: 2555, 1983: 2458, 1989: 2737 Wagen im Wechselverkehr mit der DB übergeben. 1990 waren es nur noch 1801 und 1991: 1696 Wagen.

Die Leistungen im Güterverkehr bewegten sich immer in beachtlicher Höhe – Ende der 20er Jahre über 100 000 t und bis zum Zweiten Weltkrieg zwischen 60 000 und 90 000 t im Jahr (1935: 62 577 t, 1938: 71 275 t) mit deutlichen Einbrüchen 1920 und 1921 sowie 1931/32, die jedoch rasch überwunden werden konnten.

Nach dem Zweiten Weltkrieg ist ein kontinuierliches Aufkommen zwischen 50 000 und 70 000 t zu verzeichnen mit leicht steigender Tendenz bis 1982.

Im Vergleich zur Streckenlänge hat die Nb VE das relativ größte Verkehrsaufkommen im Güterverkehr und ist auch heute noch im Wagenladungsverkehr eine der bedeutenden WEG-Bahnen. Beachtlich ist, daß dafür seit Jahrzehnten nur ein Triebwagen zur Verfügung steht.

Beförderungsleistungen

Jahr	Personen (Schiene)	(Straße)	Güter
1960	48 756	564 037	52 912 t
1965	41 400		57 800 t
1970	62 300		67 200 t
1974	67 500		68 700 t
1975	67 300		54 200 t
1976	74 800	849 784	60 000 t
1977	75 800	862 028	62 500 t
1978	50 000	868 839	58 170 t
1979	51 841	865 865	58 051 t
1980	57 471	879 421	63 649 t
1981	57 081	904 337	67 627 t
1982	73 066	939 575	68 370 t
1983	71 602	895 273	52 136 t
1984	67 900	824 326	63 700 t
1985	71 800	762 017	58 100 t
1986	57 691	770 396	61 200 t
1987	57 217	709 611	57 421 t
1988	58 416	696 835	56 900 t
1989	57 628	699 100	59 100 t
1990	51 803	700 308	51 803 t
1991	ca. 61 000 *)	700 308	47 084 t

*) ca. + 1000 Umlagerung von Bus auf Schiene

Die Zukunftsaussichten der VE sind nicht sehr rosig – das Güteraufkommen für die Leimfabriken ist 1991 deutlich zurückgegangen, die Zuckerrübenabfuhr auf der Schiene ist nach der Kampagne 1992 aufgegeben worden.

Personal

Anzahl der beschäftigten Mitarbeiter:
1935: 26
1938: 25
1960: 10
1965: 9
1970: 11
1974: 15
1979: 12
1980: 12
1983: 13
1985: 12
1988: 16, davon 5 im KOM-Dienst
1991: 13, davon 6 im KOM-Dienst

Streckenbeschreibung

Die Gleise der Nb VE verlaufen auf der ganzen Strecke auf eigenem Bahnkörper abseits der Straße, lediglich auf einem kurzen Abschnitt vor der Enzbrücke und seit 1990 zwischen Kleinglattbach und dem neuen Hp Vaihingen WEG kann man sie von der Landstraße bzw. der neuen Straße aus beobachten.

Die Strecke macht einen guten Eindruck, der Oberbau ist bestens unterhalten, die beiden Bahnhofsgebäude sind gepflegt und in gutem Zustand.

Die Züge begannen und endeten ursprünglich vor dem EG der Staatsbahn an einem kurzen, niedrigen Bahnsteig. Im Zuge des Bahnhofsumbaus 1977/79, bei dem auch der Niveauübergang durch eine Straßenüberführung ersetzt worden ist, erhielt die Nb VE einen neuen Bahnsteig mit Unterführung zu den DB-Bahnsteigen. Von der neuen Brücke aus sind unzählige Bilder mit dem abfahrbereiten VT und dem Hp 1 zeigenden Signalflügel im Vordergrund gemacht worden – das Ausfahrsignal stand direkt am Bahnsteig unterhalb der Brücke, es ist 1990 entfernt worden.

Die Gleise der Nb VE verlassen den Bahnhof (245 m ü. NN) in einem Linksbogen und führen an einer Schrebergartenkolonie und einem Neubaugebiet entlang zum Hp Kleinglattbach mit dem hübschen, heute verrammelten und aufgegebenen Dienstgebäude.

Nach kurzer Fahrstrecke sieht man voran den hohen Damm der DB-Neubaustrecke mit dem hoch oben emporschauenden, neuen Bahnhofsgebäude, eine futuristische Orgie in Glas, blau, pink und Klinker mitten in der „Pampa“, weit und breit kein Haus, keine Bebauung. Im Zuge der DB-Neubaustrecke ist im Bereich des Hp Vaihingen WEG die VE-Strecke neu trassiert worden. Straße und Bahn unterfahren den Bahnhof mit einem Tunnel, davor befindet sich der neu angelegte Hp Vaihingen WEG. Um zum DB-Bahnhof zu gelangen, muß man eine üppig mit Kandelabern ausgestattete Treppe oder einen steilen Zufahrtweg hochsteigen und gelangt zu der Unterführung mit den Bahnsteigzugängen und dem EG auf der jenseitigen Bahnhofsseite. Der Zugang zur Unterführung ist architektonisch

Urspr. VE-Abfahrtsstelle auf dem Bahnhofs-Vorplatz Vaihingen Nord, 21.5.1976

aufwendig und anspruchsvoll gestaltet – ein kleiner Vorplatz mit Rondell, Nischen mit Fahrradständern und Fahrkartenautomaten, zu alledem eine üppige Beleuchtung.

Hinter der DB-Unterfahrung verläuft die VE-Strecke mit geringer Steigung sehr pittoresk erst in einem Einschnitt und dann auf einem hohen Damm, der von einer Straße unterfahren wird. Gleich dahinter erstreckt sich links oben das Industriegebiet mit dem langen Industriestammgleis und rechts der ausgebeutete Steinbruch. Von der hochgelegenen Strecke (höchster Punkt 250 m ü. NN) aus bietet sich ein sehr schöner Blick nach rechts auf die tief unten führende Landstraße und das Enztal, im Hintergrund deutet eine tiefe Wunde in der Landschaft einen noch in Betrieb befindlichen Steinbruch an.

Im weiteren Verlauf der Strecke entdeckt der Eisenbahnarchäologe rechts die Rudimente der ehemaligen Steinverladeanlagen. Ein Teil des ehemaligen Steinbruchs wird als Lagerplatz der Baufirma Baresel genutzt. Das Agl Baresel ist verrostet und stark zugewachsen, die Umlenkrolle am Abzweig des Agl ist noch vorhanden und gibt im ersten Anlauf ein Rätsel auf, dann ist die Bedeutung klar – die talfahrende Lok konnte einen Wagen mit einem Seilzug aus dem Agl herausziehen und dann direkt Richtung Vaihingen-Nord auf den Haken nehmen.

Gleich hinter dem Agl Baresel befindet sich der Hp Schloßberg. Der Bahnhof Vaihingen-Stadt (234,2 m ü. NN) liegt günstig zum Ort an dessen östlichem Rand, das hübsche Bahnhofsgebäude wird von dem hohen Siloturm der WLZ überragt.

Hinter Vaihingen führt das Gleis mit wenig Gefälle durch Wiesen und Felder – rechts zweigt erst das Agl zur Kartonagenfabrik und dann das Agl zur Leimfabrik Conradt ab, wo die vielen weißen Vorratsboxen für die Häute und Felle auffallen – und fällt dann mit max. 1:50 ins Enztal hinab, wo in km 6,6 gemeinsam mit der Straße die Enz überschritten wird. Hinter der Brücke schwenkt das Gleis nach links ab und erreicht wenig später den Endbahnhof Enzweihingen (204,8 m ü. NN) mit seinen langgezognen Gleisanlagen und dem hübschen und gepflegten, heute aufgegebenen Bahnhofsgebäude. Der Lokschuppen hat nur noch ein Gleis, die andere Einfahrt wurde bis zum Neubau des gegenüberliegenden Bushofes zur Unterstellung der KOM genutzt.

T 03 abfahrbereit in Vaihingen Nord am alten Bahnsteig, 24.3.1962

Vaihingen Nord, neuer VE-Bahnsteig, 14.5.1981

Vaihingen Nord, 28.7.1990

Ausfahrt Vaihingen Nord, 26.8.1982

Hp Kleinglattbach, 14.5.1981

Neuer Hp Vaihingen WEG, 23.5.1991

Neutrassierung der VE-Strecke unter der DB-Neubaustrecke hindurch, Vaihingen WEG/DB, 4.5.1991

Abzw. Vaihingen Industriestammgleis, 23.5.1991

Zwischen Vaihingen WEG und Vaihingen Schloßberg, hier befand sich die Laderampe des ehem. Steinbruchs Baresel, 23.5.1991

Zwischen Kleinglattbach und Vaihingen Schloßberg, 10.5.1989

Straßenüberführung zwischen Vaihingen WEG und Vaihingen Schloßberg, 30.3.1987

Vaihingen Stadt, 13.9.1983

Vaihingen Stadt, 14.5.1975

Vaihingen Stadt, Ausfahrt nach Enzweihingen, rechts der inzwischen nicht mehr bestehende Lokschuppen, 24.3.1972

Zwischen Vaihingen Stadt und Enzweihingen, 14.5.1981

Enzbrücke bei Enzweihingen, 22.3.1972

Zwischen Vaihingen Stadt und Enzweihingen, vor der Kulisse der aufgegebenen Leimfabrik Conradt und Sohn, 22.5.1991

Enzweihingen, 18.10.1991

Enzweihingen, Lok- und VT-Schuppen, 22.5.1991

Enzweihingen, Ausfahrt Richtung Vaihingen, links die neue WEG-KOM-Halle, 22.5.1991

Fahrzeuge

Für die Vaihinger Bahn waren die beiden 1904 bei der ME bestellten Dn2vt 7 und 8 vorgesehen, die jedoch nach Untergröningen kamen, dafür gab die Nb GU ihre beiden Cn2t 5 und 6 an Nb VE. Beide Maschinen waren zeitlebens in Enzweihingen stationiert. Beide Loks wurden 1954 abgestellt, Nr. 5 1958 in Vaihingen und Nr. 6 1959 in Neuffen verschrottet.

Mit Unterbrechungen war seit 1909 jahrzehntelang die Dn2vt 13 in Enzweihingen, ferner kurzzeitig auch Dn2vt 17, die hier 1959 verschrottet worden ist.

Als Ersatz für die beiden Cn2t wurden der Nb VE die Dn2vt 11 und 20 zugewiesen, die bis 1957 im Einsatz waren und hier die Dampflokära beendet haben. Beide Lokomotiven standen noch jahrelang in Enzweihingen, Dn2vt 11 wurde 1961 hier und Nr. 20 1968 in Neuffen verschrottet.

Die Nachfolge der Dampflokomotiven trat 1957 der zweiachsige VT 03 an, der 1953 von der DB gekauft und 1957 in der Werkstatt Weissach umgebaut und mit stärkeren Motoren versehen worden war. 1975 mußte er schadhaft abgestellt und durch den VT 04 ersetzt werden, der seitdem einziges Triebfahrzeug der Nb VE ist und als ältestes Fahrzeug der WEG mit mehr als 65 Jahren nach wie vor zwischen Vaihingen und Enzweihingen den täglichen Verkehr durchführt. 1989 wurde der Wagen mit einer Funkfernsteuerung ausgerüstet. Für den Schülerverkehr steht ihm seit 1970 der VB (VS) 208 zur Seite.

Der Personenwagenpark umfaßte ursprünglich 3 und vor dem Weltkrieg vorübergehend 4 Fahrzeuge. Nach dem Krieg waren die Bi 7, 10 und 25 im Einsatz, sie wurden mit der Zuweisung des VT überflüssig und sind wenig später verschrottet worden.

Fahrzeugbestand

	1907	1935/38	1961	1964	1970
Dampflokomotiven	2	3	1		
Triebwagen			1	1	1 (VT 03)
Personenwagen	4	3	-	-	1 (VB 208)
PwPostwagen (Nr. 101)	1	1	1		
Güterwagen	4	10 (einschl. der in den DR-Park eingestellten Wagen			
seit 1975: VT 04 und VB (VS) 208					

Filderbahn (FB)

Kaum eine Bahn hat eine derart komplizierte Bau- und Entwicklungsgeschichte und war so vielen Veränderungen unterworfen wie die Filderbahn – ihre Geschichte ist entsprechend schwierig darzustellen.

Es gibt mehrere jüngere Veröffentlichungen über die FB, allen voran die sehr ausführlich und gut gemachte Festschrift „100 Jahre Zahnradbahn 1884 – 1984 Stuttgart – Degerloch – Die Geschichte der Filderbahn", herausgegeben von der Stuttgarter Straßenbahnen AG, Text von G. Bauer.

Es ist nicht Ziel dieses Beitrages, die Texte abzuschreiben oder zusammenzufassen (obwohl eigentlich gar keine Wahl bleibt). Vielmehr soll versucht werden, die verwirrende Bahngeschichte aufzuteilen und klar zu gliedern und somit das, was für die Zielsetzung dieser Dokumentation unerläßlich ist, gerafft darzustellen. Dabei soll und muß von der üblichen Gliederung – Technische Angaben, Ausstattung, Entwicklung und Bedeutung, Personenverkehr, Güterverkehr, Streckenbeschreibung, Fahrzeugpark – abgewichen werden, um die Zusammenhänge innerhalb der einzelnen Entwicklungsscheiben nicht auseinanderzureißen – der Abschnitt Güterverkehr beschränkt sich auf die Neuhausener Strecke, der Abschnitt Streckenbeschreibung auf einige wenige Hinweise.

Die FB als Privatbahn im „klassischen Sinn" endet 1920 mit dem Verkauf an die Stadt Stuttgart, spätestens jedoch 1934 durch Verkauf an die Stuttgarter Straßenbahnen AG (SSB) und der Aufgabe des eigenen Gesellschaftsstatus.

Die Filderbahn hat jedoch auch nach 1934 ihr Eigenleben weitergeführt, zumal ein reger Güterverkehr mit eigenen Lokomotiven betrieben wurde, ein FB-Fahrzeugpark bestand und der SSB-Betriebshof Möhringen eben nur der FB diente.

Die letztendliche Integration ist eigentlich erst mit der Umspurung und Aufnahme des Stadtbahnbetriebes auf den Fildern vollzogen worden. Wir wollen deshalb die Darstellung der FB nicht 1920 bzw. 1934 enden lassen, sondern durchziehen bis heute, wobei die Entwicklung nach 1934 nur in Form von Daten aufgezeigt wird.

Die Filder

Egal, in welcher Richtung man Stuttgart verläßt – man muß aus dem Talkessel heraus und auf die umliegenden Höhen hinauf, lediglich im Osten beim Neckar öffnet sich der Talkessel. Das Bild Stuttgarts hat sich gewandelt, die Höhen und Talhänge sind bebaut, bevorzugte Wohnlagen mit Blick auf den unten liegenden Stadtkern ziehen sich rundum, Stuttgart ist schon eine Stadt mit besonderem Reiz.

Anders vor 100 Jahren, also die Zeit, in die wir zu den Anfängen der FB zurückmüssen – da waren die Höhen noch rein landwirtschaftlich genutzt, einige wenige kleine Ortschaften lagen verstreut und waren nur mit mehr oder weniger guten Straßen verbunden. Die Hänge um Stuttgart waren kaum oder nicht bebaut. Wenn man Stuttgart verließ, war man in Obstwiesen und Gärten, in Feld und Flur.

Im Süden von Stuttgart erheben sich bis zu 200 m hohe Keuperhöhen, dahinter erstreckt sich als Hochebene die Filder (das Wort „Filder" wird nur im Plural verwendet) – der Name deutet auf Feld – eine fruchtbare und vorwiegend landwirtschaftlich genutzte Gegend.

Auf den westlichen Fildern, in Vaihingen und Möhringen, florierten schon im vorigen Jahrhundert Handel und Gewerbe. Auf den nördlichen Fildern war Degerloch ein Luftkur- und bevorzugter Wohnort. In Hohenheim war mit der landwirtschaftlichen Hochschule die Intelligenz, während der südliche Teil der Fildern landwirtschaftlich geprägt war.

Was für Frankfurt der „Äppelwoi", das ist für die Filder das „Filderkraut", vornehm ausgedrückt Weißkraut, ordinär Kappes. Auf großen Feldern wuchs (und wächst noch) das berühmte Spitzkopfkraut, heute fast ausschließlich das Rundkopfkraut. Kohl war denn auch eine der wichtigsten Transportgüter der FB.

Bahnprojekte

1845 wurde die erste württembergische Eisenbahnstrecke von Stuttgart nach Eßlingen eröffnet. Seit 1846 war Stuttgart mit der Strecke Cannstatt – Ludwigsburg eisenbahnmäßig angebunden. 1857 folgte die Strecke nach Reutlingen, 1879 die Gäubahn von Stuttgart über Vaihingen nach Böblingen. Auf die Filder selbst führte keine Eisenbahn, sie blieben trotz Protesten, Bahnkomitees, Planungen, Denkschriften und Resolutionen verkehrsmäßig sträflich vernachlässigt. Alle bisherigen Bemühungen zielten darauf ab, die Planungen der KWStE bzw. der Regierung zu beeinflussen, sie alle waren vergeblich, da der Staat wegen mangelnder Renditeerwartungen kein Interesse zeigte. Wollte man auf den Fildern trotzdem zum Zuge kommen, mußte die Filderbahnfrage auf der Basis privaten Kapitals von den Gemeinden selbst in die Hand genommen werden.

Der Landtagsabgeordnete C. Mayer war es, der den Fildergemeinden verdeutlichte, daß „man nicht, wie bisher von den Professoren mit ihren hochgesteckten Zielen, eine Weltbahn ersten Ranges planen, sondern sich mit kostengünstigeren Vicinalbahnen mit tatsächlichen Realisierungschancen begnügen sollte". Er machte denn auch 1878 einen konkreten Vorschlag: Schaffung einer Gleisverbindung vom Güterbahnhof Stuttgart zum Fuß des Bopsers am Beginn der Alten Weinsteige, Überwindung der Höhe nach Degerloch hinauf mit einer Zahnradbahn, Erschließung der Filderebene mit zwei Strecken Richtung Echterdingen – Plieningen – Neuhausen und Ruit – Nellingen – Denkendorf. Die Fildergemeinden zeigten reges Interesse für dieses Projekt, nur zahlen wollten sie nicht und es war nicht einmal möglich, das Geld für konkrete Planungen aufzubringen.

Erhebungen, die 1879 durchgeführt wurden, zeigten sehr wohl ein Verkehrsbedürfnis – aus den Fildergemeinden pendelten jährlich rund 500 000 Personen zur Arbeit nach Stuttgart, das Güteraufkommen lag bei rund 150 000 t/Jahr.

Vorerst blieb es bei der Suche nach Kapitalgebern bzw. Eisenbahnunternehmungen für den Bau einer Bahn auf die Filderebene.

Auf Initiative mehrerer Bürger Stuttgarts und der Fildergemeinden richtete die Firma Bruno Jobst, Eisenbahn-Bauunternehmung in München und Wiesbaden, im September 1882 ein Gesuch an das Königlich Württembergische Ministerium des Inneren zum Bau einer elektrischen Straßenbahn bzw. einer Zahnradbahn Stuttgart – Degerloch. Der Mut Jobst's ist zu bewundern, die neue Erfindung von Siemens auf ein derartiges Stadtbahnprojekt zu übertragen, zu einer Zeit, als gerade die erste „Elektrische" von Charlottenburg nach Spandau verkehrte. Der Stuttgarter Gemeinderat verhielt sich denn auch entsprechend skeptisch gegenüber dem neuen elektrischen System, trotzdem erhielt die Firma B. Jobst im November 1882 die Genehmigung, Vermessungs- und andere Vorarbeiten für das Projekt durchzuführen. Ob Euphorie oder Unkenntnis – die Sache kam nicht in Gang.

Zahnradbahn Stuttgart – Degerloch 1884

Zwischenzeitlich hatte sich der Ziegeleibesitzer C. Kühner aus Degerloch mit der Maschinenfabrik Esslingen bzw. deren Direktor Emil von Kessler jun. in Verbindung gesetzt, um eine Zahnradbahn von Stuttgart nach Degerloch zu projektieren und zu bauen. Kessler griff das Projekt auf und reichte nach eingehenden Vorarbeiten mit der ME und den Gemeinderäten in Stuttgart und Degerloch am 11. Juni 1883 ein Gesuch um Konzessionierung einer Dampfstraßenbahn mit Zahnradbetrieb von Stuttgart nach Degerloch beim Königlich Württembergischen Staatsministerium der auswärtigen Angelegenheiten, Abteilung für Verkehrs-Anstalten, ein. Der vorgelegte Kostenanschlag belief sich auf 227 000 Mark. Interventionen des Bauunternehmers Jobst versuchten, das Kesslersche Projekt zu torpedieren, Kessler jedoch verfolgte sein Vorhaben intensiv, konkret und zielstrebig und erhielt von der Stadt Stuttgart und der Gemeinde Degerloch Zusagen zur unentgeltlichen Benutzung des für den Bahnbau notwendigen Grund und Bodens. Auch die Stuttgarter Pferdebahn war nach langwierigen Verhandlungen bereit, eine Stichlinie zu dem etwas abseitig gelegenen Talbahnhof der Zahnradbahn zu bauen (Betriebsaufnahme 15.12.1887). Außerdem konnte Kessler auf die seit mehr als zehn Jahren sicher und störungsfrei verkehrende Zahnradbahn auf den Rigi verweisen und auf die von ihm gerade gebaute Zahnradbahn auf den Drachenfels. Dem Kesslerschen Projekt wurde gegenüber dem technisch noch nicht ausgereiften elektrischen Straßenbahnsystem eindeutig der Vorzug gegeben und das Jobstsche Projekt 1883 vom Ministerium abgelehnt.

Ende 1883 wurde in Stuttgart ein Baubüro eingerichtet, nach Zusage der Konzession Schienen und die zweite Zahnradlok bestellt – die erste für den Betrieb vorgesehene war als Musterlok für eine Ausstellung bereits vorhanden – und im April 1884 die Vergabe der Bauarbeiten öffentlich ausgeschrieben.

Am 28. April 1884 wurde die Konzession an Emil v. Kessler erteilt. Im Mai begannen die Bauarbeiten, die dank der ausgezeichneten Vorleistungen rasch und zügig durchgeführt werden konnten.

Die vorgesehene Bauzeit von drei Monaten konnte trotzdem nicht ganz eingehalten werden. Anfang Juli wurde die erste Lokomotive angeliefert, die ab 7. Juli zusammen mit einem Vorstellwagen die Baumaterialien auf dem bereits 500 m langen fertiggestellten Gleisabschnitt nach oben transportieren konnte. Am 8. August 1884 traf die zweite Lokomotive auf einem Spezialrollwagen ein, wenig später folgten die Personenwagen.

Am 21. August fand die kommissarische Abnahme statt, am 23. August 1884 konnte der Betrieb aufgenommen werden.

Zwei Tage feierten die Stuttgarter und Filderbürger die neue Bahn, am Eröffnungstag mußten am Sonntag, dem 24. August 24 Doppelzugpaare gefahren werden.

Zur Betriebsaufnahme standen zwei Lokomotiven und 4 Vorstellwagen zur Verfügung.

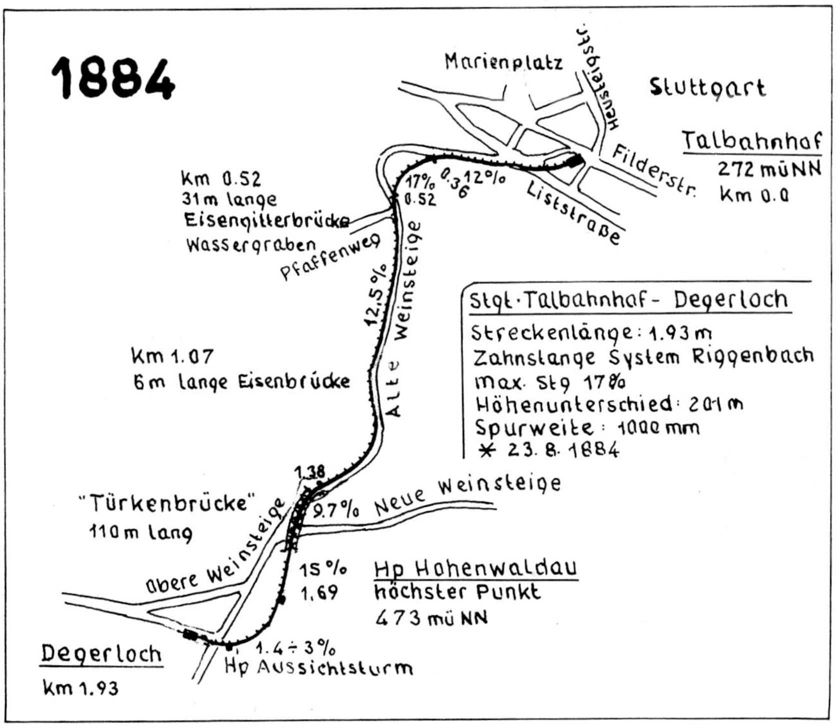

Bzn2t 1 STUTTGART + Vorstellwagen A 1 am Talbahnhof Stuttgart, um 1884

Gitterbrücke über den „Wassergraben“-Einschnitt am Pfaffenweg

„Türkenbrücke“ über die Neue Weinsteige, 1950

Die Zahnradbahn begann beim Talbahnhof Ecke Filder-/Heusteigstraße mit zwei Bahnsteiggleisen, einer Drehscheibe und Abstellgleisen sowie Werkstatt- und Unterstellhalle. Die Gleise folgten im wesentlichen der Alten Weinsteige mit einer Steigung von 12-17% in linker bzw. rechter Straßenlage. Mit einer pittoresken Stahlträger-Brückenkonstruktion auf sieben eisernen Gitterstützen wurde in einer weiten Linkskurve mit 9,7% Steigung die Neue Weinsteige überquert – die Brücke hieß im Volksmund „Türkenbrücke“, weil sie einige Jahre zuvor bei der ME von einer türkischen Eisenbahn bestellt, aber nicht abgenommen worden war und nun Verwendung bei der Zahnradbahn gefunden hatte. Bei der Haltestelle Hohenwaldau wurde der höchste Punkt erreicht und mit einem Gefälle von 1,4-3,6% ging es dann zum Endbahnhof Degerloch hinunter, einer eingleisigen, bauschönen Halle in Fachwerkkonstruktion.

Der erste Fahrplan sah täglich 8 Zugpaare vor, die von 5.10 bis 21.40 Uhr in zweistündigem Abstand verkehrten. Je nach Bedarf wurden Zwischenfahrten eingelegt, besonders an Sonntagen, um den Touristenandrang zu bewältigen – Sonntag, dem 31. August 1884 30 Doppelzugpaare für rund 3700 Personen berg- und talwärts, 14. September 35 Doppelzugpaare für über 4000 Fahrgäste.

Die Züge bestanden aus der Lok und 1-2 vorgestellten Personenwagen. An Werktagen wurden bestimmten Zügen ein offener Güterwagen vorgestellt, auf dem die Obst- und Gemüsebauern ihre Wägelchen, Körbe und Kannen transportierten, mit denen die landwirtschaftlichen Erzeugnisse, besonders Milch von den Fildern zur Residenzstadt transportiert wurden.

Ab April 1885 wurde die tägliche Zugzahl von 8 auf 11 und ab Anfang August auf 14 Zugpaare erhöht.

Zur Bewältigung des starken Verkehrsaufkommens wurde 1885 und 1886 je eine weitere Lok bestellt. Nr. 3 nahm am 23. August 1885 den Dienst auf, Nr. 4 wurde wieder abbestellt, da die ME anbot, zwei bei ihrer Tochterfirma Saronno (Italien) von der Petropolis Incline (Rio de Janeiro) bestellte, aber nicht abgenommene Lokomotiven zu übernehmen, was 1898/99 geschah. Ferner kamen weitere Vorstellwagen hinzu.

Am 27. September 1884 besuchte Seine Majestät König Karl von Württemberg die Zahnradbahn – ein großes Ereignis und eine besondere Ehrung für Emil v. Kessler.

Filderbahn-Gesellschaft (FBG)

Schon während der Bauzeit wurde an Direktor v. Kessler der Wunsch herangetragen, die Weiterführung der Bahn von Degerloch auf die Filderebene zu betreiben. V. Kessler war dazu grundsätzlich bereit, wollte aber weder das Risiko noch die Bau- und Betriebskosten persönlich bzw. auf die ME übernehmen. Nach Verhandlungen mit potenten Geldgebern suchte er am 12. Juni 1884 bei der Königlichen Staatsregierung um die Genehmigung nach, die ihm erteilte Konzession für die Zahnradbahn auf eine Gesellschaft zu übertragen.

Am 13. Juli 1884 wurde die Filderbahn-Gesellschaft gegründet und am 14. Juli in das Handelsregister eingetragen. Das Aktienkapital betrug zunächst 200 000 Mark.

Zum Vorstand wurde der Ziegeleibesitzer C. Kühner und der Stuttgarter Ingenieur Sekler gewählt, Vorsitzer des Aufsichtsrates wurde Emil v. Kessler.

Die Königliche Regierung bestätigte am 14. Januar 1885 die Konzession der Zahnradbahn auf die neue Gesellschaft.

Hohenheimer Strecke 1888

Der Erfolg der Zahnradbahn beflügelte die Fildergemeinden zur Ausdehnung des Bahnbetriebes. Am 19. November 1884 lud der Landwirtschaftliche Filderverein zu einer Veranstaltung über das Thema „Erweiterung der Filderbahn“ nach Hohenheim ein. Professor Zipperlen von der Landwirtschaftlichen Hochschule in Hohenheim, ein glühender Verfechter des Secundairbahnbetriebes, leitete die Versammlung. Vorgesehen war die Weiterführung der Zahnradbahn als Adhäsionsstrecke über Möhringen nach Vaihingen, Möhringen – Plieningen – Neuhausen und Echterdingen – Waldenbuch – Dettenhausen – Bebenhausen – Tübingen.

Das Echo war groß, die Bereitschaft, sich am Bahnbau zu beteiligen, jedoch gering – das war der allgemeine Tenor der folgenden Jahre, der das Bahnprojekt trotz vieler Vorlagen, Planungen und Wünsche nicht voranbrachte.

Trotz der Unsicherheiten und der Tatsache, daß nur ein Teil der Fildergemeinden eine Kostenbeteiligung zusagte, beauftragte die FBG im Mai 1885 den Ingenieur Sekler mit den Vorarbeiten zur Fortsetzung der Filderbahn zur Bedienung der „Filderhauptorte“ Möhringen, Echterdingen, Hohenheim, Neuhausen, Plieningen und Bernhausen einschließlich eines Anschlusses an die Gäubahn. Der Kostenanschlag für die (später auch gebauten) drei Linien von Möhringen aus belief sich auf 1,15 Mio. Mark, die je zur Hälfte durch Aktien und Obligationen aufgebracht werden sollten, wobei die Fildergemeinden für die Obligationen eine Zinsgarantie von 4% und die Amortisation mit 1 $^1/_2$% übernehmen sollten.

Die geforderte Zinsgarantie führte zu hitzigen Debatten und wurde schließlich abgelehnt.

Damit schien das Projekt zu scheitern, und zum Jahresende 1885 löste sich das Bahnkomitee auf.

Nachdem die FBG erkannte, daß sich das gesamte Projekt so nicht realisieren ließ, beschloß der Aufsichtsrat, zunächst nur die Hohenheimer Linie in Angriff zu nehmen, zumal aus diesem Gebiet bislang das weitestgehendste Entgegenkommen festzustellen war. Im Mai 1886 bot die FBG an, die Strecke zu bauen, wenn die Gemeinden 50% der Baukosten, die mit 200 000 Mark angesetzt waren, übernehmen würden. Die Reaktion blieb nicht aus – bis Juli 1886 war ein Betrag von 55 000 Mark von Privaten und 10 000 Mark von der Gemeinde Möhringen in Aktien gezeichnet, Anfang August 1886 waren es 77 000 Mark, so daß nur noch 23 000 Mark fehlten.

Am 15. Oktober 1886 reichte die FBG ein Gesuch zur Konzession einer Bahn von Degerloch nach Hohenheim ein, wobei ein Betrieb mit Einzelwagen vorgesehen war, die mit Daimler-Verbrennungsmotoren angetrieben werden sollten.

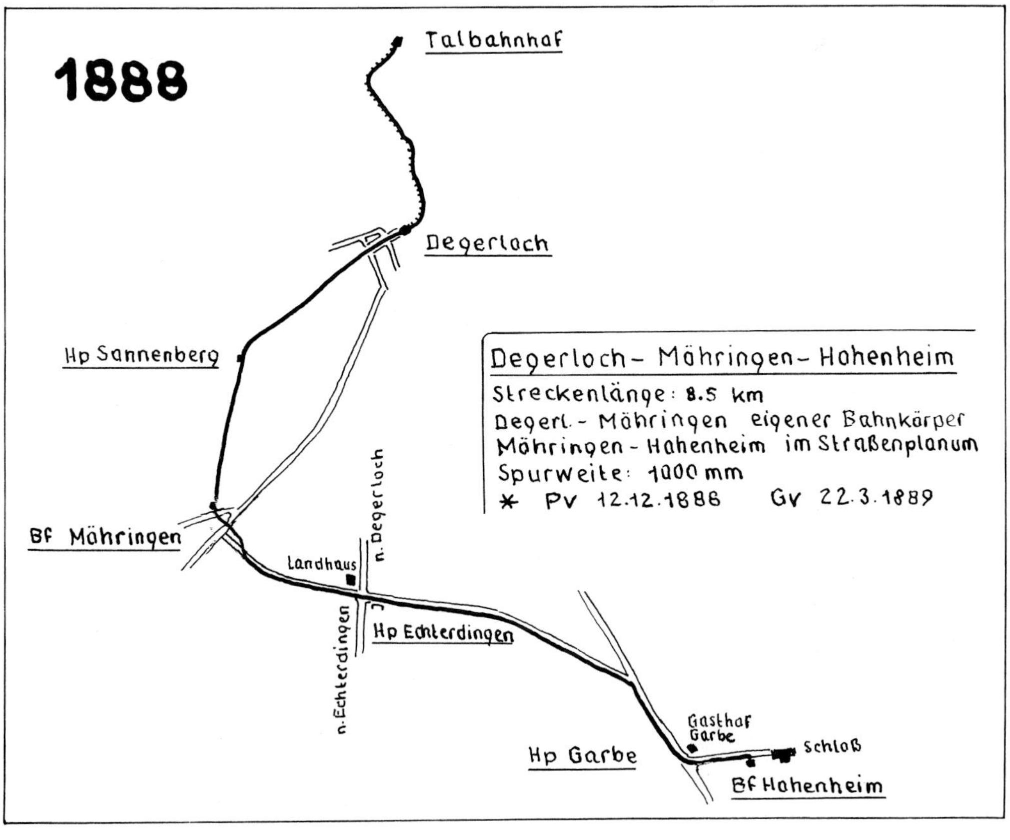

Die Konzessionserteilung verzögerte sich trotz Petitionen des neuen Filderbahn-Komitees und der persönlichen Vorsprache des Landtagsabgeordneten Professor Zipperlen – die Regierung stand dem Motorwagenbetrieb eher skeptisch als wohlwollend gegenüber und forderte erst einmal eingehende Versuche.

Solange wollte die FBG nicht warten und nahm von dem neuartigen Einzelwagenbetrieb wieder Abstand, stattdessen wurde der herkömmliche Nebenbahnbetrieb mit Dampflokomotiven und Wagen vorgeschlagen.

Nach Zeichnung der noch fehlenden Aktien beschloß die FBG im Dezember 1887 auf einer außerordentlichen Generalversammlung die Erhöhung des Aktienkapitals von 200 000 Mark auf 300 000 Mark und die fehlenden 150 000 Mark – der Dampfbetrieb erhöhte den Kostenanschlag um 50 000 Mark – durch Obligationen zu beschaffen.

Am 29. Dezember 1887 stellte die FBG einen neuen Antrag auf Konzession für eine Dampfbahn nach Hohenheim. Einsprüche von Degerlocher Bürgern verzögerten das Vorhaben. Für den Erwerb des für die Bahntrasse notwendigen Grund und Bodens mußten in Degerloch mehrere Zwangsenteignungsverfahren durchgeführt werden.

Am 24. Mai 1888 schließlich wurde die am 19. Mai von König Karl von Württemberg unterzeichnete Konzession für eine Dampfstraßenbahn von der Zahnradbahnstation Degerloch zu dem „K.-landwirthschaftlichen Institute Hohenheim über Möhringen" erteilt. Sofort erhielt die Localbahn-Bau- und Betriebsgesellschaft Hostmann & Cie in Hannover den Auftrag zum Bau der Bahn, die Fahrzeuge wurden bei der ME bestellt.

Mitte September 1888 wurden die erste Lok und 2 Güterwagen angeliefert, die sofort bei den Bauarbeiten eingesetzt wurden.

Ende Oktober 1888 waren die Bauarbeiten abgeschlossen, eine erste behördliche Begehung am 13. November 1888 ließ noch einige Mängel erkennen, die bis Anfang Dezember behoben waren. Am 6. Dezember 1888 konnte die neue Strecke einschließlich der Fahrzeuge von der Prüfungskommission unter der Leitung der KWStE abgenommen werden. Am Mittwoch, den 12. Dezember

Bf Möhringen (erster Bahnhof an der Vaihinger Straße) um 1893

Der alte (erste) Bahnhof Möhringen diente bis in die 50er Jahre als Wohnhaus

1888 nahm die Dampfstraßenbahn nach Hohenheim mit der ersten Fahrt um 6.45 Uhr den planmäßigen Betrieb auf.

Zur Betriebsaufnahme standen 2 Loks, 1 PwPost-, 8 Personen- und 4 offene Güterwagen zur Verfügung.

Die Bahn begann in Degerloch. Das Bahnsteiggleis lag neben der Zahnradbahn in der Halle, die entsprechend erweitert und nach hinten geöffnet worden war. Das Umsetzgleis lag außerhalb der Halle. Die Trasse benutzte ab Möhringen auf der gesamten Länge das Straßenplanum, zwischen Degerloch und Möhringen lag das Gleis auf eigenem Bahnkörper bzw. auf Feldwegen. Der Bahnhof Möhringen – Bahnhofsgebäude mit Güterschuppen, Ladegleis – befand sich im Ort an der heutigen Kreuzung Vaihinger Straße/Rembrandtstraße (das Bahnhofsgebäude wurde Anfang der 60er Jahre entfernt, an der Stelle befindet sich heute die „Neue Apotheke"). Der Hp Echterdingen mit kleiner Schutzhütte lag an der Straßenkreuzung Echterdingen – Degerloch gegenüber dem Gasthaus „Landhaus". Bei der Station Garbe befanden sich ein kleiner Schuppen für 2 Lokomotiven, der 1903 wieder entfernt wurde sowie Abstellgleise. Die Endhaltestelle mit Umsetz- und Abstellgleis und Güterschuppen sowie einem kleinen Warteraum für die Fahrgäste lag in der Hohenheimer Allee an der linken Straßenseite kurz vor dem Schloß Hohenheim.

Im ersten Betriebsjahr verkehrten täglich 6 Zugpaare sowie donnerstags und samstags ein zusätzliches Spätzugpaar. Die Höchstgeschwindigkeit betrug 20 km/h. Dreimal täglich wurde ein Postwagen ab und bis Stuttgart Zahnradbahnhof mitgeführt und in Degerloch auf die Hohenheimer Züge umgestellt.

Der Verkehr entwickelte sich besser als erwartet.

Im März folgenden Jahres wurde der Güterverkehr aufgenommen, täglich wurden in 3 Zugpaaren Güterwagen mitgeführt.

Ab Juni 1889 verkehrten täglich 8 Zugpaare.

Im Frühjahr 1889 wurden die Abstellgleise neben der Einfahrt des Zahnradbahnhofs Degerloch erweitert.

Hp Echterdingen-Landhaus um 1900

Hp Garbe (Plieningen): Zug von Möhringen kommend biegt in die Hohenheimer Allee nach Hohenheim ein, 1895

Neuhausener und Vaihinger Strecke 1897

Nach den Erfolgen der Zahnradbahn und der Hohenheimer Strecke bemühten sich die südlichen Filderorte ebenfalls um einen Bahnanschluß. Ferner suchte die FBG ihrerseits zur Verbesserung des Güterverkehrs den Anschluß an die Staatsbahn und war bereit, wiederum die Hälfte der Baukosten zu übernehmen, wenn die andere Hälfte von Privaten aufgebracht würde. Dazu bildeten sich in Echterdingen und Vaihingen Eisenbahn-Komitees, die bis März 1893 die geforderte Summe aufbrachten.

Aber auch in Bernhausen, Ober- und Untersielmingen, Neuhausen und Denkendorf waren Eisenbahn-Komitees aktiv, die eine Verlängerung bis Eßlingen wünschten.

Am 23. März 1895 reichte die FBG ein Konzessionsgesuch für die Strecken Möhringen – Vaihingen und Neuhausen ein, dem am 14. April 1896 entsprochen wurde (die elektrische Straßenbahn Eßlingen – Nellingen – Denkendorf und Neuhausen wurde erst 1926/29 in Betrieb genommen).

Die neuen Strecken bedingten den Bau eines neuen Bahnhofs in Möhringen und die Verlegung der Hohenheimer Strecke in Möhringen, womit die Ortsdurchfahrt auf der Straße und hart hinter der Bebauung sowie mehrere unübersichtliche Straßenkreuzungen entfallen konnten. Die neuen Strecken verliefen ausschließlich auf eigenem Bahnkörper durch die fruchtbaren Äcker und Obstgärten. Die Höchstgeschwindigkeit wurde auf 30 km/h festgesetzt.

Im Herbst 1896 begannen die Bauarbeiten. Für die Vaihinger Strecke konnte der benötigte Grund und Boden größtenteils nur über Zwangsenteignungsverfahren erworben werden, was die Bauarbeiten erheblich verzögerte.

Im Juli 1897 lieferte die ME die erste neue dreiachsige Lok ab, die sofort für den Streckenbau eingesetzt wurde.

Schließlich sorgten eine betrieblich bedingte Änderung der Trassenführung für die Einführung in den Staatsbahnhof Vaihingen und verspätete Schienenlieferungen für weitere Verzögerungen, so daß die amtliche Abnahme beider Strecken und der Fahrzeuge erst am 19. Dezember 1897 stattfinden konnte.

Als Weihnachtsgeschenk wurde ohne Feierlichkeiten am 24. Dezember 1897 der Betrieb aufgenommen mit der ersten Fahrt nach Neuhausen um 6.33 und nach Vaihingen um 8.39 Uhr ab Möhringen.

Der neue Bahnhof Möhringen umfaßte mehrere Abstell- und Ladegleise, ein Bahnhofsgebäude sowie einen Lokschuppen mit Werkstatt. Der alte Bahnhof Möhringen wurde aufgegeben.

Vorerst wurde auf den neuen Strecken nur Personen- und Postverkehr durchgeführt.

Im Frühjahr 1898 wurde beim Staatsbahnhof Vaihingen eine Rollbockanlage errichtet. Seit 1. Juli 1898 führte die FBG auf den beiden neuen Strecken den Stückgutverkehr durch. Nach der Anlieferung der Rollböcke erfolgte am 16. September 1898 die Aufnahme des Wagenladungsverkehrs mit aufgebockten Regelspurwagen auf allen drei Strecken. Die Höchstgeschwindigkeit der Rollbockzüge betrug 10 km/h. Der Güterverkehr entwickelte sich gut, bereits im folgenden Jahr entstand in Vaihingen eine zweite Rollbockgrube.

Durch die Inbetriebnahme der neuen Strecken erhielt die Zahnradbahn einen erheblichen Fahrgastzuwachs, was 1898 zu Vergrößerung und Umbau der Bahnhofshalle und der Gleisanlagen in Degerloch führte.

Der Verkehr entwickelte sich so gut, daß bis 1900 der Fahrzeugbestand auf 11 Lokomotiven und 15 Personenwagen erhöht werden mußte.

Beteiligung der Westdeutschen Eisenbahn-Gesellschaft (WeEG) 1901

Bei der Generalversammlung der FBG am 1. Juli 1900 gab der Aufsichtsratsvorsitzende bekannt, daß die Finanzlage der Gesellschaft durch die Erweiterung des Streckennetzes und des Fahrzeugparks derart angespannt sei, daß für die nächsten Jahre mit keiner Dividende gerechnet werden könne, auch sei ein weiterer Ausbau der Anlagen z.Zt. nicht möglich. Er schlug vor, mit der Westdeutschen Eisenbahn-Gesellschaft in Verbindung zu treten, die unter bestimmten Voraussetzungen bereit sei, Aktien der FBG zu übernehmen. Ein Ausbau der Anlagen, so wurde weiter ausgeführt, sei dringend erforderlich, das Verkehrsaufkommen sei inzwischen derart angestiegen, daß es mit dem vorhandenen Fahrzeugpark nicht mehr bewältigt werden könne.

Bahnhof Neuhausen

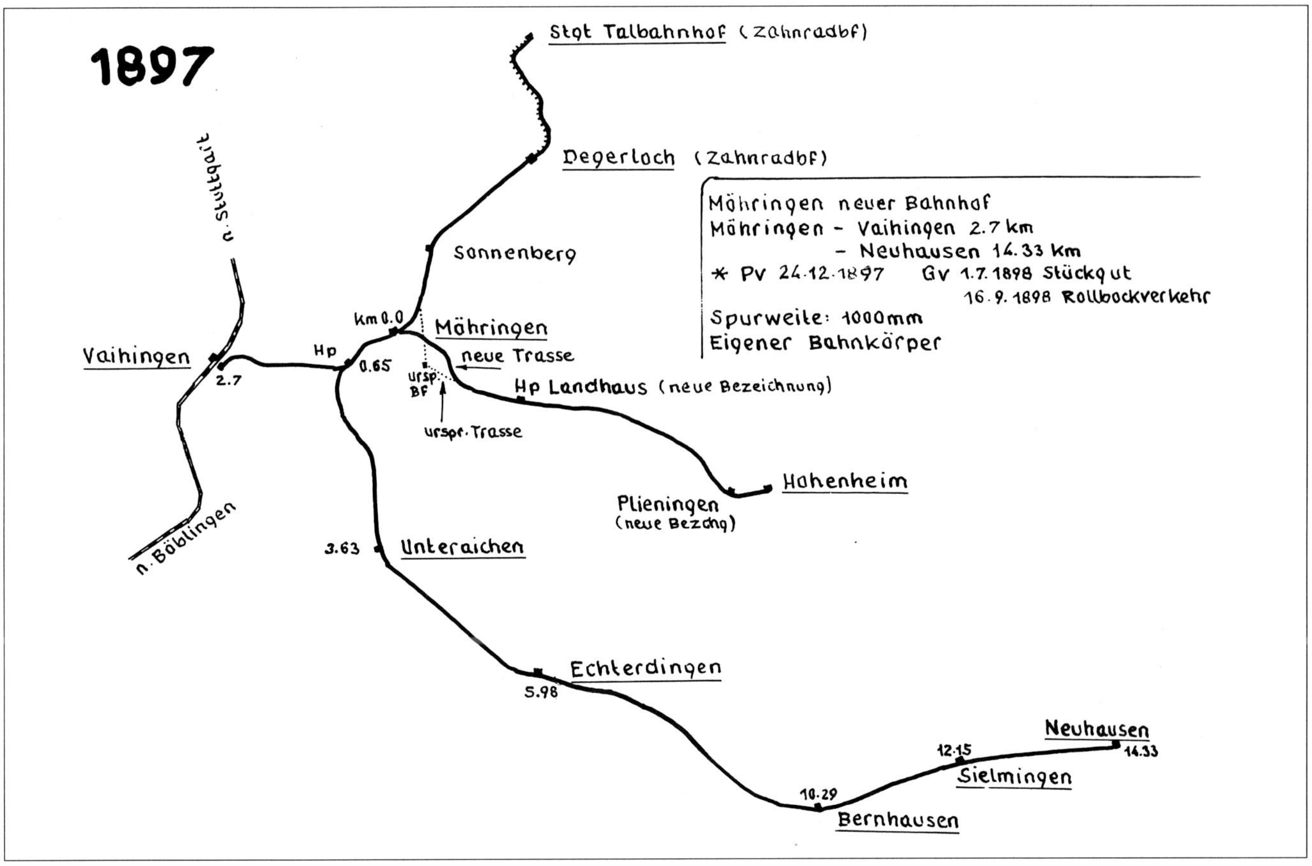

1897
Stgt Talbahnhof (Zahnradbf)
Degerloch (Zahnradbf)
Möhringen neuer Bahnhof
Möhringen - Vaihingen 2.7 km
- Neuhausen 14.33 km
* Pv 24.12.1897 Gv 1.7.1898 Stückgut
16.9.1898 Rollbockverkehr
Spurweite: 1000mm
Eigener Bahnkörper
n. Stuttgart
Sonnenberg
km 0.0
Möhringen
neue Trasse
Vaihingen
2.7
Hp
0.65
ursp. Bf
ursp. Trasse
Hp Landhaus (neue Bezeichnung)
Hohenheim
Plieningen
(neue Bezchng)
n. Böblingen
3.63
Unteraichen
Echterdingen
5.98
Neuhausen
14.33
12.15
Sielmingen
10.29
Bernhausen

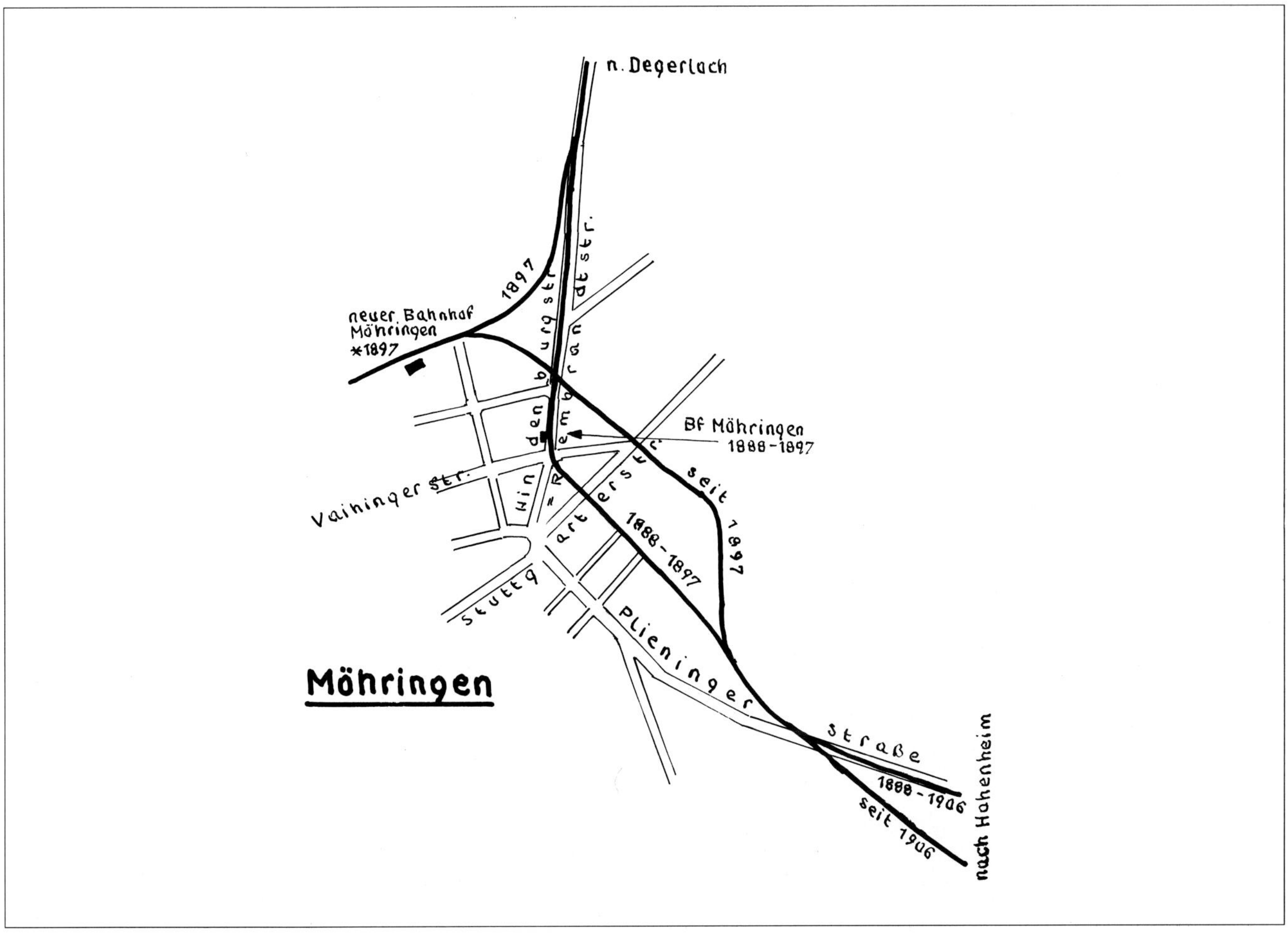

n. Degerloch
1897
neuer Bahnhof Möhringen *1897
Hindenburgstr.
Rembrandtstr.
Bf Möhringen 1888-1897
Vaihinger Str.
Filderstr.
seit 1897
1888-1897
Stuttg
Plieninger Straße
Möhringen
1888-1906
seit 1906
nach Hohenheim

In der Tat war der Berufsverkehr insbesondere auf der Neuhausener Strecke so stark, daß morgens zwei vollbesetzte Züge hintereinander gefahren werden mußten und trotzdem immer wieder Fahrgäste stehen blieben. Auch waren die kleinen Lokomotiven den schweren und langen Zügen kaum mehr gewachsen. Für den Betrieb erschwerend wirkte sich die geringe Geschwindigkeit der Rollbockzüge von 10 km/h aus. Die FB war an der Grenze ihrer Leistungsfähigkeit, es mußte dringend etwas geschehen.

Die WeEG betrieb zu dieser Zeit im Badischen und auch im Württembergischen mehrere Bahnen über ihr Tochterunternehmen Badische Lokal-Eisenbahn-Gesellschaft (BLEAG). Sie war nicht abgeneigt, sich auch an der FBG zu beteiligen. Im Herbst 1900 wurden die Geschäftsführung und der Aufsichtsrat der FBG ermächtigt, Verhandlungen mit der WeEG zu führen. Bis Anfang Februar 1901 hatte die WeEG einen Großteil der FBG-Aktien erworben und war somit in der Lage, ihre Vorstellungen zum Ausbau der FB zu verwirklichen.

Elektrifizierung und Ausbau auf Regelspur 1901-1906

Vaihingen – Möhringen – Degerloch und Zahnradbahn 1902

Die WeEG richtete in Stuttgart ein Betriebsbüro ein, das Lösungen und Vorschläge für die Filderbahnprobleme ausarbeitete und mit der Geschäftsführung der FBG verhandelte. Für die erste Ausbaustufe war unter Beibehaltung der Meterspur die Elektrifizierung der Zahnradbahn und der Vaihinger Strecke vorgesehen sowie der Bau einer zweiten Verbindung nach Stuttgart von Degerloch über die Neue Weinsteige zum Bopser mit Anschluß an die Stuttgarter Straßenbahn; ferner der Bau einer Kraftstation.

Die FBG stimmte dem Elektrifizierungsprojekt zu und schloß mit der WeEG für die Ausführung dieses Vorhabens einen Bauvertrag ab. Die entsprechenden Bau- und Konzessionsanträge wurden am 13. August 1901 den zuständigen Stellen vorgelegt. Für den Ausbau der FB beschloß die Generalversammlung der FBG am 28. Dezember 1901, das Grundkapital auf 1,725 Mio. Mark durch Ausgabe neuer Aktien zu erhöhen.

Der Auftrag zur Elektrifizierung der Strecken ging an die Firma Siemens & Halske, Berlin, die ME erhielt den Auftrag für vier Zahnradfahrwerke und die Firma Herbrand in Köln einen Auftrag für die vier zugehörigen Wagenkästen und drei vierachsige Triebwagen für die Vaihinger Strecke.

Das Kraftwerk wurde 1901 beim Bahnhof Möhringen errichtet und bestand aus dem Kesselhaus (2 kohlegefeuerte Dampfkessel mit je 90 m^2 Heiz- und 2 m^2 Rostfläche, 10 atü Betriebsdruck), dem Maschinenhaus (2 Dampfmaschinen, 2 Drehstrommaschinen für 600 V mit je 130 kW, 1 Gleichstrommaschine 45 kW), dem Accumulatorenraum für die Pufferbatterie, Werkstatt und einer zweigleisigen Wagenhalle. Die von der ME und von der Waggonfabrik Herbrand gelieferten Untergestelle und Wagenkästen wurden in der FB-Werkstatt Möhringen zusammengesetzt. Bis April 1902 waren die Arbeiten soweit fortgeschritten, daß mit den bereits angelieferten elektrischen Fahrzeugen Probe- und Schulungsfahrten durchgeführt werden konnten.

Ab 6. Mai 1902 wurden die elektrischen Fahrzeuge zwischen Degerloch und Vaihingen im Planverkehr eingesetzt. Von 7 bis 23 Uhr verkehrten die Züge im Halbstundentakt bis Degerloch und stündlich bis Vaihingen, die Höchstgeschwindigkeit betrug 30 km/h. Mit der Verlängerung der Vaihinger Strecke über die Staatsbahn hinweg bis in den Ort verkehrten die Züge ab 1. Mai 1904 über den Schillerplatz bis zum Endpunkt an der Brauerei Leicht.

Einen Monat später konnte auch auf der Zahnradbahn der elektrische Betrieb aufgenommen werden. Am 11. Juli 1902 startete der erste, mit Ehrengästen besetzte Zug nach Degerloch. Die Umformerstation in der Nähe der heutigen Haltestelle Haigst und die Kraftstation in Möhringen wurden besichtigt und gebührend bewundert. Im „Schweizerhaus" in Degerloch fand ein Festbankett statt.

Mit der Elektrifizierung der Zahnradbahn waren mehrere Erweiterungen verbunden:

- Ausbau des Talbahnhofs und Erweiterung der Werkstattanlagen
- Bau einer Ausweiche beim Hp Haigst (in der nur die elektrischen Züge halten durften). Wegen ungünstiger Lage wurde die Ausweiche Haigst wenig später wieder aufgegeben und durch die neue Ausweiche Wielandshöhe ersetzt, Inbetriebnahme Mai 1903.

Bahnhof Möhringen, 9.8.1956

Degerloch „Schweizer Haus“

Bf Degerloch, links Zahnradbahn, rechts Züge nach Möhringen, außen das Umfahrungsgleis

Elektrischer Betrieb auf der Zahnstangenstrecke Stuttgart – Degerloch

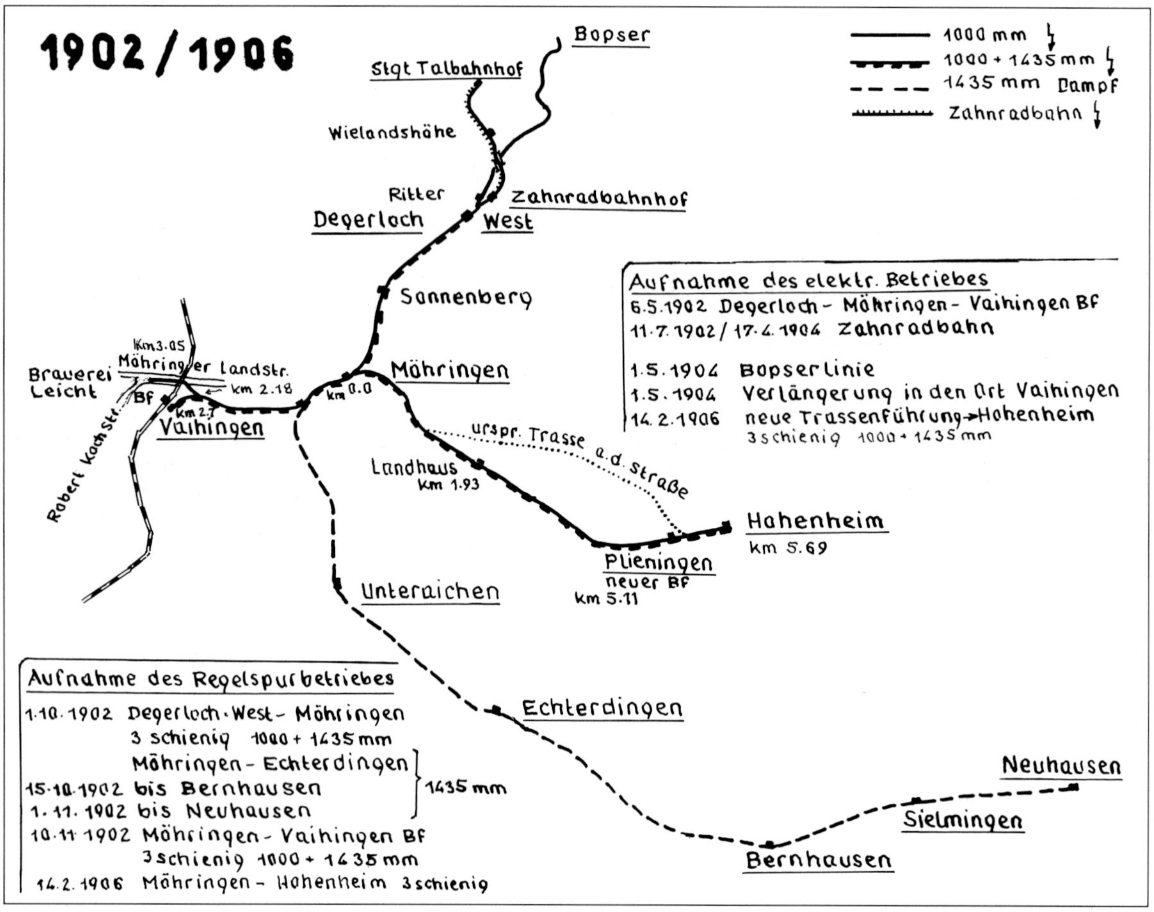

– Bau einer Umformerstation an der Hst Haigst (an der Stelle steht heute die Haigstkirche).

Kinderkrankheiten bei den Zahnradtriebwagen führten in der Anfangszeit immer wieder zu Ausfällen, so daß nach wie vor auch die Dampflokomotiven im Einsatz waren.

Am 24. August und am 3. September 1902 ereigneten sich auf der Zahnradbahn zwei Unfälle, bei denen die Wagen rückwärts rollten, jedoch vom Triebwagenführer wieder abgefangen und zum Halten gebracht werden konnten. Nach weiteren kleinen Unfällen untersagte die Aufsichtsbehörde ab 1. Oktober 1902 vorerst den weiteren elektrischen Betrieb auf der Zahnradbahn.

Am 6. Dezember 1902 wurde die FBG von einem weiteren großen Unglück heimgesucht – die Wagenhalle in Möhringen brannte völlig ab, drei Triebwagen wurden zerstört. Wegen Fahrzeugmangel mußten auf der Vaihinger Strecke wieder Dampflokomotiven eingesetzt werden, bis die Firma Herbrand im Mai 1903 neue Wagenkästen geliefert hatte.

Nach der generellen Überholung der Zahnradtriebwagen durch Monteure der Firma Siemens & Halske, Durchführung technischer Verbesserungen und Einbau eines zweiten Motors bei den beiden einmotorigen Wagen konnten ab Mitte März 1904 Versuchsfahrten durchgeführt werden, die zufriedenstellend verliefen. Ab 17. April

Der „zweite“ Talbahnhof für den elektrischen Betrieb

Werkstatt Talbahnhof, 1.9.1950

1904 verkehrten die elektrischen Triebwagen wieder im Planverkehr, vorerst im Wechsel mit dampflokgeführten Zügen, ab 1. Mai tagsüber ausschließlich, so daß die Dampfzüge nur noch zur Verstärkung hauptsächlich an Wochenenden notwendig waren.

Die elektrischen Triebwagen konnten vorerst mit einem, ab Juli 1909 mit zwei Beiwagen fahren, die ebenso wie bei den Dampfzügen am bergseitigen Ende standen und bergwärts geschoben wurden – übrigens seit dieser Zeit wird die Zahnradbahn liebevoll „Zacke" genannt und als solche ist sie in die Lokalliteratur eingegangen, bis heute.

Zur Konsolidierung der verschiedenen Bahnstrecken wurde um eine neue einheitliche Konzession nachgesucht, die am 26. September 1903 erteilt wurde.

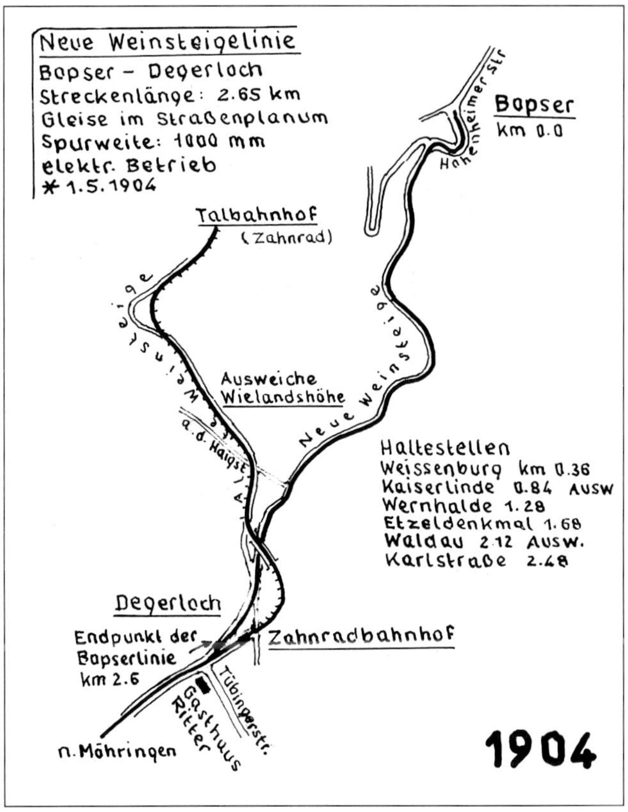

Degerloch – Bopser 1904

Nachdem die WeEG am 25. September 1902 die Konzession für die Neue Weinsteigelinie erhalten hatte, konnten die Vorarbeiten für die zweite Strecke nach Stuttgart aufgenommen werden. Sie verzögerten sich jedoch durch die Baufreigabe der Stadt Stuttgart, die erst im August 1903 erfolgte.

Sofort wurden die Bauvorbereitungen für die Neue Weinsteigelinie eingeleitet, im Oktober 1903 begannen in Degerloch die Erdarbeiten. Ab April 1904 konnten mit den neuen von Herbrand gelieferten Triebwagen Probefahrten unternommen werden. Am 1. Mai 1904 wurde der Betrieb aufgenommen.

Die Neue Weinsteigelinie begann am Bopser mit einem Umsetzgleis, eine Gleisverbindung zu den dort endenden Linien der SSB bestand jedoch (bis 1920) nicht, da ein Übergang wegen der verschiedenen Stromabnehmersysteme (SSB: Rollen-, FB: Schleifbügel) ohnehin nicht möglich war. Die eingleisige Strecke verlief auf 250 m mittig in der Hohenheimer Straße mit zwei sehr engen Gleisbögen von 32 und 36 m Halbmesser und folgte dann der Neuen Weinsteige auf der Hangseite mit einer durchschnittlichen Steigung von 1:16 bis Degerloch, wo sie bei km 2,7 bei der Degerlocher Hauptstraße mit einer Gleisverbindung zur FB-Strecke Degerloch – Möhringen den Endpunkt erreichte. Die Endstation lag bei km 2,65, wo eine Ausweiche zum Umsetzen der Triebwagen angelegt war. Unterwegs gab es zwei Ausweichen bei km 0,84 und 2,12.

Für die Unterstellung der neuen Fahrzeuge mußte die zweigleisige Triebwagenhalle in Möhringen um ein weiteres Gleis vergrößert werden.

Zug der Bopser Linie unterfährt die „Türkenbrücke" unterhalb Degerloch

Regelspurgleis nach Degerloch, Vaihingen und Neuhausen 1902

Für die Verbesserung des Güterverkehrs wurden Ende 1901 von der WeEG mehrere Varianten vorgestellt, von denen die weitestgehende folgendes vorschlug:

- Umstellung der Strecke Möhringen – Neuhausen auf Regelspur
- Einlegen einer dritten Schiene auf der Strecke Vaihingen – Möhringen – Degerloch
- Anlage eines neuen Personen- und Güterbahnhofs am Ortsende von Degerloch
- Beibehaltung der meterspurigen Hohenheimer Strecke unter Aufgabe des Rollbockverkehrs, Neutrassierung ist für eine spätere Planung vorgesehen.
- Durchführung der regelspurigen Dampfbahnstrecke direkt nach Vaihingen und Einführung in die Gäubahn mit Weiterführung der Personenzüge bis Stuttgart-West.

Ein Bahnkomitee unter dem Vorsitz von C. Kühner aus Degerloch empfahl am 18. Dezember 1901 die Variante II (o.g. ohne direkte Anbindung der Neuhausener Strecke nach Vaihingen) mit mehreren Vorbehalten, die das Projekt jedoch kaum wesentlich veränderten. Auf den Rollbockbetrieb nach Hohenheim wurde verzichtet, nachdem sich die FBG bereiterklärt hatte, die Planungen für einen Neubau der Strecke aufzunehmen – der Rollbockbetrieb wurde dann aber doch stillschweigend weitergeführt.

Parallel zu den Elektrifizierungsarbeiten liefen die Umspurungsarbeiten. Im Mai 1902 wurde mit dem Umbau und der Begradigung der Strecke Möhringen – Echterdingen sowie mit dem Bau des neuen Bahnhofs Degerloch West begonnen. Ferner wurden

Depot Möhringen, 26.2.1962

Bf Möhringen, im Hintergrund die zweite Wagenhalle, rechts Ausfahrt nach Hohenheim 1954

auf der Vaihinger Strecke die kurzen Schwellen gegen Regelspurschwellen ausgewechselt und die dritte Schiene eingebaut.

Am 1. Oktober 1902 konnte auf der Teilstrecke Degerloch – Möhringen – Echterdingen der Regelspurbetrieb aufgenommen werden. Zwischen Echterdingen und Neuhausen verkehrten noch einen Monat die Schmalspurzüge, bis auch am 1. November 1902 der erste Regelspurzug nach Neuhausen fuhr. Da die bestellten Regelspurfahrzeuge noch nicht zur Verfügung standen, wurden von der KWStE zwei Lokomotiven und zehn Personenwagen angemietet.

Bis Ende 1902 war auch der dreischienige Ausbau bis Vaihingen abgeschlossen.

Beim neuen Bahnhof Degerloch-West war ein eingeschossiges Bahnhofsgebäude erbaut worden. Die Regelspurzüge von Neuhausen fuhren früh und spät bis Degerloch-West, in der übrigen Zeit endeten sie in Möhringen, wo die Fahrgäste nach Stuttgart in die Meterspurfahrzeuge umsteigen mußten.

Im August 1903 war der neue Bahnhof Degerloch-West endgültig fertiggestellt, so daß sich auch die verkehrlichen Verhältnisse am Zahnradbahnhof Degerloch verbesserten.

Der Verkehr entwickelte sich so gut, daß 1903 noch einmal Fahrzeuge von der Staatsbahn angemietet werden mußten, bis die nachbestellten Wagen geliefert waren.

Bahnhof Bernhausen (Regelspurbetrieb)

Bahnhof Bernhausen (Regelspurbetrieb)

Dreischienige Strecke nach Hohenheim, Vierwagenzug von Hohenheim nach Möhringen am Hp Garbe (siehe auch Bild mit Dampfzugbahn an der selben Stelle)

Neutrassierung der Strecke Möhringen – Hohenheim 1906

Über all den Umbau- und Erweiterungsbauten waren die Planungen für die Hohenheimer Strecke vorerst zurückgestellt worden. Nach einem schweren Unfall am 25. Juli 1904, wobei ein Zug mit einem Personenwagen und zwei aufgebockten Güterwagen umstürzte und ein Toter sowie mehrere Schwerverletzte zu beklagen waren, lebte die Diskussion um die Sanierung der Hohenheimer Strecke erneut auf. Die FBG bzw. die WeEG arbeitete 1903 die Planungen für eine dreischienige Neutrassierung auf eigenem Bahnkörper aus und legte die entsprechenden Unterlagen im Herbst 1904 den behördlichen Stellen vor. Nach Erteilung der Konzession im November 1904 wurden der Grunderwerb getätigt und die notwendigen Enteignungsverfahren eingeleitet sowie bei der Firma Herbrand ein weiterer Triebwagen bestellt. Im Herbst 1905 begannen die Erdarbeiten, die so zügig durchgeführt werden konnten, daß bis Mitte Dezember der gesamte Oberbau fertiggestellt war.

Ab 14. Februar 1906 verkehrten die elektrischen Züge auf der neuen dreischienigen Strecke nach Hohenheim, die alten Gleise im Straßenplanum der Plieninger Straße wurden abgebaut.

Die neue Strecke verlief ganz auf eigenem Bahnkörper. Bei km 1,93 war ein Hp „Landhaus" (etwa 700 m von dem Gasthof entfernt) und bei km 5,1 der neue Bahnhof Plieningen angelegt worden, der sich etwa 150 m von dem alten Hp Garbe entfernt befand und aus dem neuen Bahnhofsgebäude und einem Güterschuppen bestand.

Der provisorische Lokschuppen beim Hp Garbe war bereits 1903 entfernt worden.

Dreischienengleis Endpunkt Hohenheim, 3.4.1964

Bf Plieningen, 3.4.1964

Von der Filderbahn-Gesellschaft zur Württembergischen Nebenbahnen AG 1905

1901 wurde der BLEAG die Konzession zum Bau der Strohgäubahn Korntal – Weissach erteilt. Die WeEG bot der FBG diese Konzession an auch in der Hoffnung, mit dieser „guten Bahn“ die Wirtschaftlichkeit der FBG zu verbessern.

Am 29. Mai 1905 beschloß die Generalversammlung der FBG die Übernahme der Konzession der Strohgäubahn und die Firmenbezeichnung Filderbahn-Gesellschaft in Württembergische Nebenbahnen Aktiengesellschaft (WN) zu ändern, da mit der Ausdehnung auf weitere Bahnen in Württemberg der ortsbezogene Firmenname nicht mehr zutreffend sei.

Dahinter steckte der Wunsch der Württembergischen Regierung, die beiden anderen württembergischen Konzessionen der „landesfremden“ BLEAG (Härtsfeldbahn und Reutlingen – Gönningen) ebenfalls auf eine württembergische Gesellschaft zu übertragen (was 1910 geschehen ist, siehe auch Beitrag Württembergische Nebenbahnen AG).

Am 11. August 1905 wurde der alte Firmenname bei den zuständigen Stellen gelöscht und der neue eingetragen. Die FBG-Aktien wurden im Verhältnis 1:1 gegen solche der neuen Firmenaufschrift getauscht. An der Unternehmensführung änderte sich nichts.

Zum 21. November 1905 wurde endlich der schon längst fällige und angemahnte Betriebsführungsvertrag zwischen der WN und der WeEG abgeschlossen, rückwirkend zum 1. Januar 1905.

Greifen wir dem Zeitgeschehen etwas voraus: Die gute Entwicklung des Verkehrs auf den FB-Strecken ließ einige Jahre später beim Aufsichtsrat der WN den Wunsch aufkommen, sich von der WeEG zu lösen und die Bahnen wieder in eigener Regie zu betreiben. Die WeEG war zu dieser Veränderung bereit unter der Voraussetzung, daß die WN die beiden württembergischen BLEAG-Konzessionen übernehmen würde. Nach Klärung der Konzessionsübertragung der Nb Reutlingen – Gönningen und der Härtsfeldbahn mit den württembergischen und bayerischen Behörden nahm die WN das Angebot an und löste zum 1. Januar 1910 die Betriebsverträge mit der WeEG.

Die WN war somit „Herr im eigenen Hause“ und nunmehr Eigentümer von vier Bahnen (FB, Strohgäu-, Härtsfeldbahn und Nb Reutlingen – Gönningen).

Weiterer Ausbau bis zum Ersten Weltkrieg

Mit der Inbetriebnahme der neuen Hohenheimer Strecke war das Sanierungskonzept der WeEG abgeschlossen.

Die FB firmierte nun unter der Bezeichnung Württembergische Nebenbahnen AG und betrieb folgende Strecken:

Stuttgart Zahnradbahnhof – Degerloch Zahnradbahnhof, elektrischer Betrieb, Meterspur, Zahnrad

Degerloch Zahnradbahnhof – Degerloch West, elektrischer Betrieb, Meterspur

Degerloch West – Möhringen, elektrischer Betrieb, dreischienig bis Degerloch Gbf

Möhringen – Vaihingen Stbf bzw. Ort, elektrischer Betrieb, dreischienig bis Vaihingen Stbf

Möhringen – Hohenheim, elektrischer Betrieb, dreischienig

Möhringen – Echterdingen – Neuhausen, Regelspur, Dampfbetrieb, Früh- und Spätzüge durchgehend bis Degerloch-West bzw. Gbf

Degerloch – Bopser (Neue Weinsteigelinie), Meterspur, elektrischer Betrieb

Die Streckenlänge betrug 31,4 km.

Es zeigte sich jedoch, daß für einen zügigen Betriebsablauf und den gesteigerten Verkehrsanforderungen weitere Ausbaumaßnahmen notwendig waren, die im Laufe der folgenden Jahre durchgeführt wurden:

- Verbesserung des Oberbaues und Ersatz der Schienen gegen das stärkere Profil Va mit 25,8 kg/m
- 1905 Erweiterung der Abstellanlage für die Möhringer Fahrzeuge am Hp Nägelestraße der Zahnradbahn
- 1907 Erweiterung des Bahnhofs Möhringen
- 1907 Neugestaltung des Stuttgarter Talbahnhofs der Zahnradbahn, Vorbau der Jugendstilfassade mit großzügigem Treppenaufgang, Läden, Bahnhofswirtschaft, Diensträumen und Dienstwohnung (der Bau ist heute noch vorhanden)
- 1909 Erweiterung der Möhringer Fahrzeugschuppen
- 1910 zwei zusätzliche Ausweichen auf der Neuen Weinsteigelinie
- 24.4.1911 V_{max} 25 km/h auf der Neuen Weinsteigelinie und Einsatz von vier übernommenen VKA-Triebwagen
- 1912 Beschaffung neuer Fahrzeuge (als Ersatz für die weniger gut geeigneten VKA-Wagen)

Die 1907 vorgesetzte Jugendstilfassade am alten (zweiten) Talbahnhof der „Zacke“, 1991

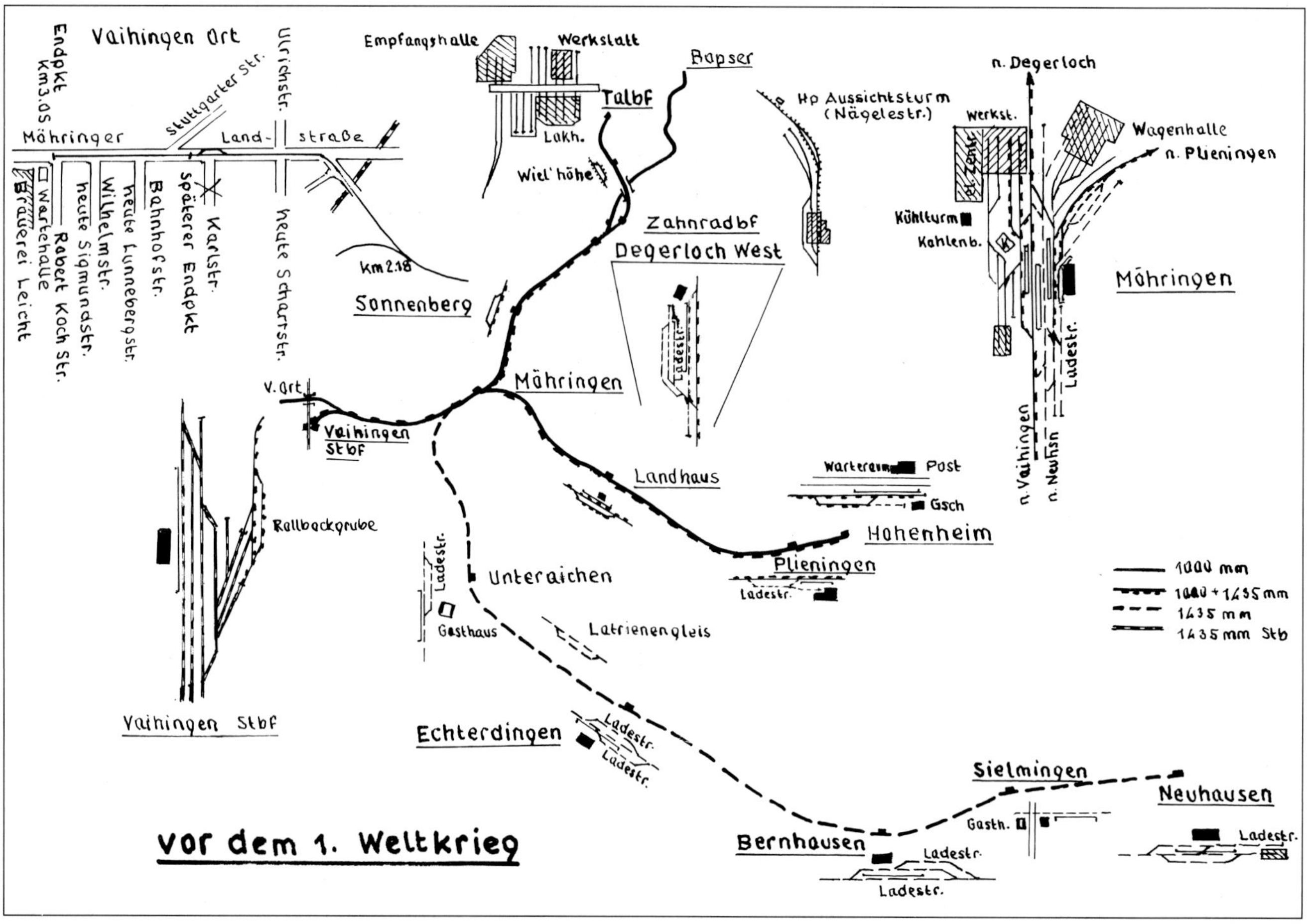

Großzügige Planungen bezüglich Streckenverlängerung bis Tübingen, Eßlingen und Nürtingen, Einführung der Neuhausener Strecke in den Staatsbahnhof Vaihingen u.a.m. wurden z.T. fast bis zur Genehmigung ausgearbeitet, der Erste Weltkrieg setzte jedoch all diesen Planungen vorerst ein Ende. Auch die Elektrifizierung der Neuhausener Strecke wurde nicht realisiert.

Nicht nur die weitreichenden FB-Projekte, sondern auch die stetige Aufwärtsentwicklung auf allen FB-Strecken brach mit Beginn des Ersten Weltkrieges abrupt ab. Fehlendes Personal und Materialschwierigkeiten zwangen zur Ausdünnung des Fahrplans.

Zum 15. Januar 1915 wurde die Ortsstrecke Vaihingen eingestellt und die Fahrleitung zur Kupfergewinnung abgebaut, die Züge endeten wieder beim Staatsbahnhof Vaihingen. Dafür wurde die WN verpflichtet, im Rahmen des Umbaues des Staatsbahnhofs einen Gittersteg über die Staatsbahngleise zu bauen, um die Stadtseite sowie das Bahnhofsgebäude und die Bahnsteige gefahrlos zu erreichen (der Steg ist 1983 im Zuge des S-Bahnbaues entfernt worden).

In den Kriegsjahren 1914/18 konnten nur die allernotwendigsten Instandhaltungsarbeiten durchgeführt werden. Die Verkehrsleistungen nahmen ab 1916 deutlich zu, es fehlte jedoch an betriebs- und leistungsfähigen Fahrzeugen.

Bei der Zahnradbahn zwang der Ausfall von Triebwagen wieder zum Einsatz der alten Dampfloks, die jedoch dem gestiegenen Verkehr in keiner Weise gewachsen waren. Zur Aufrechterhaltung des Betriebes wurden 1917 zwei gebrauchte, stärkere Lokomotiven der Brünigbahn (Schweiz) übernommen und 1918 nach Anpassungsarbeiten in Betrieb genommen.

Verkauf der Filderbahn 1920

Nach dem Ende des Ersten Weltkrieges standen für die FB große Aufgaben an – Sanierung des Fahrzeugparks, des Oberbaus und der baulichen Anlagen sowie Durchführung im Krieg aufgeschobener Instandhaltungsarbeiten; u.a. war eine Grundüberholung und Verstärkung der „Türkenbrücke" über die Neue Weinsteige notwendig. Trotz erheblicher Staatszuschüsse geriet die WN durch die FB in große finanzielle Schwierigkeiten, die Mittel für die dringend notwendigen Sanierungsmaßnahmen waren einfach nicht vorhanden. Der drohende Konkurs stand vor der Tür.

In dieser Situation entschloß sich dieWN, sich von der FB zu trennen und nahm Verhandlungen mit dem Staat auf mit dem Ziel, die FB an die KWStE zu veräußern. Die zuständigen staatlichen Stellen zeigten jedoch kein großes Interesse, lediglich der als „Nebenbahn" betriebene, regelspurige Abschnitt Echterdingen – Neuhausen mit einer möglichen Verlängerung nach Leinfelden stand zur Debatte, zumal die KWStE im Rahmen von Notstandsarbeiten die Strecke (Vaihingen –) Rohr – Leinfelden – Waldenbuch plante und mit den Vorarbeiten bereits begonnen hatte. Für die übrigen als „Straßenbahn mit Personen- und Güterbeförderung" betriebenen Meterspurstrecken wurde empfohlen, mit der Stadt Stuttgart bezüglich Übernahme zu verhandeln.

Nach langwierigen Verhandlungen stand folgendes Modell zur Diskussion:

- die Regelspurstrecke Neuhausen – Echterdingen wird vom Staat übernommen und in Leinfelden an die neue KWStE-Strecke Vaihingen – Echterdingen angeschlossen
- die beiden Weinsteigelinien gehen als „Innerortslinien" auf die Stadt Stuttgart über
- die restlichen FB-Linien werden von einer Betriebsgemeinschaft geführt, die aus der Stadt Stuttgart und den an der Bahn liegenden Gemeinden besteht.

Nach vielem Hin und Her scheiterte die Betriebsgemeinschaft an dem Einspruch der Gemeinde Möhringen und der Weigerung, sich finanziell zu beteiligen, der dann trotz vorheriger Zusage weitere Gemeinden folgten.

Bis Anfang 1920 blieb die „Filderbahnfrage" offen, dann schließlich erklärte sich die Stadt Stuttgart bereit, die meterspurigen FB-Strecken zu übernehmen, wobei eine einmalige staatliche Beihilfe zugesagt wurde.

Am 27. Februar 1920 wurde der Kaufvertrag zwischen dem Staat Württemberg, vertreten durch die Generaldirektion der KW-StE, der Stadt Stuttgart und der WN unterschrieben. Danach übernahmen der Staat Württemberg und die Stadt Stuttgart den als FB bezeichneten Teil der WN einschließlich des Fahrzeugparks, den baulichen Anlagen, Liegenschaften und des Erneuerungsfonds zu einem Barpreis von 6 Mio. Mark, von dem die Stadt 2,2 und der Staat 3,8 Mio. trugen. Die KWStE erhielt die Strecke Echterdingen – Neuhausen mit allem Zubehör sowie ein Viertel des Erneuerungsfonds, die Stadt übernahm alle übrigen Strecken einschließlich der Stromerzeugungsanlagen und des Verwaltungsgebäudes sowie drei Viertel des Erneuerungsfonds.

Für die Strecke Echterdingen – Neuhausen galt, daß sie erst dann an die Staatsbahn übergehen würde, wenn die Neubaustrecke Rohr – Leinfelden mit Verlängerung bis Echterdingen in Betrieb geht, bis dahin hatte die Stadt Stuttgart den Betrieb auf eigene Rechnung zu führen, ohne eine Entschädigung von der Staatsbahn zu erhalten. Dafür mußte die Staatsbahn die Verbindung Unteraichen – Leinfelden einschließlich des Anschlusses an die Staatsbahnstrecke bauen und für einen Pauschalbetrag von 40 000 Mark an die Stadt Stuttgart übergeben.

Das Personal der FB trat, soweit es nicht bei der WN blieb, in den Dienst der SSB bzw. der DR über.

Nachdem der Württembergische Landtag am 25. März 1920 die Staatsregierung ermächtigt hatte, den Haushaltsplan entsprechend zu erhöhen, konnte der Kaufvertrag rechtswirksam werden.

Vertragsgemäß übernahm die Stadt Stuttgart zum 1. März 1920 die FB und vorerst auch die Strecke Echterdingen – Neuhausen. Die Betriebsführung ging entsprechend Zusatzvertrag vom 27. Februar 1920 auf Rechnung und Gefahr der Stadt Stuttgart auf die SSB über.

Der Betriebsführungsvertrag mit der SSB mit zum Teil rückwirkenden Bestimmungen wurde am 17. Januar 1921 abgeschlossen.

Nach der Neufassung der Hauptgenehmigung vom 29. März 1920 werden die Strecken der Filderbahn als „Privatbahnen/Nebenbahnen des allgemeinen Verkehrs" geführt.

Die Filderbahn unter neuer Führung ab 1920

Vorerst änderte sich am Erscheinungsbild und an der Betriebsdurchführung der FB nichts, jedoch wurden schon sehr bald z.T. langgehegte Wünsche nach durchgehendem Tarif, Weiterführung der Neue Weinsteigelinie über die Gleise der SSB nach Stuttgart hinein u.a.m. laut.

Der langgehegte Wunsch des direkten Verkehrs von Neuhausen – Bernhausen nach Stuttgart wurde wahr, als am 1. Oktober 1920 die neue Staatsbahnstrecke Rohr – Leinfelden – Echterdingen dem Verkehr übergeben wurde und nun die Züge von Neuhausen über Vaihingen direkt bis Stuttgart-West fahren konnten. Damit wurde vertragsgemäß die Strecke Neuhausen – Echterdingen an die Staatsbahn übergeben. Die normalspurigen Dampfzüge der städtischen FB verkehrten jetzt nur noch von Degerloch-West über Möhringen, Unteraichen und die neugebaute Verbindungsstrecke zum neuen Bahnhof Leinfelden.

Die ursprüngliche Strecke Unteraichen – Echterdingen wurde 1920 aufgelassen, lediglich die sogenannten „Latrinenwagen" der Stadt Stuttgart, die seit 1911 zu der Latrinenumladestelle Echterdingen verkehrten, fuhren noch eine kurze Zeit über die alte Strecke.

Zum Herbst 1920 kam endlich die Verbindung der Neuen Weinsteigelinie mit dem Netz der SSB zustande. Da der zweigleisige Ausbau der Neuen Weinsteigelinie bereits im Gespräch war und deshalb die für Bügelbetrieb vorgesehene Fahrleitung dem Stuttgarter System mit Rollenstromabnehmer nicht mehr angepaßt werden sollte, wurden neun Tw der FB und acht Tw der SSB mit zwei Schleif- und einem Rollenstromabnehmer ausgerüstet, die am Bopser jeweils umgelegt werden mußten. Zum 14. Oktober 1920

Latrinenwagen der Stadt Stuttgart, die zur Fäkalienentladestelle Echterdingen fuhren

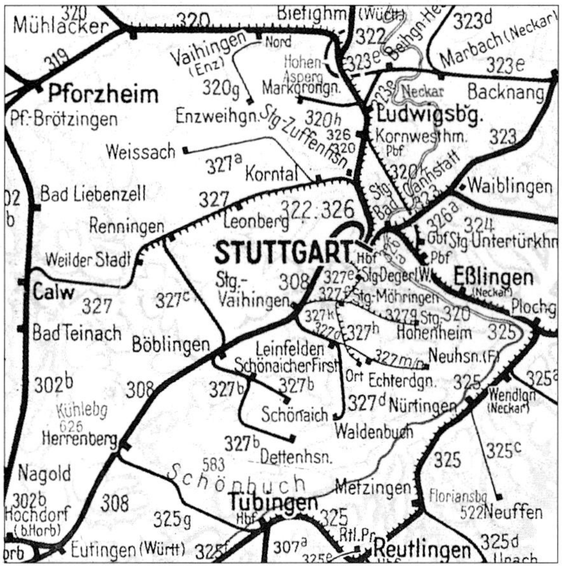

konnte nach Herstellung einer Gleisverbindung am Bopser der Gemeinschaftsverkehr (L. 5 Stuttgart – Vogelsang – Schloßstraße – Schloßplatz – Charlottenplatz – Bopser – Neue Weinsteige – Degerloch Obere Weinsteige) aufgenommen werden. Gleichzeitig wurden auf den beiden Weinsteigelinien der SSB-Tarif sowie durchgehende Fahrscheine eingeführt, auf den „Oberen Filderbahnlinien" blieb das FB-Tarifsystem bestehen.

Ausbau und Verbesserung bei der städtischen Filderbahn in den 20er Jahren

Der Gemeinderat Stuttgart hatte in seiner Sitzung vom 11. März 1921 mehrere Maßnahmen zur Verbesserung der FB beschlossen, u.a. Aufgabe des unwirtschaftlichen Regelspur-Personenverkehrs Degerloch – Möhringen – Leinfelden und zweigleisiger Ausbau der Neuen Weinsteigelinie mit Umbau der Fahrleitung für Rollenstromabnehmer sowie Umrüstung von fünf Tw für den Gemeinschaftsbetrieb zum Mitführen von zwei Beiwagen. Alle diese Maßnahmen konnten bis 1923 durchgeführt werden. Der zweigleisige Ausbau der Neuen Weinsteigestrecke wurde vorrangig betrieben, wobei beide Gleise auf dem hangseitigen Teil der Straße verlegt wurde. Gleichzeitig war die Fahrleitung auf das SSB-Rollenstromabnehmersystem umgestellt worden, so daß das lästige Umlegen der Bügel am Bopser entfallen konnte.

Die Endhaltestelle der Züge in Degerloch lag immer noch in der Steigung am Ende der Oberen Weinsteige, ein unerträglicher Zustand, der das Umsetzen erheblich erschwerte. Eine geplante Schleife durch die Ortsmitte von Degerloch ließ sich nicht realisieren, stattdessen verlegte man den Endpunkt mit Umsetzgleis 1925 in die Tübinger Straße (heute Epplestraße) vor dem Gasthaus Ritter.

Die Inflation setzte dem regen und erfreulichen Aufschwung der städtischen FB vorerst ein jähes Ende, empfindliche Verkehrseinbußen sowohl im Personenverkehr als auch im Güterverkehr waren die Folge. Im November 1923 erlebte die FB einen Tiefstand, Fahrplanbeschränkungen kennzeichneten die schlimme Lage.

Mit dem Ende der Inflation ging es auch bei der städtischen FB wieder bergauf, insbesondere der zweigleisige Ausbau der Neuen Weinsteigelinie brachte erheblichen Verkehrszuwachs, so daß zwei durchgehende Linien 16 und 5 Degerloch – Bopser – Stuttgart und ab 1924 weiter bis Feuerbach und Zuffenhausen eingerichtet wurden.

1925 wurden für den Gemeinschaftsbetrieb auf der Neuen Weinsteigelinie fünf Triebwagen und acht gleichartige Beiwagen in den SSB-Farben gelb/schwarz/weiß neu beschafft, dieses Farbbild erhielten in den Folgejahren alle übrigen älteren FB-Fahrzeuge.

1920 wurden auch die elektrische Ausrüstung und die Triebwagen der Zahnradbahn grundlegend überholt und eine neue Umformerstation eingebaut. Als dann das städtische Elektrizitätswerk Stuttgart ab 1. Januar 1921 die notwendige elektrische Energie für die Filderbahnstrecken bereitstellen konnte, wurde die veraltete und abgewirtschaftete Kraftstation in Möhringen stillgelegt.

Durch den Wegfall des Neuhäuser Arbeiterverkehrs gingen die Verkehrsleistungen der Zahnradbahn deutlich zurück, so daß der Dampfbetrieb vollkommen aufgegeben werden konnte. Nachdem die fünf Zahnradlokomotiven und ein Teil der nicht mehr benötigten Regelspur-Personenwagen vergeblich zum Kauf angeboten worden waren, wurden sie wenig später als Schrott verkauft.

Nach Aufnahme des allgemeinen Verkehrs auf der DR-Strecke Neuhausen – Vaihingen – Stuttgart-West zeigte sich, daß der Personenverkehr auf der SSB-Reststrecke Möhringen – Unteraichen – Leinfelden stark zurückging. Die SSB stellte deshalb bei der Stadt Stuttgart den Antrag, den regelspurigen Personenverkehr einzustellen, was zum Mai 1921 bis auf je ein Zugpaar morgens und abends sowie den Sonntagsverkehr geschah. Am 25. Dezember 1922 endete

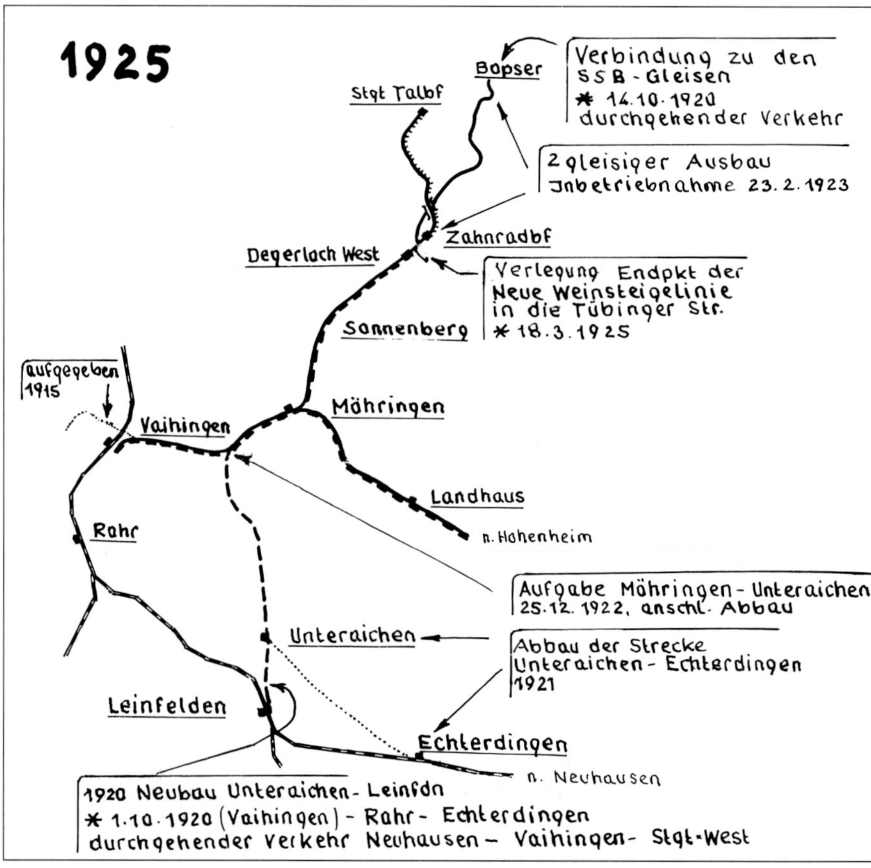

auch dieser Restverkehr. Der Güterverkehr Leinfelden – Unteraichen war bereits im Mai 1921 der DR zur Durchführung übergeben worden, der Abschnitt Möhringen-Abzweig – Unteraichen wurde 1922 abgebaut.

Die regelspurigen Personenwagen und Dampflokomotiven wurden abgestellt und verkauft, lediglich Lok 11 blieb in Reserve und verließ 1926 als letzte Dampflok die FB.

Somit bestand ab Mitte 1921 bzw. Ende 1922 folgende Situation:

FB elektrischer Betrieb Möhringen – Degerloch
– Vaihingen
– Hohenheim
elektrische Zahnradbahn Degerloch – Stuttgart
Neue Weinsteigelinie Degerloch – Bopser und weiter zur Innenstadt
regelspuriger Güterverkehr (dreischienig) Vaihingen – Möhringen – Degerloch-West und Hohenheim

DR Personen- und Güterverkehr Neuhausen – Echterdingen – Vaihingen – Stuttgart-West, Güterverkehr Anschluß nach Unteraichen und zum Latrinengleis

Die neue Strecke Möhringen – Leinfelden – Echterdingen 1927/28

Nach der Einstellung des regelspurigen Personenverkehrs nach Leinfelden und dem Verkehrsaufschwung ab Mitte der 20er Jahre zeigte sich, daß zu den südlichen Fildergemeinden ein Verkehrs-Vakuum entstanden war, zumal außerhalb des Berufsverkehrs das Zugangebot auf der DR-Strecke nach Neuhausen bescheiden war. Die Gemeinden Echterdingen, Unteraichen und Leinfelden bemühten sich ab 1923 um einen direkten Anschluß an das Netz der FB. Die Stadt Stuttgart bzw. die SSB waren nicht abgeneigt, zumal die Stadt noch im Besitz der Konzession Möhringen – Echterdingen und die ehemalige Bahntrasse noch vorhanden war.

Im Vorgriff auf die Netzerweiterung beschaffte die SSB im Auftrag der Stadt Stuttgart von der Crefelder Straßenbahn vier Triebwagen, die zu zwei Tw mit geschlossenen Plattformen und zwei Beiwagen umgebaut wurden.

Die neue Strecke nach Echterdingen geriet jedoch erst einmal zwischen die Mühlsteine hochfliegender und weitreichender Planungen, die die alten Wünsche nach Erweiterung der FB u.a. nach Eßlingen, Plochingen, Nürtingen, Reutlingen, Tübingen und Ruit zum Inhalt hatten. Von all diesen hochtrabenden Plänen wurde lediglich von der DR die Strecke Leinfelden – Waldenbuch gebaut und am 23. Juni 1925 in Betrieb genommen, ferner wurde Sillenbuch von der SSB angeschlossen (1930, 1967 bis Heumaden). Die östlichen Fildergemeinden sind seit 1926/29 durch die Straßenbahn Eßlingen – Nellingen – Denkendorf und Neuhausen erschlossen.

Für die neue Echterdinger Strecke, die eigentlich nie umstritten war, kam es am 14. Dezember 1926 zu einem Vertrag zwischen den vier Anliegerkommunen, wobei Möhringen 62 000 Mark, Leinfelden 15 000 Mark und Echterdingen 50 000 Mark sowie die Gemeinden Leinfelden und Echterdingen den Grund und Boden für die neue Strecke zur Verfügung stellen mußten.

Im Januar 1927 begannen die Bauarbeiten, am 22. Juli 1927 erhielt die Stadt Stuttgart die Genehmigung und bereits am 5. Oktober 1927 konnte der Betrieb bis Unteraichen aufgenommen werden.

Die Begehung der gesamten Strecke bis Echterdingen konnte am 27. März 1928 durchgeführt werden, vier Tage später wurde der Betrieb aufgenommen. Die Strecke benutzte bis Unteraichen die alte Dampfbahntrasse, bis Leinfelden die vorhandene von der DR gebaute Anschlußstrecke, führte dann auf eigenem Bahnkörper parallel und neben der Regelspurstrecke Leinfelden – Echterdingen und holte bei km 5,5 in einem Bogen nach links aus, um dann in einem weiten Bogen rechtwinklig auf die DR-Strecke zu führen, die bei km 6,02 unterfahren wurde. Die Strecke führte dann weiter auf eigenem Bahnkörper – für einen eventuellen zweigleisigen Ausbau waren das Trassé und auch die Unterführung entsprechend ausgelegt – auf Echterdingen zu und endete mit einem Umsetzgleis in der Echterdinger Hauptstraße. Der Verkehr auf der neuen Strecke entwickelte sich sofort bestens, wovon auch die anderen FB-Linien profitierten, insbesondere die beiden Weinsteigelinien.

Ermuntert durch diesen Erfolg bemühte sich die Gemeinde Vaihingen, die im Krieg stillgelegte Ortsverbindung wieder in Betrieb zu nehmen. Da die alte Betriebsgenehmigung noch bestand, konnte eine rasche Einigung erzielt werden. Nach dem Wiederaufbau der Oberleitung fuhren ab Oktober 1929 die FB-Züge wieder bis zum Schillerplatz in Vaihingen.

Da seit 1926 die SSB ihr Streckennetz nach Vaihingen ausgedehnt hatte und die L. 17 nach Vaihingen verkehrte, konnten die FB-Züge nicht mehr den ursprünglichen Endpunkt an der Brauerei Leicht in der Robert-Koch-Straße anfahren, sondern endeten jetzt in einem neuen Umsetzgleis am Schillerplatz.

Meterspurstrecke (Neubau 1927/28) nach Echterdingen, Vierwagenzug bei Unteraichen

Endpunkt Echterdingen 1950

Echterdingen, 6.6.1954

Auf der Fahrt zum Endpunkt Vaihingen Schillerplatz, Überführung über die DB-Gleise nördlich Bf Vaihingen

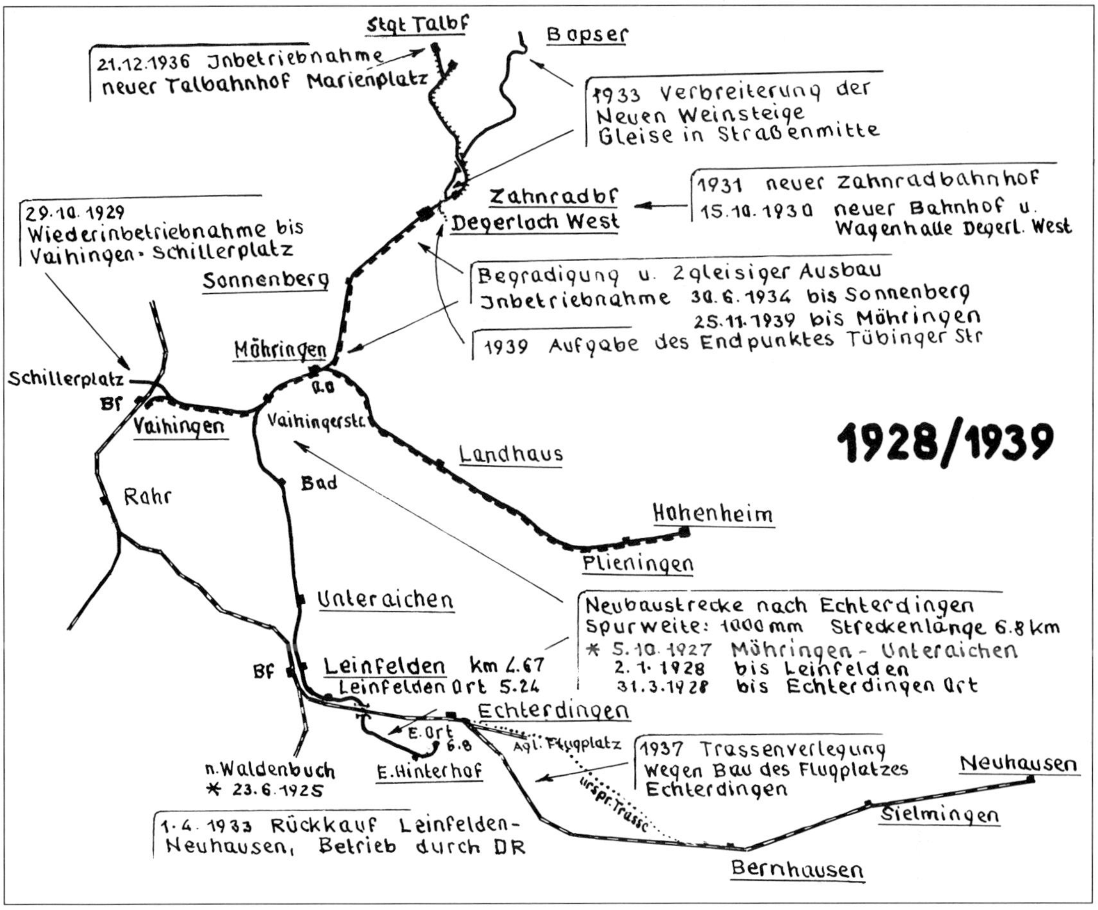

1929 wurde geplant, die Neue Weinsteinsteigelinien 5 und 16 von Degerloch nach Möhringen durchzuführen. Voraussetzung war die Begradigung der eingleisigen, dreischienigen Strecke Degerloch – Möhringen und Trennung des Güterverkehrs vom Personenverkehr (zweigleisige Meterspurstrecke, nebenliegendes Regelspurgleis) sowie die Beschaffung neuer Fahrzeuge. Die nahende Wirtschaftskrise warf ihre Schatten voraus, so daß dieses Vorhaben nicht mehr in vollem Umfang realisiert werden konnte. Zudem erhielt die Stadt Stuttgart erst am 11. Oktober 1930 die entsprechende Genehmigung. Lediglich die bestellten Fahrzeuge – sechs Trieb- und zehn Beiwagen aus einer Serie, die die SSB zur gleichen Zeit für ihren Betrieb beschaffte – konnten im Sommer 1929 ausgeliefert werden, es waren dies die letzten Fahrzeuge, die für die FB als eigenständiges Unternehmen beschafft worden sind.

Zur Unterbringung der neuen Fahrzeuge wurde 1929/30 in Degerloch-West eine neue Wagenhalle mit Wendeschleife errichtet, ferner

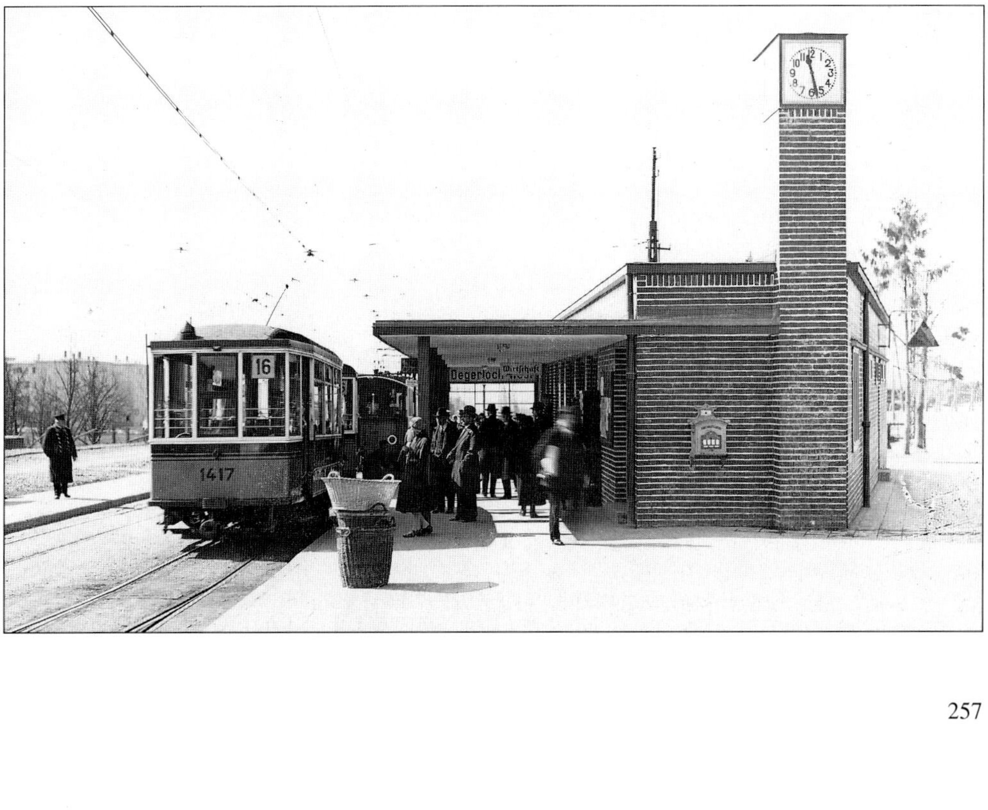

Der 1930 gebaute neue Bahnhof Degerloch-West, Endpunkt der FB-Züge von Möhringen

Degerloch West: Als Bahnsteigüberdachung wurde ein freitragendes Schutzdach erbaut

Der 1931 gebaute neue „Zacke"-Bahnhof Degerloch mit den davorliegenden FB-Gleisen, hier endeten nur einige wenige FB-Züge von Möhringen

wurde der alte Bahnhof im Zuge der Neugestaltung des Bahnhofsbereiches durch einen modernen zweckmäßigen Neubau ersetzt. Sowohl die Neue Weinsteigelinien als auch die Züge der oberen Filderbahnstrecken endeten ab 15. Oktober 1930 beim neuen Bahnhof Degerloch-West, nur einige wenige Züge fuhren während der Berufszeit noch bis zum Zahnradbahnhof.

Auch der veraltete Zahnradbahnhof Degerloch bedurfte dringend einer Erneuerung. 1931 wurden die alte Halle abgerissen und die vorhandenen Dienst- und Wirtschaftsgebäude umgebaut und erneuert. Als Bahnsteigüberdachung entstand ein über die ganze Länge geführtes, freitragendes Schutzdach, das der neuen Anlage das jahrzehntelange bekannte, gefällige und moderne Design gab und neben der Türkenbrücke sicherlich das meistfotografierte Objekt der FB war.

Schließlich wurde 1933 die Neue Weinsteige verbreitert, indem auf der Talseite die Straße aufgeständert werden mußte. Die beiden Straßenbahngleise rückten in die Straßenmitte.

Übergang der Filderbahn auf die SSB 1934

An der Strecke Neuhausen – Echterdingen hatte die Staatsbahn keine rechte Freude. Die Betriebsergebnisse entsprachen nicht den Erwartungen und die DR versuchte, sich von dem 1920 erworbenen Anhängsel wieder zu trennen.

Im Rahmen der Verhandlungen über den neu einzurichtenden Stuttgarter DR-Vorortverkehr Eßlingen – Stuttgart – Ludwigsburg mit elektrischen Nahverkehrstriebwagen bot die DR der Stadt Stuttgart als Eigentümerin der FB die Neuhausener Strecke zum Rückkauf an, d.h. der Gemeinderat wurde eher gedrängt, die Strecke zu übernehmen, wozu er sich am 5. Juli 1930 grundsätzlich bereiterklärte. Die Stadt Stuttgart verpflichtete sich mehr gedrängt als freiwillig am 15. März 1932 vertraglich, die Strecke Leinfelden – Echterdingen – Neuhausen zum 1. April 1933 käuflich zu erwerben, was auch fristgerecht durchgeführt wurde.

Die Betriebsdurchführung oblag weiterhin der DR, die im Auftrag der SSB werktags vier und sonntags zwei Personenzugpaare fuhr sowie den Güterverkehr besorgte.

Die Weltwirtschaftskrise und die sich verschlechternden Betriebsergebnisse sowie die Rücknahme der Neuhausener Strecke veranlaßten die Stadt Stuttgart, Überlegungen zur wirtschaftlicheren Betriebsführung anzustellen. Die geplante Umstellung der Neuhausener Strecke auf Busbetrieb scheiterte an dem erheblichen Widerstand der Anliegergemeinden, der Vorschlag der SSB, durchgehenden Betrieb von Stuttgart über Degerloch nach Hohenheim und Echterdingen einzuführen, wurde von der Stadt Stuttgart ignoriert.

Um eine Verbesserung der Situation zu erzwingen, kündigte die SSB am 29. November 1932 zum Jahresende den Pacht- und Betriebsführungsvertrag mit der Stadt Stuttgart.

Nach langwierigen Verhandlungen und einer Vielzahl von Konzessionen auch bezüglich der Finanzierung des zweigleisigen Ausbaues der Strecke Degerloch – Möhringen und der Gleisumlegung auf der Neuen Weinsteige und in diesem Zusammenhang auch mit der Übernahme der Straßenbahn Feuerbach – Gerlingen auf die SSB konnte man sich dahin einigen, daß die FB an die SSB veräußert wurde.

Nach Ausarbeitung des Kaufvertrages und nachdem der Gemeinderat in seiner Sitzung am 21. Dezember 1933 und die SSB-Generalversammlung am 28. März 1934 ihre Zustimmung zur Übernahme gegeben hatten, konnte der Vertrag am 8. Dezember 1934 von beiden Partnern unterzeichnet werden.

Die Übergabe der FB (und auch der Straßenbahn Feuerbach – Gerlingen) an die SSB war wie vereinbart und vorgesehen bereits zum 1. Januar 1934 erfolgt.

Wir verabschieden uns spätestens jetzt von der FB und ihrer Geschichte, nachdem sie als eigenständiges Unternehmen erst als eigene Gesellschaft, dann unter dem Dach der WN und schließlich als städtische Filderbahn aufgehört hat, eigenständig zu existieren und ab jetzt ein Teil der SSB ist und darin eingegliedert ist.

Nekrolog

Auch nach dem Übergang der FB auf die SSB behielt die Filderbahn bis weit nach dem Zweiten Weltkrieg ihr Eigenleben, geprägt durch:

- eigenen Fahrzeugpark (mit Schleifbügel)
- eigene Betriebshöfe in Degerloch und Möhringen
- Güterverkehr auf allen Strecken (außer Möhringen – Echterdingen)
- Nebenbahnbetrieb nach EBO
- besetzte Bahnhöfe
- örtliche Bahnleitung in Möhringen
- Aufnahme im Kursbuch der DB mit eigenen Strecken-Nummern.

Wir wollen die FB noch nicht in die Anonymität innerhalb der SSB entlassen, sondern anhand von Daten und Änderungen das weitere Betriebsgeschehen aufzeigen.

16.12.1933	L 16 durchgehend Möhringen – Sonnenberg – Degerloch – Innenstadt – Feuerbach, vorerst nur während der verkehrsschwachen Zeiten
1934/39	Begradigung und zweigleisiger Ausbau Degerloch – Möhringen, das westliche Gleis Degerloch – Möhringen erhält eine dritte Schiene für den Güterverkehr
30.06.1934	Inbetriebnahme bis Sonnenberg
25.11.1939	bis Möhringen und ganztägig durchgehender Betrieb der L 16
1935/37	Beschaffung neuer Fahrzeuge für die Zahnradbahn
1936	Umgestaltung des Marienplatzes in Stuttgart und Bau des neuen Zahnradbahnhofs mit zwei überdachten und seitlich verglasten Bahnsteigen
21.12.1936	Eröffnung des neuen Zahnradbahnhofs Stuttgart-Marienplatz

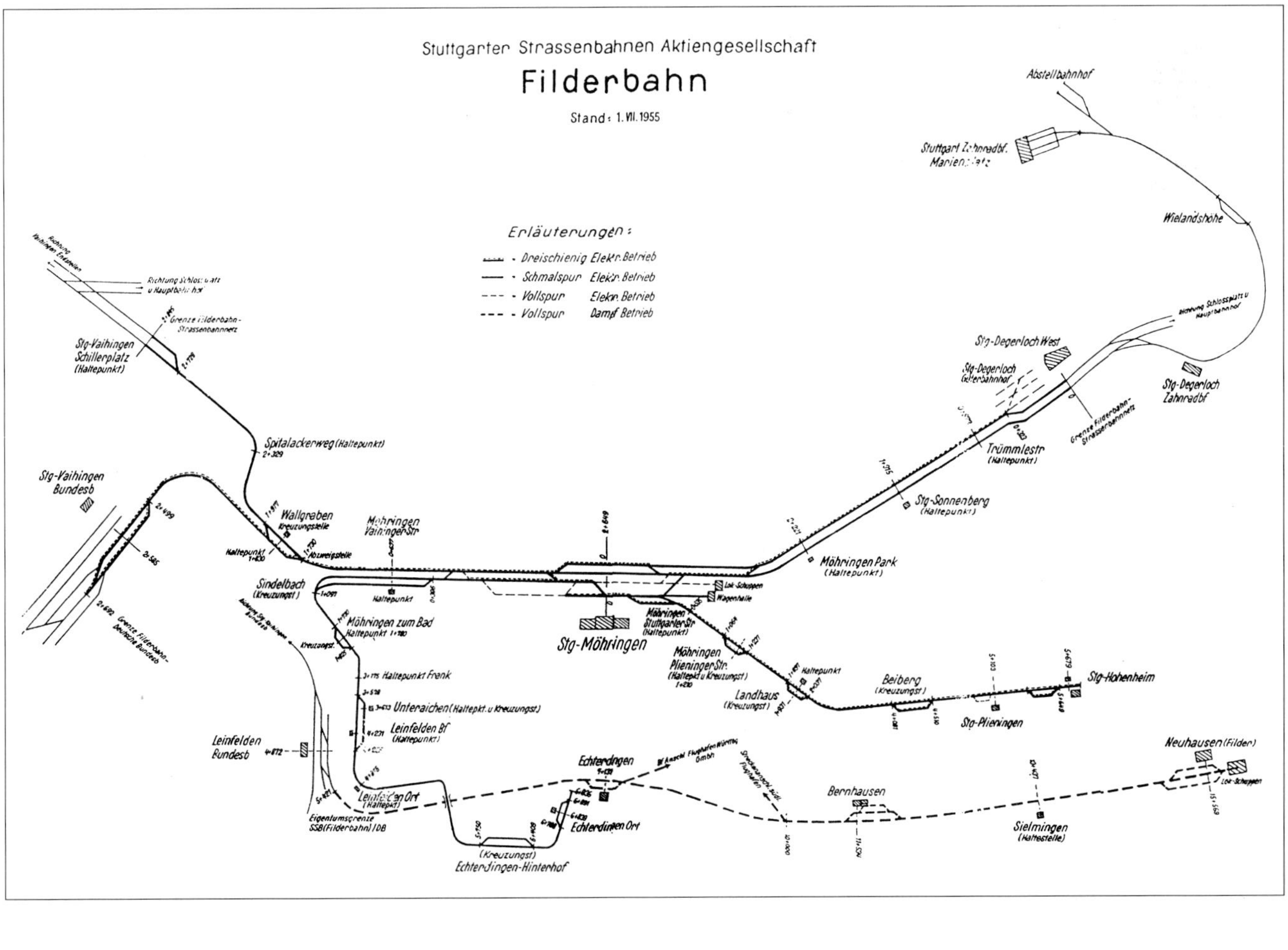

Der neue (dritte), 1936 gebaute „Zacke“-Talbahnhof am Marienplatz

Oberhalb des Depots, Abzweig der Strecke zum Talbahnhof am Marienplatz, rechts zum alten Talbahnhof und zur Werkstatt, 8.7.1979

1937	Bau des Flughafens Echterdingen, dadurch bedingt Streckenverlegung zwischen Echterdingen und Bernhausen
1942	Zuweisung der für die Reichsgartenschau 1939 beschafften neuen Fahrzeuge für die Neue Weinsteigelinie („Gartenschautriebwagen“, bis 1967 bei der FB im Einsatz)
15.05.1944	Einstellung der Personenzugfahrten zum Endpunkt am Reichsbahnhof Vaihingen
21.04.1945	Einstellung des gesamten FB-Verkehrs
bis 11.06.1945	sukzessive Wiederinbetriebnahme aller Strecken
23.12.1946	Inbetriebnahme der Wendeschleife um den großen Güterschuppen in Möhringen, damit entfiel endlich das zeitaufwendige Umsetzen der Triebwagen
01.04.1949	Inbetriebnahme des kriegszerstörten und wieder aufgebauten Talbahnhofs am Marienplatz
ab 16.05.1949	durchgehende Linie Echterdingen – Möhringen – Hohenheim, Bau zusätzlicher Ausweichen
1950	Beschaffung neuer Triebfahrzeuge für die Zahnradbahn

Ab Mitte der 50er Jahre mauserte sich die FB zu einer modernen Straßenbahn. Der eigene Fahrzeugpark ging verloren, der Güterverkehr wurde eingestellt und die Neuhausener Strecke erst auf Busbetrieb umgestellt und schließlich ganz aufgegeben. Die FB-Linien erhielten Linien-Nummern.

Der Einsatz moderner Gelenkwagen vom Typ GT4, von dem die SSB rund 350 Stück beschafft hat, erforderte Wendeschleifen an den Endpunkten. Der durchgehende Verkehr nach Stuttgart und Rohr nahm der FB vollends ihr Inseldasein.

Der Verlust der Identität war schon vor dem Ausbau auf Stadtbahnbetrieb vollzogen, dokumentiert auch dadurch, daß die Fahrplanbilder der Filderstrecken im Kursbuch verschwanden.

01.08.1955	Einstellung des Personenverkehrs Leinfelden – Neuhausen (gleichzeitig stellte die DB den Personenverkehr auf der Strecke nach Waldenbuch ein), Umstellung auf Busbetrieb
seit 01.11.1954	Verlängerung der Vaihinger Linie bis Rohr
ab 02.05.1955	Einbeziehung der FB-Linien in das Linienschema der SSB

L 31, später 32 Hohenheim – Möhringen – Echterdingen
L 32, später 31 Möhringen – Vaihingen (– Rohr)
L 30 Zahnradbahn Stuttgart-Marienplatz – Degerloch

ab 1959 Einsatz der GT4, Abstellung und bis 1964 Verschrottung des alten FB-Fahrzeugparks

seit 20.12.1962 Schleifenfahrt Vaihingen durch die Krehlstraße

seit 30.10.1963 Möhringen-Pflugmühle – Wallgraben Vaihingen zweigleisig

30.11.1963 Aufgabe des Güterverkehrs nach Hohenheim, Ausbau der dritten Schiene

1964/65 Umbau des Bahnhofs Möhringen, neuer Güterbahnhof im nordöstlichen Bahnhofsbereich

seit 05.09.1963 Schleifenfahrt Echterdingen Hirschstraße – Martin-Luther-Straße

seit 19.05.1964 L 6 durchgehend Echterdingen – Stuttgart – Gerlingen mit GT4-Wagen, Einstellung L 32

seit 04.01.1965 L 31 Vaihingen – Möhringen – Hohenheim

18.06.1965 Inbetriebnahme der neuen „Türkenbrücke" in Degerloch (Betontragkonstruktion mit drei Feldern, Gesamtlänge 119,2 m, Steigung 11,3%/4,2%)

1965 Neugestaltung Albplatz Degerloch, Zusammenlegung der Hst Epplestraße und Degerloch-West zur

12.06.1966 neuen Hst Albplatz

1966/67 neue Haltestellenanlage Möhringen, Vaihinger Straße in Tieflage

30.10.1967 Aufgabe des Güterverkehrs Möhringen – Degerloch (Anlaß war der Ausbau der B 27, der die Güteranlage in Degerloch geopfert werden mußte)

1966/67 Umbau und Erweiterung der Wagenhalle Degerloch

18.12.1967 Inbetriebnahme der Wendeschleife Plieningen, Abbruch des Bahnhofsgebäudes Plieningen und Aufgabe des ca. 700 m langen Streckenabschnittes Plieningen – Hohenheim (die Universität Hohenheim war nicht bereit, Gelände für eine Wendeschleife in Hohenheim zur Verfügung zu stellen)

19.11.1971 Inbetriebnahme des neuen (des vierten) Talbahnhofs der Zahnradbahn, Stahlkonstruktion mit einem überdachten Bahnsteig nordöstlich des ehemaligen Talbahnhofs – Anlaß der Verlegung und des Neubaues war der Stadtbahntunnel Böblinger Straße – Charlottenplatz

07.11.1971 Aufgabe des FB-Depots Möhringen

Das letzte Kapitel der nicht mehr existierenden FB heißt Umstellung auf Stadtbahnbetrieb – regelspuriger Ausbau, Einsatz von Stadtbahnwagen, großzügige Umgestaltung der Hp und Endpunkte und des Bahnhofs Möhringen, Aufgabe des Depots Degerloch.

10.06.1976 Stadtratsbeschluß zur Umstellung der SSB-Strecken auf Stadtbahnbetrieb (Regelspur), Beginn der Umstellung auf den Fildern

11.06.1977 Inbetriebnahme des neuen (dritten) Endbahnhofs der Zahnradbahn in Degerloch

31.08.1981 Aufgabe des Güterverkehrs Vaihingen – Möhringen, Anlaß war der stadtbahnmäßige Ausbau der Plieninger Linie und die Umgestaltung des Bahnhofs Möhringen

1980 Grundlegende Sanierung der Zahnradbahn und Bestellung von drei neuen Zahnradtriebwagen. Sanierung der Werkstatt und des alten Talbahnhofs, der weiterhin zur Abstellung der Fahrzeuge dient, verglaste bergseitige Einfahrfront; in der großen ausgebauten Halle können auch Feste gefeiert werden

1982 Inbetriebnahme der neuen Zahnradbahn-Fahrzeuge, Verkauf der alten Fahrzeuge außer Tw 104 + Bw 118 (Museumszug der SSB)

seit 01.05.1983 Einsatz der Vorstellwagen für die Fahrradbeförderung

seit 14.02.1983 Erster Einsatz von Stadtbahnwagen auf dem stadtbahnmäßig ausgebauten Abschnitt Möhringen – Plieningen (dritte Schiene für den Regelspurbetrieb)

seit 25.07.1983 neue Schleifenfahrt Vaihingen mit neuer Brücke über die DB – Anlaß war der beginnende S-Bahnbau und Stadtbahnausbau Vaihingen

seit 28.09.1985 Einsatz von Stadtbahnwagen auf dem stadtbahnmäßig ausgebauten Abschnitt Möhringen – Vaihingen, neuer Endpunkt vor dem DB-Bahnhof Vaihingen

03.11.1990 dto. Möhringen – Leinfelden und Aufgabe des Abschnittes Leinfelden – Echterdingen

1982/88 Stadtbahnmäßiger Ausbau der Neuen Weinsteigelinie, Herausnahme der Gleise aus der Straße, Neutrassierung in Tief- und Hanglage

Dezember 94 Verlängerung der Zahnradbahn bis zum Albplatz in Degerloch.

Neuer (vierter) „Zacke"-Talbahnhof, 22.5.1976

Tw 101 am neuen „Zacke"-Bahnhof Degerloch, 27.8.1982

Neuer „Zacke"-TW 1002 mit einem Vorstellwagen für die Fahrradbeförderung am Hp Nägelestraße, 1991

Möhringen, einfahrender Zug von Plieningen, im Hintergrund die aufgegebene Wagenhalle, links nach Degerloch, 1991

Möhringen, ausfahrender Zug nach Degerloch, links die aus der Anfangszeit stammende alte Wagenhalle mit dem ehemaligen Kraftwerk, 1991

Neuer Endpunkt Plieningen, links Hochbahnsteig für die zukünftige Stadtbahn, 27.8.1982

Neuer Stadtbahn-Hp Unteraichen, noch liegt das (dritte) Meterspurgleis der alten Strecke nach Echterdingen, rechts das Gasthaus, das dem alten Hp gegenüber lag und eine Agentur beherbergte, 1991

Personenverkehr

Die Filder-Strecken haben im Laufe der Jahrzehnte und insbesondere nach dem Zweiten Weltkrieg ständig an Bedeutung gewonnen, die täglich beförderten Fahrgäste stiegen auf den straßenbahnmäßig betriebenen Strecken mit starrem Fahrplan und dichter Zugfolge ständig an. Dieser Aufschwung war überhaupt nur möglich durch den direkten Verkehr mit und ohne Umsteigen in die Stuttgarter Innenstadt über Vaihingen und Degerloch – Neue Weinsteige sowie mit der Zahnradbahn. Zwischen 1902 und 1920 pendelten etwa 2000 Berufstätige täglich in die Stadt und zurück. Die Entwicklung auf den einzelnen Strecken ab Möhringen zeigt folgende Tabelle: (Die Tabelle zeigt aber auch, daß ab Mitte der 60er Jahre eine Stagnation eintrat – Spiegelbild der allgemeinen Entwicklung bei den öffentlichen Nahverkehrsbetrieben.)

Jahr	nach Degerloch	nach Hohenheim	nach Echterdingen	nach Vaihingen
1921	3 200 tgl	1 400 tgl	– tgl	400 tgl
1930	5 000	1 300	1 400	500
1940	8 600	1 900	2 800	800
1950	14 400	4 600	5 500	3 700
1955	17 520	4 501	6 283	5 210
1960	17 748	4 441	7 058	4 940
1965	19 319	3 521	7 319	5 614
1967	19 128	3 285	6 546	5 258
insgesamt 1935: 2,3 Mio. 1960: 3,15 Mio. Fahrgäste				

„Zacke"-Tw 104 und 105, Zugkreuzung Ausweiche Wielandshöhe 1957

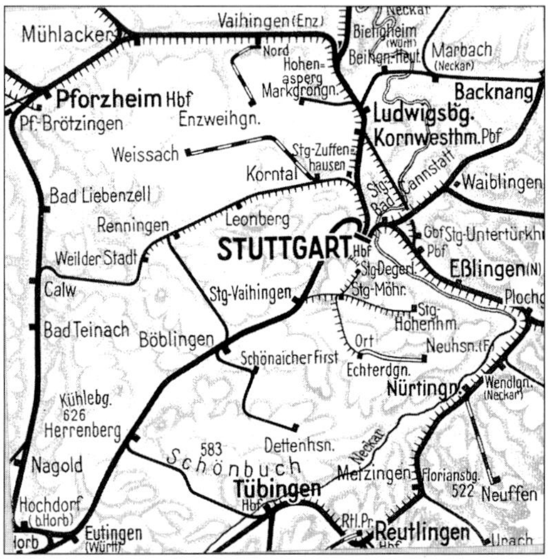

„Zacke" auf der Türkenbrücke Degerloch

1938

Filderbahn 329c Degerloch - Möhringen (Filder) und zurück *Elektrischer Betrieb*

Stuttgarter Straßenbahnen. Anschluß mit Linien 5 und 16. Fahrzeit Stuttgart Hbf—Degerloch 22 Minuten.

Alle Züge nur 3. Klasse

km																											
	Degerloch Zrdbf .... ab	...	...	...		w	...	w	w5.55	w6.09	w6.16	w6.24	w6.33	w6.47	w7.03	w	w7.33	...	8.03	S8.15	8.27	S8.39	S8.51	S9.03	S9.15	S9.27	S9.39
0,4	**Degerloch** West	0.10	0.24	0.50	4.49	5.00	5.15	5.42	5.58	6.12	6.19	6.27	6.36	6.49	7.06	7.15	7.35	7.53	8.05	8.17	8.29	8.41	8.53	9.05	9.17	9.29	9.41
1,8	Sonnenberg	0.13	0.27	0.53	4.52	5.03	5.18	5.45	6.01	6.15	6.22	6.30	6.39	6.52	7.09	7.18	7.38	7.56	8.08	8.20	8.32	8.44	8.56	9.08	9.20	9.32	9.44
3,1	**Möhringen** (F) 329 d. e. f an	0.17	0.31	0.57	4.56	5.07	5.22	5.49	6.05	w6.19	6.26	w6.34	6.43	w6.56	7.13	7.22	7.42	8.00	8.12	8.24	8.36	8.48	S9.00	9.12	S9.24	9.36	S9.[illegible]

(1. Fortsetzung)		S		S		S		S																		
Degerloch Zrdbf. ab	S9.51	10.03	S10.15	10.27	S10.39	10.51	S11.03	11.15	S11.27	11.39	S11.51	12.03	12.15	usw	13.51	14.03	S14.15	14.27	S14.39	14.51	S15.03	15.15	S15.27	15.39	S15.51	16.03
Degerloch West	9.53	10.05	10.17	10.29	10.41	10.53	11.05	11.17	11.29	11.41	11.53	12.05	12.17	alle	13.53	14.05	14.17	14.29	14.41	14.53	15.05	15.17	15.29	15.41	15.53	16.05
Sonnenberg	9.56	10.08	10.20	10.32	10.44	10.56	11.08	11.20	11.32	11.44	11.56	12.08	12.20	12 Min	13.56	14.08	14.20	14.32	14.44	14.56	15.08	15.20	15.32	15.44	15.56	16.08
Möhringen (F) .. an	10.00	10.12	10.24	10.36	10.48	11.00	11.12	11.24	11.36	11.48	12.00	12.12	12.24	bis	14.00	14.12	14.24	14.36	14.48	15.00	15.12	15.24	15.36	15.48	16.00	16.12

(2. Fortsetzung)																						
Degerloch Zrdbf. ab	S16.15	16.27	b16.39	16.51	b17.03	usw alle 12 Min,	19.39	S19.51	20.03	20.15	S20.27	S20.37	S20.52	S21.07	S21.22	S21.37	S21.52	S22.07	...	...	...	usw	...
Degerloch West	16.17	16.29	16.41	16.53	17.05	Degerloch Zahnradbf—	19.41	19.53	20.05	20.17	20.29	20.40	20.54	21.09	21.24	21.39	21.54	22.09	22.24	22.39	22.54	alle	23.54
Sonnenberg	16.20	16.32	16.44	16.56	17.08	Degerloch West	19.44	19.56	20.08	20.20	20.32	20.43	20.57	21.12	21.27	21.42	21.57	22.12	22.27	22.42	22.57	15 Min	23.57
Möhringen (F) .. an	16.24	16.36	16.48	17.00	17.12	Sa alle 24 Min, bis	19.48	20.00	20.12	20.24	20.36	20.47	21.01	21.16	21.31	21.46	22.01	22.16	22.31	22.46	23.01	bis	0.01

Filderbahn 329d Möhringen (Filder) - Hohenheim und zurück *Elektrischer Betrieb*

Stuttgarter Straßenbahnen
Anschluß mit Linien 5 und 16 und über Strecke 329 c

Alle Züge nur 3. Klasse

km																					
	Möhringen (Filder) ab	0.57	w5.02	5.28	...	w6.02	6.29	7.46	...	8.38	9.38	10.50	...	11.50	12.50	Sa13.14	...	13.38	Sa14.02	14.38	15.50
5,1	Plieningen .... an	1.10	5.16	5.42	...	6.16	6.44	7.59	...	8.51	9.51	11.03	...	12.03	13.03	13.27	...	13.51	14.15	14.51	16.03
5,7	**Hohenheim** .... an	1.12	w5.18	5.44	...	w6.18	6.46	8.01	...	8.53	9.53	11.05	...	12.05	13.05	Sa13.29	...	13.53	Sa14.17	14.53	16.05

Fortsetzg																		
	Möhringen (Filder) ab	16.36	17.02	17.26	...	17.50	Sa18.14	18.26	...	S18.50	19.02	Sa19.26	19.38	20.26	...	21.17	22.17	23.32
	Plieningen .... an	16.51	17.15	17.39	...	18.03	18.27	18.39	...	19.03	19.15	19.39	19.51	20.39	...	21.30	22.30	23.45
	Hohenheim .... an	16.53	17.17	17.41	...	18.05	Sa18.29	18.41	...	S19.05	19.17	Sa19.41	19.53	20.41	...	21.32	22.32	23.47

km																					
	Hohenheim .... ab	0.05	1.13	w4.57	w5.23	S5.55	w5.57	w6.25	6.54	8.09	9.09	w 9.57	S10.09	S11.09	w11.21	S12.09	w12.21	13.09	Sa13.33	Sa13.57	14.09
0,6	Plieningen	0.07	1.15	4.59	5.25	5.57	5.59	6.27	6.56	8.11	9.11	9.59	10.11	11.11	11.23	12.11	12.23	13.11	13.35	13.59	14.11
5,7	**Möhringen** (Filder) an	0.20	1.28	w5.13	w5.39	S6.11	w6.13	w6.41	7.10	8.24	9.24	w10.12	S10.24	S11.24	w11.36	S12.24	w12.36	13.24	Sa13.48	Sa14.12	14.24

Fortsetzg																		
	Hohenheim .... ab	Sa14.21	S15.09	w15.21	16.09	16.57	17.20	17.44	18.20	Sa18.32	18.56	S19.08	19.32	Sa19.45	19.58	20.45	21.45	22.45
	Plieningen	14.23	15.11	15.23	16.11	16.59	17.22	17.46	18.22	18.34	18.58	19.10	19.34	19.47	20.00	20.47	21.47	22.47
	Möhringen (Filder) an	Sa14.36	S15.24	w15.36	16.24	17.12	17.36	18.00	18.36	Sa18.48	19.12	S19.24	19.48	Sa20.00	20.13	21.00	22.00	23.00

In Landhaus halten die Züge nur nach Bedarf an (X)   b täglich ausgenommen Sa

Filderbahn 329e Möhringen (Filder) - Leinfelden - Echterdingen und zurück *Elektr Betrieb*

Stuttgarter Straßenbahnen
Anschluß Straßenbahnlinien 5 und 16 und 329 c

Alle Züge nur 3. Kl

km																								
	Möhringen (Filder) ab	0.32	S4.48	w4.58	6.13	w6.35	...	w6.59	S7.14	8.01	S9.01	...	w9.13	S10.01	w10.25	11.14	12.14	Sa12.39	...	13.03	Sa13.27	c13.51	w14.15	c14.51
3,6	Unteraichen	0.41	4.57	5.07	6.22	6.44	...	7.08	7.23	8.10	9.10	...	9.22	10.10	10.34	11.23	12.23	12.48	...	13.12	13.36	14.00	14.24	15.00
4,2	**Leinfelden** Bf .... an	0.42	4.58	5.08	6.23	6.45	...	7.09	7.24	8.11	9.11	...	9.23	10.11	10.35	11.24	12.24	12.49	...	13.13	13.37	14.01	14.25	15.01
	Leinfelden Bf .... ab	0.42	4.58	5.15	6.23	6.45	...	7.11	7.24	8.11	9.11	...	9.23	10.11	10.35	11.24	12.24	12.49	...	13.13	13.37	14.01	14.25	15.01
4,8	Leinfelden Ort	0.44	5.00	5.17	6.25	6.47	...	7.13	7.26	8.13	9.13	...	9.25	10.13	10.37	11.26	12.26	12.51	...	13.15	13.39	14.03	14.27	15.03
6,8	**Echterdingen** Ort. an	0.50	S5.06	w5.23	6.31	w6.53	...	w7.19	S7.32	8.19	S9.19	...	w9.31	S10.19	w10.43	11.32	12.32	Sa12.57	...	13.21	Sa13.45	c14.09	w14.33	c15.09

Fortsetzg																					
	Möhringen (Filder) ab	w15.27	S16.03	w16.13	...	16.51	17.15	Sa17.27	...	17.39	18.03	S18.15	...	w18.39	19.15	w19.51	S20.03	...	20.47	21.47	23.17
	Unteraichen	15.36	16.12	16.22	...	17.00	17.24	17.36	...	17.48	18.12	18.24	...	18.48	19.24	20.00	20.12	...	20.56	21.56	23.26
	Leinfelden Bf .... an	15.37	16.13	16.23	...	17.01	17.25	17.37	...	17.49	18.13	18.25	...	18.49	19.25	20.01	20.13	...	20.57	21.57	23.27
	Leinfelden Bf .... ab	15.37	16.13	16.23	...	17.01	17.25	17.37	...	17.49	18.13	18.25	...	18.49	19.25	20.01	20.13	...	20.57	21.57	23.27
	Leinfelden Ort	15.39	16.15	16.25	...	17.03	17.27	17.39	...	17.51	18.15	18.27	...	18.51	19.27	20.03	20.15	...	20.59	21.59	23.29
	Echterdingen Ort. an	w15.45	S16.21	w16.31	...	17.09	17.33	Sa17.45	...	17.57	18.21	S18.33	...	w18.57	19.33	w20.09	S20.21	...	21.05	22.05	23.35

Filderbahn 329f Möhringen (Filder) - Vaihingen (Filder) und zurück *Elektr Betrieb*

Stuttgarter Straßenbahnen

Alle Züge nur 3. Klasse

km																										
	Möhringen (Filder) 329 ab	w5.49	6.43	w7.14	S8.03	8.49	9.51	S10.37	11.25	S12.37	w12.50	c13.49	...	14.37	c15.49	a16.13	17.03	17.27	17.51	a18.27	18.51	19.51	S20.26	20.48	21.48	22.48
	Vaihingen (Filder) Rb 324 an	w5.57	6.51	w7.22	...	...	...	...	11.33	...	w12.58	...	...	...	...	a16.21	a17.11	17.35	...	a18.35	w18.59	...	...	...	...	...
2,8	**Vaihingen** (Filder) Ort .. an	...	...	...	S8.12	8.58	10.00	S10.46	...	S12.46	...	c13.58	...	14.46	c15.58	...	c17.12	...	18.00	...	S19.00	20.00	S20.35	20.57	21.57	22.57

km																											
	Vaihingen (Filder) Ort .. ab	...	...	...	S8.29	...	9.15	10.03	S10.51	...	S13.04	...	c14.04	15.03	c16.15	...	c17.15	...	18.15	...	...	S19.04	20.04	S20.37	21.06	22.06	23.06
	Vaihingen (Filder) Rb 324 ab	w6.02	6.56	w7.34	...	...	...	...	...	11.54	w13.05	...	...	...	...	a16.26	a17.16	17.40	...	...	a18.40	w19.05	...	...	...	...	...
2,8	**Möhringen** (Filder) ..... an	w6.10	7.04	w7.42	S8.38	...	9.24	10.12	S11.00	12.02	13.13	...	c14.13	15.12	c16.24	a16.34	17.24	17.48	18.24	...	a18.48	19.13	20.13	S20.46	21.15	22.15	23.15

a Werktags ausgenommen Samstags   c Samstags und Sonn- und Feiertags   an der Vaihinger Str in Möhringen halten die Züge nur nach Bedarf an (X)

Filderbahn 329g Leinfelden - Neuhausen (Filder) und zurück *Dampfbetrieb*

Stuttgarter Straßenbahnen

Alle Züge nur 3. Klasse

Anschluß über die Str 324 c u 329 e		12	S 14		20	Sa 24		S 26	Sa 28		Sa 32		34	S 38	w 40	42		Sa 44	S 46	
km	**Leinfelden** Reichsb .... ab	7.28	10.30	...	w außer Sa 12.40	13.41	...	14.06	14.38	...	15.50	...	w außer Sa 17.37	18.43	18.51	w außer Sa 19.36	...	20.06	21.50	...
2,3	Echterdingen Bf	7.34	10.36	...	12.46	13.48	...	14.12	14.45	...	15.56	...	17.43	18.49	18.58	19.43	...	20.12	21.56	...
6,6	Bernhausen	7.44	10.46	...	12.56	13.58	...	14.22	14.55	...	16.06	...	17.53	18.59	19.08	19.53	...	20.22	22.06	...
8,5	Sielmingen	7.49	10.51	...	13.01	14.04	...	14.27	15.00	...	16.11	...	17.58	19.04	19.13	19.58	...	20.27	22.11	...
10,6	**Neuhausen** (Filder) .... an	7.53	10.55	...	13.05	14.09	...	14.31	15.04	...	16.15	...	18.02	19.08	19.17	20.02	...	20.31	22.15	...

km		w 1	w 5		S 11	13		Sa 15	S 17		21	Sa 29		S 33	w 37		S 41		Sa 43	
0,0	**Neuhausen** (Filder) .... ab	5.03	5.32	...	6.10	8.11	...	11.18	12.04	...	w außer Sa 13.22	14.41	...	17.05	18.16	...	19.20	...	19.31	...
2,1	Sielmingen	5.08	5.39	...	6.16	8.16	...	11.23	12.09	...	13.27	14.46	...	17.10	18.21	...	19.25	...	19.36	...
4,0	Bernhausen	5.14	5.46	...	6.22	8.22	...	11.29	12.15	...	13.33	14.55	...	17.16	18.27	...	19.31	...	19.42	...
8,3	Echterdingen Bf	5.25	5.59	...	6.32	8.32	...	11.39	12.25	...	13.43	15.05	...	17.26	18.38	...	19.41	...	19.52	...
10,6	**Leinfelden** Reichsb .... an	5.31	6.05	...	6.38	8.38	...	11.45	12.31	...	13.49	15.11	...	17.32	18.44	...	19.47	...	19.58	...

Bf Möhringen 1954

Güterverkehr 1970 – 1983

Der Güterverkehr auf den FB-Strecken war vor dem Krieg von erheblicher Bedeutung und nahm Mitte der 50er Jahre deutlich ab – 1935 insgesamt 93 644 t, 1960: 66 088 t. Die Entwicklung zeigt folgende Tabelle:

Zahl der beförderten Güterwagen im Versand und Empfang

1928:	6 022	auf den dreischienigen	–	(DR)
1933:	4 085	elektrisch betriebenen Strecken	2 496	Leinfelden – Neuhausen
1938:	5 213		4 475	
1943:	4 840		10 231	(Flugplatz!)
1948:	4 605		4 217	
1953:	2 753		4 033	
1955:	2 620		2 638	
1957:	2 514		2 805	
1958:	2 392		2 752	

Nach Aufgabe des Güterverkehrs nach Hohenheim und Degerloch verblieb ein beachtliches Güteraufkommen für Möhringen und die Neuhausener Strecke. In Möhringen gab es einen Güterschuppen für Stück- und Expreßgut sowie einen Lagerschuppen des Landhandels, ferner Güter- und Freiladegleise. Für den Güterverkehr standen die beiden vierachsigen Elloks Nr. 1 und 2 zur Verfügung.

Der jahrzehntelang recht rege Stückgutverkehr endete zum 1. Februar 1977. An der Ladestraße kamen noch Ladungen auf für die Firmen:

- Reschling (Heizöl, Kohlen)
- Hansa Metall (Quarzsand in Mittel-Containern)
- Tilco Biochemie (Granulate in MC)
- Landhandel Boberg.

Anfang der 80er Jahre wurden ein bis zwei Wagenladungen/Tag gestellt. Mit dem Ausbau der Filderbahn-Strecken und der Umgestaltung des Bahnhofs Möhringen für den Stadtbahnverkehr mußte der spärliche Rest-Güterverkehr aufgegeben werden, er endete am 31. August 1981.

Nachdem die Ellok 1 bereits 1977 abgestellt war, wurde die Lok 2 1981 brotlos. Beide Loks sind 1981 an das Straßenbahnmuseum Hannover abgegeben worden.

Neuhausener Strecke

Nach Einstellung des Personenverkehrs auf der Neuhausener Strecke besorgte die DB im Auftrag der SSB weiterhin den Güterverkehr. Den Rangierdienst übernahm die kleine V-Lok 3, die 1946 von der Wehrmacht zur SSB gekommen war und hier bis 1963 Dienst getan hat (Schwartzkopff 1941/11392, 1963 verk. an Teutoburger Wald-Eisenbahn).

1977 lief der Betriebsvertrag mit der DB aus und wurde von der SSB nicht erneuert, stattdessen beschaffte sie eine altbrauchbare vierachsige V-Stangenlok (ursprünglich Dt. Solvay AG Hohenbudberg, gekauft über MaK) – Nr. 3^{II} MaK 1958/600141, 600 PS –, die bis 1981 den Güterverkehr sowohl in Möhringen als auch auf der Neuhausener Strecke durchführte.

Mit der Aufgabe des Güterbahnhofs Möhringen 1981 wurde die V-Lok abgestellt und wartete jahrelang in Bernhausen auf einen Käufer, der sich 1983 schließlich in der Firma Gleismac fand, die die Lok nach Italien veräußerte.

Die DB übernahm am 31. August 1981 wieder die Zugförderung, Rangier- und Zugpersonal wurden jedoch von der SSB gestellt.

Gz nach Möhringen abfahrbereit im Bf Vaihingen

L 1 rangiert in Möhringen, 9.8.1956

E-Lok 1 abgestellt in Möhringen, 12.4.1978

V-Lok 3 II mit Gz nach Neuhausen, Bf Bernhausen, 12.4.1978

V-Lok 3^{II} rangiert in Vaihingen, 12.4.1978

V-Lok 3^{I}, i.E. 1946-1963

V-Lok 3^{II}, Bernhausen, 13.4.1978

V 260 941-0 mit Gz nach Neuhausen Bf Bernhausen, rechts abgestellt SSB-V-Lok 3 II, 27.8.1982

Das Wagenladungsaufkommen war in den 70er Jahren noch beachtlich – ohne Renault um 30 000 t/Jahr sowie zwischen 7 000 und 10 000 t Stückgut. Alle folgenden Zahlen beziehen sich auf 1980.

Über Agl und örtliche Ladegleise wurden einige Großkunden bedient:

- Dt. Renault Auslieferungslager Echterdingen, Agl km 6,6, seit 1973 nur noch geringes Verkehrsaufkommen.
- Flugplatz Echterdingen, Agl Bahnhof Echterdingen zum Betriebsgebäude Flugplatz GmbH (alte Strecke), schon lange ohne Bedeutung.
- Flugplatz Echterdingen, Agl km 10,0, seit 1974 kein Verkehrsaufkommen mehr, Flugbenzin über die Straße angefahren.
- Firma Lurk (Halle vermietet an Firma Almet), Agl Bf Sielmingen, geringes Verkehrsaufkommen.
- Firma Thyssen Stahlbau und Aufzugfertigung, Agl zwischen Sielmingen und Neuhausen (erstellt 1973), rund 2000 t/Jahr.
- Firma König, Holzimport, Agl Bahnhof Neuhausen, aufgegeben Mitte der 70er Jahre, Abwicklung des geringen Ladungsaufkommens an der Ladestraße.
- Firma Ilo, Agl mit Kranbahn Bahnhof Neuhausen, geringes Verkehrsaufkommen.
- Firma Marbo, Fliesen und Platten im Empfang am Ladegleis Bahnhof Echterdingen (rund 800 t/Jahr).
- Firma Lutz, Baustoffe, Empfang von Wagenladungen am Ladegleis Bahnhof Bernhausen (rund 2000 t/Jahr).

Die Firma Dt. Renault Auslieferungslager Echterdingen war mit Abstand der beste Kunde, über das Agl kamen bis 1971 rund 20 000 t/Jahr im Wagenladungsverkehr auf. Seit 1972 ist der Pkw-Empfang zum größten Teil zum Stuttgarter Hafen verlagert worden, der Lagerplatz Echterdingen wurde an die Stadt verkauft.

Auch der Flughafen (Militär) brachte bis 1973/74 erhebliches Ladungsaufkommen (rund 10 000 t/Jahr).

Alle vier Bahnhöfe – Echterdingen, Bernhausen, Sielmingen und Neuhausen – hatten Ladegleise, Ladestraßen und Güterschuppen, an denen reger Betrieb herrschte.

Die Landwirtschaft spielte eine erhebliche Rolle, insbesondere ab Mitte der 70er Jahre die Zuckerrübenabfuhr, dafür standen in Echterdingen eine stationäre (1975 errichtet) und in Neuhausen seit 1976 eine fahrbare Verladeanlage zur Verfügung, 3000 bis 4000 t Zuckerrüben wurden in der Kampagne über die Schiene abgefahren.

Die WLZ- und Raiffeisenbanken bei allen vier Bahnhöfen hatten ein Wagenaufkommen um 4000 t, fast ausschließlich Düngemittel sowie auch Futtermittel und Brennstoffe.

Von erheblicher Bedeutung war der Stückgut- und Expreßgutverkehr, zuletzt nur noch bei den Bahnhöfen Echterdingen und Bernhausen – rund 4000 t im Versand und 6000 t im Empfang. Größter Kunde war das Hertie-Großlager, das über den Bahnhof Bernhausen rund 50% des gesamten Aufkommens abwickelte.

1979:

Bahnhof Echterdingen	Versand 1 061 t	Empfang 1 198 t
Bahnhof Bernhausen	Versand 2 933 t	Empfang 733 t

Mit der Abwanderung der beiden Großkunden Dt. Renault und Flugplatz Echterdingen sanken die Beförderungsleistungen deutlich ab, aufgefangen wurde dieser Schwund durch die ab 1975 einsetzende Zuckerrübenabfuhr, die allerdings tariflich in keinem Verhältnis zu dem Verlust stand.

Beförderungsleistungen

	Stück- und Expreßgut	Ladungsverkehr
1974:	8 271 t	31 263 t
1975:	7 247 t	27 595 t
1976:	8 490 t	30 470 t
1977:	8 980 t	21 433 t
1978:	9 298 t	19 128 t
1979:	10 034 t	19 904 t
1980:	10 643 t	17 815 t
1981:	10 240 t	18 477 t

1979 wurden im Wagenladungsverkehr 7129 t (412 Ladungen) im Versand und 11 450 t (675 Ladungen) im Empfang abgewickelt, davon

Echterdingen	1607 t (81) und 1986 t (106)
Bernhausen	963 t (80) und 6012 t (363)
Sielmingen	215 t (13) und 1610 t (75)
Neuhausen	4344 t (238) und 1842 t (131)

Bis zuletzt verkehrte mo-fr 1 Güterzugpaar Vaihingen – Bernhausen und bei Bedarf bis Neuhausen, wobei vormittags zugestellt und nachmittags abgeholt wurde.

Ende der 70er Jahre wünschte die Firma Coop für ihr Großlager in Neuhausen einen Anschluß, rund 40 Wagenladungen wurden täglich avisiert. Dazu kam es nicht mehr, vielmehr mußte 1982/83 der Abschnitt Vaihingen – Leinfelden – Echterdingen sowie der gesamte Bahnhofsbereich Echterdingen einschließlich des Agl Dt. Renault im Zuge des S-Bahnbaues aufgegeben werden. Leinfelden und Echterdingen und der anschließende SSB-Abschnitt nach Neuhausen hätten zwar später über das S-Bahngleis bedient werden können, jedoch bestanden dazu einige Bedenken, zudem betrieb die Gemeinde Echterdingen die Entfernung der Gleise aus dem Ortsbild.

Der geringe SSB-Restverkehr versprach auch keinen wirtschaftlichen Betrieb mehr.

Als dann die SSB die Einstellung des Güterverkehrs auf der Neuhausener Strecke zum 31. Dezember 1982 beantragte, erregten sich die Gemüter sehr und ein Sturm der Entrüstung war die Folge.

Bemühungen, den Restbetrieb der WEG zu übertragen, scheiterten. Im Mai 1983 beschloß die Landesregierung, die SSB mit Wirkung vom 29. Mai 1983 von der Betriebspflicht zu entbinden.

Der letzte planmäßige Güterzug nach Neuhausen fuhr am 28. Mai 1983, damit war der Güterverkehr und auch das letzte Relikt der ursprünglichen Filderbahn endgültig vorbei.

gen Hinweisen zu erkennen. Unterschied zu früher: die Alte Weinsteige ist durchgehend beidseitig bebaut. Da wo die Haigst-Kirche steht, befand sich früher die Umspannstation.

Die „Türkenbrücke" ist 1965 einer modernen Betonkonstruktion gewichen, architektonisch und bauingenieurmäßig ein ansprechendes Bauwerk, die Unterfahrung durch die Neue Weinsteigelinie gibt es hier heute nicht mehr.

Kurz vor der Bergstation an der Haltestelle Nägelestraße tritt rechterhand die Bebauung deutlich und auffällig zurück – natürlich, denn hier lagen die Betriebs- und Abstellgleise der Adhäsionsstrecke; das Gelände ist begrünt.

Die Neue Weinsteigelinie hat durch die Trassenverlegung in Hang- und Tieflage ihr Gesicht völlig gewandelt, auf der Neuen Weinsteige braust ungehemmt der Autoverkehr, unvorstellbar, daß hier einst zwei Gleise in Straßenmitte den Verkehr zusätzlich belebten.

Streckenbeschreibung – Eisenbahnarchäologie

Auf eine exakte Streckenbeschreibung soll verzichtet werden – was soll auch beschrieben werden, die ursprüngliche Strecke, die späteren Veränderungen, die heutige Trasse? Die Stadtbahn hat Zukunft, auch unsere Kinder werden sie noch erleben, ihren Verlauf zu beschreiben ist müßig und erübrigt sich.

Das Bild gegenüber der Vorkriegszeit, ja auch noch der Zeit in den 70er Jahren hat sich auf den Fildern so grundlegend geändert wie in kaum einer Landschaft. Geschäfts- und Verwaltungsbauten, Industriebetriebe, Auslieferungslager, Repräsentationen mit ihren Prachtbauten aus Stahl, Aluminium und Glas, Beton und Kunststoffassaden, architektonische Wunderwerke und nüchterne Zweckbauten bestimmen das Bild insbesondere zwischen Möhringen und Vaihingen. Breite Durchgangsstraßen, moderne Bebauung auch innerhalb der Ortschaften und veränderte Straßenzüge machen es schwer, sich anhand alter Stadtpläne zurechtzufinden, fast nichts stimmt mehr – so mag es scheinen. Synonym für diese Veränderung ist nicht zuletzt die neue Ortsbezeichnung Filderstadt mit ihren Trabantensiedlungen.

Beschränken wir uns auf ein wenig Eisenbahnarchäologie und schauen, was von der guten alten Filderbahn noch zu sehen ist.

Talbahnhof der Zahnradbahn

Der zweite Bahnhof (der erste lag an der gleichen Stelle, aber etwas tiefer) mit der schönen Jugendstilfassade von 1907 ist noch vorhanden, ebenso die nebenliegenden Werkstatt- und Unterstellhallen, die über eine Schiebebühne zu erreichen sind.

Das Bahnhofsgebäude ist im Zuge der Sanierung der Zahnradbahn hervorragend und vorbildlich restauriert worden. Bergseitig ist die zweigleisige Einfahrt voll verglast, Einfahrtore ermöglichen die Benutzung der beiden Gleise zur Abstellung der Fahrzeuge. Die ursprüngliche Bahnsteighalle ist mit einem ebenen Marmorfußboden versehen worden, die große helle Halle bietet sich für Festlichkeiten, Tanzveranstaltungen und Betriebsfeiern an.

Der dritte Bahnhof am Marienplatz ist im Zuge der Umgestaltung des Marienplatzes völlig verschwunden, er lag wenig südwestlich des jetzigen vierten Bahnhofs, dessen moderne Architektur beeindruckt.

Die Streckenführung der Zahnradbahn ist unverändert, der Wassergraben-Einschnitt am Pfaffenweg (an dem Abschnitt mit eigenem Bahnkörper) ist verfüllt und nur mit fach- und ortskundi-

Ortsmitte Degerloch

Nichts erinnert an die frühere Situation. Mit dem Ausbau der B 27 und der Umgestaltung des Albplatzes ist die Situation bis zur Unkenntlichkeit verändert. Die Neue Weinsteigelinie verläuft seit 1988 in Tieflage, in Hochlage über dem Tiefbahnhof Albplatz wird in einigen Jahren die „Zacke" nach Verlängerung ihren neuen Endpunkt haben.

Einen Anhaltspunkt allerdings gibt es noch: das Gasthaus „Ritter" an der Ecke Obere Weinsteige/Epplestraße (früher Tübinger Straße), wo von 1925 bis 1930 die Züge der Bopser-Linie endeten.

Auch das alte Unterstellhäuschen für die Fahrgäste an der ursprünglichen Endhaltestelle in der Oberen Weinsteige ist noch vorhanden.

Die Wagenhalle Degerloch-West mit zehn Einfahrten und der Wendeschleife stand bis 1991, inzwischen ist sie abgetragen worden.

Die Stadtbahntrasse Degerloch – Möhringen entspricht in etwa der alten FB-Trasse, die stellenweise wenig mehr rechts und kurvenreicher verlief.

Vor Möhringen schwenkt die Stadtbahn nach rechts ab zum Bahnhof Möhringen. Die ursprüngliche Dampfbahnstrecke führte weiter geradeaus, verlief östlich der Plieninger Straße hinter den Häusern her und bog dann in die Rembrandtstraße (früher Hindenburgstraße) ein, der sie auf der linken Seite folgte – die Bebauung war damals noch nicht vorhanden. Der ursprüngliche Bahnhof Möhringen befand sich an der Ecke Rembrandtstraße/Vaihinger Straße genau an der Stelle, wo die Trasse auf die Rembrandtstraße stieß – alte Bilder zeigen beidseits keinerlei Bebauung. Das Bahnhofsgebäude ist erst in den 60er Jahren abgerissen worden, an seiner Stelle steht heute die „Neue Apotheke".

Die alte Hohenheimer Strecke folgte der Plieninger Straße an der rechten Straßenseite, der Hp Landhaus befand sich etwa da, wo sich heute das Vertriebs- und Druckzentrum Stuttgart erstreckt.

Das Gasthaus „Garbe" ist noch unverändert vorhanden, gut vorstellbar, wie hier früher die Gleise nach links in die Garbe-Straße einbogen, der sie an der rechten Seite bis zum Endpunkt Hohenheim folgten und etwa 200 m vor dem Schloß endeten. Der erste kleine Hohenheimer Bahnhof befand sich links, der zweite rechts der Straße. Nichts erinnert mehr an die Bahn, der ehemalige Bahnkörper ist Grünanlage mit Parkplätzen.

Zurück nach Plieningen – der Ortskern liegt übrigens weit abseits – der heutige Endpunkt der Stadtbahn befindet sich auf dem ehemaligen Bahnhofsgelände an der Neubaustrecke von 1906: das Bahnhofsgebäude ist im Zuge des Stadtbahnausbaues entfernt worden.

Die Stadtbahnstrecke Möhringen – Plieningen entspricht exakt der Trasse von 1906.

Ehemaliger Endpunkt Degerloch der Bopserlinie, links das alte Wartehäuschen, 1991

Möhringen, links das alte Bahnhofsgebäude von 1897, 12.4.1978

Alte FB-Wagenhalle Degerloch kurz vor dem Abriß, 1991

Vorläufiger Endpunkt der Stadtbahn Leinfelden, links im Straßenplanum liegen noch die Meterspurgleise nach Echterdingen, 1991

Möhringen

Die Hochbahnsteige der Stadtbahn haben das Bild verändert, alle alten Hochbauten sind jedoch noch vorhanden: Bahnhofsgebäude, Güterschuppen und Lagerschuppen der WLZ, die viergleisige Wagenhalle zwischen den Ausfahrten Richtung Degerloch und Plieningen und die große Werkstatt mit drei Gleisen und den beiden angebauten Lokschuppen sowie der Kraftstation in der nordöstlichen Ecke des Bahnhofs neben der Ausfahrt nach Degerloch.

Die Stadtbahnstrecken nach Vaihingen und Leinfelden entsprechen den alten FB-Trassen.

In Vaihingen kann man die früheren Situationen am besten von der neuen Brücke über die DB-Gleise aus nachvollziehen: der ursprüngliche Endpunkt befand sich an der linken Gleisseite, etwa dem DB-EG gegenüber. Das Stadtgleis kreuzte die DB auf einer eisernen Brücke (entfernt) und führte in die Möhringer Straße, der es bis zum Schillerplatz folgte. Die spätere Schleifenfahrt (SSB L 15 und L 31) geschah über die Emilienstraße und zweiter Brücke über die DB-Gleise. Durch den neuen Stadtbahn-Endpunkt vor dem DB-Bahnhof ist die Situation weitestgehend verändert.

Leinfelden

1991 waren die Anlagen des DB-Bahnhofs Leinfelden noch vorhanden, sie werden im Zuge des S-Bahnbaues Vaihingen – Echterdingen Flughafen aufgegeben.

Zwischen den DB-Gleisen und der parallel verlaufenden Max-Lang-Straße liegt der neue Endbahnhof der Stadtbahn, daneben führten an der rechten Straßenseite die FB-Gleise nach Echterdingen – mit der Inbetriebnahme der Stadtbahn ist die L 6 nach Echterdingen aufgegeben worden.

Das regelspurige FB-Gleis schmiegte sich als viertes Bahnhofsgleis an den DB-Bahnhof an, die Einfädelung vor dem Stadtbahnhof ist noch deutlich zu erkennen. Die Trasse Richtung Echterdingen von 1928 ist gut zu verfolgen, da erst kürzlich die Gleise entfernt worden sind – sie führt neben den Regelspurgleisen (von 1920) her, folgt dann der Friedrich-List-Straße weiter parallel der Regelspur, holt wenig nach dem Linksbogen nach links aus, um in einem weiten Bogen rechtwinklig auf die Neuhausener Strecke zuzuführen, die in einem Einschnitt unterfahren wurde. Weiter ging es auf eigenem Bahnkörper auf Echterdingen zu. Im Ort waren die Gleise im Straßenplanum verlegt, sie sind noch vorhanden (1992). Am Ortsanfang befindet sich der Hp Echterdingen-Hinterhof (zwei Gleise, Unterstellhalle mit Verkaufskiosken). Hinter dem Hp verzweigen sich die Gleise und führen in einer Schleifenfahrt durch die Kanalstraße – Hauptstraße (bis 1963 Endpunkt, Umsetzgleis) – Hirschstraße – Martin-Luther-Straße – Hinterhof.

Auch die ursprüngliche Dampfbahntrasse Unteraichen – Echterdingen ist – als Fuß- und Wirtschaftsweg genutzt – noch deutlich zu erkennen. In Unteraichen zweigte sie etwa da, wo sich heute die Gebäude der Firmen Gaudos und Miros befinden, nach links ab und ist in etwa identisch mit dem eben erwähnten Weg (mit Pkw befahrbar!) auf Echterdingen zu, wo sie ungefähr bei der Firma Weitmann in den Bahnhof Echterdingen einmündete.

Ehemaliges Bahnhofsgebäude Bernhausen, 1991

Bf Neuhausen einst (3.7.1981)

Ehemaliger Bf Sielmingen, rechts in der Wellblechbude war die Fahrkartenausgabe, im Gasthaus Teubinger Hof die Agentur, 1991

... und jetzt (1991)

Neuhausener Strecke

Der Abschnitt Vaihingen – Leinfelden – Echterdingen einschließlich des Agl zum Flughafen (Rest der ursprünglichen Trasse) ist im S-Bahnbau Vaihingen – Flughafen Echterdingen aufgegangen. Der Bahnhof Echterdingen ist völlig geschliffen, er befand sich an der Stelle des in Tieflage angelegten neuen S-Bahnhofs Echterdingen.

Im weiteren Verlauf ist der Bahnkörper noch fast völlig erhalten, er verlief ab Echterdingen links neben der Straße.

In Bernhausen ist der ehemalige Bahnkörper ein Fußweg neben der Straße, zur Straße hin durch eine Hecke abgetrennt. Der Bahnhof lag mitten im Ort an der Durchgangsstraße, das Bahnhofsgebäude ist unverändert erhalten, sehr schön restauriert und dient heute der Polizei. Zwischen Bernhausen und Neuhausen verlief die Strecke rechts parallel und in einigem Abstand zur Straße, auf der ganzen Länge als Fuß- und Fahrradweg genutzt.

Beim Hp Sielmingen stehen noch sowohl der alte hölzerne Güterschuppen als auch das Wellblechhäuschen mit Fahrkartenausgabe (bis 1949) und Warteraum sowie Stückgutaufnahme/-ausgabe (Nr. 18 der Denkmalsbauten entlang des historischen Rundwegs Filderstadt – Sielmingen), später wurden die Fahrkarten im Gasthof „Teubinger Hof“ ausgegeben, wo sich eine Agentur befand – Hotel und Restaurant „Teubinger Hof“ sind nach 1982 völlig umgestaltet worden.

Der Bahnhof Neuhausen am westlichen Ortsrand besteht noch mit allen Anlagen und Gleisrudimenten, das Bahnhofsgebäude ist arg verkommen und dient als Bauhof der SSB. Der Lokschuppen am östlichen Bahnhofsende ist nicht mehr vorhanden, er wurde in den 60er Jahren Opfer eines abgelaufenen Wagens, der auf das Schuppengleis geleitet wurde und mit Donnergepolter die Tor- und Rückwand durchbrach.

Fahrzeuge

Zahnradbahn

Die Dampflokomotiven waren bis Anfang der 20er Jahre im Einsatz und sind nach der Sanierung und Wiederinbetriebnahme der Triebwagen nach dem Ersten Weltkrieg ausgemustert worden.

Die Beiwagen 15-18 waren nach Anlieferung neuer größerer Wagen nicht mehr notwendig und sind 1898 zum Betriebshof Möhringen für die Reibungsstrecken abgegeben worden. Nach der Elektrifizierung wurden sie auch hier überflüssig und gelangten zur Härtsfeldbahn. Alle übrigen Wagen blieben auch nach der Elektrifizierung und entsprechenden Anpassungsarbeiten im Einsatz. Bis zuletzt waren die großen Beiwagen 117-120 im Einsatz, sie sind verschiedentlich umgebaut und modernisiert worden und erhielten um 1959 wie auch die Triebwagen Liniennummern-Kästen auf dem Dach.

116 und 153 waren selbstgebaute Einzelgänger und eine Art Exoten, die aus dem Rahmen fielen.

Die ersten elektrischen Triebwagen hatten zwei Maximum-(Dreh)gestelle mit je einem Triebradsatz mit Zahnrad und einem kleinen Laufradsatz, auf den sich der Motor abstützte. Der Wagenkasten stützte sich über Blatttragfedern auf die Triebradsätze ab. Die Wagen hatten elektrische Bremse mit Stromrückgewinnung.

Nach Beschaffung der neuen Triebwagen wurden zwei Wagen vorzeitig ausgemustert, die übrigen drei folgten gleich nach dem Krieg bzw. 1954. Die zweite Beschaffung hatte ein anderes äußeres Aussehen. Das Laufwerk bestand aus zwei Triebradsätzen mit Zahnrad und einer kleineren mittleren Lenkachse, auf die sich die Triebradsätze mit den Motoren abstützten. Die 1950 beschafften Tw waren Nachbauten der 1935/37 beschafften Fahrzeuge. Alle

Triebfahrzeuge hatten Scharfenberg-Kupplung, die Beiwagen sind entsprechend nachgerüstet worden.

Als fahrbereite Oldtimereinheit sind Tw 104 und Bw 118 erhalten, sie stehen in der Halle am Talbahnhof. Mit dem Einsatz der neuen großen Vierachser, die den Stadtbahnwagen entsprechen, ist die letzte Assoziation mit der alten FB, ihren Zahnradtriebwagen und den zweiachsigen Vorstellwagen, die noch aus der FBG-Zeit stammten, gestorben. Lustig dagegen sind die kleinen Vorstellwagen für die Fahrradbeförderung, die ein wenig von der Nüchternheit der modernen „Zacke" wegnehmen und ein wenig Liebenswürdigkeit vermitteln.

Lokomotiven				
Betr.Nr.	Bauart	Hersteller	Baujahr/Fabr.Nr.	Bemerkungen
1 Stuttgart	Bzn2t	ME	1883/2000	1921 verk. Fa Schönberg, Dortmund
2 Degerloch	Bzn2t	ME	1884/2051	+ 1915
3 Filder	Bzn2t	ME	1885/2088	+ 1903
11 Alb	Bzn2t	Saronno/ME*)	1892/53/2544	1898 an FBG (Bestellung f. Petropolis-Incline)
12 Aussicht	Bzn2t	Saronno/ME*)	1892/54/2545	1899 an FBG; beide 1922 verk. Fa Stern & Cie, Stuttgart
1010	Bzn2t	SLM	1899/1192	
1012	Bzn2t	SLM	1901/1339	1917/18 ex SBB-Brünigbahn HG 2/2 1010, 1012, 1921 verk. Fa Stern & Cie, Stuttgart
*) Officine Meccaniche in Saronno (Italien), Tochterfirma der ME; 2. Fabr.Nr. = in ME geführten Fabriklisten				
Beiwagen				
A1, A2 =	15, 16	ME	1884/5847,48	III. Kl., 32+16 Sitzpl.
B1, B2 =	17, 18	ME	1884/5549,50	II. Kl.6, III. Kl. 18 Sitzpl.; A1, A2 zwölf, B1, B2 acht schmale gleiche Fenster, offene Plattformen, talseitig 1 Bremszahnrad mit Handbremse, ab 1891 Dampfbremse, ab 1898 Einsatz a.d.Adhäsionsstrecke, Bremszahnrad ausgebaut, Druckluftbremse; 1902 abg., 1906 an Härtsfeldbahn
B3, B4 =	F1, F2 = 11, 12	ME	1893/7308, 09	50 Sitzpl.
	F3, F4 = 13, 14	ME	1900/8211, 12	11-14 offene Sommerwagen, bergseitig große offene, talseitig schmale offene Plattformen, 5 Abteile mit seitlichem Zugang, Bremszahnrad mit Handbremse und Dampfbremse, 12 und 13 1922, 11 und 14 1927 abg., + 1928/30
A3, A4 =	1, 2 = SSB 117	ME	1896/7826, 27	2 und 5 + 1923
A5, A6 =	3, 4 = SSB 118, 119	ME	1898/8075, 76	117-120 12 schmale Fenster, zwei offene Plattformen,
A7, A8 =	5, 6 = SSB 120	ME	1900/8209, 10	Bremszahnrad mit Hand- und Dampfbremse, 1935/36 Druckluftbremse und Scharfenberg-Kupplung, Plattform-Stirnbleche, 1952 bergseitige Plattform verglast, rechts Klapptür, links Kette, 120 Umb. 1937; bergs. Plattform verglast, Vergrößerung der Plattform durch zurücksetzen der Abteilwand um eine Fensterteilung; 119, 120 Lyrabügel zum Vorheizen und Eiskratzen; 118 = SSB-Museumswagen; 119 = 1978 an Deutsches Straßenbahnmuseum DSM; 120 1982 an Stuttgarter Straßenbahnmuseum SSM; 117 + 1983
	10 = SSB 116			Aufbau in eigener Werkstatt 1927 auf Unterg. A4 = 2; bergseitig verglaste offene Plattform, Bremszahnrad, 6 Fenster, 32+16 Sitzpl.; 1935 Druckluftbremse, Scharfenberg-Kupplung; 1952 Umbau, neue Plattformvergl., rechts Klapptür, links Kette; 1982 an SMS (Aalen);
	SSB 153	ME	1925/17422	Wegen starken Verkehrsaufkommens (Schülerverkehr) 1956 Herrichtung des Bw 153 für den Zahnradbetrieb – Bremsanlage, Bedienstand auf der bergseitigen Plattform, kein Bremszahnrad!, + 1965

Bw 118 (offene Plattforme a.d. Talseite) 12.4.1978

Bw 120 (verglaste und vergrößerte Plattform a.d. Bergseite) 12.4.1978

Elektrische Triebwagen

Betr.Nr.	Bauart	Hersteller	Baujahr/Fabr.Nr.	Bemerkungen
1-4 = 107-110 5 = 111	Twz^4 Twz^4	Herbrand/ME/S&H Herbrand/ME/S&H	1902 1912	32 Sitzpl.; 2 Maximum-(Dreh)gest. m. großer Treib- (Zahnrad) und kleiner Laufachse, urspr. offene Plattformen; 1 und 2 urspr. 1, 1904 wie 3 und 4, 2 Motoren à 103 kW; 1914/25 Verglasung der Stirnwände, 1930 der ges. Plattform, Einbau von Klapptüren; 1 (107) + 1946; 2 (108) + 1945; 3 (109) + 1954; 4 (110) + 1937; 5 (111) + 1935
101, 102 103 104, 105	Twz^3 Twz^3 Twz^3	ME/AEG ME/AEG ME/AEG	1935 1937 1950	32 Sitzpl. äußere Triebachsen mit Zahnrad, mittige Laufachse, auf die sich die Motoren über Arme abstützen und die die äußeren Achsen lenkt. 2 Motoren à 125 kW, Druckluftbremse, 1956 Umbau der Plattform, große Frontscheiben, Entfernen der Dachdrehschilder und Aufbau der Liniennummer-Kästen; 101 1983 an SMS, Antriebsaggregat an Museum für Technik, Berlin; 102 + 1973, Ersatzteilspender; 103 1982 verk. Fa Kiemele, Seifertshofen b. Aalen; 104 SSB Museumswagen; 105 1983 an SMS
1001-1003	Twz^4	MAN/SLM/AEG	1982	56 Sitzpl.; 2 Drehgest. mit je 1 Motor à 269 kW; Widerstandsbremse mit Energierückgewinnung
o.Nr. (2 St.)	Fahrradtransportloren für je 10 Fahrräder	WU, Berlin	1982/83	2achsig, werden bergwärts geschoben, Fahrradtransport aus Sicherheitsgründen auch nur bergwärts

Twz ^{4} 1, Originalzustand mit offenen Plattformen

Twz ^{3} 102, Originalzustand

Twz ^{4} 109 (nach Umbau 1930) mit geschlossenen Plattformen, 28.8.1951

Twz ^{3} 101 (nach Umbau 1956) mit großen Frontscheiben, 8.7.1979

Adhäsionsfahrzeuge – Schmalspur

Die Lokomotiven waren verkleidete, oben rundum offene Kastenmaschinen. Nr. 4-6 erhielten 1894 Fenster in den Stirnwänden, Nr. 7 und 8 hatten spurkranzlose Mittelradsätze.

Nach Aufnahme des elektrischen Betriebes wurden die Loks 6, 9, 10, 13 und 14 brotlos und z.T. zu anderen WeEG-Bahnen umgesetzt, dafür kamen 1902 die kleinen „Trakteure" WeEG 1s, 2s als Nr. 9^{II} und 10^{II} zur FBG. Diese und die Nr. 4, 5, 7 und 8 blieben vorerst für die Hohenheimer Strecke bzw. als Reserve im Einsatz. Die „Trakteure" bewährten sich nicht und wurden nach sechs Jahren Betriebszeit wieder abgezogen.

Für den Güterverkehr stand ab 1902 eine vierachsige Ellok mit mittigem Führerstand und seitlichen Vorbauten zur Verfügung. Nach Übernahme der FB auf die Stadt Stuttgart wurde sie abgestellt und zwei Jahre später verkauft.

Die ersten Personenwagen waren ganz kleine Wägelchen. Nach Aufnahme des elektrischen Betriebes wurden sie überzählig und an andere WeEG-Bahnen abgegeben. Die Wagenkästen Nr. 33 und 38 wurden verkauft und dienten jahrelang als Gartenhäuser.

Die vierachsigen Beiwagen wurden 1902 für den elektrischen Betrieb hergerichtet, sind mehrmals umgebaut worden und waren bis 1964 im Einsatz; alle Wagen wurden 1964 verschrottet.

Die ersten elektrischen Triebwagen waren typische lange WeEG-Fahrzeuge mit Maximum-Drehgestellen, wie sie seinerzeit in großer Stückzahl für verschiedene Bahnen gebaut worden sind.

Die Wagenkästen der Triebwagen 11-13 wurden bei dem Depotbrand in Möhringen 1902 zerstört und von Herbrand 1903 nach gleichen Plänen wieder aufgebaut. Die Wagen hatten ursprünglich eine lange Trittbrettstufe, um von außen zu den Beiwagen gelangen zu können. Die Triebwagen 21-25 wurden für die Neue Weinsteigelinie beschafft, sie erhielten den Spitznamen „Elefanten". 1921 wurden die Wagen ebenso wie 26-29 für den Gemeinschaftsbetrieb SSB/FB hergerichtet (u.a. Aufsatz auf den Fahrschalter für die SSB-Schaltrichtung von links nach rechts, zusätzlich Rollenstromabnehmer).

Die zweiachsigen Wagen 15-20 wurden 1910 von der VKA erworben, bewährten sich aber wegen der einachsigen Drehgestelle, die einen sehr unruhigen Lauf verursachten, nicht. Nach einem schweren Unfall am 5. November 1911, wo einer dieser Wagen am Bopser umstürzte, wurden die Wagen mit reduzierter Höchstgeschwindigkeit nur noch vereinzelt eingesetzt und 1912 durch die neuen Tw 26-29 ersetzt. Die VKA-Wagen wurden 1913 zur Waggonfabrik Rastatt überführt, erhielten dort neue Maximum-Drehgestelle und waren bis 1918 bei der VKA-Strecke Remscheid – Wermelskirchen – Burg im Einsatz.

Für die Erweiterung des Streckennetzes nach Echterdingen beschaffte die FB 1924 von der Krefelder Straßenbahn vier vierachsige Triebwagen, von denen zwei in der Werkstatt Möhringen als Tw und zwei als Bw für den Betrieb auf den Filderbahnstrecken hergerichtet wurden (Druckluftbremse, Kupplung, Verglasung der Plattformen, Klapptüren) und ab 1925 zum Einsatz kamen.

Die Tw F 31-35 und die Bw F 51-58 wurden 1925 für den durchgehenden Gemeinschaftsbetrieb Degerloch – Stuttgart beschafft.

Die Tw F 135-140 und die Bw F 160-169 waren ebenfalls für den Gemeinschaftsbetrieb bestimmt. Sie entsprachen einer gleichzeitig bestellten Serie der SSB und waren die letzten Fahrzeuge, die von der FB als eigenständiges Unternehmen beschafft worden sind.

Die Beiwagen 32 ff waren für die Neue Weinsteigelinie vorgesehen. Nach dem Zweiten Weltkrieg liefen sie auf der Strecke Feuerbach – Gerlingen. Der vierachsige Beiwagen 40 war ein Einzelgänger, sein Aufbau entsprach den SSB-Beiwagen Typ 70.

Die elektrischen Fahrzeuge hatten ebenso wie die Dampfbahnfahrzeuge ursprünglich Mittelpuffer und beidseitig Kupplungshaken bzw. – kette, ab 1927 Trompetenkupplung und ab 1932 Scharfenberg-Kupplung.

Die Zweiachser für die Neue Weinsteigelinie bzw. für den Gemeinschaftsverkehr hatten Magnetschienenbremse, die Fahrzeuge, die ausschließlich auf den oberen Filderbahnstrecken verkehrten, ab 1912 Knorr-Luftdruckbremse.

Ab Mitte der 50er Jahre wurden, soweit vorhanden, die drehbaren Linienschilder entfernt, dafür erhielten alle Wagen Liniennummern-Kästen auf dem Dach.

Dampflokomotiven (Meterspur)

Betr.Nr.	Bauart	Hersteller	Baujahr/Fabr.Nr.	Bemerkungen
4 Möhringen	Bn2t ■	ME	1888/2285	abg. 1915, verk. an Baufa
5 Hohenheim	Bn2t ■	ME	1888/2286	abg. 1915, verk. an Baufa
6 Plieningen	Bn2t ■	ME	1889/2357	abg. 1903 an WeEG
7 Echterdingen	Cn2t ■	ME	1897/2904	abg. 1909 an Härtsfeldbahn
8 Neuhausen	Cn2t ■	ME	1897/2905	abg. 1910, + 1911
9 Bernhausen	Cn2t ■	Saronno/ME	1898/119/3023	abg. 1902 an WeEG
10 Aichen	Cn2t ■	Saronno/ME	1898/120/3024	abg. 1902 an WeEG
13 Sielmingen	Cn2t	Saronno/ME	1900/134/3147	abg. 1903 an WeEG
14 Uhlberg	Cn2t	Saronno/ME	1900/135/3148	abg. 1903 an WeEG
9^{II}	Bn2t	ME	1899/2968	Trakteure m. Serpollet-Kessel
10^{II}	Bn2t	ME	1899/2969	1908 an Härtsfeldbahn

■ = Kastenlokomotiven

	Zahnradbahn			Adhäsionsbahn			
	1-3	11-12	1010,12	4-6	7, 8	9-14	9^{II},10^{II}
LüP mm	5860	6580	6900	4600	5360	5360	4750
Achsstand mm	2000	2500	2400	1400	1600	1600	1750
Heizfläche m^2	40,45	48,35	54,7	19,94	31,93	35,17	13,85
Rostfläche m^2	0,81	1,17	1,0	0,6	0,75	0,75	0,575
Kesseldruck atü	11	11	12	12	14	14	25
Zylinder ø mm	310	320	340	230	300	300	200
Kolbenhub mm	500	500	480	300	300	300	300
Leergewicht t	13,4	15,8	18,8	9,82	16,23	16,46	12,08
Vorräte Wasser m^3	1,34	1,9	2,4	0,77	1,28	1,28	1,05
Kohle t	0,3	0,25	0,5	0,2	0,45	0,45	0,4

Elektrische Lokomotiven				
1	L^4	Herbrand/AEG	1902	4 x 22 kW; 1912 Luftdruckbremse, abg. 1920, 1922 an Herkulesbahn Kassel
Personenwagen (Dampfbetrieb)				
C 1-5 = 34-38 D 1, 2 = 32, 33 E1 = 31 G 1-10 = 39-48 = F 191-198	C^2 BC^2 B^2 C^4	ME ME ME ME	1888 1888 1888 1897/1900	III.Kl., 24 Sitzpl. II.Kl. 8, III.Kl. 16 Sitzpl., 31-38 1903 abg. z.T. an WeEG II.Kl. 24 Sitzpl.; 31-38 kleine dreifenstrige Zweiachser mit offenen Plattformen, LüP 7300 mm, Radstand 2,5 m; 1890 Einbau einer Luftdruckbremse 16 + 32 Sitzpl.; 39 und 40 1903 an KWStE (Nagold – Altensteig) 191-198, bis 1964 im Einsatz; 39-48 12 schmale Fenster, große offene Plattformen mit Übergangstüren; 1954/55 Stirnwände verglast, Übergangstüren entfernt; 1913 Luftdruckbremse, 1903 Solenoidbremse für den elektrischen Verkehr; LüP 11 040 mm, Radst. i. Drehg. 1100 mm, Drehzapfenabstand 6040 mm
Elektrische Triebwagen (Meterspur)				
11-14 = F 111-114*) = 141-144**)	Tw^4	Herbrand	1902 (11-13), 1905 (14)	Maximum-Drehgestell, 12+24 Sitzpl., 2 x 26 kW, 1925 2 x 39 kW, geschl. Plattformen mit Klapptüren, LüP 13 300 mm, Radstand i.Drehgest. 1230 mm, Drehzapfenabstand 7000 mm; 143 1958 Umbau des Wagenkastens Fa Reutter, Stuttgart/HW SSB, Tonnendach, 6 Bogenfenster; 141-144 + 1964
21-25 = F 121-125 = 121-125	Tw^2	Herbrand	1904	20 Sitzpl., 2 x 26 kW; LüP 9180 mm, Radstand 2500 mm; 125 1950, übrige ab 1957 Gerätewagen, alle + 1961/62
15-20	Tw^2	Herbrand	1906	einachsiges Drehgestell; 2 x 44 kW; 24 Sitzpl., 1910 ex VKA 21-26 (Wermelskirchen – Burg); 1912 abg. und 1913 zurückgegeben
26-29 = F 126-129 = 126-129	Tw^2	Herbrand	1912	8+12 Sitzpl., 2 x 33 kW; 1935 2 x 39 kW; LüP 9540 mm, Radstand 2700 mm, 1926 Luftdruckbremse; 127-129 + 1964; 126 SSB-Museumswagen, als WN 26
F 15-16 = 145-146	Tw^4	v.d.Zypen	1904	1924 ex Krefelder Straßenbahn 409, 410; 12+18 Sitzpl., 2 x 39 kW; Maximum-Drehgestell, 1952/55 Grundüberholung große Frontscheiben; LüP 12 140 mm, Radstand im Drehgest. 1300 mm, Drehzapfenabstand 6300 mm; + 1964
F 31-35 = 130-134	Tw^2	ME	1925	18 Sitzpl., 2 x 50 kW; LüP 9560 mm, Radstand 2300 mm; 132 Umb. 1953 neuer Aufbau Fa Reutter, Stuttgart = SSB 451; 134 Kriegsverl. 1944, Rest + 1962/65
F 135-140 = 260-265	Tw^2	ME	1929	22 Sitzpl.; 2 x 50 kW; LüP 10 820 mm, Radstand 2750 mm; + 1962/64
*) SFB-Nr, ab 1928, **) SSB-Nr. ab 1934				
Beiwagen (Meterspur)				
34, 35 = 161, 163	Bw^2	Herbrand	1904	urspr. herausnehmbare Fenster
32 = 162	Bw^2	Herbrand	1905	feste Fenster, 1952 Umb. Gleismeßwagen 2002
16, 17	Bw^2	Herbrand	1910	32-35 offene, 16 und 17 verglaste Plattformen; 32-35 1910 Umb. Fa Herbrand, verstärkte Unterg., verglaste Plattformen, feste Fenster; 1931 Klapptüren, 1931 Luftdruckbremse; LüP 6080 mm, Radstand 2500 mm; 34, 35 + 1954, 16, 17 + 1932
F 51-58 = 151-158	Bw^2	ME	1925	18 Sitzpl.; entspr. Tw T 31-35; 151-154 1934, 155-158 1955/57 Druckluftbremse; 153 1956 Umb. f. Zahnradbahn; + 1960/64
49-50 = F 99, 100 = 199, 200	Bw^4	v.d.Zypen	1904	1924 ex Krefelder Straßenbahn Tw 408,406, Umb. zu Bw, 1925 i.E., entspr. Tw^4 F 15-16, Druckluftbremse; + 1964
40 = F 190 = 190	Bw^4	ME	1928	m. Stirnübergangstüren, 14+30 Sitzpl.; 1955 modernisiert, Übergangstüren entfernt; LüP 12 730 mm, Radstand i.Drehgest. 1300 mm, Drehzapfenabstand 6000 mm, + 1965
F 160-169 = 1443-1452	Bw^2	ME	1929	16 Sitzpl.; entspr. Tw^2 F 135-140; 1450, 1445 Kriegsverlust, Rest + 1959/62

Bn2t 5 Hohenheim

Tw 21 (Serie 21-25) Herbrand 1904

Bw 194 und 193 (aus der Dampfbahnzeit, ME 1897) umgerüstet für den elektrischen Betrieb, noch mit offenen Plattformen, Möhringen 1954

Tw ^{2} 128 (Serie 26-29) Herbrand 1912

Tw ^{4} 141 (Serie 11-14) Herbrand 1902/05

Tw ^{4} 146 ex Krefelder Straßenbahn

Tw ^{4} 143 Umbau 1958, 1.8.1958

Tw 131 (Serie F 31- 35) ME 1925

Tw 263 (Serie F 135-140) ME 1929

Bw 200 ex Krefelder Straßenbahn, 1954

Bw 158 (Serie F 51-58) ME 1925

Bw^4 190 (ME 1928) Stirnübergangstüren entfernt

Güterwagen (Schmalspur)

Zum Güterwagenpark gehörten:

- ein gedeckter Wagen für die Zahnradbahn, der 1885 gegen einen offenen Wagen für den Transport von Marktkarren, Milchkannen u.a.m. bei ME umgetauscht wurde,
- 7 offene Wagen Baujahr 1884/97
- 2 PwPostwagen Baujahr 1888 und 1897, davon einer ursprünglich mit offenem Seitengang neben dem Postabteil, 1918 geändert
- 2 gedeckte Wagen Baujahr 1897 und 1900
- 20 Rollbockpaare Baujahr 1897/1900

Alle Fahrzeuge stammten aus dem Hause ME und waren außer den Rollböcken, die 1906 arbeitslos wurden, bis in die 50er und 60er Jahre, z.T. als Arbeitswagen im Einsatz.

Regelspurfahrzeuge

Für den Regelspurverkehr auf der Neuhausener Strecke waren mehrere WeEG- und WN-Lokomotiven im Einsatz, u.a. bis 1906 die beiden Mallet BBn4vt Nr. 1-2, Hohenzollern 1902/1599, 1600, die 1906 an die Bergheimer Kreisbahn (WeEG) abgegeben wurden; dafür kamen die fabrikneuen Dn2vt 1-3, Humboldt 1905, 1906/290, 291, 293, die bis 1915 (Nr. 3 abgegeben nach Weissach, dafür von dort En2t 12) bzw. 1920 im Einsatz waren.

Seit 1911 bzw. 1915 waren bei der FB ferner die beiden En2t 11 und 12 ME 1911/3590, 3624 im Einsatz.

Nr. 1, 2 wurden 1920, Nr. 12 1922 an die Schrott-Firma Stern & Cie, Stuttgart verkauft, 12 erhielt seit 1929 bei der HzL ein neues Einsatzgebiet. Nr. 11 blieb nach Beschaffung der Ellok vorerst als Reserve im Einsatz und wurde als letzte FB-Dampflok 1926 zur Strohgäubahn nach Weissach abgegeben.

Personenwagenpark				
Betr.Nr.	Bauart	Hersteller	Baujahr/Fabr.Nr.	Bemerkungen
1-5 u. 11-22	B4	Beuchelt	1902/06/1910	alle Wagen 1922 verkauft Fa Stern & Cie, Stuttgart; außer Nr. 5 und 20 zur Strohgäubahn
9, 10	B2		1914 ex SBB	1918 an Strohgäubahn
21, 22	PwPost2	Herbrand	1902	1922 an DEBG

Für den Güterverkehr auf den elektrifizierten dreischienigen Strecken der Filderbahn beschaffte die SSB 1922 und 1924 zwei neue regelspurige Drehgestell-Lokomotiven Nr. F 1 und F 2, Hersteller Fa. Trelenberg, Breslau/AEG mit mittigem Führerstand und seitlichen Vorbauten, 4 x 55,5 kW, LüP 9600 mm, Radstand im Drehgestell 2200 mm, Drehzapfenabstand 4400 mm, Druckluftbremse. Beide Maschinen waren bis 1977 im Einsatz und sind 1981 an das Deutsche Straßenbahnmuseum Hannover verkauft worden. Nachfolger wurden die beiden V-Lok Nr 3 I und 3 II, Angaben dazu siehe Abschnitt Güterverkehr.

En2t 12 Möhringen 1916

Nebenbahn Aalen – Neresheim – Dillingen (AND)

Härtsfeldbahn

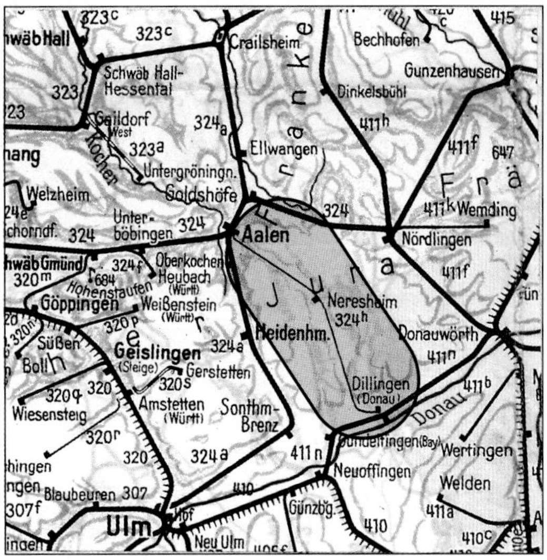

Aalen AND-Bahnhof – Neresheim – Dillingen Nb-Bahnhof

Spurweite:	1000 mm
Streckenlänge:	55,49 km
Gleislänge:	63,09 km (1961)

Eigener Bahnkörper

Zwischen Ballmertshofen und Reistingen wird bei km 40,25 die Landesgrenze überschritten. 15,24 km liegen auf bayerischem, 40,25 km auf württembergischem Gebiet.

Betriebseröffnung:

31.10.1901	Aalen – Ballmertshofen
04.04.1906	bis Dillingen

Betriebseinstellung:

Personenverkehr	30.09.1972
Güterverkehr	30.11.1972

Eigentümer und Betriebsführung:

BLEAG, ab 01.10.1910 WN

Örtliche Bahnleitung bis 1908 in Aalen Güterbahnhof, dann in Neresheim

Ausstattung

Es gab drei Arten gleicher Bahnhofsgebäude: an der Stammstrecke Aalen – Ballmertshofen große, zweigeschossige Gebäude mit ausgebautem Dachgeschoß und angebautem Güterschuppen (1), kleinere Gebäude, die sich von (1) nur dadurch unterschieden, daß das OG fehlte (2), und an der Verlängerung nach Dillingen kleine hölzerne Güterschuppen mit Warteraum für die Fahrgäste (3).

km 00,00 Aalen (Härtsfeld) Pbf, kleines Dienstgebäude mit Fka, Dienstraum, kleiner Gaststätte und Güterschuppen (+), Umsetzgleis, Bahnsteig, Unterführung zu den DB-Bahnsteigen, für Gepäckkarren Bohlenüberweg. dreischienig (567 m) bis Aalen Gbf.

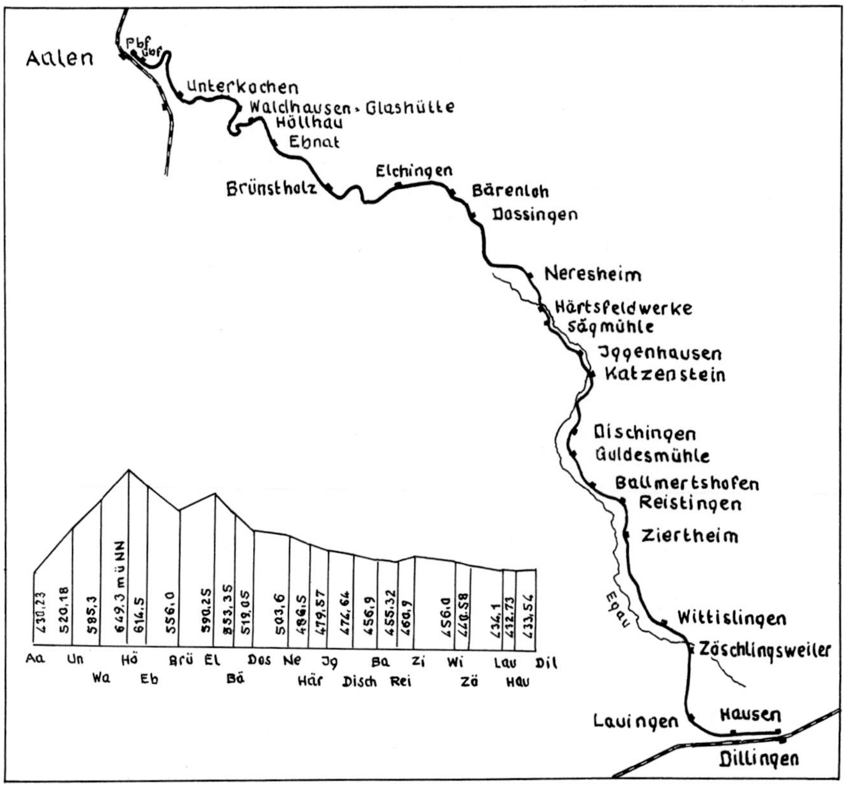

km 00,79 Aalen (Härtsfeld) Gbf, großes zweigeschossiges Bahnhofsgebäude mit Güterschuppen (noch vorhanden, verkauft an Stadt Aalen, heute Jugoslaw.Club), Bahnsteig, Lokschuppen (+). Umfangreiche Gleisanlagen, einschl. der Regelspurgleise sechs Gleise nebeneinander, Umladehalle mit einem Regel- und Schmalspurgleis, Kopframpe 1435/1000 mm für die Verladung von Sm-Fahrzeugen. Gleiswaage, Lokwasserkran. Mit der Errichtung von zwei Rollbockgruben (1950) sind diese Anlagen sowie zwei Abstellgleise auf der Höhe des Bahnhofsgebäudes entfernt worden.

km 04,49 Unterkochen (Härtsfeldbahn), Bahnhofsgebäude mit Güterschuppen (2)(+), Kreuzungsgleis, 1 Weiche 1960 entfernt.

km 07,36 Waldhausen-Glashütte, Wartehalle (+), Holzladegleis.

km 10,38 Höllhau, Wartehalle (+), Holzladegleis.

km 12,32 Ebnat, Bahnhofsgebäude mit Güterschuppen (2)(+), Kreuzungsgleis, Ladegleis mit Laderampe, daran Sparda-Lagerhaus und Holzlagerplatz, Lokwasserkran.

km 16,03 Brünstholz, Wartehalle (+), Kreuzungs- und Holzladegleis.

km 19,97 Elchingen, Bahnhofsgebäude (2)(+), Kreuzungs- und Ladegleis, kleiner Lagerschuppen (+), Lokwasserkran.

km 21,98 Bärenloh, Wartehalle (+), Holzladegleis.

km 24,12 Dossingen, Hp, Wartehalle (+).

km 28,05 Neresheim, großes zweigeschossiges Bahnhofsgebäude mit angebautem flachen Warteraum, Güterschuppen (1), noch vorhanden, verkauft an Stadt Neresheim, heute Gaststätte, umfangreiche Gleisanlagen. Fahrzeugschuppen und Werkstatt (Gebäude noch vorhanden), Lokwasserkran; die Gleisanlagen sind im Laufe der Zeit erweitert worden. Lagerschuppen und Ladegleis, Hochrampe, Agl. Landw. Bezugs- und Absatzgenossenschaft Bopfingen/Neresheim, das Lagerhaus ist noch vorhanden.

km 30,10 Härtsfeldwerke Neresheim, Bahnsteig mit Fernsprechhäuschen. Privatanschluß mit mehreren Abstell- und Ladegleisen, Gleiswaage. Der Steinbruch ist aufgegeben, die Anlagen sind teilweise entfernt.

km 30,86 Sägmühle, Hp, Holzladegleis.

km 32,38 Iggenhausen, Hp, kleine Wartehalle.

km 33,61 Katzenstein, Wartehäuschen (3)(+), Ladegleis.

km 35,89 Dischingen, großes zweigeschossiges Bahnhofsgebäude mit Güterschuppen (1), (noch vorhanden, verkauft an Gemeinde Dischingen, bewohnt), Ladegleis, daran Lagerhaus mit Getreidesilo des Landhandels.

km 37,42 Guldesmühle, Ladegleis für die Guldesmühle seit 1920, Hp seit 1960.

km 38,94 Ballmertshofen, ursprünglich Endpunkt der Strecke, großes zweigeschossiges Bahnhofsgebäude mit Güterschuppen (1), noch vorhanden, bewohnt (verkauft an

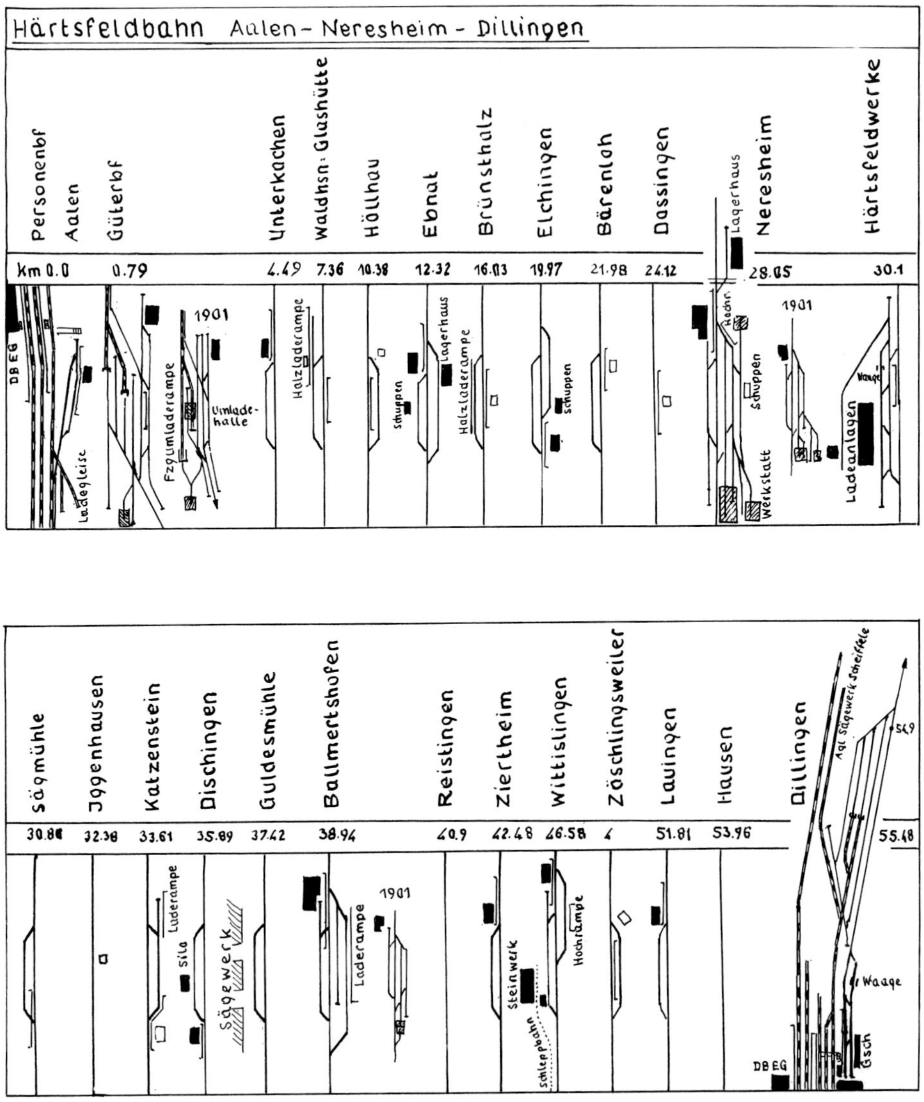

Gleisskizzen der Bahnhöfe Stand 1958

privat). Langgezogene Gleisanlagen, Lokschuppen (1907 umgesetzt nach Neresheim (Werkstatt), Lokwasserkran. Nach dem Weiterbau bis Dillingen sind die Gleisanlagen vereinfacht worden.

km 40,90 Reistingen, Hp, alter Schäferwagen als Wartehalle.

km 42,48 Ziertheim, Bahnhofsgebäude (3)(+), Ladegleis.

km 46,58 Wittislingen, Bahnhofsgebäude (3)(+), Ladegleis mit Hochrampe für Rübenverladung (+), weiteres Ladegleis, an dem sich ein kleiner Lagerschuppen (+) und eine Ladestraße befand, an der auch das gegenüberliegende Steinwerk verladen konnte.

km 48,05 Zöschlingsweiler, Wartehalle (+), Ladegleis für die Spinnerei Pfersee.

km 51,81 Lauingen, Bahnhofsgebäude (3)(+), Ladegleis.

km 53,96 Hausen, Hp.

km 55,48 Dillingen, vorgelagert die langgezogenen Gleisanlagen des Betriebsbahnhofs, fünf nebeneinanderliegende Gleise, zwei Rollbockgruben. Ursprünglich daneben zwei weitere Schmalspur- und ein Regelspurgleis mit Umladehalle. Gleiswaage, Lokwasserkran. Regelspuriges Agl Sägewerk Scheiffele. In der Verlängerung des Betriebsbahnhofs Ladegleise mit Gleiswaage und Güterschuppen (+) sowie Umsetzgleis mit Bahnsteig, Wartehalle und direktem Zugang (Unterführung) zu den nebenliegenden DB-Bahnsteigen. Gepäckkarren benutzten einen hölzernen Schienenüberweg. Die Wartehalle mit dem angebauten Wasserturm ist noch vorhanden (verkauft an privat).

Bauliche Besonderheiten:
Kocherburgtunnel bei km 7,05, 96 m lang
Unterkochener Viadukt, 90 m lang, Spannweite 85 m, vier Bögen, 26 m hoch, Taltiefe 37 m
viermal wurde die Egau mit eisernen Brücken überschritten bei:
Steinmühle km 29,9, Stützweite 17,2 m
Iggenhausen, km 32,8, Stützweite 10,6 m
Katzenstein, km 32,9, Stützweite 5 m
Zöschlingsweiler, km 48,2, Stützweite 46,6 m
ferner vier weitere kleine Brücken mit eisernen Überbauten.

Geschichtliche Entwicklung und Bedeutung

Das Härtsfeld – ein „rauh pergig Land“, „Schwäbisch Sibirien“ – ist eine Hochfläche im nordöstlichsten Zipfel von Württemberg, die sich nach Süden hin zur Donau absenkt.

Es ist eine eigenartig herbe Landschaft, Felder und Wiesen wechseln mit ausgedehnten Waldgebieten, Steppenheide und Ödflächen bilden das charakteristische Bild. Das Klima ist für die Landwirtschaft äußerst ungünstig – ständige Winde trocknen den Boden rasch aus. Die Niederschläge sind gering, das rührt daher, weil der Albtrauf, der Steilabfall der Schwäbischen Alb gegen die Aalener Bucht, die Regenmengen abfängt.

Das Härtsfeld ist eine reine Karstlandschaft mit vielen Ödflächen. Das wenige Oberflächenwasser versickert rasch und sammelt sich in unterirdischen Abflüssen, die in tieferen Lagen als Quellen austreten. Nördlich von Neresheim gibt es überhaupt kein oberflächlich fließendes Gewässer, auf dem Abfall zur Donauebene führen die Trockentäler erst im unteren Bereich nennenswerte Wassermengen. Trotzdem hat das Härtsfeld eine rein landwirtschaftliche Struktur.

Industrie ist fast nicht vorhanden – die notwendigen Voraussetzungen der Wasserkraft fehlen völlig.

Kultureller und wirtschaftlicher Mittelpunkt ist das mittig im Härtsfeld gelegene Neresheim, das von dem umfangreichen Baukomplex des Benediktinerklosters überragt wird – die Klosterkirche von Balthasar Neumann zählt zu den schönsten Sakralbauten und ist weithin bekannt. Die Anfänge des Klosters reichen bis ins 11. Jahrhundert zurück.

Mitten durch das Härtsfeld verläuft die politische Grenze zwischen den früheren Königreichen Bayern und Württemberg bzw. den heutigen Ländern Bayern und Baden-Württemberg. Sowohl die politischen als auch die geographischen Verhältnisse trugen dazu bei, daß das Härtsfeld verkehrlich schlecht erschlossen war. Die Staatsbahnen führten rundherum – im Westen die Strecke Crailsheim – Aalen – Ulm, im Norden (Stuttgart) – Aalen – Nördlingen – Donauwörth, im Osten und Süden Donauwörth – Dillingen – Ulm. Die ungünstige Verkehrslage hatte gegen Ende des vorigen Jahrhunderts in zunehmendem Maße einen wirtschaftlichen Rückgang der auf dem Härtsfeld liegenden Gemeinden zufolge – Abwanderung der Bevölkerung, Verarmung, Benachteiligung von Handel und Wirtschaft, Entwertung von Grund und Boden, Absinken der Steuerkraft.

Drei Männer waren es, die das Problem der Verkehrsferne aufgriffen und ein Bahnkomitee bildeten, das dem Härtsfeld zu einem Bahnanschluß verhelfen sollte: der Neresheimer Oberamtsbaumeister Vogler, der Oberamtmann Lang und der Gemeindevorsteher von Ebnat, Schultheiß Beyerle. Diese „Amtskorporation“ wandte sich 1889 an Prof. W. Sapper in Stuttgart, einem Kenner und Verfechter der Eisenbahnerschließung. Sapper stellte eingehende Untersuchungen über die Bauwürdigkeit einer Härtsfeldbahn an und zeigte in einer Denkschrift Berechnungen über erwartete Rentabilität und mögliche Trassen der Bahnführung auf. Die Denkschrift wurde 1892 den Regierungsstellen in Stuttgart vorgelegt.

Der Anschluß einer Härtsfeldbahn mit der Spurweite 750 mm sollte in Aalen oder Unterkochen gesucht werden. Für den Albanstieg gab es mehrere Varianten: als reine Adhäsionsbahn mit erheblicher Längenentwicklung von Aalen aus oder als reine oder gemischte Zahnradbahn von Unterkochen aus. Die Trassenvarianten sind in der Denkschrift ausführlich behandelt und in dem am Schluß dieses Beitrages erwähnten Buch von Dr. Seidel wiedergegeben.

Die Stadt Aalen hatte großes Interesse daran, daß die Härtsfeldbahn hier ihren Anfang nahm – dafür focht sie nicht nur beim Minister des Auswärtigen, sondern war auch bereit, Grund und Boden für den Bahnbau kostenlos zur Verfügung zu stellen und sich darüber hinaus mit einem Zuschuß zu beteiligen.

1897 schaltete sich die Stadt Heidenheim in die Diskussion einer Härtsfeldbahn ein und forderte eine Trasse von Heidenheim über Neresheim nach Ballmertshofen bzw. Nördlingen. Diese Trassenführung war geographisch günstiger herzustellen als die nach Aalen, hätte den Anschluß mehrerer Steinbrüche ermöglicht und für die Berufspendler im westlichen Teil des Härtsfeldes die Verbindung zu den Industriebetrieben in und um Heidenheim geschaffen.

Das Neresheimer Eisenbahnkomitee hielt schließlich an dem Anschluß nach Aalen fest und legte ein entsprechendes Gesuch bei der Regierung in Stuttgart vor. Ein Erfolg für diese Bemühungen war, daß das Gesuch im Mai 1897 von der Abgeordnetenkammer befürwortet an die Regierung weitergegeben wurde. Die Regierung selbst lehnte den Bau auf Staatskosten ab, die KWStE stimmte jedoch dem Bau und Betrieb durch ein Privatunternehmen zu.

Bei der Suche nach einem Träger für den Bahnbau schaltete sich die Westdeutsche Eisenbahn-Gesellschaft in Köln ein, die bereits im benachbarten Baden Bahnen hatte und nun auch mehrere Bahnprojekte im Königreich Württemberg betrieb. Die Westdeutsche Eisenbahn-Gesellschaft bzw. deren Tochterunternehmen Badische Lokal-Eisenbahn-Gesellschaft (BLEAG) war bereit, auch die Härtsfeldbahn zu bauen und bewarb sich um die Konzession.

Am 16. Juli 1900 wurden die Konzessionen für die Nebenbahnen von Reutlingen nach Gönningen und von Aalen nach Ballmertshofen der BLEAG erteilt. Der Bau und die Beschaffung der Fahrzeuge wurde von der Westdeutschen Eisenbahn-Gesellschaft durchgeführt, die BLEAG war Konzessionsinhaberin und Eigentümerin der Bahn. Für den Bau der Härtsfeldbahn wurden unverzinsliche und nicht rückzahlbare Zuschüsse von 60 000 Mark für die Einführungsanlagen in den Staatsbahnhof Aalen und 20 000 je Bahn-Kilometer zur Verfügung gestellt. Die Grunderwerbskosten mußten von den Anliegergemeinden übernommen werden.

Von den Trassenvarianten kam die Streckenführung mit reinem Adhäsionsbetrieb von Aalen aus in der Spurweite von 1000 mm zur Ausführung.

Die Vermessungen für den Bahnbau begannen im Sommer 1900, nach einjähriger Bauzeit waren die Schienen bis Neresheim verlegt. Schwierigkeiten bereitete der Abschnitt Aalen – Ebnat, hier waren mehrere Kunstbauten, u.a. der große Unterkochener Viadukt und der Wallenhau- oder auch Kocherburgtunnel zu erstellen.

Am 22. August 1901 erreichte der erste Bauzug auf durchgehendem Gleis den Bahnhof Neresheim. Im Oktober 1901 war die ganze Strecke bis Ballmertshofen fertig, so daß die Bahn Ende Oktober von der Aufsichtsbehörde abgenommen werden konnte.

Am 29. und 30. Oktober fanden die Eröffnungsfeierlichkeiten statt, Reden, Begrüßungen, Musikdarbietungen, Festessen, Feuerwerk, Böllerschüsse und Sonderfahrten füllten beide Tage aus. Am 31. Oktober 1901 wurde der öffentliche Verkehr aufgenommen.

Von Anfang an war man sich einig, daß Ballmertshofen nicht der Endpunkt der Härtsfeldbahn bleiben konnte. In Dillingen hatte sich bereits 1897 ein Eisenbahnkomitee gebildet, das eine Bahnverbindung nach Neresheim anstrebte. Bald nach der Eröffnung der Härtsfeldbahn wurden Überlegungen zur Weiterführung der Bahn nach Dillingen angestellt, die schließlich zu einem Staatsvertrag zwischen den Königreichen Bayern und Württemberg (12. April 1905) und der Konzessionserteilung am 8. April 1905 führten. Für den Streckenbau gewährte die bayerische Regierung einen Zuschuß von 300 000 Mark. Die Grunderwerbskosten trugen die Anliegergemeinden und der Fürst von Thurn & Taxis. Im April 1906 konnte der Betrieb bis Dillingen aufgenommen werden. Ebenso wie 1901 waren der Eröffnung am Tag zuvor große Feierlichkeiten vorausgegangen.

Nach der Verlängerung bis Dillingen wurde Neresheim der betriebliche Mittelpunkt der Bahn, hier entstanden 1907 ein neues Maschinenhaus und Werkstätten, ferner siedelte die Betriebsleitung von Aalen nach Neresheim über. Der Lokschuppen in Ballmertshofen wurde wenig später aufgegeben und nach Neresheim umgesetzt.

1910 ging die Betriebsleitung von der BLEAG bzw. deren Stuttgarter Zweigniederlassung Württemberg. Lokal-Eisenbahnen an die Württ. Nebenbahn AG Stuttgart über.

Der Erste Weltkrieg forderte von der Härtsfeldbahn seinen Tribut, indem u.a. eine der Streckenlokomotiven von der HFB requiriert wurde. Inflation, Wirtschaftskrise und der Zweite Weltkrieg brachten deutliche Einschnitte in der ansonsten an besonderen Ereignissen für die Härtsfeldbahn armen Zeit.

Das Verkehrsaufkommen entsprach in den ersten fünf Jahren keineswegs den Erwartungen und entwickelte sich erst ab 1906 mit der Verlängerung bis Dillingen einigermaßen zufriedenstellend bis zum Ersten Weltkrieg. An große, wirtschaftliche Gewinne war ohnehin nicht gedacht, da die Härtsfeldbahn eine reine Erschließungsbahn war.

Schon bei der Eröffnung der Bahn war darauf hingewiesen worden, daß „auf eine Rentabilität der Bahn die Gesellschaft in absehbarer Zeit nicht rechnen kann“. Dieser Hinweis bewahrheitete sich und zieht sich wie ein roter Faden durch die Betriebsgeschichte der

Man war stolz darauf, Mitarbeiter einer Kleinbahn zu sein. Diesen Stolz sieht man den Kleinbahnern der Härtsfeldbahn deutlich an, die vor einer Stehkessel-Dampflok beim Wasserfassen im Bahnhof Neresheim posieren. Zwischen 1908 und 1913

Dillingen

Dillingen, abfahrbereiter Zug nach Neresheim

Bf Neresheim, 20.6.1971

Nach Ankunft in Dillingen, 20.6.1971

BBn4vt 2 vor einem Personenzug in Neresheim, 1952

Personenzug nach Neresheim

Härtsfeldbahn. Nach dem Ersten Weltkrieg verschlechterte sich die Lage der Bahn zusehends. 1913 war letztmalig eine Dividende gezahlt worden, seit 1925, ausgenommen 1928, überstiegen die Betriebsausgaben die Einnahmen der Bahn.

Ab Anfang der 30er Jahre machte sich die Kraftwagenkonkurrenz deutlich bemerkbar, die Härtsfeldbahn geriet in Schieflage. 1931/32 waren die Verluste derart hoch, daß eine Stillegung der Bahn zum 1. Oktober 1932 erwogen wurde. Die Wiederbelebung der Wirtschaft wendete die drohende Betriebseinstellung ab.

Der Zweite Weltkrieg fügte der Härtsfeldbahn erhebliche Schäden zu, insbesondere in den letzten Kriegsmonaten hatte die Bahn unter ständigem Tieffliegerbeschuß zu leiden, dem die Züge auf der flachen Hochebene schutzlos ausgesetzt waren und der mehrmals Todesopfer forderte. Mehrere Lokomotiven und Wagen mußten mit Kriegsschäden abgestellt werden.

Am 20. April 1945 wurde der Betrieb eingestellt, konnte jedoch bereits am 13. Juni wieder aufgenommen werden.

Die kurze Scheinblüte der Nachkriegszeit wich bald dem grauen Alltag und der Zeit sinkender Beförderungsleistungen und Betriebseinnahmen. Auch die Aufnahme des Rollbockbetriebes von Aalen bis Ebnat konnte den Niedergang ab 1950 nicht aufhalten. Die Härtsfeldbahn geriet schon bald in eine aussichtslose Lage, die die WN veranlaßte, am 12. Juni 1953 den Antrag auf die Entbindung von der Betriebspflicht bei der Verkehrsabteilung des Innenministeriums zu stellen. Zur Einstellung des Bahnbetriebes kam es jedoch vorerst nicht, vielmehr stellte das Land Baden-Württemberg zur Weiterführung des Bahnbetriebes einen Zuschuß von 950 000 DM bereit, ferner wurde der Verkehrswissenschaftler Prof. Pirath aufgefordert, ein Gutachten über die Zukunft der Härtsfeldbahn zu erstellen. Das Gutachten plädierte für die Weiterführung des Bahnbetriebes, Steigerung der Leistungsfähigkeit der Bahn durch Umstellung von Dampf- auf Dieselbetrieb und Ersatz der schwach besetzten Züge durch Busse bei Verbleib des Stoßverkehrs morgens und abends auf der Schiene.

Versuchsfahrten mit Diesellokomotiven verliefen insbesondere auf dem Abschnitt Aalen – Ebnat nicht zur Zufriedenheit.

Entsprechend den Empfehlungen wurden 1956 zwei gebrauchte Triebwagen von der Kleinbahn Bremen – Tarmstedt sowie zwei fabrikneue Schlepptriebwagen beschafft, die die Dampfloks bald verdrängten. Die Inbetriebnahme der neuen Triebwagen am 21. September 1956 artete zu einem wahren Volksfest aus.

Mit Landeszuschüssen wurden in den folgenden Jahren einige Sanierungsarbeiten am Oberbau und die Modernisierung des Fahrzeugparks durchgeführt.

Die Waggonbauindustrie bediente sich der Härtsfeldbahn für Probefahrten von meterspurigen Neubauaufträgen – 1958 sah man ME-Triebwagen für die Spanischen Eisenbahnen und ME-Triebzüge für die Peloponnes-Bahnen auf der Härtsfeldbahn.

1956 bildete sich eine „Fördergemeinschaft Härtsfeld“, die sich zum Ziel gesetzt hatte, das unterentwickelte Härtsfeld bei der Erlangung staatlicher Hilfen bei der Stuttgarter Regierung tatkräftig zu unterstützen.

Die Verdieselung und wirtschaftliche Betriebsführung brachten kurzzeitig Verbesserungen im Wirtschaftsergebnis, die Talfahrt der Härtsfeldbahn war jedoch nicht aufzuhalten.

Anfang der 70er Jahre hatte sich die Verkehrs- und Ertragslage derart verschlechtert, daß die WN im Mai 1972 den Antrag auf Stillegung stellte, dem im Herbst 1972 entsprochen wurde.

Mit Ende des Sommerfahrplans 1972 wurde der Personenverkehr auf der Schiene aufgegeben. Der letzte Zug bestand aus allen verfügbaren Personenfahrzeugen: 3 VT, 2 VB und die Doppeleinheit, er wurde gebührend und mit Musikkapellen verabschiedet. Der Güterverkehr endete offiziell am 30. November 1972. Als ob man sich von der Härtsfeldbahn nicht hätte trennen können – danach fuhren noch mehrere Sonderzüge, so am 8. Dezember zur Einweihung des Egau-Kraftwerkes Buchmühle bei Dischingen.

Mit dem 31. Dezember 1972 war das Kapitel Härtsfeldbahn dann endgültig abgeschlossen.

Der Abbau der Gleisanlagen erfolgte 1973 durch zwei Abbruchunternehmen. Die noch betriebsbereiten Personenfahrzeuge und ein Teil der Rollböcke wurden zur Nebenbahn Amstetten – Laichingen umgesetzt, der Güterwagenpark wurde an Ort und Stelle verschrottet.

Personenverkehr

In der Denkschrift von Sapper hieß es, daß drei Zugpaare ausreichend seien – in der Tat weisen die Fahrpläne der ersten Betriebsjahre täglich drei Zugpaare, vormittags, mittags und nachmittags aus. Für die 39 km lange Strecke benötigten die Züge, die als GmP gefahren wurden, zwei Stunden.

Bei der Betriebsaufnahme 1901 standen sieben Personen- und zwei PwPostwagen zur Verfügung – ein recht üppiger Bestand, wenn man bedenkt, daß für den Fahrplan nur ein Zugstamm notwendig war, nur eine Streckenlok zur Verfügung stand und jeder Zug überschläglich und im Durchschnitt von nur 30-35 Fahrgästen benutzt wurde. Bis 1906 wurden rund 70 000 Personen/Jahr befördert. Die Früh- und Spätzüge wurden im wesentlichen von Berufspendlern nach Aalen (Schwäbische Hüttenwerke Wasseralfingen, Reichsbahnausbesserungswerk Aalen und verschiedene Metallwerke in Aalen) benutzt.

Das Fahrplanbild änderte sich mit der Verlängerung der Bahn bis Dillingen 1906: täglich verkehrte nur noch vormittags ein und sonntags zusätzlich am Nachmittag ein weiteres durchgehendes Zugpaar Aalen – Dillingen (Fahrzeit 2 Std und 40 Min), ferner fuhren von Dillingen nach Neresheim werktags drei und sonntags zwei, in der Gegenrichtung je drei Züge, sowie zwischen Ballmertshofen und Aalen täglich zwei Zugpaare. Der Verkehr war also eindeutig nach Dillingen ausgerichtet. An Markttagen, mittwochs und samstags verkehrten zusätzliche Züge nach Dillingen und Lauingen.

Mit der Weiterführung nach Dillingen stiegen die Beförderungsleistung auf über 200 000/Jahr an und erreichten kurz vor Kriegsbeginn fast 250 000 Personen.

Der Erste Weltkrieg brachte zunächst eine erhebliche Verkehrszunahme. Bis 1920 kletterten die Beförderungsleistungen auf rund 370 000 Fahrgäste/Jahr, dann fielen die Zahlen in den 20er Jahren auf 200 000 und Anfang der 30er Jahre unter 100 000/Jahr ab. Eine geringfügige Belebung konnte ab Mitte der 30er Jahre verzeichnet werden – 1935: 101 092, 1938: 135 908 Fahrgäste.

1938 weist der Fahrplan täglich ein, sonntags, mittwochs und samstags ein weiteres durchgehendes Zugpaar aus (Fahrzeit fast 3 Stunden), ferner zwischen Neresheim und Aalen bzw. Dillingen täglich ein (werktags als GmP) sowie sonntags, mittwochs und samstags ein weiteres Zugpaar.

Der Betrieb war also so gestaltet, daß die Teilstrecken von den beiden Endpunkten Aalen und Dillingen nur noch in Neresheim und nicht mehr in Ballmertshofen endeten.

Die Verbindung nach Heidenheim bestand seit 1926 durch eine Postbuslinie Neresheim – Heidenheim.

Die Nachkriegsjahre bescherten der Härtsfeldbahn durch Hamsterer einen unerhörten Auftrieb, 1947/49 benutzten mehr als 700 000 Fahrgäste jährlich die Bahn. Vier von der Brünigbahn übernommene Wagen halfen, den Ansturm auf der Härtsfeldbahn zu bewältigen. Ein Jahr später war der Auftrieb wieder vorbei, bis 1955 sanken die Beförderungszahlen auf rund 250 000 Fahrgäste ab.

In den 50er Jahren verkehrten nur noch samstags ein und sonntags zwei durchgehende Zugpaare Dillingen – Aalen, ferner zwischen Neresheim und Aalen werktags nur noch früh ein Berufszug nach Aalen und am späten Nachmittag zurück, sowie sonntags zwei

1947/48

324 k Aalen — Neresheim — Dillingen (Donau)

(Schmalspurbahn)

Alle Züge 3. Klasse

a W außer Sa

W 302	S 304	W 304	Sa 310	W 312	S 314	316	km	Zug Nr *Württ Nebenb AG* Zug Nr		W 301	S 303	Sa 305	307	S 309	W 311	317	Sa 319	S 321	
...	8.30	8.30	13.45	...	17.30	a 17.45	0,0	ab **Aalen** Härtsf Pbf 324	an	6.45	7.30	12.20	a 15.05	16.40	...	...	...	...	...
...	8.34	8.35	13.50	...	17.34	17.50	0,8	Aalen-Härtsf Gbf		6.43	7.27	12.18	15.03	16.37	...	...	...	...	...
...	8.48	8.49	14.07	...	17.48	18.07	4,5	Unterkochen 324 a		6.27	7.14	12.03	14.48	16.24	...	...	...	...	...
...	9.03	9.04	14.24	...	18.03	18.23	7,4	Waldhausen-Glashütte		6.15	7.02	11.50	14.36	16.12	...	...	...	...	...
...	9.20	9.26	14.45	...	18.20	18.42	12,4	Ebnat (Härtsfeld)		5.57	6.45	11.32	14.18	15.55	...	...	...	...	...
...	×9.29	×9.35	×14.54	...	×18.29	×18.51	16,0	Brünstholz		×5.44	×6.33	×11.19	×14.04	×15.43	...	...	...	...	...
...	9.42	9.52	15.10	...	18.42	19.02	20,0	Elchingen		5.35	6.24	11.10	13.55	15.34	...	...	...	...	...
...	9.54	10.04	15.22	...	18.54	19.13	24,1	Dossingen		5.20	6.10	10.55	13.41	15.20	...	...	...	...	...
...	10.04	10.14	15.32	...	19.04	a 19.23	28,1	an **Neresheim**	ab	5.10	6.00	10.45	13.30	15.10	...	...	...	...	...
5.45	10.25	10.35	...	15.50	19.25	...	28,1	ab **Neresheim**	an	...	...	10.22	13.12	14.49	15.30	a 19.49	21.09	23.14	...
5.55	10.32	10.45	...	15.57	19.32	...	30,1	**Härtsfeldwerke** Neresheim		...	...	10.17	13.07	14.44	15.25	19.44	21.04	23.09	...
×5.58	×10.35	×10.48	...	×16.00	×19.35	...	30,9	Sägmühle		...	...	×10.11	×13.01	×14.40	×15.18	×19.40	×21.00	×23.05	...
×6.02	×10.39	×10.52	...	×16.04	×19.39	...	32,4	Iggenhausen		...	...	×10.07	×12.57	×14.36	×15.14	×19.36	×20.56	×23.01	...
×6.06	×10.43	×10.56	...	×16.08	×19.43	...	33,6	Katzenstein		...	...	×10.03	×12.53	×14.32	×15.10	×19.32	×20.52	×22.57	...
6.16	10.51	11.06	...	16.15	19.51	...	35,9	Dischingen		...	...	9.57	12.47	14.26	15.04	19.26	20.46	22.51	...
6.30	11.05	11.20	...	16.25	20.05	...	38,9	Ballmertshofen		...	...	9.42	12.32	14.14	14.47	19.14	20.34	22.39	...
×6.36	×11.11	×11.26	...	×16.31	×20.11	...	40,9	Reistingen		...	...	×9.32	×12.22	×14.07	×14.38	×19.07	×20.27	×22.32	...
6.42	11.17	11.32	...	16.37	20.17	...	42,4	Ziertheim		...	...	9.27	12.17	14.02	14.33	19.02	20.22	22.27	...
6.57	11.30	11.48	...	16.49	20.30	...	46,6	Wittislingen		...	...	9.15	12.05	13.50	14.21	18.50	20.10	22.15	...
7.03	11.36	11.54	...	16.55	20.36	...	48,2	Zöschlingsweiler		...	...	9.07	11.32	13.43	14.13	18.43	20.03	22.08	...
7.15	11.48	12.06	...	17.07	20.48	...	51,9	Lauingen Härtsfeldbf		...	...	8.56	11.21	13.31	14.01	18.31	19.51	21.56	...
×7.21	×11.54	×12.12	...	×17.13	×20.54	...	54,1	Hausen (b Dillingen, Donau)		...	...	×8.49	×11.14	×13.24	×13.54	×18.24	×19.44	×21.49	...
7.25	11.58	12.16	...	17.17	20.58	...	55,5	an **Dillingen** (Donau) 411 g	ab	...	...	8.45	a 11.10	13.20	13.50	a 18.20	19.40	21.45	...

1958

324 k Aalen—Neresheim—Dillingen (Donau) und zurück *(Schmalspurbahn)*

Alle Züge 3. Klasse

Aalen-Neresheim-Dischingen 1324 k

a = ✕ außer Sa b = täglich außer Sa

km	Württ Nebenb AG Zug Nr	✕ 302	† 4	† 6	b 6	Sa 306	8	a 8	10	† 10	† 14
	Stuttgart Hbf 324 ab	...	...	*5.36*	...	...	*10.46*	...	*14.16*	...	*18.17/19.37*
	Aalen 324 an	...	...	*8.09*	...	...	*12.59*	...	*16.53*	...	*20.55/21.13*
	Nördlingen 324 ab	...	...	*5.14*	...	...	*11.41*	...	*15.35*	...	*19.00*
	Aalen 324 an	...	...	*6.30*	...	...	*12.49*	...	*16.43*	...	*20.03*
	Crailsheim 324 a ab	...	...	*6.20*	...	...	*11.47*	...	*15.40/16.16*	...	*20.10*
	Aalen 324 a an	...	...	*7.32*	...	...	*12.55*	...	*16.48/16.54*	...	*21.17*
	Ulm 324 a ab	...	...	*4.20*	...	...	*8.12*	...	Sa*12.37*/b*13.27*	...	*17.34*
	Heidenheim 324 a ab	...	...	*7.40*	...	...	*12.23*	...	*16.20*	...	*19.14*
	Aalen 324 a an	...	...	*8.13*	...	...	*12.58*	...	*16.55*	...	*19.52*
0,0	**Aalen** Härtsf Pbf 324 ab	...	...	†8.30	...	...	† 13.20	...	17.25	...	†21.23
0,8	Aalen Härtsf Gbf	...	...	8.32	...	...	u 13.23	...	17.27	...	21.25
4,5	Unterkochen Härtsfeldbf	...	...	8.44	...	...	Sa13.36	...	17.40	...	21.38
7,4	Waldhausen-Glashütte	...	...	8.54	...	...	13.46	...	17.50	...	21.48
12,4	Ebnat (Härtsfeld)	...	...	9.09	...	...	14.02	...	18.06	...	22.04
16,0	Brünstholz x	...	...	9.17	...	...	14.10	...	18.14	...	22.12
20,0	Elchingen	...	...	9.26	...	...	14.22	...	18.24	...	22.22
22,1	Bärenloh x	...	...	9.32	...	...	14.28	...	18.30	...	22.28
24,1	Dossingen	...	...	9.38	...	...	14.33	...	18.36	...	22.34
28,1	**Neresheim** an	...	...	†9.47	...	...	14.42	...	18.45	...	†22.43
28,1	**Neresheim** ab	✕5.45	†6.15	...	b 9.52	Sa10.08	14.50	a15.20	...	†18.52	...
30,1	HärtsfeldwerkeNeresheim	5.52	6.20	...	9.57	10.14	14.55	15.25	...	18.57	...
30,9	Sägmühle x	5.55	6.23	...	10.00	10.18	14.58	15.28	...	19.00	...
32,4	Iggenhausen x	5.59	6.26	...	10.03	10.21	15.01	15.31	...	19.04	...
33,6	Katzenstein x	6.03	6.29	...	10.06	10.24	15.04	15.34	...	19.07	...
35,9	Dischingen	6.12	6.36	...	10.13	10.33	15.11	15.41	...	19.13	...
37,5	Guldesmühle x	6.17	6.41	...	10.18	10.39	15.16	15.46	...	19.18	...
38,9	Ballmertshofen	6.23	6.46	...	10.23	10.44	15.21	15.51	...	19.22	...
40,9	Reistingen x	6.28	6.50	...	10.27	10.47	15.25	15.55	...	19.26	...
42,4	Ziertheim	6.34	6.54	...	10.31	10.53	15.29	15.59	...	19.30	...
46,6	Wittislingen	6.48	7.06	...	10.43	11.07	15.41	16.11	...	19.41	...
48,2	Zöschlingsweiler	6.54	7.10	...	10.47	11.12	15.45	16.15	...	19.44	...
51,9	Lauingen Härtsfeldbf	7.06	7.20	...	10.57	11.25	†15.55	16.25	...	19.54	...
54,1	Hausen (b Dillingen, Donau) x	7.12	7.25	...	11.02	11.30	u 16.00	16.30	...	19.59	...
55,5	**Dillingen** (Donau) 411n an	✕7.15	†7.28	...	b11.05	Sa11.33	Sa16.03	a16.33	...	†20.02	...
	Dillingen (Donau) 411 n ab	*7.37*	*7.37*	...	*13.27*	*13.27*	*17.26*	*17.26*	...	*22.22*	...
	Donauwörth 411 n an	*8.15*	*8.15*	...	*14.03*	*14.03*	*18.05*	*18.05*	...	*22.58*	...
	Dillingen (Donau) 411 n ab	*8.17*	*8.17*	...	***11.09***	*13.12*	*17.54*	*17.54*	...	***20.19***	...
	Neuoffingen 411 n an	*8.40*	*8.40*	...	***11.29***	*13.37*	*18.17*	*18.17*	...	***20.40***	...
	Ulm Hbf 411 n an	*9.42*	*9.42*	...	***12.11***	*14.44*	*20.07*	*20.07*	...	***21.12***	...

km	Württ Nebenb AG Zug Nr	✕ 301	† 3	305	305	a 7	309	309	† 11	11	Sa 313	† 15
	Ulm Hbf 411 n ab	...	...	*6.20*	...	...	*11.45*	...	*15.55*	***17.03***	*17.49*	*21.05*
	Neuoffingen 411 n ab	...	...	*7.12*	...	...	*13.00*	...	*17.00*	***17.33***	*18.45*	*21.56*
	Dillingen (Donau) 411 n an	...	...	*7.35*	...	...	*13.24*	...	*17.23*	***17.51***	*19.05*	*22.19*
	Donauwörth 411 n ab	...	...	*7.30*	...	***10.45***	*12.34*	...	...	*17.16*	*18.43*	***19.50***
	Dillingen (Donau) 411 n an	...	...	*8.13*	...	***11.08***	*13.11*	...	...	*17.49*	*19.28*	***20.18***
0,0	**Dillingen** (Donau) 411 n ab	...	...	8.20	...	a12.00	13.30	...	†17.30	a17.55	Sa19.35	†22.25
1,4	Hausen (b Dillingen, Donau)	...	...	8.23	...	12.03	13.33	...	17.33	17.58	19.38	22.28
3,6	Lauingen Härtsfeldbf	...	...	8.30	...	12.08	13.37	...	17.38	18.03	19.45	22.33
7,3	Zöschlingsweiler	...	...	8.41	...	12.18	13.46	...	17.48	18.13	19.56	22.43
8,9	Wittislingen	...	...	8.47	...	12.21	13.50	...	17.53	18.18	20.02	22.48
13,1	Ziertheim	...	...	8.59	...	12.32	14.00	...	18.04	18.29	20.15	22.59
14,6	Reistingen x	...	...	9.04	...	12.36	14.04	...	18.08	18.33	20.20	23.03
16,6	Ballmertshofen	...	...	9.10	...	12.40	14.09	...	18.13	18.38	20.25	23.08
18,0	Guldesmühle x	...	...	9.17	...	12.44	14.13	...	18.17	18.42	20.30	23.12
19,6	Dischingen	...	...	9.24	...	12.49	14.19	...	18.23	18.48	20.36	23.18
21,9	Katzenstein x	...	...	9.30	...	12.55	14.25	...	18.29	18.54	20.42	23.24
23,1	Iggenhausen x	...	...	9.33	...	12.58	14.28	...	18.32	18.57	20.45	23.27
24,6	Sägmühle x	...	...	9.36	...	13.02	14.31	...	18.35	19.00	20.48	23.30
15,4	Härtsfeldwerke Neresheim	...	...	9.40	...	13.05	14.33	...	18.38	19.03	20.52	23.33
27,4	**Neresheim** an	...	...	9.45	...	a13.10	14.37	...	18.43	a19.08	Sa20.56	†23.38
27,4	**Neresheim** ab	✕5.10	†6.23	...	† 9.53	...	...	†14.45	18.50	...	...	...
31,4	Dossingen	5.20	6.32	...	u 10.02	...	...	u 14.54	18.59	...	...	...
33,4	Bärenloh x	5.27	6.38	...	Sa10.08	...	...	Sa15.00	19.05	...	...	...
35,5	Elchingen	5.35	6.45	...	10.15	...	...	15.07	19.12	...	...	...
39,5	Brünstholz x	5.44	6.54	...	10.24	...	...	15.16	19.21	...	...	...
43,1	Ebnat (Härtsfeld)	5.54	7.03	...	10.33	...	...	15.25	19.30	...	...	...
48,1	Waldhausen-Glashütte	6.10	7.18	...	10.48	...	...	15.40	19.45	...	...	...
51,0	Unterkochen Härtsfeldbf	6.20	7.29	...	†10.59	...	...	†15.51	19.56	...	...	...
54,7	Aalen Härtsf Gbf	6.33	7.41	...	u 11.11	...	...	u 16.03	20.08	...	...	...
55,6	**Aalen** Härtsf Pbf 324 an	✕6.35	†7.43	...	Sa11.13	...	...	Sa16.05	†20.10	...	...	...
	Aalen 324 a ab	*6.58*	*8.52*	...	*11.30*	...	...	*17.19*	*21.23*	...	...	...
	Heidenheim 324 a an	*7.42*	*9.27*	...	*12.06*	...	...	*17.59*	*21.59*	...	...	...
	Ulm 324 a an	*9.50*	*10.49*	...	*13.25*	...	...	*19.39*	*23.25*	...	...	...
	Aalen 324 a ab	*7.44*	*8.19*	...	*13.10*	...	...	*17.27*	*21.20*	...	...	...
	Crailsheim 324 a an	*8.56*	*9.26*	...	*14.22*	...	...	*18.48*	*22.37*	...	...	...
	Aalen 324 ab	*7.54*	*9.15*	...	*13.18*	...	...	*17.17*	*21.28*	...	...	...
	Nördlingen 324 an	*9.03*	*10.25*	...	*14.26*	...	...	*18.34*	*22.35*	...	...	...
	Aalen 324 ab	**6.42**	*7.49*	...	*11.18*	...	...	**16.58**/*17.06*	**20.24**/*20.42*	...	...	...
	Stuttgart Hbf 324 an	**8.12**	*10.27*	...	*13.27*	...	...	**18.26**/*19.26*	**21.42**/*22.26*	...	...	...

Zugpaare. Zwischen Neresheim und Dillingen war der Fahrplan dichter: werktags fuhren vier und sonntags drei zusätzliche Züge von Dillingen nach Neresheim, in der Gegenrichtung täglich drei. Nach wie vor verkehrte ein Teil der Personenzüge als GmP. Ferner verkehrte seit 1951 ein bahneigener Bus auf der Linie Aalen – Neresheim – Dischingen.

Auffallend war die Bedeutung des Wochenendverkehrs – Ausflügler zum Kloster Neresheim benutzten mit Vorliebe die Härtsfeldbahn, der Fahrplan trug dem Ausflugsverkehr mit Früh- und Spätzügen Rechnung.

1948 setzte das Busunternehmen Beck & Schubert der Härtsfeldbahn durch konkurrenzierende Busfahrten parallel zur Schiene stark zu, dem sich die Bahn nur in einem Akt der Notwehr dadurch entzog, indem sie die Firma als Vertragsunternehmer einsetzte.

Der Einsatz der Triebwagen ab 1956 brachte zwar ein besseres Zugangebot und ließ auch die Beförderungsleistung kurzzeitig deutlich ansteigen – 1957 rund 370 000 Fahrgäste. Die Belebung war jedoch nur kurz und fiel ab 1958 kontinuierlich ab: 1960: 266 750, 1965: 234 700, 1970: 132 300, 1971: 120 000 Fahrgäste. Mit der Verlagerung von Zugleistungen auf den KOM (privater Unternehmer im Auftrag der WN) wurde die Einstellung des Personenverkehrs auf der Härtsfeldbahn eingeläutet.

Der letzte Fpl gültig ab 28.5.1972 wies folgende Zugleistungen aus: Sonntags Aalen – Dillingen 2, in der Gegenrichtung 3 durchgehende Züge, 2 Züge Aalen – Neresheim und 1 Zug in der Gegenrichtung, 1 Zug Neresheim – Dillingen. Werktags 2 Zp Neresheim – Dillingen, davon 1 werkt. a. Sa, nach Aalen nur KOM.

Seit 1. Oktober 1972 bedient der Bus das Härtsfeld (Busunternehmen Beck & Schubert, Ebnat, von Aalen aus und Firma Wahl, von Heidenheim aus).

Mit Wirkung vom 1. Januar 1973 hat sich die WN gänzlich vom Härtsfeld zurückgezogen und die Konzessionen an die beiden Busunternehmen Beck & Schubert und Wahl übertragen.

Güterverkehr

Der Güterverkehr war zeitlebens starken Schwankungen unterworfen; er lief nur sehr langsam an und erreichte 1905 nicht einmal 20 000 t/Jahr.

In erster Linie war es die Land- und Forstwirtschaft, auf die sich der Güterverkehr abstützte. Lagerhäuser des Landhandels gab es in Ebnat und Dischingen (Raiffeisengenossenschaft), ferner in Elchingen und Wittislingen, die über das Ladestraßengleis bedient wurden. In Neresheim hatte die Landwirtschaftliche Bezugs- und Absatz-Genossenschaft GmbH Bopfingen/Neresheim ein großes Lagerhaus mit einem eigenen Agl. Zuckerrüben wurden insbesondere über die Hochrampen in Neresheim und Wittislingen verladen.

Darüber hinaus hatten alle Bahnhöfe Ladegleise mit Ladestraßen für den öffentlichen Verkehr.

Für die Forstwirtschaft gab es eigene Holzverladestellen, die fast ausschließlich diesem Zweck dienten, so in Waldhausen-Glashütte, Höllhau, Brünstholz, Bärenloh und Sägmühle. In Brünstholz ist bis zuletzt Holz verladen worden, während die vier anderen Holzladestellen schon frühzeitig ihre Bedeutung eingebüßt hatten.

Der Güterwagenpark der Anfangsjahre spiegelt die geringe Bedeutung des Verkehrsaufkommens wider: 5 geschlossene, 7 offene und 10 Drehschemelwagen für die Langholzbeförderung; das zeigt auch, daß der Schwerpunkt bei der Holzabfuhr gesehen wurde. Die Verlängerung nach Dillingen 1906 brachte auch eine Erweiterung des Güterwagenparks.

Das dritte wichtige Beförderungsgut war Kalk. In der Absicht, der Härtsfeldbahn ein stetiges und krisenfestes Verkehrsaufkommen zu sichern, hatte die Westdeutsche Eisenbahn-Gesellschaft 1900 von der Stadt Neresheim Gelände erworben, auf dem sie ein Kalkwerk errichten wollte. Die Rohstoffe sollten aus den stadteigenen Steinbrüchen an der Zwing abgebaut werden, ein Kalkwerk war unterhalb der Steinmühle geplant. Maßgeblicher Initiator dieses Projekts war der damalige WeEG-Direktor Joh. Mühlen. Die Vorplanungen waren 1901 bei der Inbetriebnahme der Bahn bereits abgeschlossen. Im März 1904 gründete Mühlen dann das Neresheimer Weißkalkwerk im Egautal zwischen Steinmühle und Sägmühle „Härtsfeldwerke Neresheim GmbH“. Das Werk erhielt einen Gleisanschluß, der später erheblich erweitert und zu einem Anschlußbahnhof ausgebaut worden ist. Im Versand wurde Kalk, im Empfang Kohle für das Kesselhaus gefahren. Dafür wurde 1904 der Wagenpark um 3 geschlossene und 5 Klappdeckelwagen erweitert. Das Kalkwerk entwickelte sich anfangs nicht so wie erwartet, erst später wurden die Erwartungen erfüllt. Mühlen errichtete später ein großes Kalkwerk bei Ulm, das den Härtsfeldwerken die Bezeichnung „Ulmer Weißkalkwerke K. Mühlen & Co, Werk Härtsfeldwerke Neresheim“ gab. Eine Besonderheit war ein hoher Signalmast beim Bahnhof Härtsfeldwerke, an dem bei Sprengungen im Bruch die Einfahrt zum Bahnhof mit einem Korbsignal gesperrt werden konnte.

VT 30 mit einem Güterzug nach Neresheim, 1957

Eine weitere Kalkverladestelle gab es seit 1942 beim Bahnhof Wittislingen, die Verlade- und Aufbereitungsanlagen befanden sich im Bahnhof jenseits der Ladestraße. Die Verbindung zum Kalkbruch war durch eine 60-cm-Materialbahn hergestellt, die in einem kleinen Tunnel den Bahnkörper der Härtsfeldbahn in km 47,014 unterfuhr.

Schließlich gab es seit 1942 ein Agl zum Tuffstein- und Terrazzowerk Hahn, Wittislingen, das von der freien Strecke in km 47,28 abzweigte (Nutzlänge des Agl 66 m).

Bis 1906 mußten alle Güter in Aalen umgeladen werden, dafür stand beim Güterbahnhof Aalen (bis 1950) eine Umladehalle zur Verfügung. Mit der Verlängerung nach Dillingen wurde der Rollbockverkehr eingeführt, so daß das Umladen weitgehendst entfallen konnte – trotzdem erhielt auch der Bahnhof Dillingen eine Umladehalle. Daß mit der Einführung des Rollbockverkehrs der Wagenpark vergrößert wurde, zeigt auf, daß auch erheblicher Binnenverkehr bestand. Der Rollbockverkehr war auf den Abschnitt Dillingen – Ebnat beschränkt, man wagte offenbar nicht, die Steilstrecke nach Aalen hinunter mit aufgebockten Regelspurwagen zu befahren. Erst 1950 wurden der Rollbockverkehr bis Aalen ausgedehnt und in Aalen zwei Rollbockgruben erstellt.

Die Verlängerung bis Dillingen und die Einführung des Rollbockbetriebes brachten der Bahn eine erhebliche Verkehrssteigerung, die sprunghaft auf 60 000 t (1907) anstieg, dann jedoch bis Kriegsanfang auf rund 50 000 t wieder abfiel. Nach dem Krieg konnten die Verkehrsleistungen wieder gesteigert werden und erreichten 1923 über 70 000 t. Die Wirtschaftskrise brachte deutliche Einbußen (1931 unter 40 000 t), dann setzte eine langsame aber stetige Belebung ein (1935: 57 807 t, 1938: 69 844 t).

Nach dem Zweiten Weltkrieg stiegen die Verkehrsleistungen wieder auf knapp 70 000 t (1948) an, fielen dann aber bis 1953 kontinuierlich auf unter 40 000 t/Jahr. In dem folgenden Jahrzehnt pendelten die jährlichen Beförderungsleistungen zwischen 40 000 und 50 000 t. (1960: 42 100 t, 1965: 42 600 t, vorwiegend Zuckerrüben und Kunstdünger). Mit der Beschaffung weiterer Rollböcke 1960 wurde der gesamte Güterverkehr fast ausschließlich mit aufgebockten Regelspurwagen abgewickelt, wobei sich die Übergabe im wesentlichen auf Dillingen beschränkte.

Mit der Stillegung des Kalkwerkes in Neresheim verlor die Härtsfeldbahn einen ihrer besten Kunden.

Ab Mitte der 60er Jahre machte sich die Straßenkonkurrenz immer deutlicher bemerkbar und jagte der Bahn Verkehrsleistungen ab. 1970 wurden nur noch 32 300 t befördert, 1972 waren es nicht einmal mehr 30 000 t.

Die Stückgutbeförderung hatte die Härtsfeldbahn bereits Anfang 1972 aufgegeben und dafür einen eigenen LKW eingesetzt.

Am 30. November wurde der Güterverkehr auf der Schiene eingestellt, bedarfsweise anfallende Ladungen wurden bis 31. Dezember 1972 zugestellt.

Personal

Anzahl der beschäftigten Personen
1935: 54
1938: 62
1960: 45
1970: 38

Streckenbeschreibung

Wenn man in Aalen am südlichen Bahnsteigkopf steht und Richtung Ausfahrt nach links schaut, hätte man jenseits der Gleise die Ankunfts- und Abfahrsstelle der Härtsfeldbahn-Personenzüge sehen können. Nichts ist mehr auszumachen, das frühere Bahnhofsgelände ist frei und seit kurzem als Parkplatz für DB-Kunden genutzt. Die Unterführung zu den DB-Bahnsteigen ist für die Parkplatzbenutzer noch vorhanden. Das Ausfahrtgleis verlief neben den DB-Gleisen.

Gleich hinter der Ausfahrt kam von links das Regelspurgleis heran und vereinigte sich ohne Weichenzunge mit dem Sm-Gleis, das nun etwa 560 m dreischienig bis kurz vor dem Güterbahnhof verlief, dann fädelte sich das Regelspurgleis wiederum zungenlos aus und führte zu den Rollbockgruben. Das Regelspurgleis liegt noch

Lokschuppen Aalen Härtsfeldbahn Gbf

Aalen, links DB-Bf, 6.8.1972

Aalen Härtsfeldbahn, 6.8.1977

Aalen Härtsfeldbahn Gbf, 6.8.1972

Aalen Härtsfeldbahn Gbf, ehem. Bf-Gebäude, 10.4.1988

Aalen Härtsfeldbahn Gbf, ehem. Bf-Gelände, Zuführungsgleis vom DB-Bf Aalen, liegt noch bis zur Einfahrt, 10.4.1988

Bei Aalen, November 1963

Unterkochener Viadukt

Unterkochen, 6.8.1972

Ebnat, 6.8.1972

Elchingen, 6.8.1972

Elchingen, 10.9.1960

Dossingen, 6.8.1972

bis kurz vor der Ausfädelung und endet mit einem Prellbock vor der Straßenkreuzung, hinter dem Prellbock ist das Dreischienengleis mit der zungenlosen Ausführung noch vorhanden, jedoch im Zuge der Straße zugeteert und verliert sich dahinter unter Gras und Gebüsch. Das Gelände des Güterbahnhofs zieht sich neben der DB-Strecke nach Ulm hin, ist völlig frei, von der Natur vollständig zurückerobert und mit Gras und Buschwerk bedeckt, darunter sind hier und da Gleisstücke und Weichenhebel zu entdecken. Das Dienstgebäude ist unverändert, wenn auch leicht verkommen vorhanden und dient einem Club als Bleibe.

Von der Ausfahrt Aalen Güterbahnhof bis zum Kocherburgtunnel (zugemauert) ist der ehemalige Bahnkörper zu einem Wanderweg hergerichtet, so daß auch heute noch auf dem unteren Teil der Aufstieg über die Albtraufkante auf die Schwäbische Alb nachvollzogen werden kann. Gleich hinter dem Güterbahnhof Aalen begann das Streckengleis, das zunächst mit der Maximalsteigung von 1:36 noch einige 100 m parallel zur DB-Strecke Richtung Ulm führte, bog dann fast rechtwinklig nach links ab und führte im Himmlinger Tal eine langgezogene Haarnadelkurve (Radius 80 m) aus, um an Höhe zu gewinnen.

Auf der Höhe des Ortes Unterkochen war bereits ein Höhenunterschied von 84 m überwunden. Der Bahnhof befand sich oberhalb des Ortes hoch oben am Hang (der DB-Bahnhof Unterkochen liegt unten im Tal), ihn heute zu finden, ist gar nicht so einfach, man muß den Wanderparkplatz suchen, der auf dem ehemaligen Bahnhofsgelände angelegt ist.

Durch einsames Waldgebiet, das nur von Fußpfaden und Holzschleppwegen durchzogen ist, geht es in Kurven- und steigungsreicher Trassenführung weiter.

Etwa 1 $^1/_2$ km hinter Unterkochen wird das markanteste Bauwerk der Härtsfeldbahn, der Unterkochener Viadukt erreicht (km 5,7), wenig später der 96 m lange Wallenhau-Tunnel (Westportal km 7,05). Die beiden einsam im Wald gelegenen Holzverladebahnhöfe Waldhausen-Glashütte und Höllhau sind noch erkennbar. Dazwischen wurde eine weite Haarnadelkurve ausgefahren. Beim Bahnhof Höllhau ist der Scheitelpunkt erreicht, auf 10,3 km Streckenlänge sind mit ständiger Steigung 1:36 bis 1:50 213 m Höhenunterschied überwunden worden.

In einer weiten Kurve ging es über die wasserlose, karstige Höhe des Härtsfeldes nach Ebnat hinunter, das schon von weitem zu sehen ist. Der Bahnhof befand sich am nordöstlichen Ortsrand rechts der Straße nach Waldhausen. Das ehemalige Bahnhofsgelände ist eine freie Fläche beim Raiffeisenlager, auch das im Bild zu sehende Trafohäuschen ist noch vorhanden und Orientierungspunkt für den Eisenbahnarchäologen.

Hinter Ebnat ist der Bahnkörper deutlich zu erkennen, wie überhaupt die Trassenführung noch gut auszumachen ist, wenn man von oben auf Ebnat hinunterschaut. Hinter Ebnat kreuzte die Bahntrasse die Straße Neresheim – Unterkochen (gut zu erkennen) und verlief durch ein bewaldetes Trockental mit anhaltendem Gefälle 1:40 bis 1:50 zu dem einsam gelegenen Holzladebahnhof Brünstholz hinunter, der 93 m tiefer lag als der Scheitelpunkt Höllhau.

Weiter ging es in weit ausholenden Schleifen und mit anhaltender leichter Steigung – der Bahnkörper ist als Holzabfuhrweg deutlich erkennbar – nach Elchingen hinauf. Am südlichen Ortsende kreuzte die Bahn die Straße, vor der Kreuzung lag der Bahnhof, dessen Gelände z.T. überbaut ist. Direkt an der Straße liegt die Gaststätte Härtsfeld-Stüble, ein täuschend ähnlicher Bau wie das ehemalige Bahnhofsgebäude – es ist jedoch nicht der ehemalige Bahnhof, der lag etwas zurück.

In einem großen, nach Nordosten ausholenden Bogen ging es in stetigem Gefälle und durch Waldgebiet über die Holzladestelle Bärenloh und den Hp Dossingen (nichts mehr zu sehen, beidseits des ehemaligen Bahnhofsgeländes heute Spazierwege) durch ein Trockental, genannt Reginentäle, auf Neresheim zu.

Vor Neresheim wurde die Landstraße erreicht, der die Bahn am linken Hang bis zum Bahnhof folgte. Der Hang ist heute mit einem Neubaugebiet überzogen, vom Bahnkörper ist nichts mehr zu erkennen.

Das Bahnhofsgelände Neresheim ist völlig frei, das Bahnhofsgebäude sehr schön renoviert und das Fachwerk des OG freigelegt. Lokschuppen und Werkstatt sind noch vorhanden – hier hat sich das Härtsfeldbahnmuseum etabliert mit einem Sammelsurium lädierter WEG- und WN-Fahrzeugen, die in Laichingen und Neresheim überlebt haben. Das Lagerhaus der LBAG ist noch vorhanden. Vor dem Bahnhofsgebäude sind in einer kleinen Grünanlage die Lok 11 mit zwei Rollböcken und der O/H322 aufgestellt.

Wir sollten nicht nur für die Relikte der Härtsfeldbahn einen Blick haben, sondern auch die Klosteranlagen Neresheim beachten, die oberhalb des ehemaligen Bahnhofs am Hang des Ulrichsberges liegen, zu dem vom Bahnhof aus eine schöne Kastanienallee hinaufführt. Von dort oben hat man einen umfassenden Blick auf das Bahnhofsgelände und die darunter liegende Stadt Neresheim.

Die Ausfahrt senkte sich zur Straße nach Ballmertshofen hinab und folgte ihr erst auf der linken, dann auf der rechten Staßenseite – der Bahnkörper ist vollständig erhalten, das Schotterbett ist bis

VT 32 rangiert im Agl Raiffeisen, Neresheim, 11.1.1958

Werkstattanlagen Neresheim, links Rübenverladeanlage, 6.8.1972

T 37 Bf Neresheim, 6.8.1972

Neresheim, 11.1.1958

Ehemaliges Bf-Gebäude Neresheim, 10.4.1988

Neresheim, 11.1.1958

Neresheim, 11.1.1958

Dischingen, 6.8.1972

Ballmertshofen, 6.8.1972

VT 30 rangiert im Agl Härtsfeldwerke Neresheim, 11.1.1958

Ballmertshofen, 10.4.1988

Ballmertshofen, 11.1.1958

zum Bahnhof Härtsfeldwerke noch so, als wären erst kürzlich die Gleise aufgenommen worden. Vor dem Bahnhof ist die Brücke über die hier meist trockene Egau noch vorhanden. Das Kalkwerk ist nicht mehr vorhanden, die Bauten sind abgetragen, Reste der Gebäude und auch der Verladeanlagen noch zu erkennen. Von der Straße aus sind die aufgelassenen Anlagen und die Ausdehnung der ehemaligen Kalkwerke und des Bruches (heute Naturschutzgebiet) gut zu sehen.

Bis Zöschlingsweiler folgte die Bahn dem Egautal bzw. in einigem Abstand der Landstraße, der Bahnkörper ist von der Straße aus auf der rechten Seite gut zu erkennen und zu verfolgen, auf langen Abschnitten liegt er als Damm in der Talsenke, begrünt, ungenutzt und z.T. mit Buschwerk bewachsen.

Hinter den Härtsfeldwerken ist der Bahnkörper markant am Waldhang auszumachen. Beim ehemaligen Bahnhof Sägmühle ist nichts mehr zu sehen. Der Hp Iggenhausen lag am Ortsrand, ein kleiner Weg führt zu dem etwas höher am Hang gelegenen Hp – heute freies Gelände – hinauf. Der Bahnhof Katzenstein lag (weit abseits der Ortschaft) da, wo die Straße einen Knick nach rechts macht, markiert durch eine freie Fläche (Parkplatz) unterhalb des kleinen Sees. Vor Dischingen wurde die Straße gekreuzt, der Ort wurde an der Ostseite tangiert. Am Ortsende wechselte das Gleis wieder auf die linke Straßenseite, gleich dahinter lag etwas erhöht der Bahnhof, markiert durch das hohe Getreidesilo, das schon zur Bahnzeit existierte. Das Bahnhofsgebäude ist unverändert erhalten, aber arg verkommen. Auf der Gleisseite erstreckt sich ein Schrottplatz.

Der Bahnkörper folgt weiterhin auf einem kleinen Damm in geringem Abstand der Straße. Vom Bahnhof Guldesmühle, der hinter der Mühle lag, ist nichts Auffälliges zu erkennen.

Vor Ballmertshofen wurde die Straße gekreuzt, gleich dahinter befand sich – nicht zu übersehen und exakt auszumachen – der Bahnhof. Das Bahnhofsgebäude ist nur wenig verändert, der Güterschuppen ist zu einer Garage umfunktioniert und auf dem Dach ein Balkon angelegt. Er gehört zu einem Reiterhof, dessen Reitplatz sich über das ehemalige Bahnhofsgelände erstreckt.

Der Bahnkörper entfernt sich nun von der Straße, ist jedoch als Dammstrecke deutlich zu verfolgen. Der Hp Reistingen lag abseits der Ortschaft in freiem Feld, heute nicht mehr zu lokalisieren.

Der ehemalige Bahnhof Ziertheim ist schwer zu finden – er befand sich an der Kreuzung mit der Straße; rechts der Straße ist der Bahnkörper ein Trampelweg, in dessen Verlängerung ein Neubaugebiet beginnt, links der Straße ist der Bahnkörper völlig verschliffen. Erst am Ortsende können wir die Spur wieder aufnehmen und sehen den Bahnkörper als Damm an der rechten Straßenseite. Vor Wittislingen wurde die Straße gekreuzt. Dahinter verliert sich die Spur.

Den Bahnhof Wittislingen müssen wir suchen und die Phantasie beflügeln. Wenn wir die „Bahnhofstraße" zum östlichen Ortsrand finden, wird es „ganz heiß". Wenig hochgelegen, oberhalb des Ortes beim Raiffeisen-Lagerhaus muß der Bahnhof gewesen sein, eine freie Fläche, Parkplätze und die Bushaltestelle markieren den Ort des Geschehens. Dahinter, Richtung Ballmertshofen, ist der Einschnitt erkennbar, hier ist heute eine Bowling-Bahn angelegt. Im Bogen ging es auf die o.g. Straßenkreuzung zu. Im weiteren Verlauf können wir den Damm wieder verfolgen, hier und da sind kleine Abschnitte abgetragen und eingeebnet.

Vor Zöschlingsweiler wurde die Straße gequert, gleich dahinter war der Hp. Nun verließ die Bahntrasse das Egautal und die Straße und führte in südlicher Richtung auf Lauingen zu. Der Bahnkörper durch freies Feld ist noch zu erkennen. Der Bahnhof Lauingen lag nördlich des Ortes an der Straße nach Schabringen, die gekreuzt wurde und zwar etwa 400 m hinter der Kreuzung, nichts deutet auf

Ziertheim, 6.8.1972

Wittislingen, links Rübenverladerampe, rechts Lagerschuppen, 11.1.1958

den ehemaligen Bahnhof hin, das Gelände ist überbaut. Vor der Straßenkreuzung sind links die Widerlager der früheren Brücke über den Zwergbach zu entdecken.

In östlicher Richtung geht es in der Ebene weiter auf Hausen zu, der Hp befand sich am westlichen Ortsrand, das Bahngelände ist deutlich zu erkennen, der Bahnkörper ist beidseits des Hp ein Wirtschaftsweg. Die Trasse nähert sich hinter Hausen der DB-Strecke Dillingen – Lauingen – Günzburg und läuft parallel bis Dillingen, erkennbar und zu verfolgen.

Wenn wir auf dem Bahnsteig des DB-Bahnhofs Dillingen stehen und Richtung Lauingen nach rechts schauen, sehen wir gleich neben dem äußersten Gleis einen Turm mit einem Anbau – das sind der ehemalige Wasserturm und das kleine Dienst- und Wartehäuschen, vor dem der Sm-Bahnsteig lag. Die Unterführung ist noch

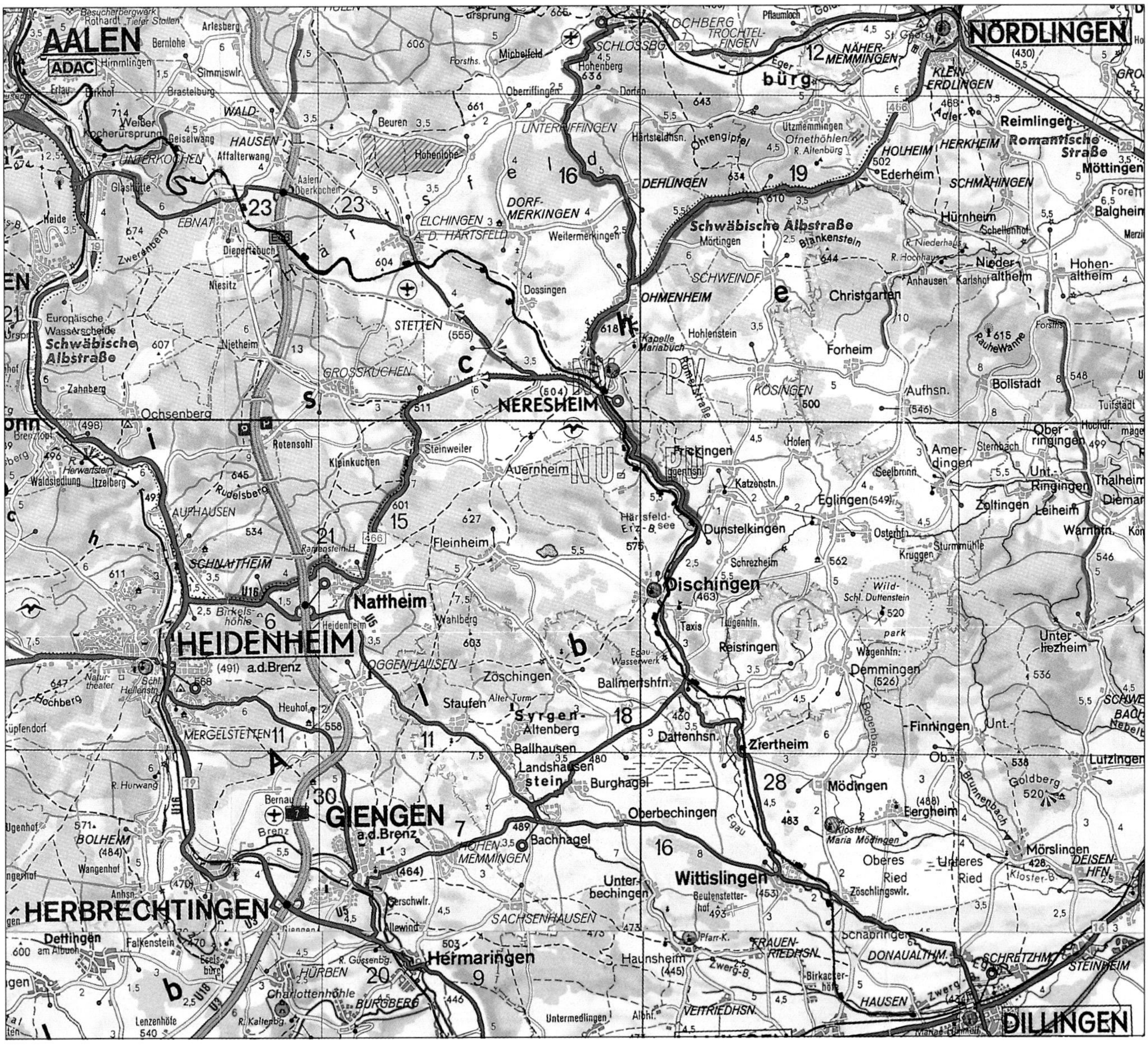

Lauingen, 6.8.1972

Dillingen, rechts DB-Bf, 6.8.1972

… und 10.4.1988

vorhanden, ebenso der gegenüberliegende Güterschuppen und das dahinterliegende Dienstwohnhaus. Im Anschluß an die Abfahrtsstelle der Sm-Züge zogen sich langgezogen die Betriebsgleise mit Rollbockgruben, Rangier- und Abstellgleisen hin – das Gelände ist heute frei und nicht genutzt.

Wir sind nun in Dillingen angekommen und beenden unsere eisenbahnarchäologische Fahrt – es bleibt festzustellen, daß noch viel von der Härtsfeldbahn zu sehen ist (1989), die Trasse läßt sich gut verfolgen. Den Albanstieg von Aalen nach Höllhau und weiter nach Ebnat sollte man allerdings zu Fuß machen – man lernt nicht nur den Wanderweg und die ehemalige Trassenführung kennen, sondern auch die Besonderheiten des Härtsfeldes, ein „rauh pergig Land", „Schwäbisch Sibirien".

Fahrzeuge

Für die steigungs- und kurvenreiche Strecke hatte die Westdeutsche Eisenbahn-Gesellschaft Lokomotiven der Bauart Mallet-Rimrott vorgesehen. Zu Betriebsbeginn stand erst eine Maschine zur Verfügung, die für die Abwicklung des Fahrplans ausreichte. Als Reserve blieb die beim Bau eingesetzte kleine Cn2t SOLINGEN dort, die von der ebenfalls zur Westdeutschen Eisenbahn-Gesellschaft gehörenden Ronsdorf-Müngstener Eisenbahn 1900 nach Aalen abgezogen worden war. Als dritte Lokomotive war von der Filderbahn (ebenfalls Westdeutsche Eisenbahn-Gesellschaft) vorübergehend die kleine Kastenlok Nr. 4 HOHENHEIM zur Härtsfeldbahn umgesetzt worden.

Somit standen im ersten Betriebsjahr drei Lokomotiven unterschiedlicher Leistung und Bauart zur Verfügung.

1903 erhielt die Härtsfeldbahn eine zweite Mallet, die von der Westdeutschen Eisenbahn-Gesellschaft für die Brohltalbahn als Nr. 6m bestellt worden war, offenbar aber direkt oder ein Jahr später nach Aalen geliefert wurde. Damit war die FB-Lok überflüssig und konnte zurückgegeben werden. Ein Jahr später wurde auch die RME-Lok abgezogen, so daß ab 1903 nur die beiden Mallet-Loks vorhanden waren. Mit der Verlängerung nach Dillingen kam eine dritte Mallet zur Härtsfeldbahn, die 1903 ebenfalls für die Brohltalbahn bestellt worden und dort oder bei einer anderen WeEG-Bahn wohl auch bis 1906 im Einsatz war. Über eine vierte Lok, ebenfalls für die Härtsfeldbahn beschafft (nachgewiesen in dem Buch von Dr. Seidel) sind keinerlei Angaben bekannt; die Lok soll 1908 wieder abgegeben worden sein (zur Mödrath-Liblar – Brühler Eisenbahn, dort jedoch unbekannt).

Desungeachtet kamen 1908 zwei kleine Serpollet-Maschinen von der Filderbahn nach Neresheim – wahrscheinlich sollten diese Winzlinge das Verschiebegeschäft in Dillingen und bei den Härtsfeldwerken übernehmen, denn für den Streckendienst waren sie zu leicht und zu schwach. 1909 wurde eine weitere Kastenlok von der Filderbahn nach Neresheim umgesetzt, die hier jedoch kaum zum Einsatz kam und in Aalen hinterstellt blieb.

1913 wurden zwei neue leistungsstarke Heißdampfmaschinen der „neuen Eßlinger Kleinbahntype" beschafft. Die Loks hatten beidseits seitliche Umläufe mit Geländer, um von der Lok über die Rangiertritte zum Zug zu gelangen und war für Einmannbedienung eingerichtet. Die Serpollet-Loks konnten daraufhin ausgemustert werden.

Im Ersten Weltkrieg mußte eine Mallet-Lok abgegeben werden, als Ersatz kam nach dem Krieg eine der für die HFB gebauten vierachsigen Tenderloks, von denen die Westdeutsche Eisenbahn-Gesellschaft mehrere (u.a. für die Euskirchener Kreisbahn und die Albtalbahn) übernommen hatte, zur Härtsfeldbahn.

Mit fünf Maschinen blieb der Dampflokbestand bis 1956 konstant. Die beiden Heißdampfloks 11 und 12 blieben als Reserve bis 1963 im Einsatz.

Zur Ablösung der Dampflokomotiven beschaffte die WN für die Härtsfeldbahn 1956 zwei schwere viermotorige Schlepptriebwagen, die sich bestens bewährten und bald den gesamten Zugförderungsdienst übernahmen. Ferner hatten die WEG und die WN je zwei Triebwagen von der stillgelegten Kleinbahn Bremen – Tarmstedt übernommen. BT T1 und T3 kamen nach Neresheim, vor der Inbetriebnahme wurden die KHD-Motoren gegen neue 170 PS Büssing-Motoren ausgetauscht. T 33 erhielt 1961/63 einen neuen Aufbau mit hochgesetzter Regelspurzug- und – stoßvorrichtung, ebenso wie die T 30 und 31, um aufgebockte Regelspurwagen direkt kuppeln zu können. 1964 übernahm die WN von der Süd-Harz-Eisenbahn den erst vier Jahre alten MAN-VT und ließ ihn für den Betrieb bei der Härtsfeldbahn herrichten, wo er ab 1964 zum Einsatz kam. Die Motoren wurden gegen stärkere getauscht, ferner erhielt der VT hochgesetzte Zug- und Stoßvorrichtungen zum Kuppeln von aufgebockten Regelspurwagen.

Obwohl der Personenwagenpark für die Anfangsjahre und das geringe Verkehrsaufkommen recht üppig war, reichte er nach 1906 offenbar nicht mehr aus. Von der Filderbahn wurden vier zweiachsige Wagen nach Neresheim umgesetzt, ferner wurden 1910 zwei große Vierachser gegen kleinere Vierachser getauscht.

1949 ergab sich die Gelegenheit, von der Brünigbahn Personenwagen zu übernehmen – WEG und WN erhielten insgesamt sechs Stück, von denen vier nach Neresheim kamen. Der letzte Zugang waren zwei vierachsige Personenwagen, die als Gelegenheit mit den BT-Triebwagen nach Neresheim kamen.

Für den Triebwagenverkehr wurden ferner zwei vierachsige Beiwagen sowie zwei Zweiachser mit neuen Aufbauten versehen und zu einer festgekuppelten Einheit hergerichtet.

Bn2t 2

Der Güterwagenpark bestand anfangs aus fünf geschlossenen, acht offenen und zehn Schemelwagen. 1904/08 wurde der Wagenpark ergänzt. Bis auf fünf Schemelwagen (Wf Werdau, Baujahr 1917) gab es nach 1908 keine Zugänge mehr. Eine Besonderheit waren die Klappdeckelwagen für den Kalkverkehr analog denen der KPEV mit einem Deckelpaar.

Der Rollbockpark bestand seit 1906 und blieb in der Stückzahl konstant, Zugänge waren bis 1960 nicht zu verzeichnen. Erst mit der Übernahme von Rollböcken der stillgelegten DB-Strecke Nagold – Altensteig wurde der Bestand auf 40 Stück erhöht.

Ab Mitte der 50er Jahre beschränkte sich der Güterverkehr fast ausschließlich auf die Beförderung aufgebockter Regelspurwagen, was zur Ausmusterung einer Vielzahl von Güterwagen führte. Der Rest stand später mehr oder weniger unbeschäftigt herum und ist sukzessive zerlegt bzw. als Schrott verkauft worden.

Nicht vergessen werden darf die Bahnmeisterei in Neresheim – ihr gehörten zwei kleine Flachloren sowie eine Motor-Draisine mit einachsigem Sitzanhänger.

Fahrzeugbestand:

	1935/38	1960	1970
Lokomotiven	5	2	–
Triebwagen	–	4	5
Personenwagen	10	11	11
Gepäckwagen	3	4	2
Güterwagen	58	14	14
Rollböcke	24	40	40
Rottenwagen	–	2	–

Betr.Nr.	Bauart	Hersteller	Baujahr/Fabr.Nr.	Bemerkungen
Lokomotiven				
1 (3m)	BBn4vt	Hohenzollern	1901/1473	1916 requiriert für HFB (Verdun)
2	BBn4vt	Hohenzollern	1902/1498	+ 1956
3	BBn4vt	Hohenzollern	1903/1688	seit 1906 bei AND, + 1956
4 ?	BBn4vt			1908 abgegeben an MLB?
4 HOHEN-HEIM	Bn2t ■	Maschf.Eßlingen	1888/2286	1901 ex FB, 1902 zurück
SOLINGEN	Cn2t	Krauss	1891/2555	urspr. RME, 1901-1903 i.E.
5	Bn2t ■	Maschf. Eßlingen	1899/2968	m. Serpollet-Kessel, 1908 ex FB 9 und 10,
6	Bn2t ■	Maschf. Eßlingen	1899/2969	beide + 1913
7	Cn2t ■	Maschf. Eßlingen	1897/2904	1909 ex FB 7 ECHTERDINGEN, verk. 1920
11	Bh2t	Maschf. Eßlingen	1913/3710	abg. 1963, 1966 Denkmal Neresheim
12	Bh2t	Maschf. Eßlingen	1913/3711	abg. 1963, 1966 Spielplatz Heidenheim, 1986 Härtsfeldmuseumsbahn Neresheim
5II	Dn2t	Krauss	1919/7562	bestellt f. HFB, 1920 an AND, + 1960

■ = Kastenlokomotiven

	1-4II	5	11, 12
Zylinder ø mm	300/420	405	320
Kolbenhub mm	380	460	360
Heizfläche m^2	56,5	84,12	Nr. 11 31,0, Nr. 12 47,7
Rostfläche m^3	0,95	1,5	0,66
Dampfdruck atü	14	12	12
Gewicht leer (t)	25,3	30,0	14,3
m. Vorräten (t)	32,0	38,7	18,06

Bh2t 11

Bh2t 12 Neresheim, 10.9.1960

Betr.Nr.	Bauart	Hersteller	Baujahr/Fabr.Nr.	Bemerkungen
Triebwagen, Beiwagen				
T 30	VT^4	Fuchs Heidelberg	1956/9053 4 x 150 PS, später 4 x 170 PS	Schlepp-Tw mit hochgesetzter Zug- und Stoßvorr. für aufgebockte Regelspurfahrzeuge
T 31	VT^4	Fuchs Heidelberg	1956/9054 4 x 150 PS, später 4 x 170 PS	Schlepp-Tw mit hochgesetzter Zug- und Stoßvorr. für aufgebockte Regelspurfahrzeuge
T 32	VT^4	Wismar	1937/20270 170 PS	1956 ex Klb. BT T 3 + 1972, 1973 an Fliegergruppe Elchingen
T 33	VT^4	Wismar	1934/20233 170 PS	1956 ex Klb. BT T 1, 1961/63 neuer Aufbau (Auwärter) mit hochgesetzter Zug- und Stoßvorrichtung
T 37	VT^4	MAN	1960/145169 2 x 160 PS	1964 ex SHE, 1966 2 x 210 PS und hochgesetzte Zug- und Stoßvorrichtung
TA 101, 103	VB^4	Auwärter	1956	Fahrg. ex B^4 1 und 3
TA 253, 254	VB^2	Auwärter	1963	im allg. festgekuppelte zweiachsige Einheit mit mittigem (einseitigen) Übergang, Untergestell ex Brünig B^3, Mittelachse entfernt

	30, 31	32, 33	33 n. U.	37	101, 103
LüP mm	16 600	13 180	11 700	16 200	12 000
Drehzapfenabstand mm	12 140	8 335	6 200	10 000	7 000
Radstand im Drehg. mm	1 860	1 600	1 600	2 000	1 200
Leergewicht t	33,8	13,8	15,8	13,5	10
Dienstgewicht t	41,8	14,0	16,0	16	11,5
Sitzplätze	Gepäckraum 43, 11 m^3	49	32	70	62

Nach der Stillegung 1973 zur NB Amstetten – Laichingen umgesetzt: T 30, 31, 33, 37, VB 101, 103, 253, 254, Rollböcke 4, 6, 8, 9, 15, 18, 20, 24*, 26*, 29
* von AL ausgeliehen und zurückgegeben

Personen-, Packwagen (LüP/Radst. mm/Drehzapfenabst./Radst.i.Drehg. mm/Eigengew. t/Sitzpl. bzw. Ladef. t)

Betr.Nr.	Bauart	Hersteller	Baujahr/Fabr.Nr.	Bemerkungen
1-7	B^4	Herbrand	1901	(11900 u. 11600/7000/1200/11/48); 1-2 bis 1916 I./II. Kl.; 1 und 3 1956 neuer Wagenkasten Auwärter = TA 1, TA 3 = 101, 103; 4 und 5 1910 an ATB; 2, 6, 7 + vor 1972
15 = 8	B^2	Keßler Eßlingen	1884	1906 ex FB 15, 16 (9900/4000/6,8 u. 5,6/48) + 1958
16	B^2	Keßler Eßlingen	1884	16 ausgem. nach Unfall 1908
17 = 9	B^2	Keßler Eßlingen	1884	1906 ex FB 17, 18 (7900/2300/4,6/24)
18 = 10	B^2	Keßler Eßlingen	1884	9 u. 10 + 1937/38
4^{II}, 5^{II}	B^4	v.d.Zypen & Ch.	1891	1910 ex MLB, bis 1916 I./II. Kl. (9400/5500/1250/8,6/32), abg. 1956, + 1958
10-13	B^3	SIG Neuhausen	1886/92	1949 ex SBB Brünigbahn (9850/6000/8,0/40); 11, 12 1963 neue Aufbauten Auwärter, B2y 253, 254, 1973 an AL, dort nicht i.B. genommen; 10, 13 + nach 1972
4^{III}, 5^{III}	B^4	Uerdingen	1902	1956 ex Klb. BT (12050/7100/1100/8,16/48), abg. 1963, + nach 1972
21, 22	PwP	Herbrand	1901	(8150/3800/6,2/10), 21, 22 + 1962
23	PwP	Herbrand	1907	(8150/3800/6,7/10), + nach 1972
24	PwP	Herbrand	1901	(8150/3800/6,7/10), 1948 Umb. aus G 102, + nach 1974

Güterwagen

Betr.Nr.	Bauart	Hersteller	Baujahr/Fabr.Nr.	Bemerkungen
101-105	G	Herbrand	1901	(8030/3800/5,1 u. 6,7/10), 12 Stck mit Handbremse
106-117	G	Wf. Rastatt	1906/07	101-117: 107, 110 = Pufferwagen mit hochges. Regelspurzug- und Stoßvorr.; 102 1948 Umb. Pw 24; 104, 105, 106, 108, 109, 111-117 + 1959/62
118-120	G	Both & Tillmann	1904	(6250/3200/5,5/10), + 1958/62
364-371	O	Herbrand	1899	(7320/3500/3,8 u. 4,7/10), Zugang 1901, 5 Stck mit Handbremse; 364, 367, 370 + 1958
401-407	O	Rastatt	1906	(7300/3500/4,9 u. 5,5/15), 4 Stck mit Handbremse, 1951 an BEG
361-363	O	Both & Tillmann	1907	(6680/3200/3,9 u. 4,5/10), 1 Stck mit Handbremse, + 1958
372-376	K	Both & Tillmann	1904	(6680/3200/4,2/10), Klappdeckelwg. mit Handbremse; 1921 Umb. zu Hw u. Ow, + 1958
201, 202	SS		1908	(10900/7000/1400/8,7/15), f. Langholz, + 1958/62
301-312, 321, 322	H	Herbrand, Both & Tillmann, WF Werdau	1901/17	(6700/3200/4,1 u. 4,6/10), Drehschemelwagen; 322 1917 Umb. Rungenwagen f. Bm, 1984 Denkmal Neresheim; 303 ff + 1958
1-24, 25-40	Rollb.	MF Eßlingen	1897/1906	z.T. ex FB Bj. 1897/1900, z.T. Luftbremse, 1960 ex DB Nagold – Altensteig

soweit nicht anders angegeben, verschrottet nach der Stillegung

Dn2t 5^{II}

B^4 6, Neresheim, 11.1.1958

T 30 Aalen, Juli 1958

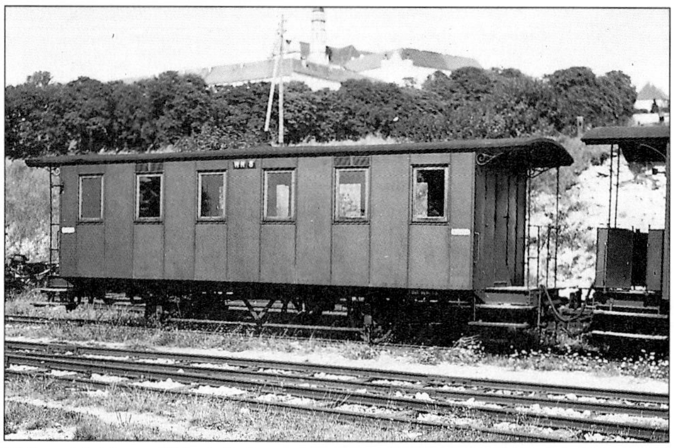

B^2 8 ex 15 (ehem. Filderbahn)

T 32 Neresheim, 11.1.1958

B^3 13 (ex Brüningbahn), Neresheim, 10.4.1960

T 37, 6.8.1972

B^4 4^{III} (ex Klb BT), Neresheim, 17.5.1958

B^4 1 + 3 (Auwärter 1956), Neresheim, 10.9.1960

O 363

Härtsfeld-Museumsbahn e.V. (HMB)

Die HMB ist insofern eine Besonderheit, weil sie versucht, eine stillgelegte und abgebaute Bahn zu reaktivieren. Ein derartig ehrgeiziges Ziel ist zumindest in der Bundesrepublik einmalig.

Am 23. Januar 1985 konstituierte sich die HMB in Aalen-Unterkochen.

Der Verein hatte sich zum Ziel gesetzt, die AND-Strecke von Aalen bis Ebnat wieder aufzubauen und als Museumsbahn zu betreiben – ausgerechnet das schwierigste, allerdings auch interessanteste und schönste Stück der Härtsfeldbahn, nämlich der steigungs- und kurvenreiche Albaufstieg mit mehreren Kunstbauten.

Das Projekt scheiterte, da weder ein geeignetes Betriebsgelände zu finden noch Zustimmung zu erlangen war, den beliebten Wanderweg auf der ehemaligen AND-Trasse aufzugeben, von den Kosten ganz zu schweigen!

Die Suche nach einem geeigneten Betriebsgelände führte den Verein nach Neresheim – durch Vermittlung und Entgegenkommen der Ortsverwaltung und insbesondere des Bürgermeisters und des Gemeinderates wurde dem Verein der nördliche Teil des ehemaligen Bahnhofsgeländes sowie ein Teil der noch vorhandenen Schuppen zur Verfügung gestellt.

Hier ist bisher einiges geleistet worden:
- Ankauf und Rückführung einiger ehemaliger AND-Fahrzeuge von Laichingen nach Neresheim
- Verlegung einiger Gleise
- Herrichtung eines Lokschuppens
- Aufarbeitung der Fahrzeuge
- Einrichtung eines kleinen Härtsfeld-Museums in den Räumen des ehemaligen Bahnhofsgebäudes

Von Neresheim aus will die HMB einen Teil der AND-Strecke reaktivieren. 1990 wurde das Planfeststellungsverfahren für den Abschnitt Neresheim – Sägmühle eingeleitet.

Der Bahnkörper ist fast vollständig noch vorhanden und frei, lediglich die Ausfahrt Neresheim muß auf etwa 350 m neu gebaut werden. Auch die Stahlkastenbrücke über die Egau bei den Härtsfeldwerken ist noch vorhanden und kann benutzt werden.

Fernziel ist, die Strecke bis Dischingen wiederaufzubauen.

G 103

Zum Fahrzeugbestand der HMB gehören:
- AND Dampflok 12, am 30. Oktober 1986 von Heidenheim nach Neresheim überführt, Aufarbeitung 1988/91
- AND Triebwagen T 33, 1984 von Laichingen nach Neresheim gebracht, Aufarbeitung 1988/91
- AND Triebwagen T 37, seit 1964 bei AND, 1987 nach Neresheim gebracht, Aufarbeitung vorgesehen
- AND Triebwagenanhänger 101, 1985 nach Neresheim gebracht
- AL Triebwagenanhänger VS 150, 1987 nach Neresheim gebracht
- 1 Personen-, 1 Pack-, 1 Zwischen-, 2 G- und 2 O-Wagen, 2 Rollböcke

Literatur

Dr. K. Seidel: Brücke zum Härtsfeld, Eigenverlag 1962

Nebenbahn Korntal – Weissach (Strohgäubahn) (NbKW)

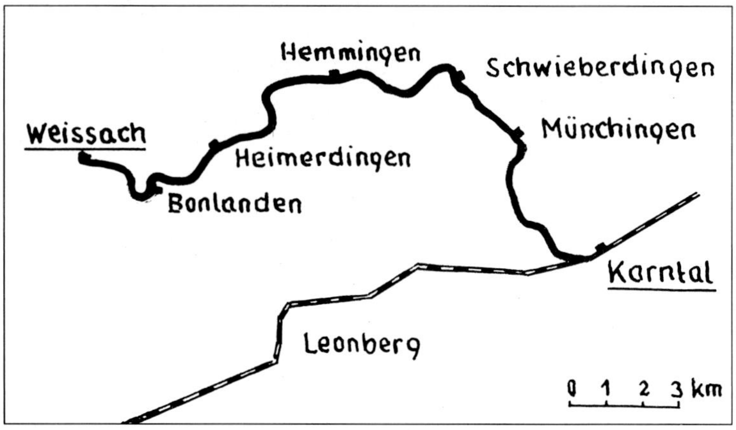

Korntal DB-Bahnhof – Hemmingen – Weissach

Spurweite: 1435 mm

Streckenlänge: 22,25 km

Eigentumslänge: 21,90 km

Gleislänge: 25,90 km

Eigener Bahnkörper

Betriebseröffnung: 14.08.1906

Eigentümer und Betriebsführer:
Württembergische Nebenbahnen AG,
seit 1984 Württembergische Eisenbahn-Gesellschaft mbH
Örtliche Bahnleitung in Weissach

Ausstattung

Anzahl der Bahnübergänge mit Lichtzeichenanlagen: 17, davon 7 mit Halbschranken
Zugfunk seit 1970, Leitstelle in Weissach
Zugleitfunk seit 03.01.1982
Lokschuppen in Korntal, abgebrochen 1979, 1980 erneuert
Lokschuppen und Werkstatt in Weissach, erweitert, z.T. erneuert und modernisiert 1985/86
KOM-Halle in Hemmingen, 1975/76 Neubau einer Unterstell- und Pflegehalle

Die vier Unterwegsbahnhöfe haben gleiche Bahnhofsgebäude – sehr formschöne, große zweigeschossige Gebäude mit hohem steilen Dach, Untergeschoß aus Bruchsteinmauerwerk, Obergeschoß Fachwerk bzw. verputzt. Eine Besonderheit sind die angebauten Güterschuppen ohne besonderem Ladegleis – zum Ein- und Ausladen des Stückgutes sind schmale Rampen bis zum Gleis vorgezogen; nur der Güterschuppen Schwieberdingen hat 1980/81 wegen des besonders hohen Stückgutaufkommens ein Ladegleis erhalten.

km 8,08 Stahlkastenbrücke über die Glems, lichte Weite 15,65 m.

km 0,0 Korntal, Einführung in die DB-Gleise, Ankunft und Abfahrt der KW-Züge ursprünglich am DB-Bahnsteig. Seit 1978 eigener Bahnsteig mit Stumpfgleis (Gleis 7). Vorgelagert kleiner Betriebsbahnhof mit Umsetz- und Abstellgleisen sowie dem eingleisigen Lokschuppen. Ein- und Ausfahrt der KW-Züge auf Lichtsignal.

km 1,4 Korntal-Gymnasium, Hp, Bahnsteig und Unterstellhäuschen.

km 5,21 Münchingen, Bahnhofsgebäude mit Agenten besetzt, mehrgleisige Anlage, Lagerschuppen des Landhandels, Agl Ges. für Lagerbetriebe, Lagerhaus Münchingen, Rübenverladeanlage. 1980/82 Ausbau zu einem Kreuzungsbahnhof mit Rückfallweichen, neuer Bahnsteig.

km 7,93 Schwieberdingen, Bahnhofsgebäude mit Agenten besetzt, mehrgleisige, im Bogen liegenden Anlage, Lagerhaus des Landhandels.

km 11,38 Hemmingen, Bahnhofsgebäude mit Agenten besetzt, Kreuzungs- und Ladegleise, WLZ-Raiffeisen-Lagerhaus, Lagerhaus Landhandel Majer.

km 16,26 Heimerdingen, Bahnhofsgebäude (vermietet), Ladegleis,
Agl Firma Schietinger, vormals Sorex,
Agl WLZ-Raiffeisenlager mit neuem großen Silo,
Agl Obstverwertung Bayer & Co.

km 19,6 Holzladestelle Bonlanden, 170 m langes Ladegleis mit langer Laderampe für die Holzverladung, aufgegeben Mitte der 50er Jahre, Abbau der Gleise 1989.

km 20,9 Agl Steinbruch, langes Ladegleis, Bunkerbeladung, aufgegeben und abgebaut Ende der 30er Jahre.

km 22,25 Weissach, zweigeschossiges Bahnhofsgebäude mit Güterschuppen, besetzt, Sitz der örtlichen Bahnverwaltung und der Zugleitung, langgezogene Gleisanlagen. Kopframpe für die Verladung von Panzern und anderen Fahrzeugen für das Porsche-Versuchsgelände Weissach, Gleiswaage (entfernt).
VT-Schuppen, Lokschuppen und Werkstatt, Erweiterung und Ausbau zu einer dreigleisigen Werkstatt- und Fahrzeugpflegeanlage 1985/86
Stückguthalle Neubau 1990.

T 10, Stuttgart-Zuffenhausen, 13.5.1975

VT 01 nach Ankunft in Korntal, 21.5.1976

Ausfahrt Korntal, am linken Bildrand KW-Fzg-Schuppen, 29.6.1982

Ausfahrt Weissach, 24.5.1991

Rübenverladeanlage im Bf Münchingen, 24.5.1991

Zugkreuzung Bf Münchingen, 17.5.1990

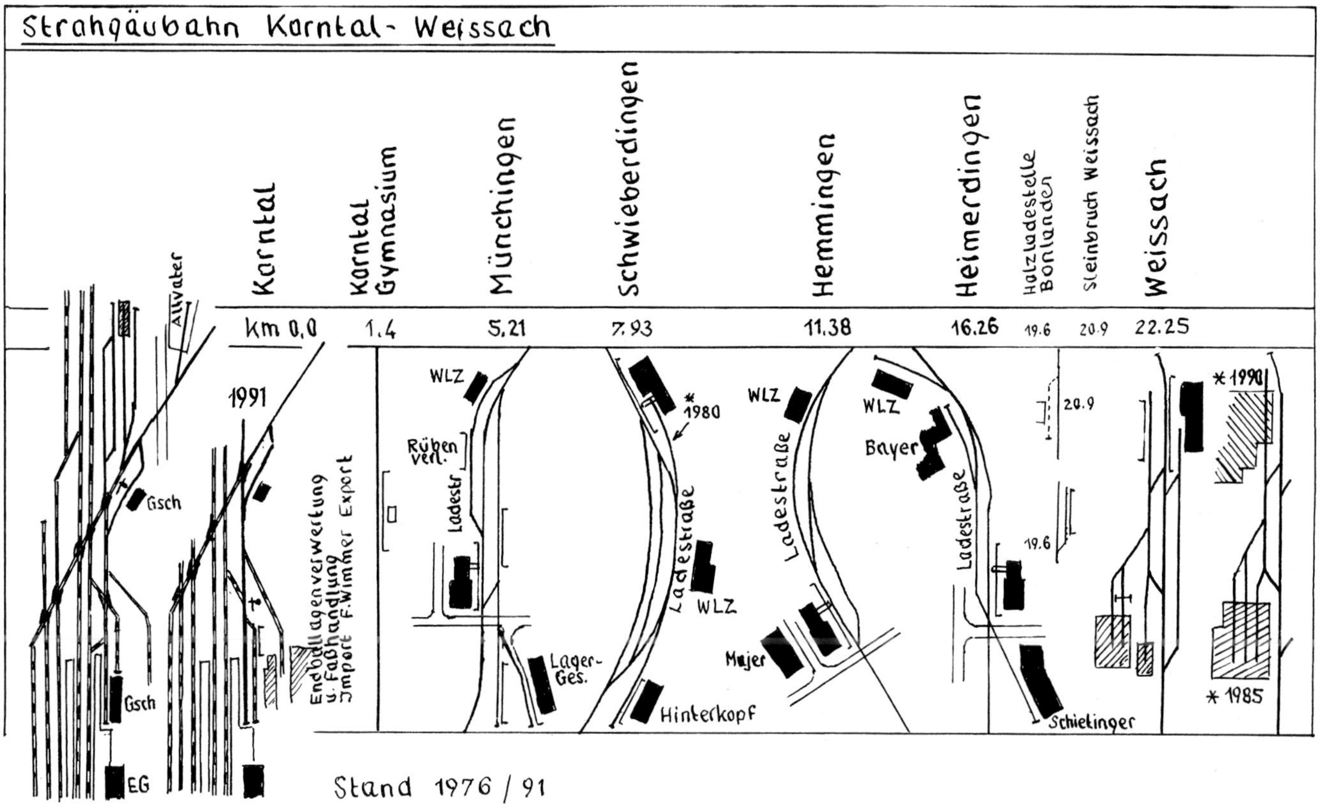

Geschichtliche Entwicklung und Bedeutung

West- und nordwestlich von Stuttgart erstreckt sich das sogenannte Strohgäu, das sich über das Schwarzwaldvorland bis hin zu den östlichen Hängen des Schwarzwaldes hinzieht. Das Strohgäu ist eine sehr fruchtbare Gegend, Äcker-, Forst- und Viehwirtschaft beherrschen das Bild. Große Lagerhäuser der Landwirtschaftlichen Genossenschaften mit den hochaufragenden Silotürmen geben der „Kornkammer von Württemberg“ markante Fixpunkte.

Durch die Ausdehnung Stuttgarts ist das Einzugsgebiet nach dem Krieg stark gewachsen – große kompakte Wohnsiedlungen sind als weitere markante Fixpunkte hinzugekommen.

Verkehrlich war das Strohgäu arg vernachlässigt – die 1846/53 gebaute Westbahn von Stuttgart Richtung Ludwigsburg – Bietigheim – Mühlacker – Bruchsal tangiert das Strohgäu weit im Norden, die „Württembergische Schwarzwaldbahn“, die abschnittsweise zwischen 1868 und 1872 eröffnet worden war und von Zuffenhausen Richtung Korntal – Leonberg – Renningen – Weil der Stadt nach Calw führt, berührt das Strohgäu nur im Süden. Abwanderung der Bevölkerung und Rückgang der Wirtschaftskraft waren die Folge des verkehrlichen Abseits, Ansiedlung neuer Industriebetriebe, insbesondere der holzverarbeitenden Industrie, blieben im Ansatz stecken.

Anfang der 90er Jahre des vorigen Jahrhunderts versuchten einige Gemeinden des Strohgäus, einen Bahnanschluß zu erhalten, die Regierung bzw. die Generaldirektion der Königlich-Württembergischen Staatseisenbahnen lehnte jedoch ein entsprechendes Gesuch wegen mangelnder Rentabilität ab.

Nach dem ablehnenden Bescheid bildete sich 1896 in Nußdorf eine „Eisenbahnversammlung“, die auf privater Basis ein Bahnprojekt von Kornwestheim über Münchingen – Hemmingen – Hochdorf – Riet nach Nußdorf ausarbeitete. Eine weitere Interessengemeinschaft schlug die Trassenführung von Ludwigsburg über Schwieberdingen – Heimerdingen nach Weissach vor.

Im Frühjahr 1897 wurde von mehreren Bürgermeistern und interessierten Geschäftsleuten in Pforzheim ein sehr viel weitreichenderes Projekt ausgearbeitet, das eine Bahnstrecke von Stuttgart durch das Strohgäu bis Pforzheim vorsah. Auch dieses Projekt wurde von der Staatsregierung abgelehnt, worauf sich ein Eisenbahnkomitee bildete, um das Bahnprojekt ohne staatliche Hilfe zu verwirklichen. Das Komitee nahm Verbindung zur Westdeutschen Eisenbahn-Gesellschaft auf, die in Baden bereits mehrere Bahnen gebaut hatte und betrieb. Die WeEG übernahm das Konzept des Komitees und schloß im November 1898 entsprechende Vereinbarungen und am 1. September 1900 mit den beteiligten Gemeinden einen Vertrag mit dem Ziel, die Bahn am 1. April 1904 in Betrieb zu nehmen. Die WeEG bzw. deren in Karlsruhe ansässiges Tochterunternehmen Badische Lokal-Eisenbahn-AG stellte noch im gleichen Jahr Antrag auf Erteilung der Konzession und nahm Verhandlungen mit den Anliegergemeinden auf, die einen Beitrag von 5000 Mark pro km sowie die Abtretung des zum Bau der Bahn notwendigen Geländes zusagten. Auch die Staatsregierung stellte einen Zuschuß von 15 500 Mark pro Kilometer in Aussicht.

Im Spätherbst 1899 wurde mit den Vorarbeiten und der Geländeaufnahme begonnen.

Schwierigkeiten stellten sich ein, indem einerseits die Staatsregierung den zugesagten Zuschuß zurückzog, da die KWStE eine Konkurrenzierung ihrer Strecke Stuttgart – Pforzheim über Bietigheim – Mühlacker befürchtete, andererseits der Ankauf von Grundstücken im Bereich Zuffenhausen – Münchingen wegen überhöhter Forderungen nicht realisiert werden konnte. Als Ersatzlösung bot die Gemeinde Korntal den Anschluß an die Staatsbahn in Korntal an und erklärte sich bereit, für die geänderte Streckenführung das notwendige Gelände kostengünstig zur Verfügung zu stellen.

Vorerst wurde nur der Streckenbau bis Weissach betrieben, über die Weiterführung nach Niefern-Pforzheim bestanden noch keine klaren Vorstellungen.

Am 4. Mai 1901 erhielt die BLEAG die Konzession zum Bau einer regelspurigen Bahn von Korntal nach Weissach mit den Klauseln, daß der Staat nach 25 Jahren von der Betriebseröffnung an das Recht hat, die Bahn zu erwerben und daß nach Ablauf der Konzessionsfrist von 90 Jahren die Bahnanlagen unentgeltlich in

Staatseigentum übergehen. Die WeEG begann umgehend, die Bauarbeiten auszuschreiben, 1902 wurde mit dem Bahnbau begonnen.

Noch während der Bauarbeiten äußerte die Württembergische Staatsregierung den Wunsch, daß das Eigentum und die Betriebsführung der von der „ausländischen“ BLEAG betriebenen Bahnen (Reutlingen – Gönningen und Härtsfeldbahn sowie zukünftig Korntal – Weissach) auf eine in Stuttgart ansässige Gesellschaft übergehen solle und forderte dies für die Nebenbahn Korntal – Weissach spätestens bis zur Betriebseröffnung. Zur Regelung dieser Forderung wurde der zum 1. April 1904 vorgesehene Eröffnungstermin gegen eine Barkaution von 150 000 Mark auf den 1. April 1907 herausgeschoben.

Das Eisenbahnkomitee setzte sich mit der Filderbahn-Gesellschaft in Stuttgart (deren Aktien 1902 von der WeEG übernommen worden waren) in Verbindung, die sich nicht abgeneigt zeigte, die Bahn zu übernehmen. In der ordentlichen Generalversammlung der Filderbahn-Gesellschaft vom 29. Mai 1905 wurde die Übernahme beschlossen und gleichzeitig der Name in „Württembergische Nebenbahnen AG“ (WÜNA) geändert. Mit Bekanntgabe des Königlichen Ministeriums für Auswärtige Angelegenheiten vom 20. Dezember 1905 wurde die Konzession der Nebenbahn Korntal – Weissach auf die WÜNA übertragen, wobei eine Baufrist bis 1. April 1907 festgesetzt worden war.

Die WÜNA beschleunigte die Fertigstellung derart, daß die Bauarbeiten bereits Anfang August 1906 beendet waren, so daß die Verlängerungsfrist nicht in Anspruch genommen werden mußte.

Am 13. August 1906 wurde die Strohgäubahn mit einer feierlichen Eröffnungsfahrt in Betrieb genommen, an der Vertreter der Regierung in Stuttgart, der KWStE, der Gemeindebehörden und des Bahnkomitees teilnahmen.

Korntal war Sammelpunkt der Festteilnehmer. In Münchingen, Schwieberdingen, Hemmingen und Heimerdingen hatten sich die Schultheißen, Gemeindevertreter, Blaskapellen und Gesangvereine versammelt, um den Zug mit Böllerschüssen und Reden zu begrüßen. In Weissach fand ein großes Volksfest statt, die Festgesellschaft begab sich unter Vorantritt einer Militärmusik mit einem Umzug durch den mit Fahnen und Girlanden geschmückten Ort zum Festfrühstück, wo sie von Vertretern der WeEG begrüßt wurde.

Der planmäßige Verkehr wurde am Montag, dem 14. August aufgenommen.

Die Bahn entwickelte sich von Anfang an zufriedenstellend, der Güterverkehr stieg bis zum Ersten Weltkrieg stetig an. Die Wirtschaftskrisen in den 20er und 30er Jahren zeigen deutliche Einbrüche in der Verkehrsstatistik. Während sich der Personenverkehr ab 1935 wieder erholte, blieb der Güterverkehr in bescheidenen Grenzen. Der Rückgang der Holzverladung an der Ladestelle Bonlanden und die Aufgabe des Steinbruches bei Weissach Ende der 30er Jahre brachten der Bahn deutliche Verkehrsverluste. 1935 versuchte die WÜNA erfolgreich, mit dem Einsatz eines Triebwagens der Abwanderung im Personenverkehr Einhalt zu gebieten.

Der Krieg, insbesondere die letzten Monate, beeinträchtigten den Bahnbetrieb durch Luftangriffe und Tieffliegerbeschuß; am 17. April 1945 wurde der Verkehr eingestellt, aber schon zwei Monate später, am 20. Juni nach der Wiederherstellung der beschädigten Fahrzeuge und Instandsetzung der Gleisanlagen wieder aufgenommen – die Strohgäubahn war die erste der Württembergischen Nebenbahnen, die nach dem Krieg wieder verkehrte.

Die ersten Nachkriegsjahre brachten der Bahn durch Hamsterverkehr aus dem Stuttgarter Raum einen ungeahnten und bislang nicht gekannten Boom. Zur Verbesserung im Berufsverkehr liefen einige Züge bis Stuttgart-Zuffenhausen und Feuerbach durch. Ab 1950 nahm dann der Personenverkehr stetig und deutlich ab, um 1963 einen Tiefpunkt zu erreichen.

Nicht unwesentlich daran beteiligt war eine bahneigene Buslinie von Weissach direkt nach Stuttgart, die seit 1948 verkehrte.

Ab Mitte der 50er Jahre wurden die dampflokbespannten Personenzüge durch Triebwagen abgelöst, 1958 endete die Dampflokära bei der Strohgäubahn.

Schüler- und Berufsverkehr halten die Beförderungsleistungen seit 1964 auf beachtlicher Höhe, im Güterverkehr sorgten neu angesiedelte Industriebetriebe für einen deutlichen Anstieg des Stückgutverkehrs.

Zwei spektakuläre Unfälle brachten der Bahn große Sach- und auch Personalschäden – am 21. Oktober 1961 stießen bei Schwieberdingen zwei Triebwagen frontal zusammen, am 24. Juni 1969 ereignete sich ein weiterer Frontalzusammenstoß zwischen Schwieberdingen und Münchingen.

Im Oktober 1978 entstand für die Strohgäubahn eine schwierige Situation: in Hemmingen entfiel die Zuckerrübenverladung, ferner wurde die Aufnahme in den Stuttgarter Verkehrsverbund verweigert. Als Folge wurde der Fahrplan deutlich eingeschränkt, Mitarbeiter verließen verängstigt das Unternehmen, der Fortbestand der Bahn schien gefährdet und es wurde ernsthaft darüber nachgedacht, den Bahnbetrieb aufzugeben.

Die WN tat genau das nicht, vielmehr setzte sie auf eine zukunftsorientierte Offensive als Verkehrsglied im Großraum Stuttgart und bemühte sich intensiv um Aufnahme in den Stuttgarter Verkehrs- und Tarifverbund. Ab 1980 wurden mit erheblichem Aufwand und Zuschüssen von Land und über das GVFG der Bahnbetrieb modernisiert und das Zugangebot attraktiver gestaltet. Dazu gehörten

- Zugleitfunk ab 03.01.1982
- Einmannbetrieb seit 01.02.1982
- Ausbau des Bahnhofs Münchingen zu einem Kreuzungsbahnhof mit Rückfallweichen (1982)
- Fahrzeug-Neubeschaffung (1981)
- Einbau von Induktionsschleifen an fünf Blinklichtanlagen
- Teilaufnahme in den VVS (Zeitkarten, VVS-Stufe II) ab 01.06.1982
- Verbesserung des Zugangebotes (1982 werktags 15 Zp)
- Bau einer neuen KOM-Halle in Hemmingen (1975/76)
- Erweiterung und Modernisierung der Werkstatt und Fahrzeugpflegeanlagen in Weissach
- Fahrkartenautomaten und Entwerter (1989)
- neuer Hp Korntal-Gymnasium (1987)
- Erweiterung und Konzentration des Stückgutverkehrs, Bau einer neuen Stückguthalle in Weissach (1990)
- Aufstellung von Informationskästen und Aktivierung der Werbung
- sukzessive Gleis- und Oberbauerneuerung

Deutliche Verkehrszunahmen im Personenverkehr und insbesondere beim Stückgutverkehr geben den Bemühungen der Strohgäubahn und der Zuversicht in den Schienenverkehr recht.

Die Werkstatt in Weissach war immer schon für die VE- und KW-Fahrzeuge zuständig und neben Neuffen als Zentralwerkstatt von überregionaler Bedeutung. 1985/86 sind die Anlagen modernisiert und erweitert worden, u.a. durch eine Wasch- und Pflegeanlage mit umlaufender Waschbürste. Alle großen und kleinen Instandhaltungsmaßnahmen an den eigenen und VE-Fahrzeugen werden in Weissach durchgeführt.

Die Nebenbahn Korntal – Weissach präsentiert sich heute als moderner und attraktiver Bahnbetrieb, der Oberbau ist in hervorragendem Zustand, die Bahnanlagen sind gepflegt, die Bahn und ihr Personal strahlen Hoffnung und Zuversicht aus und sind offensichtlich stolz auf das Geleistete des letzten Jahrzehnts. Wermutstropfen sind der Entfall der Zuckerrübenabfuhr und der deutliche Rückgang beim Stückgutverkehr 1993.

Die WEG ist – wie viele andere NE-Bahnen – bemüht, ihren Wirkungsbereich auszuweiten und sich auf Strecken zu betätigen, die für die DB wenig attraktiv bzw. bereits abgeschrieben sind. Im Bereich der Strohgäubahn zielen die Bemühungen auf den Abschnitt Weil der Stadt – Calw, auf dem seit 1983 der Betrieb ruht. Der Landkreis Calw hat Interesse bekundet, den Verkehr auf diesem Abschnitt wieder zu aktivieren.

1988 ist ein Untersuchungsauftrag vom Landratsamt Calw an die WEG ergangen mit dem Ziel, ein Konzept zur Ermittlung der

Maßnahmen und Investitionen zur Wiederinbetriebnahme der Strecke zu erarbeiten. Die Vorgabe lautete: Stundentakt mit Anschluß an die S-Bahn S/6 Weil der Stadt – Stuttgart.

Die WEG hat vier Varianten konzipiert, von denen die Variante 4 die weitreichendste ist:

- Personenverkehr im Halbstunden-, im Schwachlastverkehr im Stundentakt
- Wagenladungs- und Kleingutverkehr mit den im Personenverkehr eingesetzten VT
- Einmannbetrieb
- Anbindung des Endpunktes an den neuen Verkehrsknotenpunkt Calw
- Sanierung des Oberbaues und des Hirsauer Tunnels und Forsttunnels
- Beseitigung des Erdrutsches vor dem Forsttunnel und Sanierung der kritischen Stelle (das war 1983 der Anlaß, die Strecke stillzulegen).

Die Investitions- und Instandsetzungsaufwendungen sind auf 13,246 Mio DM veranschlagt (1988). Das Betriebskonzept läßt für die Variante 4 einen notwendigen Zuschuß von 287 100 DM/Jahr erwarten.

Das Angebot und Betriebskonzept der WEG steht, es gilt, die Finanzierung sicherzustellen – daran wird (mehr oder weniger halbherzig) auf politischer Ebene gearbeitet.

Für die Vorbereitungen der Wiederinbetriebnahme hat die WEG zwei Jahre veranschlagt.

Der Strohgäubahn würden mit diesem Projekt weitere wichtige und zukunftsträchtige Aufgaben zufallen. Zur Zeit ist es um dieses Projekt ruhig.

Personenverkehr

Berufs- und Schülerverkehr waren von Anfang an und sind auch heute noch die beiden Sparten, auf denen sich der Personenverkehr der Strohgäubahn abstützt. Bereits der erste Fahrplan weist die früheste Abfahrt von Weissach nach Korntal 4.30 Uhr aus.

Bis zum Ersten Weltkrieg lagen die Beförderungsleistungen um 180 000 bis 200 000 Personen/Jahr.

Nach dem Ersten Weltkrieg stiegen die Leistungen deutlich an und lagen bis etwa 1930 um 400 000 Fahrgäste/Jahr, wobei Spitzen von 500 000 (1925, 1928, 1929) und 580 000 (1922) zu verzeichnen sind, ebenso wie Einbrüche (1926). Anfangs 6 und in den 30er Jahren 10 Personenwagen spiegeln die zeitliche Ballung früh und spät wider.

Nach 1930 machte sich ein deutlicher Rückgang bemerkbar, 1932, 1933 und 1934 lag das Fahrgastaufkommen wie in den Anfangsjahren um 200 000 Reisende, ab 1935 ging es dann wieder bergauf (1935: 323 529, 1938: 533 675 Fahrgäste).

Zur Verbesserung des Zugangebotes und Verringerung der Fahrzeit wurde ab 1935 ein Triebwagen eingesetzt.

1938 weist der Fahrplan werktags 9 und sonntags 5 Zugpaare aus, die Fahrzeit betrug 55-65 Minuten.

Die Nachkriegsjahre brachten der Strohgäubahn durch Hamsterer und den völligen Ausfall des Individualverkehrs auf der Straße einen Boom, der die Fahrgastzahlen auf über 1 Mio (1948, 1949, 1950) ansteigen ließ. Die Züge waren brechend voll, alles verfügbare Fahrzeugmaterial mußte eingesetzt werden. Bis zu 1600 Reisende benutzten täglich die Züge nach Weissach und zurück.

Ab 1949 verkehrte für den Berufsverkehr früh und am späten Nachmittag je 1 Zugpaar bis und ab Stuttgart-Feuerbach, die Fahrten auf DB-Gleisen wurden sukzessive gesteigert. Da in Feuerbach keine Umsetzmöglichkeiten bestanden, mußten die Züge leer bis Stuttgart-Nord fahren, um hier die Lok umzusetzen.

Nach Normalisierung der Verhältnisse gingen die Beförderungsleistungen ab 1951 kontinuierlich und deutlich zurück und erreichten 1962 einen Tiefpunkt von 420 000, um sich in den folgenden Jahren bis 1975 auf diesem Niveau (420 000 bis 450 000) zu halten.

Ab Mitte der 50er Jahre wurden die dampflokbespannten Personenzüge durch Triebwagen abgelöst, die seitdem bei der Strohgäubahn eine beträchtliche Flotte darstellen. Auch die alten Personenwagen wurden durch moderne VB und VS ersetzt.

1956 weist der Fahrplan werktags 8 und sonntags 6 Zugpaare aus, die Fahrzeit betrug 43 Minuten. Früh und nachmittags fuhren 2 Zp bis Stuttgart-Zuffenhausen – 1951 waren wegen der umständlichen Umsetzmöglichkeiten die weitergeführten KW-Züge nur noch auf Zuffenhausen beschränkt.

Bis in die 70er Jahre hinein blieb das Fahrplanangebot konstant: werktags 9, sonntags 4-6 Zp.

Aus Rationalisierungsgründen und mangelndem Fahrgastaufkommen ist zum Ende des Sommer-Fahrplans 1969 (27.09.) der VT-Verkehr sonntags aufgegeben worden.

Ein kleiner aber konstanter Bahnkunde war auch die Post – jahrzehntelang wurden Postbeutel und Pakete im PwPost- und später Triebwagen befördert. Zum 1. Oktober 1961 endete die Postbeförderung auf der Strohgäubahn.

Seit 1948 wurde neben dem Schienenpersonenverkehr auch Busverkehr betrieben, der nicht unerheblich zum Rückgang auf der Schiene beitrug. Zur Unterstellung und Pflege der Busse entstand in Hemmingen eine kleine KOM-Halle. Die Busfahrten beschränkten sich anfangs auf direkte Fahrten Weissach – Hemmingen – Stuttgart und sind im Laufe der Jahre ausgedehnt worden auf die Linien Hemmingen – Höfingen – Leonberg, Weissach – Ditzingen und Schienenparallelverkehr Korntal – Weissach, ferner eine erhebliche Steigerung der Busfahrten nach Stuttgart-Hauptbahnhof insbesondere früh, mittags und am späten Nachmittag (Halbstundenverkehr).

1967

327a Korntal—Weissach und zurück

Bus Hemmingen-Stuttgart und Hemmingen-Leonberg 2327/1 und 2327/2

Alle Züge 2. Klasse

km	Württemb Nebenbahnen GmbH / Zug Nr		4	14	16	20	■ 22		24	■ 26	28	● 32		● 34	36	38	40		42	44	48	
	Stuttgart Hbf 327	ab	a5.30	⚒7.10	8.10	12.10	Sa12.30	...	12.50	14.10	14.50	16.10	...	a16.30	a17.10	a17.50	18.10	...	18.50	20.10	23.20	...
	Korntal 327	an	a5.47	⚒7.27	8.27	12.27	Sa12.47	...	13.07	14.27	15.07	16.27	...	a16.47	a17.27	a18.07	18.27	...	19.07	20.27	23.37	...
0	**Korntal** 327	ab	a5.50	⚒7.31	†8.32	a12.35	Sa12.52	...	†13.12	Sa14.31	a15.10	a16.34	...	a16.55	a17.30	a18.11	†18.32	...	⚒19.12	†20.32	a23.40	...
5	Münchingen		6.01	7.41	8.43	12.45	13.03	...	13.23	14.41	15.20	16.44	...	17.05	17.40	18.21	18.43	...	19.22	20.43	23.50	...
8	Schwieberdingen		6.07	7.47	8.49	12.51	13.09	...	13.29	14.47	15.25	16.50	...	17.11	17.46	18.27	18.49	...	19.28	20.49	23.56	...
11	Hemmingen		6.16	7.54	8.56	12.58	13.16	...	13.36	14.54	15.31	16.57	...	17.18	17.54	18.34	18.56	...	19.35	20.56	0.03	...
16	Heimerdingen		6.25	8.04	9.06	13.09	13.26	...	13.46	15.03	15.40	17.06	...	17.27	18.03	18.44	19.06	...	19.45	21.06	0.13	...
22	**Weissach**	an	a6.35	⚒8.14	†9.16	a13.19	Sa13.36	...	†13.56	Sa15.13	a15.50	a17.16	...	a17.38	a18.13	a18.54	†19.16	...	⚒19.55	†21.16	a 0.23	...

km	Württemb Nebenbahnen GmbH / Zug Nr		1	3	⊕ 5	■ 7		⊕ 9	13	15	17	21	■ 23		25	⊕ 33	37	39	341	43	47		
0	**Weissach**	ab	a4.25	a4.59	a5.28	Sa5.37	...	a5.55	⚒6.38	†7.33	⚒8.57	†12.13	Sa12.46	...	a12.57	a15.52	a17.17	†17.33	⚒17.48	†19.33	a22.38	...	...
6	Heimerdingen		4.36	5.10	5.40	5.48	...	6.06	6.49	7.44	9.08	12.24	13.03	...	13.08	16.02	17.29	17.44	18.17	19.44	22.49	...	...
11	Hemmingen		4.45	5.19	5.48	5.58	...	6.16	6.58	7.55	9.18	12.35	13.18	...	13.18	16.11	17.38	17.55	18.35	19.55	22.58	...	...
14	Schwieberdingen		4.52	5.27	5.55	6.05	...	6.23	7.05	8.03	9.25	12.43	13.25	...	13 25	16.17	17.46	18.03	18.44	20.03	23.05	...	..
17	Münchingen		4.58	5.36	6.02	6.11	...	6.29	7.11	8.11	9.31	12.51	13.31	...	13.31	16.23	17.52	18.11	18.51	20.11	23.11	...	...
22	**Korntal** 327	an	a5.07	a5.46	a6.11	Sa6.20	...	a6.38	⚒7.20	†8.20	⚒9.40	†13.00	Sa13.40	...	a13.40	a16.32	a18.01	†18.20	⚒19.01	†20.20	a23.20	...	...
	Korntal 327	ab	⚒5.17	a5.54	a6.13	6.27	...	a6.40	⚒7.27	8.27	9.47	13.07	13.47	...	13.47	a16.33	a18.07	18.27	19.07	20.27	23.27	...	...
	Stuttgart Hbf 327	an	⚒5.33	a6.13	a6.39	6.43	...	a6.59	⚒7.43	8.43	10.03	13.23	14.03	...	14.03	16.59	a18.23	18.43	19.23	20.43	23.43	...	...

a = ⚒ außer Sa b = täglich außer Sa c = Sa und † ⊕ Durchgehender Zug bis Stg-Zuffenhausen ● Durchgehender Zug ab Stg-Zuffenhausen ■ nicht 17. VI.

Neuer KW-Bahnsteig in Korntal, 29.6.1982

Durch Verbesserung des Fahrplanangebotes auf Schiene und Straße und Einsatz moderner und leistungsfähiger Triebwagenzüge unternahm die WN große Anstrengungen, den Personenverkehr zu intensivieren. Groß war die Enttäuschung, als zum 1. Oktober 1978 der Stuttgarter Verkehrs- und Tarifverbund (VVS) trotz größter Bemühungen der WN ohne die Strohgäubahn startete. Die direkte und indirekte Folge war eine deutliche Reduzierung des Zugangebotes auf 4 Zugpaare ab 4. Dezember 1978, bedingt auch durch Kündigung von Zugpersonal. Nach Überwindung dieses katastrophalen Tiefs konnte ab Sommer-Fahrplan 1979 das Zugangebot auf werktags 4 durchgehende und 5 Zp zwischen Hemmingen und Korntal sowie 4 Buspaare erweitert werden, es hatte sich ohnehin gezeigt, daß der Verkehr auf dem oberen Abschnitt zwischen Hemmingen und Weissach sehr bescheiden und von Weissach und Heimerdingen aus mehr nach Leonberg und Ditzingen gerichtet war. Entsprechend war das Zugangebot zurückgenommen worden.

Seit 1. Juni 1975 enden alle KW-Züge wieder in Korntal.

Trotz der frustrierenden Entwicklung gab die Bahn nicht auf und tat den Schritt nach vorn: weitere Bemühungen zum Beitritt in den Verkehrs- und Tarifverbund Stuttgart, Verbesserung des Fahrplanangebotes, Beschaffung neuer moderner Trieb- und Steuerwagen, Ausbau des Bahnhofs Münchingen zum Kreuzungsbahnhof, Einführung des Zugleitfunks.

Zum 1. Juni 1982 wurde die Strohgäubahn dem VVS Stuttgart angeschlossen, vorerst jedoch nur in der Stufe II (Zeitkarten). Der Erfolg blieb nicht aus – die Fahrgastzahlen gingen 1982 schlagartig nach oben und bewegen sich seitdem um 550 000 mit leicht fallender Tendenz im allgemeinen Rahmen. Entsprechend dem Fahrgastaufkommen ist das Zugangebot erweitert worden, seit 1985 (1991/92) weist der Fahrplan werktags a Sa 5 (6) durchgehende Zp und 12 (14) Zp Korntal – Hemmingen aus. Samstags beschränkt sich der Verkehr auf den Vormittag und ist mit 2 durchgehenden und 4 Zp Korntal – Hemmingen deutlich geringer. Mit der Ankunft des letzten Zuges 14.58 Uhr an Weissach ruht der Verkehr bis Montag früh 5.16 Uhr ab Weissach. Mit der Vergrößerung des Zugangebotes ist eine Reduzierung der parallel verkehrenden Buskurse verbunden.

Die Einrichtung des neuen Hp Korntal-Gymnasium 1987 brachte der Bahn 5% mehr Schulfahrgäste.

Der Busfahrplan umfaßt die drei Linien

501	Hemmingen – Schwieberdingen – Münchingen – Stuttgart-Feuerbach
620	Weissach – Heimerdingen – Ditzingen
651	Hemmingen – Höfingen – Leonberg

mit dichter Busfolge früh, mittags und abends und etwa Stundenverkehr in den Zeiten dazwischen.

Als Preis für die Aufnahme in den VVS mußten die Fahrten zum ZOB Stuttgart aufgegeben und nach Feuerbach zurückgenommen werden, die Konzession besteht jedoch weiterhin.

Die Streckenlänge beträgt 71 km.

Die Anzahl der in Hemmingen stationierten Busse ist in den letzten Jahren deutlich angestiegen:

1980:	14 davon	8 Gelenk- und	2 Doppelstockbusse
1984:	20	3	1
1986:	21	3	1
1988:	21	3	1
1990:	22	4	1
1991:	16	5	1 (vorübergehende Abgabe von Reservefahrzeugen)

Die Beförderungsleistungen bewegen sich zwischen 1,9 und 1,5 Mio Fahrgäste im Jahr.

1975/76 ist in Hemmingen eine neue moderne Unterstell- und Pflegehalle für KOM und Lkw errichtet worden, die den alten Bau von 1950 ersetzt hat.

Die WEG setzt für die Strohgäubahn weiterhin auf Zukunft – angestrebt werden der 20-Minuten-Takt auf dem Abschnitt Korntal – Hemmingen sowie die Erhöhung der Fahrgeschwindigkeit mit Verkürzung der Fahrzeiten.

Die Bestellung neuer Triebwagenzüge wird nicht nur das Platzangebot verbessern, sondern auch die alten zweiachsigen MAN-Triebwagen ablösen. Um dem VT-Mangel abzuhelfen – der VT 12 kann nur einen VS mitführen –, ist speziell für die Strohgäubahn der VM 114 zu einem einmotorigen führerstandslosen VT umgebaut worden, so daß der Dreiwagenzug VT 12 + V(T)M 114 + VS 113 möglich ist.

Ferner ist geplant, die KW-Züge über Korntal hinaus bis zu einem neuen Hp Zuffenhausen-Salzweg an der Güterbahn nach Kornwestheim weiterzuführen, um den Berufsverkehr zum Porsche-Werk zu verbessern.

Auch die Strohgäubahn hat ihre Oldtimer-Reminiszenz: Seit 1971 führt die GES (Gesellschaft zur Erhaltung von Schienenfahrzeugen) an einigen Wochenenden im Sommer dampflokbespannte Oldtimerzüge durch, deren Verkehrstage im Kursbuch veröffentlicht sind. Bahnhofsfeste, Tage der offenen Tür und Selbstdarstellung der GES vervollständigen das Angebot, das von der örtlichen Bahnleitung unterstützt und mitgetragen wird.

Zwischen Schwieberdingen und Hemmingen, Blick auf Schwieberdingen, 24.5.1991

Hemmingen, 10.5.1989

Bf Hemmingen mit typischer Güterüberladerampe, 21.5.1976

Zwischen Hemmingen und Schwieberdingen, 17.5.1990

Heimerdingen, 13.5.1975

Zwischen Weissach und Heimerdingen, 21.2.1984

Güterverkehr

Die Land- und Forstwirtschaft und der Steinbruch bei Weissach waren die wichtigsten Verfrachter der Strohgäubahn. Alle Bahnhöfe haben lange Ladegleise, Ladestraßen sowie Lagerschuppen bzw. Ladestellen des Landhandels.

Das Holzladegleis Bonlanden und der Steinbruch bei Weissach mit Ladegleis und großer Bunker- und Verladeanlage, an der die bereitgestellten Wagen unter Auslaufrutschen beladen wurden, spielten eine beachtliche Rolle.

Eine Besonderheit war vor dem Krieg die Fäkalienabfuhr aus dem Stadtbereich Stuttgart – sogenannte „Latrinenwagen" wurden nach Münchingen und auch nach Weissach gefahren und auf speziellen Gleisen, den „Latrinengleisen", in große Sickergruben entladen.

Der Güterverkehr entwickelte sich gut und stieg bis zum Ersten Weltkrieg auf fast 100 000 t/Jahr ab. Deutliche Einbrüche in den 20er Jahren (1918 rund 30 000 t) und ab 1930 charakterisieren das Auf und Ab nach dem Ersten Weltkrieg. Zwischen diesen beiden Tiefpunkten lagen Beförderungsleistungen um 50 000 t/Jahr. Der starke Rückgang nach 1930 hielt bis 1935 an, erst danach trat eine Besserung ein (1935: 32 120 t, 1938: 39 625 t).

1936/37 wurden der Strohgäubahn besondere Leistungen abverlangt – für den Autobahnbau des Abschnittes Leonberg – Heilbronn wurden die gesamten Materialtransporte über die Bahn angefahren, dafür war nahe der Baustelle an der Birkener Höhe zwischen Korntal und Münchingen eine besondere Ladestelle eingerichtet worden. 120 000 t 1936 und 155 000 t 1937 kennzeichnen diese besonderen Verkehrsleistungen.

Der Steinbruch Weissach ist in den 30er Jahren aufgegeben worden, die lange Verladeanlage und der Bahnkörper des Agl, heute völlig zugewachsen, aber noch gut erkennbar, geben Zeugnis von den einst großen Transportleistungen, die hier für die Strohgäubahn aufgekommen sind. Die Holzladestelle Bonlanden hat nach dem Krieg ständig an Bedeutung verloren und ist in den 50er Jahren aufgegeben und das Gleis 1989 abgebaut worden, nachdem es bis zur Unkenntlichkeit zugewachsen war. Die Laderampe und der Lagerplatz sind noch erkennbar.

Nach dem Krieg bewegte sich das Güteraufkommen bis Ende der 60er Jahre um 30 000 t im Jahr mit starken Schwankungen von maximal 41 000 und minimal 24 000 t.

Ab 1970 ist durch die verstärkte Abfuhr von Zuckerrüben zur Zuckerfabrik Waghäusel ein deutlicher Verkehrsanstieg zu verzeichnen, der bis 1976 anhielt. Lange Rübenwagenzüge waren das Kennzeichen des Herbstverkehrs. In Münchingen und Schwieberdingen standen fahrbare Rübenverladeanlagen zur Verfügung, über die der größte Teil des Rübenverkehrs abgewickelt wurde. Bis zu 50% und mehr betrug in guten Jahren der Anteil der Zuckerrüben am Gesamtverkehrsaufkommen. In den 70er Jahren wurden täglich 50-60 Wagen für die Rübenverladung gestellt. Für den starken Güterverkehr, insbesondere für die Beförderung der langen Rübenzüge, die mit zwei Triebwagen in Doppeltraktion gefahren werden mußten, beschaffte die WN 1978 eine V-Lok (die erste der beiden von WN/WEG).

Schmerzlich war die Entscheidung der Gemeinde Hemmingen 1978, die Rübenabfuhr (rund 13 000 t/Jahr) auf die Straße zu verlagern, wie überhaupt der Trend, vom Acker direkt zur Zuckerfabrik zu fahren, immer größere Bedeutung erlangte. In den letzten Jahren beschränkte sich die Rübenabfuhr im wesentlichen auf den Bahnhof Münchingen, wo eine feste Verladeanlage errichtet worden ist. 1990 wurden 396 Wagen gestellt und 10 720 t Rüben abgefahren. Auch die DEG-Spedition ist im Rübentransport aktiv (2800 t 1990). Mit der Aufkündigung der Ausnahmetarife ist allen ökologischen Vorgaben zum Trotz 1993 der Zuckerrübentransport zur Zuckerfabrik Waghäusel vollständig auf die Straße verlagert worden.

Für den allgemeinen Wagenladungsverkehr spielten bzw. spielen folgende Bahnkunden mit eigenen Anschlußgleisen bzw. besonderen Ladegleisen, eine besondere Rolle:

Ausfahrt Korntal	Agl Baustoffhandlung Firma Müller-Altvatter, seit Ende der 60er Jahre kein Verkehrsaufkommen mehr, Agl entfernt
Bf Münchingen	Agl Lagerhaus der Gesellschaft für Lagereibetriebe, Getreideeinlagerung, heute ohne Bedeutung
	Firma Höhnes, Landmaschinenverladung an der 1980 neu eingerichteten Rampe, Konkurs der Firma, kein Aufkommen mehr
	Rübenverladung für die Zuckerfabrik Waghäusel
	WLZ-Lagerhaus
Bf Schwieberdingen	Lagerhaus WLZ-Raiffeisen
	Firma Walker, Verladung von Landmaschinen (1990: 1 Wagen)
Bf Hemmingen	Lagerhaus Firma Majer, Landhandel
	Lagerhaus WLZ
Bf Heimerdingen	Agl WLZ-Raiffeisenlager (jahrelang einer der besten Kunden der Bahn mit bis zu 15 Wagen/Monat)
	Agl Obstverwertung und Safterei Bayer & Co, Verkehrsaufkommen heute = 0
	Agl Firma Schietinger (vormals Sorex) Import, Export (früher insbesondere Besen und Korbwaren aus den Ostblockstaaten), kein Verkehrsaufkommen mehr (1990: 2 Wagen)
Bf Weissach	WLZ-Raiffeisen

Der allgemeine Ladungsverkehr für die Landwirtschaft ist stark rückläufig und spielt heute kaum mehr eine Rolle. Der Getreideversand ist auf die Straße abgewandert und geht direkt zum Hafen Stuttgart. Verblieben ist der Empfang von Kunstdünger. Die WLZ in Münchingen, Heimerdingen und Weissach haben 1990 insgesamt rund 150 Ladungen (rund 3900 t) erhalten, davon ist der größte Teil im Agl der WLZ Heimerdingen gestellt worden.

Ein wichtiges Standbein des Güterverkehrs ist der Stückgutverkehr, der immer schon eine beachtliche Rolle gespielt und in jüngster Zeit an Bedeutung gewonnen hat. Bedingt durch neue Industrieansiedlungen insbesondere Handelsvertretungen und Auslieferungslager in den Ortschaften an der Strohgäubahn sind das Gutaufkommen und die Anzahl der Stückgut- und Expreßgutkunden ständig angewachsen.

Stück- und Expreßgut wurde auf allen Bahnhöfen abgefertigt und ist Anfang der 80er Jahre auf die Bahnhöfe Münchingen, Schwieberdingen und Weissach beschränkt worden. Ab Schwieberdingen und Weissach wurde die Flächenbedienung mit zwei, seit 1983 mit drei eigenen Lkw duchgeführt. 1981 betrugen die monatlichen Verkehrsleistungen rund 95 t Stückgut im Empfang und 33 t im Versand, sowie rund 40 t Expreßgut. Wachsendes Stückgutaufkommen zwang dazu, den Güterschuppen Münchingen zu vergrößern und 1980/81 in Schwieberdingen die Laderampe und den Güterschuppen zu verlängern und ein Ladegleis zu bauen. Zur Rationalisierung des Stückgutverkehrs und im Hinblick auf eine Konzentration in Weissach wurde für eine Übergangszeit im Dezember 1989 in Hemmingen ein Zelt aufgestellt, in dem das gesamte Stückgutaufkommen der Strohgäubahn (außer Weissach) umgeladen wurde. 1989 endlich wurde in Weissach eine neue große Stückgutlager- und Umschlaghalle gebaut und im April 1990 in Betrieb genommen. Noch während der Planungs- und Bauphase änderte die DB ihr Stückgutkonzept im Großraum Stuttgart, was für die Strohgäubahn erhebliche Auswirkungen hatte. Mit dem neuen Stückgutkonzept ist ab 1. Januar 1990 für die Strohgäubahn das Stückgut im unteren Bereich (Bahnhöfe Münchingen und Schwieberdingen) verlorengegangen, dafür hat die

V 83 mit Güterzug zwischen Münchingen und Korntal

Schwieberdingen, 6.5.1981

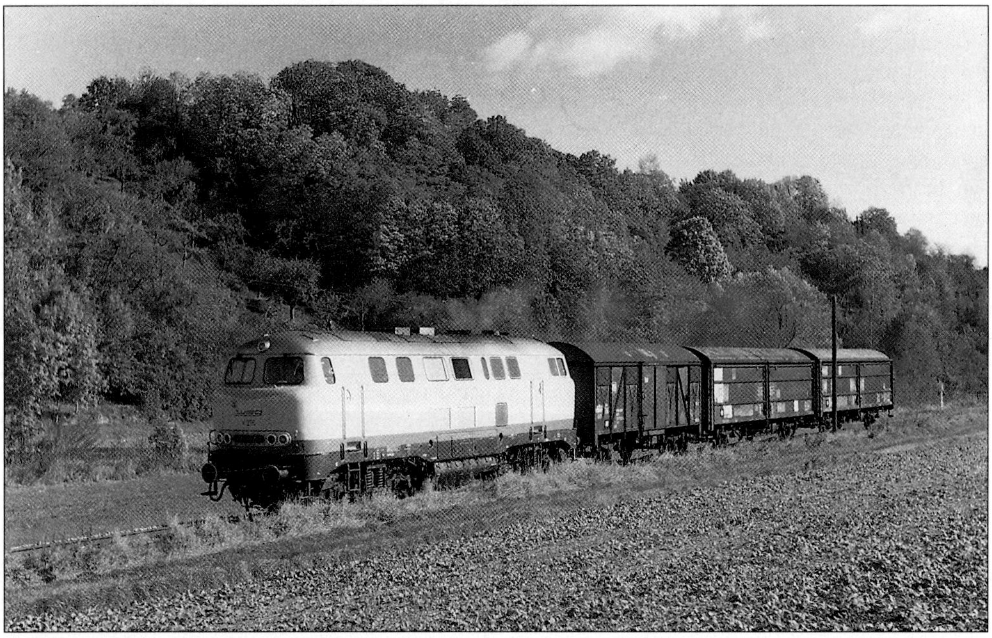

V 216 mit Güterzug zwischen Münchingen und Schwieberdingen, 18.10.1990

Bahn das gesamte Stückgut für das PLZ-Gebiet 725 übernommen (Verlagerung von Leonberg nach Weissach), was ausschließlich über die neue Stückguthalle in Weissach abgewickelt wird und für Weissach eine erhebliche Aufwertung gebracht hat. Das beim Bahnhof Hemmingen angelieferte und abgelieferte Stückgut wird mit Lkw nach Weissach gebracht.

Gleichzeitig hat die DEG-Spedition die Verteilung übernommen und zum 31. Dezember 1989 die Flächenbedienung durch WEG-Lkw abgelöst.

Werktags werden 8-12 Stückgutwagen in Weissach ent- und beladen und 40-50 t Stückgut umgeschlagen. 1990 betrug im Empfang und Versand das Stückgutaufkommen 11 067 t und das Expreßgutaufkommen 945 t. Für den Stückgutzug, der früh morgens 5.30 Uhr ab Korntal und nachmittags 17.35 Uhr ab Weissach verkehrt, wurde Ende 1989 die große V-Lok V 216 übernommen.

Akquisition, Abfertigung und Verteilung wird von der DEG-Spedition durchgeführt, die Halle ist an die DEG vermietet.

Die Verteilung der wichtigsten Beförderungsgüter stellte sich in Prozent vom Gesamtverkehrsaufkommen:

	1980	1982	1984	1986	1990
Zuckerrüben	46,2%	56,9%	54,1%	45,2%	35,2%
Düngemittel	25,7%	21,0%	18,3%	20,2%	13,2%
Stückgut	7,5%	7,1%	7,4%	5,3%	39,9%

1980 wurden in Korntal 1939, 1981: 1905 Güterwagen übergeben; 1983: 1529, 1989: 1994, 1990: 3147, 1991: 3076 – die Steigerung ist ausschließlich auf die Veränderungen im Stückgutverkehr zurückzuführen.

Leider ist der Stückgutverkehr seit 1992 derart rückläufig, daß der eigene Stückgutzug mit der V 216 entfallen ist; die Stückgutwagen werden mit Zug 24 Korntal ab 9.31 befördert, wobei anstelle des VS ein zweiter VT am Schluß mitläuft.

Weissach, 13.5.1975

Weissach, links DEG-Spedition mit neuer Güter-Umladehalle, 18.10.1990

Beförderungsleistungen

Jahr	Personen (Schiene)	Personen (Straße)	Güter	davon Zuckerrüben
1960	511 588		32 400 t	
1965	452 300		34 100 t	
1966	453 502	1 190 121	37 953 t	
1970	449 100		38 800 t	
1974	436 600		56 900 t	
1975	391 100		54 300 t	
1976	385 622	1 749 083	57 572 t	
1977	400 000	1 753 510	51 000 t	
1978	406 505	1 753 696	46 657 t	27 578 t
1979	397 735	1 792 640	33 780 t	14 480 t
1980	375 688	1 875 386	32 527 t	15 050 t
1981	384 173	1 909 063	34 076 t	18 601 t
1982	539 278		30 351 t	17 402 t
1983	565 150	1 817 492	23 004 t	12 309 t
1984				14 771 t
1985	567 201	1 726 337	25 350 t	13 524 t
1986				15 878 t
1987	545 587	1 594 021	21 540 t	11 312 t*)
1988	552 514	1 586 417	18 975 t	10 642 t
1989	548 518	1 571 336	20 869 t	10 113 t
1990	539 043	1 596 650	30 424 t	10 720 t
1991			35 238 t	10 212 t

*) Verlagerung Bahnhof Schwieberdingen auf die Straße

Personal

Anzahl der beschäftigten Mitarbeiter

1935:	31 im Eisenbahnbetrieb
1938:	36
1960:	29
1965:	19
1970:	19
1975:	24
1979:	22
1981:	25
1983:	22 + 18 im KOM- und Lkw-Betrieb
1985:	22 + 19
1987:	23 + 20
1990:	29 + 21
1991:	31 + 21

Streckenbeschreibung

Die Strohgäubahn führt durch eine stark gewellte und weitflächige Landschaft, Wald, Wiesen und Felder beherrschen das Bild. Die Ortschaften bestechen durch ihre schönen Stadtbilder mit vielen gut erhaltenen und gepflegten Fachwerkhäusern. Besonders reizvoll ist der Ort Schwieberdingen mit der kunstgeschichtlich interessanten St. Georgs-Kirche.

Die Trassenführung der Strohgäubahn ist geprägt durch langanhaltende Steigungen und Gefälle. Von der Höhe südlich von Heimerdingen hat man einen grandiosen umfassenden Blick auf die Landschaft.

Von Korntal steigt die Bahn auf etwa 2 km mit einer größten Steigung von 1:50 deutlich an und fällt dann bis Schwieberdingen (1:50 bis 1:60) wieder ab – diese verlorene Höhe wäre nicht notwendig gewesen, wenn der Anschluß zur Staatsbahn, wie ursprünglich vorgesehen, bei Zuffenhausen hergestellt worden wäre.

Ab Schwieberdingen geht es mit langanhaltenden Steigungen von 1:50 bis 1:60 ständig bergauf bis kurz hinter Heimerdingen, um dann in weit ausholenden Schleifen und grandioser Längenentwicklung nach Weissach hinabzusteigen. Der insgesamt überwundene Höhenunterschied beträgt rund 165 m.

Die Bahnhofsanlagen sind aufgeräumt und unkrautfrei, die Bahnhofsgebäude baulich gut unterhalten und z.T. sehr schön und mit Liebe und Bedacht gepflegt. Der Bahnkörper und der Oberbau lassen das Herz der Gleisbauer höher schlagen und die DB-Leute neidisch werden.

In der Tat ist in dem letzten Jahrzehnt viel getan worden.

Das Gleisbild der Bahnhöfe hat sich kaum verändert.

Die Bahn beginnt im DB-Bahnhof Korntal. Ursprünglich benutzten die Personenzüge das heutige Übergabegleis, querten die Streckengleise Zuffenhausen – Leonberg und endeten am Bahnsteig 2 bzw. am Bahnsteig 1 zur Weiterfahrt nach Feuerbach.

Mit dem S-Bahnbau ist der Bahnhof Korntal umgestaltet worden, die Strohgäubahn erhielt eine eigene Bahnsteigkante und ein eigenes Stumpfgleis (Gleis 7), auf dem die VT-Züge enden.

Umsetzmöglichkeiten bestehen sowohl im Ausfahrgleis als auch bei den vorgelagerten Güter- und Abstellgleisen. Der kleine Güterschuppen wird schon lange nicht mehr benutzt.

Das KW-Gleis zweigt vor dem kleinen Betriebsbahnhof nach rechts ab, kreuzt eine Straße und führt dann durch freies Gelände abseits der Straße auf die BAB zu, die etwa 200 m neben der Straße unterfahren wird. Die Trasse des Agl Altvatter direkt hinter der Straßenkreuzung ist noch vage zu erkennen, das Industriegelände ist stark verändert, die Ladestelle ist nicht mehr zu erkennen.

Der Bahnhof Münchingen liegt am nordöstlichen Ortsrand in unmittelbarer Nähe des Ortskerns.

Die Trasse führt nun durch ein weites Wiesental auf Schwieberdingen zu, der Bahnhof liegt wenig abseits im Süden des Ortes.

T 8 in der großen S-Kurve bei Bonlanden, 13.5.1975

Einfahrt Weissach, 18.10.1990

VT 411 mit Güterzug bei Weissach, 5.9.1991

Weissach, im Hintergrund Lok- und VT-Schuppen, 20.5.1976

Werkstatt Weissach, 12.6.1957

Der folgende Abschnitt bis Hemmingen ist besonders schön – durch fast unberührte Landschaft, weitab der Straße, ohne jedwede Bebauung. Etwa 1 km hinter Schwieberdingen bieten sich von einem hochgelegenen Feldweg aus ungemein pittoreske Blicke auf die z.T. auf einem Damm führende Strecke unten im Glemstal mit der Anfahrt auf Schwieberdingen, vor der Kulisse des fern und hochgelegenen Ortes Münchingen mit den markanten Wohnblocks und dem ebenso hochliegenden Industriegebiet von Schwieberdingen. Die Strecke folgt dem kleinen, enger werdenden Glemstal und bleibt am nördlichen Hang, sich immer höher windend und einerseits vom Hang, andererseits von Buschwerk gedeckt kaum sichtbar. Hoch am gegenüberliegenden Hang lugt durch Busch und Wald verdeckt die Nippenburg herunter, ein bewirtschafteter Gutsbetrieb in ungemein reizvoller Lage. Der Autofahrer muß hier ins Tal hinunterfahren, um den Bahnkörper zu erreichen.

An Höhe gewinnend geht es auf Hemmingen zu, der Ort wird im Norden umfahren.

Immer weiter steigend führt die Trasse durch Wald und freies Feld- und Wiesengelände nun einen weiten Bogen aus, um den hochgelegenen Ort Heimerdingen zu erreichen. Der Bahnhof befindet sich im Süden und in einiger Entfernung zum Ortsmittelpunkt.

Nun folgt der schönste Teil der Strecke – in einem weiten Bogen auf Bonlanden zu, dann ein weiteres Tal ausfahrend mit einer weiten langgezogenen Hufeisenentwicklung und dann die Anfahrt auf Weissach am südlichen Hang des Strudelbaches. Während der weite Bogen fast ganz im Wald verläuft, liegt die Hufeisenkurve völlig frei, z.T. am Hang, z.T. auf einem kleinen Damm.

Am Beginn der Hufeisenkurve befand sich die Holzladestelle Bonlanden – der Lagerplatz ist inzwischen bewachsen, die Laderampe ist jedoch noch vorhanden und deutlich zu erkennen – eine recht hohe, mit Bögen ausgemauerte und lange Rampenmauer. Für den Eisenbahnarchäologen hat man offenbar als Beweis und eindeutiges Erkennungsmerkmal am Ende der Laderampe eine Schienenlänge liegengelassen, das Gleis ist allerdings fast bis zur Unkenntlichkeit überwachsen.

Am Ende der Hufeisenkurve biegt die Trasse nach links ab und kreuzt nach etwa 500 m die Straße Heimerdingen – Weissach. Kurz vor der Kreuzung befand sich der Steinbruch Weissach. Reste der

Erweiterte Werkstattanlagen Weissach, 21.5.1976

Neue Werkstatt- und Fzg-Halle, 24.5.1991

Verladeanlage, Mauerwerk, Bunker und Rutschen sowie der hohe Pfeiler am Bunker, auf dem wohl die Lorenbahn endete, sowie der dahinterliegende ausgebeutete und heute begrünte Steinbruch erinnern an das einst rege Ladegeschäft. Die Trasse des Ladegleises ist noch deutlich erkennbar, sie endet etwa zehn Wagenlängen hinter der Ladestelle mit den immer noch vorhandenen Blechrutschen direkt neben und unter dem Streckengleis in einem Einschnitt.

Dem Eisenbahnarchäologen und Fotofreund sei ein Fußmarsch entlang des Abschnittes Weissach – Heimerdingen unbedingt empfohlen – nur so ist dieser besonders schöne und interessante Streckenteil zu erleben und zu fassen.

Die Abfahrt auf Weissach ist sehr pittoresk, mit schönem Blick auf den etwas höher liegenden Ort. Der Endbahnhof liegt am Ortsanfang. Blickfang sind die neue große Stückguthalle direkt gegenüber dem Bahnhofsgebäude und die an der Einfahrt gelegene moderne Werkstatt. Rangiergeschäft mit den Stückgutwagen, Umsetzen der Triebwagen vom Waschgleis zur Werkstatt, Zugfahrten, Verstärken und Schwächen der Züge sorgen für reges Leben und bieten dem Eisenbahnfreund viele schöne Fotomotive.

Fahrzeuge

Zur Betriebsaufnahme waren der Strohgäubahn die beiden Dn2vt Nr. 4 und 5 (Humboldt 1906) zugewiesen worden. Nr. 4 war zeitlebens in Weissach und ist 1958 hier verschrottet worden, Nr. 5 war zeitweise bei der Filderbahn im Einsatz und beendete 1960 in Weissach ihre aktive Zeit. 1915 kam die Schwesterlok Nr. 3 von der Filderbahn nach Weissach und ist 1955 nach Reutlingen abgegeben worden.

Für den wachsenden Güterverkehr wurde 1926 die Eh2t Nr. 11 (Eßlingen 1911) von der Filderbahn nach Weissach beordert, sie war mit einer kurzen Abordnung nach Reutlingen von 1950 bis 1952 in Weissach bis 1959 im Einsatz.

Diese drei bzw. vier Maschinen gehörten jahrzehntelang zum Bestand der Strohgäubahn und haben auch hier den Dampflokbetrieb 1955 bzw. 1960 beendet.

Kurze Gastspiele gaben u.a. ab 1911 die fabrikneue Schwesterlok 12 (sie wurde 1915 im Tausch gegen Dn2vt 3 zur Filderbahn abgegeben) und seit 1908 zwei der insgesamt vier 1908 von der

Maschinenfabrik Eßlingen gebauten kleinen zweiachsigen Maschinen mit stehenden Kittel-Kesseln, die sich jedoch wegen der geringen Leistung auf den steigungsreichen Strecken der Strohgäubahn überhaupt nicht bewährten und 1912 wieder abgegeben worden sind.

1935 kam der erste VT zur Strohgäubahn (T 01, Dessau 1935), er blieb bis 1961 im Einsatz und ist nach einem Unfall verschrottet worden. Nach dem Krieg kamen als Ablösung der Dampfloks fabrikneu 1951 der vierachsige VT T 10 und 1956 der zweiachsige VT T 07 nach Weissach.

Alle drei Triebwagen waren verschiedentlich in Unfälle verwickelt, schwer beschädigt und wiederaufgebaut worden (T 01 und T 07 Zusammenstoß 21.10.1961, T 10 Brand 1952 und 1958, Entgleisung und Absturz 3.7.1978). T 10 ist als T 402 nach wie vor in Weissach, T 07 wurde 1979 nach Gönningen abgegeben.

1965 kamen die von der Uetersener Eisenbahn gekauften T 21 und T 22 zur Strohgäubahn. Beide Wagen erlitten am 24. Juni 1969 einen schweren Unfall und konnten nach Wiederherstellung erst 1974 bzw. 1975 wieder in Betrieb genommen werden. Auch der als Ersatz für den T 01 nach Weissach umgesetzte Eigenbau mit Auwärter-Karosserie, an dem fast acht Jahre lang gebaut worden war, ehe er 1969 zum Einsatz kam, erlitt 1975 einen Unfall und blieb dann viele Jahre Reservefahrzeug. 1978 gesellte sich der ex Hornburger T 12 hinzu, der mit dem VB 110 und VS 113 einen weiteren Pendelzug bildet.

Die jüngsten Zugänge sind die modernen vierachsigen WU-Triebwagen 410 und 411 und der VS 220, die seit 1982 bei der Strohgäubahn im Einsatz sind und den größten Teil der Fahrleistung übernehmen. Der VT 410 fällt durch seine großflächige Anschrift STROHGÄUBAHN auf und ist als „Solidaritätstriebwagen" mit den Wappen der Anliegergemeinden Weissach, Ditzingen, Hemmingen, Schwieberdingen, Münchingen, Korntal und Landkreis Ludwigsburg geschmückt.

Vorübergehend und aushilfsweise waren weitere VT mehr oder weniger lange bei der Strohgäubahn, bedingt auch dadurch, weil Weissach neben Neuffen Hauptwerkstatt für die WEG-Fahrzeuge ist.

Für den Güterverkehr kam 1978 die ex HzL V 82 als V 83 zur Strohgäubahn, sie blieb nur vier Jahre im Einsatz und ist nach der Anlieferung der neuen WU-Triebwagen 1982 wieder verkauft worden.

Für den Stückgutverkehr gelangte 1990 die ex DB 216 zum Einsatz – sie wurde 1993 abgestellt, nachdem der Zuckerrübenverkehr entfallen war und der Stückgutverkehr rückläufig ist. Inzwischen ist die Lok zur TWE zurückgekehrt.

Zur Betriebseröffnung standen 6 Personenwagen zur Verfügung, später kamen 4 weitere Wagen von der Filderbahn hinzu: die beiden Vierachser Nr. 14 (1921 ex FBG Nr. 5) und Nr. 13 (1919 ex FBG Nr. 20), beide Beuchelt, Baujahr 1906 und 1903, sowie die Zweiachser 9 und 10, die die FBG 1914 von der SBB erworben hatte. Nach dem Krieg waren bis zu 11 Wagen im Einsatz (Bi 1-6, 10-12, 14, 20, B^4 13), die bis Ende der 50er Jahre ausgemustert wurden – 1962 waren noch vorhanden und abgestellt Nr. 1, 6, 13 und 14, seit 1958 durch die Auwärter VB 201 ff abgelöst. Zum langjährigen Bestand der Strohgäubahn gehörten VB 201-204 und 206-209, ferner VM 110 (ex ANB) und VS 113 (ex Hornburg). 208 und 209 sind 1969 nach Vaihingen und 1976 nach Gerstetten abgegeben worden, alle übrigen folgten in den letzten Jahren zu verschiedenen WEG-Bahnen bzw. zum Schrottplatz.

Die neueste Errungenschaft ist der moderne WU-VS 220.

Zum Fahrzeugbestand der Strohgäubahn gehörten auch der Gepäckwagen mit Postabteil Pw 22 (ausgemustert 1962) und der kombinierte BPw 250, ferner 2, später 3 G-Wagen für den Stückgutverkehr.

Literatur

75 Jahre Strohgäubahn Korntal – Weissach, Gesellschaft zur Erhaltung von Schienenfahrzeugen 1981.

Fahrzeugbestand

	1907	1927	1935	1938	1950	1960	1965	1970
Dampflok	2	3	3	5	3	1		
Triebwagen			1	1	1	2	2	5
Personenwagen	6	9	9	10	11	10	7	7
PwP	1	1	2	2	1	1		
Güterwagen	4	26+	25	25	14			

+ einschl. der in den DR-Park eingestellten Güterwagen

1976:	VT 01^{II}, 07, 08 (von EO), 10, 21, 22
	VB/VS 201-204, 206, 207
1981:	V-Lok V 83
	VT 01^{II}, 10, 12, 21, 22, 410, 411
	VB/VS 201, 203, 206, 207, 110, 113, 220
1990:	V-Lok V 216
	VT 12, 21, 22, 402, 410, 411
	VB/VS 113, 220, VM 110
1991:	V-Lok 216
	VT 12, 21, 22, 407, 410, 411
	VS 113, 220
	VM 110

Nebenbahn Reutlingen – Gönningen (NbRG)

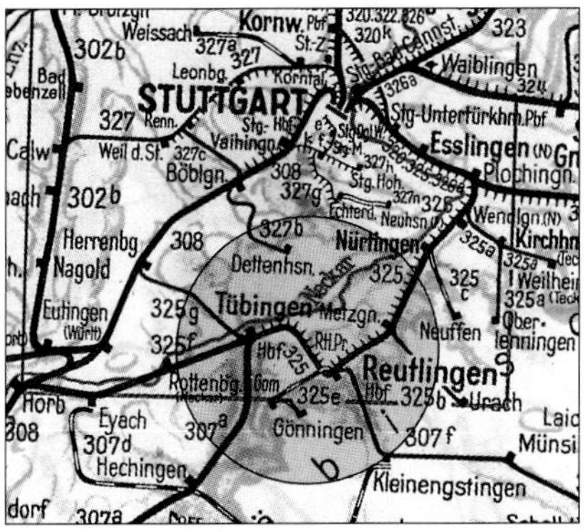

Reutlingen Staatsbahnhof – Gomaringen – Gönningen

Spurweite: 1435 mm

Streckenlänge: 16,10 km (Eigentum)
16,50 km (Betriebslänge)

Gleislänge:

1938	19,50 km
1960	20,00 km
1974	19,10 km

Eigener Bahnkörper

Betriebseröffnung: 20.04.1902

Stillegung:

28.05.1976	Pv, Umstellung auf KOM
30.06.1982	Gv Gönningen – Ohmenhausen, Abbau der Gleisanlagen km 6,7 – 16,5
30.06.1985	Restbetrieb durch WEG, Abbau der Gleisanlagen ab km 4,5

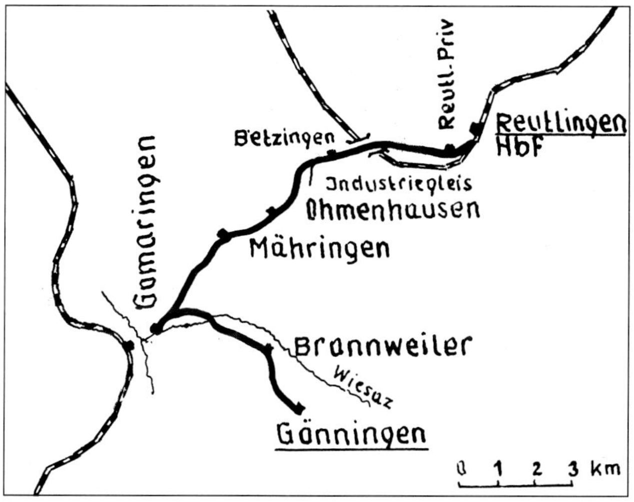

Eigentümer:	Badische Lokal-Eisenbahn Gesellschaft (BLEAG)
ab 01.10.1910	Württembergische Nebenbahnen AG (WN)
ab 1984	Württembergische Eisenbahn-Gesellschaft mbH (WEG)

Betriebsführung:	BLEAG
ab 01.10.1910	WN
ab 1984	WEG

Sitz der örtlichen Bahnleitung: Reutlingen Priv
Übergang des Restbetriebes auf die DB, 06.11.1985 Umwandlung in ein Industriestammgleis der Stadt Reutlingen, Bedienung durch DB.

Ausstattung

Kleiner Lokschuppen in Reutlingen Priv
Lokschuppen und Werkstatt in Gönningen

km 0,0	Reutlingen Hbf, Einführung der RG-Züge in den Hbf, Ankunft und Abfahrt der Pz an Gleis 2a, heute 103 (Stumpfgleis), Ein- und Ausfahrsignale.
km 0,4	Reutlingen Priv, Betriebs- und Güterbahnhof, bescheidene eigene Gleisanlagen, Betriebs- und Verwaltungsgebäude und Güterschuppen (verkauft an Stadt Reutlingen, genutzt von Städtischen Dienststellen), Lokschuppen, später als Lager vermietet, im Zufahrtgleis zum Lokschuppen große Lagerhalle. Pz hielten an der nördlichen Bahnsteigkante des DB Hp Reutlingen West (km 0,6).
km 1,0/1,4	3 Agl (Binzer, Bundeswehr, Bosch).
km 1,4	Gminderfabrik, Hp in den 40er Jahren aufgelassen.
km 2,79	Betzingen, Hp, Kreuzungs- und Ladegleis.
km 3,39	Industrieanschlußgleis für urspr. 3, später 2 Firmen.
km 6,42	Ohmenhausen, Bahnhofsgebäude (verkauft an Stadt Reutlingen, Wohnhaus), Kreuzungs- und Ladegleis, mehrere Lagerschuppen an der Ladestraße. Im Hauptgleis Gleissperre und Sk2-Schutzhaltsignal.
km 8,11	Mähringen, Bahnhofsgebäude (1983 verkauft an Privat, Wohnhaus), Kreuzungs- und Ladegleis.
km 10,22	Agl Kriegbaum.
km 10,9	Gomaringen, Kopfbahnhof, Bahnhofsgebäude (verkauft an Stadt Reutlingen, Wohnhaus), 3 nebeneinanderliegende Kreuzungs- und Umsetzgleise, Ladegleis, Lagerschuppen. Rückbau der Gleisanlagen.
km 14,4	Bronnweiler, Bahnhofsgebäude (1976 verkauft an Privat, Wohnhaus). Kreuzungs- und Ladegleis, mehrere Lagerschuppen an der Ladestraße. Rückbau der Gleisanlagen.
km 16,5	Gönningen, bescheidene Gleisanlagen, Lagerschuppen des Landhandels, Bahnhofsgebäude, Lokschuppen, später KOM-Halle (beide Gebäude verkauft an Stadt Reutlingen, Gleisanlagen zurückgebaut.

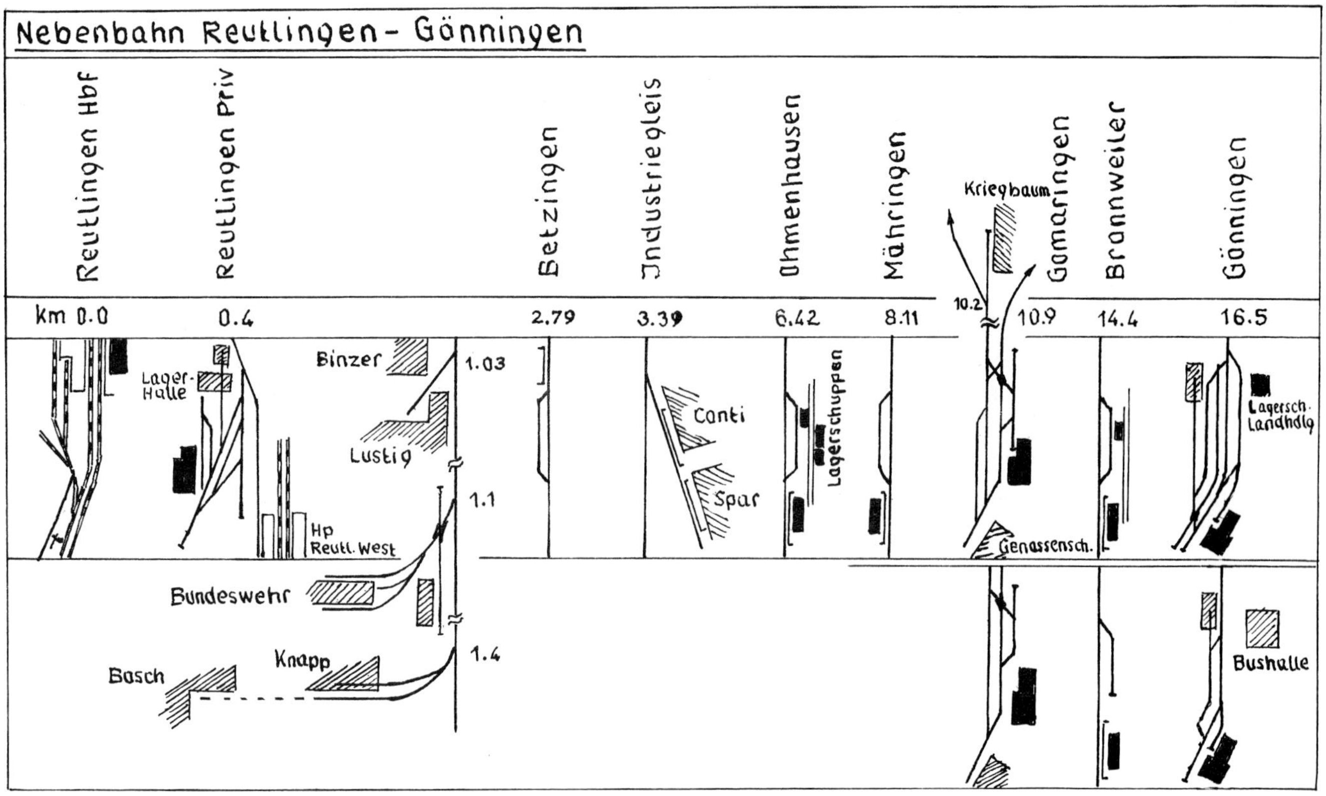

Gleisskizzen der Bahnhöfe, oberes Feld ~ 1970 unteres Feld 1981

Anzahl der Straßenkreuzungen und Blinklichtanlagen: 3

Die Bahnhöfe Ohmenhausen, Mähringen und Bronnweiler waren gleich: hübsche, niedrige Gebäude mit beidseitigen Anbauten, Güterschuppen, OG Wohnung. Erdgeschoß Ziegel-, OG und Güterschuppen Fachwerk.

Ebenso waren die Bahnhöfe Gomaringen und Gönningen gleich: architektonisch schöne zweigeschossige Bauten mit angebautem Güterschuppen, UG Mauer-, Güterschuppen und OG Fachwerk.

Brücke über die DB-Strecke Reutlingen – Tübingen hinter Betzingen.

Entwicklung und wirtschaftliche Bedeutung

Reutlingen war seit 1859 an die Eisenbahn angeschlossen (Strecke Plochingen – Reutlingen – Tübingen – Horb). Wenig später kamen im Osten die Strecke Reutlingen – Münsingen und im Westen die Strecke Tübingen – Hechingen – Balingen hinzu.

Zwischen diesen drei KWStE-Strecken lag ein Gebiet mit einigen bedeutenden Ortschaften, die nun auch dringend einen Bahnanschluß wünschten, aber bei der KWStE auf keine Gegenliebe stießen. Insbesondere die Gärtnerei- und Blumenzwiebelbetriebe um Gönningen fühlten sich gegenüber der Konkurrenz an der Bahnstrecke benachteiligt, mußten sie doch ihre Erzeugnisse mit der Kiepe oder dem „Zwerchsack“ zu Fuß zu den Abnehmern in und um Reutlingen bringen.

Dazu kam eine ab 1850 zu beobachtende Landflucht, da die Städte bessere Arbeitsmöglichkeiten boten und die kleinen, verkehrlich nicht erschlossenen Betriebe immer mehr in wirtschaftliche Bedrängnis und den Sog der Konkurrenz kamen.

1896 nahm die Gemeinde Gönningen Verbindung zu der Bahnbau- und Betriebsgesellschaft Lenz & Co auf, um auf privater Ebene einen Bahnanschluß nach Reutlingen zu erhalten. Die Planungen der Firma Lenz sahen eine Nebenbahn von Reutlingen über Gönningen – Melchingen nach Stetten (– Mägerkingen – Gammertingen – Sigmaringen) vor. Über dieses Projekt wurde lange diskutiert, zur Ausführung kam es in dieser Form nicht.

Das Projekt ließ dem Lenz-Konzern jedoch keine Ruhe – die Strecke Mägerkingen – Sigmaringen wurde später ein Teil der Hohenzollerischen Landesbahn (Westdeutsche Eisenbahn-Gesellschaft, siehe Beitrag HzL), die Planungen Reutlingen – Gönningen wurden 1900 von der BLEAG aufgenommen und weitergeführt. Die BLEAG suchte um die Konzession nach, die von der Verkehrsabteilung des Königlichen Ministeriums für Auswärtige Angelegenheiten am 16. Juli 1900 erteilt wurde. Für den Bahnbau stellten die Anliegergemeinden den Grund und Boden unentgeltlich zur Verfügung und der Staat leistete einen Zuschuß von 15 000 Mark je Bahn-Kilometer.

Im September 1901 wurde mit den Bauarbeiten begonnen. Für den Bahnbau boten sich keinerlei geographische Schwierigkeiten, so daß nach 7 Monaten Bauzeit am 19. April 1902 die behördliche Abnahme stattfinden konnte. Die Feierlichkeiten für die Betriebseröffnung schlossen sich unmittelbar an, am 20. April wurde der offizielle Betrieb aufgenommen.

Sowohl der Personen- als auch der Güterverkehr entwickelten sich gut, insbesondere der Berufsverkehr nach Reutlingen gewann rasch an Bedeutung. Von den Kriegsjahren 1914/18 und den Krisenzeiten 1923/24 abgesehen wuchs der Personenverkehr stetig an, während der Güterverkehr nach dem Ersten Weltkrieg nicht mehr so recht wieder in Gang kam und weit hinter den Anfangserwartungen zurückblieb.

Der Zweite Weltkrieg brachte der NbRG erhebliche Schäden, mit der Zerstörung der DR-Überführung mußte der Betrieb am 20. April 1945 eingestellt werden. Die Wiederherstellung wurde sofort in

Personenzug abfahrbereit Bahnhof Reutlingen, 24.7.1957

VT 02, Reutlingen Hbf, 1963

T 02 mit Stückgutwagen, abfahrbereit Reutlingen Hbf, 23.5.1975

T 07 rangiert in Reutlinger Privat-Bf,
8.5.1981

DB-Überführung Reutlingen

Hp Reutlingen-Betzingen, Juni 1966

Angriff genommen, ab 6. August 1945 war ein durchgehender Verkehr Reutlingen – Gönningen wieder möglich.

In den ersten Nachkriegsjahren erreichte der Personenverkehr kurzzeitig noch einmal Höchstleistungen, ging dann aber ab 1951 schlagartig zurück. Dagegen erholte sich der Güterverkehr rasch und blieb jahrelang auf dem Niveau vor dem Ersten Weltkrieg. Wesentlich dazu beigetragen hatte die Neuansiedlung von Industriebetrieben in Gomaringen und zwischen Betzingen und Ohmenhausen.

Eine 1949 eingerichtete Buslinie parallel zur Schiene wurde sehr viel besser angenommen als der Triebwagen, der ab 1954 die lokbespannten Personenzüge ersetzt hatte. 1976 wurde der Personenverkehr auf KOM-Betrieb umgestellt.

Ab 1972 zeigte auch der Güterverkehr deutlich fallende Tendenz.

Die WN zeigte wenig Interesse am Fortbestand der Bahn, notwendige Instandhaltungsarbeiten am Oberbau und den Gebäuden wurden zurückgestellt bzw. nicht mehr ausgeführt. Zur Kostenreduzierung waren die Gleisanlagen in Gomaringen und Gönningen auf das notwendigste Maß zurückgebaut worden. In einem Reisebericht vom September 1975 liest der Skribent: „Oberbau miserabel, Gleislage katastrophal, Fahrt mit dem VT ist eine Zumutung ...“

Als 1981 die Erneuerung der Brücke über die Mähringer Straße bei Ohmenhausen (km 6,9) anstand, die zudem nur eine lichte Durchfahrweite von 5 m hatte, war das Anlaß, den Fortbestand der Bahn erneut zu diskutieren und den Weiterbetrieb in Frage zu stellen. Obwohl die Anliegergemeinden die Beibehaltung des Schienenbetriebes befürworteten – bei nicht einmal 10 000 t Güter/Jahr, die fast ausschließlich für die Anschließer und keinesfalls an den Ladestraßen der Unterwegsbahnhöfe anfielen, stellte die WN am 28. April 1981 den Antrag für die Entbindung von der Betriebspflicht, dem für den Abschnitt Ohmenhausen – Gönningen entsprochen wurde. Zum 30. Juni 1982 wurden der Güterverkehr eingestellt und die Gleisanlagen anschließend abgebaut.

Drei Jahre schleppte sich der Restbetrieb hin, für die WN ein wenig attraktives Geschäft. Als dann im April 1984 die Firma Bosch als Hauptverfrachter den Gleisanschluß aufkündigte, stellte die WN am 10. Mai 1984 erneut einen Antrag auf Entbindung von der Betriebspflicht, dem wenig später entsprochen wurde.

Ab 1. November 1984 wurde der Stückgut- und Expreßgutverkehr für die Anschließer und den Bahnhof Reutlingen Priv auf die DB übertragen.

Die Einstellung des Gesamtverkehrs war am 30. Juni 1985. Der Gleisabschnitt von Kilometer 4,5 bis 6,7 wurde abgebaut. Die Gleisanlagen von Weiche 316 des Bahnhofs Reutlingen bis Kilometer 4,5 wurden an die Stadt Reutlingen verkauft, die die Anlagen mit Genehmigung des Innenministeriums Baden-Württemberg vom 6. November 1985 weiterhin als Industriestammgleis vorhält in der Hoffnung, daß neue Industrieansiedlungen das Gleis eventuell wieder nutzen könnten. Die drei Agl und die Gleisanlagen beim Bahnhof Reutlingen Priv sind noch vorhanden, werden aber nicht benutzt bzw. dienen den „Freunden der Zahnradbahn Honau-Lichtenstein e.V.“ als Domizil, die mit einer eigenen Köf (ehemalige Werklok Bosch) und einigen Personenwagen hier ein wenig „Eisenbahn spielen“ und von Reutlingen Priv (West) bis Betzingen fahren – das ist übrigens nicht der einzige Zweck des Vereins, vielmehr wird viel Kraft und Aufwand dafür verwendet, die Zahnradlok 97 501 wieder herzurichten.

Nach der Einstellung des KOM-Betriebes zum 31. Dezember 1989 wurde die örtliche Betriebsleitung am 28. Februar 1990 aufgehoben. Damit endeten die WEG-Aktivitäten in Reutlingen.

Personenverkehr

Die Ortschaften an der NbRG sind eindeutig nach Reutlingen ausgerichtet – sie sind inzwischen auch eingemeindet bis hin zu Reutlingen-Gönningen. Es war denn auch der Berufs- und Schülerverkehr, der das Bild des Personenverkehrs prägte. Der große Fahrzeugpark von 15 Personenwagen zeigt deutlich, daß früh und nachmittags viel Fahrgastraum benötigt wurde.

Von Anfang an entwickelte sich der Personenverkehr gut, die jährlichen Beförderungsleistungen stiegen von 220 000 im ersten Betriebsjahr auf über 800 000 (1928) mit deutlichen Einbrüchen im Ersten Weltkrieg und in den Krisenjahren 1923/24. Ab 1929 war ein kontinuierlicher Rückgang zu verzeichnen auf 320 000 (1934), danach nahm das Fahrgastaufkommen nur noch leicht zu, ohne auch nur annähernd die Werte der 20er Jahre zu erreichen – 1935: 372 666, 1938: 435 672 Fahrgäste.

Der Fahrplan 1938 weist werktags 6 und sonntags 5 Zugpaare aus, die Fahrzeit betrug 40-45 Minuten.

Die Nachkriegszeit verlangte der NbRG noch einmal kurzzeitig größere Leistungen ab (1947: 620 000), an 1949 ging das Fahrgastaufkommen schlagartig zurück auf 1951: 100 000, 1955: 40 000, 1960: 26 244 Fahrgäste mit weiterhin fallender Tendenz. Der starke Reisendenverlust nach 1950 ging eindeutig auf Kosten der am 24. Januar 1949 eingerichteten Buslinie, die parallel zur Schiene führte, die Ortschaften besser bediente und die Industriebetriebe, zu denen viele Arbeiter aus der weiteren Umgebung einpendelten, direkt anfuhr. Das was die Schiene verlor, gewann der Bus – 600 000 bis 800 000 Fahrgäste jährlich.

Während 1950 noch 14 Personenwagen in Reutlingen beheimatet waren – 1950 weist der Fahrplan noch werktags 3, sonntags 1 Zugpaar aus –, reichten wenig später zwei Wagen völlig aus bzw. übernahm der VT alleine das Geschäft.

Der Fahrplan 1955 zeigt nur noch werktags früh ein Zugfahrt von Gönningen nach Reutlingen und mo-fr am späten Nachmittag bzw. sa schon mittags zurück. Das war mehr oder weniger eine reine Betriebsfahrt, um vom heimatlichen Schuppen in Gönningen aus den zu dieser Zeit regen Güterverkehr ab Reutlingen zu bewältigen, 1974 ist im Fahrplan nur noch die abendliche Fahrt enthalten – der Skribent erinnert sich an eine Fahrt im September 1975, wo er einziger Fahrgast war und der Triebwagen in Gönningen nicht einmal bis zum Bahnsteig fuhr, sondern direkt in den Schuppen. Es war nur mehr eine logische Folge, daß der VT 1976 zum Sommerfahrplan aufgab und das Feld dem KOM überließ.

1960

325 e Reutlingen—Gönningen

Reutlingen—Gönningen 2325/20

Alle Züge nur 2. Klasse

...	12.00	...	...	b17.10	...	ab	Tübingen Hbf 325	an	...	6.27	...	...
...	11.31	...	...	a16.48	...	ab	Stuttgart Hbf 325	an	...	7.36	...	...
	Sa 4			6	km	Zug Nr	Württ Nebenb AG	Zug Nr		⚒ 3		
...	Sa12.30	...	...	a17.53	0,0	ab	**Reutlingen** Hbf 307f. 325	an	...	⚒6.10	...	...
...	12.36	...	...	17.59	2,8		Reutlingen-Betzingen Hp 325		...	6.04	...	...
...	12.44	...	...	18.07	6,5		Reutlingen-Ohmenhausen		...	5.56	...	...
...	12.47	...	...	18.10	8,1		Mähringen		...	5.52	...	...
...	12.53	...	...	18.16	10,9	an	Gomaringen	ab	...	5.46	...	...
...	12.55	...	...	18.18		ab		an	...	5.44	...	...
...	13.06	...	...	18.29	14,5		Bronnweiler		...	5.34	...	...
...	Sa13.12	...	...	a18.35	16,5	an	**Gönningen**	ab	...	⚒5.27	...	...

a = ⚒ außer Sa b = täglich außer Sa

Der Bus bediente zwei Linien von Reutlingen nach Gönningen über Gomaringen und als direkte Fahrt über Alteburg. In Gönningen waren vier Busse stationiert, hier war auch eine Busgarage vorhanden.

Solange der Güterverkehr auf der Schiene und der Stückgutverkehr mit eigenen LKW abgewickelt wurde, bestand noch in Reutlingen eine örtliche Bahnleitung. Mit der Aufgabe des Restbetriebes auf der Schiene hat sich die WEG ganz von Reutlingen zurückgezogen.

Die Buskonzession – Laufzeit bis 28. Februar 1990 – wurde zum 1. Januar 1990 auf die Stadt Reutlingen übertragen, die sie jedoch nicht erneuerte. Zwei Monate fuhr die RG bzw. WEG die Linie im Auftragsverkehr weiter, dann wurden der Betrieb und die Geschäfte der örtlichen Bahnleitung eingestellt und die Konzession einem neuen Betreiber neu erteilt.

Güterverkehr

Eine entgegengesetzte Entwicklung wie der Personenverkehr zeigte der Güterverkehr – geringe Steigerung bis zum Ersten Weltkrieg, nach dem Krieg stetig fallende Leistungen und großes Verkehrsaufkommen nach dem Zweiten Weltkrieg.

In den ersten Jahrzehnten waren es fast ausschließlich die Landwirtschaft und der allgemeine Ladungsverkehr, die das Gutaufkommen für die NbRG brachten. Alle Unterwegsbahnhöfe hatten ein Ladegleis mit Ladestraße sowie Lagerschuppen des Landhandels – in Ohmenhausen gleich mehrere nebeneinander. In Gomaringen lag am hinteren Stumpfgleis ein Lagerhaus der Genossenschaftsbank. Beim Bahnhof Gönningen war jenseits der Zufahrtstraße zum Bahnhof ein großer Lagerplatz vorhanden.

Die Beförderungsleistungen nahmen bis zum Ersten Weltkrieg auf 35 000 t/Jahr zu und bewegten sich von 1919 bis zum Zweiten Weltkrieg zwischen 8000 und 10 000 t/Jahr (1935: 7930 t, 1938: 8551 t), lediglich 1925-28 lagen sie deutlich höher.

Schon vor dem Krieg gab es im Westen von Reutlingen einige Industriebetriebe, die über Gleisanschlüsse von der RG bedient wurden: das städtische Gaswerk, der Schlachthof, Holz- und Eisenhandlungen, die Halbleinenfabrik Gminder, später Lager des Heeresverpflegungsamtes und die Firma Bosch, ferner im Bahnhof Reutlingen Priv die WLZ und der Konsum sowie ein Lagerbetrieb.

In den 60er Jahren wies die Stadt Reutlingen südlich von Betzingen ein neues Industriegebiet aus, das 1965 mit einem Industriestammgleis erschlossen wurde – Bahnkunden waren das Conti-Reiff-Reifenlager, das SPAR-Auslieferungslager und (kurzzeitig) die Armaturenfirma Gesco, heute SPAR. Ferner erweiterte die Firma Bosch ihre Anlagen erheblich. Das Wehrmachtslager war von den französichen Streitkräften übernommen. Bei Gomaringen baute die Firma Kriegbaum ein großes Werk, das über einen Gleisanschluß bedient wurde.

In der Nachkriegszeit nahmen die Beförderungsleistungen deutlich zu und lagen bis 1965 über 30 000 t/Jahr (1957: 40 000 t, 1960: 33 200 t). Werktags verkehrten zwei bis drei Güterzüge, 10 bis 20 Wagenladungen täglich waren keine Seltenheit.

Zum Ende der 60er Jahre setzte dann auch beim Güterverkehr ein deutlicher Rückgang ein – die Straßenkonkurrenz war deutlich zu spüren und jagte der Bahn das Verkehrsaufkommen ab.

Die Landwirtschaft und der allgemeine Wagenladungsverkehr spielten kaum mehr eine Rolle.

1960 und später gab es folgende Agl, die jedoch z.T. Ende der 70er Jahre keinen oder kaum noch Wagenladungsverkehr brachten (Zahlen 1979/81):

Agl Fa. Binzer KG/Holzhandlung Lustig (2 – 3 Wagen/Jahr)
Agl französische Streitkräfte, später Bundeswehr (-)
Agl Bosch (täglich 1–2 Wagen) und Unteranschließer Eisengroßhandlung Knapp (1500 bis 2000 t/Jahr und Fa. Röhren-Rieber, später Bosch – Industrieausrüstung (Rangierdienst durch Werklok der Fa. Bosch)
Industriestammgleis Conti-Reiff (um 10 Wagen/Jahr)
SPAR-Lager (viel Stückgut)
Agl Kriegbaum, Gomaringen (viel Stückgut).
Ferner Kohlen und Düngemittel für den Landhandel in Ohmenhausen.

Stückgut und Expreß spielten eine große Rolle und machten zeitweise bis zu 10% des gesamten Ladungsverkehrs aus. Insbesondere waren es nach dem Krieg die Firmen Neckermann in Gönningen und Kriegbaum in Gomaringen, die für großes Aufkommen sorgten. Stückgutwagen wurden täglich von Kornwestheim direkt bis Gönningen gefahren, ab 1982 allerdings nur noch mo-fr ein Wagen bis Reutlingen Priv. Die Verteilung wurde mit einem eigenen LKW durchgeführt.

T 07 rangiert im Anschluß Kriegbaum, Gomaringen, 8.5.1981

T 07, Ohmenhausen, 8.5.1981

Ehem. Bahnhofsgebäude Mähringen, 1991

T 02, Gomaringen, 23.5.1975

Ausfahrt Gomaringen, rechts nach Gönningen, links nach Reutlingen, 23.6.1982

T 07, Bronnweiler, 8.5.1981

Zwischen Bronnweiler und Gönningen, 21.3.1972

T 07 zwischen Bronnweiler und Gönningen, 8.5.1981

Gönningen, 23.6.1982

VT 02 und Lok 3, Lokschuppen Gönningen, 23.4.1960

Entsprechend dem geringen Verkehrsaufkommen auf dem oberen Abschnitt und der Abwanderung der Firma Kriegbaum auf die Straße wurde 1982 der Betrieb ab Ohmenhausen eingestellt.

1980 wurden 912, 1981 875 und 1983 919 Wagen an die DB übergeben bzw. übernommen – deutlich erkennbar, daß sich der Verkehr fast ausschließlich auf dem unteren Abschnitt abspielte.

Ab 1960 stand als Triebfahrzeug nur ein VT zur Verfügung, der den gesamten Güterverkehr übernehmen mußte. Während er mehr als 15 Jahre in hartem Einsatz stand und täglich mehrmals fahren mußte – allerdings nur bis zum Industriestammgleis, bestenfalls bis Gomaringen –, hatte er in den letzten Jahren nurmehr wenig zu tun.

Das endgültige Aus für die NbRG wurde eingeläutet mit der Ankündigung der Firma Bosch, daß das Gelände, auf dem der Gleisanschluß lag, überbaut würde und ein neues Agl frühestens nach dem Abschluß der Erweiterungsmaßnahmen erstellt werden könnte, nicht vor 1989. Dazu kam, daß die örtliche Bahnleitung nicht gerade Kopfstände machte, Bahnkunden zu halten, geschweige denn hinzuzugewinnen. Mit der Firma Bosch verlor die RG rund drei Viertel des gesamten Verkehrsaufkommens. Zum 1. November 1984 wurde das gesamte Kleingutgeschäft auf die DB übertragen und am 30. Juni 1985 der Güterverkehr eingestellt. Wagen, die vor dem 1. Juli aufgegeben waren, wurden bis 13. Juli 1985 zugestellt. Damit waren in Reutlingen die Schienenaktivitäten der RG beendet.

Beförderungsleistungen

Jahr	Personen (Schiene)	Personen (Straße)	Güter
1965	14 900		30 000 t
1970	5 800		25 600 t
1974	1 800		15 600 t
1975	1 700		11 600 t
1976		690 047	9 750 t
1977		646 811	9 700 t
1978		617 772	9 745 t
1979		310 017	11 639 t
1980		305 485	11 761 t
1981		302 709	9 561 t
1982			8 353 t
1983		295 044	6 785 t
1984			4 023 t

Personal

Anzahl der beschäftigten Personen

1935:	33	
1939:	32	
1960:	13	
1965:	7	
1970:	11	
1975:	9	
1979:	7	
1981:	8	
1983:	4 (Schiene),	5 (Straße)
1984/85:	2	5
bis 1990:	–	4*)

*) 1990 Auftragsfahrten im Linienverkehr für die Stadt Reutlingen

Streckenbeschreibung

Landschaftlich weist die Trasse keinerlei Besonderheiten aus. Auf 13 km wird ein Höhenunterschied von rund 170 m überwunden, wobei bei Mähringen eine verlorene Steigung zu verzeichnen war. Die geographische Lage und das Anfahren des Ortes Gomaringen erforderten dort einen Kopfbahnhof.

Das RG-Gleis wird etwa 100 m hinter dem nördlichen Bahnsteigkopf aus den DB-Gleisen ausgefädelt und verläuft mit leichtem Gefälle bis zum Hp Betzingen (350 m ü. NN). Auf diesem Abschnitt tat sich betrieblich Einiges und spielte sich der größte Teil des Güterverkehrs ab. Der Betriebsbahnhof Reutlingen Priv liegt als Kopfbahnhof neben den Gleisen der DB-Strecke Reutlingen – Tübingen auf der Höhe des DB-Haltepunktes Reutlingen-West, an dessen nördlicher Bahnsteigkante das durchgehende RG-Streckengleis herführt – hier hielten auch die RG-Züge. Die Gleisanlagen sind noch vollständig erhalten, das ehemalige Bahnhofsgebäude ist unverändert und bestens gepflegt. Es schließen sich mehrere nach rechts abzweigende Anschlußgleise an.

Nach etwa 2 km schwenkt das Gleis wenig nach rechts ab, erklimmt auf einem Damm die Höhe der Bahnüberführung und kreuzt in km 2,3 die DB-Hauptstrecke Reutlingen – Tübingen auf einer eisernen Trägerbrücke. Auf der anderen Bahnseite geht es wieder hinunter und nach ca. 500 m wird der Hp Betzingen erreicht, der für das Neubaugebiet jenseits der Bahn einige Bedeutung hatte. Bahnsteigkante und Namensschild sind noch vorhanden. Etwa 500 m hinter dem Hp ist das Gleis noch befahrbar, dann kommen mehrere überteerte Bahnübergänge. Das Gleis selbst liegt bis km 4,5 einschließlich des Industriestammgleises.

Ab dem Hp Betzingen steigt die Trasse mit erheblicher, langanhaltender Steigung von 1:38 – 1:44 an und verläuft am Waldhang entlang, von der Straße aus deutlich zu erkennen. Der Bahnkörper liegt brach und ist ungenutzt.

Kurz vor Ohmenhausen wurde die Straße gekreuzt, gleich dahinter lag am westlichen Ortsrand der Bahnhof (418 m ü. NN). Das hübsche Bahnhofsgebäude ist noch unverändert vorhanden, aber arg verkommen und ungepflegt. Ebenso stehen die Lagerschuppen jenseits der ehemaligen Ladestraße noch.

Hinter Ohmenhausen wechselte die Trasse wieder auf die andere Straßenseite und führte über freies Gelände auf einem kleinen Damm zum Bf Mähringen, der etwa 2,5 km vom Ort entfernt lag. Auch hier steht das Bahnhofsgebäude noch, im Gegensatz zu Ohmenhausen jedoch renoviert, etwas verändert und gut gepflegt.

Kurz hinter Ohmenhausen endete die Steigung, mit Gefälle ging es über Mähringen hinaus bis km 9, um dann wieder bis Gomaringen (430 m ü. NN) anzusteigen.

Unmittelbar beim Bf Mähringen wurde die Landstraße zum Ort auf einer Stahlbetonbrücke überfahren. Der Bahnkörper zwischen Mähringen und Gomaringen ist trotz Bewuchses noch gut zu erkennen, er verlief abseits der Straße. Kurz vor der Fabrik Kriegbaum kam das Gleis an die Straße heran, kreuzte sie und mündete wenig später in den Kopfbahnhof Gomaringen, der etwas erhöht neben der Straße lag. Die Bahntrasse ist hinter der Straßenkreuzung verschliffen und nicht mehr zu erkennen. Auf dem Bahnhofsgelände steht ein Neubau der Kreissparkasse, dahinter finden wir das ehemalige Bahnhofsgebäude, gut erhalten und gepflegt.

Die Ausfahrt nach Gönningen ist durch Geländeveränderungen und ein Neubaugebiet mit neuen Straßen und Wohnhäusern völlig verschwunden. Sie führte unter einer kleinen Straßenbrücke hindurch und weiter am Hang des Wiesaztales auf die Straße nach Bronnweiler zu. Etwa 600 m hinter dem ehemaligen Bf Gomaringen ist der Bahnkörper wieder auszumachen, er kreuzt die Straße, überquerte die Wiesaz auf einer kleinen Brücke und verläuft weiter mit Steigungen von 1:38 – 1:46 rechts der Straße, ungenutzt und mit Bewuchs von der Natur zurückerobert. Der Bf Bronnweiler (481 m ü. NN) lag etwas erhöht am Ortsrand, das Bahnhofsgelände ist heute

T 07 am Lokschuppen Gönningen, 8.5.1981

von einem Garten überzogen, das Bahnhofsgebäude ist leicht verändert, das Untergeschoß neu verputzt, das Fachwerk des Obergeschosses jedoch bestens erhalten.

Die Steigung von 1:40 wurde beibehalten bis kurz vor Gönningen. Zwischen Bronnweiler und Gönningen ist der Bahnkörper heute ein Rad- und Wanderweg.

Der Endbahnhof Gönningen (518 m ü. NN) lag am westlichen Ortsrand. Das Bahnhofsgelände ist vollständig überbaut – Wohnhaus, Baustofflager, mehrere Firmen und ein Supermarkt. Der Lokschuppen ist noch vorhanden, ebenso das ehemalige Bahnhofsgebäude, unverändert und gut gepflegt.

Fahrzeugpark

Der Lokomotivbestand betrug von Anfang an drei Stück (Cn2t 1-3, Humboldt 1902). Nr. 2 blieb zeitlebens in Gönningen und ist dort 1960 verschrottet worden. Nr. 3 wurde schon vor 1929 abgezogen und Nr. 1 1952 nach Ohrnberg umgesetzt. Als Ersatz kamen andere WN-Lokomotiven nach Gönningen, in den 50er Jahren waren es die En2t Nr. 11 und die Dn2t 3, die 1959 hier ausgemustert worden ist.

Als Ablösung der Dampflokomotiven kam 1954 der zweimotorige WEG T03 nach Gönningen, der den gesamten Personenverkehr und den Stückgutverkehr übernahm. Er wurde 1957 von dem ex Neheim-Hüsten – Sundern-Triebwagen WEG T02 ersetzt, der mehr als 20 Jahre einziges Triebfahrzeug der RG war und 1979 seine aktive Zeit hier beendete. Als Ersatz kam T07, der bis zuletzt in Reutlingen eingesetzt war und nach der Betriebseinstellung 1985 abgestellt worden ist.

Für den Personenverkehr standen anfangs 11, später 15 Personenwagen zur Verfügung. Dieser Bestand hielt sich bis 1950, dann wurden 8 Wagen abgezogen und zu anderen Bahnen umgesetzt bzw. ausgemustert. Mehrere alte Wagenkästen standen später als Kauen und Lagerbuden der Bahnmeisterei beim Bf Gönningen. 1962 war nur noch der Bi 16 eingesetzt, während Bi 10 bereits abgestellt war. Mit der Reduzierung des Schienenpersonenverkehrs wurden wenig später beide Wagen ausgemustert.

Als PwPostwagen war lange Zeit der Wagen Nr. 21 in Gönningen, er wurde Mitte der 60er Jahre verschrottet.

Fahrzeugbestand

	1935	1938	1960	1965	1970 ff
Dampflokomotiven	3	3	–	–	–
Triebwagen	–	–	1	1	1
Personenwagen	15	15	2	2	–
PwPostwagen	1	2	1	1	–
Güterwagen	4	4	–	–	–

WEG-Busbetriebe

Württembergische Eisenbahn-Gesellschaft – Kraftverkehrsgesellschaft

Die erste Omnibuslinie der WEG wurde schon 1928 im Bereich der Nebenbahn Ebingen – Onstmettingen eingerichtet. Nach dem Zweiten Weltkrieg kamen mehrere Linien im Bereich anderer WEG- und WN-Linien hinzu.

Mitte der 50er Jahre wurde der Kraftverkehr aus den WEG- und WN-Bahnbetrieben ausgegliedert und am 18. März 1955 als Tochterunternehmen der WEG eine eigene Gesellschaft mbH (WEG-KVG) mit Sitz in Stuttgart gegründet. Das Stammkapital der WEG-KVG beträgt seit 1955 1,1 Mio. DM und liegt zu 100% in Händen der WEG. Seit November 1991 befindet sich die WEG-KVG-Betriebsleitung in Waiblingen.

Die Aktivitäten der WEG-KVG sind bei den einzelnen Bahnbetrieben aufgeführt.

Die Leitung der KOM-Stützpunkte liegt bei den örtlichen Bahnverwaltungen.
Es bestehen folgende Stützpunkte bzw. Aktivitäten:

- Gerstetten (Auftragsunternehmer)
- Laichingen (KOM-Halle, 1991: 3 KOM)
- Onstmettingen (KOM-Halle, 1991: 9 KOM)
- Untergröningen (Unterstellung im Lokschuppen, 1991: 1 KOM)
- Neuenstadt (KOM-Halle, 1991: 17 KOM)
- Enzweihingen (KOM-Halle, 1991: 6 KOM)
- Neuffen (KOM-Halle, 1991: 9 KOM)
- Gönningen bis 1989 (KOM-Halle in Gönningen, 1984: 4 KOM), Betriebsaufgabe 28. Februar 1990)
- Neresheim bis 1972 (Auftragsunternehmer)
- Hemmingen (KOM-Halle, 1991: 23 KOM)

Neben dem Linien- und Schülerverkehr betreibt die WEG-KVG auch umfangreichen Mietwagen-Verkehr.

Bis 1989 wurde auch Stückgutverkehr mit eigenen LKW durchgeführt (Stützpunkt Onstmettingen). Mit der Neuorganisation des DB-Stückgutverkehrs zum 1. Januar 1990 sind diese Aktivitäten eingestellt und an die DEG-Spedition abgegeben worden, die ihren Wirkungsbereich nach Süden ausgedehnt hat. Die WEG-LKW sind von der DEG-Spedition übernommen worden.

	Anzahl der KOM-Linien	Linienlänge	Anzahl der KOM	Anzahl der bef. Personen	Personal	Anzahl der LKW
1970	15	320	42	6,441 Mio.	61	4
1975	14	286	48	7,537 Mio.	71	4
1979	12	301	61	6,915 Mio.	74	3
1981	12	361	63	6,906 Mio.	83	3
1983	12	344	63	6,472 Mio.	86	2
1985	12	354	68	5,818 Mio.	81	2
1989	15	356	66	5,225 Mio.	83	2
1991	14	336	66	5,337 Mio.	85	–

Bus der WEG-KVG

Heidenheimer Verkehrsgesellschaft (hvg)

Vorgänger der Heidenheimer Verkehrsgesellschaft ist die Firma W. Wahl, die 1926 in Heidenheim gegründet worden war. Das Unternehmen entwickelte sich seinerzeit sehr rasch, zumal mit der Entstehung größerer Werke immer mehr Menschen zu einem zentralen Arbeitsplatz gebracht werden mußten, allen voran zur Firma Voith in Heidenheim. 1939 waren bereits 20 Omnibusse im Einsatz.

Die Kriegsereignisse fügten dem Unternehmen große Schäden zu. Nach dem Krieg wurde die Firma von den Söhnen des Gründers zielstrebig wieder aufgebaut und das Liniennetz in den Landkreisen Heidenheim und Dillingen erweitert und bedarfsgerecht ausgebaut. Auch der Gelegenheits- und Reiseverkehr wurden entsprechend aufgebaut und immer wieder erweitert.

Als Dr. Fritz Wahl in dritter Generation das Unternehmen 1968 übernahm, waren rund 65 Busse im Einsatz. Dr. Wahl erkannte insbesondere den wachsenden Markt des Welttourismus und baute diesen Firmenzweig besonders aus. Eigene Unternehmen wurden in Amerika und Europa gegründet und von Heidenheim aus geführt. Über 500 Busse waren für die Firma Wahl 1984 weltweit unterwegs. Unter der Leitung von Dr. Wahl stiegen die Umsätze 1984 auf 73 Mio DM, daran waren die Einnahmen aus dem Linienverkehr (62,3 Mio Fahrgäste) mit 13% beteiligt.

Völlig überraschend beantragte die Firma am 7. Mai 1986 ein Vergleichsverfahren, dem zum 1. Juli 1986 der Konkurs folgte. Zur Aufrechterhaltung des Linienverkehrs wurde eine Sequesterverwaltung bestellt.

Bereits unmittelbar nach der Beantragung des Vergleichsverfahrens hatte das Landratsamt Heidenheim einen Sonderstab zur Aufrechterhaltung des ÖPNV der Wahl-Linien in den Landkreisen Heidenheim, Dillingen und Ostalbkreis gebildet. Der federführende, da hauptsächlich beteiligte Landkreis Heidenheim sah vor, daß der gesamte Linienverkehr im Landkreis von einem Unternehmer durchgeführt würde, ferner verlangte er bei der Übernahme der finanziellen Mitverantwortung für den ÖPNV ein Mitspracherecht in dem neuen Unternehmen. Insgesamt elf Unternehmen bewarben sich auf eine Ausschreibung um die Übernahme des Linienverkehrs, von denen die Bahnbus-Geschäftsbereiche Augsburg und Stuttgart die größten Aussichten hatten. Als völlig überraschend der GBB Stuttgart sein Angebot zurückzog, änderte der Landkreis Dillingen sein Konzept und übernahm die Konzession der bisherigen Wahl-Linien im Landkreis selbst. Der Landkreis Heidenheim wählte am 8. Dezember 1986 aus den vorliegenden Angeboten, unter denen auch ein Übernahmemodell der Wahl-Mitarbeiter war, das der AGIV, Aktiengesellschaft für Industrie und Verkehrswesen Frankfurt/Main aus, das den Vorstellungen des Landkreises bezüglich Übernahme der Anlagen und des Mitspracherechtes am weitesten entsprach; danach sollte der Landkreis Heidenheim zusammen mit der AGIV-Tochter Württembergische Eisenbahn-Gesellschaft mbH ein in Heidenheim ansässiges Verkehrsunternehmen gründen.

Am 17. März 1987 wurde mit einem Gesellschaftskapital von 6 Mio DM die Heidenheimer Verkehrsgesellschaft mbH (hvg) gegründet und am 28. April 1987 beim Amtsgericht Heidenheim in das Handelsregister eingetragen. Gesellschafter sind die WEG (74,83%) und der Landkreis Heidenheim (25,17%). Am 1. Mai 1987 übernahm die hvg die Betriebsanlagen, Betriebsmittel und Mitarbeiter der ehemaligen Firma Wahl & Söhne KG im Landkreis Heidenheim.

Der Aufsichtsrat der hvg besteht aus je fünf Mitgliedern der WEG und des Landkreises, letzte müssen dem Kreistag angehören oder Bedienstete des Landkreises sein.

Mit der Deutschen Eisenbahn-Gesellschaft Frankfurt/Main DEG besteht ein Betriebsführungsvertag, die Geschäftsführer der hvg stellen die WEG (1) und die DEG (1). Über den grenzüberschreitenden Verkehr wurde am 1. August 1987 eine Vereinbarung getroffen und zwischen dem Landkreis Dillingen, dem GBB Augsburg, an den die Wahl-Konzessionen im Kreisgebiet Dillingen als Betriebsführer übertragen worden waren und der hvg eine Kooperationsvereinbarung erreicht, die die Verkehrsgebiete weitestgehend nach den Kreisgrenzen aufteilt und den grenzüberschreitenden Verkehr regelt.

Von den vormals 422 Linienkilometern der Firma Wahl übernahm die hvg 396 km, ferner 78 Busse und 77 Mitarbeiter. Die Fahrzeuge werden in dem eigenen, gut ausgestatteten Betriebshof in Heidenheim instandgehalten, gewartet und gepflegt.

Die Erneuerung des Fahrzeugparks wurde 1987 mit der Beschaffung von 25 Neufahrzeugen, davon 7 Gelenkbussen, eingeleitet.

Anzahl der Linien	1988	1989	1990	1991
Strecken-km	396	396	396	396
Anzahl der Busse	72	56	55	55
Beförderungsleistungen (Mio)	4,863	4,751	4,678	4,50
Personal	77	76	84	83

Verkehrsgebiet: Heidenheim – Oberkochen
– Schweindorf
– Staufen
– Giengen
– Gerstetten
– Steinheim
– Zang

hvg-Betriebshof in Heidenheim

Omnibus-Verkehr Ruoff (OVR)

Die Firma Ruoff wurde 1926 zum Betrieb einer Omnibuslinie zwischen Korb und Waiblingen gegründet. Weitere Linien folgten.

Neben dem Linienverkehr wurde von Beginn an auch der Reiseverkehr intensiv betrieben. 1984 wurden die beiden Betriebszweige der Omnibus-Verkehr Ruoff GmbH (OVR) getrennt und ab 1. Januar 1985 als zwei selbständige und bilanztechnisch voneinander unabhängige Firmen geführt:

Bereich Reiseveranstaltung:
Ruoff-Reisen GmbH & Co

Bereich Linienverkehr:
Omnibus-Verkehr Ruoff GmbH & Co – OVR

Die Firma Ruoff-Reisen GmbH & Co war im mittleren Neckar-Raum mit 20 Luxus-Reisebussen, sechs Reisebüros und im Flug- und Bustourismus als eines der größten und renomiertesten Touristikunternehmen aktiv, der jährliche Umsatz lag bei 200 Mio. DM. Trotzdem verlief die Geschäftsentwicklung negativ und geriet in die Verlustzone, was 1990 zum Konkurs führte.

Im Linienverkehr war die OVR mit 85 Mitarbeitern und 56 eigenen, sowie knapp 100 geleasten Bussen und einem jährlichen Umsatz von 8 Mio. DM tätig. Durch die finanzielle Schieflage der Ruoff-Reisen GmbH & Co geriet auch die OVR in Bedrängnis.

Im Oktober 1990 signalisierte die WEG dem Firmeninhaber der beiden Gesellschaften ihr Interesse an dem Bereich Linienverkehr für den Fall, daß die OVR durch den Konkurs der Reiseschwester in Zahlungsschwierigkeiten geraten würde. Ausbleibende und schleppende Gehaltszahlungen der OVR führten dazu, daß die Mitarbeiter zum 5. November 1990 mit Arbeitsniederlegung drohten – es war also auch bei der OVR Gefahr in Verzug. Ende Oktober bot die WEG der OVR die Übernahme des Linienverkehrs an und erhielt am 31. Oktober 1990 den Zuschlag zur Verwirklichung ihres Sanierungskonzeptes.

Am 2. November 1990 wurde beim Konkursgericht ein Vergleichsantrag für die OVR eingebracht, der erst einmal die Weiterführung des Betriebes ab 5. November 1990 ermöglichte. Der Sanierungsvertrag sah vor, das überschuldete und zahlungsunfähige Unternehmen OVR durch Darlehen und über einen Vergleich zu sanieren. Im Zuge der Vergleichsabwicklung zeigte sich, daß die Gläubiger-Forderungen an die OVR bedeutend höher waren als ursprüngliche Ermittlungen erahnen ließen. Am 30. Januar 1991 konnte vor dem Konkurs- und Vergleichsgericht Stuttgart in der Gläubigerversammlung eine ausreichende Anzahl Zustimmungen für den Vergleich beigebracht werden – Voraussetzungen des Einstiegs der WEG und der endgültigen Übernahme der OVR auf die WEG. Die OVR wird unter dem bisherigen Namen in der bisherigen Weise weitergeführt. 100% der Gesellschaftsanteile liegen bei der WEG. Ebenso wie bei der hvg besteht bei der DEG ein Betriebsführungsvertrag, ein Geschäftsführer der OVR wird von der WEG, der weitere von der DEG gestellt. Übernommen wurde das gesamte bewegliche und feste OVR-Vermögen – KOM, Konzessionen, die beiden Betriebshöfe in Backnang und Waiblingen-Beinstein sowie der größte Teil des Personals.

1991: 12 Linien im Landkreis Rems-Murr und Stadtverkehr Backnang

166 Strecken-Kilometer
60 KOM
88 Mitarbeiter
4,0 Mio. beförderte Fahrgäste.

Die Betriebsleitung der OVR hat ihren Sitz in Waiblingen-Beinstein. Werkstatt: Waiblingen-Beinstein

Die Backnanger Werkstatt ist noch zu OVR-Zeiten verkauft und von der WEG als Betriebshof (Abstellung im Freien) wieder eingerichtet worden.

OVR-Betriebshof in Waiblingen-Beinstein

Bildautorenverzeichnis

Th. Alt	3
W. Bäumer	2
C. Bellingrodt	13
P. Boehm	4
Slg. D. A. Braitmaier	2
Dr. H. Bürnheim	5
H. Dillmann	3
Dr. R. Ehlers	13
F. v. d. Gragt	1
D. Höltge	49
H. J. Knupfer	1
K. B. Lange	5
G. Leimbach	2
H. Moser	13
F. Ringelstetter	7
D. Riehemann	148
H. Schörner	3
H. Sehnert	1
SWEG	3
R. Todt	1
J. Zimmer	17
alle übrigen Bilder:	G. Wolff/Slg. G. Wolff H.-D. Menges/Slg. H.-D. Menges
Strecken-, Gleis- und Bahnhofspläne:	Zeichnungen G. Wolff

Kartenausschnitte: Deutsche Generalkarte
Mairs Geographischer Verlag Stuttgart

Mairs Geographischer Verlag hat freundlicherweise sein Einverständnis erklärt, daß in die Karten der neuesten Ausgabe die alte Linienführung eingezeichnet wird und die Kartenausschnitte veröffentlicht werden können.